Kanak Identity in New Caledonia
Narratives of Nation, Community and Culture

ニューカレドニア カナク・アイデンティティの語り

ネーションの語り・共同体の語り・文化の語り

江戸淳子
Edo Junko

明石書店

目　　次

　　凡　　例　6

　　プロローグ　7

序章　重奏の語り　……………………………………………………………………　11
　　1．アイデンティティ　12
　　2．ディスコース　15
　　3．表　　象　18
　　4．節　　合　28

第1部　ネーションの語り　33

第1章　カナクの創成　………………………………………………………………　36
　　1．「カナク」のルーツ・ルート　37
　　2．植民地化　49
　　3．夜　明　け　66

第2章　カナク・アイデンティティ闘争　……………………………………………　83
　I. 脱植民地化運動　83
　　1．解放運動　84
　　2．独立運動　97
　　3．闘争戦略　116
　II. 権利回復闘争　132
　　4．土地返還要求　133
　　5．社会主義要求　152
　　6．紛争の中の多民族社会　162

第3章　現代アリーナの中のカナク・アイデンティティ　…………………………　182
　I. 合意の時代　182

1. マティニョン合意　183
    2. 新合意への交渉　197
    3. ヌメア合意　207
  II. 市民的現在　224
    4. 慣習地　225
    5. 経済社会開発　246
    6. 共通の運命の中の市民社会　267

第2部　共同体の語り　293

第4章　土着的アイデンティティ　296
    1. 人のあり方　297
    2. 先住民性のルーツ　310
    3. 先住民性のルート　323

第5章　伝統の発明としての慣習　335
    1. クチューム　336
    2. トリビュとシェフリ　351
    3. シェフの制度化　365

第6章　現代アリーナの中の先住民性　382
    1. グローカル化する先住民権　383
    2. 法化する慣習　407
    3. 慣習の中の個人　429

第3部　文化の語り　451

第7章　歴史的闘争の場としての文化　454
    1. 私とは誰であるか　455
    2. メラネシア2000フェスティヴァル　468
    3. 文化的アイデンティティ　478

第8章　コンタクト・ゾーン　497
1. 混血児の表象と間文化性　499
2. ポップ・ミュージック　513
3. 異種混淆の中の多文化社会　524

第9章　現代アリーナの中の文化　546
1. チバウ文化センター　547
2. 口承の遺産　558
3. 現代アート　573

終　章　変奏の語り　591
1. カナク主権から共有的主権へ　592
2. 土地返還要求から慣習地へ　595
3. 社会主義要求から経済社会開発へ　597
4. 歴史的闘争の場からチバウ文化センターへ　599
5. 先住民性のルートからルーツへ　604
6. アイデンティティ・ディスコース・表象・節合　611

エピローグ　617

文献一覧　621
会見者リスト　640
略語一覧　643
索　引　646

凡　　例

　人々のディスコース、発言や言葉は（6/9/96）のように（日／月／年）あるいは（月／年）、不明なものは（年）のみ、もしくは記載していない。引用の前に発言者名がないものは、（Durk 10/7/98）のように名前を添えた。また発言の内容や個人情報に配慮し、匿名としたものもある。マオリの場合は、情報源を明らかにしないという前提で、一切名前を挙げていない。

　本文では、ディスコースは直接の引用として「　」に挿入したものもあるが、要旨を取っている場合もあり、多くは「　」なしでその末尾にインタヴューの年月日を記すことでディスコースの引用であることを示した。

　なお、巻末の「会見者リスト」は、ニューカレドニア関係の公人や知識人のみで、その職業、地位、場所、日付は、インタヴュー当時のもので、本文に掲載されていない名前や日付を含む。

　本文中の文献への指示は、翻訳本もあわせて参照した場合、翻訳本を最後に（Clifford 1988: 9, 14-17; 2003: 21, 29-31）、仏語本で英語、日本語訳がある場合、仏・英・日の順（Leenhardt 1971: 281; 1979: 176-177; 1990: 305）に記載した。

　日付不明な場合は（n.d.）と記載。Web サイトで得た情報やサイトから取り寄せたものは、日付不明が多く、記載してない場合が多い。文献名が長い場合は全て略語にし、その正式名称は巻末の文献一覧に記載した。

　仮名表記は、［V］と［B］音を区別した：ヴェトナム。
　ニューカレドニア地図上の地名の仮名表記は、仏語発音の表記とした。
　土着言語に関しては、綴りが定まってない場合がきわめて多く、したがって仮名表記も確定できない：「ブエナンド」（Boénando, boenando, Bwenando, Bwénaado）。
　また、土着言語で読み方が不明なものは、仮名表記なしで原語表記のみとした。

　本文中で略語のみのものは、巻末の「略語一覧」を参照されたい。

プロローグ

　人はいつかどこかへ旅立ちたいという衝動とともに、いつかどこかに錨を下ろしたいという背反した気持ちに揺れ動く。人類の遥か遠い祖先の時代から移動と定住が繰り返されてきたことを考えれば、ルート・ルーツのDNAは人類の体内に織り込み済みなのかもしれない。東南アジアからメラネシアの島々を経て3000〜4000年余り前にニューカレドニアの地に錨を下ろしたカナクのメラネシア人祖先も、現代に至る彼らの子孫も、そして筆者も、ルート・ルーツを節合してきたのかもしれない。

　1986年、筆者はハワイ大学大学院で太平洋島嶼圏研究を終えた後、6月から4カ月にわたるオセアニア地域調査の旅の途にあった。そこで最初に訪れたフランス海外領は仏領ポリネシアであったが、それまで経験した植民地支配の痕跡をとどめた英語圏の島々に比べ、フランスの支配と存在を否応なく実感させる異質の雰囲気があった。筆者は、大学で仏文学を専攻後、フランスで学ぼうと渡仏したが期待は失望に変わり挫折した。失望と挫折に終わったのは、フランス三色旗が象徴する「自由」は利己主義の上に、「平等」は差別の上に、「友愛」は自己愛の上に成り立っている「人権の国」の現実を前に、フランスの失墜とともに仏文学への関心も瓦解したからである。フランスと仏語を忘却の彼方に追いやって十数年後、筆者はタヒチの首都パペーテに降り立っていた。海岸通りのとあるキャフェ・テラスに腰を下ろすと、港にはヨットが停泊し、肌を焦がした金髪の若者が交わすフランス語の快いざわめきと、エスプレッソ・コーヒーのほのかな香りが漂い、水平線には真っ赤な太陽が近づきつつあった。やがて太陽は辺り一面を紅蓮の焔に染め、いつしかこの幻想的な情景をどこかで見たという想いにとらわれていった。この南フランスにいるかのような既視感を覚えたキャフェ・テラスから宿に戻ると、テレビはフランス人俳優の死を延々と伝えていた。スイッチを切ると、フランス文化帝国主義の匂いが記憶を呼び覚ましていった。このとき、筆者は自身の体内に移植されていた内なるフランスを発見するとともに、自らのポジションと眼差しはその被植民地側にあることを認識し、フランスと再会したのである。

　クック諸島、ニュージーランドからオーストラリアを経て8月に訪れた

ニューカレドニアは、その多民族社会の中で独立派先住民メラネシア人とヨーロッパ系を主とした反独立派との政治的対立による流血事件が相次ぎ、フランスに対する脱植民地化闘争の只中にあった。首都ヌメアで独立運動を調査後、車で主島グランド・テールを回ると、焼き討ちの跡や、フランス駐留軍のパトロールの目が光っていた。東海岸で望遠レンズで軍のキャンプに一瞬カメラを向け、その後とある店先で喉の渇きを潤していたところ、仏軍のジープが急停車し、尋問され、パスポートを検閲され、その軍事的脅威を体験するはめになった。その後ヴァヌアツへ向かい、帰国の途につくためトランジットで再びニューカレドニアの空港に戻ると、アナウンスに呼び出された。手荷物のバッグの中身をパスポートからフィールド・ノートまで隈なく検査した仏憲兵は、飛行機の飛び立つ直前、筆者を解放しながら「再びこの地へ戻るか」と尋ねた。ニューカレドニアをフィールドワークの地とすることは、このとき決まったように思える。なぜなら、「ノン」という返事を背にして飛行機のタラップを上りながら自問していたのは、入管のブラック・リストに載って、さてこれからいかにして再入国しようかであったからだ。それゆえ、アイデンティティは弁証法的にも他者を必要とするが、筆者とカナク・アイデンティティとの出合いは、他ならぬこのフランスを通して必然的にルート化されたのかもしれない。それから2年後の1988年、独立派、反独立派とフランス政府の間で「マティニョン合意」が結ばれ、ニューカレドニアは内戦状態から脱したが、ブラック・リストへの懸念から、ようやく1991年8月、日本人パック旅行の団体に紛れて恐る恐るその地に降り立った。しかし、長蛇の日本人入国者を次々とさばいていく愛想の良い入国管理官の前をあっけなく通過して、心配はまったくの杞憂に終わった。空港は観光客で溢れその雰囲気は一変し、時代はカレドニア社会の和解へと入りつつあった。しかし、脱植民地化運動が終了したわけではなく、両派の対立の中でニューカレドニアの将来に対する戦略と交渉はすでに始まり、それは1998年の「ヌメア合意」に結実していった。

　ニューカレドニアの脱植民地化運動を調べていく中で、とりわけ筆者の興味を引いたのは、1960年代末フランスへ留学し、パリ5月革命を体験したメラネシア人学生たちがその解放運動の中で、「カナック」という先住民に対する侮蔑的な呼称を逆説的に彼らのアイデンティティとすることによって、肯定的な意に転じ、カナク・アイデンティティの探求が始まったことにある。発想の転換を可能にし、実践を可能にした「カナク」という言葉の力やそのアイデン

ティティ闘争に関心を持ったのである。言うまでもなく言葉は、その使い方によって相手に対しても自らに対しても諸刃の剣ともなり得る。しかし、それを超えて言葉が発するパワー、それが紡ぐ意味の深淵性、発展性、波及性、その解釈の多様性、そしてメタファーやレトリック、詭弁性は、ダイナミックであると同時にアルケミー的面白さがある。それゆえ、その道程に何が待ち受けているか知る由もなく、カナク・アイデンティティを求める筆者のひとり旅は、人々の声に耳を傾けることから始まっていった。

　しかし、オセアニア地域圏研究を歴史学や人類学といった専門性なしに学際的に専攻した筆者にとって、その学問的窮状は指針となるディシプリンがないことにあり、学際的にボーダレスなアイデンティティという海を彷徨することになった。当初、カナク・アイデンティティは脱植民地化運動の中で出現したので、ネーションを目指したエスニシティ・レヴェルのアイデンティティとしてアプローチできると考えていたが、漠然と質問してみると、親族集団であるクランを単位とした共同体意識に基づくコミュニティの次元で、人々は語り始めた。祖先はカナクと呼ばれるずっと以前からこの地に住み着いてきたわけで、彼らにとってより身近なアイデンティティは生活の中で共有している共同体のそれであるというごく当たり前のことを、すぐに思い知らされたのである。しかし、他のエスニック・コミュニティに対するアイデンティティとして尋ねると、人々はエスニシティに基づいたカナクの文化的アイデンティティを主張し、さらに、政治的な意味で問うと、カナク・アイデンティティの回復要求という言葉で、ネーションとしての先住民の権利回復について語りだした。そのため、カナク・アイデンティティについて最初に思い浮かんだイメージは接ぎ木であったが、人々のディスコースは多元的に絡まった糸の塊のようで、その中に散りばめられたキー・ワードを解読する手掛かりとしながら、その塊を解していくことから始まった。しかし、アイデンティティは、人々のディスコースにおいてその姿を現す。それを追いかけつつ、導かれつつ、独立運動から合意の時代が進む中で、主題から主題へと道は拡散していった。そして、退職が目前に迫る中で錨を下ろすときが近づき、気がつけば、ニューカレドニアに初めて足を踏み入れてから早25年余の年月が経っていたのである……。

序　章

重奏の語り

　1853 年にフランスによって植民地化されたニューカレドニア多民族社会における脱植民地化運動は、独立運動として知られているが、筆者は人々のディスコースから、これを「カナク・アイデンティティ回復要求（revendication de l'identité kanak）」という先住民としての権利回復闘争として捉え、その視座からカナク・アイデンティティをテーマに長年にわたって研究してきた。しかし、アイデンティティは実体として存在せず、人々の心の中で想像され声となって発せられ、ディスコースの中で主張されるゆえ、これまで現地調査でのインタヴューにおいて、語る行為と聞く行為の相互作用を通してニューカレドニアの人々との間で交わされたカナク・アイデンティティに関するさまざまなディスコースを収集、録音、貴重な証言として記録してきた。本書は 1986 年から 2007 年の間 9 回にわたる現地調査の中で、とりわけ 1990 年代後半と 2000 年代の調査を中心にテクスト化された膨大なディスコースをデータとして探りながら、関連論文や文献などを参照し、研究の集大成として先住民のアイデンティティの言説を「ネーションの語り」「共同体の語り」「文化の語り」の 3 つに編成したものである。その主要な目的は、ニューカレドニアの歴史的出来事とプロセスを通して、1969 年から始まった解放運動、75 年からの独立運動という脱植民地化運動において、「カナク・アイデンティティ」回復のためにいかなる権利闘争が展開され、その闘争結果として独立派、反独立派、フランスとの間で 1988 年に結ばれたマティニョン合意とそれに続く 1998 年から現在に至るヌメア合意の時代において、いかなる権利回復がなされ、どのような問題を抱えているかを、人々のディスコースを通して考察していくことにある。しかし、この通時的な目的において、問題となるのは量的に孕んだ共時的な方法論をとらざるを得ないことにある。なぜなら、アイデンティティとディスコースとの関係において、カナク・アイデンティティは、「ネーション」「共同体」「文化」の次元の間で切り離し難くつながっており、その言説は、脱植民地化闘争とい

う歴史的文脈の中でクラン・レヴェルでの伝統的な共同体とエスニシティ・レヴェルでのカナク社会を節合して、ネーションとしてのパラダイムの中で出現したからである。換言すれば、「共同体の語り」を政治的・文化的ルーツとして、各語りは政治的・文化的ルートで結ばれているのである。カナク・アイデンティティに関する研究としては、海外の文化人類学者などによる伝統的アイデンティティと関連して論じた専門書などはある[1]。しかし、通時的な目的を縦糸として共時的な方法論を横糸として編み込んだ先住民のアイデンティティに関する「語り」は、筆者の知る限りなく、この意味で新たな表象の試みとも言えよう。以下で、3層構造の節合総体としての「カナク・アイデンティティの語り」を始めるに当たって、この共時的な方法論において理論的に問題となる「アイデンティティ」「ディスコース」「表象」「節合」に関して、本文との関係から以下で論じていこう。

なお、本書は独立行政法人日本学術振興会平成26年度科学研究費助成事業（科学研究費補助金）（研究成果公開促進費）265113の助成を受けたものである。

1. アイデンティティ

ラテン語 identitas から発したアイデンティティという用語は自己の同一性、存在証明を意味するが多義的であり、学際的にもその領域は哲学から心理学、人類学から政治・社会学まで広範に及んでいる。もともと、哲学においてデカルトの「我思う、ゆえに我あり（cogito ergo sum）」における自律した個としての主体から始まったアイデンティティは、カントからさらにヘーゲルやマルクスを通して歴史的・社会的側面を取り入れ、他者との弁証法的関係にさらされるようになり、個の孤立から脱していった。心理学ではヘーゲルの弁証法から主体と客体の論理を、G. H. ミードは「I」と「me」の関係から築き、前者は後者の社会的自己としての応答とし（ミード 1995: 359）、エリクソンによってアイデンティティは幼児から老人に至るまで変化し続けるプロセスとなった（Erikson 1968: 23）。ここから、アイデンティティは個人が社会化の過程で意識的・無意識的に文化や社会的価値観、規範といった要素を自己の内部に取り入れ、人格的に内に他者を内在化し、属する社会の文化や歴史から切り離されないプロセスとして、個人のアイデンティティが出現したと言えよう。構造人

類学においてはソシュール言語学の言語（langue）と言葉（parole）に基礎を置いたレヴィ＝ストロースが、文法と記号を所有するコードとしての文化をアイデンティティの決定要素とした（Zaretsky: 209）。ここにおいて、社会的人間としての個人から成る集団を本質主義的に支える基盤として、文化はエスニシティ・レヴェルで想像上の「共同体」を形成し、他者との境界化と分類化を意味するアイデンティティのシンボルとなったと言えよう。この結果生じるいわゆるアイデンティティ・ポリティックスは、政治社会学の分野でとりわけ関心を引いてきた。カナク・アイデンティティ回復要求も、アンダーソン（Anderson 1991: 6）の言葉を借りればネーションとしての主権を有する想像上の「政治的共同体」を求めて、こうした文化を共有する想像上の「文化共同体」を基盤として、展開されてきたと言えよう。

　他方、デカルトから啓蒙思想に至る西欧の伝統的アイデンティティが、他者とは境界化された存在としての個人の主体性にかかわってきたとすれば、ポスト構造主義者はそうした主体を脱構築してきた。フーコーは構造主義者として言及されるが、彼が分割実践と呼ぶ主体の客体化のプロセスにおいて、主体は彼自身の中で分割されているか、あるいは他者から分割されているとして（Foucault 1994b: 326）、脱構造主義者にも見える。この分割された主体は、ポストモダン主義者によって間主観的に異なった主体的ポジションをとるものとなり、レオタールは、自己はさまざまな結節点で位置づけられるとし、ボードリアールは「主体は客体に対して、もはやこれまでのようにコントロールがきかなくなり、主体としてのポジションは持ち堪えられなくなっており、今や客体のコントロール下にある」とした（Larrain 1994: 149）。こうした客体からの反撃は西欧イデオロギーの伝統における主体と客体の関係からも読み取れる。サイードの『オリエンタリズム』（Said 1995; 1994）に見られるように、主体としての西欧についての肯定的・合理的・進歩的な自己に対して、客体としての否定的・非合理的・遅れた他者といった二分法的イメージは、他者についてその本質主義的罠に陥ってきたと言えよう。その結果、支配と被支配の力関係において、植民者に対する被植民者、男性に対する女性といった客体の反乱は、これまでの主体的ポジションに対する転覆とも言えよう。後者のアイデンティティの叫びが、歴史的に支配されてきた側の権利回復の要求とすれば、前者がそのアイデンティティを対抗的に声高に主張すると、強権手段として弾圧的になろう。

主体は間主観的に異なった主体的ポジションをとるというポストモダンのアイデンティティ分析は、「共同体の語り」で見るように、むしろオセアニアの伝統的アイデンティティ観に相似している。後者は出自集団の成員としての位置づけの中で自己と他者との関係性で変化していく複数的自己でもあるからだ。このことは、認識論的に言えば、自然界から人間界まで、関係性の網の目で捉える総体的な物の見方を示し、文化を人間によって獲得されるあらゆる能力や習慣の「複合総体」としたタイラーの古典的定義（タイラー 1962: 1）を想起させる。この意味でも、人々のディスコースに導かれ、探求していった「カナク・アイデンティティ」は、節合総体としての表象へと導かれていく。「複合総体」はアルケミー的用語の「慣習」に表象され、この慣習を共有する共同体レヴェルの土着的アイデンティティは、カナクの原初的領域における細分化した出自集団のクランを核としている。つまり、エスニシティ・レヴェルの文化的アイデンティティと、ネーション・レヴェルで先住民的権利回復として闘争を展開してきたカナク・アイデンティティ回復要求は、この土着的アイデンティティに節合されているのである。

　いずれにしても、前述のような西欧イデオロギーの歴史的変遷をたどってきたアイデンティティもカナクの伝統的なアイデンティティ観も、共通して言えることは、アイデンティティは他者を抜きにしては可視化されないということにあろう。デカルトの内省的なコギト（cogito）の中にもすでに対話している他者が内在するし[2]、現代の市場経済社会に生きる「我消費する、ゆえに我あり」的な実存証明としての消費者的アイデンティティにも、ネット社会に生きる「我ツイートする、ゆえに我あり」的なバーチャル的アイデンティティにも、自己証明や自己同一化のためには他者の眼差しが認識論的にも必要である。それゆえ、アイデンティティは、他者との関係なしに探求できず、その意味で「カナク・アイデンティティの語り」は、とりわけカレドニア多民族社会のその他のコミュニティとの関係を抜きにしては語り得ない。一方、エリクソンを研究した西平にとって、アイデンティティに関する問題は「何であるか」ではなく、「いかに読めるか」であり、これにはアイデンティティがその意味を所与のコンテクストの中で主体的に参与的に解釈されるときにのみ、アイデンティティはその意味を獲得し開示するとしている（西平 1996: 190）。こうした意味においても、カナク・アイデンティティに関する解釈は、それが何であるかよりも、所与の時代的文脈の中で、それがいかに読めるかにあると言えよう。

グローバル化とローカル化が同時進行する現代アリーナにおいて、自己と他者は多次元で関係し合い、混淆、統合、対立、分離の中で、個人も集団も外部の他者を内在化し内部の他者を外在化しながら、主体はますます多面的な様相を帯びている。一方、テロリズムや異常気象などが渦巻く不穏な世界にあって、アイデンティティの探求において今日問われるべきは、「我々は何者であるか」よりも、未来へ向かって、「我々はいったい何者になろうとしているか」にあろう。

2. ディスコース

　一方、ラテン語の discursus に由来するディスコースが意味する範囲は、英語（discourse）仏語（discours）でもきわめて幅広く、言語行為としての発話からコミュニケーション、議論、書き起こされたテクスト、あるいは論調の意味で初めから書かれたもの、さらに、フーコーが意味する言表（énonciation）から言説まで、単数あるいは複数表記による「ディスコース」という用語で一般的に総称されている。本文ではこの用法に従って、パロール（言葉）としての発話から書かれたものまでを含め、「ディスコース」を幅広い意味での人々の考えや主張から説、論調を表したものとして使用し、フーコーが意味するところのディスコースにおいて「言説」を併用する。

　言語行為としてよりも、表象行為としてのディスコースの実践に注目したフーコーは、『知の考古学』とそれに続く『言語表現の秩序』（Foucault 1969; 1971; 1972a; 1981ab）において、日本語訳での「言説」を、特定の主題についての知識を歴史性の中で表象する諸々のディスコースの諸関係の体系として意味づけている。これらの諸関係は、具体的な言表表現、あるいは所与のディスコースが語ることのできる諸々の客体を提供するが、そこには客体の概念や慣わしなどに関して明らかな関連性や規則が見られるゆえ、そうしたディスコースは総体として同一の言説編成に属するとした（Foucault 1969: 66-68; 1972: 46; 1981a: 72-73）。それでは、ディスコースの中で客体として語られる特定の主題に関する知識の形成が、ディスコースの実践を通していかになされるかを、「主体」「知識」「力」「真実」「戦略」及び「歴史化」といったフーコーのキー・コンセプトから、S. ホールの解釈も参照しながら考察してみよう[3]。

「主体」に関しては、これに相当するフランス語 sujet も英語 subject も、「主体」としての哲学的概念以外に、主題や従属、臣下を意味する複雑、多義的な概念を有しているが、ディスコースにおいては個人としての「語る主体」と、それによって客体化され、主題あるいは命題として「語られる主体」の 2 通りが考えられよう。前者においては、デカルト的「我考える、ゆえに我あり」のような自己の存在認識としての確固たる主体とは異なろう。フーコーは、「私は語る」としての「私」の存在は、遠のき、拡散し、消失し、ディスコースとは、「語る主体」を華々しく顕示することではなく、むしろその拡散と不連続性を示しているとしている（Foucault 1994c: 148-149; 1969: 77-78; 1972a: 54-55; 1981a: 84-85）。つまり、ディスコースの実践において「語る主体」はディスコースの外にあって、内にある「語られる主体」を語っていく中で、通常は消えていくと言えよう。

　彼は、またディスコースから生み出される「知識」を「力」と関係づけ、「力」を個人あるいは集団レヴェルにおける「パートナー」間の関係性のゲームとして捉えている。力関係は生産的なネットワークを生み出し、個人をその歯車として、ディスコースを網の目を通してすくい取り、ネットワークは知識と力を規制し、分配し、循環させる。ディスコースや知識がそうした網の目を通した循環の中で効果的に機能し適用されれば、真実となる。したがって、あらゆる政治的・社会的イデオロギーの形成は知識と力関係のゲームの中に捉えられ、何が真実として捉えられているかという「真実の体制」を維持するディスコースとしての実践行為が存在すると言えよう（Foucault 1980: 98; 1994b: 131-132; Hall 2001: 76）。ここでは知識を力として、あるいは知識は力なりの意味で両者が結びついた関係を、以下「知識＝力」として表すが、こうした「真実の体制」を支える、知識＝力のディスコースによる力関係のゲームにおいて戦略の重要性は言うまでもない。フーコーが指摘するように、力関係と闘いの戦略の間には、相関的な親和性と永遠に続く結合、逆転がある（1994b: 346-347）。ディスコースが現実の世界において戦略的に運用され、知識＝力を発揮すればディスコースは正当化され真実となる。暴力やテロや軍事力に訴えるディスコースが実践行動に移されれば破壊をもたらす。しかし、力を中心として捉えるのではなく、関係性で捉えるということは、力を脱中心化することであり、「真実の体制」は知識＝力関係によって変わり、時代を経て力を発揮するあり方そのものも変わるということを意味しよう。

「主体」を分析対象としてきたフーコーは、「アイデンティティ」という言葉をあまり好んでいるように見えないが、差異や創造、変革の関係、すなわち知識＝力関係のゲームにおいてアイデンティティを捉えることには肯定的である。主体としての個人には2つの意味があり、ひとつは、誰かのコントロールと依存によって他の誰かに従属している主体、もうひとつは意識あるいは自己の知識によって、自身のアイデンティティに結びついている主体で、両者はともに従属と主体をなしている力の形を暗示していると述べている（Foucault 1994a: 166-7; 1994b: 331）。フーコーのこうした両面的主体とディスコースの実践との関係に着目したS. ホールは、アイデンティティに関して、ひとつは、社会的主体としての場に向かって「我々」に語り、呼びかけることを試みるディスコースの実践、2つ目は、「語られる主体」としての「我々」を構築する主体性を生み出すプロセス、この両者の縫合ポイントとして言及し、アイデンティティの表象は「主体」をディスコースの流れへとうまく鎖をかけることにあるとしている（Hall 1996: 2, 5-6, 10; 2001: 79-80）。つまるところ、ディスコースの実践が「我々」を主体的ポジションへ一時的に節合することによって、アイデンティティは表象され、構築されていく意味で、ディスコースと切り離し難く関係している。

　以上のことから、クラン・レヴェルの共同体をルーツとして、エスニシティ・レヴェルでのカナク社会を節合して、ネーションとしてのパラダイムの中で先住民的権利の回復要求として出現した「カナク・アイデンティティ」に関する言説を鑑みるならば、「真実の体制」を機能させる知識＝力を形成していったのは「語る主体」としての個人よりもディスコースの実践である。その中で語ることのできる諸々の客体がトピックとして客体化され、「語られる主体」として主体的ポジションを獲得すると、政治的・文化的・共同体的諸関係の中で位置づけられ、所与の文脈の中で表象されることによって意味づけられる。しかし、現実のディスコースの実践において筆者が経験したのは、人々は政治的・文化的・共同体的次元を意識して、必ずしも区別して語るわけではなく、むしろ関連づけて語ることである。こうした「語る主体」としてのディスコースの具体的な担い手に関しては後述するが、ディスコースの実践においてトピックAがその主体的ポジションを獲得すると、これらの異なった次元の間を節合し、諸関係を形成すると言えよう。また、ディスコースの赴くところに従って、他の興味あるBが浮上すると、ときに意識されることもなく主体的ポジション

はBへ転位し、気がつくといつの間にかディスコースは他の表象にすり替わっていることに気づくこともある。換言すれば、語ることのできる諸々の客体との関係で、「語る主体」も「語られる主体」も脱中心化してディスコースに従属し、ディスコースの実践において、フーコーの前述のように、「主体」は拡散し、不連続となるのである。

　フーコーは、また時代を通して、ディスコースはシステムとしての新たな規則に支配され、その不連続がディスコースの考古学的記述をなすゆえ、言説編成は歴史化されるとし、言説の実践によってなされる同一の言説編成に属するものをアーカイブ（集蔵体）と呼んでいる（Foucault 1969: 179-180, 225, 235; 1972a: 130-131, 164-165, 173; 1981a: 200-202, 250, 262-263）。「語る主体」として人々が生み出すディスコースは、所与の歴史的文脈における時代的証言でもあり、本論で見るように脱植民地化闘争から現在の合意の時代まで歴史的プロセスと出来事に従って、言説における表象と意味づけは変化に対応しつつ歴史化し、先住民の知識＝力を構築してきたと言えよう。ゆえに、脱植民地化運動の中で出現した「重奏の語り」は、歴史化された「変奏の語り」ともなり、フーコーが指摘するように、同一の編成に属するシステムとしての言説は、閉じられた意味の総計ではなく、断片的で不完全で、矛盾し、変化に対応していく（Foucault 1969: 172; 1972a: 125; 1981a: 192）[4]。この意味で、ネーション・共同体・文化の諸関係の体系として編成した「カナク・アイデンティティの語り」は、通時的・共時的に人々のディスコースの実践によって導かれて、最終的な「語る主体」としての筆者が、目次の題目に見るようなさまざまな命題で織り成したひとつの表象形態にすぎない。それゆえ、先住民のアイデンティティに関する言説は永遠に未完の語りである。

3. 表　　象

　それでは、こうしたディスコースを基にしたカナク・アイデンティティの表象をいかに捉えたらよいのであろうか。表象（representation）関して、S. ホールは意味と言語を文化に結びつけ、所与の文化集団の成員の間で生産され交換される意味を、人々に対してその世界を意味あるものにするために、言語を使って意味あるなにかを表現することであるとしている（Hall 1997b: 15）。この意

味では、まさしく「語る主体」としての筆者は、ニューカレドニアの文化集団の成員の間で生産され交換される意味を、カナク・アイデンティティの世界を意味あるものにするために、日本語を使って表現するという行為に従事している。しかしこの表象行為には、「語る主体」としてのローカルな人々による仏語のディスコースの実践を通した意味づけ——それを日本語への翻訳を通して引用、あるいはその主旨——の表象という、言語的・民族誌的に「語る主体」の二重性がある。つまるところ、内部の人々による自文化表象と、外部の研究者によるディスコース分析や観察に基づく異文化表象である。

　しかし、前者の表象による意味づけとしてのディスコース分析に対しては、人類学者はきわめて批判的である。ここには、「語られるもの」は客体化されるローカルな人々と社会であり、それを表象するのが人類学者の役割であるという前提が見える。それゆえ、太田は、「語ることと聞くことという言語行為の正常な形態は、『語るもの』と『語られるもの』という『いびつな』関係に転化してきた」と批判している（太田 2001: 118）。実際、あるカナクは他の研究者や訪問者は、彼らの言葉に筆者のようには耳を傾けて聞いてはくれないと漏らしていた。研究者の文化的認識というレンズを通した「視覚のパラダイム」の優先が、現地の人々の声を聞くことの軽視につながっているとも言えよう。

　一方、ディスコースの表象にはその作者としての主観的操作が入る上、その中で「語られる主体」が生まれるということは、主体は拡散、不連続化する万華鏡のように確固としないゆえか、ある人類学者によれば「ローカルな人々のディスコースを信用するな」ということになるのかもしれない。しかし、人類学者が行動から人々が見えるとするならば、言葉が潜在的に秘めるパワーに関心がある筆者にとっては、発話から人々が見えてくる。すなわち、彼らのディスコースを読み解くことによって、内部的視点、本論で見るように関係的に全体的にものを見る見方や、二項対立よりもパラレル的眼差しなどのカナクの認識の仕方が見えてくる。一方、筆者はカナクの人々から「あなたは日本人だから、我々の文化を理解しやすいだろう」と言われたが、このことは「西欧的な目で我々を見るよりも、日本人の目で見たほうが、ずっと我々のことを理解できるのではないか」という喚起でもある。ここには、訪れる日本人の研究者が少ないことからも、迎え入れる側のカナクにとって、西欧の研究者とは異なった視点から自分たちを考察、解釈してくれるのではないか、あるいはしてほしいという意識や期待感が感じられる。実際、日本人の視点に立つと、たとえば

「No」と言えない社会であることなど、同じ太平洋の文化的近接さから日本文化との共通点は多い。このことは、日本的視点を通して内部的視点へ接近し、西欧的視点を通してそれから遠ざかることによって、対象に対して異なった文化的眼差しから生じるズレを認識することを可能にする。ディスコース分析からは、その人の意識を通して考えや認識の仕方、ヴィジョンが表明されるが、実用面で現実の実践行動と一致しない場合もある。一方、人類学者が観察する行動が、その人の考えや希求を表すとは限らない場合もある。こうした意味においても、異文化観察においてディスコースに表れる人々の主張、概念や認識からの分析と、人々の運用面における実践行動からのそれは、互いに補完関係にあろう。

　しかし、人類学者のディスコース・アプローチに対する批判の根底には、語る力を有したいわばエリートによる「語ることのできる者」と、彼らが観察対象とする村の普通の人々の「声なき声」という差別化があるように見える。実際、前川は、ディスコース・アナリシスをカルチュラル・スタディーズにおけるソフトな文化分析として、ディスコースはもの言える一部の層の人たちの短期的な現象であるとコメントしている（前川 1997: 632; 2000: 263）。筆者が会見したり、話を聞いたりした人々は、いわゆるエリートとしての役人、政治家、学校の先生、首長としての慣習当局者から、一般的な村人まで、男性から女性、その職業、社会的身分も多様であるが、カナク・アイデンティティのディスコースはもともと脱植民地化運動を導いていった前者の政治的リーダーや各分野のエリートによって先住民族としての権利回復とネーションなるものへの使命を帯びて主張されていった。その意味で、分類化すればそれぞれのレヴェルで運動にかかわった者が、そのディスコースの主要な担い手として、すなわちネーションの語りは政治的指導者、共同体のそれは慣習当局者、文化の語りは文化的リーダーとして、「語る主体」は「声ある声」のエリートに還元されてしまおう。この意味で、フーコーの言う知識人、すなわち「普遍的価値の担い手ではなく」、専門的職業や政治・文化などの分野で特定のポジションを占め、その社会の「真実の体制」の機能に関係している人々であり（Foucault 1994b: 131-132; 1980: 132）、「有機的知識人としての説明責任を果たす」（太田 2001: 113）ということでもある。しかし、不可解なのは、人類学者がエリートと普通の人々を西欧的ダイコトミーのように支配と被支配との関係で乖離させてしまうことにある。言説の形成に「語る主体」の知識＝力関係が影響し、働くの

は言うまでもないが、両者の間には、一方的な知識＝力関係だけで押し切ることのできない、生産的なネットワークとしての土着的社会体系の網の目と、その文化的認識を通して互いの影響下でつながった関係性を筆者は経験した。前者は、その知識＝力の中で興味深く、ときにメタファーやレトリックを駆使して表象するのに対して、後者は素朴でシンプルな表象の中に、むしろときに深遠な意味と自由な解釈の余地をパロールとして残す。村に逗留中、前者のディスコースが後者の日常生活における実践や会話から納得させられることもあったし、後者のパロールが、街中のオフィスで前者から話を聞く中で、深遠な意味をひらめかせてくれることもあった。カナク社会では知識人あるいはエリートも共同体に帰ればその一員となり、エリートの中には高等教育を受けていない独学の者もおり、一般人の中にはディスコースの上手な者もいる。エリートと一般の人々との間にはフィードバックがあり、前者のディスコースは土着的文化体系のさまざまな網の目を潜って人々の間に浸透していく一方、メラネシア人の世界観としての包括的な文化的あり方が網の目を通して発せられすくい上げられ、そうした知識＝力関係が牽引となって人々を政治運動へと動員していったと言えよう。その意味でも、筆者にとっては雄弁であろうと、とつとつであろうと、両者が発するパロールはともに重たい。

　しかし、前者は支配的な植民地言語で、公用語でカナクにとっての共通語でもあるフランス語で、ディスコース・スキルを駆使して表象する知識＝力、すなわち、主体をディスコースの流れへとうまく鎖をかける語る力を有していることにあろう。プラットは、ローカルな人々によるネイティヴの民族誌的語りを「自己の民族誌、自民族誌的表現（'autoethnography', 'autoethnographic expression'）」として分析している。彼女は、自民族誌的テクストは植民地側による表象に対する応答の中で、あるいは彼らとのダイアローグの中で構築されるもので、"真正な"ものとして、あるいは土着の人々による自己表象の形として受け取られるが、植民地側の慣用句や語法を流用し、往々にしてバイリンガルで対話的である。文化的接触領域としてのコンタクト・ゾーンにおいて顕著に見られ、植民地側と話者自身の社会集団の両者に呼びかけるものであるとしている（Pratt 1992: 7, 9）。この意味で、フランスあるいはその他のカレドニア人と常にフランス語で対峙し交渉することを歴史的に強いられてきたカナクにとって、そのアイデンティティのディスコースは、植民地側の言語を用いて、自らを表象、主張する自民族誌的表現と言えよう。

実際 O. トーニャは ADCK（カナク文化発展庁）長官であった当時、次のように語っている。「まず最初の基礎となるアイデンティティは言語である。外国語をしゃべることは、頭の中にあるこれまでの概念や発想を転換しなければならず、そのことは自身の母語を失い、西欧的考え方や概念をもたらす。しかしながら、矛盾しているのは、それによって人は、これまで有していた概念を揺り動かされ、懐疑的になるが、フランス語で話されたところのものが、我々の母語では異なって表現されるということに気づき、そうした違いを意識するようになる」。彼は、カナクの言葉では「私はオレンジを飲む」というので、学校時代仏語で「私は、オレンジを食べる」というふうに、頭の中で発想を切り替えなければならなかった。ところが、今では自動的に彼の唇は仏語風に語り出すので、仕事では、今やこのフランス語をどのようにしたらカナク社会の枠組みに合うように、カナク化できるかということを考えているという（8/10/97）。

　人間は言葉で思考し、言語を通して文化的意味を表象することからも、言語とものの考え方、文化は密接な関係にあるが、他者の言語を修得することは、その言語文化に蓄積された考古学的知層から、新たな考え方や知識＝力を獲得していくことでもある。それによって、人は自己と他者の文化を相対化し、自らの主観的論理と他者の論理を客観的に把握し、ズレと相違を認識することができる。カナクにとって、その慣習的文化の中で新たな知識の獲得は伝統的に重要な意味を持っているが、トーニャのディスコースは、植民地支配言語の話者になることによって母語の文化を喪失もするが、同時に土着文化を植民地支配者の言語への翻訳を通して必然的に客体化し、両者の文化的差異をそのディスコースの中で顕示できることを明かしている。換言すれば、カナク・エリートは、仏語の慣用句やカウンター・ディスコースなどを駆使しながら、カナク世界を意味あるものにするために表象し、バイリンガル、バイカルチュラルに、カナク側とカレドニア人、フランスをはじめ、他者に呼びかけ、両者の間を橋渡しすることができる人である。しかし、こうした両思考の間を読み替え、「真実の体制」を機能させる知識人を、西欧教育の影響を受け、土着的思考から逸脱し、西欧的言説を語る人々として断定してしまう傾向は、西欧の研究者のみならず、面白いことに日本の人類学者にも見られる（Keesing 1989: 20, 22, 31; 吉岡 2005: 221, 224, 234）。これは、日本の研究者も西欧のそれと同様、結局は西欧中心主義の発想や視点から逃れられないことを意味するのであろうか。

一方、異文化を表象する、すなわち、その世界を意味あるものにするために、他者について書くという行為はいかなることを意味するのだろうか。エスノグラフィーに関して、『文化を書く（Writing Culture）』（1986; 1996）の「序論」の中でクリフォードは、フィールドにおける人類学者のレゾン・デートルとも言える参与観察よりも、すでにそこで始まっているテクストを作る、すなわち文化を書くというテクスト行為を問題提起して、人類学者の他者を表象する民族誌的権威のあり方に一石を投じている。これについての議論や批判は『文化を書く』を参照していただきたいが、彼はエスノグラフィーをひとつの新たに出現した学際的現象として捉え、ハイブリッドなテクスト行為、複数のジャンルと学問分野を縦断し、民族誌とは書き続けることであると定義している。そこにおいて、これまで多く語られてきた「民族誌的眼差し」から、「民族誌的耳」を重視するパラダイムの転換を示している。すなわち、「視覚のパラダイム」から脱して、さまざまな立場からの発話行為に成立する「声」の相互作用として、「声々」の分析による多声的な「語りのパラダイム」において民族誌を書くことを提言している（Clifford 1986: 3, 12, 26; 1996: 4, 21-22, 45）。
　人類学を専門にしたことのない学問的に曖昧なポジションにある筆者が、「カナク・アイデンティティの語り」をその占有領域とされる民族誌として形容できるのかわからないが、「ethno」は言うまでもなく民族、「graphy」は語源的に「書く」という意味において、政治・文化人類学的アプローチによるエスニシティ研究であることに変わりはないであろう。いずれにしても、「語る行為」と「聞く行為」から生まれたさまざまな立場の声から、さまざまなジャンルにわたる主題に関して、ディスコース分析に基づく民族誌的二重性という「語りのパラダイム」の中で学際的に書き続けたきわめてハイブリッドなテクスト行為であることは間違いない。筆者の会見の求めに対して、はっきりノンと言わずに応じてくれない人々もいたが、ほとんどのカナクはエリートから村人、さらにカレドニア人、フランス人を含め、カナク・アイデンティティの研究に興味を示し、質問に好意的に応じてくれた。実際、質問リストを見て面白いとも、あるいは自らが答えたい質問を指差し語りたいという人もおり、これは、情報提供者としてのインフォーマントではなく、「語る主体」としてのディスコース参加者として「語る」ことに積極的意味を見出していたからであろう。彼らと筆者との間には互いに利用されつつ、利用するという暗黙の関係が成立していたとも言えよう。しかし、発想や解釈、表象は発話者に委ねられるゆえ、「私

にとっては、何々を意味する」という形で語る人は多い。クリフォードによれば、フランス人宣教師で人類学者のレーナルト（Maurice Leendhardt）は、カナクに関する民族誌の作成をカナクとの「共同作業（collective work）」と見なしていたという（Clifford 1980: 520）。実際、あるカナクから筆者の元に送られてきた1枚の絵葉書には、「カナク・アイデンティティについて、ともに探求していったことが役に立てれば嬉しい」とあったが、その文面からも彼らは筆者との対話を、カナク・アイデンティティの表象に携わるための「共同作業」と見なしていたように見える。

　それでは、こうした共同作業はいかにして進んだのであろうか。共通のコミュニケーション言語であるフランス語は、対話者間の最大の障害でもある。多言語地域のメラネシアにあって、ニューカレドニアには28の異なったカナク言語が存在し、その仏語アクセントは言語地域や世代によっても異なる。主島、グランド・テールや年取った世代の仏語は筆者に聞きづらく、ある老政治家と会見したときはほとんどわからず、若い女性秘書が呼ばれて仏語から仏語へと通訳されて、ようやく理解できたこともあった。しかし、なによりも筆者のフランス語は、フランスを忘却するとともに苦手な第3外国語として見事に退化していた。その結果、1990年代の現地調査では、その場で全ての声を聞き取り理解し、質問を返すには完全な能力不足でコミュニケーションにズレを生じた。この結果、聞き手は質問を、言葉を換えてしばしば繰り返し試みることとなり、語り手は驚くべき忍耐と寛容さをもってディスコースの中で表現を換えて応じることになり、後で録音したものを書き起こすと内容的には同じことを確認できたが、意味するところが深まっていることもあった。語り手も聞き手も自らの、そして他者の文化やアイデンティティについて思考し、問い、語っていくことは、それらを客体化し、主題についての知識を構築していく過程である。それは、漠として抱いていた考えや疑問を具体化する、あるいは問題意識に目覚めて新たに概念化する過程となるかもしれない。開き直って言ってしまえば、「語る行為」と「聞く行為」のズレによる"思考錯誤"が意味を模索させ紡いでいったのかもしれない。両者の行為は、互いに想起、喚起し合いながら、行き詰まっては模索打開し、発展し、知識は力となって意味を構築していくと言えよう。結局は、太田の言うように、「文化やアイデンティティは常に関係性の中で形成され」、「自己形成は常に他者の意識を経由した結果としてある」（太田 1998: 9）。

筆者の調査は、1986、91、96〜98、2004〜07年の都合9回に及ぶ。97〜98年はカナク・アイデンティティに本格的に取り組むことになったオーストラリア国立大学でのPh.D.のために行ったフィールドワークで、2005〜07年は科研プロジェクト調査によるものである。両者に関しては録音収集したディスコースの内容を完全に把握するために全てディクテーションし、その完了がフィールドワークの終了を意味した[5]。いずれにしても、そのディスコースは、膨大なテクストを構成し、「語りのパラダイム」を編成する上での重要なソースとなる。これらのテクストとなったディスコースを分析することによって、似通った、異なった、一貫した、矛盾した、変化した、あるいは変わらぬ意味づけから、言説としての概念や多層的な面を通奏低音として捉え、トピックとして分類、本文に挿入していく。取り上げられるディスコースには限りがあるゆえ、選択されていくが、そのプロセスの中で選択されなかったものが、筆者に読み込まれていく意味においては、「文化を書く」という行為から必ずしも完全に排除されるわけではない。ディスコースの個別性（Clifford 1986: 13; 太田: 1998: 228）という意味では、それを「語る主体」が誰であるかのみならず、上記の調査年代における文脈の中で時代的制約を受けることは言うまでもない。また、筆者が、とりわけ注意を払ったのは、選択され切り取られたディスコースが、前後の文脈から切り離されて、ひとり歩きして本来の意味とは異なって使用されていないかということである。そのため、誰が、いつ、どこで、どのような状況の中で筆者に語っているか、取り上げるディスコースがどのような文脈の中で話されたものか、テクストを読み返し、ときに録音を聞き返し確認していった。カナクの内部的視点による表象から、カレドニア人やフランス人のローカルな外部的視点による表象、さらに、参照するフランス人やカレドニア人などの研究者による表象まで、筆者という「語る主体」は、複層化した認識や言語の中で整理されまとめられていく「ハイブリッドなテクスト行為」を通して、「語りのパラダイム」において、他者をいかに表象するか、意味づけるかというプロセスに従事してきた。この意味において、クリフォードが言うまさしく「部分的真実」としての語りである。彼は、民族誌を「フィクション」と呼ぶのは「文化的真実や歴史的真実の部分性、つまり、真実と言われているものが実はいかに故意に整理されていて、また排他的であるかということを意味する。……民族誌の真実とは、本質的に部分的真実なのである。それはなにからも完全に自由でなく、不完全なのだ」と指摘している（Clifford 1986: 6-7;

1996: 10, 12)。

　『文化を書く』の副題、「民族誌の詩学と政治学（The Poetics and Politics of Ethnography）」は、民族誌が文学や政治学と境界的に曖昧であり、民族誌的権威は両者から自由でないことを示唆している。人類学が科学としての客観性に依拠しなければならないのは学問として当然のことであるが、これに従えば「語る主体」は前述したように、遠のき、消失していくはずである。しかし、フィールドワーカーにとってそのフィールドとのつながり、個人的体験として他者と共有した時間と場は、その内部に特別な意味と非時間的景観を構築するゆえ、自然科学のような客観的実践のみの民族誌はあり得ようか。クリフォードが指摘するように、「客観的実践と主観的実践を融合しようとするこの分野の不可能な試み」（Clifford 1986: 109; 1996: 202）は、それを引用しているプラットがいみじくも分析するように、「個人的権威と科学的権威との間に位置する学問の矛盾」として、「個人的叙述は……フォーマルな民族誌的記述の求める自己の消失との矛盾を仲介し……客観化されていく中で取り払われたものについての断片を取り戻す」。換言すれば、消失していくはずの「語る主体」は、非時間的な「民族誌的現在」において「自己と他者を同一の現在に置くのである」（Pratt 1986: 32-33; 1996: 60-61）[6]。「客観的実践」として記述すれば科学的なるものに、「主観的実践」として叙述すれば文学的なるものに聞こえる中で、仏文出身の筆者がこの矛盾と誘惑に打ち勝つのは難しい。筆者という「語る主体」は、書くことによってその時点のフィールドに再節合され、「民族誌的現在」としての人々との交換を「客観的実践」として表象していく。しかし、そこで全うできないものを、ときに「主観的実践」による叙述という間主観的な揺れ動きの中で、民族誌的詩学を生み出そうと試みるのである。

　一方、民族誌は歴史的な植民地支配や政治的力関係と無関係ではあり得ず、本書のテーマはアイデンティティ・ポリティックスから切り離せない。語る者と語られる者という力関係の中で、他者である西洋が表象するオリエントを、オリエンタリズムとして批判したサイードも、表象とは目的を持ったものであり、形成されたものであり、あるいはロラン・バルトの言葉から変形されたものであるとしている（Said 1995: 273; 1994: 277）。このことは、目的を持たないディスコースはディスコースたり得ないことを考えても明らかであり、とりわけ、ニューカレドニアの独立派対反独立派という政治的文脈の中で、ディスコースにおける歴史的解釈や表象がその立場によって異なるのは言うまでもないが、

各自の考えや見解によって、その意味するところが強調されたり、異なったり、変形されもする。この意味でも、総体としてのカナク・アイデンティティは「部分的真実」としての語りであり、これを補完する意味で、オセアニア、とりわけ比較対象として常々関心を抱いてきたニュージーランドのポリネシア人マオリの先住民的権利回復をときに参照していく。マオリは植民地化のルーツである英国と結んだワイタンギ条約（The Treaty of Waitangi）を根拠としてそれを要求していったのに対し、カナクは独立運動としての脱植民地化闘争を通して展開し、ルートとしてのヌメア合意に至ったことに、両者の原因と結果における諸々の相違と相似が出現すると想定してきた。これまでニュージーランドを訪れた際（1986、2003、2006、2012 年）、人々とのフィールドにおける交換から考察してきたが、こうした仮説を実証するディスコースの必要性からその最終調査を 2014 年初頭に行った[7]。ニューカレドニアのそれが 2007 年なので時期的ズレを考慮しなければいけないが、本論ではこの 2014 年の調査を基に関連個所を加筆していった。

　人類学が多面的で複雑な内面を抱える人間が織り成すヒューマニティの学問であることに鑑みるならば、複数の「語る主体」と複数の言語を介したディスコースから解釈される「語りのパラダイム」において、論旨的明確さを求めていけば、事実は単純化され、本質化されるオリエンタリスト的表象の罠にはまる。他方、複雑さ、多様性を求めていけば、曖昧で論理的明快さを失っていくジレンマに陥る。一方、地域的に限定した個別レヴェルでのミクロ的視座の人類学的観察とは異なり、アイデンティティ・ポリティックスとしての権利回復を追ったディスコース・アプローチは、その拡散性からもマクロ的視座からの考察であるが、本書の目的はひとつのモデルを打ち立てることにあるのではない。もともとモデル化に興味のない筆者の関心は、通時性と共時性を通して、多様性と複雑性を盛り込みながら、「カナク・アイデンティティの語り」を総体として表象することにある。つまるところ、「語るもの」と「語られるもの」という一方的関係ではなく、「語る行為」と「聞く行為」の相互作用から生まれた「語りのパラダイム」において、何が真実として捉えられているか、何が「真実の体制」を維持しているかを見極め、表象していくことにあろう。

4. 節　合

　ラテン語 articulatus から発した節合（articulation）は、言語的分野のみならず、関節や結合を意味し、動詞（articulate）は関節でつなぐという意味があり、フーコー[8]やホール、後者からヒントを得たJ. クリフォードなどが使ってきた。なかでも、文化をルートとルーツという節合から捉えてきたクリフォードは、先住民性（indigeneity）を特定の場所に根付き（rooted）、特定の場所を通ってルート化（routed）していく節合体と見て、ルーツからルートに視座を移している（Clifford 1997; 2001: 469, 472）。彼は道としてのルート（route）を複数形（routes）で記すことによって、根としてのルーツ（roots）と同一発音にして、両者が同じネットワーク上にあることを意図したと思われるが、ここでは、日本語で識別できなくなるために一貫して「ルート」として記す。彼によれば、我々が社会＝文化的総体として見なしているもの、あるいはそのように提示されているものは、実は一連の歴史的な連続や不連続から構成された節合体である。節合は諸要素の間を取り付けたり、取り外したりすることができる政治的結合や分離を意味し、節合されたものは脱節合できるゆえ、節合された総体はむしろサイボーグに近いとしている。一方、節合と脱節合は、文化を形成し再形成する絶え間のない過程であるとするクリフォードは、先住民が内部の文化システムに外部的要素をいかに再文脈化してきたかという文化的な「加工処理（processing）」については関心を払っていない（Clifford 2003: 45, 88-89）[9]。しかし、カナク・アイデンティティのディスコース分析において、この文化的「加工処理」はきわめて重要であり、そこにはカナクがしばしば言及する「流用（appropriation）」の概念がある。その文化人類学的概念は太田（1998: 47-53）を参照していただきたいが[10]、「流用」とは植民地化され周縁化された人々が外部から入ってくるものを、自らの文化システムの中に再文脈化し加工処理して領有する、ローカルな人々による文化的戦略と言えよう。支配的な文化にいかに対応し、内部の文化を保持するかという知恵でもあり、第3部で見る「メトリーズ（maîtrise マスター）」や「道具的手段」に通じてくる。

　いずれにしても、節合の概念は、カナク・アイデンティティやその言説を考える上で、きわめて示唆に富んでいる。なぜなら、その先住民性を植民地化などによる歴史的な連続や不連続から成るルート・ルーツの節合体として、そのアイデンティティの言説を構造的に見ることを可能にするからである。つまる

「カナク・アイデンティティの語り」節合総体図

ところ、「カナク・アイデンティティの語り」は構造的に、ネーションとして主権を有する、あるいは共有する想像上の政治的共同体、原初的領域として慣習を共有する想像上の共同体、エスニシティとして文化を共有する想像上の文化共同体における3つの語り——「ネーションの語り」「共同体の語り」「文化の語り」——の節合総体として上図のように表象できよう。原初的領域としての共同体をルーツとして、人々はこれら各層の間をディスコースの中で自由に行き来し、3つのレヴェルを関連づけて語るのである。換言すれば、「共同体の語り」を政治的・文化的ルーツとして、各語りは政治的・文化的ルートによって節合されると言えよう。したがって、総体としての節合のジョイントを取り外して脱構築し、各次元で分析するとともに、節合された総体としてどのように関係し合っているかを見守る必要があると言える。

ゆえに、本論では、第1部はネーション・レヴェルで出現した主権、土地、経済社会的権利に関して、第2部は先住民の共同体レヴェルにかかわる慣習的

諸権利を、第3部はカレドニア多民族社会におけるエスニシティ・レヴェルで現れた文化的権利を主軸に、各語りの中でこれらの権利回復要求がいかなる結果を生んだかを3つの視座から探っていく。同時に、アイデンティティは他者なくして語り得ず、とりわけその権利回復要求は他者の権利にもかかわるゆえ、他者との関係とその模索を考察しながら、3層構造の節合総体としてのカナク・アイデンティティを表象していく。結論としての終章「変奏の語り」では、各権利に関してその意味するところがいかなる歴史的変奏を遂げたかを、それぞれ通時的に追い、共時的方法論としてのアイデンティティとディスコースの関係において、カナク・アイデンティティが3つのレヴェルにいかに節合され、言説として編成されているかなどを総括したい。

　ポストモダンの文化人類学では、文化は消え去るものではなく、新しく発生するものと見なす視点から、文化理論を再構築してきたが、民族誌は均質化と出現のメタナラティヴの間を揺れ動いてきたと見るクリフォードは、前者を「エントロピックな語り」として、すなわちレヴィ＝ストロースの『悲しき熱帯』(2001)は消滅の語りであり、それに対する出現としての語りを、文化を描写の対象としてよりも、あたかもそれ自身が思考するものであるかのように扱っているレーナルトに言及している (Clifford 1988: 9, 14-17; 2003: 21, 29-31)。「カナク・アイデンティティ」のディスコースは、他のエスニック・コミュニティに対してはエスニシティとしてのアイデンティティを求める均質化と、内部的にはクランに基づく複数的なアイデンティティを求める差異化という言説的二重性に揺れ動いてきたが、脱植民地化運動の中で発生し、その権利回復に向かって構築され、現代アリーナの只中を迷走しながら思考している「カナク・アイデンティティの語り」が、「出現の語り」であることは間違いない。

　しかしながら、人々のディスコースを基にした「カナク・アイデンティティの語り」はひとつの民族誌的表象形態にすぎず、その個別性とそれに対する全責任は筆者にある。ホールの言葉を借りれば、アイデンティティは特定の歴史的・制度的場において、特定のディスコースの形成と実践の中で、特定の言表的戦略によって創造されるからであり (Hall 1996: 4)、フーコーとクリフォードの言葉を借りれば、何が真実として捉えられているかという「真実の体制」のほんの「部分的真実」にすぎないのである。

＊　＊　＊

本書は、3部構成のそれぞれ3章から成る3部形式の語りである。しかし、「ネーションの語り」「共同体の語り」「文化の語り」は3楽章として演奏されることを意味するのではなく、トリオとして、たとえば、弦楽アンサンブルの三重奏としての曲想で構成されている。しかし、実際に3つの語りが重奏されると、各編成部はそれぞれ異なった調、異なったリズムで主題の旋律を勝手に奏でるので、まったくハーモニーのないハチャメチャな不協和音が連続する。他方、同じモティーフが各編成部を通してもつれ合い、発展しながら演奏され、各部の最終章では現代アリーナの中で、同一主題としての「我々はどこに向かおうとしているか」を迷奏する。しかし、この「ポストモダン風ラプソディ」をいかに読むかは聞き手としての読者に任されよう。

注
1)　「カナク・アイデンティティ」に関する研究書には、Bensa 1990; Tjibaou 1996, 2005; Leblic 2007 などがある。
2)　レヴィナスは cogito の中に je-tu（私とおまえ）の関係におけるダイアローグの必要性を見ている（Levinas 1986）。
3)　フーコーの「主体」「知識」「力」「歴史化」「真実」などは、彼が書物以外に残した数多くの論文、インタヴュー、講義などで論じられており、それらの英訳、編集出版本（Foucault 1994abc, 1984, 1980）を筆者は使用した。また、フーコーのディスコースの実践、表象、主体、知識、力などに関して、分析した S. ホールの著書を参照した（Hall 1996, 1997abc, 2001）。
4)　フーコーは、『言葉と物』（1966）の中で、命題（proposition）は、ディスコースの中で表象され、同じモードに従って表象として分節化（節合）されるが、他のディスコースの表象に変わる中で、ある種のズレを生じる可能性があり、このことはディスコースに自由を与えていると分析している（Foucault 1966: 114; 1994d: 99; 1974: 124）。
5)　インタヴューは、1986年最初のフィールドワーク以来、筆者の「人間関係のネットワーク」を拡大しながら行ってきたが、86、91、96年の調査に関しては、録音したテープはもはや残っておらず、会見記録ノートのみである。また、ディクテーションに関しては、当初英訳へテクスト化したものもあるが、その後は仏語のまま対話の全てを書き取っていた。本稿の主軸となるのは 1996 〜 98、2004 〜 07 年の調査である。1996 〜 98 年の調査ではヌメアを中心に、本島のグランド・テールやロイヤルティ諸島で、カナク・アイデンティティとその闘争の歴史を対象に、2004 〜 07 年ではヌメア、北プロヴァンスの東海岸地域や西海岸地域で、ヌメア合意後の変化と 1990 年代の調査で不十分な点や不明な点を補足した。1 回の調査期間は 1 カ月前後か 2、3 カ月であった。1990 年代当初は質問リストを事前に提示していたが、筆者も対話者もその場で他のトピックに移ることは多々あった。1 回のインタヴューは平均 2 時間余で合計 165 回に及び、1990 年代はテープに（70 本余り）、2000 年代は MD に（18 枚）録音したが、なかには録音に失敗あるいは雑音が入ってまったく聞き取れず、書き起こしできなかったものもある。

6）海外の論文では、「語る主体」として「We」の代わりに「I」の使用も認められているが、日本ではそうした実践はないようだ。
7）これまでマオリに関しては、個別的な会見としてのディスコースを録音したことはなかったが、2014年の1月から2月の調査では、3人のマオリ知識人に会見、録音し、ディクテーションした。しかし、本人などからの希望があって会見リストに名前を載せることは控えた。
8）たとえば、Foucault（1994d: 96-103）を参照されたい。
9）クリフォードは、カナクのキリスト教導入に言及した際、問題は伝統的構造を通して新しいものに「加工する（processing）」ことにもかかわるが、土着的社会の継続にはむらがあり、個人主義や普遍主義の新しい様式がその組織体や社会、空間を再構造化したわけであるから、存続した伝統は、古い土着的要素と新しい外部的要素という、異質な要素のオリジナルな節合として見ることが最適としている（Clifford 2003: 89）。
10）太田は、ブリコルール（器用人）を出来事から構造を創る人と見なしたレヴィ＝ストロースを流用して、流用を「自分達の利益にかなうように規則を読み替え」、支配的な文化要素を取り込み、都合のよいように配列し直して、自己の生活空間を複数化してゆく、ブリコルールが行う文化の創造としている（1998: 48）。

第1部
ネーションの語り

第 1 部　ネーションの語り

　「カナク・アイデンティティの語り」の幕開けとなる「ネーションの語り」をいかに解釈したらよいのであろうか。B. アンダーソンによれば、「ネーションとは本来的に限定され、主権を有するものとして想像された政治的共同体である」とし、「限定され」とは国境によってその境界が限られるからであるが、ときに伸び縮みする。「主権を有するもの」とは国民を指し、「想像される」とはどんな小さな国であっても、その国民のほとんどが同国人を知らないからであるとしている（Anderson 1991: 5-7）。
　この主権を有するものとして想像される政治的共同体としてのパラダイムの中で、脱植民地化運動において出現したカナク・アイデンティティの「ネーションの語り」は、政治的ディスコースによって主張され表象されるが、先住民性としての共同体的ディスコースと、エスニシティとしての文化的ディスコースを節合している。ソマーズとギブソンは、社会学の領域からナラティヴとアイデンティティの社会的構築について論じているが、ナラティヴを表象形式として見る伝統的解釈よりも、社会的認識論及び存在論の概念として見ることを提言している（Somers, Gibson 1994）。本書は先住民のアイデンティティの表象形態としてのナラティヴであるが、筆者にはネーション、共同体、文化の 3 つの語りから存在論的ディスコースが聞こえてくるとともに、これらのディスコースから先住民の認識論的あり方が見えてくる。「ネーションの語り」は、とりわけ存在論的主張と重なる。S. ホールが先述しているように、社会的主体としての場に向かって「我々」に呼びかけ、「語られる主体」としての「我々」を構築する主体性を生み出すディスコースの実践による、アイデンティティの主張である。この存在論的語りは、個人であれ、集団であれ、アイデンティティの模索において自己の存在とは何者であるかを主張し、自己と他者を差異化し、あるいは同一化して、必然的にその主体性を追求していくことにもなる。換言すれば、他者との関係において自己を対自化することによって、他者から自立し、自己決定し、自己実現を図っていくことでもある（江戸 1996: 146）。我々はかくかくしかじかの存在であるからして、「主権を有する者」として「我々」としてのアイデンティティを構築するディスコースは、政治的イデオロギーを構築し、独立運動を引き起こす。あるいは、先住民としての権利回復を有する

者として、それを実践に移すべきという語る力をもって、人々を動員、先導あるいは煽動することによって、ナショナリズムを喚起する。

　一方、アンダーソンの限定され、伸び縮みする想像上の政治的共同体は、境界が紛争の源になっていることを暗示しているが、ナンシーは、自己の境界の外部的周縁は他者の境界の内部的周縁に無限に接触し、自己の境界は他者の境界として、分割と共有において無限にかかわりあっていると指摘している（Nancy 1992: 47-49）。つまり、自己と他者との摩擦が増大して境界が閉じられれば、他者に対して排他的になるが、他者との接触と関係性において交渉が増大すれば、境界は他者との共有を増大する。この意味で、存在論的にもアイデンティティの境界は決して固定化されず、他者との分割とともに共有されかかわり合い、その境界は弁証法的・交渉的関係にある。

　こうしたことを念頭に置いて、この第1部「ネーションの語り」では、まず「カナクの創成」において、カギとなる「カナク」の語源史、アイデンティティ回復要求の根拠となるフランスの「植民地化」、権利回復要求の準備段階となる第2次大戦後の「夜明け」を歴史的に検証していく。その上で、I.「脱植民地化運動」とII.「権利回復闘争」における「カナク・アイデンティティ闘争」、次にI.「合意の時代」とII.「市民的現在」における「現代アリーナの中のカナク・アイデンティティ」を主権、土地権、経済的・社会的権利、及びニューカレドニアの多民族社会の紛争と和解から考察していく。

第1部 ネーションの語り

第1章

カナクの創成

　「カナクの創成」をいかに読んだらよいのであろうか。カーチ（Patrick V. Kirch）は、植民者たちが故郷から植物などを持ち込んで、移住先の景観を祖国と似たようなものに変えてしまうことを、植物学者 E. アンダーソン（Edgar Anderson）の「人間の運んだ景観（man's transported landscapes）」という言葉で言及している（Kirch n.d.: 34）。ここでは「運ばれた風景」として言及するが、こうした風景は植民地化によってオセアニアには多々あり、異なった国々に住んだあるいは旅したことから筆者の内にも移植されていることを想起させるこの言葉は、いたく心に響く。

　「植民地」という日本語を「民を地に植える」と読めば、新たな地に移植されるものは、入植する民や動植物から、その人々がもたらす建物から生活道具に至るモノまで、さらに無形の意味でも文化、宗教、知識、技術、言語、言葉まで多々あり、移植される場は、土地から、先住者や移住者の社会、文化、人々の心や記憶の中まで多様にある。土着の風景の中に植民地的景観が移植されていく過程において、運ばれたものは、先住の人々やその社会に支配と被支配の関係の中で強制的に受容させられ、あるいは意識的に無意識的に移植されたり、ときに積極的に受け入れられたりしながら、その社会と文化をねじ曲げ、人々の心に痛みと遺恨を伴って記憶の中に織り込まれていく。しかし時間とともに、移植されたものはその社会的・文化的システムの中で人々の伝統的なるものへの追憶とともに再構成され、先住民社会と人々の心に新たな土着的景観を創出していく。それゆえ、「カナクの創成」は、ルーツとしての「土着的景観」に「運ばれた風景」をルート化しつつ出現していった「カナク」である。

　この意味において、文化は消え去るものではなく、新しく発生する語りであり、カナクとしての創成に至る歴史には、多くのルート・ルーツがもたらされ、出現した語りでもある。ここでは、「『カナク』のルーツ・ルート」において、「カナク」がいかに先住民メラネシア人のアイデンティティとなっていったか、「植

第 1 章　カナクの創成

民地化」が後のカナク・アイデンティティ闘争にいかなる根拠を与え、さらに「夜明け」においてその近代政治がいかに誕生していったかを探っていく。

1.「カナク」のルーツ・ルート

「カナクという言葉は政治的に、他のコミュニティに対して強い意味を担っている。それはカナクの歴史性と正当性の概念を有した要求である」と、リフ島のあるカナク高校教師は語っている（Watrone 20/10/97）。それでは、先住民の歴史性と正当性の回復要求を担った言葉をもって、いかにして彼らは「カナク」となったのであろうか。メラネシア人とカレドニア社会を歴史的に鳥瞰しながら、「カナク」の語源的変遷をルーツからルートへと探っていこう[1]。

メラネシアの南端に位置するニューカレドニア（Nouvelle-Calédonie, 1万 9103平方キロ、単位はメートル、以下同）は、地図で見るように、長さ約 400 キロ、幅約 50 キロの主島グランド・テール（Grande Terre 大きな大地の意、1万 6750 平方キロ）、その 100 キロ沖合いにあるロイヤルティ諸島（Îles Loyauté、略して、ロ諸島）のウヴェア島（Ouvéa, 160 平方キロ）、リフ島（Lifou, 1150 平方キロ）、マレ島（Maré, 650 平方キロ）、及び主島の南端と北端からそれぞれ 50 キロ沖合いにあるイル＝デ＝パン島（Îles-des-Pins, 139 平方キロ）やベレップ諸島（Belep, 69.5 平方キロ）などで構成される（PIY: 430-431）。総面積では四国よりやや大きく、オセアニア島嶼圏ではパプアニューギニアに次いで大きい。フランスパンのような形状の主島は、中央の山脈によって東海岸側と西海岸側に分断され、全島ほとんどニッケルなどの鉱物資源で覆われ、まさしくおいしいパンゆえにフランスが手放せない理由もあるが、いわゆる南太平洋の楽園的イメージを有しているその他の島々は資源的にはきわめて乏しい。

行政的には次ページの地図にあるように、1988 年のマティニョン合意以来、グランド・テールは首都ヌメア（Nouméa）のある南プロヴァンス（州都ヌメア）と北プロヴァンス（州都コネ Koné）、ロ諸島プロヴァンス（州都リフ島のウエ Wé）の 3 つのプロヴァンスで構成され、行政上の選挙区でもある最小の地方自治体は 33 のコミューン（commune）で構成されている。また、28 余りの言語を有するカナク社会は、その主要な言語的・文化的違いに基づき、行政的に 8 つの慣習圏に区分されている。

第1部　ネーションの語り

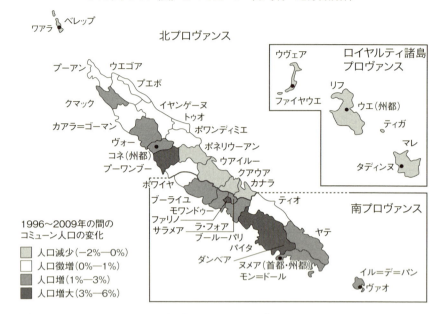

「ニューカレドニア」地図（INSEE-ISEE 2012）
プロヴァンス（州）とコミューン（市町村・地方自治体）

（注）ポワイヤのコミューンは、南プロヴァンスと北プロヴァンスに分けられている。

　人口表で見るように、2009年の人口は総計24万5580人（1996: 19万6836人）を数えるが、植民地化から現代に至るまで流入する移民によって民族的にモザイク化している。主要な7つのコミュニティの人口比は、カナク（Kanak）と呼ばれる先住民族メラネシア人（9万9000人）は40.3%（1996: 44.1%）、移民のヨーロッパ人（Européen, 7万1000人）は29.2%（1996: 34.1%）、太平洋島嶼民（2万8000人）11%（1996: 13%）はポリネシア系のワリス・エ・フトゥナ（Wallis et Futuna）諸島からのワリス人・フトゥナ人（Wallisien, Futunien, 2万1000人）（以下総称して、ワリス人）8.7%（1996: 9.0%）やタヒチ人（Tahitien, 5000人）2.0%（1996: 2.6%）、メラネシア系のニ＝ヴァヌアツ（Ni-Vanuatu, 2000人）0.9%（1996: 1.1%）、アジア系（6000人）2.5%（1996: 4.3%）はインドネシア人（Indonésien, 4000人）1.6%（1996: 2.5%）やヴェトナム人（Vietnamien, 2000人）1.0%（1996: 1.4%）である。「その他（3万9000人）」の16%（1996: 5%）は、それ以外のコミュニティの人々であるが、この中には日系人や中国人を含めた

ニューカレドニアの人口 (INSEE-ISEE 2012)
コミュニティ別の人口変化（単位：人）

	1963年	1969年	1976年	1983年	1989年	1996年	2009年
カナク	41 190	46 200	55 598	61 870	73 598	86 788	99 078
ヨーロッパ人	33 355	41 268	50 757	53 974	55 085	67 151	71 721
ワリス人*	−	−	9 571	12 174	14 186	17 763	21 262
タヒチ人	−	−	6 391	5 570	4 750	5 171	4 985
インドネシア人	−	−	5 111	5 319	5 191	5 003	3 985
ヴェトナム人	−	−	1 943	2 381	2 461	2 822	2 357
ニ＝ヴァヌアツ	−	−	1 050	1 212	1 683	2 244	2 327
その他	11 974	13 111	2 812	2 868	7 219	9 894	39 865
合　計	86 519	100 579	133 233	145 368	164 173	196 836	245 580

1) 1976年以前は、ワリス人*、タヒチ人、インドネシア人、ヴェトナム人、ニ＝ヴァヌアツのコミュニティは、「その他」の分類に入っているため、数値はない。ワリス人はフトゥナ人との総称である。
2) 2009年においては、「その他」は、表に掲載のない、その他のアジア系やその他のコミュニティ、あるいは所属コミュニティを申告しない者などを含む。

各プロヴァンスの所属コミュニティ別人口（2009年）（単位：人）

	カナク	ヨーロッパ人	ワリス人*	タヒチ人	インドネシア人	ヴェトナム人	ニ＝ヴァヌアツ	その他	合計
諸島プロヴァンス	16 847	341	25	14	7	1	13	188	17 266
北プロヴァンス	33 312	5 753	336	247	445	44	132	4 868	39 700
南プロヴァンス	48 919	65 627	20 901	4 724	3 533	2 312	2 182	34 809	161 115
ニューカレドニア	99 078	71 721	21 262	4 985	3 985	2 357	2 327	39 865	245 580
%	40	29	9	2	2	1	1	16	100

その他のアジア系（2009: 0.8％、1996: 0.4％）も含まれる。フランスは1996年を最後にエスニック・コミュニティ別の人口調査を中止していたが、2009年のエスニック・コミュニティ別の自己申告では複数選択が可能となり、混血児で複数のコミュニティを選択する者（8.3％）や、自己申告しない者（1.2％）、ひとつのコミュニティを選択することを拒否してカレドニア人として「その他」を選択する者（5％）もいる。また人口増大のうち、自然人口増加率による割合が85％、移民によるそれは15％を占めている（ISEE: 2011, 2012）。2009年の各コミュニティの人口比率が1996年の割合と比較して全て減少しているのに対して、「その他」の人口の割合が増大したのは、こうした事情や近年の新移民によるコミュニティの多様化が背景にあろう。

一方、エスニシティによる人口分布は地理的・経済的・政治的分布と重なり合っている。1996年では開発の進んだ南プロヴァンスの首都ヌメアとグラン・ヌメアとして言及されるその近郊（モン＝ドール Mont-dore、ダンベア Dumbéa、パイタ Païta）に、総人口19万6836人のうちの60.3％、非カナクのうちの84.6％が居住している。それに対してカナクの70.5％は、経済開発の遅れたとりわけ北プロヴァンスや口諸島のトリビュ（tribu）として言及されるカナクの居住村に住み、ヌメアとグラン・ヌメアに居住するカナクの割合は21.6％を占めている（IINSEE: 1997）。独立派のほとんどはカナクの70〜80％で占められ、その基盤は後発のブルス（brousse 地方、田舎）にあり、推定で約70％と常に過半数を占める反独立派の大半は、フランスとの経済的つながりに与するヨーロッパ人やその他の移住者が住む発展したヌメアにある。2009年では総人口の3分の2が首都近郊に集中しており（ISEE: 2013）、ヨーロッパ人の約80％余り、その他の移民の90％以上、カナクの30％が住むと推定され、カナクの都市人口は増大しつつ、ブルスにおける開発は前進しつつも、独立運動時代から現在の合意の時代に至るまで、この構造は基本的には変わっておらず、ニューカレドニアの現在に至る問題は、ここに露呈されていると言えよう。

この地に東南アジアから渡ってきたオストロネシア語族（Austronesian）がメラネシアの島々からニューヘブリデス諸島を経てニューカレドニアに定住したのは、諸説があるが約3200〜4000年前頃とされている。それ以前に非オストロネシア語族の狩猟採集民がこの地域を移動していった可能性も推定されているが、メラネシア人は農耕民族でラピタ土器製造の技術も有していた。その製造は途絶えたが、ちなみにラピタという名前は、グランド・テール西海岸のコネ（Koné）付近の発掘場所の名前から付けられたものである。ニューカレドニアは、1774年、ヨーロッパ人航海者としてこの地を最初に"発見"したイギリスのキャプテン・ジェームス・クックによって、その風景が故郷のスコットランド（古名でカレドニア）、すなわちカレドニア地方を思い起こさせたことから名付けられたが、1853年、フランスに併合されてヌーヴェル＝カレドニ（Nouvelle-Calédonie）となった。その結果、父系制のクランを単位として地域的・文化的・言語的にも異なって細分化し、統一を欠いた社会を構成していたメラネシア人は、カナク判事のトロリュ（Fote Trolue）によれば、最初はカレドニアン（Calédonien カレドニア人）と総称され、ヨーロッパ人が入植するとカレドニアンと称したため、ネオ・カレドニアン（Néo-Calédonien）となり、

第 1 章　カナクの創成

さらにカナック（Canaque）となり、それからアンディジェーヌ（indigène）、そしてオトクトーヌ（autochtone）へ、最後にカナクへとその呼称は変わったとしている（16/9/97）。換言すれば、植民地化によって導入されたこれらの言葉との節合において、メラネシア人はその多様性からエスニシティの同質性へと客体化され、脱植民地化運動が始まると主体化されていったと言えよう。

　先住民としての歴史的変遷を象徴的に物語るこれらの用語の中で、最初のカレドニアンからネオ・カレドニアンへの変化は、ニューカレドニアの主がヨーロッパ人に取って代わられたことを意味しよう。次の「カナック」への変化は、新約聖書（John 1.1）[2)]を流用して、「始めに言葉ありき、言葉は人と共にあり、言葉はカナカであった」と読み替えることで節合されよう。すなわち、「カナック」の語源はハワイ語で「人」を意味する「カナカ（Kanaka）」から派生しているからだ。この「カナカ」は原ポリネシア語の「タンガタ（tangata）」を起源とし、ハワイ語で「t」は「k」と変化し「カナカ」となるからだ。「タンガタ」は、ニュージーランドのマオリ（Maori）との関係でも興味深い。彼らは、ハワイキ（Hawaiiki 故郷）を意味する東ポリネシアやクック諸島から、西暦 800 年頃から 1200 年頃にわたって、長大なワカ（waka カヌー）の船団航海で、アオテアロア（Aotearoa 白く長い雲の棚引く国）に定住した。ノーマルという意味の「マオリ」は、ワイタンギ条約（Treaty of Waitangi）のマオリ語版の前文や 3 条では「タンガタ・マオリ（tangata maori 普通の人）」として言及されている。マオリ以外のよその人々を意味する移住者のヨーロッパ人は「パケハ（Pakeha）」と呼ばれているが、条約はマオリをニュージーランドの先住民として言及した最初の公的な記録であるという（Walker 1990: 94）。

　「カナカ」は、オセアニアでは、18 世紀以来、西欧との接触が増大する中で、ヨーロッパ人の航海者や宣教師、ビーチコーマー、白檀やナマコ商人などの貿易業者、捕鯨乗組員などを通して、その起源の地としてのハワイから他の島々に運ばれ、現地の島民を指す言葉として 19 世紀太平洋中にそのルートを拡散しつつ、侮蔑的な意を含むようになっていった。オーストラリアのクイーンズランドでは、労働貿易によってサトウキビ農園で働く低賃金の契約労働者として連れて来られたメラネシア人を指す言葉として広く使われたが、現在でもヴァヌアツやソロモン、パプアニューギニアのピジン英語の中で「辺鄙な田舎者」として使用されているという（Jourdan 1995: 132, 146）。ミクロネシアでは、チャモロ以外の島民に、また日本の植民地占領下では島民のみならず沖縄移民

が本土移民から差別されて、「内地人のカナカ」すなわち「ジャパン・カナカ」と呼ばれていた（富山 1993: 60-61）。さらに、ミクロネシアを第 1 次大戦前まで植民地化していたドイツ国内では、そのトルコ移民を指す言葉として現在も「カナカ」が使われている。つまるところ、「人」を意味する中立的な総称用語であったはずの「カナカ」は、その語る主体がポリネシア人からヨーロッパ人に転移した結果、言及の対象としての語られる主体はなにもオセアニアの先住民である必要はなく、遅れた他者としての島民や移民を指すオリエンタリスト的表象の言葉となったと言えよう。また文学では中島敦やロバート・ルイス・スティーブンソン、ハーマン・メルヴィル、サマセット・モームといった南海を舞台にした多くの小説や記述に、「カナカ」と言及される島民がしばしば登場し、軽蔑の眼差しよりはむしろ南海のロマン的な響きをもって表象されている[3]。

ニューカレドニアでは、ヨーロッパ人の到来は 1820 年頃から始まったが、1850 年代には、「カナカ」は、メラネシア人の総称として、kanak, kanack, canack, canaque とさまざまなスペルで、宣教師、行政官、植民者、民俗学者、作家などによって記されている[4]。宣教師は、キリスト教徒となった先住民を区別して異教徒の先住民に使い、一方、行政官はフランスに敵対して戦う者に対して使い、フランス側についた先住民は原住民同盟者（alliés indigènes）やカナック同盟者（alliés canaques）などと呼ばれた[5]。19 世紀においてはその綴りは英語スタイルの K もしばしば見られるが、フランス語ではもともと K の綴りはきわめて少なく、植民地化の進展とともにフランス語化して Canaque（カナック）となっていった。首都ヌメアにあるカナクを主体としたド・カモ高校のあるヨーロッパ系教師は、「最初、カナックはおそらく 20 世紀の初め頃までは、ポリネシア人と同じように中立的表現であったが、それ以後、侮蔑的な意味を持つようになった」（Chivot 10/10/97）と考えている。実際、20 世紀の初めの四半世紀をニューカレドニアで送ったフランス人宣教師で人類学者のレーナルトは、メラネシア人についての著『ド・カモ（Do Kamo）』（1971, 1979）の中でも、「Canaque」としてしばしば中立的な意味で言及している。しかし、ヨーロッパ人が作り上げた野蛮人（les sauvages）や「汚いカナック（les sales Canaques）」といったイメージと結びついて、「カナック」は表象する者とされる者との植民地的従属関係の中で否定的意味合いを帯びていった[6]。

第 2 次大戦後、メラネシア人は過酷な植民地支配から解放され、法制上はフ

ランスの市民となったが、その差別は終わらなかった。カナック（Canaque）という言葉が蔑称的であると問題視したのは、第2次大戦に従軍し前線から外の世界を見て帰還したメラネシア人兵士たちであった。その結果、より中立的な意味合いのメラネシア人という言葉をカレドニア人も使うようになった（Poédi 1997: 118）。実際、グランド・テール南部のあるトリビュのカナクの老人たちの語るところによれば、カナクは蔑称でその村では昔使うことが禁じられていたと語っていた（8/96）。ニューカレドニアは1958年、フランス海外領（Territoire d'Outre-Mer, T.O.M.）となったが、1950年代にフランス軍隊で兵役についたあるカナクによれば、「カナック」は軍隊やメラネシア人の間で中立的な意味で使われていたという（8/96）。北東部のポネリウーアン出身のカナク女性作家で政治家のゴロデ（Déwé Gorodey）の場合、カナクという言葉は、彼女のクランの祖先との関係で特別な意味を持っている。その祖先とは中部のパイチン語（Paicî）地域のクランの共通の先祖で、1975年のメラネシア2000フェスティヴァルで神話的ヒーローとして登場した「カナケ（Kanaké）」である。ゴロデによれば、彼女の属するクラン・メンバーはずっと「カナケ」の人々と称してきた。カナケはその発音からカナクとつながりやすく、子どもの頃から人々がパイチン語で、'Wëja tèpa Kanak'（「我々、カナク」）と言うのに聞き慣れていたので、「カナク」は侮蔑的な意味を持っていなかったが、ヨーロッパ人がメラネシア人を「カナック」と侮蔑的なトーンで呼ぶと、怒り傷ついたと語っている（31/7/97）。一方、リフ島出身のあるカナクによれば、子どもの頃勉強せず悪さをしていると、彼の父親は「ちっぽけな、つまらないカナックになってしまうぞ、賢いカマダ（camada, リフのデフ語で白人の意）のようにならなければいけない」と言われたという（Honakoko 6/9/96）。こうしたことからも、「カナック」が侮蔑的意味合いを持っていたかどうかは、その当時の状況の中で、それが誰によっていかなる口調や表現で使われたかにもよることがわかる。

　1953年にメラネシア人の権利の保護、拡大を目的とした社会主義政党UC、ユニオン・カレドニアン（Union Calédonienne）が創立されるが、この政党ジャーナルの『ラヴニール・カレドニアン（L'Avenir Calédonién）』を調べていくと、「カナック」は1950～60年代においては、ヨーロッパ人からの引用文などを除いて見当たらない[7]。その代わりラテン語から派生したアンディジェーヌという言葉が一般的に使われ、またオトクトーヌも1960年代に登場してくる。両者

第 1 部　ネーションの語り

ともフランス語で植民地化以前から存在する先住民を指すことに変わりはないが、前者は植民地体制の下でも使われたが、後者は土地に起源を有する、土地の人を指す（*Nouveau Petit Robert* 1995: 160,1159）。オトクトーヌはカナクの土地に対する権利意識の高まりと関係し、土地との関係を強調する意味で政治的に使われるようになっていったのである。今日、「カナク」あるいは「カナック」は、ニューカレドニアのオトクトーヌとして定義されてもいる（*Nouveau Petit Robert* 1995: 1241）。

　1964 から 65 年にかけてニューカレドニアを訪れた森村桂は、その紀行記『天国に一番近い島』で、首都ヌメアでは「カナック」という言葉は侮蔑的であるから使わないようにと人々から聞かされていた。そのためウヴェア島、つまり「天国に一番近い島」のあるトリビュでメラネシア人の若者レモが村のスピーチで、「カナック、カナック」と叫ぶのを聞いて驚き、また、それを聞いている村の若者たちの目が輝き、拍手したと記している（森村 1969: 204-209）。それから 30 年余りを経て、ウヴェア島の「レモ」のトリビュで当時の話を聞くと、彼は「私は、カナックという言葉を、我々、土着のノーアル（noir 黒人）であるカナックは他の社会と他の肌の色の人々を歓迎する……我々は、カナック社会の只中にあなた方を受け入れ、軽蔑することなく、歓迎するというようなことをしゃべったと思う」と話した。彼は 1950 年代にウヴェアからヌメアに両親と住み始め、ずっと UC に属し、その青年連合、JUNC の一員で政治的に少し目覚めていたという。当時 20 代で工事現場などで働いていたが、知り合った森村やこの青年連合のヨーロッパ系やカナクの若者 20 人を出身地のウヴェア島へ連れて行き、島の北端から南端まで全てのトリビュを訪れたという。彼によれば、トリビュで彼自身の言語であるイアアイ語（Iaai）とフランス語で話したが、客人を歓迎する慣習的スピーチなので政治的意図はなかったという。「なぜなら、もし政治的に語れば、彼らを歓迎できなくなってしまう……自分でもどうしてかわからないが、パロールの中で（カナックが）ごく自然に口から出た……ヨーロッパ系若者はその言葉を聞いても別に驚かなかったと思うし、カナックがこの国の人々であることを理解していたと思う」。当時この言葉を使う人々は多くなく、この後、滅多に口にしなかったと記憶をたどりながら、控え目に語ってくれた（16/10/97）。しかし、土着言語もまたフランス語もよくわからないという森村が、「カナック。そうだ、この人たちは土人なのだ。土人であることを主張したいのだ」ということに気づくほど、レモが「カナッ

ク！」と叫びながら演説する様子には迫力があったと記している（ibid.: 205, 206）。この「土人」という日本語は差別用語として死語になっているが、まさしくカナク・アイデンティティ闘争に見る先住の「土着の人」として、このエピソードは、メラネシア人がすでに「カナック」という言葉を自らのものとして主体的に取得していたことを意味していよう。それゆえ、彼女が描写したこのシーンからは、来るべきメラネシア人解放運動の予兆が読み取れる。

　実際、1969年から始まった解放運動のメラネシア人学生リーダーとなったマレ島の大首長の息子である N. ネスリーヌ（Nidoish Naisseline）は、「カナック」という言葉を逆手にとって、自ら「我々はカナックである」と主張し、人間としての自由と尊厳のシンボルとしてこの言葉を高く掲げ、解放運動において彼らのアイデンティティとしたのである。1970年代半ばになると、「Canaque」はカナキゼ（kanakiser カナク化）され、「Kanak」となっていった。ニューカレドニアでは C から K への綴り変換はしばしばあるが、その言葉に「力」を持たせる意味があり、またフランス語綴りからオセアニアの言語的綴りへの変化において、「カナク」は「人」を意味する語源の「カナカ（kanaka）」に回帰していったとも言える。換言すれば、この「カナック」からの脱フランス語化、すなわち、「Kanak」としての変換は、用語上一歩先んじた脱植民地化を意味する。それゆえ、ADCK 長官の O. トーニャは「C から K への変化は政治的な宣言である……独立闘争におけるカナクにとってふさわしいアイデンティティとして……それは、われわれが今日、国の将来を描いていく上で、その道により適ったアイデンティティである」と語っている（8/10/97）。1975年、後に独立運動指導者となった J.-M. チバウ（Jean-Marie Tjibaou）は、メラネシア 2000 フェスティヴァルでこのカナク・アイデンティティに肉付けし、ニューカレドニアの先住民としての土着的・文化的アイデンティティを具現化したのである。以後、「カナク」は新たなミッションを帯び、すなわち、カナク・アイデンティティの回復要求を担い、カナク独立運動は始まったと言えよう。

　1975年、カナク政党が独立を政治目標に掲げたことにより、その闘争は本格的に始まり、80年代には独立派と反独立派の間で武装闘争化し激化していった。1984年、カナク独立派によって結成された FLNKS（Front de Libération Nationale Kanak et Socialste カナク社会主義国民解放戦線）は、その会議で公式に Kanak として綴りを定め、独自の文法規則を作成した。フランス語の規則に合致しないその文法規則は名詞として最初の K は大文字で常に書かれ、「マ

オリ」のように常に単複同形で、またフランス語に見られる男性形、女性形を持たず常に無変化であるが、形容詞として使われるときのみ小文字で始まる。この「カナク」の文法規則からすれば、「カナク」は先住民メラネシア人の名称として理解されようが、フランス語辞書にも「カナク」は「ニューカレドニアのオトクトーヌ」として定義され民族名称の記載はない。FLNKS党首のR.ワミッタン（Rock Wamytan）は「カナクという言葉は、闘争のための言葉なのだ。カナクとは我々のアイデンティティとその回復要求を認めることなのである。それは国民としてのアイデンティティを確立するための、政治的・戦略的な目的を担っているのだ……民族としてのアイデンティティとして進化してきたけれど……」と語っている（21/8/96）。ここに「カナク」の複雑な文脈があり、ある種のレトリックを生む原因ともなるが、「カナク」が「人」を意味する「カナカ」の属性の総称なのか、あるいは民族としての固有名詞なのかは、独立運動時代から曖昧なままにされてきた。これには、戦略的にカナク・アイデンティティの言説を立て、植民地化で踏みにじられた「人」としての回復要求のシンボルとしてさまざまな意味を「カナク」に吹き込み、さらに独立の暁にはネーションとしての表象へと転換していくことが可能となるからと言えよう。独立運動の象徴として、「カナック」から「カナク」へとその闘争を導いてきた「カナク」と比較すると、「マオリ」はそのような強い意味を有しているようには見えない。マオリに聞いてこれまで返ってきたのは、「マオリ」はパケハに対して単に「普通の人」という意味でしかないといった答えである。言い換えれば、マオリ・アイデンティティとしての意識は、各イウィ（iwi 部族）がワイタンギ条約を通してそれぞれの権利回復を勝ち取ってきた自身が帰属するイウィにあるゆえ、その独自のアイデンティティは「パケハ」に対する分類的属性としての「マオリ」ではないということでもあろう。

　1988年のマティニョン合意（Les Accords de Matignon）によって和平が成り、和解の時代を迎えたカレドニア社会で、この政治的な使命を帯びた「カナク」は、しだいに土着的文化体系の網の目を通して人々の間に浸透していった。しかし、「カナク」は政治的信条ともかかわるゆえ、1990年代における筆者のフィールドワーク時においては、全ての人々に受け入れられておらず、「カナク」が「人」を意味するのか先住民の呼称なのか曖昧であった。独立派によれば、「カナク」という言葉を使わない者は反独立派か、古い世代に属する人々として、前者ではカナクの独立を認めることに等しく、後者にとっては侮蔑の

眼差しという過去の記憶を思い起こさせ、ヨーロッパ人には罪悪感を呼び起こす。また、フランス語で書くときは仏文法の用法に従う者や、あるいはヨーロッパ人研究者には、仏語論文の中で仏語式の「Canaque」を中立的な意味で用いた者もいた。こうした政治的負荷を帯びた「カナク」に対して、接頭語の「メラ」に「黒い」の意味がある人種的総称の「メラネジアン（Mélanésien）」は、他のメラネシア人との混同はあるが、中立的な意味で人々に使われている。それゆえ、あるカナクは、「私は『メラネジアン』を使う。というのも『カナク』はいまだ曖昧で、政治的に排他的で……人間にとっての価値観にかかわるからだ」と語っている（15/9/97）。要は、「カナク」が文化的アイデンティティとしては先住民の文化に帰属する者を、政治的アイデンティティとしてはカナク・ネーションとも切り離せないため、先住民のカナクとその他の民族を境界化して、他者に排他的になるということであろう。また、肌の違う人々として、外見上の識別を端的に示す言葉に、「ブラン（blanc 白）」と「ノワール（noir 黒）」があり、フランス語で一般的に植民地における「貧しい白人」を意味するプティ・ブラン（petit blanc）も使用され、人種差別主義の残滓にも聞こえるが、カナクであれ他の民族であれ、人々は日常的に使っている。

　ここで、ヨーロッパ系の呼称を記しておくと、入植者を意味するコロン（colon）には、「カルドシュ（Caldoche）」という通称があり、『ラヴニール・カレドニアン』の1967年5月9日号に最初に現れたという（Griscelli 1994: 241）。「カルドシュ」とは「カレド（Caledo）」とモノを意味する「ショーズ（chose）」が一緒になって「カレドシュ（Calédoche）」、さらに詰まって「カルドシュ」となり、「カレドのようなもの」というのが、カレドニア社会の通説である。しかし、フランス語の専門家によれば、言語学的に「カルドシュ」はカレドニアを意味するCaledo-と半ば侮蔑的な意味を帯びる接尾辞の-ocheから構成された言葉であるという。いずれにしても、侮蔑的な意を含み、ブルスに住む保守的なブルサール（田舎者 bourssard）といったイメージもあり、これを嫌う人々は「カレドニアン」と称している。他にも、フランスの植民地であったアルジェリアからその独立後の1960年代に移住したヨーロッパ人を指す「ピエ＝ノワール（Pied-noirs 文字通りは「黒い足」）」がある。もともとはアルジェリアの先住民を指す言葉であったが、後にその白人入植者に使われ、ニューカレドニアではアルジェリア出身の政治的に急進的右翼のフランス人を意味する。ドーノイによれば1962年のアルジェリアの独立以後ニューカレド

ニアに来たこうしたピエ＝ノワールは約 2000 を数えるという（Dornoy 1984: 261）。フランス政府派遣の役人、軍、ビジネス関係者などの「メトロポリタン（本国人）」を指すゾレイユ（Zoreil）あるいはその短縮形のゾゾ（Zozo）は、人々に大きな聞き耳を立てる人の意味があり、冠詞の les と耳の oreilles が詰まってゾレイユ、さらにゾゾになったもので、軽蔑的な意を含んでいる。したがって、白人の呼称も差別化し、侮蔑用語は「カナック」に限らないが、植民地支配の従属関係の中で被植民者に使われる場合、その表象が意味する差別的文脈には大きな違いがある。

　一方、「カレドニアン」の用語も複雑である。今日では、「ネオ・カレドニアン」という言葉はあまり聞かれないが、「カレドニアン」は、普通はカナク以外のヨーロッパ系やその他の民族、またカナク文化に帰属しない混血の人々を意味する。しかし、カナクを含むニューカレドニア住民全般を指す総称ともなるため、カナク、とりわけ、独立派は「カレドニアン」に対して複雑な反応や反発を示し、「カレドニアン」と「カナク」は政治的文脈において競合的な言葉となってきた。ある独立派のカナクは「私はこの言葉が大嫌いだ」（9/97）とまで言ったが、これはひとつには「我々はカレドニアンであるとは感じず」、彼らのアイデンティティではないからである。「カレドニアン」も「カナク」も、外部のヨーロッパ人がもたらした言葉であるが、後者はその政治的闘争の中で勝ち得た言葉であるという解釈において、前者に含まれたらその政治的勝利は無に帰してしまうからである。つまり、「カナキー（Kanaky カナク国）」における「カナク」国民になるのか、あるいはニューカレドニアにおける「カレドニアン」になるかの闘いの中で、カナク独立派は、ネーションの概念を表象する言葉として確立しようと「カナク」の言葉の普及に努めていた。

　しかしながら、10 年後の 2000 年代の調査時においては、「カナク」はニューカレドニア先住民の呼称として広く一般に普及していた。これには、1998 年に結ばれたヌメア合意（Accord sur la Nouvelle-Calédonie）の中で、「カナク」が公的に言及され、承認された言葉として完全に定着したからであろう。カナク・アイデンティティの回復を謳ったこの合意によって、ニューカレドニアは現在フランスとの主権の共有による政治的権限が移譲しつつ、「共通の運命の中の市民社会」としてカレドニア市民権の確立と最終的な主権の移譲として、独立に至るか否かの不確実性の中にある。それゆえ、ディスコース上での知識＝力関係によるアイデンティティ・ゲームの戦いは続行中であり、「カナク」

と「カレドニアン」を互いにニューカレドニア市民として、「国造り」が進められているが、国名や国旗は論争中で決まっていない。それが、ヌーヴェル＝カレドニ＝カナキー（Nouvelle-Calédonie-Kanaky）になるか、あるいはカナキー＝ヌーヴェル＝カレドニ（Kanaky-Nouvelle-Calédonie）になるか、あるいはひとつの新たな国名に統一されるかは、いかに異なった主体間の関係が成立するかでもあり、この先「カナク」や「カナキー」に新たな節合が起きる可能性があるかもしれない。

　この意味で、「人」を意味する「カナカ」をルーツとした「カナク」のルートは、いまだ伸展中なのである。

2. 植民地化

　カナク・アイデンティティの回復闘争について問うと、多くの人々は人間としての尊厳の回復に先ず言及する。当時経済社会カウンシル（CES）委員であったカナクのオナココ（Honakoko）は「政治的に、メラネシア人の人格と尊厳を肯定する行為である」（22/9/97）とし、カナク政治家のネアウティン（Neaoutyine）は「尊厳を回復し、人間的次元に戻ること」（2/10/97）、暗殺された指導者のイエウェネ・イエウェネ（Yéiwéné Yéiwéné）は、「自らの足で立つ人（homme debout）」、すなわち「プライド（fierté）」に言及したという（Burk 23/8/96）。こうしたディスコースでは、「カナク（kanak）」は民族名称としての固有名詞よりも、「カナカ（kanaka）」と同じ「人」を意味する属性的総称となる説をとる。なぜなら、「カナク」は植民地化によって未開の「カナック（Canaque）」として客体化され、踏みにじられた「人」の回復を意味するからであり、言葉の上で一歩先んじた脱植民地化であるからだ。

　ここでは、「カナク・アイデンティティの権利回復要求」の根拠となるフランスの植民地化から第1次大戦までの歴史的出来事をマオリのそれとも対照しながら、フランスの併合とキリスト教化、土地の譲渡化と移民の導入、先住民の反乱と土着民法を通して、植民地化がいかに彼らから人間としての人格を奪っていったかを見ていき、最後に植民地化の表象や解釈をめぐるディスコースについて検討する。

第 1 部　ネーションの語り

1）フランスの併合とキリスト教化

　1853 年 9 月 24 日、フランスの海軍少将フェブリエ＝デポワント（Febvrier-Despointes）は、その植民地競争のライバルである英国戦艦の目前で、グランド・テール東海岸のバラード（Balade）でマリスト会派（Marist）宣教師の助けを得て、フランス国旗を掲げ、5 日後イル＝デ＝パン島で再び掲揚した。翌年、彼の後任者のタルディ・ドゥ・モンラヴェル（Tardy de Montravel）は軍艦に搭乗して東海岸の各地を訪れ、その軍事的威圧を前に、首長たちにフランスの主権の確立を認めさせていった。当時掲揚された「三色旗」を CCT（Conseil Consultatif Coutumier du Territoire 慣習諮問カウンシル）のある首長は、フランスが贈与交換として持参したマヌ（コットン布）と皮肉ったが（15/10/98）、その三色旗が表象する「自由」「平等」「友愛」の精神は贈与されず、代わりに交換されたのはフランスの主権と栄光と威信の下での従属と差別と弾圧であった。西欧との接触から入ったマヌは現在ではクチューム（慣習）で最もポピュラーな交換品となったが、ニューカレドニアの"交換"は「当時の国際法に則った」とされる「条約行為」により、ナポレオン 3 世皇帝の名の下にグランド・テールとその他の島々をフランスは領有していった。ヌメア合意（前文 1）は、この「条約行為」を次のように言及している。当時ヨーロッパとアメリカによって認知されていた国際法の条件に従って、フランスはグランド・テールを占領したが、先住民と合法的な関係を確立したわけではない。慣習的当局者（首長職にある者）たちとの間に結ばれた 1854 年及びその後の条約は、均衡のとれた合意ではなく、一方的なフランスの手段となっていった（JORF 1998）。フランスの軍事的脅威の下に置かれた当時の首長たちにしてみれば、とうてい合意に基づく条約とは見なすことのできないものと言えよう。この半世紀以上も前にフランス革命の始まった 1789 年、かの有名な人権宣言（「人および市民の権利の宣言」Déclaration des droits de l'Hommme et du Citoyen）を発した国フランスは、革命もまたそうであったように、ニューカレドニア（NC）の併合とともにその三色旗の下で、先住の人々の人権を次々と踏みにじっていったのである。

　一方、NC の植民地化に先立つ 1835 年、早くからヨーロッパ人との接触が進んでいたニュージーランド（NZ）の北端のノースランド（Northland）では、その犯罪の増大やマオリ部族間戦争などで社会的に不穏化し、フランスからの脅威もあって、部族の首長たちはイギリス人宣教師の主導の下、英国に取り締

まりと保護を要請し、英国代理人としてのJ. バスビー（Busby）の下で30人余りの首長が「（部族）連合と独立の宣言（Declaration of Confederation and Independence）」に署名した。こうした中で併合を決意したヴィクトリア女王下の英国は、ホブソン（Hobson）を派遣した。1840年、アイランズ湾（Bay of Islands）に入港した彼は部族連合の首長やその他の首長を招き、主権譲渡の交渉をした。クラウン（英王室、英国）へのマオリの主権の委譲とその権利の保障という条約は、宣教師によってマオリ語に翻訳され、マオリの首長たちは数多の議論の末にワイタンギ条約に調印したが、両者に有利なように解釈できる矛盾を孕んでいた。中には反対し署名を拒否した首長もいるが、その後、条約文は南北両島を回って500人以上のマオリ首長がそれに署名し植民地化が始まった[8]。調印が行われた風光明媚な湾に臨む緑のワイタンギ・グラウンド（Waitangi Ground）に立てられた旗竿には、NZ独立国旗の下で、1834年に選択された連合部族（United tribes）旗、英国国旗が風に翩翻と翻っている。この三位一体において、ユニオンジャックは英国を表象する「クラウン（The Crown）」として、NZの最初の旗としての部族旗はクラウンのマオリの主権、あるいは署名した首長たちのロヘ（rohe テリトリー領域）におけるランガティラタンガ（rangatiratanga 首長権）とその連合の承認として、ユニオンジャック付きのNZ国旗は独立した英連邦国家として、植民地化から現在に至るマオリとクラウンとの歴史的関係とそのパートナーシップを象徴しているように見える。

　NCと比較すると、クラウンは宣言や部族旗から、マオリの主権の存在を認めた上でワイタンギ条約を結んだと解釈でき、ここには少なくとも双方向的な同意という条約がある。このことは、条約によって英国臣民となったマオリの権利や人権が守られたことを意味するわけでは決してないが、NCにおけるそうした条約の欠如は、両者の後の脱植民地化における違いとなって表れている。ここには、当時の西欧列強による植民地分割競争の中で、すでにオーストラリア（1788）をはじめ、世界各地にその帝国の領土を拡大しつつあった植民地主義的プロとしてのイギリスの余裕に対して、ライバル英国に出遅れたフランスの栄光と威信への焦りがあったのかもしれない。当条約から2年後、イギリスに保護を要請したタヒチの首長たちを無視して、フランスは現在の仏領ポリネシアの島々を海軍の軍事力で配下に収めた。さらにグランド・テール（1853）に続いて、1864年にロ諸島のマレ島とリフ島を、翌年にはウヴェア島を併合し、

ニューカレドニアは、三色旗の棚引くフランス支配の下に置かれたのである。

　ニューカレドニアにおいて植民地化の先兵となったのがキリスト教宣教師である。グランド・テールでは、プロテスタントのLMS（London Missionary society ロンドン伝道協会）が、ポリネシア人伝道師たちを1841年にグランド・テールの南東海岸にあるヤテ（Yaté）や、イル＝デ＝パン島に送ったが、歓迎されず1851年に撤退した。1843年バラードに伝道所を置いた仏カトリックのマリストも、疫病やメラネシア人による攻撃のためにそこを一時放棄せざるを得なかったが、植民地化を援護したマリストはフランスの支援を得て、主島でカトリック支配を確立していった。マリストは、キリスト教に帰依したメラネシア人を東海岸から首都ヌメア近くの西南海岸にあるサン・ルイ（St. Louis）やラ・コンセプション（La Conception）などに強制移住させ、そこに伝道センターを建設した。1990年代の現地調査であるカナク夫婦は、その孫の洗礼式に筆者も参列した丘の上に建つカトリック教会を、後日見上げて、彼らの家族の祖先は東海岸のプエボ（Pouébo）から宣教師たちによってここに連れて来られたと、複雑な信者の胸の内を明かしている。

　一方、ポリネシアの影響を受け、首長の権限の下でより階層化したロイヤルティ諸島では、ハウエによれば最初、LMSが1841年に到来し、翌年ポリネシア人伝道師を派遣し、1850年までにはその伝道目的を果たし、島民はさらにヨーロッパ人宣教師の到来を要求した。しかし、これに敵対する首長たちがフランスからカトリックのマリスト会を呼び、全島民はプロテスタントかカトリックのどちらかに帰依し、1860年代の中頃までには、ロ諸島の3島でLMSとマリストはその伝道所を確立し、その勢力範囲の地理的分岐は現在も変わっていないとしている（Howe 1977: 14, 160）。換言すれば、ロ諸島では首長たちはそのパワーゲームに宣教師の知識＝力を利用し、また宣教師も彼らをその宗教的普及のために利用するという関係の中で、人々は首長に従い、宗教は首長を利用して人々をキリスト教化した。その結果、首長力の強化によって社会的階層化はいっそう進み、また教会はキリスト教を人々の生活の一部とするために彼らを教会の周囲に移動させた。

　両島における反応の違いは、多くの土地を譲渡させられ過酷な統治を受け、「キリスト教は植民地化と手に手をとってやって来た」と見られているグランド・テールと、植民地支配が比較的緩やかだったロイヤルティ諸島との違いとも一致する。しかしながら、宣教師は人々をそれまでの土地との関係から切断

して、移住させ、教会自身への土地の譲渡化を進め、植民地化を背後から支援したという点においては共通していよう。

2) 土地の譲渡化と移民の導入

　フランス植民地化の目的は、当初から予定されていた流刑囚植民地の建設と移民の入植にあった。植民地建設の主要な担い手となった流刑囚の最初の護送船は1864年に到着し、1870年代において5000人を数え、1864年から97年の間、都合2万2000の流刑囚が到着した（Connell 1987: 47, 49）。この意味では、1837年に植民理論家ウェイクフィールド（E. G. Wakefield）が植民地会社、ニュージーランド協会を設立して、40年その一行が北島の南端ウェリントンに到着した民間の入植移民によるニュージーランドに対して、イギリスの流刑囚植民地として始まったオーストラリアに比べられる。しかし、ニューカレドニアでも自由移民は、自らの手段において主にフランスから1850〜80年にかけて入植していった。さらに、1880年からはフランス植民省の組織されたプログラムによって移住し（Merle 1993: 77）、流刑囚制度（1863〜97年）が廃止されると、フェイエ（Feillet）総督（1894〜1902年）は1890年代、フランスからの自由移民を奨励した。

　フランスは流刑囚の労働力によって植民地の開発を進め、入植者を定着させるために、オーストラリアとニュージーランドを除いてオセアニアでは類のない規模でグランド・テールで、メラネシア人の土地を一方的に収用していった。ロ諸島はその主要な対象とならなかったが、植民地総督は、土地譲渡や分配に対する排他的な権限を有する唯一の主体として、法令を次々と発布しながら、メラネシア人の土地とその自律及び自由を剥奪していった[9]。メラネシア人社会は共通の祖先をともにするクランを基盤とし、長子家系や勢力を有した家系の長子（aîné）を慣習的なクランのシェフ（chef 首長）として、政治的には力のあるグラン・シェフ（grand chef 大首長）の勢力傘下で、必ずしも地理的につながりのない同盟関係などによる空間的領域のシェフリ（chefferie 首長国）を形成してきた。しかし、植民地政府はメラネシア人をそのコントロール下に置くため、こうしたシェフを植民地支配遂行の手段として1863年の令でその第一の義務は総督に従うこととし、実際に従わないシェフのシェフリは解体され、土地は没収されていった[10]。一方、当時戦いが絶えなかったクランやシェ

フリ間の対立を利用し、フランスや入植者と同盟したメラネシア人をフランスに対する反乱の鎮圧に徴用し、見返りとして反乱側の土地やシェフリやシェフの地位の保証などを与えて、メラネシア人の分断支配を行った。

　クランはまた慣習的土地保有者であり、原則的に最初に到着し開拓したクランが「土地の主（maître de la terre）」となり、その土地に対する伝統的権限を有する。一方、クランの成員は分節化の過程で各地に拡散し、移住やクラン間の戦争、同盟関係などによって居住の地を変え、植民地化当時 2 ～ 3 のクランから成る編成の居住グループの集合体が見られた。祖先塚を築いたクラン発祥の地とその拡散の過程でたどった地はクランの旅程として伝承され、各クランはこうしたルーツとルートに関係する土地への権利や影響力を行使できる自身のテリトリーを有している。他方、居住集団のレヴェルにおいては、元の土地を離脱あるいは追放されて外部からやって来た者が、「外国人歓迎（accueil d'étranger）」の慣習的概念でしばしばシェフとして迎えられ、それまでのシェフに代わって政治的力を発揮するが、土地に対する権限は持たなかった。フランスは当初メラネシア人の占有地と空白地を区別しようと試みたが、「ほとんどの土地が 1 つないしはそれ以上のクランの領域として主張され、実際の耕作の対象となっていなくても、狩りや集会区域となっていた」（Ward 1982: 2）。このため、1867 年の行政令（Arrêté 147 du 24-28, décembre 1867）で、フランスは当時のメラネシア人が形成していた緩やかな集落の居住集団をトリビュ（tribu）、すなわち部族として認定すると、存在する土着民のトリビュは、これからも存在し続け、土着民の固有な形態の下で組織され、所有権の帰属を有する法的集落を形成すると宣言した。

　議論の的となってきたこのトリビュと居住集団との関係に関しては第 2 部で見るが、トリビュの認定はカナクの居住集団に先住民の社会的集団組織としての法的位置づけを与えることによって、植民地化に必要な体制を推し進めることにあったと言える。この結果、ニューカレドニアで行政的コミューンが形成される約 1 世紀前に、トリビュはフランスの公共的権利を帯びた法的存在として出現したのである（AFIKHM n.d.: 17）。これに続いて、翌年リザーヴ（réserve 保留区）を設定し[11]、入植者のための自由地と分離して両者の土地をめぐる紛争の解決を図る一方、仏国家による収用を除いてリザーヴは譲渡、交換、差し押さえできない集団的財とした[12]。しかしながら、このことはトリビュあるいはリザーヴが保護されたことを意味するものではなく、カナクが抵抗した

第 1 章　カナクの創成

り、白人を殺したり戦ったりすると、武力的制圧をもって弾圧され、そのトリビュは解体させられ、そこから人々が追放されるケースが各地で頻発した。またトリビュは訴訟能力を付与され、シェフの行動によって表象され（Arrête 13, 1868 Jan. 22）、グラン・シェフやシェフ及びその補佐役の長老たちなどに、新たな社会的組織としてのトリビュを監督するというこれまで存在しなかった行政的権限を与えた[13]。つまるところ、伝統的な土地所有者である個々のクランを単位とした複雑な土地保有形態を、トリビュという居住集団による新たな集団的土地所有に変えて単純化し、リザーヴとすることによってカナクの土地所有を限定化し、規制の対象にしたと言えよう。伝統的には土地に対する権限を有しないシェフの下で、それまでの「土地の主」やクランの土地所有形態を曖昧化する試みでもあり、このトリビュの設定は、同盟関係で結ばれた政治的組織であるシェフリ（首長国）との二重性を生み出し、それは今日まで続いている。

　さらに、植民地政府は土地が不足するとリザーヴの境界を変更してその領域を削減したりしていたが[14]、1874 年の行政令（Décret organique de 1874）で総督はトリビュの領域を決めることができるとし、1876 年の令（L'Arrêté 153, Mars 6, 1876）では、トリビュはその土地を享受できるとしながらリザーヴの境界画定を進めた。これは、さらなる土地の確保のために、単に隣接したクランのみならず遠く離れた場所にいるクランを独断的に集め、多くのクランがその居住地からトリビュごと強制的に異なった保留区に移住させられ、そこから移動することも禁じられるカナクのリザーヴ内への封じ込め、「カントヌマン（cantonnement）」を意味する[15]。実際その年の 10 月には、最初のカントンヌマン作戦がウアイルー（Houaïlou）、カナラ（Canala）で展開したのである（AFIKHM n.d.: 28）。外部の者を迎え入れる「外国人歓迎」という伝統的慣習においては、受け入れる者と迎え入れられる者との間の合意の上で成立するのに対して、土地とのつながりや同盟関係とかかわりのないこうした強制的な転地には、両者の間に選択の余地はなかった。また、新たなリザーヴの地では 1 人当たりの使用地として最小 3 ヘクタールの土地が与えられたが、ある場所ではそれ以上、他ではそれ以下というように一定していなかった（Lenormand 1953: 268）。加えるに、入植者による海岸沿いの平地への要求が増大するにつれて、農業には適さないより遠隔地の険しい谷間に追いやられていった。こうした強制移住は 1902 年まで続き、それまでにリザーヴはグランド・テール全

第 1 部　ネーションの語り

体の土地の 10 分の 1 弱を占めるにすぎなくなり、限られたリザーヴの中で異質な集団間の居住や行政的シェフの権限行使は緊張や不和をもたらした（Ward 1982: 5）。

　カナクを保留区の限定した土地に封じ込めることは、彼らを発展から取り残し、その伝統的な移動性と土地との絆を奪うことによって、そのルーツとルートを分断し土着性の根拠を崩す試みでもある。グランド・テール出身のチバウは「その土地をなくしたクランはクランとしての人格をなくすに等しい」[16]とし、また、ロイヤルティ諸島出身のプロテスタント・スクール連盟（Alliance Scolaire de L'Eglise Evangélique）所長のワポトロ（Billy Wapotro）は、カナクにとって「土地は地形を意味するのではなく、土地所有者の系譜を意味する」（16/10/98）としている。クランが有する名前は土地の名前、すなわち地名と結びつき、この意味からも土地の上にクランの系譜が刻まれているという認識に立てば、その系譜を失うことは、祖先をともにする人間集団としてのクランの個別的人格を失うに等しい。後のカナク・アイデンティティ闘争における失地返還要求は、この視座に立てばクランの人格回復運動として捉えることができよう。

　他方、ヨーロッパ人入植者のコミュニティにおいては、流刑囚は刑期を終了しても耕作のための土地が与えられた者は少なく、多くは生きるための手段を自ら見つけなければならなかったのに対して、自由移民は 25 ヘクタールの自由保有の土地を供与された。1890 年代の自由移民奨励策においては、1895 年から 1902 年にかけて 525 家族がグランド・テールに移住し、牧畜やコヒー栽培などの農業に従事した。その子どもたちはまもなく流刑囚の数を凌駕し、ヨーロッパ人は 1887 年には 1 万 7000、1901 年には 2 万 3000 と増大したが、土壌は農耕には向かず、19 世紀末にはヨーロッパ系移民の 3 分の 2 近くがヌメアに移り住んだ。こうした開拓の困難さから、この 525 家族のうち、最終的に定住したのは 300 家族で、ヨーロッパ人の人口は 1900 年代から 20 年代には減少したという（Connell 1987: 93, 97）。ここから、こうした入植者の子孫は、ブルスのカルドシュと、ヌメアのカルドシュの 2 つに分岐したと言えよう。しかし、1863 年にニッケルが発見され、74 年に鉱山の発掘が始まり、鉱山会社 SLN（Société Le Nickel ソシエテ・ル・ニッケル）が 1880 年代から精錬所をヌメアやティオ（Thio）に開設すると、フェイエ総督は、中国人、日本人、ヴェトナム人、ジャワ人などのアジア系契約労働者を導入した。さらに、現在のヴァヌ

アツであるニューへブリデス諸島などからの太平洋島嶼民も、19世紀後半メラネシア人を対象とした労働貿易の中で移住した。一方、流刑囚の中には、1871年パリ市民や労働者等がパリに樹立した社会主義的革命自治政権のパリ・コミューン（Commune de Paris）からの政治犯もいた。コミューンが2カ月余り（3月18日～5月28日）で崩壊すると、3000人近い政治犯が1872年にイル＝デ＝パン島に到着した。島には当時オルテンス（Holténse）という他の地域ではほとんど見られない女性のシェフの下にあり、彼女は政治犯に島の西側に住まうことを許可した。彼らはその知識において技術者として貢献し、80年にはほとんどの者は恩赦を受けてフランスに帰還したという（Connell 1987: 47-48）。このパリ・コミューンの流刑囚の中にはフランス植民地支配に反乱（1870～71年）を起こした数百人の現アルジェリアからのカビール人（Kabyle、ベルベル人）を主とするアラブ人も含まれていた。彼らが恩赦を受けたのは1895年で、ニューカレドニアに残った者は、アラブ系コミュニティを形成していった。

　古代にはポリネシアのサモア人やトンガ人、また18世紀後半にはロ諸島のウヴェア島にワリス人の大々的な移住もあったが、文化的にも同質的でいったん定住すると土地の人として土着化していった。しかし、植民地化による移民の流入は、人種的にはメラネシア人との混血を生む一方で、メラネシア人と白人移住者との間は、「野蛮」対「文明」で線引きされ、両者の間の交流はほとんどなく、結果としてエスニシティは文化的帰属で決まり、今日の多民族社会の原型を作っていった。西欧との接触当時4万～6万人とも推定されるメラネシア人の人口は、こうした移民の導入、土地の略奪や強制移住、銃器の導入やアルコール、疫病や疾病などの影響によって、1887年には約3万3000、1901年には2万7000に減少していった（Connell 1987 人口表: 97）。オセアニアにおいて西欧との接触が、先住民社会にいかに致命的打撃をもたらしたかというエントロピックな語りは幅広く見られるが[17]、ニューカレドニアも例外ではない。西欧文明の優越性というレンズを通して宣教師、行政府役人、入植者、人類学者などが見た19世紀の記述は、「カナック」とその文化を野蛮として、生物学的には弱者として消滅していく運命にあるというオリエンタリスト的表象で占められている[18]。歴史家ブラード（Bullard 1998ab）は、こうした19世紀の古文書を手引きとして、従属した対象を作り上げるために宣教師も行政官もカナクの野蛮を構築し、形質人類学者は人種的に劣等なものと見なしたと批

判している（Bullard 1998a: 330, 346-350）。フランスが「文明の野蛮に対する優越性」という前提の上に立って、その植民地支配を展開していったことは疑いない。しかし、カナクを野蛮として表象する文献を多用することにおいて、逆に本質主義的表象の罠に陥っているようにも見える。植民地化における支配と被支配の関係の分析において、歴史家は文献ソースとして、支配者側ヨーロッパ人の当時の眼差しで描かれた古文書を例にとって批判する結果、植民地支配の複雑さと、それに反動呼応する先住民の多義的な反応が見えにくくなるという他者を表象することの難しさがある。

3) 先住民の反乱と土着民法

　土地の強制的な譲渡化はニュージーランドにおいても同様であり、ワイタンギ条約に賭けた首長たちの期待とは裏腹に、マオリの土地はクラウンに大々的に没収され、入植者のパケハに奪われていった結果、都合10年余に及ぶアングロ＝マオリ戦争（Anglo-Māori wars, 1843〜48年、1860〜66年）と総称される戦いを2回にわたって引き起こした。一方、ニューカレドニアにおいてはメラネシア人をして30余りに及ぶ反乱を招いたが、これに対してフランスは、「カナック同盟者」を使った武力的制圧と懲罰行為を繰り返した。なかでも最大のものは、土地が最も大量に譲渡された主島西海岸のラ・フォア（La Foa）で1878年に起きたアタイ首長の反乱である。その要因としては、リザーヴの境界を越えて侵入した入植者の家畜、入植者によるドニィ（Dogny）部族のカナク女性拘束、リザーヴの境界化、土地の没収や破壊、強制労働、長期の旱魃後の飢饉、クラン間の紛争など多くの絡まった要因が挙げられている。アタイは同盟関係のあるドニィ部族とラ・フォアの仏軍駐屯地、行政府の役人や入植者を6月に奇襲攻撃した。反乱はラ・フォアの山間を中心に北はティオ（Thio）の谷間へ、西はブーライユ（Bourail）から東はブールーパリ（Boulouparí）の広範な地域に及んだ。政府は征伐隊として仏軍部隊やヨーロッパ側と同盟したメラネシア人を東海岸のカナラ（Canala）とウアイルーから送り、110人のフランス人と約200人のカナラのメラネシア人戦士たちが参加した奇襲攻撃で、アタイはカナラのシェフによって9月1日に殺害され首を切られた。反乱は翌年収束したが、約1000人のカナクと200人のヨーロッパ人が殺害され、反乱に加担したトリビュの土地は没収され、生存者は他の土地へ避難したが、イル

＝デ＝パン島に約 700 人、ベレップ諸島では島民より多い 300 人余りが流刑された結果、島の食糧不足と飢饉を招いた。一方、仏同盟側のカナラのシェフたちは、敗北したカナクのテリトリーや女性や子どもを略奪し、フランスからその貢献により大きな報酬を得たという[19]。

　アタイの反乱は土地を侵略され、それに対する抗議が無視され、その威信を踏みにじられた憤りの結果として捉えられるが、アルコール漬けにされた彼の首は、研究標本のためパリの人類学学会に送られたという。「文明」の「野蛮」に対する優越性の名の下で、植民地支配は彼から人間としての尊厳を奪い去ったと言えよう。ダグラスは、メラネシア人の巧みな戦術的プロットや略奪、虐殺などを記したヨーロッパ人による古文書を分析しながら、反乱の背後にあるカナクの同盟関係に焦点を当てて考察している（Douglas 1998b: 193-221）。それによれば、フランスとカナクの間の同盟とカナク同士の間の同盟形成にはかつてない合意と協調が見られた一方、明らかに曖昧さや躊躇、対立する利害や抗争、抑制があり、カナラの同盟シェフたちの働きなしにはフランス側の勝利はなかったとしている。しかし、それはフランスの警戒感も呼び起こし、1890 年代にはカナラで土地の収用が始まった。この"大いなる反乱"後、「原住民は"大きな子ども"ではなく、隠密的で復讐的な全ての野蛮人がそうであるように、原住民を永遠に信用してはならないのだ」という記述[20]を引用しながら、メラネシア人は「単なる野蛮人から油断のならない不可解な野蛮人へ」再定義されたとしている（ibid.:197）。当時のヨーロッパ人の眼差しによる表象から、メラネシア人の複層的に絡み合った同盟関係を分析したものと言えよう。

　一方、アタイの反乱の口承を子ども時代に年寄りから聞いていたメラネシア人神父のアポリネール（Appolinaire）は、パリのカトリック学院（Institut catholique de Paris）に留学し、1965 年に『アタイから独立へ（D'Ataï à L'Indépendance）』（1984）を著した[21]。彼によれば、アタイは最初ヨーロッパ人を先祖が戻って来たと信じ、白人のひとりを家で歓待したが、入植者はメラネシア人の慣習を無視し彼らの土地に侵入した。彼は繰り返し当局に対して正義を求めたが無視され、ヨーロッパ人に裏切られた思いをしてきたとしている（Appolinaire 1984: 45-67; 1973: 20-53）。その結果、アタイは政府に挑戦する意図はなかったが、「反乱は 2 つの異なった文明と文化の間の対話が不可能であったことが主要な理由」と解釈している。「グラン・シェフ・アタイの輝ける死」という最後の項目では、「人々の自由と独立を結ぶ使徒であった彼の悲劇的な

第 1 部　ネーションの語り

死は"オトクトーヌ"とヨーロッパ系カレドニア人にとってともに希望のシンボルであるべきで、ニューカレドニアの"ノワール"と"ブラン"が、いつの日かひとつになることができるよう彼は意識せず戦った」としている。ここには、カナク文化と西欧教育をともに修得し、平和的手段による公正な社会を望むメラネシア人神父の複雑な立場と、2 つの文化間の相互理解に対する苦悩と希望をない交ぜた、1960 年代当時のカナク知識人としてのディレンマが垣間見られる。"オトクトーヌ"は 1878 年の反乱の先導的師であるアタイを今後誇りにすべきである」として、アタイの反乱を将来の独立へと関係づけている（Appolinaire 1984: 46, 53, 67; 1973: 20, 23, 26）。実際、アポリネールの死後まもなく解放運動が始まり、アタイは植民地体制に対して戦った伝説的ヒーローとして出現した意味で、彼は、脱植民地化闘争における「カナク殉教者」の原初的モデルを提示したと言えよう。

　アポリネールからは、植民地化による不当な入植者の土地侵害やフランスの圧制に対する抵抗としてのカナクの反乱が、ダグラスからは、戦闘的で戦術的プロットに長けたフランスと同盟したカナクの実利主義的したたかさが見える。両者の相異なる表象は、植民地政策がトリビュの創設や土地の譲渡、強制移住などによってカナク社会の力学を揺るがし、シェフリやシェフの力関係をめぐる紛争を錯綜化した意味で、「真実の体制」における表と裏の相貌とも言えよう。しかし、メラネシア人とヨーロッパ人との関係を、前者は対等な関係を再想像することによって、後者は複雑な相互関係を表出することによって、ともに一方的な支配と従属関係として捉えていないことに両者の共通点がある。この対等な関係と同盟的相互関係への試みと模索は、その後の脱植民地化運動から現在の合意の時代に至るまで政治的渦中で浮沈し続けている。

　アタイの反乱後、フランスはそのコントロールを強化し、1887 年から過酷な土着民統治体制を公的に敷いた（Décret du 11 juillet 1887）。その呼び方は、土着民体制（Regime de l'Indigénat）、土着民法（Code de l'Indigénat）、土着民的地位（Statut de l'Indigénat）と一定しないが、アンディジェナ（Indigénat）は土着民としての身分や統治制度を表している[22]。フランス革命以後の共和政における植民地の土着民統治のために 1840～90 年にかけて編み出されたこの土着民法は、アルジェリアで 1881 年に最初に適用され、その他の仏植民地にもしだいに広がっていった[23]。こうした土着民法が法的に象徴しているのは、市民と非市民という差別化である。ニューカレドニアにおいては、行政は先住

民問題（affaires indigènes）に関して司法の介入なしに鎮圧する権限を有し、ヨーロッパ系入植者が普通法の下で普通法民事地位（statut civil de droit commun）によって市民として保護されたのに対し、カナクはその枠外に置かれ市民の権利を有しない不平等な土着民的地位に甘んじた。この土着民法は第2次大戦後の 1946 年に廃止されるまで 60 年近くにわたってカナクに課せられ、アジア系移民も同じ適用を受けヨーロッパ系と差別化された。これに対して、植民地化と同時にワイタンギ条約によって英国臣民となり、1867 年の法でニュージーランドの議会で 4 議席が与えられた[24]マオリとの法制上の地位的差異はきわめて大きい。しかし、土地はパケハやクラウンによって次々没収されていった上、わずかな議席数でそのマナ（mana 力）やランガティラタンガ（首長権）を議会で発揮するにはあまりに微力で、実質的には「二流市民」としての差別的地位に甘んじた。この意味で条約は有名無実化し、マオリにとっての権利回復要求の根拠を提供したのである。

　ニューカレドニアでは、行政面では 1898 年、いくつかのトリビュをひとつの地区（district）にまとめた行政区を新たに創出し、地区は総督によって任命されたグラン・シェフ（大首長 grand chef）、トリビュは同様に任命されたプティ・シェフ（小首長 petit chef）の権限下にそれぞれ置かれた。両者は、人々への懲罰行為を含め、必要なあらゆる手段をとって、そこでの安全と秩序を維持する責任を課せられ、その領域で起こる子どもの誕生から全ての事柄について、所轄の土着民問題を扱う地元の行政監督官としての憲兵隊長に報告することが義務づけられた。慣習地区（district coutumier）の設定は、トリビュ以上にその実態からかけ離れた行政的な創出であったが、グラン・シェフはプティ・シェフを罰する権限も与えられた。また、カナクは、流刑囚に代わって植民地開拓への強制労働（corvée）を課せられ、道路工事や公共の工事、さらに入植者の畑などでただ働きという夫役（prestation）の提供をさせられたが、シェフはこうした労働力の確保や人頭税の徴収、他にも村の財の監視、道路の保全、ハンセン病患者の隔離などの仕事を命じられた。行政側の意に従わない首長は行政府から罷免され、より従順な者がシェフとして任命され、その結果シェフリも、一元的な行政シェフリに変わっていった[25]。

　つまるところ、シェフは、こうした人々への懲罰行為やこれまでになかった行政的権限を付与された結果、新たな権威当局者として出現したと言えよう。それゆえ、O. トーニャは、首長の機能は人々の間の相違を調整する調停者で

あるにもかかわらず、植民地化はその役割をねじ曲げ、伝統的枠組みの中で見られなかった責任を与えてしまったと批判している（29/10/98）。換言すれば、共同体のシェフを基盤とする慣習は、植民地化によってネーション・レヴェルの行政と節合され、フランスによって先住民を支配するために大いに流用され、歪められて統治制度の中に組み込まれていったと言えよう。シェフの行政的責任者としての任命は慣習の制度化の始まりであり、第 2 部「共同体の語り」で見るように、慣習的シェフと新たな行政的シェフ、伝統的シェフリ（首長国）と新たな行政的シェフリ（トリビュ、慣習地区）の二重構造を生み出していった。人々を取り締まる法外な権限が付与されたシェフは、1960 年代に入ってそれが縮小されると、その回復を要求していった意味でも、まさしく伝統の発明としての慣習ともなったと言えよう。

　こうした体制下で、1902 年フランスのプロテスタント宣教師としてニューカレドニアに到着したレーナルトは、ヌメアの市長からここで何ができると思っているのかと尋ねられ、「10 年のうちに"カナカ"はいなくなるだろうから」と言われ（Thompson and Adolf 1971: 249）、一方カナラ（Canala）のシェフからは、「私にただ（酒を）飲ませて死なせてくれ」と言われたという。両親に宛てた手紙の中でレーナルトは、「反乱を起こした誇り高き"カナック"を除いては、彼らは子どもたちが白人に搾取されるのを見るよりも、むしろ子どもをまったく持たないほうが良いのだろう」と書いている（Clifford 1992a: 46）。こうした「カナック」のトラウマ的状況の中で反乱は減少していったが、これが彼らの抵抗に終止符を打つものではないことは、第 1 次大戦下の 1917 年、西海岸のコネ（Koné）から発生し東海岸のイヤンゲーヌ（Hienghène）とポネリウーアン（Ponerihouen）を結ぶ主島北部高地地帯に広がった反乱でもわかる[26)]。当初、反乱の首謀者であると当局に見なされていたのは、コネ（Koné）の首長ノエル（Noël）で、彼はアラブ人入植者によって翌年殺され首を切られた（1918 年 1 月）。しかし、翌年の審判で黒い貝貨（monnaie noire）が高山地帯で密かに循環し、その発生源がイヤンゲーヌのグラン・シェフ（Bouarate）にあることを、ロ諸島出身のプロテスタントのメッセンジャーを意味するマタス（matas）を使って、貝貨ビーズの一部を入手したレーナルトが証言した。この結果、ノエルに対する陰謀が明らかとなり彼は無罪となった（ibid. 1992a: 92-104）。この黒い貝貨のビーズの循環は、それを受け取り他のシェフへ渡すと戦争への隠密計画への同盟と参加という秘密裏の外交的取引

を意味するということにおいて、伝統的通信手段としての暗号符のようなものと理解できよう。この反乱では貝貨以外にも、先祖崇拝の再生、カニバリズムから、銃や馬や有刺鉄線などの新たな武器や技術、ニッケル鉱山への攻撃、カトリックやプロテスタント改宗派と土着の精霊信仰派の対立抗争などが見られたという[27] (Saussol 1979: 308, 322)。

　こうした現象は反乱がローカルに散在し、規模として散発的でアタイのそれに比べて小さかったことを物語っているが、独立運動の指導者チバウの祖母を含め多くの犠牲者を出した。反乱の主要な原因はアタイと同じく入植者の家畜侵入や土地の譲渡にあり、加えて第1次大戦への半強制的な徴兵にあった。土着民法と徴兵によって植民地政府とカナク社会の緊張関係はさらに高まり、前者の力学的増大と相関関係にある後者の力学的反動と抵抗が、上記のような伝統的回帰や新旧現象を生み出したとも言えよう。当時、東海岸のウアイルーで伝道本部ド・ネヴァ（Do Neva）に居を構え、第1次大戦の徴兵で植民地行政とカナクとの間で苦しい立場にあったレーナルトは、中央山間地帯に発生した不穏な動きに対する情報を得えようと前述の貝貨のビーズを手に入れたのであった。土地の譲渡化によってその居場所を奪われていったカナクに対して、布教活動の最大の難題は、この地上に彼らの居場所を保証することなしに、キリストの周りに人々を集わせることはできないということにあると、レーナルトは宣教師としての苦悩を表している（Clifford 1992a: 58）。ノエルは事件の多くに関与していなかったが、彼の最初の攻撃は兵士を募る憲兵所であった。この大戦に参加したカナクによれば、「誰も行くことを義務づけられたわけではなく、自由な選択であったが、グラン・シェフはとどまるように強制され、トリビュでは人々がその代わりに行くように言われた」（*Mwà Véé* 1995, No.11: 37）という。首長に従うことが伝統的慣習の中で、さらに行政的権限を有したシェフの下で、選択できたとしても入隊せずにいることは難しかったと言えよう。第1次大戦で1915〜18年の間、ニューカレドニアから2170人の兵士が西部戦線に送られたが、そのうちカナク兵士は1134人、ヨーロッパ人兵士は1036人で、前者は374人が、後者は162人が亡くなり、カナクの場合、疾病に倒れた者が多かったという（Thompson and Adloff 1971: 251）。ヨーロッパ人よりもより多くのカナク兵士が軍隊に動員され、戦場に送られ犠牲となったわけである。一方、無事帰国したカナク復員兵が、植民地化に対する批判的眼差しをもって外の世界の情報を人々に伝え、彼らの政治意識に影響を与えであ

第1部　ネーションの語り

ろうことは、次節でも見るように明らかである。

4）植民地化の解釈をめぐって

　以上、カナク・アイデンティティ回復要求の根拠となってきたフランスの植民地支配を見てきたが、それではこうした植民地化を、カナクはそのディスコースの中でいかに解釈、表象しているのであろうか。チバウの場合、彼を不当な植民地主義に対する闘いに立ち上がらせたのは、彼自身のクランが被ったノエルの反乱に対する傷跡からよりも、1946年まで続いた土着民体制であったという。その下で人々が自由な移動を禁じられ、人頭税を課せられ強制労働に駆りだされ、自身の畑は手入れする暇もなく枯れていき、食べるものを欠き亡くなるという困窮した状況について、聞かされた話であったという（Fraser 2005: xxviii）。それゆえ、彼はこの過酷な植民地体制を「制度化された暴力」として、1980年代の独立運動に見られたカナクの暴力行為に対して質問されたとき次のように述べている。「我々にとって暴力とは、土地、自由、言葉を我々から奪った植民地化を意味する。言葉は我々にとって物事を決定することを可能にする力である。この暴力は現存し、制度化されてきた」（Tjibaou 1996: 213）。カナクにとって、パロールは名前との関係でクランの祖先としてのトーテムが発生した土地と結びつき、土地の略奪はパロールの略奪であり、知識＝力関係の意味で、人々を先導していく言葉の力の喪失である。「制度化された暴力」とは、フランスがその軍事力とテクノロジーという脅威と土着民体制の法令による合法的手段を通して、支配と従属という植民地的構造を制度化してきたことを意味しよう。フランスの植民地政策がメラネシア人の自律と自由を剥奪し、シェフを通して禁を犯す者に懲罰を与え、先住民を管理することを試みた意味において、フーコーの「規律と罰」（1977）を想起させる「制度化された暴力」の実践である。しかし植民地的「規律と罰」は物理的・肉体的に人々を従属させることはできても、人間の心まで植民地化することはできない。なぜなら、すでに見てきたように抵抗することによってこの規律から解放を試みた者もいれば、制度の内側に身を置いてその力を利用し、従属しながら自己の利益を図った者もいるからである。

　前者が、エントロピックな植民地的言説を解体し、人間としての人格と尊厳の回復のため、カナク・アイデンティティ回復闘争という脱植民地化運動に導

第 1 章　カナクの創成

くならば、後者は利益の取得とそれを維持する利点からフランスにとどまることへ導かれよう。ルーコット（Loueckhote）は、植民地化が緩やかであったロ諸島のウヴェア島の出身で、1983 年にフランス・ゴーリストの RPR（共和国集合）とつながりのある反独立派の政党 RPCR（カレドニア共和国連合）の党員となったカナク政治家で、仏上院議員、ニューカレドニアの領域議会議長（Congrès du Territoire de la Nouvelle-Calédonie）と若くして成功への階段を駆け上り、ヌメア合意の署名者のひとりでもある。熱心なフランスの擁護者である彼は、フランスは彼に大きな影響を与えてきたと次のように語っている。「私にとって、フランスは常に人を迎え入れる偉大な国であり、人権の国であり、民主主義の国であり、共有の国である……フランスによって植民地化されたことは必ずしも全てが否定的なものではなく、肯定的な面もあった。もちろん、戦争や殺害があったことは認めるが、それらは避けられなかった……メラネシア人の若者が現在では学校へ行き、我々はよく面倒を見られ、きちんとした生活を送っているので、植民地化されたことは悪いことであったというのは真実ではない」(5/11/98)。彼のディスコースから植民地化という歴史において何を真実とするかという「真実の体制」はひとつではないことがわかるが、彼が政治的に信じるのは、ニューカレドニアの経済とフランスとの関係を維持していく体制である。すなわち、「自らの足で立つ」より、フランスに依存することの容易さと利点において RPCR はベストな考えを持っている政党となって、フランス植民地化の暗部には目をつむることになる。しかし、問題は、そのディスコースがアピールするフランスからの"恩恵"は、過酷な植民地化後に独立運動の権利回復闘争の結果として生じたものであるが、"植民地化によって得た"ことにすり替わり、植民地化を正当化しているように聞こえることだ。

　ヨーロッパ人、アジア人、メラネシア人との混血のカレドニア人で同じ RPCR 議員のブリオー（Briault）も、植民地化の否定的な面を認めながら、カナク・アイデンティティに言及して、「植民地化されたことの肯定的な結果はニューカレドニアの統一である。もし植民地化されなかったら、依然として異なった領域と異なった言語にとどまっており……単独のアイデンティティはない」という (12/11/98)。逆説的には、フランスの植民地支配がなければ、カナク・アイデンティティが今日見るような言説として出現する歴史的必然性もないゆえ、弾圧と抑圧の下でフランスに対する抵抗の力として、メラネシア人をまとめるシンボルとして、カナク・アイデンティティが誕生したことにおいて、

65

植民地化を正当化するレトリックは成立しないと言えよう。

　一般的に植民地化を肯定的に捉えるカナクはめずらしく、大多数は否定的であるが、フランスの植民地化の解釈をめぐって一様でないように、フランスに対するカナクの感情は一枚岩でもなければ首尾一貫しているわけでもなく、単純に反フランスとプロ・フランスに二分化することもできない。政治的にフランスを鋭く批判する独立派のカナクが個人的には好きであったり、独立派の間でもフランスに対してはその長い関係を通して醸成された愛憎の念がある。あるカナクの若者は、「植民地化されることは過酷で受け入れることは難しい」（5/11/98）と語ったが、それによってもたらされた肯定的な面を付け加えることも忘れなかった。現在のヌメア合意における和解の時代において、これを過去に対するル・サンチマンからの回復あるいは植民地化を経験しない若者の忘却ととるかは別として、オセアニアのエントロピックな語りが過去のものとなったように、カナクの人口は増大し、その社会と文化は、現在では変化と混淆と生存としての出現の語りを示している。この意味において、フーコーの言うように、あらゆる力関係から自由になることはできないが、常に変えることはでき、抵抗がないならば力関係はなく、単に従属することでしかない（Foucault 1994a:167）。慣習的パワーゲームに長けているカナクが、いかに戦略を展開して「制度化された暴力」からの解放を試みていったかは次章で見ることになる。

3.　夜　明　け

　「フランスを救い解放するために志願し戦ったニューカレドニアとロイヤルティ諸島のアンディジェーヌ（土着民）の歩兵大隊と海兵隊員は……あまりにしばしば弾圧的で不当で、道徳的・知的・経済的に劣った状況を維持するような旧弊な体制から解放されることを望む……自らの祖国において根無し草（déracinés）となることしかできないようなアンディジェーヌが属する古びた社会の……物質的向上と社会的・行政的地位の改革を進められるよう切に願って、その要望を謹んで表明する」（Lenormand 1953: 276, 298; AFIKHM: 64）。

　第2次大戦に従軍したこうしたカナク兵士は第1次大戦と同様招集されたわけではないが、フランスからの命を受けたシェフの指示に従って志願せざるを得なかった。あるカレドニア人の歴史家によれば、大戦中約150人のメラネシ

第 1 章　カナクの創成

ア人が戦線へ送られ、60 部隊が太平洋、ヨーロッパや中近東の戦線に配属されたという（I. Kurtovitch 2/11/98）。戦線から帰還した 1945 年パリ滞在中の復員兵士がフランス政府に宛てた冒頭の声明は、植民地統治の暗闇からラッパ手が告げる黎明にも聞こえくる。それは「カナック」としてではなく、根扱ぎされたデラシネにならないために先住民同士への意識を喚起する呼びかけにも聞こえる。それでは、「カナック」の長い夜はいかにして明けていったのであろうか。第 2 次大戦後のカナク近代政治創成の特徴は、キリスト教を除けば、他のオセアニア島嶼国にはあまり見られない西欧イデオロギーのエージェントによってカナクの権利が推し進められていったことにあると考える。

　ここでは第 2 次大戦後から 1960 年代までの歴史的流れの中で、アメリカ軍の影響とカーゴ・カルト、土着民法の廃止と西欧の共産主義やキリスト教のエージェント、さらに社会主義エージェントによる政党 UC の設立によって日の目を見たカナク近代政治の出現を考察しながら、その夜明けが意味するところを探っていく。

1）アメリカ軍とカーゴ・カルト

　第 2 次大戦後のフランスに対する批判的眼差しは、こうした海外へ従軍し外の世界を見てきた兵士の間に形成される一方、ニューカレドニアにおけるアメリカ軍の駐留は、他の太平洋の島々にも見られたようにカナクやまたカレドニア人に物心両面で大きな影響を与えた。大戦以前からニューカレドニアのニッケル資源に対する日本の関心は高く、それだけいっそう連合軍の日本軍に対する警戒は強く、米軍は大規模にその駐留を展開していった。とりわけ、資源の埋蔵したグランド・テールでは、首都ヌメアは連合軍の重要拠点として米軍に占拠され、その司令部跡は SPC（南太平洋委員会、現在の「太平洋共同体」）事務局として、またトンツータに建設された飛行場は国際空港として、米軍が残した足跡の一部を窺うことができる。

　具体的には、1942 〜 44 年の間、約 2 万 2000 のアメリカ兵と軍関係者がニューカレドニアに駐留し、またそれ以上に多くの米兵が一時的に駐留し[28]、300 万ドルに相当する道路や空港の滑走路を残した。医療供給から農産品まで生産し、多くのカレドニア人やメラネシア人が米軍関係の建設プロジェクトに雇用され、フランスの支配下ではあり得なかった高い報酬が支払われた。こうした資金豊

第1部　ネーションの語り

富な米軍の影響力は、フランスの警戒を呼び起こすとともに、アジア系労働者はストライキによってフランスの低賃金の契約労働システムを終わらせて最低賃金の確立をもたらし、米軍から大きな利潤を得た白人の間にはアメリカの一部になることを欲した者も現れたという（Aldrich 1993: 16-32）。一方、メラネシア人の間では、トリビュの規律違反、怠惰、アルコール中毒や売春の増大を招いたが（Thompson and Adloff 1971: 285）、彼らの70%近くが米軍到来から46年まで、トリビュの外で数カ月から数年にわたってアメリカ軍に雇われ、運転手、港湾、家屋の建設や道路工事の労働者として働いた。また、アメリカ兵士たちはカナクのトリビュに食料調達に行き、寛大に支払ったため、カルドシュのコーヒー農園の収穫にカナクは働きに行きたがらなくなった。しかし、当時夫役を課せられていたメラネシア人が、米軍によって支払われた高賃金を徴発されたりして、実際にどこまで恩恵を受けることができたかは不明であるという（I. Kurtovitch 2/11/98; 1994: 44-47; 1997a: 12）。

　米軍からの恩恵はカナクよりも白人のほうがより享受し、カーゴ・カルト（積み荷崇拝）[29]的要素は彼らではなく白人の間に見られたという見解もあるが（Aldrich 1993: 29, 31）、大戦中いまだ土着民体制下にあって、強制労働による無報酬で道路工事や白人の農園などで働かされていた一般のメラネシア人にとって、米軍から得た賃金が途中ピンハネされたとしても、フランスとは異なった米軍の気前の良い振る舞いやこれまで得ることのなかった報酬から、大きな影響を受けたことは想像に難くない。米軍の労働条件や賃金、さらに黒人米兵への対等な待遇を目にして、フランス統治下との相違をカナクに認識させたであろう。アメリカ軍がもたららした豊富な物資と資金を経験したメラネシアの島々では、米駐留軍引き揚げ後の反動としてカーゴ・カルト運動が再燃したが、この外から運ばれた積み荷によって共同体の信者へ豊かな富がもたらされるという信仰は、ニューカレドニアでは大戦以前に明確な形で発生したことはなかった[30]。しかし、ドーノイは、カーゴ・カルト的出現として、グランド・テールの東海岸のポワンディミエ（Poindimié）やウアイルー近くにおける米軍の積み荷に対するカナクの期待感に言及している（Dornoy 1984: 35）。さらに、ロイヤルティ諸島のリフ島でも、1945年に共産党の活動と関連して擬似的な現象が出現し、ギアールによれば、自由に対する鼓吹と物質的富の到来の約束という2つの様相を呈し、船を買うためにお金が集められ、その金はフランス本国の共産党へ送られたという（Guiart 1951: 84, 88）。このエピソードからは、

アメリカ軍に代わって共産党の到来をほぼカーゴ・カルト的到来と同一視した人々の欲望が想像できる。マルクス主義がオセアニアに浸透しなかった理由としてチーフ制などの保守的土壌が挙げられるが、ニューカレドニアでは保守的であるか否かにかかわらず、首長たちはロ諸島で見られたキリスト教の積極的な導入と同様、実利的に意味のあるものを流用することに長けている。キリスト教は福音を説いて人々を動員したが、富の平等な分配を通して人々の社会的・経済的向上を説く共産主義は、メラネシア人を救済する政治的福音書としてその旗の下に人々を動員したと言えよう。その結果、こうした共産党をはじめとした以下で見るような西欧イデオロギーの介入が、積み荷信仰から村起こしとしての土着主義的運動に発展したソロモン諸島のような他のメラネシアの島々とは、政治的に異なったカナクの夜明けを展開していったとも言えよう。共産党の活動とその後のカナク社会主義は、積み荷信仰に向かう人間の富への根源的欲求とそのエネルギーを吸い上げ、それを富の分配と平等な権利という政治的要求へ変換したという意味において、積み荷信仰の代替としても再想像できる。それは共同体のディスコースからネーションのディスコースへのシフトでもある。しかし、富への欲求は人間にとってのエネルギー源として普遍的に遍在するゆえ、こうした積み荷信仰はなにもオセアニア地域限定ではない。日本の酉の市などで見る小判や米俵を満載した七福神の乗る宝船は、先祖が運んでくる日本版積み荷信仰に見える。

2）土着民法の廃止と西欧エージェント

　第2次大戦とその終結は、フランスと植民地とのそれまでの関係を切り崩していった。1944年、ド・ゴール将軍の主導で自由フランスとアフリカの仏領植民地との間で開かれたコンゴのブラザヴィル（Brazzaville）会議では、フランスへの協力と引き換えにその植民地状況を変える要求と宣言が出された。この結果、フランスは影響力温存のために1946年にフランス連合（Union Française）という新たな政治的枠組みを設け、植民地というステータスを名目上廃止した。同年、土着民法は廃止され、それに伴って強制労働や人頭税も廃止され、フランス人民事的地位にない市民は、その属人的地位（le statut personnel）を放棄していない限りそれを維持できるとした（1946年仏憲法82条）。これによって、フランスの市民権を得たカナクは、その土着民的地位や

リザーヴに対する権利を保持するとともに、リザーヴの外へ出て、町にも行ける移動の自由を手にした。一方、1946年2月14日の「オセアニア人種種族の土着民に対する法令」[31]によって、土着民は引き続き所轄の行政監督官である憲兵とトリビュのシェフの権限の下に置かれるとした（Art 1; Lafarge 2010: 156）。これには、土着民民事戸籍（état civil indigène）をはじめ、慣習的事柄を記録、管理する憲兵との間の仲介役として、行政的シェフの役割が引き続き必要とされたからでもあろう[32]。この結果、植民地化によってカナクの慣習システムに捻じ込まれた「発明された伝統」としてのシェフの行政的権限は、曖昧なまま据え置かれたと言えよう。

土着民民事地位（statut civil indigène）は、1954年、特別法民事地位（statut civil de droit particulier）（以下、特別地位）に変更され、1958年憲法75条も、普通法民事地位（statut civil de droit commun）（以下、普通地位）を有しない共和国の市民は、元の地位を保持することを可能とした[33]。1967年には特別民事地位市民戸籍（état civil des citoyens de statut civil particulier）が設けられ、カナクは、なんらかの理由により特別地位から普通地位へ変更しなければ、フランス市民として慣習的権利を有する特別地位を保持することが可能となった。法的に両者の間で優先するのは常に普通法であるが、理念的に普遍主義と平等性に重きを置くフランスが、法の前に同等な権利を有するはずのニューカレドニア市民に対して、嘗ての植民地時代から受け継いだ法的二重性をなぜ解体し、普通地位に一元化しなかったのであろうか。アニエルによれば、フランスは異なる先住民に急激な変化と影響を与えることを避け、彼らが漸次的に特別地位から普通地位に移行していくことを期待、予想していたという（Agniel, *Mwà Véé* 2003, No.41: 20）。しかし、フランスの思惑は裏切られ、これまで普通地位に移行したカナクは少なく、ほとんどのカナクはこの特別地位を保持してきた。

カナクは市民権を付与されたが、このことは社会的に平等な権利を得たことを意味するものではなく、フランスの植民地主義的状況に変わりはなかった。参政権に関しては1945年の法令により、第2次大戦からのカナク帰還兵士、首長、キリスト教教師、学校教師、行政関係に携わっていたカナクたちにまず与えられた。同年、カナクの有権資格者は1144人で、当時の有権者数9500人の12%であった（AFIKHM: 64）。徐々に有権者は拡大され、ニューカレドニアの代表をフランス国民議会と上院に送ることも可能となったが、カナクが完全な普通選挙権を得るのは1957年まで待たなければならなかった。

第 1 章　カナクの創成

　当初、こうした新たな政治的権利について知識のなかったカナクに代わって、その政治的・社会的状況の改善を要求していったのは、共産主義者やキリスト教聖職者、社会主義のヨーロッパ人エージェントである。カナクの植民地的状況の変革を最初に試みたヨーロッパ人エージェントは、第2次大戦以前に本国から夫と移住して来たフランス人女性のチュニカ・イ・カサス（Jeanne Tunica y Casas）によって1946年に創設された共産党である。彼女は当時の総督を植民地的状況からメラネシア人の解放が遅れていると非難した（Kurtovitch 1997a: 17）。党はトリビュで集会を組織し、ビラを配布して、マレ島の大首長のH. ネスリーヌ（Henri Naisseline）をはじめとしたシェフや元兵士など、多くのカナク共感者を獲得していった。カナク解放運動の活動家となったトロンガジョ（Trongadjo）によれば、彼のカナクの祖父はこのチュニカとともに働いた共産党の活動家であったが、彼女はたくさん語り、多くのカナクを引きつけたという（4/11/97）。

　たとえば、リフ島の人口は当時約5500弱と推定されるが、共産党に共鳴したカナクの数をフランス警察は478人（9%弱）と報告している（I. Kurtovitch 1998: 286）。なぜ、共産党は多くのカナクを引きつけることができたのであろうか。ひとつには、前述のカーゴ・カルト的要素以外に、メラネシア人が第2次大戦の影響から外の世界についての情報や知識を得て、すでに政治意識に目覚めつつあったことが挙げられよう。たとえば、1949年カナクの求めに応じて当地を訪問したフランスの共産党議員エグルトー（Marcel Egretaud）は、「質問したのは私ではなく、彼らが私に質問してきた」[34]と語っており、彼にフランス植民地主義に対する海外領の人々の不信感を報告した雑誌を見せたという。一方、フランス人から「汚いカナック」と蔑まれることに対するカナクの誇りと憎しみを見たエグルトーは、「諸君、そうだ、我々はカナックであり、それを誇りに思うと彼らに言い返せばよい」[35]と語ったという（I. Kurtovitch 1998: 290-291）。エグルトーは、人間としてのプライドに訴えることによって、彼らの政治意識を高め、具体的に主張することを示唆したが、メラネシア人も自らの状況を改善するため、知識や技術を積極的に習得しようとしていた。たとえば、レーナルトは、カナクが子どもたちを、有給であるが車の洗浄のような仕事しか与えない工場ではなく、無給であるが機械や修理について教えてくれる共産主義者運営の自動車修理工場に送っているのを見ている（Leenhardt 1952: 52; I. Kurtovitch 1998: 281）。

共産党（1946〜47年）のカナクの権利に対する要求は土着民法や強制労働の撤廃、居住の自由などで、これらは1940年代末に全て達成されたが、その他、ニューカレドニアの総評議会におけるカナクの議席や政治組織の設置、宗教的中立、鉱業の国営化のような経済構造改革などが挙げられる（I. Kurtovitch 1998: 299-306）。すなわち、カナクの植民地的状況からの解放、ヨーロッパ人とカナクとの平等という普遍的人権に基づいたものであり、そのビラでも、「先住の人々である同士諸君よ、人種主義者はあなた方の遺産を取り上げたが、白人と同じ特権を享受すべきだ」（Thompson and Adloff 1971: 277）と呼びかけている。党は、共産主義の抽象的なイデオロギーを説く代わりに、カナクが必要とするものを具体的に提示、提供し、白人と同等な権利を主張することによって、その権利意識を刺激し、多くのカナクを短期間で引きつけることができたと言えよう。しかしながら、共産党がカナクに対してとった熱心な行動とその成功は、彼らの活動を危険な煽動と見なすヨーロッパ系保守派、行政官、宣教師の間で警戒心を引き起こした。その結果チュニカは、家にダイナマイトが仕掛けられるなどの脅迫を受けて、1946年ニューカレドニアを去ることを余儀なくされた。1950年以後共産党の事務所は存在しないに等しく、支部組織をカナクの間に確立できなかったという（I. Kurtovitch 1998: 287, 299）。

　結果として、短期に終わった共産党の活動に対して、次のエージェントは、すでにカナクのキリスト教化に成功し1世紀以上もその存在をニューカレドニアで確立していた宣教師であった。グランド・テールではカトリックが、ロ諸島ではプロテスタントが多数を占めたが、両者とも共産主義をキリスト教に対する脅威として受け止めていた。「共産主義は、土着民の唯一の解放者として出現し、多くのカナクを転向させている」として、当時のカトリック司教ブレッソン（Edouard Bresson）は、「カトリック教徒あるいはプロテスタント教徒と同時に、共産主義者であることは不可能である」と見なしていた（I. Kurtovitch 1997a: 24-26）。しかし、キリスト教の教義と共産主義のイデオロギーはヨーロッパ人宣教師にとっては相容れないものであっても、カナクにとって両立できないものではなかったであろう。共産党員であったトロンガジョの祖父も、宗教的にはプロテスタントにとどまっていたという（4/11/97）。また、大首長H. ネスリーヌは、後にコミュニストから正反対のゴーリストに転向しており、彼らの例からも、当時カナクが共産党のシンパになったことは、そのイデオロギーを必ずしも身に付けたことを意味するものではないと言えよう。カナクがその

とき必要とするものを取り入れ利用するという実利主義的観点に立てば、共産主義への共感はキリスト教への帰依を否定することにはならないと言えよう。

　一方、共産主義に対抗するため、カトリックは 1946 年に UICALO（法の下での自由を友とするカレドニアン先住民族ユニオン）を、一方、プロテスタントは、1947 年に AICLF（カレドニアン先住民族と仏ロイヤルティ諸島民協会）という政治組織を設立した。両者は、政治的権利よりも、首長協議会の設置や、学校、インフラ整備といった主にカナクの生活状況の改善を目指していた。キリスト教はメラネシア人の文化的分野よりもむしろ近代政治の分野において、知識＝力関係を発揮できる生産的ネットワークを構築したと言えよう。プロテスタントのシャルルマーニュ（Raymond Charlemagne）牧師は、アンディジェーヌは保留区や税金の免除などの特権と保護を与えられており、もし平等や自由、市民権、普通選挙権といった共産主義者が唱える普遍的人権が与えられれば、そうした特権を失い、白人と同じようになってしまうと主張していた（Kurtovitch 1997a: 94, 95）。アンディジェーヌとしての社会的・文化的特殊性と、ヨーロッパ人のそれとの違いを強調したキリスト教のエージェントたちは、他のコミュニティとは異なる先住民としてのカナクの慣習的権利に対する意識を促進したと言えよう。共産党の普遍主義はカナクの先住民族としての慣習的権利を、一方 UICALO と AICLF の特殊主義はその普遍的権利を排除する可能性があった。しかし、脱植民地化闘争の中でカナクは両者の権利をともに明確な要求として掲げており、両エージェントの異なった主張から、彼らはニューカレドニアの政治へ参加していく中で、市民として先住民として、その普遍的権利と慣習的権利を会得していったと言えよう。短命であった共産党に対して、カナク近代政治創成の礎石を据えた宗教エージェントはその後も強い影響力を保持し、植民地化以来の伝統でもある宗教と政治のかかわりは現在も少なからず続いている。

3）カナク近代政治の出現

　しかしカナクの近代政治の創成に最も大きな影響を与えたのは、社会主義のヨーロッパ・エージェントであったと言えよう。フランス本国から移住した薬剤師、企業家で、リフ島の大首長の娘と結婚し、メラネシア人に同情を寄せ人類学者にもなったルノルマン（Maurice Lenormand）は、1953 年、UICALO と

AICLF の合併を通して UC、ユニオン・カレドニアン政党を設立した。フランスが海外領の先住民の有権者資格者を拡大した結果、1951 年にはヨーロッパ人 1 万 831 人に対し、カナク選挙人登録者数は 8930 人に上った（AFIKHM: 67）。「当時メラネシア人の唯一の代表であった」と語っているルノルマンは（3/9/96）、カナクが全有権者の約 45% に増大した同年の選挙で、フランス国民議会議員に選出された。1953 年の総評議会（Conseil Géneral）の選挙では、UC は地滑り的勝利を得、25 議席のうち 14 議席を獲得し、後に UC の党首となった UICALO 会長のロック・ピジョー（Rock Pidjot）や AICLF 事務局長のウエッタ（Doui Matayo Wetta）など、初めて 9 人のメラネシア人評議員が選出された（AFIKHM: 69）。1956 年、フランスで誕生した社会党政権は海外領土の自治権を進め、その地方分権化、政府評議会（Conseil de Gouvernement）の設置、及び普通選挙を認める基幹法（Loi-cadre Deffere: Congrès a）の草案を作成し、翌年その施行によって全てのカナクが投票権を得て政治的権利を行使できることとなった。この結果、総評議会から代わった領域議会（Assemblée Territoriale）の 57 年の選挙では、UC からのカナク代表者は 13 人に増大し、政府評議会のカナク大臣や領域議会のカナク議長が選出されていった[36]。ルノルマンの UC の創立によって、カナクはカレドニア政治の主流の中に取り込まれ、カナク近代政治は始まったが、第 1 世代のカナク政治家はいわゆる名望家（notable）の首長で、低い階級からの者はいなかった。たとえば、領域議会の初代議員に、また政府評議会の初代大臣に選出されたポネリウーアン出身のウエッタは、多くの同盟関係のある有力なクラン出身の出であり、暗殺された政治家チバウはウエッタの娘婿でもあった。ADCK の文化担当官であったカサレル（Kasarherou）は小さい頃、このウエッタについて人々が大いなる尊敬をもって語るのを覚えており、彼は大きな威信（prestige）を有していたという。慣習教育は彼にスピーチやクランについての知識を教え、公共の場でいかにして語るかの術を身に付けさせ、人々はうまく語ることができる者を尊敬する。こうした、慣習システムを近代システムに関係づける傾向は、場所によってはいまだに顕著であると語っている（6/10/97; 29/10/98）。雄弁術は、メラネシア社会における「ビッグ・マン」にとっての伝統的必要条件であり、ウエッタに見るように、慣習において修得した知識や雄弁術はクランの勢力ネットワークによって、近代政治システムに網がかけられ、カナク政治家を排出することを可能としていったと言えよう。一方、メラネシア人に公共の学校教育を受ける

第 1 章　カナクの創成

道が開かれるようになったのは市民権が付与されてからで、カナク学童は1945 年 4380 人から 1951 年に 6351 人に上ったが、初等教育の終了証書を得た者は 1950 年で 3 人、1951 年で 5 人にすぎなかった（I. Kurtovitch 1997a: 138）。それまでは、なんらかの理由で普通地位に変わった者を除いては、西欧知識を取得する機会は宣教師が開いたカトリックかプロテスタントの神学校教育しかなかった。そうしたキリスト教西欧教育を受けた神父や牧師が、その政治組織の UICALO や AICLF のメンバーとなっていき、ウエッタもプロテスタントの副牧師で AICLF の事務長であった。この意味で、慣習とキリスト教はカナクにとっての政界デビューのカギを握り、これらの節合の上に近代政治へのルートが開かれていったと言えよう。

　しかし、キリスト教でもカナク政治家は全般的にカトリックが多く、グランド・テールにその本拠を置く最古参で最大のカナク政党の UC も、カトリックが多数を占めている。プロテスタント・スクール連盟のワポトロによれば、「プロテスタントにとっての闘いの場が行政分野であるのに対して、カトリックは政治の場にある。我々プロテスタントの教会は、フランスの教会と関係しているが独立しており、決定するのは我々だが、カトリックの場合は法王が決める」。こうした相違は人間の精神面に影響してくるから、カトリックは彼らに付与されていない政治的力をほしがるが、プロテスタントはすでに有しているので求めようとはしないという（20/10/98）。つまり、異なった教会制度が異なった政治的志向を育んだと言えようが、カトリックであれプロテスタントであれ、共通テーマとして宗教的原点が「人々の救済」にあるならば、それは人権という意味で社会主義の基底にも通じてくる。

　UC はルノルマンを総務会長（commissaire général）として、カナクのロック・ピジョーを党首として、「人々はひとつ、肌の色は 2 つ」（deux couleur en un seul peuple）をモットーに幅広い支持を得た。ルノルマンはこれについて、「植民地時代が依然として続いており、"人々はひとつ"とは、メラネシア人が白人と同等の権利、力と自由を有するべきだという意味を持っている」と語っている（9/9/97）。それゆえ、平等の権利を説いた共産党に代わって、UC はカナクの大多数から支持を得て、最古参、最大のカナク政党となったのである。実際、共産党の活動家を祖父に持ったトロンガジョの両親は、UC の創立以来党員となり、当時は「全てのカナクが UC 党員となった」という（4/11/97）。換言すれば、カナクにおいて、政党への帰属は家族やクランとの関係から決まっ

てくるとも言えよう。UC は、またその社会主義的主張から進歩的中産階級のヨーロッパ人や、貧しい白人の支持を得た。たとえば、両親が学校教師で UC の党員であった解放運動のカレドニア人活動家シヴォ（Max Chivot）によれば、「UC 以来、政治的には社会主義的傾向が伝統となっている……初期の UC では、カナクと貧しい人々のための平等な社会正義の進展を目指していった」（10/10/97）という。現在では貧しい白人は逆に右傾化し、UC は圧倒的にカナクで占められているが、当時、地方の村で半自給自足生活を送る大半のカナクと、ヌメアで低賃金労働に従事している貧しい白人は、ともに社会的に周縁化され、そうした状況の改善への期待を党に託したと言えよう。

　ルノルマンと UC はカナクの権利回復のために、その平等や社会状況の改善といった普遍的権利と、先住民族としてのカナクの慣習的権利を主張したが、後者の権利により重きを置いていたと言えよう。1951 年の選挙では、保留区の保存やトリビュの長老会議（conseil des anciens）の承認、土地登記の確立、家族名やクラン名の登録、慣習法の確立や技術・職業教育の促進などが挙げられている。1953 年のそれでは、シェフリの地位の改革、慣習法に基づいた民事裁判制度の確立、慣習（法）の収集や書き起こし、家族体系に基づいた戸籍登記の改革、リザーヴにおけるカナク家族体制の土地の適用、シェフの警察的権限や慣習的警察の設立、カナク公共学校の設立などの要求が掲げられている（AFIKHM: 67, 68-69）。「カナクの夜明け」におけるこうした権利要求は、カナク・アイデンティティの回復要求を認めた 1998 年のヌメア合意でその結果を見ることができ、このことは慣習的権利が、先住民としてのカナクの特別地位の保持と深く結びついていることを示している。ルノルマンはオトクトーヌの特別地位は、将来的に婚姻体制と土地保有形態、すなわち親族体系とリザーヴの享受という限られた権限となり、普通地位との地位的差異は、未来のカレドニア人の結びつきや統一の実現を妨げるものではなく、同じニューカレドニアに生きる人々は互いに進化し、相互的に浸透し合う中で統合されるだろうと展望を述べている（Lenormand 1953: 294）。彼の楽観的予測は、脱植民地化運動における対立において外れたが、現在のヌメア合意における共通の運命の中で、異なった地位を有するカレドニア市民の関係を考えると示唆的でもある。

　一方、同じ仏領のフレンチ・ポリネシアで当時ヨーロッパ人との混血で仏領ポリネシア生まれのポウヴァナア・ア・オパア（Pouvanaa a Opaa）が独立運動を展開していたが、ルノルマンや UC は、自治権拡大の要求はしたが独立要求

はしなかった。それどころかフランス併合100年際に当たる1953年、彼は「ニューカレドニアとその属領（ロイヤルティ諸島）は、永続的に変わらぬ住民による合意によってフランスにとどまり、とどまり続けるであろう」と宣言した（Lenormand 1953: 299）。自らのアイデンティティはフランス人として、その移住から半世紀以上経った1997年に語っていたルノルマンにおいて（10/10/97）、前者との相違は祖国との断ち難い絆にあったのかもしれない。一方、第2次大戦後、独立を選択した仏領アフリカの植民地が宗主国との関係と援助を断たれて、その後"失敗国家"となっていったことに鑑みるならば、当時の彼の判断は賢明であったのかもしれない。1958年に第5共和国の新憲法承認に際して、フランスは独立か、あるいは海外領（Territoire d'Outre-Mer: T.O.M.）か、海外県（Département d'Outre-Mer: D.O.M.）か、政治的地位の選択を示した。ニューカレドニアは、同年12月に行われた住民投票で98%が新憲法を承認し、12月の領域議会でUC提案の自治権を持った海外領（TOM）となった（AFIKHM: 73）。この共和国憲法の前文には、1789年の人権宣言の人権及び国民主権の原則に従って、「共和国は、共和国に加わる意思を表明する海外領に対して、自由（liberté）、平等（égalité）、友愛（fraternité）の共通の理想に立脚し、かつ、その民主的な発展を目的として構想される新しい諸制度を提供する」（『現代のフランス』1987: 566）とある。このため、人々はこぞってこの憲法と海外領を承認したのかもしれないが、この前文が謳っている理想と民主的な発展の約束は遵守されなかった。他方、このことは、人々が当時独立を構想していなかったことを必ずしも意味するわけでもなかった。

UCは、住民投票の前の10月に「ニューカレドニアの独立を決して要求せず、それを要求する者は誰であれUCから追放することを正式に宣言」しているが（AFIKHM: 73）、解放運動に参加したカナク判事のトロリュによれば海外領の選択のとき、人々は独立について考えたがそれを口にはしなかったという（16/9/97）。実際、ルノルマンは、後にRPCRの反独立派となったリフ島出身のカナク政治家ウケイエ（Dick Ukeiwe）が、1958年、北ヴェトナムを訪問した際、その独立に触発されてラジオ・サイゴンで「我々リフ島は独立するだろう」と宣言したと皮肉を込めて言及している（9/9/97）。この独立を認めなかったUCの姿勢に対して、解放運動のカレドニア人活動家であったカイヤール（Jean-Paul Calliard）は、前述のフランス社会党政権下での海外領土の自治権を進めた基幹法に言及して、「1956年以後、ニューカレドニアには多くの自由

を認めた基幹法が存在していた……ニューカレドニアは閣僚などを有する行政組織、国旗に相当する旗や多くの政治的権限や自由を享受していた……それゆえ、UC は当時独立を求めなかった」（14/19/97）と語っている。

しかし自由を謳歌していたニューカレドニアがフランスにとどまる海外領を選択すると、1959 年、第 5 共和政の大統領となったド・ゴールの下で基幹法は停止され、自治権は 1963 年のジャキノ法（Loi Jacquinot: Congrès b）、さらに 1967 年のビヨット法（Loi Billotte: Congrès c）で徹底的に削減され、議会は鉱山開発や地方自治に対する権限を剥奪され、歴史の針は逆戻りしていった[37]。この背景には、アルジェリアが 1962 年に独立してド・ゴールが仏領ポリネシアに核実験場の建設を決めたため[38]、ニューカレドニアに対する統制を強化する必要があったからであろう。いずれにしても、人々の不満が高まっていく中で、アポリネールは、「独立という言葉を誰もあえて口にしないが、全てのカレドニア人はそれについて考える道しかもはや残されていない」と問題提起している（Appolinaire 1984: 165）。実際、アルジェリア独立戦争中の 1961 年、基幹法に基づいた自治権に戻ることを要求していた UC は、ヌメアの公共建物の壁に描かれていたアルジェリア反独立派の秘密軍事組織を意味する「OAS」という落書きが、「独立」という落書きに取って代わったという記事を掲載している。記事は独立の落書きが UC の進める自治権拡大の要求を阻害するばかりでなく、それに反対するヨーロッパ人保守派の反動を招き、カレドニア社会をいたずらに混乱させる危険な「火遊び」として糾弾している（*L'Avenir Calédonien* No.325, 6/10/61）。この記事からは、いわば、禁句であった「独立」という落書きが与えた大きさや、その影響を憂える UC の困惑と懸念が見て取れる。シェフなどの保守派で占められ植民地的メンタリティが抜けず白人に頼るカナク政治家や、政治的決定に対する宗教の強い影響力を批判しながら、アポリネールは、「独立についての考えは芽生え、形となりつつある。したがって、問題は具体的にニューカレドニアが独立できるかどうかである」（Appolinaire 1984: 163, 168, 170）と反芻している。

この反芻はやがて、先住民の生得的権利として主権の回復を求める独立運動へと発展し、その中で社会主義は "IKS" という「カナク社会主義独立」のスローガンの下に独立派連合 FLNKS の政治的原則となった。西欧のエージェントによって伝えられた普遍的・慣習的諸権利や社会主義をメラネシア人はその政治文化の中で再コンテクスト化しながら、フランスや他のカレドニアンとの政治

第 1 章　カナクの創成

ゲームにおける知識＝力を身に付けていったと言えよう。この意味において、「カナック」の長い夜は外部世界との節合によって明けていき、ニューカレドニアの近代政治における「カナック」から「カナク」への来るべき主体となることを予兆した夜明けであった。

注

1) 筆者が関心を抱いた「カナク」という言葉に関する日本の研究では西野照太郎によるオセアニアにおける「『カナカ』の源流とその変貌」（1979: 31-50）が挙げられる。
2) 新約聖書、ヨハネ福音書、第1章1節の冒頭では、「始めに言葉があり、言葉は神と共にあり、言葉は神であった」（John 1.1）と記されている。
3) 中島敦は、たとえばその短編『環礁』の中で島の女性「マリアン」を「カナカ」として言及している。また、彼は『光と風と夢』でサモアにおけるスティーブンソンを描いているが（1993）、両作家とも当時のオセアニアの植民地化には批判的で、その眼差しは島民の側にあった。
4) ホリマンによれば、当初は「Kana(c)k」であり、フランス語の「Canaque」は女性形から派生したが、ニューカレドニアの仏文学では女性に対する男性の意味でときに使われていたという（Hollyman 1959: 373）。
5) ダグラスによれば、マリスト会派のフランス人宣教師たちが残した文献には、「Kanak-Pére（宣教師を支持するカナクのキリスト教徒）」や「kanak soldat（異教徒のカナクでフランス兵を支持する者）」（Roussel, 27 June 1866, archives de l'archevêché de Nouméa, 85.1）、あるいは「habillés à la canaque」（ペニスケースを付けた裸のカナック）」（Thérèse Mathieu, 29 May, 1860, Archives of the Province of Oceania, Rome）といった言及がある（Douglas 1991: 213；直接対話 Canberra 15/6/98）。
6) フランス語の辞書によっては、「Canaque」について sauvage（野蛮な）あるいは individu grossier（野卑な人間）といった蔑称的な慣用法を記載している（Trèsor de la langue française）。
7) たとえば、以下のような引用文が掲載されている。「カナック（Canaques）によって脅かされる多数派白人を支持する願い」（L'Avenir Calédonien No.447, 10/3/64）。「カナックとして起源する人々によって起こされた問題は現在のところない」（ibid. No.471, 7/7/64）。「とりわけ、カナックへの土地の再配分はすでに古くから存在する問題のひとつである」（ibid. No.569, 20/9/66）。
8) 条約の前文は、ヴィクトリア女王は、すでに多くのヨーロッパ人がニュージーランドに移住し、増大していることを鑑み、法と秩序を回復するため首長や部族と英国臣民を保護し、民間政府を確立すべく部族連合の首長とその他の首長たちを招き、以下のような条項と条件で（条約を）承認するため、ホブソン（Hobson）は全権を委任されたという内容である。条項については、「カナク土地返還要求」で見るが、ウォーカーによれば、ホブソンは5月21日に北島の主権を宣言した後、南島からの条約の署名結果を待つことなく、南島の部族（Ngai Tahu）の存在を無視して、南島は無主地（terra nullius）としてその主権を宣言したという（Walker 1990: 97）。
9) 1874年の令（Décret organique de 1874）によって総督の権限はシェフの指名から、一時停止、罷免、失効までに及ぶ（Lenormand 1953: 256; AFIKHM: 27）。

10）1863年の令（Arrêté du 14 mai 1863）で、シェフは皇帝の主権を認め、その権限は総督に従うことによって維持され、植民地当局とシェフの臣下との間の仲介役として、この義務を意図的に遂行しない場合は、原住民の文明化と植民地発展の手段を妨げる悪例となるため、その存在理由は剥奪されるとした（AFIKHM: 14）。
11）グランド・テール以外のロイヤルティ諸島では19世紀末に、イル＝デ＝パンでは20世紀初めにリザーヴとなった（ADRAF<http://www.adraf.nc/>）。
12）1868年の令（Arrêté 13 du 22 Jan/1868）で、リザーヴ領域は、国家の領域（公共と私的なものにわたって）から区別され、リザーヴは譲渡できず（inaliénable）、交換できず（incommutables）、差し押さえできず（insaisissables）、国家による収用（expropriation）を除いては、集団的財であるとされた（AFIKHM n.d.: 17）。
13）1867年の令（Arrêté du 24 décembre 1867）は、シェフに、必要ならば所定の管轄の憲兵行政指揮官の支援を受けて、共同体の一般的な財を監視し、人や財が被害を受けないように防ぐ権限を与えた（Lenormand 1953: 260）。
14）1868年までに約30万ヘクタール、ニューカレドニア全体の5％弱の土地がヨーロッパ人入植者の私有地となり、これらは平地のとりわけ西海岸地域に集中し、1872年までに土地の5％が譲渡された（Connell 1987: 46）、また、入植者以外に広大な土地が宣教師に渡っていった。
15）カントヌマンは1897年の令（l'arrêté du 13 novembre 1897）で確立した。ルノルマンによれば、カントヌマンは、1895年までは事前にオトクトーヌに知らせることなく強制移動が行われていたが、1895年以降はトリビュのシェフがこの移動作戦に参与させられた。強制移住によって専有地、農園、家の放棄など先住民が被った被害に対して補足的な賠償がとられたが、シェフの名の下で行政者の名へ譲渡しながら、シェフはその報酬を取得したという（Lenormand 1953: 267）。
16）Vladyslav（1998: 1）がWaddell, Eric（Le rêve de Jean-Marie Tjibaou, La terre-Actes du sixième colloque CORAIL, Nouméa Octobre 1993: 124）から引用。
17）オセアニアのエントロピックな語りの典型は、タヒチ、オーストラリアなどを例にとったムアヘッドの『運命の衝撃』（1966）に見ることができるが、彼は、西欧の支配的力の衝撃と先住民の理想郷を対比的に単純化して、逆オリエンタリスト的表象をしている。
18）たとえば、Douglasから直接入手（1998）した文献には、戦争で勝利後のカニバリズムについて、1857年にマリスト派宣教師による1856年7月11日のPannetratの虐殺後に起きた次のような報告がある。仏軍兵士が野蛮人（les sauvages）の間に放った砲撃によってカナクたち（Kanaks）は川で死んだり、山に逃げていったが、「その間に原住民同盟者（alliés indigènes）はその小屋を焼き払い、プランテーションを破壊し、ココナツを倒し、歓喜に身を任せていた。なぜなら食するものが多くあるからだ」。宣教師は、監視の目を盗んで死体を釣りに行ったこの酷いカニバリズムに対して見せしめとしての懲罰を科さなければならないと記している（Père Poupinel à Supérieur-Général 2/12/1857, Annales des Missions de la Société de Marie, No.1: 125）。
19）アタイの反乱については、次の文献を参照した。Bullard 1998a: 341-346; Douglas 1998b: 193-221; Appolinaire 1984: 45-67, 1973: 20-27, 50-53; Saussol 1979: 189-261, 1987: 246; AFIKHM: 29-36; Connell 1987: 62-73; Latham 1975: 48; Thompson and Adloff 1971: 242-243; Mwà Véé No.56, 2007: 4。
20）Anon 1882: 130 (Nouvelle-Calédonie: insurrection des tribus canaques des circonscriptions de Bouloupari à Koné: massacres des 26 et 27 juin et 11 septembre 1878: listes nominatives des victims, Nouméa: Imprimerie civile)
21）『アタイから独立へ』（1984）は、アタイの反乱、経済、政治、宗教に関する4章から構成され、アポリネールは1965年、原稿を書き終え、出版予定だった翌年36歳の若さで病没した。彼の死後、ヌメアのカトリック司教がその出版を禁じたため、カナクの間で知ら

第 1 章　カナクの創成

れるようになったのは解放運動が始まってからで、1969 年に初めていくつかの章が *Société des Océanists* 誌に出版された（Burk: 17; Avertissement: 21. D'Ataï à L'Indépendance）。

22) 1789 年のフランス革命以前の旧体制（Ancien régime）においては、奴隷や解放奴隷に対する統治法としての黒人法(1685 年発布の Code noir と呼ばれる奴隷法)が存在した。ニューカレドニアにおいては Régime de l'Indigénat が多いが、カナク独立派の書いたものには、statut de l'indigénat としているものも多い。土着民法が適用されなかったところもあり、たとえばニューヘブリデス（ヴァヌアツ）の場合は、イギリスとの共同管理下だったために適用されなかった（*Mwà Véé* No.15, 1997: 6-36; Lenormand 1953; Merle n.d.）。

23) 規則面では、刑法典（code pénal）は仏市民のみに適用され、カナクに対してはその法律違反の対象となるような令が、その時々に出されていった。また、ニューカレドニアに労働力としてやって来た、植民地支配下にあったインドシナのヴェトナム人やジャワ人などの移民もこの土着民法の対象となった。

24) 当時 21 歳以上のマオリ男性に選挙権、被選挙権が付与されたが、Walker によれば、1867 年の法（The Maori Representation Act 1867）は、議会全体で 70 余議席のうち、マオリは 4 議席に制限され、当時の人口、パケハ 171 万 9 人、マオリ 5 万 6000 人の割合からいえば 20 議席が妥当であるとしている（Walker 1990: 144）。

25) Décision gouvernementale N°840 du 9 août 1898: Articles 19, 20, 22-26。参照（Lenormand: 251, 258-259, 261, 267, 269-270; AFIKHM: 38-39, 41-43; Naepels 1998: 272, 274-275）。

26) ノエルの反乱については（Saussol 1979: 305-322; Clifford 1992: 92-104; Connell 1987: 73-83; AFIKHM: 50-51）を参照。

27) しかし、反乱が敗北すると、カトリックやプロテスタントなどへの改宗の動きをもたらす一方、ドキ（Doki 呪術）が伝統的呪術を押しのけ増大したという（Saussol 1979: 322）。ドキはニューヘブリデス諸島から伝来し、薬草や髪の毛や爪など死体の一部を一緒にして魔術的束にし、「赤い神」とも呼ばれ人々から恐れられた。

28) AFIKHM によれば、1942 年 3 月 12 日、1 万 7500 のアメリカ兵がニューカレドニアに上陸したのを皮切りに、戦時中 1 万 5000 人のアメリカ兵が駐留し、100 万以上の人々がここを中継地点として通過していったと推定している（AFIKHM: 62）。

29) 積み荷崇拝は植民地化がもたらしたキリスト教の千年王国説に、白人の舶来品の積み荷に対する富への憧れが混淆して出現したもので、祖先が創造し子孫に授けるはずの積み荷を白人が横取りしてきたが、世界に異変が起こり、祖先はその品々を船に満載して帰還するという信心である。メラネシアでは予言者の啓示があると、人々は桟橋や貯蔵庫などを造る以外、労働を放棄し熱心に祈って積み荷船を待ち続けた。

30) メラネシア人のカーゴ・カルトを現地に発生した呪術との関連から論じているギアールによれば、ニューカレドニアではカルト的信仰のドキ呪術が 1939 年に出現し、こうしたローカルな呪術と結びついて、第 2 次大戦後のカーゴ・カルトは、先祖が運ぶ積み荷船がアメリカ人のものに取って代わったとしている（Guiart 1951: 84）。

31) Arrêté No.136 du 14 février 1946 relative aux indigènes de race océanienne.

32) 土着民事戸籍は 1901 年に設けられたが、憲兵によって記録されるようになったのは 1934 年からである。

33) 1958 年仏憲法 75 条では、第 34 条に唯一定められている普通民事地位を有しない共和国の市民は、その属人的地位を、それを放棄していない限り、保持するとある。

34) フランス連合議会の 1950 年 2 月 21 日の会議記録からの I. クルトヴィッチの引用（I. Kurtovitch 1998: 290）。

35) I. クルトヴィッチ（I. Kurtovitch 1998: 290-291）における F. SDH, N'Guyen Duc Than à Dong sy Hua, datée Dalat (Vietnam), (7/7/87: 5) の引用。

36) UC は、領域議会で 30 議席のうち 18 を獲得し、残りは労働者集合（Rassemblement Ouvrier）が 1 議席と 3 つの保守党が 11 議席を得た。コミュニティ別では、カナクが 13 議席、

第 1 部　ネーションの語り

ヨーロッパ人が 17 議席であった（Thompson and Adloff 1971: 305）。政府評議会のメンバーは領域議会から選出され、ルノルマンは副首班と大臣に、ウエッタは大臣に、コウマ（Michel Kauma）が領域議会の最初のカナク議長に就任した（AFIKHM: 72）。

37) ジャキノ法では、領域議会は立法権と課税権は維持したが、行政権を失い行政部門は総督の権限に移行し、また政府評議員の数は 5 人に削減され、閣僚は廃止され、政府の機能はニューカレドニア財産の統制などに限られた。ビヨット法は（1）鉱物資源の試掘や採掘はフランスの許可を必要とし、（2）コミューン（市町村）はフランスの統制下に置かれ、（3）フランスのみがニューカレドニアに投資する会社に対して援助を与えることができた（Thompson and Adolf 1971: 318, 326; AFIKHM: 75, 77）。

38) フランスは太平洋核実験センターをタヒチに建設すると、1996 年に実験を中止するまで、離島のムルロア環礁などで 1966 年から大気圏核実験、74 年から地下核実験を続行してきた。

第 2 章

カナク・アイデンティティ闘争

I. 脱植民地化運動

　第 2 次大戦後、国際連合はその憲章（Charter of UN: 1945）の 73 条で非自治地域の住民の権利に対して言及し、加盟国はその従属地域の発展に関して国連に毎年報告の義務があるとした。1960 年、国連は「植民地独立付与宣言」（UN Resolution 1514）を発し、「全ての人民は自決の権利を有する」という原則を国連総会で認め、前述の報告から作成された非自治地域及び国連の信託統治領のリストは、翌年創設された国連脱植民地化委員会（Committee of 24/ Special Committee on Decolonization）に受け継がれた。ニューカレドニアは、1947 年、国連の最初の非自治地域のリストに掲載されて以来、国連脱植民地化委員会リストに残されている。

　第 2 次大戦後、1950 年代にアジアから始まった植民地解放運動は、この国連の独立付与宣言により、1960 年代のアフリカ諸国をはじめ世界的な脱植民地化の潮流を作り、戦後 100 カ国以上の植民地解放が進んでいった。オセアニアでは、オーストラリア（AU）とニュージーランド（NZ）は、イギリスが制定したウェストミンスター憲章（1931）を、前者は 1942 年、後者は 1947 年議会で批准し、それまでの自治領（Dominion）から、英国傘下の旧植民地で構成される英連邦の一員として、ヨーロッパ人主体のネーションを形成し独立した。NZ の施政下で民族的抵抗運動があった西サモア（現サモア独立国）は 1962 年に、リン鉱石で富裕なナウルは英・AU・NZ から 1964 年に独立したが、その他の大半の島々は 1970 年代に入ってからである。メラネシアのフィジー（1970）、パプアニューギニア（PNG 1975）、ソロモン諸島（1978）、ポリネシアのトンガ（1970）、ツバル（1978）、ミクロネシアのキリバス（1979）と続いたが、AU から独立した PNG 以外皆、脱植民地化を促進したイギリスの支配下にあった。英仏の共同管理下にあったヴァヌアツ（1980）は、太平洋での存

在に固執するフランスが、独立に反対し英国の後押しする英語圏先住民とフランス語圏先住民の間の対立で分離独立運動（エスピリトゥサント島）があり遅れた。ニューカレドニア（NC）は1958年の住民選択によってポリネシアの仏領ポリネシア、ワリス・エ・フトゥナとともにその政治的地位は仏海外領としてとどまった[1]。メラネシア諸国の大半が英国による宗主国主導の憲法草案によって平和裏に独立していったのに対して、NCの脱植民地化運動はカナク・アイデンティティ回復要求として激しい闘争を展開してきた。

　ここでは「脱植民地化運動」を「解放運動」と「独立運動」及び「闘争戦略」という3つのコンテクストに分け、カナク・アイデンティティ闘争が歴史的にいかに展開し、ネーションの探求において「主権」の回復要求がいかに要求されていったかを考察する。

1. 解放運動

　「我々は、行動のシンボルとして"カナック（Canaque）"を掲げる。なぜなら、この言葉は、現在のカレドニアの全ての現実を反映しているからだ……1人種の傲慢さにへつらう一方、他人種を傷つけてきたこの言葉を"自由な人間（Homme libre）"として掲げよう……カナックは、我々にとってもはや1人種に限定された侮蔑用語ではなく、いかなる人種であろうとも、自由を愛する全てのカレドニアンに帰属する言葉である」（*Le Canaque Homme Libre* No.1, 2/69）。

　この高らかな宣言は、カナク解放運動の始まりを象徴的に告げているが、ここでは1968年から1975年に至る解放運動において、パリ5月革命、祖国での解放運動、解放運動の連帯と分裂から、若者がいかなる連帯と共闘を展開し、何を模索していったかを探っていく。

1）パリ5月革命

　ニューカレドニアの留学生たちによるAJCP（パリ・カレドニアン青年連合）の機関紙『ル・カナック　自由な人間（*Le Canaque Homme Libre*）』第1号の冒頭を飾った同宣言文は、カレドニア社会の現実を凝縮している言葉として「カナック」を、抑圧から解放された自由な人の意味で掲揚し、それを妨げる全て

に対して彼らの義務は政治的・経済的・社会的に闘うことだと決意を表明している。このディスコースの内にあっては、メラネシア人のみならず他の全てのカレドニアンを「カナック」として主体化することによって、「カナック」を異なったエスニック・コミュニティを超えた象徴として、ニューカレドニアを植民地化から解放する戦略と言えよう。同時に、それを新たな自由のシンボルとして掲げることによって、メラネシア人のプライドを回復しようとする意図でもある。同号が「5〜6月の学生運動に参加し……このとき、我々が有する問題は、フランスの若者や世界の若者の問題と同じであると、我々は理解した」（ibid.: 4）と語っているように、闘争は、1968年のパリ5月革命（événements de Mai）から世界に広がっていた学生の反体制運動に連動していることを明かしている。すなわち、「カナックの夜明け」で西欧のエージェントによって節合された旧来の後見主義的社会主義は、留学生たちによってフランスで当時最先端の左翼思想にヴァージョンアップされたのである。その結果、比較的平和裏に宗主国主導で進んだオセアニア島嶼国の脱植民地化にはほとんど見られなかったが、アジアやアフリカで見られた社会主義、ナショナリズム、反資本主義、反帝国主義という古典的な植民地解放運動の様相をもって、カナック脱植民地化運動は出現したのである。

　カナック・アイデンティティの探求は、こうしたグローバルな文脈と他者との節合の中で現れたが、共闘の原点は、フランスにおけるメラネシア人とカレドニア人留学生の出会いにあった。第2次大戦後、法制上フランス市民権を獲得したメラネシア人の若者のフランスへの留学、とりわけ神学や技能を身に付けるための派遣は1950年代から行われてきた。しかし、フランスの大学への入学はバカロレア資格を得た者でなければならず、1960年代当時、留学生のほとんどはカレドニア人学生で占められ、カナック学生は限られ、とりわけパリでは少なく、留学生たちは政治についてあまり議論をすることもなかったようだ。そうした状況を変えたのが、1968年フランス人学生たちによって始まったパリ5月革命であった。当時、AECF（フランス・カレドニアン学生連合）の代表であった、ヨーロッパ系学生のカイヤールはパリで医学を勉強していたが5月革命が起きると、メラネシア人学生、とりわけ、N. ネスリーヌと親しくなったという（14/10/97）。マレ島出身の大首長 H. ネスリーヌの息子で、フランスで1962年バカロレア資格を得た最初のカナックとなったN. ネスリーヌは、1962年から72年にかけてパリの大学で社会学を専攻し、5月革命後組織された

第 1 部　ネーションの語り

AJCP の代表として機関紙を発行し学生運動を展開、パリでメラネシア人学生のリーダーとなった。そのやさしい語り口からは、かつての革命的リーダーとしてのイメージやマレ島のグラン・シェフとしての権勢を想像するのは難しい。哲学者サルトルや女優メリナ・メリクールといった当時の最先端の人物が語る集会に出席し、アフリカ人学生たちと議論し、カストロ、チェ・ゲバラ、毛沢東など非ヨーロッパ世界の革命リーダーを知り、「人権」について読んだという。また自分がまさしく歴史と世界の渦中に存在しているということを実感し、植民地政府と戦ったアタイ首長についても知ったという（23/8/96; 7/9/96; 6/9/2005）。

　1962 年から 71 年にかけてパリで神学を勉強したウアンブイ（Beniela Houmbouy）は、5 月革命は彼の気質に合わず積極的に参加しなかったが、この AJCP のメンバーとなり、「我々はネスリーヌと、さらにカレドニアンの学生とも一緒であった。会合を開き、ニューカレドニアの将来について議論し合い、いつも一致したわけではないが、パリで 5 月革命の経験を共有していた」と回想している（26/10/98）。また、試験に落ちるフランス人学生を見て、ニューカレドニアでメラネシア人はヨーロッパ人より劣るとされてきたことがそうではないことや、「人権宣言」を読んで、フランスのニューカレドニアにおける行動の矛盾を知ったという（12/9/96）。ここからも、国家という主体を人権のディスコースへとうまく鎖をかけることにおいて、「人権の国」としてのアイデンティティを標榜するフランスが、現実の運用となるとその鎖を外す理念と実践の乖離がわかる。フランスでの勉学は学生たちに人間としての自信を与え、5 月革命の体験を通して、ニューカレドニアの植民地主義打倒に対する議論を燃え上がらせていったと言えよう。

　メラネシア人のポワグーヌ（Elie Poigoune）は、モンペリエ大学で数学を勉強し、AECM（モンペリエ・カレドニアン学生連合）代表となった解放運動の闘士で、首都ヌメアのエリート校、ラ・ペルーズ（La Pérouse）高校に進学したが、留学前はヨーロッパ系の友人はいなかったという。しかし、フランスでは「我々はカレドニア社会の外にいたため、互いの関係はより容易だった……カレドニア人は途方に暮れていた。というのも、彼らはフランス人とは同じではなかったし、フランス人が好きではなかった……彼らは我々の元へ避難して来た」と語っている。おそらく、本国のフランスでは、ヨーロッパ系学生は、かつての流刑囚植民地から来たカレドニア人といった侮蔑と偏見の眼差しをフ

第 2 章　カナク・アイデンティティ闘争

ランス人から感じたのかもしれない。他方、メラネシア人に対する偏見が根強く、平等に扱われていなかったニューカレドニアでは、カナクとカレドニア人が互いに友人となる機会は少なかったが、祖国の状況から解放された留学生たちは、フランスでは同郷の学生として対等な関係で友人になることができたと言えよう。勉学のため本国に送られたニューカレドニアの若者が接触と交流を通して、とりわけパリ 5 月革命によって祖国ニューカレドニアにおける政治的問題意識を啓発され、互いに同志となっていったことは歴史的皮肉でもある。

　ネスリーヌは、機関紙『ル・カナック　自由な人間』第 1 号の「白い問題の黒い局面（l'aspect noir du problème blanc）」で、闘争は非人格化のキャンペーンを大々的に張ってきた植民地主義者からアンディジェーヌを解放し、その尊厳の回復の機会を彼らに与え、全てのカレドニア人とともにその幸福に対して闘うことにあるとしている（ibid.: 7, 10）。ここからも、5 月革命へ巻き込まれていく中で、当時世界的潮流となった植民地解放運動と社会主義的イデオロギーの洗礼を受けた留学生たちが、フランスの支配とその下で蹂躙されてきたカナクの権利、ニューカレドニアのさして変わらぬ植民地状況について、問題意識を喚起し、連帯していったことがわかる。換言すれば、これまでニューカレドニアにおいて強権的な主体として仏国家が歴史的に構築してきた「真実の体制」に対して、新たに獲得した知識＝力によって、学生たちはその力関係を変えることができることに気づいたのである。

2）祖国での解放運動

　それゆえ、1969 年、留学生たちは夏季休暇でニューカレドニアへ帰省すると、それぞれ行動を起こしていった。ネスリーヌは、帝国主義的植民地主義からの解放を目指して、政治グループ「フラール・ルージュ（Foulards Rouges 赤いスカーフ）」を結成し、その機関紙『レヴェイユ・カナック（Réveil Canaque カナクの目覚め）』を発行して、闘争を組織化していった。しかし当時の故国の状況は、5 月革命の巻き起こったフランスとは異なっていた。この「フラール・ルージュ」の活動家となったトロンガジョによれば、白人と学校で一緒になったとき、それはただ並んでいるだけで、ともに集ってひとつになったことは決してなかった。クラスの中で、我々カナクは好かれなかった（4/11/97）。1972 年フランスに留学しリヨンで経済学を勉強したネアウティン（Paul Néaoutyine）は、

87

カトリック系高校生であった当時、「フラール・ルージュ」と神学生との集会を組織したが、カナクが中に入ることを禁止されていたホテルやレストランがヌメアにあったと、アパルトヘイト的な状況を語っている（6/9/2007）。カナクに対するこうした人種的差別に加えて、1960年代後半から70年代中頃のニッケルブームによって[2]、本国から多くのフランス人やさらに、旧植民地のアルジェリアやヴェトナム、オセアニア仏海外領のワリス・エ・フトゥナや仏領ポリネシアから大量の移民が流入した[3]。1969年から1976年の間、ヨーロッパ人の人口増大37％に対して、カナクは17％にすぎず、1976年において海外で出生した者はニューカレドニア全体の人口の25％余りを占めるに至ったという（Dornoy 1984: 52）。これは、フランス政府が来るべき独立運動を恐れてカナクの少数化を図ったからである。ド・ゴールの後継者ポンピドゥー大統領（共和国集合RPR）の下でP. メスメル（Messmer）首相は1972年、短期目標として、「フランス本国、仏海外県・海外領土からの大量の移民の導入によって、ニューカレドニアの各コミュニティの人口バランスを保持、改善し、この危険性（フランスの南太平洋における存在に対する脅威）を回避し」、長期的目標として、「住民の大多数を非太平洋出身のエスニック集団で構成することが、先住民族ナショナリストの要求（独立）を排除できる唯一の方法であろう」（Vienne 1985: 1608）と言明している。この結果、現在の多民族社会が成立するとともに、1950年代には50％余りを占めていたメラネシア人は1970年代には41％余りの少数派に減じたのである。ニッケルブームは投資とヌメアの開発を促進し、街をフランス化する一方、カナクの大多数が住む地方は開発から取り残された。社会的・経済的格差が増大していく一方、政治的には1967年のビヨット法によってニューカレドニアの自治権は大幅に削減された。

　こうした祖国の状況の中で、1964年から71年にかけてフランスで経済学を学び、AJCPの副会長を務めたカレドニア人シヴォによれば、「カナクの若者は国を変えることを欲していたが、ヨーロッパ系の若者も同じことを欲していた」という（27/10/98）。解放運動の引き金が引かれた最初の事件は、自治権の剥奪に強い不満を持っていたヨーロッパ系学生によって引き起こされた。彼らは、フランスの革命記念日である7月14日に"独立"のペイントをヌメアの高等弁務官公邸や領域議会ビルの壁に塗ったのである。カイヤールは次のように回想している。「私は、"独立に栄えあれ、カレドニアに栄えあれ、植民地主義を打倒せよ"と記して[4]、スキャンダルとなった。7月14日の事件はメ

第 2 章　カナク・アイデンティティ闘争

ラネシア人ではなくヨーロッパ人によるものだ……それから、メラネシア人による 9 月 2 日の事件が起こった」(14/10/97)。7 月 14 日の事件は、大きなスキャンダルとなり、ヨーロッパ人活動家は捕まり、カイヤールは後にドイツへ兵役送りとなった。彼は、解放運動にはカナクだけではなく、カレドニア人もいたという事実を強調しながら、「カナクと我々は一緒に、また別々に活動していた。我々は別個の組織を持っていたが、常に連絡し合っていた」(14/10/97) という。その居間に飾られたネスリーヌ、カイヤール、カナクとヨーロッパ人との間に生まれた彼の妻の 3 人がパリのレストランで微笑んでいる写真や、彼の医院を訪れるメラネシア人患者の姿は、青春時代から続くその連帯を物語っている。

　一方、9 月 2 日の事件が起きる前、ネスリーヌはヌメアで若者を動員してカナクの問題意識を呼び起こそうと、政治討論のセミナーを開いていた。当時カナクの女子学生であったゴロデは、フランスの兵役から帰省した従兄弟に連れられて、その集会に出席した。ネスリーヌとフランスで知り合いになった従兄弟は、その集会へ行く途中、カレドニア人の家を指して、彼女に「この家は誰のものか」と尋ねたので、「その所有者の」と彼女が答えると、彼は「だが土地は？　誰の土地か？」とさらに質問し、それに彼女はどう答えるべきか迷っていると、「土地は、我々、カナクのものだ」と言ったという。従兄弟は、「土地は我々のものだ」と主張することによって、カナクがこの土地を起源とする土着の人々であることを喚起し、土地を通して彼女の政治的意識を覚醒しようとしたわけである。集会場は若者で溢れ、ゴロデはフラール・ルージュのシンボル的赤いスカーフを頭に巻いた T シャツ姿のネスリーヌを見つけた。彼の側には、マレ島のシェフリからやって来た臣下の長老がこの大首長の息子に付き添っていた。ゴロデは他に女性を見かけず、若者たちは興奮と熱気の中で、「秩序を破壊せよ」といった激しい言葉を飛び交わしていたという (31/7/97)。

　9 月 2 日当日、ネスリーヌはニューカレドニアの植民地的な搾取体制を告発した冊子を、当時禁止されていたカナク言語で印刷し配布したかどで逮捕された。これに対して、カナクやカレドニア人の若者は彼の釈放を求めて、抗議デモを行い騒乱へと発展し、当時高校生であったカナク判事トロリュをはじめ 11 人が逮捕された。『ラ・ヴォア・カグー (*La Voix Cagou*)』紙によれば、当日の夜、200 人ほどの若者が警察所前に集まり、ネスリーヌの釈放を要求し、拒否されると、石やビンを投げて傷害事件を起こし、その後、街に出てショーウインドーや車を破壊し、約 30 人が逮捕されたという (No. 96, 10/9/69: 2)。

第1部　ネーションの語り

　事件はメディアで大々的に扱われ、UCも、マレ島で反社会的冊子を配布したネスリーヌの逮捕に触発されて3人の負傷者と被害を出した騒乱は、警察の介入を必要としたと事件を糾弾している（*L'Avenir Calédonien* No. 683, 25/9/69: 2）。しかし、フラール・ルージュの機関誌『レヴェイユ・カナック』の創刊号には、冊子を発行した廉で数十人のカナックの若者（ネスリーヌを含め7人）と5人のヨーロッパ人を政府は逮捕し、メディアはあたかも冊子が暴力を引き起こしたとしているが、著者は人種主義と暴力を否定していると反論し、記事からは植民地主義と人種差別主義の体制を打倒するための当時のカレドニア人同志との共闘が見える（No.1, 10/9/70: 4）。

　ゴロデは事件には参加せず、町に近いプロテスタントの女子学生寮にいたが、その夜、若者が騒ぎ回る音や窓ガラスが壊れる音などを聞き、騒乱の跡を翌日目にした。その2週間後彼女は、フランスの大学で文学を勉強するためにモンペリエに旅立ったが、出発前に、カレドニア人の寮の舎監は、彼女が向こうで政治運動に巻き込まれないように注意するよう諭したという。しかし、彼女はそれには答えず、心の中では獄中でハンガー・ストライキに突入したネスリーヌに連帯していたという。ゴロデは1973年、ニューカレドニアに帰国すると、「フラール・ルージュ」に加わり、翌年その代表となりネスリーヌに促されて演説するようになった。当時、女性が公共の場で語ることはカナクの慣習に反しており、画期的なことであった。彼女は妊娠中に拘束されたりしたが、独立運動の闘士として、世界女性会議から国連の脱植民地化委員会など国際的な場に派遣され、教職のかたわら作家活動にも従事し、さらに政治家として活躍するようになっていった。

　ネスリーヌと同じマレ島出身のトゥリマリ（Trimari）は、当時フランスで兵役に従事していたが、ネスリーヌから突然手紙を受け取り驚愕した。「私はムシュー・ネスリーヌと容易に話ができるような立場ではなかったので驚いた。彼はグラン・シェフであり、彼を尊敬している。私は、ムシュー・ネスリーヌの臣下であるので彼に従い、我々を導く彼の考えとともに行動しなければならない」と語っている（13/10/98）。手紙には、フラール・ルージュの闘争についての説明とともに、このことに関して彼と語りたい旨が書かれていた。彼は大首長の息子が獄中にいることにショックを受けると同時に、カナク解放のためにネスリーヌが囚われの身となっていることを、臣下のひとりとして名誉に感じたという。兵役を終えて帰国したトゥリマリは、いかにフラール・ルージュ

第 2 章　カナク・アイデンティティ闘争

の仕事に携わっていったのであろうか。彼は、活動家が一般的に「action sur le terrain」という草の根レヴェルで人々を動員する実践活動（以下、ローカル活動）のため、カナクのトリビュにしばしば出かけて行ったという。トリビュに入るためには、まず必要な慣習を常に実践し、すなわち、フランス語でいうクチューム（coutume）としてマヌー（布）やタバコなど——資金に欠いていたのでお金はめったになかった——を贈り、その後、彼らの目的と仕事を説明することができた。「我々の活動は、ローカル・レヴェルできわめて活発であった……主島グランド・テールのポワンディミエ、トゥオ、クマックなどに行った。トリビュでは冊子を配ったり、機関紙『レヴェイユ・カナック』を売ったり、たくさんの仕事があった。我々が伝えようとすることが理解できなくて支持しない者もいれば、ときには共感して歓迎してくれる人々もいた。しかし憲兵が始終跡をつけ、近くで見張っているので、我々を迎えるのを恐れていた人々もいた」と回想している（13/10/98）。ここには、ロ諸島の大首長の息子が一般のカナクよりも政治的意識に目覚めていたカナク除隊兵を動かし、この臣下を通して人々の意識を少しずつ変革し、解放運動を共同体のレヴェルで浸透させていったことが見て取れる。つまり、近代的解放運動とカナクの伝統的政治文化の縫合による力関係の生産的ネットワークの形成である。こうした実践活動は多くの労力と時間を必要としたが、人々の支持を得るための不可欠な戦術として独立運動に引き継がれた。

　ネスリーヌは、またカイヤールが発行する新聞、『レ・カレドニアン（*Les Calédoniens*）』で、彼らの闘争の主軸として「誰が私の敵であるか？」を問う中で、「私は敵が誰かを認識するうちに、カナクと同じような条件下に置かれている人々と遭遇した。労働者、農夫、従業員など、他の全ての搾取された人々と話したい。これらの搾取されている人々と同盟することは理に適っており、こうした同盟者を看過することはできない」と語っている（*Les Calédoniens* No. 23, 10-16/6/75: 3）。一方、ニューカレドニアの半官半民のニッケル精錬工場 SLN で 25 年間にわたって働いた O. トーニャは、当時、組合運動の闘士として活発な活動を展開していたが、彼に影響を与えたのはフランスではなく、彼を今日あるようにしたのは母親のカナクとしての教育であることを強調しながら、次のように回想している。「私は、フランスに留学したわけではなく、私の政治的意識はこの地で育まれた。それは外から入ってきたものではない。それゆえ、私のやり方は学生運動と同じではない。当時、私は集会を開いて政

第 1 部　ネーションの語り

治的活動に従事したり、生活のために単に働いていた」(15/10/97)。ここには、高等教育なしに現在の地位を築き上げた誇りと、フランスでの影響を受けた学生たちとの違いを強調する同盟者間のズレがあるが、労働組合の系譜がコミュニスト・エージェントによって第 2 次大戦前から始まった意味においては、実践手段としての組合活動も外部と節合されていると言えよう。カイヤールも、「1969 年、我々は毛沢東運動に関係した若いカレドニア人労働者と結束した。彼らは当時の思想に少なからぬ影響を受けていた」と回想している (14/10/97)。カナクからカレドニア人、ポリネシア人など、多民族社会の垣根を越えて人々を動員できる点で、左翼思想を共有する労働者階級は重要な共闘のパートナーであった。

　ネスリーヌとフラール・ルージュは、ヨーロッパ系の学生たちとの共闘を続けながら、カナクの文化的アイデンティティ探求をグループ闘争の中心に据えていった。これについては第 3 部の「文化の語り」で論じるが、この結果、解放運動はネーション・モードにおけるエスニシティとしてのアイデンティティを取り込むことによって、「カナク・アイデンティティ回復要求」に必然的に帰結していったのである。実際、ネスリーヌは、フラール・ルージュは心理的・文化的探求を行ったが政治的ではなかったと語っており (23/8/96)、闘争は文字通り、植民地化で拘束されてきた人間の自由と尊厳を回復するための心理的な解放運動を意味しよう。ポワグーヌのディスコースはそのことを明かしている。「我々がカナク・アイデンティティについて語るとき、それは人々を統一することを目的とした概念である。なぜならそれが我々の自由と解放に導くからだ」(5/10/97)。当時、彼はラ・ペルーズ高校で唯一のカナク教師として数学を教え始めていたが、3 回にわたって収監され 1 年間その職を失った。しかし、彼が政治を行う権利と自由があることを教え子のヨーロッパ系学生に説明し、彼らは彼を受け入れ、刑務所の彼の元に手紙を送ってきたという (5/10/97)。ここからも、解放運動が民族的垣根を越えて、当時の若者たちの共感を呼んでいったことがわかる。

　9 月 2 日の街頭デモに兄弟と参加したウヴェア島出身の当時女子学生であったウネイ (Susanne Ounei) は、ヌメアのカトリックの学校で勉強し、ヨーロッパ人から侮蔑的な差別を受けていた。フランス同化政策の中で、多くのカナクは差別的社会構造に対して立ち上がり闘うことを恐れていたが、ついにカナクであることを誇りとして闘争を立ち上げ組織化した人物（ネスリーヌ）が出現

したと思ったという。彼女は逮捕された兄弟が収容された刑務所を何回も見舞いにいったが、当時の憲兵は厳しく兄弟は叩かれ拷問されたという。「カナク」とは、「肌の違いによる差別なしに、私がしたいことができ、完全に自由であることを意味し、自由であることは白人の支配システムを覆すことである」とし、「カナク」は「正義（justice）」を意味すると語っている（18/10/97）。人は力関係から完全に解放されることはなく、完全な自由を手にすることは不可能だが、正義のために支配システムと闘うことによって力関係を揺るがすことができる。彼女はその後フェミニスト闘士となったが、闘争はカレドニア社会とカナク社会の二重差別を受けていた女性解放への第一歩でもあった。

3）連帯と分裂

　インドネシア人の母親と、カナクとヨーロッパ人の混血の父親との間に生まれたバイイ（Henri Bailly）は当時高校生で解放運動に参加したが、「混血のお陰で」「フラール・ルージュ」の事務総長として、また以下の「グループ1878」のメンバーとして両グループのつなぎ役ともなり、さらに、後述のヨーロッパ系若者の「UJC（カレドニアン若者連合）」のメンバーにもなった。彼によれば、闘争が進むにつれて地域的違いからカナクの若者の間の連帯と統一に分裂を生じたという（2/11/98）。ロイヤルティ諸島出身者を主軸にアイデンティティの基盤として文化の回復を最初に探求していった「フラール・ルージュ」に対して、グランド・テール出身の若者は土地の返還を第一に掲げ、ゴロデとポワグーヌを中心に1974年9月「グループ1878（Groupe 1878）」を結成した。ポワグーヌはグループについて次のように説明している。「フラール・ルージュはロ諸島からの学生のためであったが、私は主島のトゥオ（Touho）出身であり、グランド・テールでグループを形成しようと我々若者の間で話しあった。我々は入植者によって盗まれた土地の回復闘争を展開しなければならないと考えた。グループ1878はアタイを記憶するためであり、入植者の牧場の家畜などが我々の土地に侵入してきた結果起きた1878年のアタイの反乱は、その範例を示しているのだ」（27/10/98）と語っている。その最前線にアタイを引き出した土地返還要求は、グループ1878にとっての最重要課題であり、一方、土地が譲渡されなかったロ諸島出身者で形成されたフラール・ルージュにとっては、文化が人間回復への歴史的闘争の場となった。ゴロデによれば、

第1部　ネーションの語り

両者の分離は紛争ではなく、人々をより効果的に動員するための目的があったとし（31/7/97）、一方、『レ・カレドニアン』紙によれば、フラール・ルージュはグランド・テール出身の若者を含んでいたが、ロ諸島と主島の若者の間で彼ら自身の問題を議論することが難しかったとコメントしている（No. 8, 15/3/75）。社会的問題や慣習的状況が地域的に異なり、生産的ネットワークの網の目がローカル化、細分化しているカナク社会においては、力は脱中心化しているため、他のネットワークの力関係とひとつにまとまることが難しいことがわかる。

一方、1973年5月、シヴォやカイヤールのようなヨーロッパ系左翼の若者はUJC（カレドニアン若者連合）を形成し、機関紙『レ・カレドニアン』を発行していたが、そのメンバーは労働者やヨーロッパ人のみならずバイイのような混血やメラネシア人も含んでいた。グループの会長となったシヴォはヨーロッパ系の活動家は常にカナクの側にいたが、カナク組織の内部にはいなかったと語る。「学生運動においては、カナクはヨーロッパ人に反対していたので、我々との間には常になんらかの対立があり……容易ではなかった。カナクにとって問題となるのはオトクトーヌとしての文化の回復要求であり、我々にとっては、それは国の解放であった」。このことは、カナクの若者が当時ネーションとしてのアイデンティティを考えなかったことを意味するのであろうか。シヴォは、彼らは当初独立についてよりも、まずカナクとして語ることができるようになることを望んでいたが、そのためにヨーロッパ系の若者同様、国を変えることを欲していたと語っており、この意味で両者は一致していたと言えよう（10/10//97; 27/10/98）。

ウネイによれば、ネスリーヌは独立については語らなかったが、カナク・アイデンティティの回復を要求したので、そのとき以来彼らは独立について考えてきたという（18/10/97）。ウアンブイも、カナク・アイデンティティの探求の始まりから民族としてのみならず、ネーションとしての探求があったと考えている。「なぜならそれはすでに拒絶のときであったから、植民地化を拒否することはフランスを拒否することであり、両者の探求があったと考える」。彼は、ニューカレドニアは"フランス家族"すなわちフランス植民地化システムの周縁に位置しているので、若者たちはそれを拒否し、独立した国を欲したのである。学生たちにとって最初から問題は文化のみならず、ネーションとしての問題にかかわっていることはすでに明白であり、ネーションの考えはすでに存在

第 2 章　カナク・アイデンティティ闘争

していたと語っている（26/10/98）。彼らが独立を要求しなかったのは、まず人間としての解放とインフラ基盤としての文化の修復と土地を取り戻す必要があったからであろうし、ポワグーヌもカナク・アイデンティティについて1969 年に語ったときネーションの考えはあったとしている（27/10/98）。トロンガジョによれば、「我々フラール・ルージュは人種差別主義者ではない。最初に提案されたのはカレドニア・ネーション（nation calédonienne）であった。その後、我々はそれをカナク・ネーションに変えた」という。フラール・ルージュはカレドニア・ネーションについてヨーロッパ人と一緒に 1973 〜 74 年話し合い、ネスリーヌがカナクとヨーロッパ人、ワリス人との間の連合を提案したが、批判がありうまくいかなかった。その後カナク独立がゴールとなり、それが現在も続いているという（4/11/97）。実際、「異なったコミュニティのそれぞれがその人格を保持し、寄与するものを持っている……カレドニア・ネーション万歳」と、『レヴェイユ・カナック』が謳っていることが転載されている（*La Voix du Cagou* No. 291, 6/6/73）。このカレドニア・ネーションについての案に UJC は応じて、そのビラの中で次のように言っている。「真のカレドニアンのように行動し、あなたの国の解放に参加しよう……カレドニア・ネーション万歳」（ibid. No.309, 10/10/73）。また、トロンガジョが編集したジャーナル『ル・コロイニゼ（*Le Kolöinisé*）』には、「兄弟としてひとつに結ばれたカレドア・ネーションのために、7 月 27 日土曜、平和的に皆一緒に練り歩こう」（Numéro Spécial, 27/7/74: 1）との見出しがある。

　実際、UJC は 1974 年 1 月にさまざまな集会を催し、4 つ星に赤と緑色の旗——赤は社会的進歩を緑はニューカレドニアを、4 つ星は黒人、白人、アジア系と混血のグループの象徴——を考案している（*Mwà Véé* No.10, 1995: 58）。上記の記事から、自身の文化的アイデンティティを維持しながら、参加し共有できるネーションを建設するための独立を彼らが目指していたことがわかる。それゆえ、全てのカレドニア人に平等な意味での独立であるが、このカレドニア・ネーションはスローガンに終わり、それ以上は進まなかった。この理由は明確ではないが、カナク・グループと UJC との間の関係に問題があったようだ。『レ・カレドニアン』は、カレドニア人とカナクとの間の人種差別のような問題をはっきりと議論することが難しかったということを示唆している（*Les Caledoniens* No.8, 15/3/75: 7）。ドーノイは、人種的対立がグループ 1878 やフラール・ルージュとヨーロッパ系 UJC との間にしだいに距離を作り、こうした結果、解放運動

は1975年にカナク独立への道をとったとしている（Dornoy 1984: 206-207）。学生たちはフランスでは植民地主義に反対してともに戦うことはできたが、カレドニア社会では植民地化された先住民と植民地化とともに入植あるいはその後移住してきた者との間に横たわる歴史的相違、差別や偏見の問題に直面しなければならなかったと言えよう。2つのグループの間の社会的状況の違いが不協和音をもたらしたが、ネーションへの探求は、ヨーロッパ系の若者との連帯の中でカレドニア・ネーションから始まったことは念頭に置いておく必要があろう。

　他方、カナクもヨーロッパ系若者も穏健派、保守派が多かった既成政治家をフランス仕込みの急進的闘争に動員することはできなかった。カイヤールによれば、「年寄りたちは自らの力を失うことを恐れていた。フランスから帰国した若者はその新しい考えを持ち込み、彼らの場所を占めつつあり、年寄りはその権威を失いつつあった」（14/10/97）。とりわけ名望家の地位を確立していた首長や UICALO や AICLF からの UC のカナク政治家たちにとって解放運動は過激すぎた。その闘争方法は、パリ5月革命で体得した当時の社会主義や反帝国主義という理論武装から、首都ヌメア当局に対する抗議行動や街頭デモ、裁判所の占拠や火炎瓶の使用、過激な政治的スローガン、カナク活動家による村でのローカル活動から次章で見るように土地返還要求のための白人の土地占拠の実践まで及んだ。この結果、多くの若者が逮捕され、刑務所に収監された。UC の党首であったレプ（Bernard Lepeu）によれば、「あの頃、我々はまだ不服従ということを学んでいなかった……年寄りたちはフランスの聖職者たちに従うことが正しいと信じていたからだ」（28/10/98）。この意味からも、若者たちは最新の闘争スタイルをカナクの政治文化の中に再文脈化して既成の力関係を変えることの難しさに直面したと言えよう。一方、革命的リーダーとして登場したネスリーヌもまたグラン・シェフの父から慣習的にその地位を継いで[5]フラール・ルージュを離れ、グループは1975年3月、ロ諸島の言語の違いに基づいて、3つのグループ――Wayagi（マレ島）、Ciciqadri（リフ島）、Atsai（ウヴェア島）――に分かれた。トゥリマリもネスリーヌに命じられて、マレ島の言語ネンゴネ（nengone）語で機関紙『ワイヤギ（*Wayagi*）』の発刊の任に当たったという（13/10/98）。バイイによれば、カナク内部の地域的グループの分裂で、運動を前進させることができず、彼らの闘争はしだいに孤立化していったという（2/11/98）。ヨーロッパ系 UJC もまた、領域議会議員が自治権の見解を変え

ようとしない無力さに失望して、同月、その集会で解散することを決めた（*Les Calédoniens* No.7, 12/3/75）。

　以上、当時の植民地的状況からカレドニア社会を変革することを夢見た若者たちによる幅広い共闘を見てきたが、闘争に参加したのは限られたエリートだけではなく、メラネシア人からカレドニア人、混血の若者、学生から除隊兵、労働者、首長の息子から臣下、男性から女性まで及んでおり、それは民族、階層、ジェンダーの枠組みを超えていた。カナクの若者は、人間としての解放と文化や土地の回復を求めて、カナク・アイデンティティを探求していったが、このことはカナク内部の複数主義からも、先住民としてひとつにまとまり、団結したことを意味せず、より重要なことは、解放運動が世界の出来事と連動して、その考えを取り入れ、移住者の子孫であるヨーロッパ系の若者と同世代の経験と知識を共有し、共感することによって、横断的に異なった集団とのネットワークを構築したことにある。しかし、政治的に世代間の縦断的ネットワークにつなげることはできなかった結果、リーダーたちは自ら政党を結成し、1975年、独立運動というパンドラの箱を開けたのである。

　フランス国家の「真実の体制」に対する反体制運動として、学生たちが立ち上げた共闘のネットワークに連帯と分裂はあったが、当時の新世代の若者による新たな知識＝力が各コミュニティを超えたネットワークの中で接触、交流した意味では、強権的主体をツイッターという現代の最新のネットワークによって覆した2012年のアラブの春のように、時代や場所は移り変わっても、力関係を変革する試みは若者のネットワークを通して循環すると言えよう。

2. 独立運動

　近代国家の概念としての国民国家において、国民、主権、領土は、基本的3要素として誰もが学習したことであるが、言うまでもなく最も重要な要素が、「主権在民」としてのネーションにあることは間違いない。ネーションは本来、市民権を有する個人を核としたものから成立しているはずであるが、しばしば民族としてのネーションとも同一化され、主権を有する想像上の政治的共同体としてのネーションと、文化を共有する想像上の文化的共同体としてのエスニシティは相克する。ともに内部的に多様な要素から成っている両者が一致する

ことは構造的にあり得ず、そのズレは、脱植民地化運動の中で主権回復要求が主張されると、アイデンティティ・ポリティックスとなってナショナリズムあるいはエスノナショナリズムを出現せしめる。

　B. アンダーソンは、ナショナリズムの起源と流行に関する考察において、ヨーロッパやアメリカのナショナリズムをアジアやアフリカのそれにモジュール的に適用している（Anderson 1991: 109-114）。R. ハンドラーも、また、ナショナリストのイデオロギーは西欧伝統の産物であるとしている（Handler 1984: 56）。C. カルフーンにとっては、ナショナリズムの言説は共通の外枠を共有しており、本質的に国際的である（Calhoun 1993: 216）。ナショナリズムの枠組みが西欧から発したネーション・ステイトのパラダイムに基づいているという意味において、ナショナリズムは近代的・普遍的・国際的であると言えよう。しかしながら、ナショナリスト的発想はなにも西欧を起源とはせず、中華思想などもともと伝統的に存在し、その政治文化システムや対外関係の中で歴史的に培われてきた。したがって、ナショナリズムあるいはエスノナショナリズムについて考察されるべきは、起源の是非やモジュールの適用にあるのではなく、アジアであれ、アフリカ、オセアニアの植民地であれ、脱植民地化の個々のプロセスにおいて、いかに国民国家の普遍的概念が内に取り込まれ、所与の歴史的・政治的・文化的文脈の中でネーションとしての主権やナショナリズムが追求されてきたかということにあろう。

　仏海外領にとどまったニューカレドニアのカナクにとって、1970年代のオセアニア島嶼圏の独立ラッシュの中で、とりわけメラネシア同胞諸国の独立はカナクの独立への希求を増大した。しかし、フランスやその他のエスニック・コミュニティの反対によって長く複雑なルートをたどり、そのネーションとしての探求は、フランスに対するカナク・アイデンティティの回復要求を求める抵抗と挑戦の歴史と言えよう。その中で、政党の独立路線によって独立運動が開始した1975年から79年の独立戦線FIの結成と83年のナンヴィル=レ=ロッシュの円卓会議、84年のFLNKSの結成や同年末のカナキー（Kanaky）暫定政府樹立に至る出来事は、独立運動の戦略的結節点を作ってきた。一方、こうした過程において、カナクは主権を有するピープルとして、「カナク独立」の概念や自決権の問題、カナク・ナショナリズムと他のエスニックに対する「非カナク歓迎の概念」は、その挑戦のカギとなってきた。

　以下でこれらの問題に焦点を当てながら、ネーションとしてのアイデンティ

ティを求めて、いかなる政治闘争や戦略が展開され、その知識＝力の中で主権、民族、ピープルなどの概念がいかにニューカレドニアの歴史的・政治的文脈の中に取り込まれ解釈されていったかを考察していく。

1）政党の独立路線

　独立運動は政党政治の文脈においては、1975年6月21日にUMNC（ニューカレドニア多人種連合）による独立路線の公式声明から始まった。UMNCは1970年、UCの穏健路線に不満を抱いたY. C. ユルゲイ（Yann Celene Uregei）とその他の離党者によって結成された党で、彼は自治権の交渉にパリに赴いたが、逆に高等弁務官の権限を強化した海外県に近い案を示され、怒り心頭、独立を選択するに至ったという[6]（*Les Calédoniens* No.21, 26/6/75-2/7/75: 3）。その突然の宣言は人々を驚かしたが、独立への選択は解放運動からの必然的帰結であった。グループ1878はすでに同年2月に、その政治目標はカナク独立（indépendance kanak）のための闘争であることを宣言していたし（AFIKHM: 64）、元フラール・ルージュの3グループもカナク独立を3月に選択し、カレドニア・ネーションからカナク独立へと上書きしていたからである。バイイによれば、「Y. C. ユルゲイを指導者としたUMNCは年寄りしかおらず、フラール・ルージュやグループ1878の若者を必要としていたので、我々の元にくるだろうということは確信していた」。しかし、自治権プランにしがみついている政治家や政党をなかなか巻き込むことができず、「カナク議員を排出している政党、とりわけUCと話し合いを始めなければならなかった……大きな問題はUCだった」（2/11/98）と語っている。

　こうした状況の中で、カナク独立に関する会を組織するため、1975年6月25日、UCの当時の党首で国民議会議員、ロック・ピジョーのラ・コンセプション（La Conception）のトリビュで、彼やUMNCのユルゲイ、UCのカナク領域議会議員（8人）と若者のグループ――元フラール・ルージュの3グループとグループ1878及びJOC（キリスト教労働者青年連盟）――が集まり、会議を開いた。そこで、単一のカナク政党設立を目指して、カナク独立を政治的・経済的・社会的・文化的に定義する連絡調整委員会を立ち上げ、コミュニケを作成した。それにはUMNCの声明を支持し、カナク独立を満場一致で宣言し、独立に対する住民投票を求める領域議会での動議や、国連の脱植民地化委員会

第1部　ネーションの語り

に使節団を派遣することなどが盛り込まれ、出席者たちが署名した。この結果、9月9日ユルゲイは領域議会で議長として「カナクはニューカレドニアにおいて122年間居座ってきたフランスを弾劾しなければならない。フランスに対してノンを！　カナク独立に対してウイを！」と宣言したのである（AFIKHM: 86-88; *Mwà Véé* No.10, 1995: 59-60）。独立への住民投票は、自決権行使の権利に直結し、誰がその権利を有するかで問題となってくるが、後述する。

　それでは、彼らが構想していたネーションとはいかなるものであったのだろうか。ユルゲイは、『レ・カレドニアン』紙に、我々は力によってフランス人とされたが、今や我々のアイデンティティを再発見したいとして、一方が他方を一方的に統合することのない、多様な民族グループが共存できる「メラネシア人のカレドニ（Calédonie Mélanésienne）」を提案している（*Les Calédoniens* No.21, 26/6/75-2/7/75: 3）。一方、この1週間後の同紙で、グループ1878のポワグーヌはヨーロッパ人と対等かつ異なった文化としての「カナクらしさ（kanakitude）」を主張し、求めているのはカレドニア独立ではなく、カナクの慣習と価値観を考慮した「カナクのカレドニ（Calédonie Kanak）」であり、他のエスニック・コミュニティに対しては、仏政府提案のような海外県を選択する場合はカナク・カレドニアに住むことはできないが、植民地化を拒否し、彼らが求める独立をともに分かち合うことに同意する者は、カナク・カレドニアに誰であれ受け入れられると言明している（*Les Calédoniens* No.22, 3/7/75-9/7/75: 3）。ユルゲイとポワグーヌの間には、それまでの自治権プランを追ってきた既成政治家と解放運動の中で「カナク」としての文化的アイデンティティとネーションについて模索してきた学生運動家出身の意識の違いが表出している。「Kanak」への変換、「Kanakitude」という新造語の使用や、カレドニア・ネーションから他のコミュニティと差異化したカナクを主体にした独立が、後者には明確に表れている。

　しかしながら、シナリオ通りには独立運動は進展しなかった。最大政党のUCはその内部に独立反対のメンバー、とりわけヨーロッパ人を抱え彼らの支持を失うことを恐れて、政治的立場を明らかにしなかったからである。この結果、1976年、グループ1878と元フラール・ルージュの3グループはポワンディミエで会議を開き、ゴロデやポワグーヌを中心にPALIKA（Parti de Libération Kanak カナク解放党）を結成し、ネスリーヌもこれに加わり、単一のカナク政党は実現しなかった。同年、元UJCのヨーロッパ人メンバーもPSC（Parti

Socialiste Calédonien カレドニア社会主義党）を結成した。最大の古参政党であるUCがカナク独立路線をようやく公認したのは、1977年5月のブーライユのUC会議であった。これには、75年にメラネシア2000フェスティヴァルを開催してカナクの文化的アイデンティティを具現化したチバウをはじめP. ドゥクレルク（Pierre Declercq）、F. ビュルク（François Burck）、E. マチョロ（Eloi Machoro）、イエウェネ・イエウェネ（Yéiwéné Yéiwéné）など、独立運動を率いることになる指導者たちが入党したことにある。これにより同会議では、ニューカレドニアの最初の定住者であるカナクの全ての権利を保障する、すなわち、カナクの権利回復を可能とする独立を指針としたのである（*L'Avenir Calédonien* No.763, 27/7/77: 1）。この主要政党UCの独立への方針転換によって、独立運動へのエンジンは全開したと言えよう。

　しかしこの結果、カレドニア社会は政治的に二極分化していき、独立路線へ変更した政党はヨーロッパ人党員が離党し、カナク化が進行した。UCは名称変更しなかったが、名は体を表すように、これまでの政党名にあった多人種（multi-racial）やカレドニアン（Calédonien）といった用語は、カナク（Kanak）や解放（libération）、戦線（front）といった闘争的用語に変わっていった。たとえばユルゲイのUMNC（ニューカレドニア多人種連合）はFULK（カナク解放連合戦線）へ、UPM（多人種進歩主義連合）は同じUPMでも「メラネシア人進歩主義連合」に変更された。ユルゲイによれば「カルドシュは植民地化されたわけではない」（22/8/96）として、ヨーロッパ人党員は追い出され、後にカナク独立派の中でもFULKは最も急進化していった。一方、ヨーロッパ人反独立派は、1978年、フランスRPRのシラク訪問の際に、富裕なカルドシュ財閥のラフルール（Jacques Lafleur）[7]を党首として、RPRとの同盟関係によるRPCRを結成した。これにより、RPCRはUCに取って代わって、ニューカレドニアの最大政党となり、ヨーロッパ系のみならず、かつて北ヴェトナム訪問中にニューカレドニアの独立を宣言したウケイエなどのカナク反独立派やその他のコミュニティを集結させたのである。独立に反対するカナクは反独立派全体の10〜15%を占めているとされるが（Tjibaou 1996:177）、ウケイエがRPCRでたどった、リフ島出身、上院（仏）議員、領域政府評議会議長という経歴は、「植民地化」でフランス支持を熱く語ったその後任者としてのルーコットと重なってくる。換言すれば、植民地化においてフランスに抵抗し反乱したカナクと、フランスと同盟した実利主義的カナクの2つの流れは、カナク現代

第 1 部　ネーションの語り

政治に受け継がれているのである。一方、中間派は「カレドニアン」という言葉を付けて、1979 年に複数の党が連合して結成された FNSC（カレドニア新社会連盟）のように、カレドニア人全体のための中庸な政党であることをアピールした。

2) FI と円卓会議

　独立運動が高まってくる中で、仏政府はようやくその対策として、1978 年 6 月、ニューカレドニアに初の政策案を提示した。保守派の共和党ジスカール・デスタン大統領下での海外領・海外県大臣ディジュー（Paul Dijoud）による 10 年計画（plan Dijoud）で、経済産業開発、カナクの土地返還や文化発展などを目的としたカナクの社会経済的状況を改善する必要性を遅まきながら認めたものであったが、その意図は独立を阻止するための 10 年間の「モラトリアム」提案でもあり（Ovington 1998）、独立派の反発を招いた。カナク化、多党化した独立派が初めて結集したのが、79 年 6 月に結成した FI（Front Indepéndantiste 独立戦線）である。この連帯の結果、同年 7 月の選挙で、カナク独立派の結束を弱めることを狙ったフランスの思惑とは逆に、FI は領域議会議席数の 3 分の 1 余りを獲得し、RPCR に 1 議席差まで迫ったのである（AFIKHM: 95）。こうした動きの中で、独立運動の政治指導者となっていったのが、79 年 1 月に「カナク独立 1980」を宣言した UC のチバウであり、彼は、フランス政府、国際機関やオセアニア諸国、プレスなどへの多くのアピールを通じて、知識＝力としてのディスコースを駆使しながら、交渉による政治的・文化的カナク・アイデンティティの回復闘争を率いていった。チバウは、同選挙直後に FI の代表団としてネスリーヌやユルゲイらとともに、ソロモン諸島のホニアラで開かれた「南太平洋フォーラム」（South Pacific Forum）にオブザーバーとして参加し、ニューカレドニアの状況を訴え、オセアニア島嶼国から異口同音に得た支持の下で、国連やフランスにも代表を派遣すると語っている（Tjibaou 1996: 95-96; 2005: 68-69）。

　国連にカナクが初めて接触したのはグループ 1878 のメンバーであったゴロデで、彼女によれば 1975 年フィジーでの非核太平洋会議に参加した後、そのオセアニアの参加者とともにニューヨークに行き、6 月、国連の脱植民地化委員会にカナクに対するフランス政府の抑圧的な政策を訴える請願をした。

第 2 章　カナク・アイデンティティ闘争

キューバや中国の大使が会ってくれたが、当時無条件で支持してくれたのはキューバだけで、委員会の招集を提案してくれたが通らなかったという。PALIKA の外交責任者となった彼女は、1979 年 11 月、FI の代表団の一員として国連を再訪し[8]、その後一行はパリで社会党のミッテランとの会見後、アルジェリアやインドネシアからの東チモール独立問題を抱えていたオーストラリアを訪れた。オーストラリアやニュージーランドからは、しだいに独立への支持を得るようになっていったという（1/12/2004）。FI は国連の脱植民地委員会にニューカレドニアへ流入する新移民に関する弾劾の勧告を要請し、フランスでは社会党の支持や、仏共産党と共同コミュニケを出すなどの成果を上げた（AFIKHM: 97）。「カナク独立」達成の戦略として、オセアニアの近隣諸国の支持を得ることから始めて、国連の場へ、さらにフランス国内へと、国際的な世論と注目を喚起する外交的アプローチを展開していったと言えよう。

一方、FI の結束は、必ずしもカナクのみの連帯を意味しない。カナクには、新たな知識＝力を流用、獲得する戦略として、外国人を首長として歓迎する慣習があるが、仏本国出身のリベラル派ドゥクレルクは、UC の総書記長に、また領域議会の FI の代表となった。また、ヨーロッパ人政党の PSC は、UC、PALIKA、FULK、UPM とともに FI のメンバーになり、解放運動時代からのカナク独立派とヨーロッパ人独立派の連帯は続いていた。しかし、ドゥクレルクはカナク寄りの姿勢が反感を買って 1981 年 9 月に暗殺された。カナク独立を公然と支持することは、こうしたヨーロッパ人少数派にとって自らを危険にさらすことでもあった。2004 年、筆者はあるカナク女性とその亡夫の墓参りに行った折、コンセプションのトリビュ墓地のそばにあるドゥクレルクの墓を訪れた。夕日を浴び風にさらされてたたずむ彼のひときわ大きな十字架の墓は、死してカナクの殉教者列伝に加わり、カナクのかたわらで眠るこの異邦人シェフの孤高を物語っているようにも見えた。

FI の主要な綱領は、PALIKA によれば「独立、反資本主義、反帝国主義、開発とカナクの土地のための戦線」（PALIKA n.d.: 8）、UC によれば「反資本主義、反帝国主義、社会主義、人々を基底にした結束」（AFIKHM: 95）として、解放運動以来一貫した独立派の主張が見える。しかし、FI 内部の闘争手段は穏健派から急進派まで異なり、1981 年、急進路線をとることを選択した PALIKA は FI を脱退し、PALIKA の強硬路線に同調しなかったネスリーヌやバイイは党を去って、新たに LKS（Libération Kanak Socialiste カナク解放戦線）を形成

しFIに残った。1981年5月フランスの政権交代によって、社会党のミッテランが大統領に就任すると、FIは社会党政権への期待からミッションをフランスに何度か送ったが、ドゥクレルク暗殺後の1981年10月には、チバウはUCのピジョーらとともにミッテランと会見し独立を訴えた。

翌年6月、FIは中間派政党FNSCと連合し、UCのチバウが領域政府カウンシル（Conseil de Gouvernement）の副首班となった。これに関して、チバウは、FNSCがRPCRと袂を分かって、FIと連合したのは「カナク独立」を認めたからではなく、互いにその政治路線を堅持していくことを認め合った上での政治的同盟である。また「多人種独立（indépendance multiraciale）」は、独立に対する権利を第一義的に有しているのがカナクであるという「ナショナリズム」に対する言及がまったくないことが問題であるとしている（Tjibaou 1996:128-129; 2005:102-103）。ここには、独立に対する先住民としてのカナクの権利の公的承認の重要性が主張されていよう。

FIの最大の成果は、1983年7月、海外県・海外領担当大臣のルモワーヌ（Georges Lemoine）がパリ近くのナンヴィル＝レ＝ロッシュ（Nainville-les-Roches）で開催した円卓会議であろう[9]。チバウは独立派FI、反独立派RPCRラフルール、及び中間派FNSCの代表などを含めた参加者と交渉のテーブルに着き、独立に対する先住民としての生得的権利の承認を勝ち取った。そのコミュニケは、第一にメラネシア人文明の平等性の承認と慣習代表者制度の設立によって植民地主義を終了することへの意志の表明、第二にカナクのニューカレドニア先住民としての正当性、及びその独立に対する生得的権利の行使の承認である。しかし、同時に、この独立への権利の行使は、仏憲法によって定められた自決権に従って実施され、歴史的理由からその合法性があるとカナクの代表者によって認められている他の非カナクにも認められる。第三に自決権の行使はフランスに責任があり、ニューカレドニアがその遂行に至るために経済的発展を伴った必要な段階的内政自治プランをフランスは練り上げるべきとしていた（AFIKHM: 107）。円卓会議後、RPCRのメラネシア人たちはヨーロッパ系カレドニア人の仲間から離れて、その夜FIのカナクたちと一緒に過ごしたという（Fraser 2005: xxxi.）。このRPCRのカナク外しのエピソードは、おそらくその夜ヨーロッパ人との間で話し合われて、RPCRラフルールが直前になって署名することを拒否したことと無関係ではなく、FI、FNSCによって署名された会議のコミュニケは結局批准はされなかった。

当コミュニケに関して、UC は、第一点は植民地的状況の承認と廃止であり、慣習制度はカナクの当然の権利の承認として、第三点の内政自治の段階を踏むことに関しては、カナク社会主義独立に導きながら、フランス国家の権限をニューカレドニアに一定期間移譲していくプロセスの構想に言及している（*L'Avenir Calédonien* No.887, 28/7/83:1-2）。しかしここで重要なことは、第二点の独立に対するカナクの生得的権利の行使の承認が、独立派の要求に対して強い拠り所を与えた一方で、カルドシュの自決権を認めることにおいてのみ、このカナクの正当性は成立するという二律背反の命題を課されたことにあろう。反独立派が推定で約 70% を占め、独立派が常に過半数を制し得ない状況の中で、いかにこの命題を解釈したかは、UC 機関紙から見ることができる。すなわち、ファースト・ピープルとしての合法性の承認は、カナクのみが自らの国の独立を生得的に行使する権利（droit inné et actif）の唯一の受託者であり、独立に対する主導権を有するとした。一方、仏憲法が認めている非カナクの自決権の行使に関しては、カナクの代表者によって歴史の犠牲者として承認され、独立に賛成か反対かの選択を示す行為にとどまるとしている（ibid.: 2）。つまるところ、カナクのみが生得的権利を有し、非カナクはニューカレドニアにとどまるかどうか選択する権利を有するとしたと言えよう。

3) FLNKS とカナク独立

　円卓会議の翌年提示されたルモワーヌ法（statut Lemoine: Congrès d）は、ニューカレドニアを地方分権によって 6 つの地域に分け、自治権の拡大と独立に対する住民投票を 1989 年に行うとしたが（Edo 1994: 100）、移民の流入とその選挙資格の問題などについては言及されていなかった。これらの改革なしには、住民投票で独立を勝ち取ることは不可能な中で、仏社会党政権に落胆した FI は、FNSC との連合関係を破棄し、FI を組織変えし、チバウを議長とする FLNKS を 1984 年 9 月に結成した。この強硬路線への転換によって、FLNKS には PALIKA が再び加わり、UC、FULK、UPM、及びカナク労働組合の USTKE（カナクと搾取された労働者の連合組合）とフェミニストのウネイが結成した女性グループ GFKEL（搾取されているカナク女性闘争グループ）が新たに参加した。ヨーロッパ系 PSC は分裂し、カナク独立を支持する同志が設立した PSK（カナキーにおける社会主義党）が FLNKS に加わったが、ネスリー

ヌのLKSは参加しなかった。LKSはFIに参加していた1982年にその機関紙『リベラシオン（*Libération*）』で、LKSの非カナクのメンバーはカナク社会主義独立を支持しなければならないことを主張していた（*Libération* No. 5: 30）。しかし1985年の「対話の提案（Proposition de Dialogue）」と題した冊子では、カナク及び非カナクは、主権者としてのカナクの尊厳に対する主張を満たし、非カナクの歴史的権利を保障する「多人種独立（indépendance multiraciale）」にともに参加することを提言している（LKS 1985: Introduction）。ニューカレドニアでは「民族（ethnie）」は後述のように複雑な概念であるが、「人種（race）」という言葉は、独立運動開始以前の政党名にも「multiracial」が見られたように、むしろ中立的な意味の総称として使われている。LKSの「多人種独立」は、党がFLNKSのメンバーとならなかった中で、非カナクを同等に受け入れる意志を内外に示すことによって、その政治的違いを顕示する戦略が見える。

　FLNKSが1984年9月に作成した憲章では[10]、カナク・ナショナリズムは「祖国解放（libération nationale）」と「カナク社会主義独立、IKS（Indépendance kanak socialiste）」という2つのスローガンに凝集され、130年に及ぶ植民地支配からの抵抗の継続を確認している。「祖国解放」という新たな段階に入ったその闘争は、包括的であらゆるレヴェルに及ぶとし、植民地化によって奪われた正当な譲渡できない権利回復を要求するとして、人間としての尊厳と自由、主権、土地、文化、経済、カナク社会主義独立（IKS）、自決権や非カナクを受け入れる権利などを挙げている。カナク・アイデンティティの回復要求（revendication de l'identité Kanak）とは、主権を中心にその他の先住民としての諸権利の回復要求であることが理解できる（FLNKS 1987: 2）。また、当要求の歴史的・政治的正当性の根拠として、国連の「植民地独立付与宣言」に関する決議1514（UN Resolution 1514）と1970年のその進展を図るための再度の決議2621（UN Resolution 2621）を括弧付きで参照と記し、憲章の用語や表現も国連決議の内容に準じている。前者の宣言2項は、「全ての人民は自決の権利を持ち、この権利によって、その政治的地位を自由に決定し、その経済的、社会的及び文化的発展を自由に追求する」（『国際条約集』1990: 45）とある。ここからも憲章が、植民地化されたピープルとしてのカナクの諸権利を、この国際的な規約のパラダイムに準拠して主張していることがわかる。

　しかし、この2項において、自決権があるとされる「全ての人民（all peoples）」は、植民地化された地域的・言語的な文化共同体としての「民族」

の集団的権利を意味するのか——カナクの場合先住民として——あるいは植民地における全ての人々——ニューカレドニアの場合、カナク・ピープルのみならず、移民であるその他のエスニック・コミュニティを含めた「ピープルズ」——と解釈されるのかは、自決権行使の争点である。カナクの国を正当に要求できる唯一のピープルとして行使する権利を要求しているFLNKS憲章は前者に限定したが、同宣言の5項では、「信託統治地域及び非自治地域、またはまだ独立を達成していない他の全ての地域」（ibid.: 45）として地域（territories）を対象に言及しているので、後者に解釈できる。さらに、自決権行使において、それが集団の権利として、あるいは「個人」の権利としての実施を意味するかは、これまで国連が要求する住民投票では1人1票で行使されてきたことに鑑みるならば、個人としての行使である。中野によれば、自決権行使の形態は集団的権利として行使されるが、自決権の法理論上の単位は個人としての人民が自決権の主体であり、また特定の民族、部族、言語集団、宗教集団である必要は必ずしもないとしている（中野1997: 123-124）。こうした意味からも、ナンヴィル＝レ＝ロッシュの円卓会議による、独立への自決権の権利と行使は仏憲法に従い、歴史的理由からニューカレドニアで合法性を有する住民による1人1票の投票で、すなわちカナクのみならず歴史的にその他のカレドニア人を含めた個人を単位として実施されるとしたのは、国連決議に一致している。独立派が少数派の中で、自決権行使を生得的権利としての集団的権利として訴える戦略と言えようが、国連の1人1票の住民投票は独立への前提でもあり、その選挙資格は現実問題として重要なカギを握る。それゆえ、1985年のインタヴューで、非カナクの独立支持は独立派の7〜10%と推定しているチバウは、円卓会議で歴史の犠牲者として言及された流刑囚と入植者の子孫などの選挙資格を、カナクがカルドシュとともに初めて選挙権を行使した1951年以前に到着した者として定義している（Tjibaou 1996: 177, 184; 2005: 150, 158-159）。

　憲章の最後では太平洋諸国の同胞や国連「植民地独立付与宣言」を批准した諸国にカナク・ピープルへの支持を訴えている。FLNKSはオセアニアでは、南太平洋諸国のフォーラムから「南太平洋委員会（South Pacific Commission）」、オーストラリア、ニュージーランドまで、その外交的アプローチを展開した。とりわけ1983年、PNGを中心として形成されたメラネシア人同胞諸国の政治グループ「槍の穂先（Spear Head Group）」と連帯を深め、その強力な支援を取り付けた。1985年5月のイヤンゲーヌのFLNKS会議では、「南太平洋フォー

ラム」に対して、後述のカナキー政府を認知し、国連 24 委員会の非自治地域リストにニューカレドニアを付託し、独立を促進し、次節で見るフランス軍の駐留に反対するよう求める動議を決めている（FLNKS 1987: 4）。チバウは、「南太平洋フォーラム」に対して、国連脱植民地化委員会の非自治地域の最初のリストにニューカレドニアが記載されており、フランスは国の中に植民地化された人々がいることを認め、その人々の自決と独立の権利に言及している国連憲章を批准し認識しているはずとアピールした。また、彼は、ニューカレドニアの脱植民地化の問題をフランス国内の人々が理解することが大事であり、それがフランス政府に影響を与えるという見地から、仏世論を喚起するために政府や政党の代表、組合などのあらゆる社会組織にカナク支援のネットワークを広げなければならず、連帯を表明した団体は 30 に上るとしている。とりわけ、フランス中央山地のラルザック（Larzac）高原で、1970 年代軍事基地拡張に抵抗した人々とは、彼らが土地と結びついた農民で少数派であるというカナクとの共通点や 10 年にわたる闘いの末に勝利したことなどを挙げて、その支援は政治的のみならず精神的に大きな意味を持っていると語っている（Tjibaou 1996: 248, 174, 214; 2005: 229, 147, 160, 191）。ワデルによれば、当時のフランスの保革共存政権（ミッテラン大統領とシラク首相）の渦中にあって、パリで困難な交渉を強いられたチバウとその側近にとって、ラルザックの地は、彼らに安らぎと英気を与える避難場所となったという[11]（Waddel 2008: 161）。解放運動と比較すると、独立運動は他者との境界を明確に引き、他のコミュニティに対して閉鎖的になっていったが、こうしたカナク独立派と外部の他者との交換や共感は解放運動を想起させ、そうした節合が未来へのルートを開いていくことにつながっていることがわかる。いずれにしても、このようなアプローチを駆使した結果、ニューカレドニアは 1986 年 12 月、フォーラム諸国や非同盟諸国の支援を受けて、国連脱植民地委員会のリストに再登録され、国連総会は独立を勧告し、その外交的成果を上げたのである。

4）カナク・ナショナリズムと非カナク歓迎

　FLNKS 憲章に見る「カナク社会主義独立」の追求は、1984 年 12 月 1 日のカナキー暫定政府（Gouvernement provisioir de Kanaky）の樹立において頂点に達したと言えよう。同年ルモワーヌ法の是非を問う 11 月選挙のボイコットを

前にして、トゥオ（Thouho）の UC の第 15 回会議（11 月）でチバウはいつになく強い調子で「カナクの主権は、この国の主権はカナクのみに属し、その他の何人でもない……独立は（先祖からの）遺産であり……我々はカナク国の独立を要求する」と主張している（Tjibaou 1996: 164, 166; 2005: 138, 140; FLNKS 1987: 8）。ここにおいて、主権を有する想像上の政治共同体としてのネーションの探求は、想像上の「カナキー国家」の実践へとエスカレートし、首都ヌメア郊外のラ・コンセプション（La Conception）のトリビュ、UC 党首ピジョーの家の近くで、その国旗[12]の掲揚と大統領に選出されたチバウによって、カナキー共和国（République de Kanaky）暫定政府樹立が宣言されたのである。

　当時、両親に連れられて出席したチバウの息子エマニュエル（Emmanuel）によれば、大勢の人々、報道機関や記者たち、また憲兵もおり、式典は当時 6、7 歳であった彼に強い印象を残したという（30/8/2007）。この樹立が合法性を有するかの議論もあるが、式典はカナキー国という名の下にカナク社会主義独立が、人々とメディアの注視の下で演じられた劇場型ナショナリズムの実践と言えよう。同時に FLNKS は、公式に「Kanak」の文法規則を定め、カナキーの主権者としての国民の名称と同等化した。「カレドニア・ネーション」から「カナクのカレドニ」へ、さらに、ここにおいて「カナキー」として国名を先取りした国家設立要求を、遅々として変わらぬフランスに対して突きつけることによって、カナク・ナショナリズムを高揚させたと言えよう。この式典を記録した「ジャン・マリ・チバウあるいは独立への夢（Jean-Marie Tjibaou ou le Rêve d'Indépendance）」と題したヴィデオでは[13]、チバウはその宣言の中でフランスと闘い犠牲となったアタイやノエルなどの活動家に言及し、スピーチの最後で夜夢見たという「おお、カナキー、私の国よ！　私の国よ！（ô Kanaky, mon pays, mon pays!）」で始まる詩を朗読している（Tjibaou 1996: 171; 2005: 145）。その実現を見ることなく暗殺されたチバウにとってはまさしく夢に終わったが、カナキー国を希求するそのスピーチと詩は、カナク「殉教者」へのオマージュとその抵抗の歴史を未来の世代につなぐためのメッセージにも聞こえる

　公に国家としての要求を主張した FLNKS は、国連脱植民地化委員会に提出するため、カナキー国の憲法草案（Projet de Constitution: FLNKS 19/1/87）に取り組み、1987 年 10 月にチバウはそれを国連に提出した。「我々、カナクの人々（Nous, people kanak）」と題されたその憲法草案の「前文」は[14]、カナク的特殊性と普遍性の両面を合わせ持った宣言文と言えよう。前者は、前半部で、「我々

第 1 部　ネーションの語り

カナク・ピープルは、弾圧と戦い自由のための闘争に血を流した先祖とその過去を誇りにし、我々の伝統と深い絆で結ばれている……」から始まり、カナクの慣習や、伝統的な土地保有者としてのクランの存在など、カナクの文化的価値観が強調されている。中間部では、カナク国家は、「民主主義的・非宗教的・社会主義的共和国」と定義され、社会主義的世俗主義のためか、あるいは植民地化と同義的なキリスト教を嫌ってか、キリスト教を掲げるオセアニア島嶼国の憲法とは異なり、脱宗教色となっている。主権に関しては、「国の主権は投票によって行使する人々に属し、慣習は民衆の主権を表現することに寄与する」として、自決権と主権がカナク・ピープルにあることを明確化し、カナク的主権のあり方をその慣習で表象している。後半部では、国連 1948 年の「普遍的な人権宣言（Universal Declaration of Human Rights）」を遵守して個人と集団の自由を保障し、また組合のストライキ権の保障や、死刑制度の否認、国連憲章の遵守、太平洋の人々や他国との連帯、核武装反対などの人権の理念を列記している。

　この「前文」では、カナク社会が細分化したクランに基づくため、「我々、カナク・ピープルは、異なった起源を有する要素で構成された連帯の上に築かれた、国民の、自由で、統一された、主権を有したコミュニティより成る」ネーションとしての政治的共同体が想像されている。しかし、第 1 条では、ほとんど変わらない同文に、「多民族（pluri-ethnique）」という言葉が付加され、「カナク・ピープルは、多様な要素の連帯の上に築かれた、国民の、多民族の、自由で……（以下同文）」とあり、条項では、カナク・ピープルはクランという「異なった起源を有する要素」から、非カナクによる多民族的要素が付加された結果、「多様な要素（divers éléments）」に変わっている。前文との矛盾は、カナク・アイデンティティが文化共同体のパラダイムと国民国家のパラダイムの 2 つの位相にあることを示している。

　これは、換言すれば、エスノナショナリズムとナショナリズムのねじれでもある。国民国家のパラダイムでは、ネーションはクランの成員やエスニック集団の成員の分類とは異なり、カナクも非カナクも法の前に平等なカナキー市民となる。その結果、エスニシティに基づいたカナク・ナショナリズムをエスノナショナリズムとすれば、非カナクを含んだネーションを単位としたカナク・ナショナリズムとして維持するには矛盾が生じてくる。ゆえに、国民主権を有したカナキー国としての憲法を構成する条項では、FLNKS のカナク国旗や政

治的・経済的・社会的指針としての社会主義の原則、法を尊重した上でのクランの慣習的土地所有や慣習的裁定などを列記している点を除けば、61条から成る普通の民主的憲法となっている。この憲法草案の4カ月後にクーデターが起きたフィジー（1987年5月、7月）では、大統領も首相も先住民に限定された民族差別的憲法（1990）が当時作成されたが[15]、民主的議会選挙制度に基づいて選出される大統領や首相は、カナクに限定されていない[16]。ここには、国連脱植民地化委員会に提出するための目的もあろうが、チバウ主導の下でカナク的価値観と国際的規範としての普遍的価値観を取り入れ、後述の「非カナク歓迎」の概念を持ったカナキー民主共和国の構想が推察できる。

　カルフーンは、アンダーソンがネーションの近代的理解の中心に個の重要性を据えたことに言及して、ナショナリズムは新しい形の共同体的想像に依存しているばかりでなく、ネーションを個人と同等視する近代的理念にも結びついていると指摘している（Calhoun 1993: 229-230, 232）。ここからも、近代国家のネーションが、個人の集合体と同等視され、ネーションとナショナリズムは普遍的なものとして扱われていることがわかる（Handler 1984: 59; Calhoun 1993: 232; Cohen 1994: 157; Foster 1995: 19-20）。一方、オセアニアの共同体においては、集団としての概念は個人としての概念の上にあり、カナキー国憲法草案の前文では、ネーションの中心として位置づけられ、表象されているのは個人よりもクランである。しかし、カナク、非カナクの個人の自由に関する概念と人権としての権利や平等性を前文・条項に盛り込み、普遍的価値を取り込もうとしていることが窺われる。

　チバウは、カナクのナショナリストの概念は他者を排除したものでもなければ、人種差別的なものでもないとしており（Tjibaou 1996: 129; 2005: 103）、FLNKS憲章はこの主権を遂げるための住民投票としてのカナクの自決権とともに、パートナーを選ぶ権利としての「非カナク歓迎」（accueil des non-Kanak）の行使権を要求している。この伝統的にも重要な「外国人歓迎」の文化概念は、文字通り外国人からその土地出身者でない者までを含め、ディスコースの中でカナク的特性として独立派、反独立派を問わずしばしば強調されてきた。RPCRのルーコットは、我々の文化においてカナクは人々を歓待し迎え入れる「友愛の人」である（5/11/98）。カナク判事トロリュは、カナクの歴史は常に歓迎の文化を示しており、植民地化以前には敵方のクランが増大しないように他者を受け入れてきたし、植民地化の中では非カナクを受け入れてきた。

第1部　ネーションの語り

カナク文化は他者に対して開かれた文化であり、もしカナクがこうした寛大性を政治的文脈から外してしまえば、間違った結果を生むだろうと語っている (*Mwà Véé* No.10, 1995: 55)。この意味で歓迎の概念は、日本における「外人」という言葉が内と外を分け、日本人化した外人を「変な外人」として見なす内向きの閉ざされた概念とは異なろう。ネスリーヌは、外国人は彼らの知らない知識を持っており、神の祝福を受けた者であるという (1/10/97)。ヨーロッパ人の技術やノウハウはカナキー独立の暁には知識=力としての必要な人的資源となるゆえ、カナクの寛大性とはこうした相互互恵関係に基づいた、シェノーが言及する「歓迎の契約（contrat d'accueil）」、すなわち「歓迎と定着に対する同意」(Chesneaux 1988: 57) と言えよう。

こうした「歓迎の契約」は、憲章ではカナキーにおけるカナク・ピープルの権利の実践として、非カナクの受け入れは、カナク・ネーションの原則として制定され、カナキー国で二重国籍は認められないが、非カナクは一定の期間内に国籍の選択ができるとしている。すなわち、カルドシュのような植民地化で入植してきた人々は、彼ら自身及びその両親の一方がカナキーに生まれた場合、カナク国籍を独立の日に申請でき、その他の非カナクは、独立の日から5年継続してカナキーに居住した場合、カナク国籍を申請できるとしている (FLNKS 1987: 9)。実際、ヌメアのあるカナク高校生は「私にとって、カナクと非カナクの間に違いはなく、カナキーに住んでいる限り誰もがカナクである」(2/10/1997) としたが、このことはカナクの主権を認める者がカナキーの人々（国民）であることの意味において、カナキー国の「歓迎の契約」は、憲章のような条件でカナク独立に同意する者をカナク国民の一員として歓迎することを意味すると言えよう。

こうしたカナクのみが主権を有するカナク独立に対して、解放運動で独立という同じ目的の中でネーションを模索し、カレドニアとカナキーに分岐していったヨーロッパ系同志はいかに見ているのだろうか。シヴォは、「カナクはカレドニアから出自し、植民地化され、独立への権利を有する唯一の人々であるが、カレドニア独立を積極的に支持する我々もまた、カナクとともに独立への権利を有していると常に信じていた。我々の独立への主張は同一ではないが、時は同じくしている……私は、カナクのように植民地化されたわけでなく、植民地化された者と独立を遂げることを望む者との相違を理解するが……」(27/10/98) と、カナク独立に対する複雑な胸中を語っている。彼がFLNKS

メンバーのPSKに参加しなかった理由もここにあったと言えよう。

　彼が言及した「植民地化された者」としてのカナクと「植民地化されてない者」としての非カナクの差異化は、カナクにおいては「この土地を起源とするピープル」と「外から移住してきた民族」として、O. トーニャの次のディスコースのように存在論的に主張される。「私は民族ではない。民族、エトゥニ（ethnie）という呼び名は受け入れられない。というのも、私はこの国を起源とするこの土地と結びついた土着のピープル（autochthonous peuple）であるからだ。我々が民族という言葉を受け入れたら、この国から派生した人々としての正当性は消える。民族という言葉を使うとき、その場所を起源としないところで生活している、ある一定の集団を指す。たとえばヨーロッパ人やワリス人のエスニック・グループである。ピープルとはネーションに等しい」(8/10/97)。

　植民地化によって与えられた民族というフランス語の「ethnie」はギリシャ語の「エトノス（ethnos）」から派生し、文化的相違や歴史的に形成されたコミュニティを意味し、エスニシティとしての文化共同体として捉えられるが[17]、カナクの民族的言説では、ethnieは外から移住してきた非カナクの移民として政治的に自決権を有しないコミュニティとして主張される。一方、「peuple」はもともと語義的にも民族とネーションの両者を包摂し[18]、両立させることができる。「我々カナクはピープルである」というディスコースの内にあっては「ピープル」は、土地と結びついた土着の人として慣習を基盤とした文化的共同体にも、主権や独立に対する自決権を有したネーションとしての政治的共同体のどちらにも鎖をかけ、両者をカナク・アイデンティティとして表象することが可能となる。

　UCのカレドニア人党首であったビュルクは、こうした民族に対するカナクの解釈を次のような政治的レトリックで説明している。「文化的には、アイデンティティの声明はエスニック・グループとしてなされていても、政治的にはネーションとしてなされる……政治的な声明としてなされれば、エスニックの意味は含まない……もしカナク民族が植民地政府に反対し、独立について語ることができるならば、それはエスニック・グループを凌駕しているのだ」(6/10/97)。これは、主体はディスコースの内にあって外にはなく、ディスコースは主体の拡散とその不連続性の総体であるというフーコーの言説と、アイデンティティはディスコースの内で主体的な位置へ一時的に結合され、主張されるというホールの節合を証明していよう。換言すれば、カナクを文化的主体と

して語るディスコースから政治的主体として語るディスコース上の変化は、民族という主体的地位の結合から語り手がそのジョイントを外して、ネーションという主体的地位に取り付けることによって成就され、カナク・アイデンティティの表象とは、アイデンティティの主体とこうしたディスコースの実践との成立関係にあるということがわかる。ここからもカナク・アイデンティティとしての言説は、文化的政治的な節合総体と言えよう。つまるところ、カナクのネーションへの自決権は、「ピープル」と「民族」の存在論的相違として、外国人歓迎の概念をもって歴史的・政治的・文化的に再文脈化され、ファースト・ピープルの生得的権利として表象されるのである。

　チバウは、主権と独立の違いについて聞かれたとき、「主権とは、パートナーを選ぶ権利であり、独立とは植民地化と既存のシステムから生じている全てを管轄する権限である……カナクは己が国に対する主権、すなわち、人々、土地、地下、空、海に至る主権の返還」を必要とし、「あらゆる相互依存様式を交渉する権利と権限を付与するのが主権である。我々のような小さな国では、独立とは相互依存を考慮した上で成立する」（Tjibaou 1985: 1593; 1996: 179; 2005: 152）と語っている。主権者としてのカナクはそのパートナーを選ぶ権利と、先祖からの遺産としてニューカレドニアを管轄する権限を有するという「カナク独立」の主体的論理に加えて、相互依存を交渉する権利と権限を可能にするものとして、主権に言及しているわけである。

　主権とはネーションにあって、国家とはその枠組みにすぎないはずであるが、交戦権あるいは非交戦権などを含めた国家のあり方を決める最高の統治権ともされている。しかし、このような国家主権は対立を生じ、増大する紛争を調停するには無力であり、また国家主権も国際法で制限され、国際的介入も受ける。ニューカレドニアのような小さな国では、国家運営にパートナーとの相互依存が必要であるとの考えは、チバウのプラグマティズムの表出とも言えよう。しかし、同時に従来の至上権としてではなく、パートナーを選ぶ権利と相互依存を交渉する権限としての主権は、共存や共生を先取りしたポストモダンな解釈として、現代世界の普遍的価値観としての他者との共存関係にもなぞらえられる。もともと他者との共存や相互依存の概念が内在しているオセアニア文化には、こうしたパートナーシップの概念や外国人歓迎の概念は幅広く見られる。カナク文化概念のパートナーシップは、レーナルトが言及するカナクの個別化と交感にも表象できるが、これは第2部の「共同体の語り」で見る。

第 2 章　カナク・アイデンティティ闘争

　チバウは 1984 年「今日、私が非カナクとこの国におけるフランス文化を共有している部分がある一方で、他方、私自身の文化の普遍的部分は共有されていない」(Tjibaou 1996: 24; 2005: xxi; Chesneaux 1988: 65) と指摘している。このことは、チバウが両文化的に思考し、読み替えし、両者の間に対等な橋をかけようとする試みが挫折していることを示唆している。カナク・ナショナリズムの勃興は、次章で見るように土地と深くかかわってくるが、フランスや非カナクがカナク文化の価値観を認めず、その普遍的な面を共有しないことに対する怒りや失望から生じた心理学的要因もあろう。言い換えれば、植民地化された他者の歴史的痛みとその文化に対する想像力の欠如が、ヨーロッパ人同志との共闘からスタートしたカレドニア・ネーションをカナキーへと至らせた原因のひとつであるかもしれない。あらゆるナショナリズムが他者に対して排他的になるように、カナク・ナショナリズムは他者との境界を鮮明に引いた。すなわち、その他のコミュニティを「エトゥニ」として、唯一のピープルとしての歴史的正当性を盾に、カナクの権利を要求していったからである。しかしながら、カナクは国民国家のパラダイムに基づく主権を、彼らの文化的・政治的知識＝力によって再想像し、そこに内在していた自己と他者との関係、すなわち相互依存を基底にした主権と独立の概念を創出した。そのネーションの探求は、カナクが他者といかに関係するかというパートナーシップの探求に他ならないことを示している。なぜなら、ここから見えてくるのは、現在のヌメア合意に見られるその他のエスニック・コミュニティやフランスをパートナーとした共有的主権の概念であるからだ。

　解放運動から始まったカナク・アイデンティティの探求は、独立運動においてはカナク・ネーションとしてのアイデンティティ回復要求に変換され、劇場型ナショナリズムにおいて、主権を有する政治的共同体として想像上のカナキー国家を出現させた。しかし、主権はカナクのみにあるというエスノナショナリズムとナショナリズムのねじれの中で、そのネーション探求は、ニューカレドニアを政治的に独立派と反独立派に二極化し、中道派は居場所を弾かれていった。対立は激化、武装闘争化して、カレドニア多民族社会にエヴェヌマン（événement）と呼ばれる一連の流血事件を引き起こしていったのである。

3. 闘争戦略

　戦略なき政治は、それが慣習政治であれ、近代政治であれ、問題解決を図ることができないのは日本を見れば明白だが、もともと政治的志向が強いカナク社会では、戦略は伝統的に重要な意味を持っており、人々は政治的均衡を求めて戦略を組み立て、その結果、相殺システムが働き、それがまた、カナク社会を政治的に戦略志向の社会にしている。「私は小さい頃から常に政治をやってきた」というFLNKS党首のR. ワミッタンは、ネーションとしてのアイデンティティを確立するために、「カナク」を政治的・戦略的な目的を担っている言葉として言及しているが（21/8/96）、それでは、カナク・ネーションとしてのアイデンティティを確立するために、いかなる政治戦略を立てたのであろうか。FLNKSの憲章では、戦略（作戦計画）は統一され、総括され、第一義的に優先的に、植民地権力者のフランスに対して向けられるとしている（FLNKS 1987: 2）。事実、R. ワミッタンは、次のようなカナクの論理を説いている。「カナク・アイデンティティの回復要求は我々自身の問題であって、他の者は関係ない。ここでの問題はカナク対フランス国家なのだ……我々が携わっている闘争の論理は、我々を支配してきたフランスとの関係なのだ」（19/10/98）。ヨーロッパ人を父にカナクの血が入った日本人を母に有するカレドニア人政治家で、チバウのかたわらで長年働いてきたUCのコルトー（Gérald Cortot）も、FLNKSの戦略に関して、「目的は、仏政府に対してカナクの要求を認めさせ、ニューカレドニアに社会的公正をもたらし、植民地的状況から解放することにある。人権に関心を寄せる国、フランスはこれに対する解決を見つけなければならないのだ。しかし、全ての目的に到達したわけではない」と語っている（21/10/98）。

　以上のことからも、最も重要な戦略が、脱植民地化のためのフランスとのディスコース上の交渉にあることがわかる。それゆえ、独立運動における「真実の体制」を支える知識＝力関係のゲームにおいて、フランスへ圧力をかけ、政府の対ニューカレドニア政策に影響を与え、有利な交渉へ導くために、それを支援する闘争の戦略がカナクにとって必要である。この意味からも、その動機づけの高さからも、カナク独立派の戦略や戦術は多様であるが、分類すれば、①外交的アプローチ、②動員的アプローチ、③制度的アプローチに概括できよう。①がディスコースやメディアに訴えながら、オセアニアの地域や国際機関から

フランス国内の世論まで、その関心や支持による影響力がフランスへの外圧となるならば、②は活動家から一般民衆まで動員しながら、道路封鎖、選挙ボイコット、土地占拠からデモやハンガー・ストライキまで、実践行動に訴えることによって、草の根レヴェルでフランスに示威的圧力をかける重要な戦術である。③は体制内の行政組織や制度を利用しながら、カナク社会内部の経済的・政治的・文化的力を向上させることによって、フランスから内発的自立・独立への道を進める欠くべからざる戦術と言えよう。前節では1975年から1984年12月のカナキー暫定政権樹立に至るプロセスの中で、①の外交的アプローチはすでに見てきた。それゆえ、ここでは、1988年のマティニョン合意に至るまでの過程を通して、②③の動員的・制度的アプローチを中心に、フランス政府のニューカレドニア政策に対応して、いかなる闘争戦略が組み立てられ戦術的に展開されていったか、その柔剛の戦略的メカニズムを考察する。

1）動員的アプローチ

　FIにおいては当初の結成目的は選挙対策にあり、組織的にも戦略的にも確立されていなかったようだが、FLNKSは、政治部（Bureau Politique）、カナキー暫定政府[19]、及び闘争委員会（Comités de Lutte）と呼ばれる各地のローカル委員会（Comités Locaux）で構成される戦略的機構を創出した。すなわち、政治部は各政党の政策担当者で構成されたFLNKSのブレーンとしてチバウを中心に作戦計画や戦略を練り、暫定政府はFLNKSを代表して彼がフランス政府との交渉に当たり、闘争委員会は安全保障大臣となったエロイ・マチョロの作戦指揮の下で、各地のローカル委員会の活動家が実践活動を展開するメカニズムと言えよう（FLNKS 1987: 3）。

　こうした闘争委員会としての支部を組織するため、PALIKAのゴロデも故郷のポネリウーアンのトリビュでその目的や党のイデオロギーを説明し、活動家になる若者を募ったという。初めはなかなか反応がなかったが、少しずつ集まり、グループの組織化とともに他の党の支部との横の連絡もとり、1980〜85年ポネリウーアンでは、PALIKAは12人の活動家を得た。女性たちも出席したが集会では語らず、料理などの準備をしたという（8/12/2004）。一方、UCの場合、伝統的な言語圏地域で分けられた地域支部の下で、行政的な選挙区であるコミューンごとにローカル委員会が形成されていた。1982年に22歳で

第 1 部　ネーションの語り

　UC に入党したある活動家 A によれば、彼が属するパイチン・チェムヒン言語地域は 6 コミューンで構成されていたので 6 つの闘争委員会が存在し、彼はその中の西海岸にあるひとつのコミューンのローカル委員会に属していた。当委員会は、さらに 2 つのトリビュと町の 3 つの下部組織で構成され、その中で出身地のトリビュに作られた下部組織の若い活動家（militant à la-base）として、後には活動を組織する責任者として A は働いたという。彼の下部組織には 20 人ぐらいのメンバーがおり、年齢はだいたい 18 歳から 32 歳くらい、平均 20 〜 24 歳くらいで、「ローカル活動（action sur le terrain）」において、どのように実行するかは地元の委員会に任されていたという。FLNKS がボイコットしたルモワーヌ法に基づく 1984 年 11 月の選挙では、UC 責任者から「選挙結果をゼロにせよ」という指令があり、投票を阻止するため、メンバーは箱を盗み出して燃やし道路を封鎖し、動員された憲兵や人々が投票所に来ることができないようにしたが、A は捕まり 15 日間刑務所に入れられたという（7/9/2005）。
　こうした実践的闘争の中で最も大きなインパクトのあったものは、エロイ・マチョロが指揮した東海岸のニューカレドニア最大の鉱山町ティオ（Thio）の占拠（1984 年 11 月 20 日）である。鉱山主でもあるヨーロッパ系市長のこの町にバリケードを築き、それを解く条件として同選挙結果の無効を要求した。これに関して、R. ワミッタンは、政治的要求は経済的要求より優先するが、政治的・経済的要求は関係し合い、独立は確かな経済基盤を必要とするゆえ、ティオはその経済的重要性から占拠されたと語っている（19/10/98）。しかし FLNKS 内部ではこうした戦術をめぐって必ずしも一致していたわけではなかった。PALIKA のポワグーヌによれば、「我々は闘争を突き進むための直接行動に打って出た。それが 1984 年の一連の過激な流血事件（événement）を引き起こした……マチョロは直接行動をとることを主張したが……武器を取って戦うべきかどうかなど、独立派の間でも意見は分かれていた。私自身は、いかなる行動をとるかについて、我々はもっと議論した上で決めるべきだと言った」（27/10 /98）。
　論争の的となった武装闘争について、フレーザーによれば、1984 年 7 月の UC 会議で、カナク独立に対するフランス政府の対応に怒り心頭に発していたチバウは、もし必要ならば、「マキ（maquis 秘密のゲリラ隊）」を示唆したという（Fraser 1988: 20）。ある政治家によれば、当時は制度的アプローチをやめて武装闘争という選択肢しかなく、ユルゲイとマチョロは実際リビヤへ赴いた。

第 2 章　カナク・アイデンティティ闘争

　FLNKS は独立を支持していたリビアとつながり、1980 年代中頃、十数人のカナクの若者たちは、そこで数カ月訓練を受け、帰還後その訓練を実行に移したが、その後やめたという（19/10/98）。後に FLNKS から追放された FULUK[20]とリビアとのつながりはとりわけメディアに盛んに取り上げられたが、カナク政治家は皆リビア・コネクションについて詳細は語れないと口を閉ざした。
　一方、武器の入手については、前述のローカル委員会の活動家 A によれば、1982 ～ 83 年の間は、トリビュに狩猟用の銃はいくつかあったが、古いもので父親に属し若者の手には入らず短刀しかなく、また車もなく歩くしかなかったという。しかし、カルドシュが選挙に銃を携帯したり、他のトリビュで銃撃したりしたため、84 年の 12 月から 85 年の 1 月にかけてのエヴェヌマンでは、彼ら活動家はトリビュを憲兵やカルドシュから守るために銃を持つことが必要となり、カルドシュが持っている武器を奪うことを計画したという。家を見張り、カルドシュが農場へ家畜を見に行っている留守の間に忍び込み、その銃や弾薬を奪った。A によればカルドシュを撃つ目的はなかったが、もし彼らが撃てば反撃したが、撃たなければこちらも撃たなかったという。A は、軍隊に入隊していたこともあって、銃については少し知識を持っていたが、仲間の活動家の中には 3 ～ 4 人の軍隊経験者がいたという（7/9/2005）。カナクがこのような手段でカルドシュから銃を入手したことからも、カナクの武器調達やその資金が限られていたことがわかるが、フレイザーによれば、カナクの武器は反独立派と比較すると狩猟用ライフルや第 2 次大戦で残されたもので、FLNKSのリーダーたちは武器の使用は独立闘争の重要な要素としては考えなかったという（Fraser 1988: 45）。実際、ディスコースにおいては、武装闘争という言葉は聞かれずローカル・レヴェルでの実践的戦略（stratégie du terrain）という言葉で包括されている。
　これに対して、RPCR のラフルールを中心とする反独立派は資金面でも豊富であり、ワリス・エ・フトゥナから移住してきた失業中の若者を民兵に雇ったり、また活動家の中にはかつてアルジェリアで独立派ゲリラと戦った秘密軍事組織 OAS の元メンバーもいた。FLNKS の強硬路線や活動家による実戦行動は、反独立派によるテロ行為を増大させ、独立派と反独立派の対立は増大し、1984 ～ 88 年の間流血のエヴェヌマンを引き起こしていった。また、フランスのルペンによる FN（国民戦線）とつながりのある FN（Front National）が 1984 年 5 月に創設されたことは、反独立派の急進化を意味していよう。カルドシュの

反独立派が、独立阻止のため民兵や武器でもっぱら対抗していったことと比較すると、独立派の戦略は多岐にわたる。これは、伝統的な戦略志向に加えて、ファースト・ピープルとしてのカナク独立に対する士気や動機づけの高さに関係していよう。

　ティオの占拠によって緊張が高まる中で、FLNKSは84年12月1日、チバウ暫定政府を樹立し、政治的・経済的に仏政府やカレドニア社会に大きなインパクトを与えたが、コルトーは、目的はニューカレドニアの独立を強行することではなく、フランスの世論を喚起することにあり、心理的・国際的な影響があったという（21/10/98）。ニッケル経済と政治が切り離し難く結びついているニューカレドニアにおいて、ティオの占拠と劇場型ナショナリズムのカナキー政府樹立は情勢を一挙に緊迫化し、フランス政府を揺さぶり、国際的関心を呼んだ意味でこの二股作戦は成果を上げた。実際、12月5日、フランス政府はピサニ（Edgar Pisani）を特使として派遣したからである。

　しかしながら、ピサニの到着直後、チバウの故郷であるイヤンゲーヌ（Hienghèn）のティアンダニート（Tiendanite）のトリビュではFLNKSの活動家10人がカルドシュによって虐殺された。チバウはピサニとの交渉のためヌメアにいて難を逃れたが、犠牲者の中にはチバウの2人の兄弟——そのうちのひとりはティアンダニートの首長——も含まれ、彼の家も放火された。しかし、この悲劇にもかかわらず、チバウはカナクに復讐を慎むよう呼びかけ、道路封鎖を解かせてピサニとの交渉に入った。この事件については次節で見るが、息子のE.チバウによれば、「人々は仕返しすることを要求したが、私の父は、否、応じてはいけない、応じれば我々もまた野蛮になってしまう。バリケードを解いて、我々が対話の用意があることを示さなければいけない」と語ったという（30/8/2007）。この「我々もまた野蛮になってしまう」という言葉に、暴力と復讐の連鎖を否定する「交渉の人」としてのチバウの政治家の信念が見えよう。彼のこうした自制心はフランスや海外からも賞賛され、チバウはヨーロッパ人から、和平交渉能力のあるカリスマ的指導者であると見なされた。一方、マチョロはカナクの若い活動家を率い、実践的戦略家として、前者とは対照的にヨーロッパ人からは敵対的戦士として憎しみの対象にすらなった。両者は、フランス政府との交渉という外交的アプローチと実践活動という動員的アプローチにおいて主要な戦略上の指揮をとり、中心的役割を果たしてきた。ともに今は亡き、カナクに暗殺されたチバウと仏憲兵に殺害されたマチョロは、独立派を代

第 2 章　カナク・アイデンティティ闘争

FLNKS に掛けられているアタイとマチョロの肖像

表する指導者として一方は「パロール（言葉）」の人として[21]、他方は「行動」の人として表象される。チバウとマチョロをいかに見るかは人によっても異なるが、筆者にとって「パロールの人」は、カレドニア社会全体の未来を見通すヴィジョンの中で、対話による交渉を重ねながらプラグマティックに現実の中で妥協していく人に見えるが、彼については第 3 部の「文化の語り」でまた見ていく。一方、「行動」の人は妥協をよしとせず、まっすぐに闘いを貫き通していった闘士としてのイメージが強い。しかし、コルトーによれば、マチョロの敵対的なイメージは彼の本当の姿ではなく、彼は占拠したティオを解放することを後に同意し、カナク活動家に封じ込められ残されたヨーロッパ系住民のひとりは、マチョロのお陰でティオは放火されず生存できたと数年後コルトーに語ったという。マチョロは信念を貫くと同時に強い責任感と感受性を有した人であり、チバウと彼の仕事は補完的に機能していたとも語っている（21/10/98）。すなわち、戦略上対照的な役割を演じることによって、独立闘争における柔軟路線と強硬路線の均衡をとり補完し合ったわけで、このことは、人は他者に対して自らの役割と義務を担っているというカナクの伝統的な考え方を想起させる。

　独立派との交渉に入ったピサニは、「フランスとの連合による独立（indépendance association avec la France）」というピサニ案（plan Pisani）を 1985 年 1 月 7 日に提示した。その骨子は、1984 年のルモワーヌ法（statut Lemoine）の

継続か、あるいは、新たな関係を確立する連合条約を結ぶかの是非を住民投票（1985 年末）に問い、その結果、後者であれば、ニューカレドニア議会が条約と多民族社会のコミュニティの原則や関係を定義した協定を草案、批准し、1986 年 1 月にこの連合による独立が宣言されるというものである（Pisani 7/1/1985）。このピサニ案は、独立は避けられない課題であることを認め、フランスにとどまるか独立かの二者択一による対立ではなく、フランスとの関係の継続と開発支援による連合国家案とその中身を具体的に提示していた。この意味で、これまでのフランスの対ニューカレドニア政策にはなかった前進であったが、住民投票による連合独立案の否決という現実的な可能性の中で、独立派の賛同は得られなかったようだ（Tjibaou 1996: 173-185; 2005: 141-161）。一方、反独立派からの激しい拒絶に遭い、この提案後、カルドシュの若者がカナクによって殺された事件（11/1/85）を契機に、ヌメアではピサニに反対するカルドシュの暴動が起きた。こうした険悪な状況の中でマチョロは FLNKS 活動家のノナロ（Marcel Nonaro）とともにラ・フォア（La Foa）近くの農場でフランス憲兵の狙撃によって同年 1 月 12 日に殺害された。1996 年の 9 月、筆者があるトリビュに滞在していたとき、2 人のカナク女性がラ・フォアへのドライブに誘った。彼女らはフランスに対して反乱を起こしたアタイ首長が戦った場所へ筆者を案内した後で、マチョロが殺害された農場に行き、その農場のカナクの番人にその日の出来事を語るように促した。彼は農場を囲んだフランス憲兵がいかにマチョロとノナロを狙い、夜明けに殺害したかを真摯に語ってくれた。マチョロの人気が現在も、とりわけカナクの若者の間で根強いのは、こうした仏憲兵の銃弾に倒れるというシンボリックな彼の最後にもよるだろう。2 人の女性にとっては、アタイとマチョロの痕跡をたどることによって、カナク殉教の記憶を新たにする巡礼の旅であったのかもしれない。ヌメアの FLNKS 本部には、アタイとマチョロの肖像をカナキーの旗とともに描いたボードが飾ってある。そこには、マチョロ自身の自らの死を予測したような言葉も一緒に記されている。「闘争はリーダーや闘士が欠けたからといって、やめるべきではない」。

　マチョロ暗殺後、ただちにピサニによって非常事態宣言がなされたが、反独立派によるテロ活動は頻発した。FN は 1985 年 2 月にティオへ"ピクニック"と称して、カナクを煽動する目的で、400 人のカルドシュを車で連れて行くというイヴェントを催し、その通行を妨害しようとしたカナクとの間で負傷者を

第 2 章　カナク・アイデンティティ闘争

出すというエヴェヌマンを引き起こした。2月FLNKSのナケテイ（Nakety）の会議では、中央政治部からの許可を待たずに、各支部の現地の闘争委員会がイニシアティヴをとることが決められた（FLNKS 1987: 3）。このことは、異なった政党や団体から構成されたFLNKSの内部で、各地の闘争委員会が政治部のコントロールから外れ、単独行動に出る賭けを認めたことを意味しよう。マチョロの死後、安全保障大臣はUCのL. ジョレディエ（Léopold Jorédié）に引き継がれたが、カナクにとってチェ・ゲバラに相当したマチョロの死は、実践上の戦略を司る中枢の喪失であり、統率のとれた実践行動を実行することは困難になったことを意味しよう。1985年5月のイヤンゲーヌのFLNKS会議に出席したポワグーヌは、家々や学校に対する焼き討ちのような暴力的行為をやめることを提案し、代わりに建設への行動をとることを提案したが、彼は「プチ・ブルジョア」として非難され、PALIKAの政治部を辞任したという（27/10/98）。

2）制度的アプローチ

　一方、FLNKSに参加しなかったLKSは異なった戦略をとった。ネスリーヌは独立運動が開始した1975年、『レ・カレドニアン』とのインタヴューで、彼らの闘争の主軸として「敵を倒すのにいかなる手段を使うべきか」を自問していく中で、方法として選挙（議会主義）か、非暴力による闘争か、もしくは暴力による闘争か、解放運動以来模索してきたと語っており（*Les Calédoniens* No.23, 10/6/75-16/6/75: 3）、結局、彼は前者2つを選択したと言えよう。LKSは、ルモワーヌ法をカナクの尊厳を認めた点で好ましいと評価し（LKS 1996: 1）、その信任投票でもあったFLNKSがボイコットした1984年11月の選挙に参加した。ネスリーヌとLKSで長年働いてきたセイユ（Dick Saihu）によれば、ルモワーヌ法はカナクをニューカレドニアの最初の定住者として認め、カルドシュとともに植民地化の犠牲を共有することを提案した意味で、基本的にはヌメア合意と同じ意味を持っていたが、FLNKSの反対によってその合意までの15年が失われてしまった。FLNKSは暴力を実践したが、LKSは常に対話を提案し、制度的システム内部での働きかけと実践活動を入り交ぜた戦術を通して、その要求を具体化した。その戦略は慣習や宗教を尊重しながら、独立を経済、政治の両面から達成することを目的としていると語っている（2/10/97; 22/10/98）。トゥリマリによれば、LKSは最後のギリギリまで交渉で解決を図

る道をとったが、FLNKS も LKS の闘争も、カナクの人々の解放という意味においては同一であるという（13/10/98）。ロ諸島を基盤としたプロテスタントの LKS が、グランド・テールを基盤としたカトリックが支配的な UC を中心とする多数派 FLNKS との力関係において、その違いを鮮明化する LKS の戦略が見える。また、反独立派中間政党 FNSC は衰退していき、強行路線の FLNKS に対して、元 UC のカナク政治家 G. パイタ（Gabriel Paita）が FNSC と同盟した独立派中道政党で、「ニューカレドニアの邦」を伝統的に意味するという「OPAO」の PFK（オパオのカナク連合党）（以下、OPAO）を 1985 年に結成した。しかし、後述の同年 9 月の選挙で議席を獲得できず、エヴェヌマンの時代、独立派と反独立派の激化する対立と二極分化の中で、LKS や中道派はその勢力を削がれていったと言えよう。

　一方、FLNKS も、制度的アプローチを否定していたわけではない。ピサニ案を受けて 1985 年 8 月に成立したのが、当時の仏首相（Lauren Fabius）によるファビウス＝ピサニ法（statut Fabius-Pisani）であり、1987 年末（12 月 31 日）までにフランスとの連合による独立に対する住民投票を設定するとしたものであった（JORF 1985; JONCD 1985）。しかし、この住民投票は独立を保証したものではないゆえ、独立派は支持せず、FLNKS はイヤンゲーヌ会議（1985 年 5 月）で植民地主義的プランとして非難し、兵役やフランス教育、タヒチの南太平洋祭のボイコットを呼びかけた[22]（FLNKS 1987: 4）。一方、当計画のもうひとつの目玉はニューカレドニアのグランド・テールを北部、中央部、南部と 3 つに縦断的に分け、それにロイヤルティ諸島部を加えた 4 部地域に分割した地方分権案にあった。これに従えばヌメアのある南部を除く 3 地域はカナクが多数を占めるため、それらを支配下に置くことになるのは必然的となる。ゆえに、独立派は強硬姿勢の一方、当計画に基づく 85 年 9 月の選挙に参加し、予測通り、RPCR が勝った南部を除く 3 プロヴァンスで独立派は勝利したのである（江戸 1994: 105）。つまるところ、制度的アプローチを通して地方分権化を利用し、その下で社会経済的運営能力の開発を促進するという柔軟な新戦略と言え、北部地域ではチバウが首班となった。こうした地方分権促進の下で、1985 年 11 月ウンジョ（Oundjo）の FLNKS 会議では、経済的自立を図るための自給自足計画や、カナクの教育を促進するためのカナク・ピープル学校 EPK（École Populare Kanak）、メディアを手段とした広報戦略として機関誌ブエナンド（Bwenando）、ラジオ局ジド（Radio Djiido）が、その闘争に欠くべ

第 2 章　カナク・アイデンティティ闘争

からざる要素であると確認されている（FLNKS 1987: 5）。

　自給自足計画については「カナク社会主義要求」で言及するが、教育戦略としての EPK は、ファビウス＝ピサニ法による 1985 年 9 月の選挙参加前、すなわち、制度的アプローチをとる以前の 2 月のナケティの FLKNS 会議で、フランス語教育の学校をボイコットして、カナク学校の創設を決めたことによる。同年 3 月に東海岸のカナラ（Canala）で初めて EPK を発足させたカナク女性教師によれば、カレドニア社会を動揺させる目的の経済・教育の不安定化という FLNKS 戦略で、フランス教育がカナク青少年をその家庭環境にも近代世界にも再統合することができないことに問題があったという（Néchéro-Joredié 1988: 198）。一方、ポネリウーアンの EPK で教えたゴロデによれば、当初の設立目的は学校がトリビュの外の入植者の村にあるため、エヴェヌマンの中で子どもたちの安全を守るためにトリビュの中に学校を設置する必要があったという。ポネリウーアンには 5 つのトリビュで 200 人の生徒（15 〜 16 歳）がおり、歴史、数学、フランス語、英語をカナク言語の地元のパイチン語で、また政治についても教えたという。EPK は政治的になっていったが、ときに仏憲兵や後述の仏軍の遊動化作戦（nomadisation）によるヘリコプターや落下傘兵が学校へ入って来て、生徒たちは恐れ、不穏な雰囲気にあったという（8/12/2004）。一方、このボイコットに参加しなかったプロテスタント・スクール連盟のワポトロによれば、EPK はカナク言語や文化、植民地化について教えたが、国の運営に将来必要な経済や商業は教えなかった（20/10/98; 6/11/98）。また、ヌメアのド・カモ高校教師のウアンブイによれば、教師の能力や教材不足、人事面や教育方法において問題があったとしている（26/10/98）。つまるところ、フランス式教育にうまく適応できないカナクの若者が中途半端なまま終わる中で、子どもたちの安全を守るためにもトリビュで独自のカナク教育を目指したが、「カナク独立」の中で教育志向より政治志向に強く傾いたと言えよう。さらに、1988 年のマティニョン合意によって FLNKS が戦略的に制度内システムに戻ることを決めた結果、仏教育が優勢となっていった。その結果、各地のトリビュで 100 以上誕生した EPK のうち、現在残っているのはカナラ（Canala）とゴサナ（Gossanah）の 2 校だけとなっている。

　一方、メディア戦略では、ヤムイモの供宴を意味する『ブエナンド』紙は、1985 年 7 月にカナキーの最初の新聞（Le premier journal de Kanaky）として創刊され、編集者は最初 UC のジョレディエがなったが、その後フェミニストの

第1部　ネーションの語り

ウネイを編集長とした。『ブエナンド』を読むと、カナク独立支持の読者を対象に、反独立派との対立から生じるエヴェヌマンから、独立派内部の共通の闘いのためのLKSのネスリーヌへのインタヴューまでカヴァーし、カナク社会主義独立を達成するための闘争手段となっていることがわかる。しかし、その論調がイデオロギー的で左翼的に偏っていることは否めない。シャンタールによれば、発刊当初、反独立派の右翼にそのオフィスを襲撃されたり、爆破されたりしたが、カナクの出版組織であるEDIOP（Editions populaires）に運営され、アカデミックな志向もあったという。しかし、4カ月後にはブエナンドの活動家ジャーナリストやFLNKSメンバーなどの組織による経営に替わり、マティニョン合意後の1989年廃刊された。これには思想的・資金的問題があり、FLNKSの資金的援助を失ったからだという（Chanter 1991: 323-325）。つまるところ、4年という短命に終わったのは、自らの主張の虜となって、合意後の新たな社会変化に対応できなかったことにあったのかもしれない。

　これに対し、ラジオ・ジドーは現在も放送が続いている。ニューカレドニアでは、それまでフランス国営放送の海外領向けラジオ・フランス（RFO）が情報発信を独占してきたため、領域議会はラジオ・リズムブルー（RRB: Radio Rhythme Bleu）とラジオ・ジドー（Radio Djiido）を設立することを決めた。RRBはカルドシュ向けに1985年4月に発足し、ジドーは後のADCK長官のO. トーニャをその会長として9月にスタートした。彼によれば、当初カナクのパロールを発信することを目的とし、カナク文化や、民衆教育、独立問題に関連したプログラムを主体としたが、たとえカナクに政治的に反対している者に対しても、放送はあらゆる人間に開かれてつながるべきと考えたという（4/11/98）。ジドーに入社後、ジャーナリズムの勉学にシドニーへ派遣され、オーストラリア放送ABCで研修を受け、後にUCからカナク女性政治家となったN. ワイヤ（Nicole Waia）は、ジドー創立当時を次のように振り返っている。RRBが発足してもRFOと同じようなメッセージを送るだけで、カナクにとっての情報はなく、異なった展望に立ったメッセージを発信することを心がけたという。当時は、いつ白人たちが爆弾を置きにやって来るかわからないので、昼も夜もラジオ局を守るために寝泊りしたという。開局当時、白人たちはカナクに運営能力などないから、2カ月後には閉鎖になるだろうと言っていたが、13年経った今も放送を続けているのは、我々が黒人だからではなく、なにかをなし得ることができるからだ（4/11/98）。

ジドーも RRB 同様、音楽放送が多いが、レゲエなどのカナクのポピュラーミュージックの番組によってカナクの若者を引きつけたことや、開かれたパロールと異なった展望からの発信というジドーの戦略が功を奏したように見える。普段聞き慣れた「ニューカレドニア」や「カレドニア」ではなく、繰り返されるその「カナキー」という言葉に、いつの間にかカナキーにいるような気になるし、ここはもともとは先住民メラネシア人の国であることに納得させられもする。一方、対立的意見や異なった文化の人々の声を紹介し、内容的にも興味深い政治社会番組を組んでいる。1990 年代の調査時には、あるカルドシュ女性の車に乗ると聞こえるのはいつも RRB で、ジドーは絶対に聞かないと言っていたが、2000 年代の調査で同乗するとジドーに替わっていたので驚くと、照れくさそうに笑っていた。ここにはヌメア合意による社会的状況の変化もあったが、同じメディアでも新聞は読まなければ目に入らないが、ラジオはザッピングを通してジドーであれ、RRB であれ、耳に入り面白ければ聞いてしまう。ジドーがパロールや音楽を通して反独立派や異なったコミュニティと対話しているようにも聞こえる。つまるところ、EPK とブエナンドが政治的に内部に向かって発信され、その意味で閉ざされた同質的なパロールとするならば、ジドーは外部に開かれたパロールで人々に発信し、異なった境界へ働きかけながら人々の興味をつなげていったと言えよう。

3）戦略的メカニズム

　しかし、1986 年 3 月のフランス国民議会選挙の結果、RPR のゴーリスト、シラクが勝利し社会党のファビウスに代わって首相の座に就き、ミッテラン大統領との保革共存のシラク政権が誕生すると、海外領・海外県大臣に就任したポンス（Bernard Pons）は、1 年後の独立に対する住民投票、開発を促進する経済援助や土地局に代わる海外領土機関として ADRAF 創設などのポンス法（statut Pons I）を発表した（JONC 1986）。反独立派 RPCR との連携の中で独立派を締めつけるため、パラシュート部隊など軍隊をニューカレドニアの至るところに駐屯させる遊動化作戦が展開されていった。こうした状況の中で、8 月ニューカレドニアの地を初めて踏んだ筆者が、車で主島グランド・テールを回ると、とりわけ東海岸ではフランス駐留軍のパトロールの目が光り、ときに緊張が走った。

第 1 部　ネーションの語り

東海岸で望遠レンズで撮った仏駐留軍のキャンプ

　長年 UC の事務局で働いてきたあるカレドニア人によれば、こうした遊動化作戦はフランスがアルジェリアやチャドでとった戦術と同じで、仏軍は約6000人の兵士を派遣し、2、3日で部隊——兵士約200人——は（入植者の）村から村へ移動し、その存在はカナクに恐怖を与えている。一方、エヴェヌマンにおいてカナクの若者は急進的で暴力的になり、彼らをコントロールすることが難しいので、遊動化作戦はカルドシュにとっては身の安全を守る上で歓迎されている。また、ファビウス＝ピサニ法では援助は少なかったが、カナクの経済的自立への準備を可能にしたのに対して、ポンス法では援助が増大したという（Lethezer 12/8/86）。シラク政権は、軍事的・経済的支援の両面作戦から、安全と経済的利益を反独立派に保証し、その支持を得てニューカレドニアのフランスへの依存度を高め、カナク独立阻止を図ったと言えよう。

　こうした状況の中でチバウは、忙しい合間を縫い筆者にも短時間の会見に応じてくれた（8/14/86）。もはや録音は残っていないが、住民投票と選挙人名簿の修正、カナク独立への決意、経済的・技術的必要性からもカレドニア人がとどまりともに働くことへの希望、フランス政府に対する不信などのメモが残されており、当時の筆者の拙いフランス語に対して彼の多くの応答が読める。しかし会見中、彼が終始不機嫌に見えたことが印象として残っており、時計の針を再び戻そうとするシラク政府に対して交渉も打開策も見出せないことへの焦りとディレンマの表出でもあったのかもしれない。ファビウス＝ピサニ法の地

方分権下で、カナクの社会経済的自立を目指していたソフトな制度的アプローチからハードな動員的アプローチへの転換というディレンマの中で、住民投票に対しては、チバウは前者の継続による非暴力の戦略を指示した。独立派はヌメアでデモやハンガー・ストライキなど、"静かなる"ボイコットで抗議し、国連やオーストラリア、ニュージーランドなどに働きかけたが、この非暴力ラインの中で、住民投票は87年9月13日に強行された。独立に対する「ウイ」か「ノン」の二者択一の住民投票は70％以上のカナクが棄権したが、カレドニア人の支持を得て、58％の投票率で98％の反対票によって否決された（Fraser: 46）。翌年1月に発布したポンス法（statut Pons II）は、グランド・テールを横断的に東海岸地域と西海岸地域に分け、残りを南部地域及びロ諸島の4つの地域に分割し、カナクの支配下にあった3地域を東海岸地域とロ諸島の2つに削減するものであった（JONCD 1988）。ファビウス＝ピサニ法の地方分権化を大幅に変更し、遊動化作戦を拡大し、土地改革を後退させ、カナク特別身分の廃止を意図した、歴史に逆行した計画である（Edo 1994: 105-106）。

これに対し88年2月のティバラマの会議で、その制度的アプローチを放棄し、強行戦略へ転換したFLNKSは、フレーザーによれば、武装闘争を決意したが、チバウはFULUKのユルゲイが19人のカナクの若者を住民投票の直前にリビヤに送ったことに関してリビヤ・コネクションを批判したという（Fraser 1988: 49-51）。FLNKSは、同年4月22日のミッテランとシラクの間の大統領選と同日にポンス法の是非を問うことにもなるニューカレドニアの議会選挙を、力をもって阻止する強硬路線の実践的闘争戦略をとった。また、中道派のLKSやOPAOもボイコットを決め、フランスにともに抵抗して連帯した。LKSはセイユによれば非暴力的なやり方でこれに参加し、その活動家たちはヌメアやその他の地で抗議のためのハンガー・ストライキを行い、町の中心でデモ行進したという（2/10/97; 22/10/98）。これに対して、ポンスは同日選挙に向けて、新たに29の鎮圧部隊を増強し、6万5000のカナクに対して1万1000に上る兵士（Tjibaou 1996: 238; 2005: 220）が駐留し、選挙を強行した。この結果、ニューカレドニアにおいては、議会選挙は56％の投票率で48議席のうちRPCRが35議席を獲得し、大統領選はシラクが74.6％、ミッテランが5％を獲得し（Fraser 1988: 52）、FLNKSは選挙結果の無効を要求した。

この間、暴力事件や憲兵との衝突が各地で頻発したが、先述の活動家Aによれば、各ローカル委員会は好きなように実践活動を決め、その実行に責任を

持つことになっていた。彼のところではトリビュの警備に当たり、他のローカル委員会は、市庁舎に動員されていた憲兵を攻撃し退却した。攻撃の目的は、フランスや国際世論を喚起するためで、彼は下部組織の責任者となっていたので、もし憲兵を殺したら闘争にマイナスをもたらすだけだと活動家に告げたという（7/9/2005）。1 回目の大統領選が行われる当日、FLNKS ではグランド・テールで道路封鎖による選挙ボイコットを、またほとんどカナクで占められ、ボイコットの必要のないロ諸島では、ウヴェア、リフ、マレの各島で 5 分間隔に警察署を占拠する計画がなされたという。しかし、FLNKS の動員計画に対する対応のズレからか、3 島で実際に決行したのはウヴェアだけであった。22 人の若い活動家たちは憲兵隊所を襲撃、4 人の憲兵を殺害、26 人を人質に取った後、北と南に分かれ、後者は人質を釈放したが前者はゴサナの洞窟に立てこもった。仏軍によって占拠された島は外部から遮断され、シラクは 2 回目の大統領選（5 月 8 日）を前に自らの勝利を導くべく 5 月 5 日勝利作戦（opération Victor）と銘打った人質奪還作戦を強行した。軍は洞窟を奇襲し、人質を救出したが、19 人のカナクと――うち数人は兵士によって処刑され――2 人の兵士の犠牲者を生む惨事となった。

　このウヴェア事件の数日前、チバウはミッテランに書簡を宛て、「我々は太平洋における最後のモヒカン族となるのであろうか」と疑問を投げながら、人権とフランスの進歩的イメージのために彼が国家元首として戻ることを希望すると記している。一方、大統領選のためのフランス国民への手紙の中で、ミッテランはこのチバウのメッセージに言及して、「チバウの言葉は言葉よりも遠く届き」、彼を尊敬する人物としながら、独立がなぜ可能でないかをその多民族社会に言及し、法律を施行するのは彼の義務であるが、人々が彼に権限を託せばそれを変えることができるとして再選への支持を訴えている（Tjibaou 1996: 237-241; 2005: 219-223）。ここには、両者のある種の相互的戦略と互恵関係や、大統領選に賭した希望が見える。ワデルによれば、ウヴェアの人々は FLNKS にフランスとの交渉を何度も懇願したが、「彼らで解決するようにと」政治部中枢に拒否されたという。しかし、事件から 2 日目には、当時ミッテラン大統領の顧問だったピサニと UC 指導者（チバウ、イエウェネ・イエウェネ、ジョレディエ）、人質を取った活動家の間で直接のコミュニケーションが確立され、人質を解放し、犯人たちをフランスに護送して公正な裁判を受けることが話し合われたという。しかし、事件はシラク首相とポンスの掌中に握られ、

第 2 章　カナク・アイデンティティ闘争

シラク政府との交渉はできず、当案が実行に移されることはなかった（Waddell 2008: 22-23, 164-165）。

　このエヴェヌマンに関しては、また「紛争の中の多民族社会」で言及するが、なぜ、首相よりも強力な権限を有するはずの仏大統領であるミッテランが、その選挙戦の最中とはいえ、事件の打開に動けなかったのか、いやむしろ大統領権限を発揮すれば解決できたのではないかとの疑問が湧いてくる。当事件に手を染めずに、シラクに失点を与えることによって、大統領選に勝ち抜くことがこの老練な政治家の戦術であったならば、事件への解決を見つけなければならなかった「人権の国」フランスは、その軍事行動によってカナクの人権を裏切ったのである。結局、シラクとポンスの無謀な奪還作戦は逆に裏目に出て、フランス国内で批判を浴び、ミッテランを勝利に導いた。社会党政権が誕生すると、ミッテランは、ただちにロカール（Michel Rocard）首相を特使として派遣した。その結果、FLNKS は強行戦略を変え、フランスとの対話を再開、交渉を開始し、1988 年 6 月ロカール主導の下で、フランス政府と独立派、反独立派の間でマティニョン合意の調印に至ったのである。

　それでは、闘争を底辺で支えてきたカナクの若者たちはこれをいかに受け入れたのであろうか。前述の活動家 A によれば、調印後、チバウがラフルールと握手するのをテレビで見た彼らは合意に不満であったという。しかし、彼らにチバウが集会で説明するのを待とうと呼びかけた。チバウは我々のシェフとして 89 年に 2 回の集会で、休戦することを上手に説明したので、我々はマティニョン合意を OK し、闘いをやめ、独立のために国を建設することに同意した（7/9/2005）。チバウの人々を説得し、納得させるディスコースの力によって、活動家たちはこの合意を受け入れたと言えよう。この結果、激しい独立闘争は休戦に入り、ニューカレドニアに久し振りに和平がもたらされたのである。

　"輝ける国"フランス国家の栄光と威信に対する自負は、左右を問わず歴代の華々しい大統領選での演説が証明しているが、その栄光と威信は往々にして「人権」を犠牲にしてきた。フランスの政権が保守と革新に替わる度に、対ニューカレドニア政策の振り子は強硬と穏健の間で揺れ、FLNKS もこれに応じて、実践行動による戦闘的な動員的アプローチから、行政への参加などを通した柔軟な制度的アプローチへと戦略を転換してきた。この 2 つのアプローチは、最も重要なフランス政府のニューカレドニア政策に影響を与えるためにも、困難なフランスとの交渉において成果を上げるためにも、国際機関や仏民間人

への外交的アプローチと補完的に働き、全体で FLNKS の戦略体系を構成したと言えよう。カナク内部では戦術的不一致が存在するが、フランスに対する脱植民地化を遂げる戦略目的では終始一貫している。ここでは触れなかったが、前節で見たように国連や国際機関を通してパリに圧力をかけ、フランスの民間組織と連帯し、そのローカルな人々から支持を得ることは、仏政府、とりわけ大統領選でフランスの世論に影響を与える上でも重要であった。フランスや国際世論を動かす外交的アプローチは、戦略的にもカナクが外部世界との節合から切り離されていないことを明かしていよう。

II. 権利回復闘争

「カナク・アイデンティティの回復要求（revendication de l'identité kanak）」の「ルヴァンディカシヨン（revendication）」あるいは動詞「ルヴァンディケ（revendiquer）」というフランス語は、労働組合やデモなどで権利に対する要求としてしばしば使われている言葉である。しかし、1990 年代の調査でこのことについて政治家や知識人に聞くと、それは「単なる要求ではなく、先住民としてのカナクの合法性と歴史性に基づき、カナク・アイデンティティの回復を求めて、植民地化で奪われた権利の奪還を要求した政治的声明である」という重い言葉が返ってきた。

この意味では、植民地化によって多くの土地を略奪され、社会的・経済的に少数化、差別化され、文化を弾圧され、人間としての尊厳を奪われてきたアボリジニやマオリにとってのアイデンティティの回復も同様である。マオリは 1840 年のワイタンギ条約によって植民地化と同時に英国臣民となったが、カナクはようやく第 2 次大戦後に、アボリジニの場合は、オーストラリア国民として初めて認められてその市民権を得たのは、白豪主義政策の中でなんと戦後 20 余年を経た 1967 年である。しかし、3 者に共通しているのは、市民権を付与されても、その社会的差別化と権利喪失に変わりはなく、それゆえ、カナクであれ、アボリジニやマオリであれ、諸権利や人間としての尊厳を求めて、自らのアイデンティティの回復を図らなければならなかった。換言すれば、オーストラリアとニュージーランドというヨーロッパ人主体のネーション独立の中で取り残された先住民アボリジニやマオリにとって、その脱植民地化運動とは、

第2章　カナク・アイデンティティ闘争

独立運動にあらずして、土地をはじめとした社会的・経済的・文化的権利回復闘争にある。

　一方、独立を遂げていないカナクの脱植民地化運動における権利回復要求は、1984年「祖国解放」と「カナク社会主義独立（IKS）」をスローガンに掲げたFLNKSの憲章（1984）で、a) ネーションを形成する権利、b) 尊厳と自由に対する権利、c) 祖国の地としてカナクの国を正当に要求できる唯一の人々としての権利、d) 完全に自由な自決権の行使、e) 全体でひとつのカナクの国を構成する全ての土地を回復する権利、f) カナク社会主義独立実現のための主権を行使する権利、g) 社会主義建設のための経済的・社会的・文化的発展を追求する手段への権利、h) 非カナク歓迎を行使する権利（FLNKS 1987: 2）と列記されている。カナク・アイデンティティ回復闘争は、各ディスコースの中でその主体的地位にこうした諸権利を節合することによって、文化的・政治的な節合総体として表象され、カナクの生産的ネットワークを通して人々に権利への意識を浸透させていったと言えよう。どの権利を強調するかは人によって、状況によっても異なるが、b) は解放運動で、a) d) h) は独立運動ですでに考察したので、ここでは、c) e) の「土地返還要求」と f) g) の経済的・社会的権利としての「社会主義要求」に関して、いかにこれらの権利をその歴史的・社会的・経済的文脈の中で再概念化し、要求していったかを分析する。g) の文化的発展に関しては第3部の「文化の語り」で、また、これらの権利の基盤となる先住民としての慣習的権利は第2部の「共同体の語り」で見ていく。さらに、この章の最後で、こうしたアイデンティティ回復闘争によって、政治的に二分化された「紛争の中の多民族社会」を見ていく。

4. 土地返還要求

　ネーション・レヴェルで出現し、カナク・ナショナリズムを勃興させていった土地返還要求において、土地は共同体レヴェルで起源としての慣習的所有者のクランに属する。それゆえ、「共同体の語り」に深くかかわる土地は、土着性の基盤として先住民性を構築するパラダイムを形成しよう（以下、土着性のパラダイム）。この「土着性のパラダイム」において、「我々はこの国のピープルである（Nous sommes de la peuple de ce pays）」というネーションを形成する

第 1 部　ネーションの語り

上で、「土地」は「ピープル」にとって、上記 e) カナクの国を構成する、c) 祖国の地として、共同体レヴェルとネーション・レヴェルの 2 つの異なった位相に節合されているのである。ここでは、カナク・アイデンティティ闘争における「土着性のパラダイム」を検証した後、ネーション・レヴェルのフランスの土地政策との関係で共同体レヴェルにおける慣習的土地所有と土地返還のあり方、及び土地闘争がいかにカナク・ナショナリズムと結びつき実践されていったかを見ていく。最後に、マオリの土地権回復要求を比較検討する。

1）土着性のパラダイムと慣習的土地所有

　「カナクは、我々は土地から生まれでた（On est Sorti de cette terre）と言うのです。私自身はトゥオという土地から起源したことを知っている。その場所は、我々の祖先がいる神聖な場所だ。これが、他の社会には見られないアイデンティティの特徴である」（5/10/97）と、ポワグーヌは先祖の土地との絆をこのように語っている。これは、「先祖代々の土地」を手放すのは納得がいかないという東日本大震災の被災者の声とも重なる。土地から遊離する都会人あるいはデヴェロッパーが、売買の対象に土地を商品的価値で表象するのに対して、土地と祖先との一体化した原初的愛着は、起源としての祖先の地から発して今日のルートに至る先住民性の歴史を構築する表象ともなる。フランスは個々のクランによる慣習的土地所有をトリビュによる集団的土地所有に変え、異なったリザーヴへの「カントヌマン」による強制移住と封じ込めで、カナクのルーツとルート（道程）を分断することを試みた。しかし遥か昔の神話的系譜としてのクランの起源は人々に内在し、クランの道程はクランが所有する名前とそれにリンクする土地とともに、そのメンバーに口承され、先祖の土地との神話的モードでのつながりは断ち切られず、土地は共同体の語りに深くかかわる。ネーション・レヴェルにおける土地に対する正当性は、植民地化以前の数千年前にこの地に先住した人々の祖先であるというオトクトーヌとしての歴史的事実に基づき、また文化も土地に根付いたものとして語られるゆえ、カナク・アイデンティティは ID カードのような紙切れにあるのではなく、土地の上に刻まれていると主張される。その結果、植民地化による強制的な土地の収用や移住によって奪われた土地を回復することは、「土地」と「ピープル」「文化」の関係において、カナク・アイデンティティの回復を意味する。これを法的に支えているの

第 2 章　カナク・アイデンティティ闘争

が、カナクのほとんどが維持してきた土着民的地位から受け継がれた特別地位である。特別地位は土地を含めた慣習的権利の正当性を法的に保障するため、これまで彼らを差別化していた地位はその権利を保障する歴史的逆説となり、法的根拠としての土着性のパラダイムをネーション・レヴェルで形成し、植民地化において彼らを封じ込めていたトリビュとリザーヴは譲渡できない安住の地となった。このことは、カナクの共同体内部において、普通地位に変更したカナクをその伝統的な土地の権利から排除することを意味するわけではないが、土地と結びついた「オトクトーヌ」としての特別地位は、普通地位の非カナク「エトゥニ（民族）」に対して、「カナキー」に迎え入れるパートナーとして歓迎する権利や生得的権利としてのカナキーを創出する上で、ネーション・レヴェルでの法的基盤と言えよう。しかし「土地」と「ピープル」の関係において、「オトクトーヌ」はネーションとしてのカナク国民にも、共同体レヴェルでの「土地の主」や土地所有者としてのクランあるいはトリビュにも、あるいは個人としての成員にもシフトできるゆえ、その「土着性のパラダイム」は複雑な重箱的構造を成している。

　それでは、こうしたパラダイムの中で、フランスはいかなる土地政策をとってきたのであろうか。第 2 次大戦後の人口の増大に伴って、カナクの土地は 1953 年以来少しずつ拡大され、57 年から 70 年にかけて 108 の保留区において合計 2 万 5000 ヘクタールの土地が主島グランド・テール全体で分与された（Saussol 1987: 251）。しかし、その進展は遅々として土地不足の解消にはほど遠かった。こうした中で、1974 年、祖先の土地の無条件返還を要求する「グループ 1878」が形成されたが、ポワグーヌは、カナクは生活条件を改善するために土地資源を必要としており、そのためにも土地を回復する必要があったと語っている（5/10/97）。グループ 1878 の機関紙『ヌーヴェル 1878（*Nouvelles 1878*）』は、カナク独立と土地の回復という 2 つの目的を連係し、カナク独立とは、土地所有者としてのカナク・ピープルが経済的主体として、国の経済運営をするための政治的パワーを意味すると表明している（*Nouvelles 1878* No.7, 1975: 1）。換言すれば、歴史的パラドックスによって生み出された「土着性のパラダイム」において、土地回復要求は、神話的モードによるクランの人格回復としての精神的・文化的土壌としての表象と、こうした合理的モードによる経済的開発の土壌という二重性を担いながら、共同体レヴェルとネーション・レヴェルを節合しているのである。

第1部　ネーションの語り

　1975年から始まった独立運動の中で、土地返還要求に対してフランス政府がようやく重い腰を上げたのは、1978年のディジュー計画であった。計画の目的は、第一にクランの伝統的な土地、すなわち、その土地なしにはクランとしてのアイデンティティを全うすることができないとされる土地を返還し、第二に土地に関する入植者の地位を認め、第三に普通法に従ってメラネシア人がリザーヴの外で農業に従事できるようにし、第四に新たに分与された土地の開発を促進することであった（ADRAF 1995: 4, 3; Vladyslav 1998: 5）。ソーソルによれば、1978年1月から1981年10月の間、1万6304ヘクタールの土地がカナクに供与されたが、そのうち、リザーヴの拡張が47％（7686ヘクタール）、私有地あるいは賃貸地が49％（8143ヘクタール）、帰属証明の難しいクラン所有地は2.9％（478ヘクタール）であった。一方、カナクの個人的土地所有は、国有地の無償払い下げがそれまでのヨーロッパ系の若者への供与から、カナクにも1960年頃から広げられ、町に暮らす公務員などの給与所得者による個人的土地所有は少しずつ増大し、1961年には400ヘクタール、1980年代は1万ヘクタールに上っている（Saussol 1987: 255-257）。

　ここからも私有地として供与された割合の大きさから、フランスの狙いは政策的に入植者などから不使用の土地を買ってカナクに私有地として返還し、西欧的土地所有形態と土地開発を進めることにあったと言えよう。後述の「土地局」の前身で、1989年以来国家の帰属機関である現ADRAF（地方開発と土地整備庁）のフランス人スタッフは、土地を売ることがないことを除けば、クランの土地の中で住まいや畑は個人的な占有であり、土地使用は個人化しており、私的所有とあまり変わらないのではないかと見ている（6/9/2005）。しかし、土地分与の文脈においてカナクの土地所有はクランによる父系グループ集団の私的所有であり、個人としての資格では土地返還を要求せず、父系グループの名において要求する（Naepels 1998: 244）。それゆえ居住や耕作地として個人による土地の占有は顕著に見られても、個人の私的所有地を意味するわけではなく、カナクの慣習的土地所有の概念と西欧的土地所有のそれにはズレがある。

　実際、北プロヴァンスにある東海岸の谷間（Tchamba）は、日本人入植者が所有していたが、第2次大戦で没収された2000ヘクタールに上る土地を、1960年に25ヘクタールの区分で、これらの土地に慣習的権利を有するカナクの同意を得た上で、土地を必要とする家族から選ばれたカナクとヨーロッパ人などに分配された。この政策は私有資産と慣習的伝統を統合しながら、移行モ

デルを作ろうとする試みであったが、20年後に判別したことはこれらのカナク家族は、慣習的土地所有者の先祖の土地の一部に対する使用権を供与された人々であると見なされる慣習的原則の支配であったという（Saussol 1987: 254-255）。筆者が耳にしたこうした慣習的原則支配の事例は、南プロヴァンスの西海岸ラ・フォア（La Foa）・コミューンにある私的所有のトリビュ A である。A のある住人に出会ったとき、彼は、A の住人たちが祖先の地を取り戻すため、3 クランからお金を集め 1962 年カルドシュからその土地を購入したという。それゆえ A は私的所有のトリビュであるが、その土地所有者は伝統的な彼らの「土地の主」であると言明した（24/10/98）。これは 1960 年代のフランス土地政策の下での購入であろうが、「土地の主」とは、最初に定着し土地を切り開いた創建者のクランを意味する。2004 年当時の ADRAF のカナク長官にこのケースについて聞くと、この土地所有者は法的にはトリビュの長老カウンシル（conseil des anciens）が設立した協会団体で、女性たちがその資金を集めたというものであった（L. Mapou 8/12/2004）。つまるところ、この回復された祖先の土地は法的には協会の私有地であっても、彼らの間では従来通り、これまでの慣習的土地所有の文脈の中でその「土地の主」をあくまで所有者として見なしており、慣習的ディスコースと法的認定との間に離齬が生じているのである。

　個人的私有地や土地を売買の対象とする概念が共同体レヴェルの慣習的文脈で不在であることは、土地は経済的対象よりも、第一義的には祖先とのつながりによる精神的・文化的対象となるゆえ、ネーション・レヴェルにおける資本主義的文脈での土地の経済開発には障害となる。この意味でも西欧的土地私有と開発を意図したディジュー計画は成功しなかったと言えよう。計画はまた、独立派の無条件での土地返還の要求とは相容れず、入植者の反対によっても失敗したが、独立派の間には土地返還の形をめぐって意見を異にしていた。PALIKA は慣習的権利の再確立には、その社会主義的平等の基本理念から、土地の主とそうでない者との間の違いやカナクの間の不和を引き起こす理由で反対し、集団的単位としてのトリビュへの土地返還を唱えた（Saussol 1987: 258）。一方、UC は当初からイデオロギーよりもカナク社会の現実に即した伝統的な土地保有者単位であるクランとしての返還を主張し、第 2 部で見る「慣習的道程」あるいはクランの旅程の再発見とクランによる土地所有の概念は、脱植民地化の戦略として人々の動員力となるとしている（UC Congrès 1980; UC 1991:

3, 13)。結果として、1982年にクランの慣習的権利の認可と土地局（office foncier）の創設を含めた新たな政策がとられ、土地は基本的にトリビュあるいはクランに返還されるようになった。この意味では PALIKA と UC の両者の要求に対応したとも言えよう。また、UC は経済開発戦略として、クランはその土地を入植者や市町村庁（commune）に貸与することができ、土地局がその責任においてリースを確立し、「リザーヴ」や「トリビュ」という用語は公的に消されるだろうとした（Saussol 1987: 258）。これらの言葉は消されなかったが、このリース案は 1982年の法令（L'ordonnance No. 82-880 du 15 octobre 1982）から生まれた GDPL（地方特別法集団）の概念に見ることができよう。GDPL に関しては次章の「慣習地」で見るが、特別地位の慣習的土地所有者で編成されるローカル集団を意味し、慣習的権利に属する返却地を土地開発のためにリースできる。

　土地局の下で土地返還要求は増大し、当局はカルドシュ入植者が進んで売ろうとしている土地や、返還要求の対象となっている土地を急いで買い取ることを優先した（Vladyslav 1998: 8）。結果として、1960年代のカナクのリザーヴはニューカレドニアの土地全体（188万1000ヘクタール）の 7.5%（約14万2000ヘクタール）であったが、85年には 20%（38万9409ヘクタール）、90年には 21%（39万5000ヘクタール）に増大している（PIY: 416）。クラン所有地は 95年で土地全体の 7% を占めるが、この土地局の下で購入された合計4万8500ヘクタールの土地のうち、クラン・ベースの GDPL に返還されたのは2065ヘクタールにすぎず、これはクラン所有地全体の 23% に相当する（ADRAF 1995: 5）。このことは、トリビュ・ベースの GDPL への返還よりも、クランへの返還は土地の分与などをめぐって容易でないことを物語っている。

　東海岸のウアイルー（Houaïlou、aije 語）の地でフィールドワークを行ったナエペルスによれば、土地返還要求においては、その地の創建者（fondateur）である土地の主（maître de la terre）か、あるいは土地の主から迎え入れられたクラン（clan accueilli）であるかの認定が問題となるが、紛糾するのは、とりわけ迎え入れられたクラン（clan accueilli）の場合で、土地の主から譲渡されたその土地権がいかに解釈されるかにあるという。つまり、彼らが回復要求している場所はそのグループの通過場所であったのか、あるいは定着、定住した場所であったのかである。しかし法的文脈においては、土地の譲渡が所有権の完全な移転か、使用権の移転か、あるいは単なる貸し出しであるかをめぐって

第 2 章　カナク・アイデンティティ闘争

問題となり、1970 年代に議論された結果、カナクの慣習に準じないが、迎え入れられたクランは単なる用益者（享受者）で、創建者が土地の唯一の所有者であると判定されたという（Naepels 1998: 245-246）。したがって、「土着性のパラダイム」の中で共同体レヴェルでの慣習的所有の概念とネーション・レヴェルでの法的解釈には相克がある。

　それでは土地返還要求はいかに認可されていったのであろうか。土地局に本国から 1982 年に赴任した ADRAF のフランス人長官によれば、クランやトリビュの訴えに基づき、フランスの ORSTOM（海外科学技術研究所）によって研究調査と測量が行われ地図が作成されるが、なかには自ら作成した者もいるという（Vladyslav 15/10/97）。1878 年のアタイ首長の反乱が起きたラ・フォア一帯では、多くのクランが反乱によって流刑にされたり、逃亡したり、散り散りになった後、また戻って再定着した者もいた。こうした一族の末裔でもある大首長（Kawa Berge）は 1981 ～ 82 年にかけて、この地域の反乱前のクランの慣習上の所有者を明らかにするため、クランに聞き取り調査し、地図を作成した[23]。カルドシュ入植者の私有地となったところは立ち入りが禁止されていたが、慣習的つながりとクラン間の関係、口承史の再現、クラン所有地の境界の整合性などによって復元したという（CCT 1997: 46-53）。この大首長は、父親が第 2 次大戦に兵士として参戦し土地の供与などを受けて普通地位に変わったため、彼自身も当時普通地位を有していた。しかし彼はカナクと見なされ、後に土地を返還された。換言すれば、法的地位はカナク共同体内部では普段言及されず、慣習地の権利は慣習的なやり方に従うゆえ、所与の土地に対する慣習的権利を有しているか否かにある。人々のアイデンティティは所与の土地に刻まれているのであって法的地位ではない。ゆえに、普通地位であってもトリビュでの居場所、土地の権利や使用にはそれほど影響されずこれまで認められてきた。ADRAF 当局はそれに従い柔軟に対処していると言えよう。実は、筆者は、大首長の失地回復についてまったく無知であった 1996 年 8 月、その慣習地区のコミューンの市庁オフィスであったと思うが、空中から撮影されたラ・フォア一帯の巨大な額に収まった地籍図の拡大写真が壁に掲げられている部屋で彼に紹介された。彼が誇らしげにその偉業について語り始め事の重大性に気づいたときは、すでに手遅れであった。事前説明なく表敬訪問と言われてなにも持たずにメモも録音も写真も撮れなかったのか、はたまた握手したときに見たその太い二の腕に彫られた髑髏の入れ墨に度肝を抜かれてしまったのか、

第 1 部　ネーションの語り

ヘリコプターで上空からその一帯を案内してあげるという親切なオファーも逸し、なぜか記録は皆無で、当時の記憶も他に残っていないのである。

　この事例からも、先祖の土地や系譜、クランの旅程などについて継承される口承が、クランとその土地との関係を明らかにする上で、土地返還要求にとって有効な道具的手段となっていることがわかる。共同体レヴェルにおけるクランが保持する父祖名とそれに結びついた場所の地名は交換可能で、その名前を有する集団はその土地の権利を有し、名前はクランの系譜で語り継がれてきた。しかし、カナクによる名前の争奪戦は昔から存在し、さらに植民地化による強制移動や大戦前後の戸籍への名前の登録において、フランス語綴りへの変化やクラン名の家族名への変換などもあり、口承の系譜には有為転変がある。これについては第 2、3 部で見るが、この道具的手段としての口承に付きまとう問題に関してポワグーヌは、「全て口承によって伝わってくるものであるゆえ、論争がある。そして時が経つにつれて、人々は彼らの都合の良いように自流に解釈していく……人々が次の世代に伝承するときに事を変えていくので、紛争は至るところにある」(5/10/97) と語っている。

　こうした土地所有者としてのクランの証明の難しさやクラン間の土地関係の複雑さゆえに、ADRAF 長官は、「土地をカルドシュから購入するよりも、カナクに分与する方が難しい」と述べている。しかし正確さを欠いた異論の出るような口承によるカナクの要求も、証拠として提出された資料が、ときにトリビュの長老会議による偏った情報の口述記録にすぎなくても、公的に地図となって印刷されると強い印象を与えるとしている。また調査結果については決して公開されないという（Vladyslav 15/10/97; 1998: 5-6）。公開されないのは、返還要求者と入植者の間のみならず、クラン間で所有権をめぐる対立が生じるのを避けるためであり、口承という証拠の曖昧性に問題があっても、文化やアイデンティティが常に競合と創造のプロセスにあることを考えれば、真正さも再創造される。土地返還要求が当局によって認められ、ネーション・レヴェルにおいて公的な地図として作成されれば、カナクは土地とつながったそのアイデンティティを再び真正なものとして共同体レヴェルで回復できる意味において、真正さは時代の中で再解釈されていくことを示していよう。

2）土地とナショナリズム

　こうした「土着性のパラダイム」の中で、カナク・ナショナリズムは勃興していったが、グループ1878を基に結成されたPALIKA（1976）の当時書記長であったバイイによれば、1970年代後半から、活動家は入植者の土地を占拠し、柵を切断して牧場地を畑に変えようとしたという（2/11/98）。植民地化で運ばれたカルドシュの入植風景をカナクの伝統的自然景観に戻そうとする試みであり、1980年代における土地回復要求は、カナク・ナショナリズムを喚起すべく、政治的目的を有していた。それゆえ、ADRAFによれば独立派によるものが圧倒的で、結束して団結するために、トリビュとして要求され、反独立派からはほとんどなかったという（6/9/2005）。

　それでは土地占拠は、ローカル・レヴェルでいかに実践されていったのであろうか。当時、土地占拠にかかわった活動家Aによれば、西海岸地域の彼の属するコミューンのカルドシュたちに、その土地はカナクの年寄りや祖先に属しており、土地を解放し、カナクへ返還しなければいけないといった手紙を書いたという。それぞれの担当地域を地図で分担し、牛を飼い牧場を経営していた入植者たちの土地に行き、「ここは我々年寄りたちの土地であるから、小屋や家を建てる」と言ったが、うまくいくとカルドシュには承諾した者もいたが、多くの場合銃を取り、「ここから立ち去れ、さもないと撃つぞ」と脅され、双方の間に緊張関係が続いた。土地を占拠すると、カナク文化の中でシンボル的意味を持つカナクの伝統的小屋のカーズ（case）を建て、クランに帰属することを示威したが、カルドシュがカーズを燃やしてしまわないように、そこに寝泊りしたという。カルドシュに銃で脅されると立ち去り、月の明るい夜は彼らが眠りにつくのを待って、牧場に回って牛を森に追いやり、若い牛を選択し待ち伏せしてナイフで牛の足を一撃し、牛が転げると殺し、肉を解体して食べ、おいしかったという。1頭を仕留めると後は放し、このような活動を1982〜84年まで続けたという。カルドシュには牛が殺されると、土地局に土地を売り、ヌメアで商売を始めたり、工場や企業を買い取ったりする者もおり、なかには、6000ヘクタールという広大な土地を売ったケースもあったという。「いいや、ここは私の土地だ」と譲らない場合もあり、合計約8〜10通の手紙を送ったが、土地を去ったカルドシュは3〜4のケースにとどまったという。また手紙のコピーを土地局に送ったが、返事が来る場合も来ない場合もあり、返還された場合、土地は土地局からカナクに無償で返されたという（7/9/2005）。

第 1 部　ネーションの語り

　それでは、土地局に送られてきた手紙はどの様なものであったろうか。ウエゴア（Ouégoa）のあるトリビュからの手紙（1981）には、「我々の土地は、1908 年に N 氏によって、コニャック 1 瓶とワイン 2 瓶との交換で盗まれた」と記されている。海外領・海外県大臣宛に訴えているコネ（Koné）のあるトリビュからの手紙には、「我々のトリビュが存在し得る一番小さなリザーヴであることは確かである。入植者たちに挟まれた谷間のリザーヴは 25 ヘクタールで、そのうちの 12 ヘクタールが 300 人に対する耕地で、1 人当たり 0.04 ヘクタールである」と書かれている。この耕地面積は、1897 年の令によって定められた 1 人 3 ヘクタールにはるかに及ばず、コネ山頂の先祖発祥の地としての祖先塚に言及しながら、トリビュに住んでいない「土地の主」も含めて皆、伝統的な土地領域に合意しているとして、その返還を要求している。また森林破壊による水質の汚染や、ブルドーザーによってカーズや、タロイモ畑が破壊され先祖の聖地が侵されたことを訴えるクランもある（Vladyslav 1998: 6）。こうした書簡からリザーヴの土地不足、社会経済的困窮の状態、祖先塚が伝統的なテリトリーの返還要求の証となることや、開発による環境破壊など、当時のリザーヴの状況が伝わってくる。

　バイイによれば、土地占拠はとりわけ多くのクランの土地が入植者に領有された東海岸地域では、谷から谷へ、ポワンディミエからトゥオへ、そしてイヤンゲーヌへと伝染病のように広がり、ニューカレドニアは揺れ、白人たちは神経質になり、緊張が高まるにつれ、カナクを撃ち始めたという（2/11/98）。とりわけ独立運動が激化していった 1984 年から 86 年にかけては、双方の間でエヴェヌマンと呼ばれる流血事件が相次ぎ、イヤンゲーヌでのカナク虐殺を招いた。ヨーロッパ人の入植が 1890 年代フェイエ総督によって推進されると、そのコーヒー栽培のため、イヤンゲーヌの谷間の麓では、カナクは土地を次々に剥奪されてリザーヴの中に閉じ込められていった。チバウの故郷であるティアンダニートのトリビュも、山間の上へと追いやられ、その下の谷間沿いに隣接するカルドシュの入植地までその領域を削減されていった。さらに、1917 年のコネ南部でノエルによる反乱が起こると、チバウの息子によれば、フランスの憲兵や軍隊はノエルやチバウのクランを含め同盟関係にあったウアイルー、ブーライユ、カナラのトリビュの全てのカーズに火をつけ土地を破壊し、父の祖母はこの反乱によって殺され、トリビュも取り壊された。また土着民体制下の夫役として、コーヒー豆の収穫の季節になると、入植者はシェフにそれを告

第 2 章　カナク・アイデンティティ闘争

げて、摘んだ豆を入れる袋を道の端に置いていったという。カナクは、カルドシュのコーヒー園だけでなく、彼らの馬の世話や木を切ったり、家を作ったり、道路工事にただ働きしなければならず、もし働きに行かなければ憲兵がシェフを弾劾し、人々を捕まえに来た。カルドシュは家畜を放し飼いにしていたので、カナクのヤムイモ畑を荒らし、入植者とカナクの間には多くの暴力や略奪があったが、ヨーロッパ人に対して敵意を見せることはできなかった。投獄されるからだ。それゆえ、土地返還要求が始まったのだ。カルドシュにとってカナクとの関係は都合よかったかもしれないが、カナクにとっては「我々の土地が（奪われて）、彼らの土地になった」のだ（E. Tjibaou 30/8/2007）。

　人々は独立運動の中で土地返還を 1980 年代に土地局に訴えたが、土地を失うことの脅威に揺れる入植者との関係は以来悪化していった。あるカルドシュによれば、襲撃者の中には、かつて UC に所属していた者もおり、カナクとは多かれ少なかれ交流があった（27/10/98）。しかしティアンダニートの長老カウンシルの議長は『ブエナンド』紙に、とりわけ虐殺容疑者となった 2 家族（Mitride と Lapetite）との関係は悪化し、入植者たちは「こんにちわ」以外にもはや話さなくなったと語っている（No.94-95, 14/10/87: 5）。こうした険悪な雰囲気の中で、1984 年 FLNKS は 11 月の選挙を阻止するため、地元のカナク活動家が峡谷からイヤンゲーヌの町へ至る道路を封鎖したり、カルドシュの家に火をつけるなど強硬な実践活動（action sur le terrain）を展開していった。その結果、ワデルによれば、イヤンゲーヌのほとんどのカルドシュ入植者はヌメアに避難し、この谷間の川沿いに数世代にわたって住んでいた貧しい混血のカルドシュの入植者たちが取り残された（Waddel 2008: 138）。ピサニが到着した 12 月 5 日その日、17 人のカナク活動家はイヤンゲーヌの町での FLNKS の集会から峡谷にあるティアンダニートのトリビュへ帰る途中、待ち伏せしていたこれらのカルドシュから襲撃を受け、チバウの兄弟を含め 10 人が惨殺され[24]、ティアンダニートの人々に深い傷跡を残した。

　筆者は 13 年近くを経た 1997 年 10 月イヤンゲーヌに束の間滞在した折、平地の海岸から 20 キロ余りにわたる急な山道を車に揺られながら、ティアンダニートに向かった。カルドシュが去った後ポツンと見捨てられ空っぽとなった家や、カルドシュの襲撃を受けて焼けただれた車の残骸などを見ながら、事件の犠牲者と暗殺されたチバウが眠る墓地を訪れた。そのとき、木陰に座ってこちらをじっと見ているひとりのカナクの老人の視線に気がつき、話しかけた

143

第1部　ネーションの語り

ティアンダニートの襲撃現場に残された車の残骸

かったのに、なぜか躊躇し、車に乗ってそのまま引き返してしまった。支払われた犠牲と事件の重さに、筆者自身の口が閉ざされてしまったように思える。チバウは、後に1988年マティニョン合意の住民投票を前にして、私の兄弟の殺害者たちを弁護したくはないが、彼らに最初の石を投げつけることはできないと語っている。なぜなら、カナクの主権や土地の回復要求は、彼らがこれまで生きて来た入植者の世界の終わりを意味し、その生存を脅かすものとして受け取られたであろうからと語っている（Tjibaou 1996: 289; 2005: 274）。

　ここには他者の視座に立って解釈することのできる政治家の姿があるが、それではこの事件の核心はどこにあったのであろうか。E.チバウは、事件は土地返還要求にもあったかもしれないが、政治的工作と両派からのプレッシャーの中で、これらの入植者たちは自らを守るすべがなく、見捨てられたように感じたからではないかと語っている（30/8/2007）。実際、虐殺の背後には、RPCRやヌメアから政治的な暗躍や陰謀があったと言われている。『ブエナンド』紙によれば、ピサニとの交渉を中止させることを狙ったヌメアの反独立派が事件の背後で糸を引いた。襲撃前に入植者の何人かはヌメアに行き、RPCR活動家がトリビュに放火するという噂があり、襲撃当日のFLNKSの集会に当初出席予定であったチバウも殺害することを計画していたという（Bwenando No. 94-95, 14/10/87: 3-35）。入植者たちは、こうした政治的煽動によってチバウや

第2章　カナク・アイデンティティ闘争

ティアンダニート事件の犠牲者の墓

FLNKSに対する憎悪と敵意を駆り立てられるとともに操られ、他のカルドシュから取り残されてFLNKSの強硬な実践活動や道路封鎖によって山間に孤立し、心理的に追い詰められていったと推定できよう。

　しかし、土地返還要求とカナク・ナショナリズムの連携プレーが、カルドシュ入植者たちを追い込み、エヴェヌマンの結果入植者たちがイヤンゲーヌの地から多かれ少なかれ自発的に去って行った意味で、事件は土地返還要求との関係から切り離して考えることもできない。1990年代の調査ではADRAF長官によれば、ADRAFは彼らから買った土地を、その土地とのつながりを主張する50以上のクランに割り当てた。結果として、5年にわたる土地の買収と分配は多くの場所や人々を巻き込んだが、多数のカナクが元の土地へ帰還し、イヤンゲーヌにおけるカナク所有地はこの地域全体の83％を占めているという（Vladyslav 15/10/97; 22/10/98）。つまり、イヤンゲーヌにおける彼らの失地は回復され、多くの返還された土地としてのGDPL地において、彼らは祖先との絆を取り戻したと言えよう。しかしながら、土地を分与するのに5年かかり、50のクランと多くのカナクを巻き込んだということは、それだけ人々の間で対立や紛争も多かったことを示していよう。2000年代の調査ではADRAFによれば、東海岸は今では問題ないが、ティアンダニートなどの山間のトリビュの人々は、さらに高い山間の土地返還要求をしているという。これには、彼ら

第 1 部　ネーションの語り

が植民地化で教会の周囲に居住するよう集められたからで、そこは山の中央部に位置し、ティアンダニートのように険しくはない広い土地で、ティアンダニートに居住しているクランのひとつに分与することになっているという（31/8/2006）。一方、他のソースでは、イヤンゲーヌではカナクの間で土地紛争は続いており、またチバウの死後、その名前と結びついた土地をめぐる対立があるという（4/9/2006）。ネーション・レヴェルにおける土地返還要求はカナク・ナショナリズムを喚起しエヴェヌマンを生み、共同体レヴェルにおける土地回収が紛争を生んでいる意味において、この「土着性のパラダイム」の重箱構造の中は常に問題を孕んでいるのである。

　バイイは、土地占拠の戦術は先祖の土地であるという意識を人々に覚醒させ、カナク・ネーションの土地であるという概念に導くことにあり、ナショナリズムの概念は土地返還要求から各地の慣習地域の人々の意識へ浸透していったと語っている（2/11/98）。ここには、独立派が「オトクトーヌ」としての意識を覚醒し、カナク・ナショナリズムを起動し、高揚する戦略的手段として土地返還を位置づけていたことが確認できる。しかし、カルドシュ反独立派との対立は深まり、ヌメアの土地局は 1980 年代後半に放火され、その結果、土地返還は中断された。さらに、フランスで 1986 年に保守派のシラク首相が政権を取ると、土地局に代わって ADRAF が海外領土機関として創設され、土地政策は後退していった。このときの ADRAF の主要な役割は、全てのコミュニティに対する私有地の促進であったという（Vladyslav 15/10/97; 1998: 8）。

　これらの状況がマティニョンとヌメア両合意によっていかに変わったかは、次章で見るが、スミスは、ナショナリズムは文化的教義を中心に据えた政治的イデオロギーであり、家族のメタファーを必要とし、ネーションはひとつの大きな家族として個々の家族に取って代わり、同様の強固な忠誠心や愛着を喚起するとしている（Smith 1991: 74, 79）。しかし、ひとつの大きな家族云々は、ナショナリズムがネーションを個人や家族の集合体と同等化する奸計に通じよう。カナク・ナショナリズムに換言して、家族を個々のクランに置き換えれば、土着性のパラダイムにおける神話的な慣習モードと合理的なネーション・モードの相関関係の中で、共同体レヴェルで家族のメタファーに相当するクランの土地回復要求は、「土地」と「ピープル」をつなぐ「オトクトーヌ」としてネーション・レヴェルに回収され、カナク・ナショナリズムの牽引役となった。後者のモードによって、当局から認可されればカナクの土地返還要求はその真正

さを獲得し、前者のモードによってクランとしてのアイデンティティを回復する。しかしながら、その結果としての土地返還は、ネーションとしての集合体から解体された個々のクランに帰す。ネーションに回収されたはずのクランの慣習的土地の権利は、昔からそうであったように、次章で見るようにカナクの間で紛争を巻き起こしながら、再び個々のクランに内在するモードに回収されていく。土着性のパラダイムはネーションとクランのレヴェルにおける2つの異なったモードの節合であり、カナク・ネーションとクランを同等化することはできないと言えよう。

　スミスは、またナショナリズムとは、現在のネーション、あるいは潜在的なネーションを構成する人々に、自治権、統一、アイデンティティなどを維持するための、あるいは獲得するためのイデオロギー的運動であると定義している（Smith 1991: 73）。しかし共同体レヴェルとネーション・レヴェルが節合された土着性のパラダイムにおいて、土地所有者を基盤としてカナク・ネーションを潜在的に構成する人々の間に植え付けられていったカナク・ナショナリズムは、イデオロギーとしてよりも土地返還要求という実践的・実利的運動として捉えられよう。つまるところ、土着性としての先住民のアイデンティティの権利回復における最も重要な要素として、土地はネーションを形成する上での基盤を成すゆえ、権利回復をいかに遂げていくかは、両者のレヴェルにおけるズレをいかに縫合していくかということでもある。

3）マオリの土地権回復要求

　それではマオリはいかなる「土着性のパラダイム」を構成しているのであろうか。先住民性としてのマオリの共同体レヴェルにおいて、カナクの「オトクトーヌ」に相当するマオリの言葉は「タンガタ・フェヌア（tangata whenua 土地の人）」である。「タンガタ」は人を、「フェヌア」は一般的に土地を意味するが胎盤も意味し、子どもが生まれるとへその緒と胎盤を一緒に土地に埋める慣習があり、生まれた子どもはタンガタ・フェヌアとして、その地を通して系譜としての祖先と結ばれ、土地に対する所有権を有する[25]。それゆえ、あるマオリは、「父なる空（sky father）」と「母なる大地（mother earth）」というマオリ創世神話を、土地と胎盤を表象する「フェヌア」につなげて、「マオリは母なる大地から生まれた、この地に帰属するタンガタ・フェヌアである」と語っ

第1部　ネーションの語り

ており (2/2014)、カナクの神話的・慣習的モードにも重なってくる。カナクのクランあるいはトリビュに相当する慣習的な土地所有者単位は、所与の土地やマラエ (marae 集会場) とのつながりによる出自集団としての下位部族のハプ (hapu) あるいは、より大きな社会的集団としてのイウィ (iwi 部族) にある。しかし、父系、母系のどちらかを選択、帰属でき、女性も土地所有でき、この意味では父系制のカナクよりも柔軟性があると言えよう。

　オトクトーヌとしてのカナクの土地やその他の慣習的諸権利の法的根拠が植民地化の歴史的パラドックスとなった特別地位にあるならば、「タンガタ・フェヌア」としてのマオリのそれは、ネーション・レヴェルにおける 1840 年に植民地化によって結ばれたワイタンギ条約にある。前文と3条項及びホブソンの調印宣言から成る英語版の条約の要旨は、1条で部族連合の首長とその他の首長たちは全ての権利と主権を英国女王に委譲し、2条で女王は彼らが所有する土地や森林、漁業やその他の財産を保障するが、その先買権は女王に譲渡され、3条で女王はニュージーランド (NZ) の土着民に王室の保護と英国臣民の全ての権利と特権を授けるということにある (Waitangi Tribunal T)。これに対するマオリ語版との違いについては次章で見るが、いずれにしてもマオリの主権譲渡の代替として、その権利を保護するはずのクラウン (英王室、英国) が条約に反してその約束を反故にした結果、マオリに付与されたのは「二流市民」としての差別的な英国臣民に他ならなかった。それゆえ、マオリの諸権利回復において、1条の首長権限としての主権、3条の英国臣民としての市民権、とりわけ2条の植民地化によって大々的に没収された部族の土地や森林、漁業やその他の財産に対するマオリの慣習的権利は、後にクラウンが所与のイウィに補償すべき義務を負った根拠として見直されることになったのである。クラウンとは、NZ 独立後は NZ 政府を実質的に意味するが、カナク同様、マオリの「土着性のパラダイム」も、共同体とネーションの両レヴェルの節合にある。

　その土地回復要求運動は、1970 年代にマオリの政治意識が進展する中で、コタヒタンガ (Kotahitanga 団結) を求めて 75 年にマオリ女性活動家 W. クーパー (Whina Cooper) の下で北島の北端から南端の首都ウェリントンまでを1カ月余りにわたり、人々が行進したマオリ・ランド・マーチ (Maori land march) や 77〜78 年のオークランド郊外バスティオン岬 (Bastion Point) の土地占拠などによって高まっていった。そうした中で労働党政権下成立したのが、「ワイタンギ条約制定法 1975 (The Treaty of Waitangi Act 1975)」である。この制定

第 2 章　カナク・アイデンティティ闘争

法は、それまで NZ の法的枠組みの中に組み込まれたことがなかった条約に、1975 年、初めて法的な承認を与えたものである。「ワイタンギ審判所（Waitangi tribunal）」を設立し[26]、両言語の相違を認め、85 年には同政権下で条約が結ばれた 1840 年に遡って、審判所はマオリの訴えを審議できるようになった。つまるところ、マオリの権利回復において、条約はその強固な基盤として、歴史的正当性を法的な意味で回復したと言えよう。ワイタンギ審判においてクラウンの行為が不当であることが認められれば、審判所は要求グループとクラウンとの個別的交渉を勧告するが、審判所は裁判所ではないゆえ、審議された勧告やその所見は法化されない限り法的拘束力はないが、その勧告には大きな影響力がある。

　前述のバスティオン岬のケースでは、その伝統的土地所有者のイウィ（Ngati Whatua Orakei）（以下、NWO）は、ワイタンギ条約を作成、調印し、初代総督となったホブソンをハプやイウィのテリトリーを意味する自身の「ロヘ（rohe）」にあるオークランドへ戦略的に招き、NZ 最大の都市の発展に寄与した。しかし、その所有地をクラウンに大々的に譲渡され困窮していき、クラウンの国有地となった岬の民間への分割払い下げに反対して土地を占拠し、700 エーカーのオラケイ地区（Orakei block）の返還を要求したものであった。ワイタンギ審判所の当訴訟（Wai 9）に関する 1987 年のオラケイ・レポートでは、こうした歴史的背景や NWO が贈与交換の概念でクラウンやヨーロッパ人を歓迎したこと、クラウンは条約に抵触したこと、1978 年のクラウンによる土地返還は十分でないためさらなる土地の返還や金銭的補償をすること、オラケイの公共の公園はイウィと市のカウンシルの間のパートナーシップによる運営によることなどの勧告を行っている。(Orakei Report 1987: 1-18, 27; Walker 1990: 216-219, 282-283; M. Kawharu 2010: 48, 110)。その結果、勧告を受け入れたクラウンは NWO にオカフ湾（Okafu）に臨む当岬を含むオラケイ（Orakei）の土地をはじめ、金銭的な賠償（300 万 NZ ドル）を行ったのである（Orakei Act 1991）。ここから、直接的な土地返還と金銭的な賠償を通して、土地権と経済的権利の回復が一体になっていることがわかる。合意的なワイタンギ条約を通して植民地化されたマオリの権利回復は、条約が約束したその権利の承認と保護に対するクラウンの違反行為を是正することを意味しよう。

　一方、マオリの土着性のパラダイムもカナク同様、重箱構造である。NWOの場合、ワカ（waka カヌー船）をともにする 3 つのハプから成っているイウィ

であるが、北島で北はワンガレイから始まる一種の連合的集合体を構成し、南は内陸のワイカト川流域のキンギタンガ（kingitanga）を有する大きなワイカト＝タイヌイ（Waikato-Tainui）部族集団と歴史的な同盟関係にあり、この両者に双系的つながりを有する者もいる（12/2006; 2/2014）。それゆえ、一般的にイウィの内部自体が、カナクのクランやトリビュのように形態的に曖昧であり、土地返還に対する要求グループは共同体レヴェルにおけるファナウ（whanau 拡大家族）からハプ、マラエ（集会場）・グループ、イウィまでさまざまで、イウィ内部や外部での対立があり、土地は複数的に所有されている。要求グループの共同体にあるマラエではワイタンギ審判の公聴会が開かれ、その正当性を証明するために、口承や先祖とのつながり、人類学者が記録したものが証明として使われる。この意味で、ADRF を通して処理されるカナクの回復要求が外部に閉じられているのに対して、マオリの回復要求のプロセスは、公聴会を含めたよりオープンなものと言えよう。カナク同様、部族戦争や植民地化による「ロヘ」の失地や移動、変更はあったが、カナクのカントヌマンのような他地域への大々的な強制移動の政策はなく、さらに数千年前の後者の民族移動に対して、マオリの NZ へのワカによる定着は、歴史的にも西暦 8 〜 12 世紀である。こうした意味でも、拡散したカナクのクランよりその系譜やロヘはたどりやすいと言えよう。

　「フェヌア（土地）がなければ、マナ（mana 超自然的力、威信）もない」マオリにとって、先祖の土地を回復することは、「クラウンによって拘束されていたマナ・フェヌアの回復」を意味しよう[27]。それでは、カナクがエスニシティあるいはネーション・レヴェルで土地返還運動を通して高揚させていったナショナリズムやアイデンティティ意識はマオリの中に形成されたのであろうか。1850 年代にマオリの土地譲渡拡大の中で、ワイカト部族の首長をポタタウ王としたマオリ・キンギタンガ（kingitanga 国王）運動から、1970 年代後半の土地回復運動とともに展開された「タンガタ・マオリ」としての文化的アイデンティティの探求まで、汎マオリ運動はエスニシティ・レヴェルで存在してきた。しかしあるマオリは、「マオリ・アイデンティティについて話が始まるや否や、人々はマオリではなくイウィとしてのアイデンティティ、「Ngāti X, Ngāti Y...」として自らを称するとしている（2/2014）。これはカナク・アイデンティティについて聞くと、まず人々が共同体意識に基づいた親族集団としてのクランについて語り出すことを想起させるが、マオリの場合、そのイウィ意識はカナク

第 2 章　カナク・アイデンティティ闘争

よりも強いように見える。「ナティ（ngāti）」は部族に付く接頭語で、「イウィ（iwi）」は骨の意もあるが、部族から親族集団、ピープル、ネーションまで意味することからも、自立した部族的ネーション意識のようなものが潜在していると言えよう。ワイタンギ条約に先立つ「（部族）連合と独立の宣言」（1835）を、「北の首長たちがしたことで、我々は関係ない」と素っ気ない反応をするマオリもおり、「宣言」はマオリの部族的主権あるいは首長権としての同盟の伝統的あり方を現在も表象していよう。また、他のマオリは「マオリであれ、パケハであれ、この土地に外からやって来た者はマヌヒリ（manuhiri 客人、訪問者）であり、我々は彼らを迎え入れ、世話し、面倒を見るが、我々がこの地のタンガタ・フェヌアとしてのカイティアキ（kaitiaki 守護人）である」（2/2014）と主張している。換言すれば、共同体レヴェルにおけるタンガタ・フェヌアは、先祖の地やその環境を守る「カイティアキ」として、先祖とつながりのない他の地から来たパケハやその他のマオリはマヌヒリとして、その関係は、カナクの伝統的土地の主やクランと外部の者を迎え入れる「外国人歓迎の概念」を想起させる。しかし、「土地の主」としてのイウィのアイデンティティ意識が強いのは、その伝統的部族意識に加えて経済的・政治的文脈も絡んでいるからと言えよう。

　カナクのようなカントヌマンによるリザーヴでの禁足といった封じ込めのなかったマオリは、歴史的にも早くから都会化が進んだが、そうしたマオリの中にはひとつのイウィに帰属することを嫌って、マオリとしてのアイデンティティを好む者もいる。また通常コミュニティ内部の人々が慣習的イヴェントや問題を議論するマオリにとって重要な集会場であるマラエを、先祖の地や系譜とのつながりの場として同一マラエ・グループに自らのアイデンティティを置く者もいる。ワイタンギ条約に署名しなかったイウィや、コミュニティを離散して都市化したアーバン・マオリ・グループにも条約を基にした権利は、マオリとして認められているが、後者においては、しばしば同一の出身イウィでマラエを中心に形成しているアーバン・トライブ（urban tribe 都市近郊に居住する部族）のコミュニティも多い。複数のマオリによれば、彼らは系譜の知識を、世代を通して継承したり、出身地に周期的に戻ったり、年をとるとその地へ帰還したり、町中で出会ったイトコなどからそのファカパパ（whakapapa 系譜）の手がかりをたどったりして、自らの帰属するイウィを知っている者は多いという（2/2014）。イウィという言葉はいずれにしても支配者がコントロールす

るのに都合の良いマオリの社会集団組織を意味する単位として、クラウン側（NZ政府）もイウィを土地返還要求グループとしての交渉のパートナーとして、その力関係からも優先しよう。こうした土地権やその補償という経済的権利の絡みからも、出自としてのフェヌアとタンガタの絆によるマオリ・アイデンティティとしてのイウィ意識は、クラウンとの個別交渉を通して強化されていくと考えられよう。

　マオリの権利回復のプロセスは、カナクの土地返還の解決もそうであるが、審判所への登録からクラウンとの交渉、合意に至るセツルメント（Settlement）まで10〜20数年といった、長い年月がかかる。セツルメントの約款書（Deed of Settlement）の調印には、クラウンはNZ総督が英女王を代表してこれに署名し、これは象徴としての王冠、すなわち、植民地化の責任者としての英王室あるいは英国でもあるが、実質的に担うのはクラウンを代表する代理としてのNZ政府機関であり、オーストラリアでも同じようにクラウンとして言及されている。究極的には政府を選ぶ「選挙民」としての「NZの人々」にもなる[28]。この意味で「クラウン」とは政権からの影響を受けるが[29]、マオリの人々と話すと、クラウンとは、政権によって変わるNZ政府ではなく、変わることのないある種超越的存在のパートナーとして、マオリはワイタンギ条約を通してクラウンと相互的に結ばれていると意識されているようだ。つまるところ、マオリの土地権回復要求は、要求グループとクラウンとの間の個別的な交渉プロセスによる脱植民地化と言えよう。この意味で、否応なく植民地化され、ネーションとしての独立を遂げていないカナクが、土地占拠の実践を通して「オトクトーヌ」としての意識を覚醒し、ナショナリズムを起動し、独立運動と節合してカナク・アイデンティティ回復闘争を展開していった脱植民地化プロセスとは異なる。しかし、権利回復の交渉相手が、ともに植民地化の責任者であることに変わりはなく、カナク同様、マオリの先住民性を構築する「土着性のパラダイム」は、異なった位相の共同体レヴェルとネーション・レヴェルに節合されているのである。

5. 社会主義要求

　ニューカレドニアの脱植民地化運動において、独立とはカナク社会主義独立

を意味し、FLNKSの憲章では「カナク独立（IK）」に「社会主義（S）」を入れた"IKS"（Indépendance Kanak et socialiste）として表象され（FLNKS 1987: 2）、FIからFLNKS、UCからLKSまで、社会的・経済的な正義を要求するカナク独立運動の政治的原則となった。FLNKSの憲章では、カナク社会主義独立という選択を実現するためにただちに無条件で主権を行使する権利を要求している（FLNKS 1987: 2）。換言すれば、カナク社会主義要求は、経済的・社会的に周縁化されたカナクの権利回復のための脱植民地化の闘争戦略として確立されたと言えよう。この意味において、オセアニアにおいては、世界の他の地域と比べてマルキシズムの影響は少なかったとするハワードの見解（Howard 1990: 270）は、ニューカレドニアには当てはまらないと言えよう。それでは、なぜ、他のオセアニア地域にはほとんど見られなかった社会主義が、このニューカレドニアで根を下ろし、脱植民地化の精神的支柱として、また理論的な闘争戦略として広く受け入れられてきたのであろうか。この理由は、第一に植民地宗主国フランスからもたらされた社会主義の系譜、第二に社会主義の実践活動の場を提供した労働組合運動、第三にカナク社会主義の特性にあると考える。以下でこれらの点及びその後のカナク経済戦略への方針転換から、カナク社会主義の意味するところを探っていこう。

1）社会主義の系譜と労働組合

　アメリカの自由主義に対して、フランスは革命以来、階級体制のアンチテーゼとしての平等主義を重んじることが共和国の伝統となり、「夜明け」で見たように、大戦直後フランスから直輸入された共産主義は、カーゴ・カルト運動の代替となって、富への欲求を、富の分配と平等な権利という政治的要求に変えた。さらに、大多数のカナクの支持を獲得したUCは、そのモットーとしての「人々は1つ、肌の色は2つ」という民族を超えた同胞的社会主義によって、カナクのみならず進歩的中産階級のヨーロッパ人や、貧しい白人の支持を得た。こうしたフランスから移植された社会主義の下地に、1960年代末の解放運動では、カナク留学生がヨーロッパ人留学生とともに、1968年、フランスのパリ5月革命で当時の最先端を行く左翼思想を導入した。マルクスが社会主義は世界を変えることができると信じていたように、ポワグーヌによれば留学生たちは社会主義でニューカレドニアを変えることができると信じていたという

(5/10/97)。ゴロデもまた、フランスの左翼たちと接触し、その集まりに出席し、マルクス・エンゲルスを読み、マルクス理論を修得し、第三世界のアルジェリアのような国々の脱植民地化について勉強したという（31/7/97）。

その結果、ヨーロッパ人エージェントによってニューカレドニアにインストールされていた平等と同等の権利の確立という社会主義は、学生たちにより植民地主義と戦うための理論的武器に変換されたのである。「グループ1878」の機関紙『ヌーヴェル1878』では、植民地主義と帝国主義が国を政治的・経済的に引き続き支配しているため、カナク独立とは、白人ブルジョアジーによる植民地システムを清算し、カナク・アイデンティティとその価値観を考慮に入れた新たな政治的システムと社会主義的経済構造を創出することであると言明している（*Nouvelles 1878* No.7, 1975: 1）。ここからも、植民地主義の否定が反帝国主義、反資本主義であり、社会主義は植民地主義や資本主義のアンチテーゼとなっていることがわかる。

ハワードは、オセアニアでマルキシズムの影響が少ない理由のひとつとして経済的に階級差に基づく違いが大きくなかったからであり、たとえ植民地のヨーロッパ人ですら世界の他の地域で見るような贅沢な生活を送っていなかったと言っている（Howard 1990: 270）。しかし、ニューカレドニアには、植民地の中の植民地と呼ぶことができる民族的・地域的な経済格差が存在し、とりわけ1960年代の後半から1970年代の中頃のニッケルブームはカレドニア社会の格差を助長した。半自給自足の農耕生活を送るカナクはインフラ基盤を欠き開発の遅れた地方で取り残され、一方、賃金を得るため地方からヌメアに出たカナクや近郊のトリビュに住むカナクは底辺の労働者となって、カレドニア社会で周縁化していった。他方、ヨーロッパ人やその他の移民が住むヌメアでは、主要なニッケル産業、観光やその他の商業が集中し、RPCRのラフルールなどに代表される一握りのヨーロッパ系財閥家族による企業が経済を支配し、貧しい白人たちは経済的に搾取されていた（江戸1994: 97）。こうした「内なる植民地」[30]に社会主義闘争を実践するアリーナを提供したのが労働組合と言えよう。

キリスト教が植民地化と手を携えてやって来たように、社会主義はその伴侶としてフランスから労働組合を伴ってきた。労働組合の系譜はコミュニスト・エージェントによって第2次大戦前から始まったが、大戦後にはヌメアのニッケル精錬場で過酷な労働条件に対してフランス人労働者が組合を創立した。第

2次大戦後、フランスからニッケル精錬所のSLNに働きに来たG. ミュソ（Gabriel Mussot）は、その労働条件や賃金があまりにもひどかったので、1950年代の初めに改善を求めて労組を組織し、ストライキやデモを行った結果、彼らの要求は聞き入れられたという。ヨーロッパ人、ヴェトナム人、インドネシア人、ワリス人やメラネシア人労働者が働いていたが、その当時カナク労働者はまだ少なく、労組はヨーロッパ人が主導していた。彼によれば、精錬所の溶鉱炉では土曜の夜8時に仕事を終えるまで1週平均56時間働き、1日の休みを挟んで、朝午前3時からまた仕事をするという繰り返しであった。彼は、1950年代半ば自身の政党、「労働者集結（Rassemblement ouvrier）」から立候補して領域議会議員となり、後にRPCRのカナク議員となったウケイエと北ヴェトナムを、また彼自身でソ連を数回訪問したが、ロシア人の訪問客もあって、家は憲兵に見張られ、あまりに左翼的ということで人々の支持を失ったという（11/11/98）。一方、UCの党首を務めたカナク政治家ルプー（Bernard Lepu）は、1960年代ヌメアで小学校教師をしていた当時について、「朝の4時から仕事を始め、夜の10時半に仕事を終えた。子どもたちは週末学校に泊まるため、休暇もまったくなく、週7日間働かなければならなかった」と思い起こしている。彼は耐えられず、教職員組合のSELEC（カトリック教育の非ミッション教員組合）に提訴し、労働組合の活動にかかわり、その後UCでの政治活動に携わった（28/10/98）。こうした植民地主義的な過酷な労働条件が組合を誕生させていったことがわかるが、1970年代に入ると多くの労組が合併したUSOENC（ニューカレドニア労働者及び職員組合）のような連合組織が結成された。リフ島出身で、1970年以来郵便・テレコミュニケーション公社のOPTで働いてきたストリテール（R. Streeter）は、鉱山セクターに占められていたこのUSOENCに、1980年に公務員セクターを設立し、初の女性カナク組合委員長となった。以来、彼女が25年間労働運動に身を投じてきたのは、ニューカレドニアが不公平で不当な社会であるからであり、その組合活動はフランスの「人権」から来たと語っている（4/9/2007）。

　労働運動は活発化し、メラネシア人勤労者の割合はヨーロッパ系と比較すると依然少なかったが[31]、権利獲得のために組合運動に積極的にかかわっていった。先に見たように解放運動において、労働者階級も重要な同盟者として、ネスリーヌのフラール・ルージュが発行する機関紙には、資本主義や植民地主義に対する闘争のために、労働者や労組を支援する記事が掲載されている（*Réveil*

Canaque No.2, 8/71: 2-5)。ミュソの妻は当時看護師として北東海岸地方のウアイルー、ポワンディミエ、トゥオの病院で働いたが、3人の看護師しかおらず、1週90時間も働かなければならないのに対して、ヌメアの病院は45時間ですみ、また給与も高かったという。「ただただ仕事、仕事ばかりだった。このような勤務状況は不当で、変わらなければならなかった」ので、同僚の叔父さんでPALIKAにかかわっているカナクに話した。彼が連れてきた記者は、その勤務体制を記事にし、状況は改善したが、彼女は要注意人物としてマークされ、ヌメアで働くことはできなかったという(11/11/98)。PALIKAが民族の区別なく、労働者のために働いたことがわかるが、党はこうした社会的・経済的格差に対して、マルクス主義、すなわち彼らが呼ぶところの「科学的社会主義」を採用し、資本家である白人ブルジョアジー対搾取された民衆、すなわち植民地化され土地を奪われたカナクとその他の底辺の貧しい階層の同胞たちという構造図式で、階級闘争を位置づけている(GKF 1985: 1722)。人々の権利を保護、要求する社会的戦線としての労組との同盟関係は、そのストライキやデモ行進などの実践行動からも、資本主義の搾取に反対し共通の利益に勤労者を動員することができるため、階級闘争とカナク独立を補完的に連係することができる。1980年、PALIKAはその政治戦略に正式に組合活動を導入した。その「科学的社会主義」において、富の平等な分配要求としての労働者の権利拡大は先住民のそれと符合し、資本主義や植民地主義の対抗概念としての社会主義を通して、カナク独立を推進しようとしたと言えよう。

　労働組合は、給与引き上げの要求と移民の雇用に抗議して、盛んにストライキを繰り返し、カナク労働者の組合活動の増大に伴い、組合は政治化されていった。とりわけ、1982年に創設されたカナクを主流とした労働組合、USTKE(カナクと搾取された労働者の連合組合)は独立派政党の連合組織であるFLNKSのメンバーとなった。USTKEは、経済に政治目的を連携させるために労働者を動員し、社会主義を戦略とした脱植民地化闘争の戦術的実行機関として、バリケードによる工場のロックアウトや道路封鎖といったストライキを行った。そのスローガンである「工場もトリビュも同じ闘争(Usine, Tribu, Même Combat)」が、労働者と先住民としての権利拡大と連帯を意味することにおいては一致するが、フランスの「人権」の概念を基底に置いた労組が支配する工場と、後述のように慣習が支配するトリビュにおけるカナク社会主義の概念は異なる。

一方、USOENC はさまざまな組合を結集した 12 部門から成る連合組織であるが、なかで最も主要なものは言うまでもなく基幹産業のニッケルをはじめとした金属部門である。E. トーニャは SLN で 1963 年から 2002 年に引退するまで 40 年間働き、USEONC の金属部門の事務局長を 1990 年代から 10 年間にわたって務めた。彼によれば、USEONC は政治とはかかわらず、人々は政治的に自由でそれぞれの意思に従い、独立していたという（7/9/2006）。USEONC は、「内なる植民地」というアリーナに対して、民族を超えた労働者のために、人々を集結しストライキを断行するが、それは彼らの要求を貫徹するための連帯であって、政治活動は労働者個人としての選択にあると言えよう。カナク独立を支援する政治目標を持った労組と、政治や民族の区別とはかかわりなく、労働条件の改善という経済目的のために働く労組との 2 つの流れがあることがわかる。いずれにしても労働組合がカナクの間に根付いたのは、その連帯とブルジョアジーによる搾取に反対し、社会的・経済的に周縁化されていたカナクを動員し、経済的権利の分かち合いを求める回復要求に呼応したからと言えよう。

2）カナク社会主義と経済戦略

　しかしながら、カナクが政治的に採用した社会主義をマルキスト的な階級闘争として解釈してしまうことには矛盾がある。ネスリーヌは「フラール・ルージュは毛沢東主義者、トロツキストなどで構成され、毛語録を一緒に読んだものだ」と言った後で、「しかし故郷マレ島に戻って、マルクス主義はその環境に適していないことがわかった」と、笑いながら付け加えた（7/9/96）。彼は、ロシアは人間を忘れ、富のより良い分配と生産手段を完全に掌握することのみを目的としていた。独立のための闘争が経済的領域から出発するのは過ちであるとし、富の公正な分配と民族の文化的相違を配慮したカレドニア社会主義に言及している（*Les Calédoniens* No. 23, 10-16/6/75: 3, 6）。カナク社会には伝統的に階層的な首長制は存在するが、主島グランド・テールではその役割は人々の間の均衡をとることにあるとされ、ポリネシアの影響を受けたマレ島などのロイヤルティ諸島では、首長の地位や権威は強いが、支配と被支配の二分法的対立関係では捉えられておらず、マルクスが批判するところの西欧の階級的システムとは概念を異にする。また、人々は各人に与えられた役割を互いに果たすことで、他者との均衡と関係を保ち、共同体が機能していくと考えることにお

いて、資本主義的搾取や法の下での平等の概念とは異なる。連帯と分かち合いはカナクの慣習と組合に共通する価値観であっても、同等の権利においてカナク共同体の均衡が維持されていくわけではないから、組合が要求する平等の権利とは異なる。マレ島の大首長の地位を父親から受け継いだネスリーヌは科学的社会主義ラインを堅持する PALIKA から離党して、LKS を創設したが、ゴロデは、ネスリーヌは慣習と伝統を選択し、ヨーロッパ的マルクス主義のイデオロギーを PALIKA に移植することを批判したと語っている（31/7/97）。

それでは、カナク社会主義とはいかなる社会主義なのであろうか。ネスリーヌはカナクのともに分かち合う価値観は個人主義の反対であり、ゆえに個人主義的資本主義はここではうまくいかないと語っている（1/10/97）。この個人主義と資本主義を一体化させたディスコースは、C. B. マックパーソンの資本主義社会における「自らとその能力の所有者である個人（possessive individualism）」、すなわち、他者との関係からも、社会的関係からも自由な個人（Macpherson 1962: 263-277）という究極的個人主義モデルとの比較を想起させる。カナク社会のみならず、オセアニアにおいては、個人主義は共同体から遊離した人間のイメージを喚起し、共有の精神を鑑みない利己主義と同等化される。カナクにとっては、この対極にある概念が、個人としての私有ではなく共同体の一員としての共有である。つまり、個人は自らの所有者として誕生するのではなく、社会的に生まれ出るのである。科学的社会主義を主張するPALIKA のリーダーであったポワグーヌも、カナク社会は社会主義ではないが、連帯や分かち合いの精神を含め、小さな社会主義と呼ぶことができるようなものがあると語っている（5/10/97）。

この小さな社会主義とは、土着の経済活動としての贈与交換と言えよう。これについては次章と第 2 部で見るが、市場交換としての贈与交換における集団間のパートナーとの互酬性、財の相互移動や再分配は、均衡が働く伝統的・社会主義的・精神の実践として読むことができる。このことはカナクの富に対する羨みや欲望を否定することを意味しないし、また富の分配や共有と連帯の精神がクランを中心とした集団にとどまるとしても、主体となるのはグレゴリーやストラーザンの言うように贈与交換を行う同盟関係としての集団間の関係の確立であり、社会的関係の拡大である（Gregory 1982: 42; Strathern 1988: 143, 145）。カナク文化において社会的資本の概念はあり、集団間の交流による人間関係の蓄積は、共同体レヴェルで蓄積され投資されることによって共有される。

この意味で「小さな社会主義」とは、パートナーとの交流、同盟、連帯よる社会的資本としての集団関係を充実させ、その集団の成員の間で分配と分かち合いによって、共同体を充足させることにその価値観を置いていよう。

　一方、一般的にメラネシア人の伝統的社会は、財の蓄積や雄弁さという実力によって伝統的リーダー、ビックマン（bikman）の地位を獲得する実績主義から原初的資本主義社会とも、またその平等主義的共有やビックマンとしての寛大さ、気前のよさによって原初的共産主義社会とも評される双対性を有している。これをカナクのディスコースから探ってみると、フェミニストのウネイは、カナクはお金を持っていると、それは力として人々はあなたに注目するが、そのお金をいかに得たかは問題とならず、持っていれば持っているほど尊敬される。しかし持っていなければ関心を持たないと指摘している（18/10/97）。一方、CES委員のオナココは、「社会主義」という言葉には、カナクにとって人々を集結し、そのかたわらで益する豊かさを見つけ出す考えがあり、それはむしろ社会主義というよりも、資本主義ではないかと疑問を呈している（23/10/97）。彼の動員力への注目は、かつてはロック・ミュージシャンでもあったことから、人々を集引することの関心から生じているかもしれない。一方、積極的に女性の集まりに参加し社会的に目覚めたあるカナクの主婦は「共有はカナク・アイデンティティの価値観であり、カナクであることは社会的であることだ……資本主義は嫌いだ」と語っている（24/9/97）。つまるところ、カナクの人々にとっては、「社会主義」の言葉は西欧イデオロギーを意味するよりも、伝統的なカナク社会において、慣習に参加するなど人とともに歩まなければならない、社会関係を意味し、文字通り社会的にならざるを得ない社会主義でもある。人々が集うところにいれば、なにか利益を人々と共有することができる実利的な意味での社会主義でもある。実際、カナクの社会性を視座にして、慣習的な市場交換に参加することを集団主義としてではなく、人間関係の交流として捉えるならば、それは共同体としてのみならず、個人的充足ももたらすはずである。一方、個人主義的な資本主義がカナク社会の価値観に合わないと主張されるのは、人々と共有する価値観や交流する喜びを欠き、共同体としての充足がないからであろう。資本主義的側面としての実利主義は、社会的・経済的動向や人間の心理、個人によっても異なるが、人々が利益の恩恵を求める意味では、カナク社会主義は実利的な意味でのカナク的な資本主義にも転移できよう。

　FLNKSの憲章（1984）では、「カナキーにおける人と資産に関する地位」で、

資産や経済に関する人々の権利に関しては、「カナキーの社会主義体制の下では、人々とその資産は保障される。全ての土地、地下資源は常に国民に属する。経済開発への権利は、カナク、外国人を問わず、全ての人々に開かれている」（FLNKS 1987: 9）と普遍性を謳っている。一方、その憲法草案では、社会主義は経済的・社会的政策の指導的ガイドラインであることを言明し（条項7）、個人あるいは家族資産（所有権）、一定の生産様式についての私有資産、公共資産と社会資産という4つの所有形態を挙げ、続いてクラン所有地は、法律の遵守において慣習的規則に従って実践されるとある（条項8）（FLNKS 19/1/1987）。所有形態はいずれも具体的に定義、言及されていないので、この中で社会資産が何を意味しているかは不明であるが、カナクのリザーヴや慣習地を示唆しているように見える。先住民としての慣習的権利として、リザーヴや慣習地、伝統的なクランの土地所有形態の維持は、人々の平等な権利という意味では矛盾する。それゆえ、FLNKSの前身のFIは「我々が欲するのはカナク社会主義であって、慣習と宗教を否定する社会主義には反対である」と主張している（*L'Avenir Calédonien* No. 823, 14/10/81）。またFLNKS議長のチバウも、社会主義は社会を組織化する条件ではなく、植民地化の拒絶として少数の人々（ラフルールのような財閥、SLN）による資源の搾取に反対することであるとしている（1985: 1594）。この意味でも、慣習的土地所有は、カナクの社会文化体系に基づくカナク社会主義に読み替えられたと言えよう。バイカルチュラルなカナク・リーダーは、公正な富の分配と労働者の団結を主張する西欧の社会主義をカナクの社会・文化体系の中に再文脈化し、個人主義的志向の資本主義に対するカウンター・パワーとして共有と連帯の共同体的価値観で、カナク社会主義を表象したと言えよう。そうした共同体の精神とクランを中心とする慣習を遵守するカナク社会主義への読み替えにおいてカナクの人々に受け入れられ、脱植民地化闘争の原則として、その経済的周縁化を変えるための政治戦略として採用されたと言えよう。

　一方、当初なによりも政治的独立を優先事項としていた闘争方針から、経済社会開発の権利要求を前面に押し出し、経済的力を得ることをカナク独立への足掛かりとする戦略上の変化が1980年代に見える。1983年UCの会議では、カナクがニューカレドニア経済の不可欠な要素として経済的力を取得して、カナク社会主義独立のための政治力を獲得できるよう、活動家たちにその戦術的転換の変更を要求している（*L'Avenir Calédonien* No.896, 9/11/83: 4）。ファビウ

ス計画の下で、地方分権化による 3 地域を支配下に置いた 1985 年 11 月の第 4 回ウンジョ（Oundjo）の FLNKS 会議では、経済開発戦略の枠組みの中で、各地のローカル・コミュニティは自給自足とその組織化を目標としなければならないとしている（FLNKS 1987: 5）。当時の UC のローカル活動家によれば、米や、たくさんのキャッサバ、ヤムイモ、タロイモを植え、オレンジ、コーヒーの木を植え、豚や鶏を飼育し、独立の準備をした。というのも、独立が実現したら、パンを買うお金がないからだ（7/9/2005）。つまるところ、草の根レヴェルで地元の社会経済を活性化する、食料自給自足計画で、これによってカナク社会内部の経済的自立を高め、外部の経済市場との節合を図ったと言えよう。「土地」と「ピープル」の関係における「土着性のパラダイム」の中で、土地に根差した自立を共同体レヴェルで促進し、ネーション形成へつなげようという作戦である。LKS もまた、社会的・経済的開発をその優先順位に据え、カナクが自分たちで運営する「協同組合（koperativ）」を結成した。フレイスによれば、これは 1981 年リフ島で補助金なしに始まり、LKS 活動家たちがトリビュに説明に行き組織化され、村の委員会が組織され、店に供給するための生産が始まったという（Freyss 1995: 376）。「（解放運動において）フラール・ルージュは文化的回復要求をし、（独立運動において）PALIKA は政治的要求をしたが、LKS は経済的要求をした」とネスリーヌは語っており（7/9/96）、市場経済にカナク社会主義的価値観で参入したと言えよう。結局、政治的独立を遂げるためには経済的パワーを得ることが先決であるというカナクの意識変化であり、カナク社会主義独立に対する戦略は、当初の反資本主義というアンチテーゼから経済開発の促進という方向へ舵を切り替えたと言えよう。

　以上、社会主義がカナク脱植民地化運動においていかにニューカレドニアやカナクの文化的文脈の中に移植されてきたかを見てきた。カナク社会主義の系譜は、西欧の社会主義とカナク文化の節合を示しているが、それは決して一枚岩ではなく、PALIKA のマルクス的科学的社会主義から LKS の慣習的価値観の強調まで、その社会主義に対する理念や主張はさまざまで、実践方法は異なる。しかし独立派政党を通して平等な富の分配と社会的・経済的格差の是正、及びカナクの社会経済発展に対する権利を実現するため共通して見られる指針でもある。独立運動の戦略目標が、資本主義の否定からカナクの経済開発と経済力獲得を通して独立へ導くという方向転換によって、人々の富への欲求をいかに経済発展のエネルギーに変えていくか、政治的アイデンティティとしての

カナク社会主義の系譜がどうなるかは、次章で検討する。

6. 紛争の中の多民族社会

　これまでニューカレドニアの脱植民地闘争において主権、土地返還、及びカナク社会主義の要求という、カナク・アイデンティティの権利回復要求としての闘争を見てきたが、これらの要求は、独立によってそれまでの居場所、特権を失うことを恐れる反独立派の人々からの反対を否応なく引き起こした。その結果、カナク・ナショナリズムの勃興と反独立派の急進化が進み、とりわけFLNKSが確立された1984年から両派の間にはいわゆるエヴェヌマン（évènement）と呼ばれる数々の流血事件や紛争が引き起こされ、ニューカレドニアは内戦に近い状態に陥った。

　エヴェヌマンについて、反独立派RPCRの混血のカレドニア人政治家は、次のような旨を語っている。「ニューカレドニアにカナク独立という人種的・差別主義的国家が誕生するのを欲した人々がいたため、人口の65％に当たるカレドニア人は反対し、エヴェヌマンが起こった。エヴェヌマンはメラネシア人対ヨーロッパ人ではない。メラネシア人の中には独立に反対する者もおり、独立派は少数派であり、少数派が戦うとき暴力が付随する。RPCRは、ヨーロッパ人、ヴェトナム人、インドネシア人、メラネシア人、ポリネシア人……とここで生まれ、生活している全ての人種が集合する唯一最強の政党であるが、FLNKSはカナクしかいない」（Briault 12/11/98）。かように、彼は多人種的側面と仏共和国内に政治的にとどまることを、党首ラフルールの考えるRPCRの2つの原則として強調している。FLNKSにもごく少数ではあるがPSKのようなヨーロッパ人もいるが、民族的に4つの異なった背景を持つ混血の彼が、その多人種的な特性を有するRPCRの議員となった理由が窺える。彼のレトリックは、エヴェヌマンを、自らの陣営の暴力に言及することなく、政治的な数の力の中で少数派の暴力として位置づけていることにあろう。一方、RPCRのメラネシア人政治家によれば、その党首ラフルールはニューカレドニアのため、メラネシア人のため、他の人々のために多くのことをなし、「パロールと心の人」であるとしている（Loueckhote 5/11/98）。ラフルールには会見できなかったのでわからないが、「パロールと心の人」は、その尋常でない豊かさからも、

第 2 章　カナク・アイデンティティ闘争

彼を支持する人々に対して気前良く分け与え、支持しない者に対しても、金力でその支持を勝ち得ようとするようにも見え、ある意味メラネシア的ビックマンの姿とも重なって見える。

一方、FLNKS の R. ワミッタンは、「闘争がエヴェヌマンを通らなければならなかったのは、地元のブルジョアジーが抵抗したからである。彼らは変化を望まず、カナクがその地位を取ることにも我慢ならないのである」としている（19/10/98）。交渉の相手はフランスであり、他のエスニック・コミュニティは関係ないとする独立派のスタンスは戦略の一環でもある。しかしながら、ブルジョアジー——ラフルールを筆頭としたヨーロッパ系カレドニア人財閥やその他の富裕層——に象徴されるように、彼のディスコースは、多民族社会の文脈において他のエスニック・コミュニティを抜きに、問題を解決することが不可能であることを示している。他方、独立派が少数派の中でそれを認めたら、カナクのみに自決権や主権があるとするその論理は破綻をきたすので、対立をできるだけ避け、問題を複雑化しないためにも、他の者は巻き込みたくないというのが本音であろう。その結果、非カナクや反独立派との対話戦略、実践的なローカル活動に対する統制を欠いたため、「真実の体制」を支える戦略的な力関係のゲームの裏側で対立による衝突と暴力が増大した。それでは、独立派と反独立派に政治的に二分された複雑な多民族社会の中で、人々は紛争が頻発した不穏な時代をいかに関係し合い、生きてきたのであろうか。ここでは、それをエスニシティの関係から探り、次にウヴェア島で起きたゴサナ事件との関係からチバウ暗殺について検証し、人々がエヴェヌマンをいかに表象し解釈しているかを、そのディスコースから読み解いていく。

1）政治的対立とエスニシティ

紛争はヌメアとブルスでは、後者においてとりわけカナクの多い東海岸で激しく、ラヴニール・アンサンブル（L'Avenir ensemble 一緒の未来）党の議員であるカレドニア人のオーレン（Isabelle Ohlene）は、まさしくそこでエヴェヌマンの只中を生き抜いた。彼女は 1983 年から 87 までの 5 年間、東海岸のポワンディミエでほとんどがカナクで占められた小学校で教え、カナクやその年寄りたちとしだいに仲良くなり、交流し、友情を結び、彼らのことが少しずつわかるようになり、目を開かれていったという。なぜなら子どもの頃学校では歴

第 1 部　ネーションの語り

グランド・テール西海岸のバス停の落書き（1986）

「カナクは実践中である。フランスよ、飛行機あるいは筏で出て行け。カナキーに力を」
また、その側面には縦書きの「カダフィ、ウイ」の文字が記されている。

史はフランスに関するものだけで、植民地化やカレドニアの歴史については教えられず、ニューカレドニアについては地理だけであったという。それゆえ、カナクの同級生はゴーロア人を祖先と学び、また家にはカナク女性が働いていたが、カナク文化については学ばなかったという。「カレドニアンはカナクのかたわらで生きているが、カナクと一緒に生きているわけではない」と言われ、そのためエヴェヌマンが起きたのである。至るところで事件は発生し、バリケードや道路封鎖、小石を置いた障害物に遭遇し危険な目にあった。一度はヌメアに行く途中、石に車が取られて動かなくなり、車から降りて車輪から石を取り除いたところ、カナクが彼女の方に向かってきたのを見て車に乗り、「独立はいいかもしれないけれど、こんなことはだめ！」と叫んで、危うく難を逃れた。だが、翌朝同僚の女性教師は車にカナクの投げた石が飛んできた事故で亡くなった。その後も、彼女は大きな石を車に投げられ、もしそれが命中していたら死んでいたというような体験をして、憲兵に守られてブルスからヌメアへ向かう人々の最初の一団に加わり、ポワンディミエを去ったという。エヴェヌマンは恐怖と苦痛をもたらしたが、なぜカナクがそのような事態に至ったかは理解でき、困難な時代であったが、常に希望を捨てなかったと語ってい

第 2 章　カナク・アイデンティティ闘争

（6/9/2007）。ポワンディミエでカナクの人々との交流を通してその文化や社会状況を理解していったことが、カレドニアンとしての苦痛をカナクへの憎しみに転化させなかったことにつながったと言えよう。彼女は衝突ではなく、対話と交流によって2つのコミュニティの間に橋をかけることを求めて、ヌメアに移った後、政治の世界に入っていった。

　1986年8月、筆者が初めてグランド・テールを車で回ったとき、84年のエヴェヌマンの時代ではなかったせいか、あるいはほとんど海岸に沿った幹線道路であったせいか、東海岸の森の中で牛に遭遇したり、エンジンの調子がおかしくなった以外、危険な目には遭わなかった。しかし、海岸線とニッケルを埋蔵した山々が織り成す風景が続く中で、カナク独立を支持する落書き、焼け焦げた建物、警戒する憲兵の姿や遊動化作戦の部隊などを目にした。東海岸では、夜、町に入ると暗闇の中で突然眩しいライトで車のフロントガラスを照らされたり、駐留軍キャンプに一瞬カメラを向けたのが見つかって、憲兵に尋問されたり、緊張した空気や出来事の中で、フランスの軍事的プレゼンスを目の当たりにした。

　西海岸では、カナクの若夫婦や2人組の若者のヒッチハイカーを乗せると、彼らは皆一様に、日本人のように控え目で礼儀正しかった。若者はトリビュへ招いてくれたが、残念ながら夕陽が沈む前に宿に着くため立ち寄れなかった。東海岸では、1984年のエヴェヌマンで占拠されたティオを夕闇が迫る中でヌメアに帰るため鉱山町を通過したが、そのバス停でひとりぽつねんと座っていた年取ったカナクのヒッチハイカーが乗車した。彼は、息子は兵役でフランスにおり、選挙ではカナク独立派に投票したと語り、「我々（あるいは人々）はソヴァージュ（野蛮）であることを止めなければいけない」というようなことを呟いていた。この我々（あるいは人々）が意味したのがカナクの暴力やティオの占拠との関連であったのか、あるいはカレドニア人を含めた暴力全般によるエヴェヌマンの文脈であったのかはもはや記憶にはない。カルドシュの言う辺鄙なブルスからフランス製シヴィリザショオン（civilisation 文明）の波及するヌメアのホテルに戻ると、カナクのヒッチハイカーを乗せたことを知ったホテルの主人は、「ソヴァージュなカナクを車に乗せるなんて狂気の沙汰だ」とした。宿の主である夫婦は、政治的に最右翼で反独立派のピエ＝ノワールに見えたが、後になって、アルジェリアではなくリビア出身であることを耳にした。彼らはすでに数十年この地に住んでいたが、カナクとはまったく接触を持たな

いようだった。そのホテルの受付には、フランスの大気圏核実験による巨大なきのこ雲のカラー写真が3枚、額に入れて飾ってあった。それが太平洋のムルロア環礁であったのか、あるいはアルジェリアのものであったのかわからないが、前者では汚染された環礁は閉鎖され、被爆の後遺症に苦しむタヒチ人の存在は長年秘密にされてきた。彼らにとって核実験が誇るべき文明の象徴であるならば、野蛮とはいったい何を意味するのであろうか。文明と野蛮は二分化できず互いに複層化している。

　一方、「私の地はここにある」と何世代にもわたる古いカレドニア人家系出身で、ヌメアの観光協会のカレドニア人女性は、メラネシア人とカレドニア人は、同じ義務と権利を有するべきで、平等な独立なら支持するし、一緒になれば繁栄できるが、FLNKSもRPCRも自分たちの利益のためだけで、カレドニア人のために働かず、RPCRを嫌うカルドシュは多い。問題は肌の違いではなく、政治の不幸と慣習の違いにある。メラネシア人はやさしく親切で好きだし、多くの友人がいるが、ヌメアで稼ぐとお金は家族に上げてしまうし、自然の中にいるので部屋は汚い。「我々はここに文明をもたらし、彼らの野蛮をやめさせたが……」と語っていた（18/8/86）。「自然の中にいるので部屋は汚い」という認識は、彼らの本来のホームが自然の中にあるという観点に立てば的を射ていよう。実際、筆者は、緑の庭はよくきれいに手入れされているのに、まったく雑然としているカナクの部屋をしばしば見かけたが、視座を裏返せば家の中はきれいに保っているのに、自然の中に出かけるとそのままゴミを残していく日本人にも通じるのである。彼女のFLNKSやRPCRに対する批判、「政治の不幸と慣習の違い」は、政治的違いはあっても、1990年代の調査で、ヌメアでエヴェヌマンを経験したカルドシュのカップルA（男）B（女）が当時を振り返ったディスコースにも通じてくる。

　1984年、多くのエヴェヌマンがあったとき、Aはメラネシア人と政治を議論して喧嘩となったが、今は喧嘩を好まないので政治的議論を避け、その結果多くのカナクの友人がいるという。カップルは次のように語っている。1980年に独立したヴァヌアツからのヨーロッパ系避難民と親しく、ヴァヌアツでは白人の店は焼かれ、なにも持たずに逃げ出さなければならず、マジャンタ（Magenta）の空港には、当時、脱出した人々が押し寄せた。独立すれば、我々は追い出されるのだ。世界中どこの国であれ、同じことが起きる。カナクの友人がいようと、それはなにも意味しない。唯単に白人だから、肌の色が違うか

第2章　カナク・アイデンティティ闘争

らという理由で追い出されるのだ。当時、フランス政府はなにもせず、ブラン、ノワールを問わず人々が殺害されるのを放置していた。それゆえ、FN は RPCR と政府を批判して（1984年に）誕生した。もしカレドニアが FLNKS と RPCR に運営されたら、多くの「マグイユ（magouilles 政治的腐敗や闇取引）」があるだろう。このために FN がいるのであって、人種差別主義の問題ではない。FN 党首の家族の中には異なった肌の人々がおり、彼の兄弟は混血のカナク女性を伴侶としている（1/11/98）。

　FLNKS や RPCR に対する批判、すなわちカナク、カレドニア人を問わず、人々が「マグイユ」としてしばしば言及する多くの政治的闇取引や腐敗は、カレドニア政界に顕著であるが、FLNKS と RPCR を主軸としてカレドニア政治が回ってきた結果、両派の対立と闇の中で「マグイユ」が横行してきたと言えよう。フランスの FN と関係している反独立派の最右翼である FN の党首のギイ・ジョルジュ（Guy George）に、筆者はカップルを通して会見を申し込んだが実現しなかった。A は党首とは友人で、友情から FN を支持しているとも語っていたが、FN の「人種差別主義」というレッテルにこだわっている彼らは、FN がカナクや混血を含んでいることで民族の違いを肌の色で表象している。しかし、カナクと非カナクの間の境界を作っているのは、現実には文化であることを、次の B のディスコースは明かしている。

　彼女はトリビュ近くの村の農場で育ち、子ども時代からカナクの友達を有し、学校へは彼らと一緒に通ったが、「カナクは正直ではない。彼らは言いたいことを実際に言わない。頭の中にあることを直接言うカナクはむしろめずらしい。だから、彼らが何を考えているかわからない……仲の良い看護師のカナクの友達がいて……私はカナクの友人を信頼するが、彼らのシステムは信頼しない。恐れを抱かせるのはシステムであって人々ではない。彼らのパラブル（parable 長談義）は、我々ブランにとっては、常になにかを議論するためのものであるが、カナクにとってはそうではなく、なにも語らない談義なのだ」（1/11/98）。「パラブル」については第2部の「共同体の語り」で見るが、学校でカナクと一緒に机を並べても、ニューカレドニアの歴史やカナク文化は教えられず、カナクに対する彼女の認識は、イエスかノーかはっきり言わない曖昧で、すなわち「ノー」と言えない「不可解な日本人」というイメージと重なる。それゆえ、日本人もそうだが、カナクは思っていることを直接云わず「ノー」と言えないのは、相手と対立し、傷つけることを避けるためだと説明したが、他者の文化

システムへの理解は、自己の文化的認識を通した「視覚のパラダイム」が優先していることがわかる。しかし、筆者が知っているBは親切な温かい人柄であり、彼女がカナクと接触し、話したりするのを何度も側で見ており、人種差別主義者にはとうてい見えず、そのカナク文化に対する認識がそのまま運用面において、実践行動として表明されているとは言い難い。彼女は、また「1980年以前はよかった、生活はもっと容易で、メラネシア人の年寄りは尊敬でき大好きだが、若者はそうではない。今では、全てが政治、政治となって疲れてしまった」と嘆息している（17/10/98）。紛争と対立がカレドニア社会を揺るがす以前の古き良き昔、すなわち、メラネシア人が従順であった「カナック」世代を懐かしむディスコースは、他のカレドニア人からも筆者は耳にしたが、「政治、政治」ばかりで倦み疲れたというのは、カナクからも聞いている。

　エヴェヌマンはまた、これまでニューカレドニアの独立のために、カナクと共闘してきたカレドニア人家族を困難な立場に追い込んだ。シヴォによれば、息子たちは学校でヨーロッパ系の父母たちから一緒に遊ばないように言われ、教師は息子に冷たかったという。カナクと非カナクの間には恐れと敵意があり、状況はあまりに悪かったので、カレドニアは終わったように感じたという（27/10/98）。カイヤールは脅迫を受け、車は破壊され、1988年4月の大統領選キャンペーンの最中には、その駐車場の壁に「気をつけろ、カイヤール……お前をやるぞ」と落書きされた。そこには「FN06」（ニースに置かれたFront National〔Alpes Maritime〕）とあったが、ニューカレドニアのFNはこれに絡んではいなかったという（11/98）。

　状況はまた、混血児にとっても複雑であり、混血に関する話題はタブーとなり、混血児を持つあるカナクによれば、問題はメラネシア人か否かの分類的アイデンティティに基づくものだったと語っている（26/10/98）。先に見たイヤンゲーヌでの虐殺事件の裁判では、カナク生存者は16人の襲撃者が全てカルドシュの入植者であることを確認したが、彼らの多くはカナクとの混血の入植者であった。そのうちの2家族（MitrideとLapetite）[32]、7人のみが10代の若者1人を含め容疑者として逮捕された。これらの容疑者はヌメアに取り調べのため送られたが、カルドシュによって支援され、FLNKSやカナクの抗議にもかかわらずシラク首相の下で1986年11月、裁判所の命で釈放された。翌年10月、10日間の審議の後、彼らはカナクの暴力に対する合法的な防御という理由で無罪となった。これは普通の感覚では理解し難いが、カナクによればカルドシュ

によるカナクに対する暴力行為は通常無罪となり、「これが植民地の正義だ」「これが白人の正義だ」という結果になる。ダグラスは、この裁判に関して多くの地方の入植者は混血であるが、裁判所は人種的紛争を軽んじてメラネシア人の間で起きた事件のように扱い、メディアはメラネシア人同士による虐殺として報じ、「文化的・政治的自己同一化」を無視しているとコメントしている（Douglas 1985: 23）。「文化的自己同一化」とは、多民族化したカレドニア社会では、人種的混血とは関係なく、どの文化で育ったかによって、そのコミュニティの帰属が決まるので、混血の入植者たちはカルドシュのコミュニティに帰属し、「政治的自己同一化」はカナク独立派とカルドシュ反独立派という政治的色分けである。つまるところ、カルドシュ反独立派の彼らは、虐殺事件ではメラネシア人が犯した野蛮な行為として都合良く人種的に分類化された意味で、ダグラスは文化的政治的局面を無視した「人種的紛争」として指摘したと言えよう。

　こうした二分化は先述の「人種差別主義者」というレッテルとも重なり、人はどのグループに属するかで、エスニシティと政治的ラインによって線引きされたと言えよう。それゆえ、チバウは、エヴェヌマンの間、カレドニア人の中には、イヤンゲーヌの活動家やマチョロなど、カナクが殺される度に拍手したり、ウヴェア島の事件で仏兵士にカナクが殺されたとき、シャンペンを開けた人もいたと語っている（Tjibaou 1996: 291; 2005: 276）。一方、カナクも、本来は曖昧なその境界概念は消え去り、あるカナクの主婦によれば、エヴェヌマンの間、人々は人種差別主義者になり、カナクは白人やその他の者を見たくなくなり、警官は人々を見張り、ストレスがたまり神経質になり傷ついたと語っている（7/11/98）。しかしながら、1982年、ウアイルーからヌメアに来たワポトロによればブルスでは関係は切れ、人々は政治について議論しなくなったが、ヌメアでは暴力にもかかわらず、カナクとカルドシュは一緒に働いていたのでブルスよりもコミュニケーションの機会があり、反独立派も含め、ヨーロッパ人の友達と接触を保ったという。彼はカナク・アイデンティティの回復要求は他者のアイデンティティを破壊することを意味せず、彼らと自由に問題を議論しあったゆえ、問題が起きるのは常に集団レヴェルにあるとしている（9/11/98）。また当時ヌメアのクリニックで働いていたあるカレドニア人看護師によれば、入院中あるカナク独立派の政治家を看護した。彼女は独立に賛成だが、国はまだ準備ができていないと彼に語ると、「君は正しいが、私は続ける」と言って、彼女を彼のトリビュに招待したという（11/11/98）。彼はカナクの状

第 1 部　ネーションの語り

況を理解してもらいたかったのであろうが、彼女はその機会を逃した。それゆえ、互いの境界は閉じられていたが、このことは個人的レヴェルでの人々の間のコミュニケーションが遮断されていたことを、必ずしも意味するものではないことがわかる。

　このように、エスニシティに基づく文化的相違は政治的対立と絡まり、カナクとカルドシュ・コミュニティの間に境界を作っているが、文化的にはカナクと同じオセアニア文化を共有し、慣習も近い太平洋諸島出身の移民との間の対立の溝も深まった。なかでもヨーロッパ人に次ぐ人口を占めるワリス人は、独立運動において、そのほとんどが反独立派の陣営に与してきた。ワリス・エ・フトゥナからニューヘブリデス諸島の現在のヴァヌアツの首都であるポート・ヴィラを経て、1956 年にニューカレドニアに 6 歳で移住し、「この国の養子となった」というあるワリス人政治家によれば、ワリス人移住者に仕事をくれるのは RPCR であるという。糧としてのパンを与えてくれる意味で彼らは条件づけられ、RPCR に搾取されてきたという。エヴェヌマンの間、ワリス人の失業中の若者は反独立派の傭兵として、RPCR から 1 万〜1 万 5000 CFP（約 1 万円から 1 万 5000 円）[33)] で雇われ、RPCR の戦闘部隊となり、ヌメアやカルドシュの財産を守るために働いた。カナクと戦うためにバリケードのあるところに送られ、ある者は負傷した。こうした対カナクに対するワリス人の存在が目立っていた結果、双方の間に敵愾心が生じ、エヴェヌマンの後、カナクはワリス人を好まなくなったという（6/11/98）。カナクであれポリネシア文化であれ、外国人歓迎の慣習は共通し、歴史的にカナクはワリス人を受け入れてきたが、エヴェヌマンは彼らに対するカナクの不信を増大し、両者の関係は悪化した。

　政治的対立は、また同じエスニシティとしてのカナクの文化共同体内部を独立派と反独立派に二分し、暴力を引き起こした。ナエペルスによれば、カナク独立派の地元の闘争委員会としてのローカル組織は、政治と慣習を節合し、行動と合意のディスコースによって、さまざまな世代と主体を結集したという。しかし、トリビュの全てのカナクが独立派に与したわけでなく、とりわけ保守的な名望家や長老には反独立を支持する者もおり、独立に公に反対した者は、銃や放火、トリビュからの追放や乱闘、村八分など、とりわけ若者たちによって激しく攻撃されたという（Napeles 1998: 289）。トリビュや親族集団の中での政治的対立は常に存在するが、ウヴェア島出身の反独立派のあるカナクによれ

ば、エヴェヌマンの時代、彼のトリビュでは、クチューム（慣習）においてすら分かれ、暴力が振るわれ、長老会議は政治的事柄に関しては議論せず、緊張感が漂っていたという。彼はRPCRに、兄弟はFLNKSに属していたため、もはや互いに話したり、あいさつしなくなり、その関係は困難になったという（11/11/98）。一方、ワポトロは、そうした中でも通夜や婚姻があると、誰もが出席することを余儀なくされ、カナクを結ぶのは文化に帰するという（9/11/98）。あるFLNKSのカナク政治家は、エヴェヌマンの間、反独立派のカナク政治家が、互いのアプローチは違うがゴールは同じであり、状況を鎮めるよう努力すると語ったとしている（27/8/91）。これに似たものとして、あるカナク領域議員による「私は、結局はカナクであり、カナクの主権を信じるが、フランスがまず経済的レールを国に敷くのを見たい」というコメントが、他でも言及されている（Connell 1987: 348）[34]。親族、婚姻、同盟関係でつながっているカナク社会において、「政治的に対立していても、慣習では一緒」というのはカナクからしばしば聞くモットーでもあるが、カナク同士の文化的・親族的親和力と政治対立の力学関係は、古くて新しい相克でもある。

2）ゴサナ事件とチバウ暗殺

しかし、1988年4月にウヴェア島で起きた憲兵所襲撃とこれに続く人質事件は、こうした一連の紛争に休止符を打った最大の事件であったと言えよう。島のトリビュに住んでいる当時18歳であったジャネットは以下のように語っている。ウヴェアには多くの憲兵が駐在し人々は不当に扱われていた。FLNKSの会議は活動家たちに各地の憲兵所を占拠するよう呼びかけたが、ウヴェア島の若い活動家のみが行動をとった。彼らが警察署を攻撃したとき、憲兵を殺す計画はなかったが（4人殺害）、憲兵が彼らを撃ち始めたため、人質を取りゴサナとムリの洞窟に逃げた（17/10/97）。

ゴサナ（Gossanat）とムリ（Mouli）はこの細長い島の中心でもあるファイヤウエ（Fayaoué）にある警察署を挟んで北部と南端に位置するが、後者はシェフや長老たちの圧力と反対によって人質は釈放された。このムリには、森村桂の『天国に一番近い島』やその映画の舞台として、このタイトルは現在ではニューカレドニアの観光キャッチフレーズとなり、ホテルが建ち日本人観光客が潮の満干のように訪れている。筆者も、カナクの家族とこの白砂に眩しくか

第1部　ネーションの語り

ワドリラにあるゴサナ事件のカナク犠牲者の墓と慰霊碑

がやく美しい浜辺にピクニックに行き、子どもたちと歓声を上げながら透明な海を泳ぎ潜った楽しい思い出がある。しかし美しい景勝の外観とは裏腹に、この小さな人口約 4000 人のウヴェア島の内面は複雑である。古代にはポリネシアのサモア人やトンガ人の移住が、18 世紀後半には島の北端と南端にワリス・エ・フトゥナからのポリネシア人の大々的な移住があり、メラネシア語系のイアアイ（Iaai）語に加えて、北端と南端にはポリネシア語系のファガ・ウヴェア（Faga Uvéa）語が話され、シェフリ間の対立、戦争が繰り返されてきた。植民地化以前の 1840 〜 60 年代にかけては、住民は英語圏の貿易商人との取引や、労働貿易でオーストラリアやまた船員となって海外へも出かけ、さらに宗教的には LMS ロンドン伝道協会の布教によって、他のロ諸島のリフ島やマレ島のようにプロテスタントとなり、住民たちには英語をしゃべる者も多かったという。しかし、北部のシェフ、ビゼ（Bizet）がその覇権のために、フランスと結んだカトリックのマリスト会派を招いた結果、植民地化の中で大多数がカトリックとなり、他の 2 島に比べ、プロテスタントは北部のゴサナ（Gossanah）及び島のほぼ中心に当たるファイヤウエとワドリラ（Wadrilla）のトリビュに限られ少数派となった（Howe 1977: 46-52, 65-70; Waddell 2008: 24-27）。

第 2 章　カナク・アイデンティティ闘争

　ゴサナ洞窟に人質を連れて立て籠もったリーダーのアルフォンス・ディアヌー（Alphonse Dianou）は北端のテオウタ（Teouta）のトリビュ出身のカトリックで、フィジーの神学校で聖職に就くため勉強したが、その道を放棄してUCの活動家となった。しかし、仏軍によって住民が狩り集められ、厳しく尋問されたのはこの洞窟のあるゴサナのトリビュで、その中には拷問された者もいた。仏大統領戦に勝利すべく、シラク首相の下で強行された5月の仏軍の襲撃によって、洞窟に立てこもったカナクのうち、まったく事件とは関係のない食糧運搬役の少年を含め19人の若者が非人道的に殺害され、ディアヌーも怪我をした後仏軍に殺害された。事件は内外に大きな衝撃を与え、とりわけウヴェア、なかでもゴサナの人々に深い傷跡を残したのである。

　この悲惨な事件の1年後、犠牲者が合同で眠る慰霊碑のあるワドリラで命日の慣習的式典が開かれ、それに出席していたチバウは、そのスピーチの中で、この事件で犠牲となって流されたカナクの若者の血に何度も言及し、血の贈与に感謝すると表明した（Tjibaou 1996: 307-309）。その数分後、群集の中にいた独立派のカナク、ジュベリ・ウエア（Djubelly Wéa）が放った銃弾によって、チバウはUCのイエウェネ・イエウェネとともに暗殺され、彼もこの後チバウの警護に当たっていた警察官によって射殺された。

　ジュベリ・ウエアは、憲兵隊所襲撃には参加しなかったが、ゴサナの出身で、ディアヌー同様フィジーのプロテスタントの神学校で学んだ後、聖職を放棄した。一時期UCに属していたこともあるが、ローカル活動家となり、現在残っている2校のうちのひとつ、ゴサナのEPKで教えていた。彼の父親は軍の拷問を受けた後に亡くなり、彼自身は、他のカナク容疑者とともにフランスに護送され投獄され、その後釈放された。このウヴェア島での憲兵隊所の襲撃から起きたゴサナ事件に関しては、現在では多くの記事や、また本も書かれ、ドキュメントや映画化（2011）もされているので、それらを参考にされたい。筆者は事件から10年後の97年にウヴェア島を訪れたが、到着してすぐに案内されたのも、この事件の慰霊碑であった。しかし、当時、2回にわたるエヴェヌマン——ゴサナ事件とそれに密接に関係するチバウ暗殺——に関して調査するのははばかられ、島で話を聞いたのはジャネットだけであった。筆者にとっては現在も依然として不明の部分は多く[35]、何を「真実の体制」として捉えるか、何が「真実の体制」として提示されるかを、チバウの暗殺から探ってみよう。

　チバウ暗殺の銃声を聞いたジャネットは次のように追憶している。「我々は

ショックを受け、チバウを殺したのは白人だと思った……ジュベリは決めればそれを実行する人であり、自分の考えで決め、誰も背後にはいない。ジュベリは、苦しいが最後までやり通さなければいけないと言っていた。マティニョン合意調印によって、ゴサナで犠牲者となった者の行為が無駄になり、ウヴェアの人々は失望した……チバウは（式典で）歓迎されたが、殺害されるのがわかっていたのかもしれない……我々はチバウ、イエウェネ・イエウェネ、ジュベリの家族を気の毒に思う」。彼女によれば、ジュベリはオジのひとりで、親切な良い人で、誰かがお金が必要ならば分かち合い、ここの EPK 学校の創立者で、1988 年の憲兵隊所の攻撃では病気で参加できず、話をするために憲兵隊に運ばれたが、手ひどく扱われ、拷問され、大きな無念と憎しみを憲兵に抱いていたという。人質事件当時、ウヴェアの人々はチバウにゴサナに来るように求めたが、彼は来なかった。チバウは問題を解決できたはずなのに……ジュベリの家族はウヴェアの UC の人々によって批判され、隣接のクランと慣習的赦しの和解（pardon coutumier）を行ったと語っている（17/10/97）。

　ウエア家とチバウ家・イエウェネ・イエウェネ家との慣習的和解は、第 2 部で見るように事件から 7 年を経た 2004 年に成立したが、チバウの息子のエマニュエル（E. チバウ）によれば、人質事件の間ウヴェア島は仏軍の下にあって報道も禁止され、チバウはフランス政府と交渉することはなにもできなかったという。マティニョン合意は 19 人の虐殺の責任者（フランス）と（チバウが）握手したのであるから、命日の式典は危険を承知していたが、慣習であり、FLNKS の代表として出席したと語っている（30/8/2007）。両者のディスコースから読み解けば、ジュベリ・ウエアは、自らを精神的に追い込んでいく一徹な人であり、憲兵に対する憤りと無念、ゴサナ事件に対するチバウの姿勢と若者の犠牲を無に帰したとするマティニョン合意に対する失望と怒りがわかる。一方、チバウは、式典出席の危険を予期して逡巡しながらも[36]、人質事件とその犠牲の上にフランスとの合意に調印した FLNKS の責任者として、あえて出席せざるを得ず、ジュベリは、チバウに裏切られたという憤怒と悔しさに追い詰められ、彼とイエウェネ・イエウェネの暗殺の決行に及んだのではないかと推定できよう。

　次に、フランスでチバウにかつて教授したこともある人類学者のギアールによる「曖昧なドラマ：ウヴェア 1988 − 89」（1997）を取り上げてみよう。彼はこのウヴェア島の 2 つのエヴェスマンを文化人類学的な「プレスティージ

第 2 章　カナク・アイデンティティ闘争

（prestige）」あるいは「威信」をカギとする「プレスティージ・コンペティション（prestige competition）」の文脈で分析している。「プレスティージ」については第 2 部で見るが、ギアールはウヴェア島の宗教と伝統的シェフリというコンテクストにおいて、アルフォンス・ディアヌーもジュベリ・ウエアも聖職に就けず、「華々しい行動（spectacular action）」によって威信を回復する必要があったとしている。白人に反対する行動は主要領域（政治）か、最も高貴な系譜との間でプレスティージを競い合う文脈の中に常にあるとして、前者は憲兵隊への攻撃によってそれを達成し殺されたが、後者は参加できず、またその政治的な野心もコミューン（commune）の市町村選挙で敗北し、チバウを暗殺することで、その「華々しい行動」を実行し、問題の根にあるチバウに挑戦することを試みた。チバウの暗殺は、彼がゴサナ事件において仲介することを拒否したことが主要な理由であり[37]、シェフは人々に決定的となるような行為を犯すと体罰あるいは殺害も実行されるという、カナク的伝統をチバウが忘れたことが暗殺を招いたとしている（Guiart 1997）。

　当論文には、両者に関する上記の分析に加えて、チバウへの中傷的記述があり、ベンサらによる批判のコメント（Bensa, Wittersheim 1998a: 221-224）、さらにそれに対するギアールの反論（2001: 249）があり、これについては直接参照されたい。チバウがカナク的伝統を忘れたとは考えられないが、2005 年、当分析に関してギアールに筆者が直接尋ねると、彼は次のように語っていた。ジュベリは共同組合を設立するため政府の補助金を得ようとしていたが、チバウが誤ってキャンセルしてしまったため、資金を得ることができず絶望的になっていた。ジュベリの兄からは、事件の 2 週間前に、ジュベリがウヴェア島に来ないようにとチバウに電話したと聞いた。これは、脅しのほのめかしであったが、チバウは信じず、ウヴェアの社会的内部事情を知らなかった。多くの人々はなにかが起こるだろうとわかっていた。私は、チバウと仏政府に警告したが、両者は聞かなかった。ウヴェア島事件当時、チバウはピサニと電話で話し続け、ウヴェアの人々との電話を拒否した。このことに対して、犠牲となった死者の家族を一軒一軒回って弔問し、人々と話し慣習的和解を——これには 3 〜 4 日かかるが——行わなければならなかった。ウヴェアに行かなければ、彼のプレスティージは失われてしまうからチバウは行ったが、非常に脅えていて、式典を短くしできるだけ早く飛行機に乗ってウヴェアを去りたかったため、犠牲者の家族を弔問しなかった。もしそうしていたら、彼は暗殺されなかっただろう

（13/9/2005）。

　しかしなぜ、ジュベリ・ウエアがチバウを殺害しなければならなかったかに関して、ギアールは「プレスティージ」を要因とする彼の分析に変わりはないとした。プロテスタントのジュベリは、カトリックのチバウとその競争を終わらせたかった。なぜなら、ジュベリはウヴェアで最も重要な人物になりたがったが、チバウはそれをブロックしたからだとしている（13/9/2005）。政治ゲームを好むカナクにとって、プレスティージは第2部で見るように慣習において重要な概念であることは間違いなく、またカトリック司祭から政治家へ転身したチバウが、宗教的にも、系譜的にも、政治的にも、とりわけそのパロールによってカリスマ性を帯び、内外から名声を得ていたことは事実である。もし、ジュベリがチバウを一方的にライバル視していたならば、チバウにとって彼は回避したい人物のひとりであったに違いない。しかし、プレスティージを行動の動機づけにしばしば還元してしまう人類学者の傾向は、人間の複雑な心理を単純化、本質化する危険性がある。また、ワポトロによれば、プレスティージを得るための華々しい行動は振る舞いの問題であって、むしろパロールやときに沈黙がものを言うとしている（10/12/2004）。これはときに「沈黙は金、雄弁は銀」という格言を想起させるが、問題なのは、ギアールは屈辱に対する威信回復を行動の動機づけにすることによって、結果としてこの複雑な事件の「真実の体制」にヴェールを掛けてしまっていることだ。これは、なによりもフランスに対するカナク独立運動の中で起きた事件であり、人質奪還のためゴサナの洞窟を襲撃し、カナクの若者を殺害したフランスと結んだマティニョン合意という政治的・歴史的文脈における「真実の体制」である。

　ワデルによれば、ジュベリ・ウエアはフランスで収監されていたが、マティニョン合意の交渉がパリで始まったとき、釈放されパリにいて、その交渉チームに参加することをチバウに要請したが断られたという（Waddell 2008: 180）。チバウは、マティニョン合意調印後の9月、テレビのインタヴューで、人々が互いに傷つけ合ったウヴェア島の困難な状況において、調印は家を再建したり、傷を癒すものではなく、それには時間がかかり、我々は人々がその居場所を再び見つけることができるように努力することであるとしている（Tjibaou 1996: 278; 2005: 263）。ともに人間として複雑な内面を抱え、独立へ苦悩するチバウとジュベリの間には、ゴサナの悲劇的事件からフランスとの合意に反対し、独立をただちに欲する強硬な考え方と、独立のための準備と人々の傷を癒すため

第 2 章　カナク・アイデンティティ闘争

の 10 年という休戦の中で、非暴力と交渉による独立を構想するプラグマティックな思考との決定的な相違がある。「マティニョン合意によってゴサナ事件の犠牲が無駄になった」ととるか、あるいはウヴェアのあるカナクが言ったように「ゴサナ事件がなかったら、マティニョン合意は生まれなかった」と取るかは、人々の視座や解釈によっても分かれるが、ジュベリが前者であることは間違いない。ウヴェアの事件は、エヴェヌマンが複雑な歴史的・政治的文脈の中で、何が真実として捉えられるかという「真実の体制」の複雑さを示していると言えよう。

　それでは 2 つの合意による和解の時代において、人々はエヴェヌマンからどのような変化を見ているのであろうか。南プロヴァンスのあるトリビュに住むカナク女性は、ヌメアではそうではないが、エヴェヌマンによってもたらされたカルドシュに対する反感は、トリビュのカナクの間で依然として残っていると語っている（13/9/96）。一方、RPCR のルーコット議員は、エヴェヌマンの間、ニューカレドニアに対するヴィジョンがきわめて異なる独立派とコミュニケートするのは難しかったが、（マティニョン、ヌメア）合意によって、今日メラネシア人（独立派と反独立派）は同じテーブルに座り対等に問題を議論することができるようになったと語っている（5/11/98）。オーレンはエヴェヌマンを、憎しみを持って語れば歴史は進まず、エヴェヌマンの後、カレドニア人の大多数はカナクを好まなくなったが、マティニョン合意の後、カレドニア人の精神は変わってきたと語っている（6/9/2007）。ワポトロは、「（現在のヌメア合意による）運命共同体の概念の源はエヴェヌマンにある。エヴェヌマンによって人々は互いの関係における限界を見た」と述べている（9/11/98）。つまるところ、エヴェヌマンによって引き起こされた互いの不信感は簡単には消えないが、人々は、自己の境界は他者の境界でもあるカレドニア多民族社会の限界を見るとともに、ナンシーの言葉を借りれば（Nancy 1992: 47-49）、境界の分割と共有において互いに無限にかかわり合っていることを、認識していったと言えよう。

　エヴェヌマンは、フィジーの 1987 年のクーデターによるフィジー人とインド人移民の民族紛争とよく比較されるが、脱植民地化の問題をフィジーの民族主義と同等に扱ってしまうことは問題の本質を見誤ることになる[38]。ここにエスノポリティックスの複雑さと難しさがあるが、両者に民族的対立は存在しても、フィジーはすでにフィジー人が諸権利を確立し、独立したネーション

（1970）における民族紛争であるのに対して、ニューカレドニアは、植民地体制を歴史的に構造化したフランスからの独立を求める中で起きた紛争である。換言するならば、カナク・アイデンティティの権利回復要求において、オトクトーヌとしてのピープルとその他のエトゥニ（民族）という線引きによる境界がカナクの政治的正当性の主張にとっては必要であり、その結果、カレドニア人であれカナクであれ、これまでの権利を失うことを恐れた陣営が対立し、とりわけ異なった民族の間でエヴェヌマンが引き起こされたと言えよう。境界化は戦略的になされ、状況的でもあるが、政治的に線引きされた境界はカナクとカレドニア人の間に横たわるエスニシティの関係を単純化し、カナク同士の間の文化的、親族的親和性を強調する一方、その複層的な様相を不可視化する。いずれにしても、独立運動の激化の中で政治的対立と対話の欠如は互いの不信を増大させた。暴力となって表出したエヴェヌマンは、「真実の体制」を支える戦術的な力関係のゲームの裏側の相貌でもある。政治的対立だけに二分化することもできなければ、民族的・文化的対立だけに還元化することもできない、政治とエスニシティが複雑に絡み合った様相において、エヴェヌマンは互いを敵か味方かに二分化し、人々の間に敵愾心を引き起こし、大きな苦しみと犠牲を課した。しかし、その代償として、マティニョン合意が政治的に二分された多民族社会に変化と対話をもたらしたならば、人々が支払った犠牲は無に帰さなかったと言えよう。

注
1) 1970年の友好関係原則宣言（決議2625）では政治的ステータスとして、①完全独立、②他の主権国家との自由連合、③住民の自由選択によるその他の政治的地位、④他の主権国家との統合という選択が示されている。オセアニアのその他の島々の政治形態は②の自由連合型には、ポリネシアのクック諸島（1965）、ニウエ（1974）、ミクロネシアのミクロネシア連邦（FSM 1986）、マーシャル諸島共和国（1986）、パラオ共和国（1994）、③のその他の政治的地位には、米自治連邦の北マリアナ諸島（1986）、米未編入自治地域のグアム（1898）と米領（東）サモア（1899）、トケラウ（1925 NZ 非自治領）など、④の主権国家との統合はハワイ（米州1959）や西パプア（1963 インドネシア）、イースター島（1888 南米チリ）がある。自由連合については第3章で見る。
2) ニッケルブームの最盛期の1971年には、ニューカレドニアは、世界のニッケル生産量の20%を占めていた（Connell 1987: 125）。
3) 1971年から76年の間にニューカレドニアにやって来た移民の半分以上がフランスからで、同時期移住した1万人近くのフランス人の約90%がヌメアに居住し、これらのほとんどは、

第 2 章　カナク・アイデンティティ闘争

仏国外居住者で実際には永住者ではなく、その目的はより高い収入を稼いで退職し、フランスに戻ることであるという（Connell 1987: 219）。
4) 『ラヴニール・カレドニアン』によれば、「独立に栄えあれ、自由なカレドニアに栄えあれ、ヴェトナム解放戦線（F.N.L.）は勝利する」と落書きされていた（*L'Avenir Calédonien* No.679: 2）。
5) ネスリーヌがグラン・シェフになったのは、リフ島グラン・シェフの娘と結婚した 1975 年頃と推定される。
6) Y. C. ユルゲイは、6 月 7 日、自治権拡大プランの案を持ってミッションを率いてパリへ行ったが、当時のジスカール・デスタン大統領には会えず、そのプランは海外県・海外領大臣のスターン（Stirn）によって拒絶され、仏政府案を示されたという（*Les Calédoniens* No.21, 26/6/75; 2/7/75: 3）。
7) ラフルールには 1986 年に会見を申し込んだが、これに対して応じる回答は返ってこなかった。
8) FI の派遣代表団は PALIKA のゴロデ以外に、UC のピジョー、FULK のユルゲイや仏領ポリネシア独立派のオスカー・テマルなどで構成されていた。
9) これに先立ち、1983 年 5 月にルモワーヌはニューカレドニアを訪問して、領域議会で円卓会議を提案した。
10) 憲章では、FI の解体理由として、フランスによる脱植民地化プロセスや生得的権利の不履行、「カナク社会主義独立」の否定、外国からの資本主義的帝国主義の搾取や移民導入政策等を列挙し、その結果フランス政府との対話を断り、FLNKS へ組織再編したとしている。
11) ラルザックは、農民の非暴力抵抗運動で知られ、ミッテランが大統領となった 1981 年、軍事基地拡張計画は撤回された。地元の農民グループとカナク独立派との間の連帯や、1985 年から 88 年の間、チバウがラルザックを訪れて人々と深い交流を持ったことなどについては、ワデルを参照されたい（Waddel 2008: 154-162）。
12) 旗は緑、赤、青の横縞の 3 色に塗られ、中央には太陽を背景にカナク文化のシンボルでもある、円錐型の草葺き小屋の屋根に付けられる伝統的な彫りを施した矢形の尖塔で、カナク社会を守る戦士の象徴（flèche faîtière）が描かれている。緑は土地、赤は血を、青は太平洋を表している（FLNKS 1987: 2）。チバウの息子エマニュエル（Emmanuel）によれば、1982 年の UC のクリ（Couli）の会議で、各地区の下部組織からいろいろな国旗案が出され、結局イヤンゲーヌのものが採用されたという（30/8/2007）。
13) このヴィデオは ADCK のメディアティック図書館で見ることができる。
14) 前文「我々カナク・ピープルは、我々の過去と弾圧と戦い自由のための闘争に血を流した先祖を誇りにする。伝統に深く結ばれ、我々は国民の、自由で、統一された、主権を有したコミュニティより成り、それは、異なった起源から出自し、そうした異なった要素を結ぶ連帯の上に築かれたものである。我々は、慣習が我々の基本的な文化価値を表しており、社会生活の基盤を成していることを厳かに宣言する。同様に、我々は、カナク社会の基本的要素であるクランが、国民共同体の利益のために慣習の規則に則り、伝統的な土地所有者であることを断言する。我々は民主的・非宗教的・社会主義共和国であるカナク国家を構成し、その国家主権は人々に属し、それは人々の投票によって実行される。慣習は人々の主権を表すのに寄与する。我々は 1948 年 12 月の普遍的な人権宣言を支持することを宣言し、個人と集団の自由を保障し、あわせて組合活動のストライキ権と自由を保障するものである。我々は死刑を受け入れることは決してない。我々は国連憲章を支持し、太平洋の人々と諸国家との連帯を強化するために、また全ての国と協力するために、いかなる努力も惜しまない。我々は核武装に反対することを宣言する。現前文の条項は憲法上の真価となす」（FLNKS 19/1/1987; Projet de Constitution, Preamble）。
15) フィジーは英国の植民地下で、サトウキビ栽培のために、インドから契約労働者として

第1部　ネーションの語り

導入されたインド人の流入の結果、1980年代までインド人が先住民フィジー人を人口的に多少上回っていた。しかし1987年、インド系とフィジー系の支持を受けた労働党の勝利によって、インド人の権限拡大への恐れからフィジー人の軍事クーデターが起こり、先住民の絶対優位性を確立した憲法に改正された。

16) FLNKSの憲法草案によれば、カナキーは、国会、上院、及び地方議会を有し、大統領は、これらの議員で構成される選挙人によって選出されるとしている。直接選挙によって選出され、強力な執行権を有するフランスの大統領制と比較すると、その権限は小さい。議会の絶対多数による信任投票によって承認される首相及び大臣は、大統領によって任命される。上院に関しては第3部で後述する（FLNKS 19/1/1987; Projet de Constitution）。

17) スミスによれば、「エトノス」は一緒に生活し、行動する人々あるいは動物を意味し、生物学的あるいは親族集団の相違よりも、集団の文化的属性を示唆するという（Smith 1986: 21-22）。

18) フランス語でも英語と同様、ひとつのピープルと表現されれば、O. トーニャの言うようにネーションに相当する意になる。また、nationには英語のネーションと同様、政治的統合体としての国民という意味と、共通の起源や文化を有する人々、すなわち文化共同体としての民族の意味もあり、ethnieをフランス語の辞書で引くと、同義語として冒頭にピープルとネーションが記されている（*Nouveau Petit Le Robert*）。

19) カナキー暫定政府はチバウを大統領とし、内務通信大臣をアンドレ・ゴペア、安全保障大臣はエロイ・マチョロ、外務大臣はY. C. ユルゲイ、財政・国民連帯大臣兼政府スポークスマンをイエウェネ・イエウェネで構成した（FLNKS 1987: 3）。

20) FULUCKは1984年8月、軍事訓練のためにリビヤにその同志を送ったと言われている。

21) チバウのパロールに引かれる者は多いが、彼のパロール集として、ベンサらが編集した『*La Présence Kanak*』(1996) と、その英訳された『*Jean-Marie Tjibaou, Kanaky*』(2005) がある。また、ワデルはパロールから彼の知の伝記（Waddel 2008）を著し、創意と知識、経験によって編まれたその知の軌跡と人間性を描き出している。

22) 太平洋祭は1984年にヌメアで初め行われるはずであったが、流血事件により1985年6月にタヒチで行われた。

23) 彼は、ティンリン（Tîrî）言語地域でコミューン（commune）のラ・フォア（La Foa）、ファリノ（Farino）、サラメア（Sarraméa）地域の地図を作成した（Vladyslav 1998: 15）。

24) 生存者の証言を掲載した『ブエナンド』紙によれば、12月5日に活動家はFLNKSの集会に行き、FLNKSがピサニと交渉することを決定したので、道路封鎖を解くように指示された。襲撃は彼らの車2台がカルドシュの家の近くの道路に横たわっていたココナッツの木に遭遇して、それをどかすために車を止めたときに起きた。入植者たちは銃撃を始め、明かりを照らして彼らを殺害し、負傷者を犬で追い詰め、また車とチバウの家に火を放った。生き残った者は暗闇の中を川まで転げ落ちて村に泳ぎ着いたり、ブッシュの中に隠れたという（No. 94-95, 14/10/87: 3-35）。

25) ウオーカーによれば、イホ・フェヌア（iho whenua, イホは「核、中心」）とは、へその緒の中心を意味し、子どもとフェヌア、すなわち土地との関係を象徴し、その場所に植えられた木は子どものイホ・フェヌアとして名付けられ、子の土地とのつながりと所有権を意味するという（R. Walker 1990: 70）。

26) ワイタンギ審判所の裁判官の構成人数や任命に関しては、「Treaty of Waitangi Act 1975」の4、4A、4B項を参照されたい。ワイタンギ審判所は、条約のパートナーシップを反映して、マオリと非マオリの同等の代表団として、議長と副議長を含めた20名までの審査員で構成される。その任命は、法務大臣と協議した、マオリに関係する事柄を扱うマオリ担当大臣（Minister of Maori Affairs）の勧告に基づいて、NZ総督によってなされ、2009年4月時点で、19人の審判員がいる（Waitangi Tribunal F）。

27) 前の引用句は、土地回復をしたあるマオリの言葉を引用している M. Kawharu (2010:

100）から、後者は、Walker（1990: 282）のコメントである。
28)「選挙民」と「NZ の人々」は、OTS 2002: Guide to Treaty of Waaitangi Claims and Negotiations with the Crown Ka tika a muri, ka tika a mua, Healing the past, building a future: 22 から M. Kawharu（2010: 75）が引用しているものを参照した。
29) たとえば、現在の国民党政権はマオリの数多い返還要求を早く終了させるために、2014 年を最後としてセツルメントを急いでいると聞いた（2/2014）。
30) ヘクターの「内なる植民地（internal colony）」では、植民地開発によって文化的分業による労働が生み出されるが、それは、周縁の先住民文化集団が首都周辺の開発された地域から取り残されるからであるとしている（Hecter 1975: 15-45）。
31) コーネルによれば、1976 年カナクは勤労者の 28%、それに対してヨーロッパ人は 46%、ワリス人やタヒチ人は 7% を構成していたが、同年、雇用可能人口の 7.5% は失業しており、メラネシア人の失業率は潜在的には高いが、地元への U ターンによって最小化されるという（Connell 1987: 157, 161）。
32) ダグラスによれば、容疑者のひとり Maurice Mitride は、フランス人と仏海外県のレユニオン島出身者との混血であるという（Douglas 1985: 21）。
33) CFP はオセアニア仏海外領の貨幣で、1 パシフィック・フランは日本円で約 1 円。
34) このコメントの直接の引用は、H. Fraser 1985: 'A picnic with war on the menu'（The Age, 28 February）による。
35) たとえば、ジュベリ・ウエア以外に、もうひとり共犯者がいたとも当初報道されていた（Waddell 2008: 209）。
36) ワデルは、チバウが式典に出席することに躊躇していた様子を描いている（Waddel 2008: 19）。
37) ギアールによれば、チバウが洞窟に立て籠もった活動家を仲介することを拒否したのは、ミッテランとの暗黙の協調であり、ミッテランは大統領選に勝つために、シラクが人質作戦を強行するままにしたとしている（Guiart 1997: 92）。
38) リンネキンは、1987 年のフィジーのクーデターと 88 年のウヴェアの人質をめぐる戦い（シラクによる人質奪還作戦）は、民族政治からの避けられない結果であり、FLNKS はカナクと非カナクの間の二極化を求めたとしている（Linnekin 1990b: 171）。

第 1 部　ネーションの語り

第 3 章

現代アリーナの中のカナク・アイデンティティ

I. 合意の時代

　この「ネーションの語り」を締めくくる第 3 章を始めるに当たって、第 1 章「カナクの創成」を植民地化という第 1 幕、第 2 章「カナク・アイデンティティ闘争」を脱植民地化運動という第 2 幕とするならば、第 3 幕「現代アリーナの中のカナク・アイデンティティ」の第 1 場「合意の時代」をどのように表象したらいいのであろうか。世界との連動で見るならば、冷戦構造の雪解けと東欧の民主化が始まり、ベルリンの壁が崩壊する 1 年前の 1988 年に結ばれたマティニョン合意は、カレドニア社会の和解の時代を象徴している。さらに、合意が終了する 1998 年に調印されたヌメア合意は、冷戦構造崩壊後の市場経済が席巻するグローバル化の中で始まった。この意味でも、第 2 次大戦後の世界システムの崩壊と単一の市場システムの中で誕生した 2 つの合意は、脱植民地化運動とは明らかに異なった様相で、カナク・アイデンティティを世界と節合していよう。解放運動から独立運動を通した脱植民地化という第 2 幕において、カナク・アイデンティティがネーションを求めた権利回復の使命を担っていたならば、この第 3 幕において担っているのは、グローバル化の中での「国の建設」であり、この意味でもアイデンティティはプロセスであることを証している。一方、ヌメア合意で見るように、植民地化で踏みにじられた人間としての尊厳の回復を果たし、フランスからの権限の移譲が拡大していくプロセスにおいて、ポストコロニアルな状況に入りつつあると解釈しても、「ポストコロニアル」が文字通り脱植民地化後の状態にあることを意味するならば、主権はまだフランス国家にあるゆえ、脱植民地化は完了していない。何をもってポストコロニアルな状況に入ったとするかは、いかなる局面を捉えるかによっても異なろう。いずれにしても、この第 3 幕の現代アリーナでは、ポストコロニアルに向かいつつあるプロセスの中で、いかなる方向にネーション・ビルディングを進めて

第 3 章　現代アリーナの中のカナク・アイデンティティ

いくかが、カナク・アイデンティティに問われていると言えよう。

　ここでは以下で、「合意の時代」を「マティニョン合意」から「新合意への交渉」、さらに「ヌメア合意」と 3 段階に分けて、ネーションとしての「主権」の追求による「脱植民地化運動」の結果、これらの合意がいかなる成果を上げたか、その意味するところを探っていく。

1. マティニョン合意

　「ニューカレドニアのコミュニティは、それぞれの集団的尊厳と人々とその財産を保全しながら、数十年にわたる理解の欠如と暴力の中で、これまで余りあるほどの苦しみに耐えてきた。一方にとっては、調和あるニューカレドニアを達成するのは、仏共和国の制度的枠内でしかなく、もう一方にとっては、それは主権と独立を確認することによってしか考えられない。この 2 つの対立的信念が衝突し、内戦に近い状況に陥る今日までその出口を見出せなかった。今日両者は、人々が将来について自由に確信をもって、自らの運命を決める選択ができるような状況を作り出すために、なによりも公共の平和を確立することが緊急に必要であることを承認した……」（GF 1988a: 前文）。

　このように、1988 年 6 月 26 日、ロカール（Michel Rocard）首相によるイニシアティヴでパリのマティニョン官邸で首相と独立派と反独立派の代表の 3 者間で調印されたマティニョン合意（Accords de Matignon）[1]の前文は、チバウとそのカウンターパートの RPCR 党首のラフルールが握手している写真とともに、カレドニア社会の和解の幕開けを象徴的に告げている。しかし、この前文において、両者の衝突の源にあるフランスの植民地化とそれに対するフランスの責任、両者の衝突を回避するための脱植民地化のプロセスについては言及されていない。FLNKS がその戦略は、まず第一にフランスに向けられると言明していたように、10 年にわたるカナク独立運動はフランスからの脱植民地化の闘いであり、その意味でフランスは主体としての当事者である。しかし、あたかも第三者的審判のように両者の間に割って入り、とりあえず衝突をストップさせ、平和をもたらすことによって、責任を回避しているようにも見える。換言すれば、このディスコースの内にあって客体化されているのは語られている両者であり、その後見役として語り手であるフランスは外にあって、語

第 1 部　ネーションの語り

る者と語られる者の行為はそのまま植民地化の関係に相当し、ここにはフランスという語る者の特権が見える。

　こうしたことを踏まえた上で、まず、和平プロセスを敷くピース・プランとして結ばれたマティニョン合意とその連邦主義的解決法としての地方分権化を見る。次に、当合意の最重要課題であり、独立への戦略でもある経済社会プロジェクトと国の建設における人々の和解に関して探っていく。

1）ピース・プランと連邦的解決法

　それでは合意はどのようにもたらされたのであろうか。ゴサナ事件後、ニューカレドニアへロカール首相は対話の使節団——エヴェヌマン当時、ピサニの下で働いた（1984 〜 85 年）ブラン（Christian Blanc）を団長に、カトリック、プロテスタントから成る宗教関係者 6 名——を 5 月に派遣した。ミッションの目的は、第一に平和を確立することにあり、それとともに、対立するカナクとカレドニアンのコミュニティ間の将来についての合意の基礎を作ることであった。3 週間の滞在の間に両派 200 人以上の人々とウヴェアからチバウの故郷のティアンダニートまで訪れ、話を聞いたという。ブランが、国民投票を組織し憲法上保障される内容の平和プランを交渉することによって、ニューカレドニアの未来を保障する提案をしたところ、チバウはそれに直感的に反応し、同意したという（Waddell 2008: 168-171; Rollat 1989: 259; Freyss 1995: 63）。その報告書を基に、6 月 15 日、それぞれの代表団を率いたチバウとラフルールの両者は、ナンヴィル＝レ＝ロッシュの円卓会議以来初めて、マティニョンの官邸で首相とともに会い、合意に達するための枠組みについて会談した。両派の代表団はチバウとラフルール以外に、独立派は UC のイエウェネ・イエウェネやオブザーバー的立場で参加した LKS のネスリーヌ、また反独立派には RPCR のウケイエやフロジエ（Pierre Frongier）などで構成されていた。代表団との交渉を経て作成された合意文書は、持続的和平の条件と国家がその安全や保護に公平さをもって保障すること、自決権の投票に至るためのニューカレドニアの制度的・経済的・社会的措置に関する 2 つのテクストから成っている（GF 1988a）。これに基づいたニューカレドニアの法案（JORF 1988a）のために、同年 8 月 20 日に海外県・海外領大臣のル・パンセック（Louis Le Pensec）とパリでウディノ合意（Accord d'Oudinot）が結ばれ[2)]、当合意で初めて「メラネシア人」は植

第 3 章　現代アリーナの中のカナク・アイデンティティ

民地化から派生した不均衡の第一の犠牲者として、地理的・経済的均衡における主要な享受者として、またその特別地位上の土地及び文化的アイデンティティの権利を行使する権利があるとした（GF 1988b; JORF 1988a:12568）。この両合意を合わせて通称マティニョン合意と呼ばれている。当合意の制定法（JORF 1988b）は国民投票によって 11 月 6 日、80％の賛成によって承認されたが、多くの若者が犠牲となったウヴェア島では 54％がボイコットし、とりわけゴサナでは棄権が多かったという。別名ピース・プランと呼ばれる合意の最大の目的は、和平の達成と連邦的解決法による経済開発にある。

　すなわち、前者では、カナク・ナショナリズムの勃興の中で激化した独立派と反独立派の対立に休戦をもたらしてカレドニア社会を鎮静化し、他方、独立への自決権の住民投票を 1998 年に行うとした。論争の多いこの自決権に対する選挙資格については、1988 年のマティニョン合意に関する国民投票以来居住している者とその成人に達する子どもたちに限定して選挙人名簿を凍結し、名簿は行政委員会による定期的なチェックと修正が行われる（JORF 1988b: Art. 1, 2: 14087）。しかし議会選挙など住民投票に影響を与えるその他の選挙に関する選挙人名簿の凍結はないため、独立派はニューカレドニアの地で生まれた者に限定されるべきとして選挙人名簿の修正を求めてきた（Tjibaou 1996: 272; 2005: 256）。結局、ピース・プランは平和の中では、ニューカレドニアの将来の政治的地位に関して、人々に考え決定する 10 年の期間を付与したが、独立派が少数派の中で独立の保証を与えることなく、前文における第三者的トーンそのままに問題は先送りされたと言えよう。この意味では、合意は独立派にとっては妥協を、反独立派にとっては歓迎を意味しよう。

　チバウは、後で「私は罠に陥った。良い（合意）と思ったのだが」と[3]、合意に対する彼の恐れや迷い、後悔を示していたという（Waddel 2008: 177）。それでは、どうしてチバウと FLNKS は、短期間内になされたこの合意文書を受け入れたのであろうか。「我々が賭してきた闘いは多くの死をもたらし、家族は悲嘆にくれ、息を継ぐ間を必要としている」とチバウは語っている（Tjibaou 1996: 274; 2005: 258）。ウヴェアでの事件をはじめとした流血の紛争がもたらした緊張と不穏の社会的状況に、カナクもカレドニア人も、独立派も反独立派も倦み疲れ、和平を求める点で一致したと言えよう。同時に、チバウは、彼を政治的に動機づけるのは希望であり、平和の中で人々がより良く生きていくことができる希望に言及している（ibid. 1996: 284; 2005: 270）。それは、合意によっ

第1部　ネーションの語り

て平和と和解をもたらし、それぞれのコミュニティが尊敬をもってお互いに関係し合うことによって、「この国の建設（construction du ce pays）」[4]にコミットすることであるとしている（ibid. 1996: 281, 269; 2005: 266, 253）。つまりは、コミュニティ間の和解のプロセスを通してネーション・ビルディングを進め、独立に導くという希望である。

地方分権化においては、グランド・テールはヌメアを含む南と北の2つのプロヴァンス、及びロイヤルティ諸島プロヴァンスに分けられ、任期6年の議員（南32議席、北15、ロ諸島7）と議長で構成される各州議会（Assemblée de Province）を有し、議員から選出される議長は行政の長として州政府の首班となる（JORF 1988b: Article 13）。合意が始まった1989年、全人口（16万4173人）のうち、南プロヴァンスが68.1%（11万1735人）、北が21.0%（3万4526人）、ロ諸島が10.9%（1万7912人）を占め、南は、ヨーロッパ人とその他のコミュニティが74.2%に対して、カナクは25.8%である。各プロヴァンスでカナクが占める割合は北78.7%、ロ諸島98.1%であるが、最大のカナク人口は南にある（INSEE 1989: 11, 22）。ロカール計画による3州分割は、短期に終わった主島を横断的に分割して4つのうち3つを独立派が制したファビウス法（JORF 1985）と、縦断的に分けて4つのうち2つに削減したポンス法（JONCD 1988）との間をとっており、10年という期間の中で政策的・制度的な安定を図ることを意図したと言えよう。合意に基づく最初の選挙（1989）では北とロ諸島の2つのプロヴァンスでFLNKSが、南でRPCRが勝利した[5]。各プロヴァンスはその経済開発、土地改革、土着言語の教育、地元の文化、社会福祉政策などに関係した予算、プロヴァンスの開発計画やインフラに関する権限を有し、プロヴァンス議長は審議や予算を準備し、歳入歳出をまとめ、プロヴァンスの権限を執行する（GF 1988a: texte 2; JORF 1988b: Article 32-39; GF 1988d: 38; JORF 1988b: Article 25）。

プロヴァンスのこうした行政を含めた大きな権限に対して、ニューカレドニア全体の議会（Congrès）は議員選出の議長と州議会議員合計54人で構成され、合意後初の1989年の選挙ではRPCR議長の下で反独立派が議席の3分の2を占めた[6]。議会はプロヴァンス間を調整し、ニューカレドニアに関する予算やインフラ、初等教育などに関する権限を有するが、議員から選出される議長は、プロヴァンスとは異なり行政的権限を有していない（JORF 1988b: Article 40-56; GF 1988a: text 2）。一方、仏国家は国際関係、金融、防衛、法と秩序、海外か

らの投資、移民、市民権、鉱山採掘権、初等教育以上に関する管轄権などを有している。とりわけ、合意の最初の段階では和平維持のために、国家の権限は強化され、ニューカレドニア全体の権限は、フランス高等弁務官に委託され、彼は議会の行政として大きな権限を有する[7]（JORF 1988b: Article 8, 64; GF 1988d: 37, 38）。これには、元ニューカレドニアの高等弁務官であったクリスナート（Alain Christnacht）によれば、チバウが合意交渉においてロカール首相に「1年だけ、仏高等弁務官が全ての権限をもって直接その管轄下においてほしい」と求めたという。驚いた首相に対して、チバウは、国は分裂しており、カレドニア人との間の均衡と政治的問題のために、カナクがプロヴァンスの権限行使の準備をするために、猶予期間の必要性を述べたという（5/7/2005）。ここからも、チバウが、ニューカレドニアがまた元の対立と紛争に戻ることを危惧して、それをコントロールするためにフランスの権限を必要と考えていたことがわかる。

　つまるところ、マティニョン合意はニューカレドニアの自治権拡大を意味するものではなく、むしろフランスの伝統的な中央集権型の下でのプロヴァンスの自治権プランとも言えよう。J. S. ファーニヴァルによれば、連邦主義は、一方で異なった要素から成り経済的相違など別々に対処しなければならず、他方、政治的にひとつの枠組みの中にこれらを統合しなければならないような複合的社会において、異なった要素を認めると同時に、それらを一緒に維持するための解決策としている（Furnivall 1944: 446-469; 江戸 1991: 99-100）。これに鑑みれば、ロカール計画は、強力な主権国家の後見の下で、政治的・経済的・民族的に異なった状況にある各州がそれぞれの権限の下で行政に取り組む連邦主義的解決法と言えよう。独立問題を10年間棚上げすることによって妥協し、その間にプロヴァンス・システムの下で、とりわけカナクの大多数が居住し独立派の下にある、開発の遅れた北及びロ諸島プロヴァンスの状況を改善し、民族的・地域的な経済格差を是正し、社会的・経済的・文化的発展を進めようというものである。3プロヴァンスにおいて、カナクの政治家は与えられた権限によって、開発を推し進め、地方行政を運営していくことで、行政的経験や手腕を積み上げていくことができる。当時、こうした連邦主義の中で、ヌメアを中心とした南部から切り離されたカナク多数派の2地域の「分離独立」を推定した記事を読んだ記憶もあるが、これはあり得ないであろう。独立派がこの合意を受け入れた背景には、これまでの反資本主義に対する社会主義的戦略から、

経済開発と主権の獲得を結びつけた独立派の戦略転換にある。チバウは次のように語っている。「これは我々が現在やっている最も重要な賭けである……今日経済的周縁にいる我々メラネシア人は、戦いの道具として経済的ツールを使い、責任ある地位と独立を達成するために経済の不可欠な一部となることを決意する」(Tjibaou 1996: 280; 2005: 265)。それゆえ、これまでの独立へのまっすぐな一本道から、迂回路を設けることによって、カナクの社会的・経済的な開発能力を増大して、行政的運営能力を取得し、主権獲得への道につなげるという迂回戦略である。ここには、経済発展が独立に導くのであって、その逆ではないという見直しがあろう。

しかし、国家という、いわば大蔵・財務省管理の下で、各プロヴァンスに補助金がばらまかれ、プロヴァンスはその経済開発の投資や予算を賄うという意味でも、日本の地方交付税のイメージを想起させる。ここからも、中央集権型の日本において地方政府が中央政府への悪しき依存サイクルから脱却できないように、フランス国家の補助金への依存が、プロヴァンスの自立体制よりも依存体制を育むと想像するに難くない。この意味では、チバウが言うように「行政によって彼らを疎外する手段のひとつとして使われてきた経済」に対するカナクの「尋常でない賭け」でもある (ibid. 1996: 280; 2005: 265)。

2) 経済社会プロジェクトと国の建設

それでは、合意の最大の目玉でもあり、その成否を左右する経済社会プロジェクトはいかなるものなのであろうか。各プロヴァンスの権限の下で、フランスからの援助による開発が促進されるが、経済面において、南プロヴァンスとその他の州との社会経済格差は大きい。南（州都ヌメア）はカレドニア経済の主軸であり、グラン・ヌメアや開発の進んだ西海岸のコミューンで構成され、東海岸にはティオの鉱山、南部にはゴロ (Goro) に鉱脈やヤテ (Yaté) に水力発電所もある。北プロヴァンス（州都コネ Koné）の東海岸の多くのコミューンは開発が遅れているが、ニッケル資源がポロ (Poro)、クアウア (Kouaoua)、西海岸のネプイ (Nepoui)、コニアンボ (Koniambo) などに、またティエバギ (Tiebaghi) にクロムがあり資源的には恵まれている。それに対して鉱物資源を持たないロ諸島プロヴァンス（州都リフ島ウエ Wé）は、コプラが主要産業にとどまり未開発である。

第 3 章　現代アリーナの中のカナク・アイデンティティ

　こうしたプロヴァンス間の経済格差の均衡を図るために、仏国家とプロヴァンスとの間で各年ごとに開発契約が結ばれ、民間投資に対するフランスの融資や助成金の割合は 4 分の 3 が北と口諸島に、4 分の 1 が南に向けられ（JORF 1988b: Article 84; GF 1988c: 38）、各プロヴァンスにおいて、その経済発展にとって主要な産業セクターや開発などに関して、融資や投資を支援するいわば開発公団のような南プロヴァンス PROMOSUD、北 SOFINOR、口諸島 SODIL が創立された。また各プロヴァンスの社会経済発展をサポートするため、助言を与える経済社会委員会（Comité économique et social）[8]や投資を促進するための資本投資（参加）機関 ICAP が創設された。こうした行政的な投資会社や機関の下で、いずれにしても、プロヴァンスの経済開発の主軸となるのは輸出の 90% を占める最大の基幹産業であるニッケルである。1863 年、ニューカレドニアの鉱物資源の探査に派遣されたフランス人鉱山技師ガルニエ（Jues Garnier）によって発見されたニッケル鉱石は、これまでに約 800 の鉱山が採掘され、なかでもガルニエをはじめとした創始者によって 1880 年に創建された鉱山会社 SLN（Société Le Nickel）は 1930 年代からグラン・ヌメアにあるドニアンボ（Doniambo）・プラントでニッケル精錬を行ってきた。ニューカレドニアの地下資源、すなわち鉱物資源は仏国家に属し、SLN は現北プロヴァンスのネプイ（Nepoui）、南プロヴァンスのティオ、ポロ（Poro）、クアウア（Kouaoua）の 4 大鉱山センターをはじめとして、これまで国家を主要な株主としてニューカレドニアにおけるニッケル採掘権をほぼ独占してきた。

　マティニョン合意の下で、北プロヴァンスの融資・投資会社 SOFINOR は、1990 年に鉱山所有者でもある RPCR のラフルールから彼の会社 SMSP（南太平洋鉱物会社）をフランス政府の資金提供で購入した。これは、北プロヴァンスにカナダのニッケル精錬企業 Falconbridge（ファルコンブリッジ）との合弁で精錬所を建設し、雇用機会を促進し、これまでの SLN の独占にストップをかけ、南との経済格差を是正し、プロヴァンスの経済発展を促進するという SMSP 構想である。UC は SMSP が鉱山市場を再組織して人々全体の利益のために開発のツールにならなければいけないと主張している（*L'Avenir Calédonien* No. 1016, 20/1/97: 2）。これには、カナクが鉱物資源とニッケル産業に対する権利を獲得し、コントロールすることが北と南の均衡を図ることのみならず、「国の建設」における経済的自立となるカギを握るからである。このニッケル精錬所計画は、次節で見るようにコニアンボ鉱山を資源とすることに

第 1 部　ネーションの語り

1996 年決まった。

　一方、南プロヴァンスで、このコニアンボ・プロジェクトに相当するのがゴロ・プロジェクトであるが、ゴロには、日本との関係で歴史的にも古い鉱山が残っている。第 3 部で見るように、19 世紀末から 20 世紀初頭にかけて鉱山契約労働移民が送られ、1930 年代には日本の資本でフランス人を取締役にした現地鉱山会社ル・フェール社（Scociété le Fer）や、大洋鉱業会社（Société Minière de l'Oceanie）などが設立された。1940 年のピーク時においては、そのニッケル鉱石の日本向け輸出は 6 万トン余りに達し（パロンボ 2006: 30）、明治から今日に至るまで日本は重要なニッケル・パートナーとなってきた。ル・フェール社は、南プロヴァンスにあるゴロ（Goro）の鉱脈を開発するため、グランド・テール西端の太平洋を眺望する海岸沿いの高さ約 170 メートルの岩壁の高台に鉱山センターからケーブルを敷設した。1938 年から太平洋戦争勃発によって閉山を余儀なくさせられた 1941 年まで、約 1500 人余りが働き、41 万 5000 トンを採掘した。海に突き出たその係船柱や滑車、収納所などのその鉱山跡は、現在日本人が残した「日本人の鉱山」（le mine de Japonais）と呼ばれている（http://Mine des Japonais-Mine de Goro）。近年に入って、ゴロの鉱山開発プロジェクトは、カナダの Inco（インコ）グループの多国籍企業によってその化学工場の建設が進められ、2005 年に日本の住友・三井グループはそのゴロ・ニッケル社（Société Goro Nickel）と資本提携し参入している（パロンボ 2006: 30）。しかし、第 2 部の「共同体の語り」で見るように地元住民との対立や環境面で問題が多い。主島には、「日本人の鉱山」を含めて、採掘後そのまま放棄された「孤児の鉱山」（mine orphelin）と呼ばれる古い鉱山跡が多く残されており、環境汚染という深刻な問題を抱えている。この「日本人の鉱山」跡を訪れる機会は逸したが、1986 年に主島を車で周遊したときに、クアウア（Kouaoua）で壮大な、しかし環境破壊的な風景――幾重にも削られた茶色の山肌を曝した鉱山採掘現場――と遭遇し息を呑んだ。また SLN のドニアンボ工場では、赤く燃えたぎる炉のニッケル精錬を見学したが、精錬所から立ち昇る煙が南太平洋の青い空を沈鬱な灰色に汚している。実際、この古い工場からの汚染によって、住民には呼吸器疾患や喘息の問題も生じているという（Pitoiset 8/9/2006）。

　フレイスによれば、ニッケルはニューカレドニアにチャンスを与えると同時に、逆説的に呪いを課しているという。なぜなら、ニッケル市場の世界的動向に大きく左右されるという外的要因によって、地元やカナクのアクターとして

第3章　現代アリーナの中のカナク・アイデンティティ

クアウアの採掘現場

の管理能力から外れて、制御できないという問題を抱えているからである（Freyss 1995: 73）。こうした経済的動向や環境汚染という問題を抱えながらも、ニッケルは、「国の建設」のための経済発展に欠くべからざる基盤となる使命を課せられていると言えよう。一方、合意は、各コミュニティが経済的権限と社会的責任を持つことを言明し、とりわけ、不平等の第一の犠牲者である「メラネシア人」は地理的・経済的均衡における主要な受益者でなければならないとしている（GF 1988b; JORF 1988a: 12568）。この地理的・経済的格差の是正という文脈においては、ブルス（地方）とトリビュの社会的・経済的条件を改善するために、フランスは道路、電気、病院、学校、住宅を建設し、コミュニケーションと公共衛生のため大規模な補助金を供与した。

　インフラ整備では北プロヴァンスの横断道路や、東海岸のウアイルーとカナラの道路、また西海岸のネプイの港建設などがある（GF 1988b）。横断道路は西海岸の州都コネ、プーワンブー（Pouembout）と東海岸のポワンディミエ、トゥオ間の内陸の山間を縫って結ぶもので、北にとっては長年の夢であった。しかし、フレイスによれば、この横断道路は4つのコミューンを都市開発の拠点として節合し、西海岸と東海岸の均衡を図るものだったが、結局は東海岸の犠牲の上に西海岸の発展を保証するものとなり、依然として両海岸には不均衡があ

191

り、また北プロヴァンスの開発が進む一方、南プロヴァンスの開発も進むのでプロヴァンス間の均衡はなくならないという（Freyss 1995: 406-407, 413）。一方、LKS のある幹部によれば、横断する山間のトリビュはこのような道路建設によってもたらされる設備から、離れたところにあるので電気など恩恵を受けることはできず、多くの金が無駄に使われたという（Saihu 2/10/97）。北プロヴァンスの東海岸の故郷のトゥオから戻ってきたポワグーヌも、人々は高い谷間の同じ家々に住み、電気も水もなく、このようなトリビュがまだあり、厳しい生活を送り、10 年間で状況は変わっていないし、政治家はトリビュの人々について考えていないと語っている（27/10/98）。ネアウティンは、プロヴァンス化によってヌメア以外で初めてインフラ整備で目に見える変化があったが、格差是正を行うには十分でないとしている（2/10/97）。マティニョン合意末期の 1990 年代の調査では横断道路を走る機会がなかったが、東海岸の道路は 1986 年に最初に主島を回ったときに比べ、格段と整備されていた。しかし、インフラ整備はできても、カナクのトリビュの多くは地理的に離れた山間にあり、電気など経済開発の恩恵が届きにくいことにおいて、人々の社会的・経済的な生活状況を 10 年で改善していくのには時間が足りないと言えよう。

　格差是正における主要な受益者であるはずのカナクの人的資源の開発は、カナクの生産的・社会的ネットワークの知識＝力として、ネーション・ビルディングにおいて重要である。合意では行政職養成機関 IFPA を創立し、通称 400 カードゥル（400 cadres）と呼ばれる、400 人規模の管理職養成を目的とした研修プロジェクトを創設した。この 400 人養成プログラムの結果、メディアではカナクのニュース・キャスターも見られるようになり、フランス国営放送のラジオ・テレビ海外放送 RFO も、以前より均衡のとれた番組や情報を提供するようになった。その RFO で最初のカナク記者となった J. カイエ（Josephe Caihé）によれば、「400 カードゥルの結果、RFO では約 30 人のジャーナリストが働き、記者としての中立性を保たなければならないので、政治的立場を明らかにすることは職業的にできないが、ラジオ・ジドーは全てカナクである」（2/11/98）と、ジドーの独立派の立場を示唆した。しかし、管理職、専門職に就いているカナクは依然として少ない。1996 年、行政、商業、工学、教育、情報分野における専門職は 5403 人であるが、ヨーロッパ系 84.1%（4548 人）に対して、カナクはそのうち 6.3%（344 人）を占めるにすぎない（ITSEE 1997: 115）。ロ諸島プロヴァンスでは、カナクはエンジニア 3 人、技術者数人、医者

第3章　現代アリーナの中のカナク・アイデンティティ

1人、判事1人、教授1人を数えるだけである。400人養成プログラムでは、資格のある者は上級、中間管理職に就くので、さらなる研修のためにフランスに送られ、プログラムの80%はカナクに向けられているはずである（CL No. 38: 5）。しかし、結果的にはカナクよりも非カナクが多い。あるカナクによれば優先権はカナクに与えられるはずなのに、無視されていると語ったが、資格のあるカナクが少ないこともあり、言語的・文化的相違、社会的・経済的環境の違いから、フランス語とそのシステムに根差した教育や技術研修にはハンディがあり、カリキュラムを終了できないカナクもいる。

　教育面では、マティニョン合意の下で、カレドニア社会全体の教育と専門職の水準を上げるため、フランスと同様、学校教育は16歳まで義務教育となり、中等学校や公立の高校が増設された。しかし、プロヴァンス・民族格差は大きい。1989年に南プロヴァンスでは中等教育を受けた者は全体の43.6%であるが、北プロヴァンスでは23.2%、ロ諸島では27.4%である（INSEE 1989: 39）。一方、大学入学資格バカロレア（baccalauréat）を有する者は1996年には6946人で、ヨーロッパ系は4881人（70%）に対して、カナクは779人（8.9%）である（INSEE 1996: 43）。また、1988年に「太平洋フランス大学（UFP: Université Française du Pacifique）」のセンターが開設され、文学、言語、人文科学系はヌメア郊外のマジャンタ（Magenta）に、1992年に法律、経済、経営、科学技術部門は郊外のヌーヴィル（Nouville）に新しいキャンパスが造られ、それまでのようにフランスへ留学しないでも、大学で勉強することができるようになった。その結果、1989年には大学入学資格後、5年間勉強した者は1321人で、ヨーロッパ人1224人（92.6%）に対してカナクは11人（0.8%）にすぎなかったが（INSEE 1990: 70）、1996年には大学あるいは大学院レヴェルに達した者は1万4824人でヨーロッパ人1万1880人（80.1%）に対して、カナクは909人（6.1%）に増大している（INSEE 1996: 38）。カナクの数は依然として限られているが、これまで教育・職業面において社会的に周縁化されていたカナクが、その能力を伸ばし挑戦できる機会が増大したことにおいて、合意は未来への希望の迂回路を作ったとも言えよう。

　土地との関係では、メラネシア人コミュニティはその権利を主張する資格があると宣言し、シラク政権下で創立されたADRAF（地方開発と土地整備庁）が、1989年に仏国家機関として変更され、かつての土地局（Office Foncier）の仕事を引き継ぎ、カナクの土地所有の増大とその土地返還の要求に応じるため、

土地の再分配とその開発に取り組むことになった（JORF 1988b: Art. 94）。また、文化的には、合意は各コミュニティがそのアイデンティティを主張する機会を有していることを言明し、とりわけ「メラネシア人」はその文化的アイデンティティに対する権利を主張する資格があるとして（GF 1988b; JORF 1988a:12568）、カナク文化回復の問題に取り組む ADCK（カナク文化発展庁）が新たに設けられた。さらに、慣習的権利の面では、8つの慣習圏の代表からなる CCT、領域慣習諮問カウンシルが創出された。これらについては第 3 部、第 2 部で見ていく。

　以上のように、マティニョン合意はピース・プランによって独立を棚上げし、連邦主義的解決法によって社会経済開発という迂回路を作り、フランスはこれまでなかったような大々的な援助を行ってきた。それでは、人々はその結果をいかに評価しているのであろうか。合意の主役であるチバウと、そのチバウと常に行動をともにしてきたイエウェネ・イエウェネは、合意に反対するジュベリ・ウエアによって 1 年後に暗殺され、この「尋常でない賭け」を見届けることはできなかった。合意から 2 年後の 1990 年チバウ亡き後、FLNKS 議長に就任した PALIKA のネアウティンは、新たな制度は前進しており、ポジティヴと判断しているが、財政面で議会と州議会との間での権限に混乱が見られるとしている（*Le Monde* 23/4/90）。しかし、合意が終了する 1 年前の 1997 年に、FLNKS 議長のワミッタンは、フランス援助によってローカルな自立が進展せず、また地域主義によってネーション・レヴェルでの決定ができないと批判している（Wamytan 1997: 250-256）。言い換えれば、連邦主義的解決法はカナクの団結よりもプロヴァンスの地域主義を増大させ、フランスはニューカレドニアとカナクを自立への道に導くより、むしろ新植民地主義的構造の経済的依存状態を作り出したと言えよう。

　あるカナクは、フランスはカナクのブルジョアジーを形成して、若者をかつてのように政治的に動員することは難しくなったと語り（24/9/97）、他のカナクは、合意はニューカレドニアを再植民地化し、カナクは本当の目的がどこにあるかを忘れ、ネーションを達成する精神を失ったと批判した（25/9/97）。彼らの言葉は、合意がカナクの自助努力を促進するよりも依存を増大させてしまった結果、独立への希求を失わせたことを示唆している。実際、仏高等弁務官のビュール（Dominique Bur）は、フランスはニューカレドニアの公共に関する経費、教育から公務員の給料を含め、その 50% を援助してきたと述べて

いる（20/10/98）。フレイスが指摘するように、カナクの開発への自助努力を妨げる障害は、市場経済の法則よりもカレドニアの政治的に援助された経済そのものにあり、独立派は独立のための手段としてその経済発展を進めようとするが、フランスは独立を回避するための手段として経済的支援を行う結果、依存の悪しきサイクルが持続していくことになる（Freyss 1995: 67-73, 229-230）。

　1990年代の現地調査では、すなわち、合意も終わりにさしかかった1996年から次のヌメア合意の住民投票前までの1998年、独立についてカナクに尋ねると、ほとんどのカナクは「もちろん、でも今はまだ」と答えている。10年間で格差是正を達成するのは明らかに困難であり、経済開発と自立に対するさまざまな問題が表出した結果、カナクは独立への準備ができていないことを改めて認識したと言えよう。それゆえ、独立の道に至るはずの迂回路は大きくカーブして、社会的・経済的周縁に置かれてきたカナクの「尋常でない賭け」は、援助経済という足枷をはめられて、この迂回路の出口にたどりつけないと言えよう。マティニョン合意の調印者のひとりでもあるネスリーヌの言葉を借りれば、「合意は、独立問題を経済問題に置き換えてしまった」ことになる（Naisseline 1994: 13）。他方、この迂回ゲームの中で、カナクは現代アリーナに伍していくための新たな知識＝力を獲得しながら、その生産的・社会的ネットワークを拡充していくことができれば、新たな出口も見えてこよう。

　それでは、チバウが合意に賭けた平和の中でそれぞれのコミュニティが、「国の建設」というネーション・ビルディングに互いにコミットしながら携わるという希望は、実を結んだのであろうか。この合意期間、メラネシアのフィジーやブーゲンヴィルでは民族紛争が顕著であったが、ニューカレドニアでは和解が始まった。依然として民族間での対立は消えていないが、カレドニア人で元UCの党首であったビュルクは、「平和とともに、人々は互いを受け入れた」（13/10/97）と語っている。実際、ヌメアのド・カモ高校の学生たちに、他のコミュニティとの関係について聞くと、「他の民族と調和して平和に暮らしたい」「カレドニアが独立するならば、自由な社会となることを希望する。そこでは誰もが自分の意見を表明でき、他のコミュニティと相互的尊敬をもって交流できる社会でありたい」「私の理想は、平和の中で他のコミュニティを駆逐することなく、それぞれのアイデンティティから成る国を造ることだ。なぜなら彼らは、我々の社会に多くのことをもたらしているから」（210/97）という答えが返ってきた。女性カウシルの多民族協会（Association pluri-ethnique）の

あるカナクのメンバーも、エヴェヌマンの間協会は活動をほとんどやめていたが、現在では復活し、非カナクのメンバーと友人になり信頼しているが、これはこの国が前へ進んでいくための唯一の方法であると語っている (24/9/97)。他者の存在を認め共存することへの希望の意味では、ピース・プランは成果を上げたと言えよう。

　他方、カレドニア人においては、歴史家のI. クルトヴィッチは、ヨーロッパ人は内戦のリスクを冒すことを除いては、メラネシア人の支持なしにこの国になにもできないことを理解し、合意は独立問題と向き合わなければならないことを、ヨーロッパ人に示したという (17/9/97)。オーレンによれば、マティニョン合意が結ばれた1988～89年、カレドニア人社会では、若者の間で内省的議論のサークルが生まれ、そこで多くの質問や議論がなされ、カナクと出会い、カレドニア社会を理解しようとする政治的動きが生まれたという。このサークルから発展して、30～35歳の若い世代による「カレドニアン世代（La Génération calédonien）」政党が1995年に誕生し、彼女もヌメア市の議員となった。しかし、党は議会に議席を得ることができず、メンバーは結局他の政党に引き抜かれ、オーレンも2004年に南プロヴァンス議会議員となった (Ohlen 6/9/2007)。ワリス人のコミュニティでは、カナクとヨーロッパ人コミュニティの均衡を目的としたマティニョン合意によって、少数派のワリス人は無視されたという考え方の一方、カナクの権利回復要求に理解を示す新たな動きも出現している。あるワリス人は、RPCRのラフルールは白人のために働いたワリス人になにも経済プランを考えてくれなかった。ワリス人の年寄りは保守的だが、ここで生まれた若者はカナクと学校へ行き、彼らと同じようにここを自分の国と考え、独立派を支持する若者が増えており、子どもたちの将来のために、白人あるいはカナクに従うのではなく、自分たちで考えなければいけないのだと語っている (6/11/98)。非カナクの反独立派にとってはフランスの存在がその安全の確保を保証することになっていることに変わりはないが、独立したらこの地を追い出されるか、あるいは生活の糧を奪われるかの脅威から、合意は対立するコミュニティとの境界を開き、交流を喚起し、カレドニア社会に変化を促しながら、和解の時代をもたらしたと言えよう。

　ネスリーヌはパリで解放運動をスタートしたとき、「カナック」という言葉をメラネシア人、カレドニア人を含む解放のシンボルとして掲げたが、ニューカレドニアに戻ると、彼らのアイデンティティとしてその復権運動の口火を

第3章　現代アリーナの中のカナク・アイデンティティ

切った。しかし合意も終わりに近づいた1997年、彼はマティニョン合意を結んで他の民族コミュニティとの和解を図ったチバウは、「カナク」のアイデンティティを他者に開かれたものにしたと見ている。「カナク」という言葉は、植民地化に対するカナク・アイデンティティの回復要求という意味から、合意後は、文化的・心理的・倫理的に「国の建設」を意味するものになったと語っている（1/10/97）。ADCK長官のO.トーニャにとって、「マティニョン合意とは我々が戦いをやめ、建設を始めた瞬間である……合意は異なった人々と歩み、一緒に働こうという意味である。しかし、今日依然として容易でないのは、カナクとカナク以外の人々の間の相互的理解である」（15/10/97）。

　お互いに理解し合うのにまだまだ時間はかかるが、和解はカナク・アイデンティティの回復要求という一本道から迂回路を通ることによって、チバウが合意に託した平和の中で他のコミュニティとともにネーションの建設を考えるという新たな戦略的ゲームに導いたと言えよう。それは、いわばジグザグとしたネーションへの歩みかもしれないが、「カナク・アイデンティティ」は脱植民地化という歴史的闘争のアリーナから現代アリーナにおけるポストコロニアルに向かってネーション・ビルディングという新たなミッションを担いだしたと言えよう。マティニョン合意は、経済社会プロジェクトにおいてはフランスの援助への依存という悪しきサイクルを生み出す一方、ピース・プランにおいては、対立する社会の間に和解と対話をもたらし、ネーション・レヴェルにおける「国の建設」の概念に導いた。つまるところ、その役割を半ば果たしながら、次のヌメア合意にバトンを手渡したのである。

2.　新合意への交渉

　筆者がマティニョン合意後初めて、ニューカレドニアに再入国したのは東西冷戦構造が崩れ、ソ連邦が解体した1991年の8月であったが、観光客が集中するヌメアのアンス・ヴァタ（Anse Vata）ビーチにあるホテルのロビーで、レーニン像が倒される象徴的シーンがテレビ画面に映し出されるのを目撃した。冷戦の雪解けとともにカレドニア社会の和解も進み、同年の調査ではすでに1998年へ向かって独立派のフランスとの間の交渉は始まっていた。当合意の制定法の2条は、3月1日から12月31日の間に人々は、住民投票によってフ

ランスにとどまるか、あるいは独立への道を決めると言明している（JORF 1988b Art. 2: 14087）。換言すれば、性急に結ばれたマティニョン合意ではあったが、主権という問題に関しては、独立派は10年という準備期間があった。それゆえ、ここでは、脱植民地化運動のゴールに向かってヌメア合意に至るプロセスから、フランスとの連合国家案、カナクの交渉上の戦略的変化、合意交渉とその住民投票などを考察しながら、主権に関して独立派がフランスや反独立派との交渉にいかなる戦略で臨んでいったかを探っていく。

1）連合国家案と戦略的変化

　筆者の1991年の調査時において、ニューカレドニアの政治的ステータスとして浮上していたのはフランスとの連合国家案であった。社会党政権の下で、1991年から94年まで在任した高等弁務官クリスナート（Alain Christnacht）によれば、主要な交渉役は、FLNKSの硬派PALIKAのネアウティン議長よりも、むしろUC党首の穏健派ビュルクとRPCRのラフルールで、良き妥協、すなわち、「フランスとの連合による独立」を両者が合意できれば、仏社会党政権においてこの妥協的解決（solution compromise）は困難ではないが、問題は住民投票にあるので、その前に合意を結ぶ必要があると語っている（26/8/91）。実際、ビュルクは、政治的地位に関しては妥協的合意（Consensus compromis）により、フランスが防衛を、ニューカレドニアは外交権を有する自由連合（association libre）を結ぶと示唆している（23/8/91）。しかしながら、PALIKAは、こうした妥協的解決法はPALIKAの姿勢ではないとして（8/91）独立派内部の亀裂を窺わせたが、FLNKS副議長であったワミッタンは、ゴールは完全独立であるが、1998年に妥協的解決で、フランスと連合の合意を結ぶと語っている（27/8/91）。

　つまりは、1985年にピサニによって提案された「フランスとの連合国家（indépendance association avec la France）」である。ピサニの連合案では、多民族社会のコミュニティの権利を定義する協定とともに、新国家はそれ自身の立法権、行政権、裁判権を有することができ、フランスは防衛と国内の安全に責任を有し、条約は、貨幣、クレジット、司法、国際輸送、テレコミュニケーション、ラジオ、テレビなどの分野で責任と権限の分担を定義するとしていた（Pisani 7/1/1985）。こうした連合国家案は、オセアニアでは完全独立の代替としての自由連合型ネーションとして、ポリネシアのクック諸島（1965）やニウエ（1974）

第 3 章　現代アリーナの中のカナク・アイデンティティ

が憲法で規定されたニュージーランドと、ミクロネシアではアメリカの戦略的信託統治領であったミクロネシア連邦（FSM: 1986）、マーシャル諸島共和国（1986）、パラオ共和国（1994）がそれぞれ自由連合協定をアメリカと結んでいる。前者はセミ独立形態で、経済的援助と見返りに防衛と外交はニュージーランドに管轄権があるが、後者は国連にも加盟し、独立国扱いとなっている。小さく資源の乏しい太平洋の島々にとっては、完全独立の代替としての実利的選択であり、旧宗主国がその影響力を温存するのに対して、自由連合国は援助と保護を得ることができる実現可能な「半独立」と言えよう。仏憲法（1958）88 条（Des accords d'association 連合協定）では、「共和国または共同体は、その文明を発展させるために、共和国または共同体と連合することを望む国家と協定を結ぶことができる」（『事典　現代のフランス』：588）とある。フランスとの連合による独立は、独立派、反独立派及びフランスとの間でなされた合意を住民投票にかけて、その後ミクロネシアのように協約、条約を結ぶ連合と言えよう。

　これまでの「カナク独立」からこうした妥協的解決法としてのフランスとの連合国家案に対するカナクの姿勢の変化は、住民投票において「カナク独立」が現実的に不可能である上、独立後さまざまな困難に直面している PNG、ヴァヌアツ、ソロモン諸島などメラネシア同胞諸国の事情からも、ただちに独立することは得策でないことを独立派が悟ったことにあろう。実際、マティニョン合意がいかに遵守されているかを見守るため、オセアニア地域機関の南太平洋フォーラム（Pacific Forum）は、ニューカレドニアへその監視団を毎年派遣してきたが、クリスナートによれば、彼が高等弁務官であった 1992 年、PNG のナマリウ（Namaliu）首相がその一員として訪れ、ナマリウとワミッタンと彼が 3 者会談した際、首相は、「我々は、独立はしたけれどネーションの準備ができておらず、行政はオーストラリア人によって運営され、独立したとは言えなかった」と語ったという（5/7/2005）。

　マティニョン合意も後半にさしかかった 1995 年 7 月のプロヴァンス選挙では、ニューカレドニアの政治的未来に対する力を保持するため、政界再編の活発な動きが見られた。ネアウティン党首の率いる PALIKA は FLNKS に残ったが、独立に対する変わらぬ姿勢を保持し、その選挙立候補者を FLNKS とは別の UNI（独立のための国民団結）としてのリストを作成した。一方、FLNKS は、カルドシュの実業家ルルー（Didier Leroux）が、ラフルールの政治経済支配を

第 1 部　ネーションの語り

批判して、RPCR から分離して、設立した党 UNCT（皆のためのニューカレドニア）と連携した結果、RPCR の議席は全体の 40% 余（54 議席のうち 22）に減じた。他方、LKS のネスリーヌは RPCR と同盟して FLNKS のカロイ（Richard Kaloi）を制してロ諸島プロヴァンス議長に選出された。また、RPCR と同盟した UO から分離したワリス人は、FLNKS と同盟する RDO を 1995 年創出し、1 議席を得た。力関係のゲームにおける戦術政治の繰り返しであるが、独立運動時代と異なるのは、独立派と反独立派との同盟であり、カナク連帯の力を削ぐゆえ、ビュルクはコミュニティ間の対話が成った今、カナク間の対立に問題があると語っている（23/8/91）。

　FLNKS においては同年 12 月、PALIKA のネアウティンに代わって、副議長の UC のワミッタンが FLNKS 議長に就任し、「合意的解決法」への主要な交渉役となったが、彼は、「独立を除いては全て交渉可能である」と筆者に語っていた（8/27/91）。それゆえ、交渉の道筋を決める独立派の戦略を UC の機関紙（*L'Avenir Calédonien* No. 1015, 12/2/96）から探ってみよう。1993 年における UC の会議（N'de-paita）の動議と、1994 年の会議（Ouroue-Thio）のそれは、交渉による独立及び 1998 年主権の達成と権限移譲のためのスケジュールを確認している。1994 年の会議では、移民、自然資源、外交、教育、労働法の分野で権限移譲を 1995 年から 98 年の期間に設定したが、この要求はとりわけ RPCR の反対で考慮されなかったとしている。こうしたフランスからの権限の移譲プロセスは「カナク独立運動」で見たナンヴィル＝レ＝ロッシュの円卓会議コミュニケ第 3 点の内政自治の段階に関する独立派の構想に遡ることができる。1995 年の UC 会議（Traput-Lifou）では、交渉による主権の達成は確認されたが、「1998 年主権獲得」は「不可逆的プロセス」に置き換えられた。主権の達成は、仏国家によるカナク・ピープルの植民地化から生じた「歴史的論争（contentieux historique）」を解決するための唯一の手段として、住民投票法によって規定される投票は、主権に関係した全ての要素とその付帯事項を移譲する不可逆的プロセスを保障するものでなければならないとしている。「1998 年主権獲得」から「不可逆的プロセス」への変化は、妥協的解決であるが、同時に主権到達への戦略的プロセスとなったと言えよう。また、仏国家との関係は今後、後見の下ではなく、国家対国家のパートナーシップ（partenariat）の原則で行われなければならないと対等な関係を主張し、国名、国旗、国家を含めたネーションのシンボル的要素にも言及している。一方、共和国内での解放の

第 3 章　現代アリーナの中のカナク・アイデンティティ

原則と制度的安定を原則としている RPCR との間で、それぞれの重要な原則に関して煮詰めるための会談が行われるという小さなコラムが載っている（ibid.: 2, 3, 6, 7）。RPCR とのこうした対話は二極対立していた独立運動時代には考えられないが、ワミッタンも「仏国家と議論して合意を見つけた後に、RPCR と議論する」（19/10/98）と言っており、カレドニア社会の対話と和解が偽りでないことを明かしている。

　世界的潮流を最も象徴的に反映しているのは、社会主義に関しての記事である。同上号の「省察録（Note de Réflexion）」では、「1998 年（マティニョン合意終了年）に非独立派に『IKS（カナク社会主義独立）』について説得することは不可能である」ということを認め、国際的及びニューカレドニアの状況、地政学的・経済的・社会的現実の文脈において「IKS」について再考する必要性に言及している（1993 年コネ会議）。PALIKA の科学的社会主義と UC のカナク社会主義の違いや対立の中で社会主義に関しての統一見解は FLNKS の中でもなかったが、東欧諸国の失墜以来、計画的・集権的・集団的経済に対する市場経済の優位性が半ば普遍的に認められ、社会主義の純粋なイデオロギー的ヴィジョンは博物館に並べられようとしている。社会主義の概念は、保健、社会福祉や教育などに対する基本的権利の原則、経済活動に対する社会的考慮の必要性、自然資源の運営規則の作成において有効な価値があると主張している（ibid.: 5, 6）。「カナク社会主義」の特性はすでに見てきたように、PALIKA を別にすれば、イデオロギーよりも文字通り社会的人間という意味にあり、そこから富の分配という社会的公平さを求め、利益の恩恵に与る社会的実利主義でもある。概念や信条の程度は政党によっても異なり、この UC の記事をもって、FLNKS が「IKS」の原則を公的に撤回したことを意味するものではないが、イデオロギー的原則としては薄れつつあることを示唆していよう。

　1996 年 11 月（Wagap-Poindimie）の UC 会議の報告書では、前年の会議で言及された「歴史的論争」は「植民地化論争（contentieux colonial）」に代わり、それとともに「強い姿勢（Geste fort）」がフランスとの交渉の重要な概念として明確化された。「植民地化論争」は、国際人権規約に関する国連の「市民的及び政治的権利に関する国際規約」（1966 年 12 月 16 日）第 1 条の全ての人民の自決権に則り（『国際条約集』1990: 54）、フランスが 1853 年にニューカレドニアを一方的に併合し、植民地化したことから生じた問題を認めることにある。すなわち、カナクの主権回復の公的承認要求として、国家と FLNKS の代表の

間でこの問題は公式に解決されなければならないとしている。「強い姿勢」とは、仏政府が国際法を遵守して、カナクの国の独立を確立するために、制度的・経済的・社会的・文化的面において脱植民地化という不可逆的プロセスを実行し、フランスが主権の移譲に伴走するという要求である（UC 1996: 3）。つまるところ、「植民地化論争」においてフランスが植民地化に対する責任を認めることによって、「強い姿勢」によって仏国家が主権に関連した権限をニューカレドニアへ漸次的に移譲し、最後まで見届ける責任を果たすことの要求と言えよう。このプロセスはフランスをパートナーとした、ヌメア合意で言及されている「共有された主権」あるいは「共有的主権（souveraineté partagée）」である。「植民地化論争」と「強い姿勢」という２つのキー・ワードはFLNKSの交渉に当たっての戦略的枠組みとして、両者が意味するところのものが、フランス政府との交渉の行方を左右し、いかなる合意を達成できるかのカギとなったと言えよう。

一方、LKSは、ナンヴィル＝レ＝ロッシュの円卓会議のコミュニケは、非カナクの権利拡大をカナクが受け入れ、独立は複数のエスニックを原則にした多民族独立（indépendance pluriethnique）であるとしている（LKS 1994b: 28）。ネスリーヌも多民族主権（souveraineté pluriethnique）に言及している（23/8/96）。LKSは独立運動時代の多人種独立（indépendance multiraciale）から多民族独立（indépendance pluriethnique）へと方向を変えたと言えよう。しかし、FLNKSのワミッタンもカナク独立（Iindépendance kanak）は、今や多文化（multiculturelle）、多人種（multiraciale）、多民族（pluriethnique）独立を含んでいると認めている（9/10/97）。こうした用語上の変化は、独立運動時代のカナクのみが有する主権から、合意の時代における他のエスニック・コミュニティと共有する主権へと戦略上、概念上変わってきていることを明かしている。

1997年の現地調査において、筆者はラフルールがマティニョン合意の現状維持体制の24年間延長（議会、州議会の6年4任期）を提案していることを耳にしたが、あるカナクは、「彼は自分が生きている間は独立を見ないですむようにこの提案をした」のだと冗談めかした。しかし、マティニョン合意の終了が迫ってくる中で、交渉は鉱山問題によって行き詰まった。SMSPはニッケル精錬企業Falconbridgeとの合弁の北部工場建設プロジェクトにおいて、十分な鉱脈資源を確保するため、鉱山会社SLNにティエバギ鉱山を求めていた。これに対して、SLNとそのフランスにある親会社のEramet（エラメット）は、ティエバギの鉱山が上質な鉱脈であるためそれに反対していた。SMSPには独

立派 FLNKS が、SLN-Eramet には反独立派の RPCR が背後で支援していた（Horowitz, 2004: 306）。両者のこうした対立の中で、フランス政府が仲介に立ち、SLN-Eramet 社はニッケル純度の高い SLN のコニアンボ鉱山を、SMSP がラフルールから購入したプーアン（Poum）の鉱山と交換する案を提示し、1996 年に双方は合意に達した。しかし、両者のその後の交渉が難航した結果、最大の労組である USOENC と USTKE は、人々を動員した抗議行動で道路封鎖などを実践し、SMSP を支援した。つまるところ、FLNKS はこの鉱山問題の解決を、新合意への話し合いの前提として、交渉の切り札に使う戦術に出たと言えよう。新合意への交渉が時間的にギリギリになった 98 年 2 月 1 日、ようやく、プーアンとコニアンボ鉱山の交換に関して合意が成り、これに伴う差額はフランスが SLN に補償し、交換のプロセスと条件を規定した「ベルシーの合意（Accord de Bercy）」が仏政府、SMSP と Eramet の 3 者間で調印された[9]。この合意によって道路封鎖は解除され、FLNKS は新合意への交渉を再開したが、北部工場の建設はニューカレドニア独立への経済的迂回路においてネーション・ビルディングとしての「国の建設」の基盤を担う死活問題でもあり、新合意の前に鉱山問題で合意に達しておく必要があったと言えよう。

しかし、こうした FLNKS の戦術に、鉱山問題と新合意の交渉は切り離して行うべきと異を唱えた UC のビュルクとジョレディエ及び PALIKA の R. マプー（Raphael Mapou）は除名されて FLNKS を 98 年 1 月に去ると、FCCI（独立派調整委員会連合）を 5 月に結成した。UC で長年カナクとともに仕事をしてきたあるカレドニア人は「カナコーカナク（Kanako-Kanak）」、すなわちカナク政治内部の対立が多すぎてうんざりすると批判していたが、政治的過渡期の状況において、FLNKS 内部の団結と交渉に支障を来たす異論は、戦術的に排除されたと言えよう。FCCI 党首の R. マプーによれば、彼らはストライキに反対ではないが、労組にとって唯一の対話は道路封鎖であり、それが政治化していることが問題であり、こうしたやり方はすでに過去のもので、それゆえ FCCI を設立したという（12/11/98）。

2）合意交渉と住民投票

交渉は 98 年 2 月 24 日からパリでシラク大統領下での保革共存の社会党政権ジョスパン（Lionel Jospin）首相との「合意的解決法」として、FLNKS からワ

ミッタンやネアウティン、RPCRからラフルールやルーコット、フランス政府からクリスナートなどが参加して始まり、さらに4月15日からヌメアで行われた。『レ・ヌーヴェル・カレドニエーヌ（NC）』によれば、ワミッタンは、FLNKSが合意に達するために3つの条件を挙げている。第一に「植民地化論争」の解決、第二に不可逆的プロセスの中で権限を漸次的に移譲することを可能にする方式、第三に経済的・社会的・文化的分野において調和のとれた開発を保障するフランスとのパートナーシップによる新たな関係である。FLNKSによれば、これらの3条件を満たし、移民をコントロールし[10]、真の安定的段階をもたらし、開発と永続的平和を保障するのに唯一可能な地位は「フランスとの連合国家」であるとした。第一のFLNKSとフランスの間の「植民地化論争」では、ジョスパン首相は、ニューカレドニアの未来の堅固な基盤を作るためにも、過去の植民地化を調査し、政府はメラネシア人コミュニティとの議論を通してこの問題に取り組むとした（NC 26/2/98）。第二、第三は、権限の移譲段階におけるフランスをパートナーとする「共有的主権」において、フランスが最後まで伴走していくという、前述したUCの「強い姿勢」であるが、「フランスとの連合国家」は、即時要求とはならず、脱植民地化の不可逆的自動プロセスが、終局的にこの政治地位に導くことが重要であることは言うまでもない。

これに対して反独立派は、フランス憲法は人々と「協議」するという民主的原則を確認しているとして、「協議（consultation）」を要求した（NC 8/4/98）。人々と協議するとは住民投票にかけることであり、RPCRは独立に対する「ウイ」か「ノン」の形式による自決権の投票、すなわち、行えば独立を否定することになる切り札をチラつかせたと言えよう。一方、FCCIは漸次的な権限移譲による穏健な道を提案した（CCI No. 4 5/1998）。フランスは、独立派と反独立派が同意するための解決を図るとともに、ニューカレドニアにおけるフランスの主権に対する特権を減じることを可能にする仏憲法の修正に取り組んだ（Le Banian No. 16 3/1998）。

合意的解決は1998年5月5日、「ヌメア合意（Accord de Nouméa）」としてFLNKSとRPCRの各代表者とジョスパン首相との間で調印された。これに調印したワミッタンは、「カナクと非カナクは運命共同体（communauté de destin）という政治的展望の中にある。カナクはまずその中で正当な場所を占めるべくアイデンティティを要求し、それから他のコミュニティの人々ととも

第3章　現代アリーナの中のカナク・アイデンティティ

に歩まねばならない……フランスとは常に「連合国家」を保持するべく交渉している」と語っている（19/10/98）。彼は、まだカナク・アイデンティティの闘いが終わっていないことを明かしているが、11月8日、新合意の是非に対する住民投票が行われた。投票に対する各党のチラシには独立派では、FLNKSは「共通の運命を建設するために」「ウイ」と投票しようと呼びかけている。これまでいかに戦ってきたかを記して、太平洋における新ネーションの基盤が今や築かれたと結び、裏にはその成果として達成されたヌメア合意の前文がびっしりと印刷されている。市民宛となっているが、内容からはカナク宛にも読める。LKS はカレドニア人の全てと国の建設を強調して、FCCI はカナク及びカレドニア人に経済的・社会的・文化的進歩への変化を促すために、「ウイ」を呼びかけている。LKS の幹部によれば、交渉には招かれなかったが、党の戦略は暴力なしに平和を模索しながら独立を得ることにあるので、合意を支持すると語っている（Saihu 22/10/98）。

　これに対して、反独立派においては、RPCR はラフルールのサイン入りで、後見役の共和国がついている安全性を強調しながら、合意は全てのカレドニア人の間の和解の協約（pacte）と友情の契約（contrat）であり、共和国内にとどまる未来のために「ウイ」と呼びかけている。カレドニア人の新政党「Renouveau（再生）」は、FLNKS と RPCR とは異なった意味での「他のウイ（L'autre Oui）」を、UNCT は合意を再交渉するために「ノン」を、FN はフランス共和国内の常に自治的地位にあるべく合意を拒否し、放棄するための「ノン」を呼びかけるなどさまざまである。それぞれに他党との違いを出そうと、その政治的個別性を多党化の中で張り合っていて面白い。明らかなのは「ウイ」によって、20年のうちにニューカレドニアの未来を決める選択があることだが、それが独立に至る「ウイ」なのか否か、不確実性に満ちていることだ。

　この不確実性ゆえか、住民投票は74%の投票率で72%が「ウイ」と賛成し、26%が反対を投じた。しかし77.5%の人口が非カナクのヌメアでは、42%が合意に反対票を投じた[11]。FN 支持のカルドシュ・カップルは、ヌメア合意に反対の投票をしたが、フランスとともにある皆のための独立なら支持するが、合意は一般の人々にとってはわかりにくいという（1/11/98）。政治的に合意が最終的にどこに導くのかという不安と懸念である。しかし、経済的な意味で聞くと、独立に反対するのはフランスにとどまることによって、その援助や医療などを享受できるという、なによりも経済的な理由に彼らの真意があった。反

対票を投じた人々の大半もこの経済的理由が大きいように見える。一方、カルドシュ・アイデンティティの熱心な支持者は、ヌメア合意前文を読めば、それはカナク・アイデンティティのための合意であって、我々カレドニア人のものでないから、ノンと投票したい。しかし、ラフルールは、カナクを認めるためのものであり、カナク独立派は決して多数派にはならないからウイに投票しようと言っている（14/10/98）。合意に反対の理由は一様ではないが、これについてはまた後述する。

投票を呼びかける FLNKS のチラシ

　住民投票の前日、筆者はグラン・ヌメアのあるトリビュの家族の家に親族集団が大勢集った宴に参加し、その翌朝、皆、明け方まで続いたパーティのせいか起きてくる者はほとんどいなかったが、黒い帽子に黒シャツを身に着け、太陽の光が眩しげなダンディなカナクの若者に出会った。彼の関心の対象は政治よりもファッションや女性にあるように見えたが、投票には行かないと冷めていて、結果はわかっているし（合意承認）、棄権する若者は多いという。それが既成政党間の「マグイユ（闇取引や腐敗）」への批判から生じる政治的アパシーからかは不明だが、和解の時代に入って、独立運動時代のようにはカナクの若者は政治的動員に応じなくなっていると言えよう。筆者は、ようやく起きてきたカナクの中年カップルとそのコミューンの投票所に出かけたが、行列に並んでいる人々には中年のカレドニア人が多かった。投票を終えて出てきたカップルは、「もちろんウイ」と言ったが、その声には一仕事終えたような安堵感と明るさがあった。独立運動を実体験してきた世代と和解の時代に青春を送るクールな若者との差異は、カナク社会の変化を映していた。

　以上見てきたように、独立運動におけるカナクの闘争戦略と比較すると、人々の動員的アプローチは影を潜め、FLNKSの戦略はもっぱら交渉に依存し、戦術的に交渉を有利に導くために活動家や組合による実践活動をときに組み合わ

第 3 章　現代アリーナの中のカナク・アイデンティティ

せたと言えよう。クリスナートによれば、1998 年の交渉の順序としてまず FLNKS と、次に RPCR と話し、その後両者が会談を持ち、それから 3 者で話し合ったという。1983 年の円卓会議以来、独立派政治家は交渉に慣れており戦術的で、主要な交渉者のネアウティンとワミッタンはともに柔軟で戦術的に一体となり、反独立派のラフルールも実利的な良きプレーヤーであったと語っている（5/7/2005）。ここからも、チバウ亡き後、政治的交渉を通してディスコース・スキルが磨かれていったことや、内にあっては分派的で政治的力関係のゲームを好むカナクが、外に対しては連帯を図ることがわかる。

　1998 年「フランスとの連合国家」としての独立要求から、漸次的プロセスによる「共有的主権」という戦略上の変化は、前者が数字の上で現実的に不可能であるため再度棚上げし、平和と経済開発という迂回路による妥協的解決と言えよう。新合意が前合意の 2 倍の 20 年に及ぶのは、カナクが社会的・経済的にも人材的にも 10 年間で独立を準備するには時間的に足りず、また反独立派との合意に達する上でも、不加逆的回路に時間をかける選択と言えよう。カレドニア人高校教師のエッシェンブルナー（Eschenbrenner）はカナクの戦略について、「カナクは 30 年から 50 年にわたる長期的な戦略を立て、時宜を得たときに少しずつ前進し」「いついかなるときに交渉すべきか、打ち切るべきか、再開すべきか、あるいは対立すべきかを熟知している」と評している（23/10/97）。カナクの伝統的戦略は世代間にまたがる長期的戦略であり、脱植民化プロセスに見る戦略も、そうした生産的ネットワークの中で培われてきた知識＝力によるものなのかもしれない。

　ヌメア合意に基づき、その枠組みを規定する新たな「ニューカレドニア組織法」は翌年 3 月 19 日に施行され、合意時代の新たな幕が上がったのである。

3.　ヌメア合意

　「植民地時代、光がまったく差さなかったわけではないが、その影を認めるときがやって来た。植民地化は持続的・衝撃的な影響を先住の人々に与え……カナクの人々のアイデンティティから尊厳を奪い傷つけた。この衝突の中で、男女は命や生きる理由を失い、多くの苦痛を強いられた。こうした困難な時代を記憶し、過ちを認め、奪われたアイデンティティをカナクの人々に回復する

第 1 部　ネーションの語り

ことがふさわしい。このことは、共通の運命の中で共有される新たな主権の基礎を作るに当たって、彼らにとってはその主権の承認と同等である」（ヌメア合意前文 3）[12]。

　このようにカナク・アイデンティティの回復を謳っているヌメア合意前文全体の骨子は、次の 5 項より成っている。(1) フランスによる首長との条約は一応あったが、カナクとして呼ばれる先住の男女の存在を無視した一方的な併合による植民地化、(2) 当時の西欧の植民地支配の歴史の中でやって来たさまざまな男女のニューカレドニア建設への貢献と苦しみ、(3) 土地の剥奪、慣習的社会組織や文化の否定から、地理的・経済的・政治的な周縁化の弾圧によるアイデンティティの喪失、(4) 脱植民地化による先住民とその他のコミュニティとの永続的な社会的絆とフランスとの新たな関係、市民権の創設による共通の運命の中でニューカレドニアの建設への参加、(5) カナク・アイデンティティの完全な承認、フランスからの付加逆的な権限の移譲とそのための支援と援助、及び 20 年間の合意終了時における完全な主権の移譲に至るための住民投票。

　この前文を、前節の「新合意への交渉」で見た FLNKS のフランスとの交渉に対する戦略的視点から鑑みれば、「植民地化論争」では、フランスが先のマティニョン合意で完全に抜け落ちていた植民地化の当事者としての責任を公式に認めたと言えよう（1、3 項）。すなわち、植民地化に光と影の両方が存在することを主張しながらも、その歴史が先住民に与えた影響と過ちに対して遺憾の意を表明し、この問題に一定の回答を与えたと言えよう。一方「強い姿勢」においては、フランスは前合意では「メラネシア人」にとどまりほとんど言及しなかったカナク・アイデンティティの回復要求を公式に認め（3、5 項）、主権においては、共有的主権と権限の移譲によって（5 項）、共通の運命としての市民権を国籍に変換する完全な主権に至る道を示すことによって（4、5 項）、成果を上げたと言えよう。以上のことからも、独立運動を通したカナク・アイデンティティの回復要求というフランスに対する長い闘いは、ここにおいてようやく「メラネシア人」から「カナク」として日の目を見たと言えよう。すなわち、客体化され、踏みにじられた未開の「カナック（Canaque）」から、「カナク」という言葉の本来的意味における「人間」としての尊厳と主体の回復を果たしたと言えよう。

　合意の本文は、1. カナク・アイデンティティに関する慣習地位、慣習上院の設立を含めた慣習的権利や文化遺産、慣習地、2. 制度組織、3. 権限の移譲、4. 経

第3章　現代アリーナの中のカナク・アイデンティティ

済・社会発展、5. 政治的体制の進化、6. 合意の履行から成っている。慣習上院や慣習的権利は第2部の「共同体の語り」で、文化遺産は第3部の「文化の語り」で、慣習地位、慣習地、経済・社会発展、及び共通の運命としての市民権に関しては、IIの「市民的現在」でそれぞれ見ていく。それゆえ、ここでは、フランスからの権限の段階的移譲とそれに伴った政治制度やカレドニア政治の状況、及び完全な主権への道に関して人々の変化が意味するところを検証し、この道におけるパートナーシップについて、マオリとの比較から考察する。

1) 権限の移譲とカレドニア政治

　20年間にわたって権限は不可逆的にフランスからニューカレドニアへ移転していくが、(1) ただちに移譲されるもの、(2) 段階的に移譲されるもの、(3) フランスとの間で共有されるもの、(4) フランスに保留されるものがある。合意が及ぶ20年に合わせて、州議会及びニューカレドニア議会の議員任期は6年から5年に変更され、1期5年の議会任期という4段階の中で権限は移譲していく。(1) に関しては、「ニューカレドニア（NC）組織法」（JONC 1999）が施行後、最初の第1任期（1999～2004年）においてフランスからただちに移譲できるもので、カナクの慣習民事地位（statut civil coutumier）〔以下、慣習地位〔statut coutumier〕）や慣習地（terre coutumièr）などの慣習的な事柄、税金、雇用に関する権利、外国との通商、初等教育、経済水域の自然資源に関する探索や保護に関する規則、各プロヴァンスに移譲される海浜などの権限である（JONC 1999: Article 22）。(2) の段階的移譲権限に関しては、2004～09年の第2任期と2009～14年の第3任期の間に移譲されるもので、警察、中等教育、民法、戸籍に関する規則、商法、及び民間治安業務（sécurité civil）などに関する権限である（ibid.: Articles 21-III, 26）。さらに、第3任期からプロヴァンス、コミューン及び公共機関の行政規則、高等教育、視聴覚コミュニケーションに関する移譲を議会は採択できる（ibid.: Article 27）。(3) のフランスと共有される権限では、国際関係は国家の権限にとどまるが、ニューカレドニアは太平洋地域機関や国際機関の準メンバーなどになることも可能である[13]。またその他に航空、放送、秩序の維持、鉱山規則、外国人の入国と滞在などの共有権限に関してNCは国家と協議できる（JORF 1998: 3.2.; JONC 1999: Articles 28-38）。
　(4) の保留的権限は司法、法と秩序、防衛、貨幣、外交関係で、2014年から

第 1 部　ネーションの語り

の第 4 任期の最終段階でニューカレドニアが新たな段階へ移行することが住民投票で決定されるまで、仏国家の権限としてとどまる（JORF 1998: 3.3.; JONC 1999: Article 21）。

　これらの移譲あるいは共有においてニューカレドニアはネーション・レヴェルで立法的・行政的権限を行使することができる意味において、もはや海外領ではないが、憲法上その正確な政治的地位の呼称はない。高等弁務官のビュールは、これまで存在しなかった分類のユニークな地位の創出としてラテン語から発する「スイ・ジェネリス（sui generis 特別領）」あるいは仏語の「特別地位領域共同体（collectivité territoriale à statut particulier）」としてニューカレドニアに言及している（20/10/98）。自決権行使によって独立へただちに移行する脱植民地化とは異なり、この「特別地位領域共同体」において、不可逆的に段階的に移譲する、あるいはフランスをパートナーとして共有する権限において、ヌメア合意の特性はこの共有的主権にあると言えよう。したがって、その最重要課題は、最終的ゴールへ向かって、この 20 年という移行プロセスをいかに生かし、合意を履行していくかにあろう。

　こうした共有的主権に取り組むため、政治組織はいかに機能するのであろうか。州議会組織や権限は、議席の増大（Assemblée: 南 40 議席、北 22、ロ諸島 14）を除いて前合意とは変わらないが、大きな違いはニューカレドニア議会（以前と同じく各州議会議員から選出の 54 議席）の権限拡大と政府の創出にある。議会（Congrès: 南 32 議席、北 15、ロ諸島 7）はニューカレドニアの予算を決議し（JONC 1999: Article 84）、政府を選出する。第 2 任期、第 3 任期の権限移譲に関しては、移譲される権限とその最終期限を議員の 5 分の 3 の賛成によって各任期の段階内で決定でき[14]、これに関して議会が採択した決議は、「国の法（loi du pays）」として成立することができる（ibid.: Articles 22, 26-27）。「国の法」に関しては、採択前に法案がフランスの憲法評議会（Conseil constitutionnel）に送られて合憲性の審査が行われる。政府は、行政の長である首班（président）あるいは首班を含めた 5 人から 11 人で構成され、議会議員あるいは政党推薦の非議員から成る候補者リストから政党の比例的な割合で選出される。政府は「国の法」や議会の決議を履行し、議会に対して責任を有する。政府の決定は多数決によるが、意見が分かれる場合は首班が決定し、首班は高等弁務官に代わってニューカレドニアを代表し、行政を指揮し、通過した法案を官報に掲載する（JORF 1998: 2.3.; JONC 1999: Articles 108-136）。

第 3 章　現代アリーナの中のカナク・アイデンティティ

　ここからも、独立派と反独立派の各政党の比例代表で構成される連合政府が一丸となって、ヌメア合意を遂行していくのは難しいと予測されるが、この政治体制の下で、カレドニア政治はいかに展開しているのであろうか。1999 年 5 月の選挙結果、議会と連合政府を RPCR が支配した第 1 任期（1999 〜 2004 年）は [15]、権限の移譲や「国の法」の成立など、ヌメア合意の履行は進展せず停滞した。これには、R. ワミッタンも言及しているように、フランスからニューカレドニアに移譲される権限は、議会議員の 5 分の 3（54 議員のうち 33）の賛成が必要なので、権限によってはその移譲をスケジュールより少し遅延することができるからである（19/10/98）。RPCR は議会議長（ルーコット）と政府の 5 つの主要閣僚ポストを占有し、連合政府は RPCR のヌメア市長のレック（Jean Lèques、1999 〜 2001 年）、続いてフロジエ（Pierre Frogier、2001 〜 04 年）を首班とした。一方、FCCI は議会で多数を制するのに失敗した RPCR と同盟して北プロヴァンス前議長のジョレディエを政府の副首班にしたポストを得た。UC と UNI-PALIKA 及び RDO から成る FLNKS は、反独立派で RPCR のライバルである Alliance と同盟して 4 つのポストを獲得した。RPCR と同盟して政府の副首班となった FCCI のジョレディエは、主権の実行には多額の費用がかかり、そのほとんどがフランスに支払われていることを知りながら、選挙の餌として独立を語ることは無責任な民衆煽動であるとした（NC 19/4/2000）。半ば現実主義的な諦めと、義よりも実利主義的に実をとって RPCR に同調したと言えよう。

　事態が進展しだしたのは、筆者の 2000 年代の調査時期と重なる合意第 2 任期（2004 〜 09 年）においてである。4 半世紀にわたって独立派に対抗する反独立派を率いカレドニア政治を支配してきた RPCR のラフルールが 2004 年に実質的に政界から引退し、その影響力を減退させつつ、2010 年 12 月に亡くなった。RPCR はラフルールの後継者としてフロジエが党首となり、2004 年にサルコジ大統領の党 UMP と連携して RUMP（Rassemblement-UMP）となった。一方、RPCR から離党したテムロー（Marie-Noëlle Thémereau）、ゴメス（Philippe Gomes）、マルタン（Harold Martin）などはラヴニール・アンサンブル（L'Avenir Ensemble 一緒の未来）（以下、ラヴニール）を同年設立した。2004 年 5 月の選挙結果 [16]、独立派 UC と PALIKA は、このラヴニールと組んで、議会の 5 分の 3 を占める多数派を形成し、マルタンが議会議長となった。ラヴニールは反独立派であるが、いわば中道派として合意の適用、履行には賛成であるので、

これまで RPCR 多数支配の下で滞っていた懸案を進めることが可能となったのである（Cortot 9/12/2004; Gorodey 8/12/2004; Iekawe 11/9/2006）。

連合政府はラヴニールのテムロー（2004～07年）を女性首班として、PALIKA のゴロデを副首班として発足したが、それまでの政府との大きな違いは、初の女性内閣の誕生として、カレドニア人とカナクという2人の女性が政府トップを表象したことだ。市民権やアイデンティティ・シンボル及び女性問題を担当してきたゴロデによれば、ラヴニールはより進歩的で、国の富の共有や変化に対して前向きであり、仕事上でのテムローとのコミュニケーションはうまくいったという。また、各選挙区でその候補リストに1人の男性に対して1人の女性を入れるというフランスの法律が2004年の選挙で実施されたことによって、女性にとっては大きな政治的進歩があったと語っている（8/12/2004; 14/9/2007）。この女性議員の拡大の中で、カレドニア人のオーレンをはじめ、リフ島出身のイエカエ（Hélène Iekawé）が2004年にラヴニールの南部州議会議員となった。イエカエは、白人で占められた南プロヴァンスの行政や政界にカナクが出て少しでも改革したかったので、ラヴニールの社会プログラムを支持してカナク女性議員となったという。カナク・アイデンティティを支持するが、独立派はイデオロギーばかりで内部は分裂し実行力に欠け、ラヴニールはRUMP とも独立派とも組めるところは組み、実利的にことを運んでいると語っている（11/9/2006; 22/8/2007）。実利的というのは、11人の政府閣僚のうち、ラヴニール4、RUMP 4、FLNKS 3（PALIKA 2、UC 1）なので、多数決による政府決定に2票を得るべく政策によってFLNKS あるいはRUMPとも組んできたからである。テムロー政府が3年間続いた後、同じラヴニールのマルタン（2007～09年）に引き継がれた。

筆者がフィールドワークを終えた後の政界の推移を見ると、第3任期（2009～14年）においては、2009年5月の選挙結果[17]、独立派、反独立派はこれまで以上にいっそう分派、多党化し、議会議席は独立派23、反独立派31であった。反独立派では、最右翼の FN が議席を失った一方、ラヴニールはラヴニール・アンサンブルとカレドニ・アンサンブル（Calédonie ensemble 一緒のカレドニ）（以下、アンサンブル）に分裂し、前者はマルタンを、後者はゴメスを党首とし、イエカエも後者に移った。一方、独立派では、これまでより急進的なPALIKA が穏健化し、より穏健的・妥協的な UC から一部の急進化と UC 内部の亀裂が進んだ。また1989年に FLNKS から分離した労働組合 USTKE は、そ

第 3 章　現代アリーナの中のカナク・アイデンティティ

の委員長 L. K. ユルゲイ（Louis Kotra Uregeï）を党首として 2007 年に労働党（Parti travailliste）を結成し、2009 年の選挙で北（3 議席）とロ諸島（4 議席）プロヴァンスの州議会で躍進し、議会で 4 議席を獲得した。連合政府は、アンサンブルのゴメスが 2009 〜 11 年間首班となったが、ヌメア合意（1.5）で言及されている国のシンボルとしての旗をめぐって、反独立派 RUMP のフロジエが UC-FLNKS と組んで仏旗と FLNKS 旗の 2 旗掲揚を推したのに対して、これにゴメスが反対したため、連合政府に参加していた UC は辞任して政府を追い込んだ。その結果 2011 年にラヴニールのマルタン（2011 〜 14 年）が政府首班となったが、同年 3 月から 6 月までの間に 4 回にわたって再発足し、議会議長には同年カナク独立派としては初めてワミッタンが選出されたが、そのポストは安定しなかった。独立派内部では UC-FLNKS の政治姿勢に対する批判もあり、PALIKA-UNI との対立も進んだようだ。

　ヌメア合意最終任期の 2014 年 5 月の最も重要な選挙結果では、54 議席のうち、独立派はワミッタン系の UC-FLNKS（15 議席）とネアウティン系の PALIKA-UNI（7 議席）、その他 3 党が各 1 議席で、独立派は合計 25 議席と、2009 年選挙時から 2 議席増やした[18]。これに対して 29 議席を得た反独立派においては、ゴメスを党首とするアンサンブルが 15 議席を、RUMP 系 UCF（Union pour la Calédonie dans la France）が 6 議席を、その他の反独立派系を含めた FPU（Front pour l'Unité）が 8 議席を得た。最終任期の選挙では独立派は議会の 2 議席増大に加えて反独立派が大勢を占める南プロヴァンスの州議会（40 議席）でも 4 から 7 議席に増大した。北とロ諸島プロヴァンスがカナク独立派の、南プロヴァンスがカレドニア人反独立派の支配という対立構造は変わらないが、政治的・経済的中枢の南においてカナクの発言権を少し拡大したと言えよう。一方、第 3 任期に躍進した労働党は独立への最終局面としてその党大会（2013）で「皆一緒にカナキー 2014（Tous Ensemble pour Kanaky 2014）」の横断幕を掲げ、主権達成への重要性を目指したが、L. K. ユルゲイの 1 議席に減じた。これに対して、反独立派内部では、歴史的にもかつての FNSC などのように中間派は独立派と反独立派の二極化に引っ張られて埋没していく傾向があったが、アンサンブルが第 1 党になったことは、2009 年の選挙以来姿を消した FN も合わせると、カレドニア人の政治姿勢が変わりつつあることを示唆しているのかもしれない。フランス国民議会議員でもあるゴメスは、選挙後、フランスとの絆の維持を強調しながら、「独立は支持しないが、我々が自ら（NC）を支配すべき

である」(Maclellan 2014) と、フランスへの依存を主張する他の反独立派との違いを強調し、ヌメア合意の出口に向かって、独立派と住民投票の準備へ向けて交渉のプロセスに積極的に取り組む姿勢をアピールしている。一方、解放運動以来の LKS の政治家であるネスリーヌが最終任期の選挙を前に引退し、また反独立派のルーコットが落選し、政界における世代交代も進んでいるようだ。反独立派の政治協力の結果か、議会議長には RUMP 系 UCF のヤンノ (Gaël Yanno) が就任し、政府は FPU の C. リジュアール (Cynthia Ligeard) がテメローに次いで 2 代目の女性内閣首班となり、連合政府は反独立派 6、及び PALIKA-UNI のゴロデを含む独立派 5 の 11 メンバーで 6 月発足した。独立派の内部では UC-FLNKS と PALIKA-UNI の対立で合意できなかったためか、副首班ポストは不在で、連合政府は合意終了の出口に向かって、その有為転変が予想される。

　以上見てきたようにヌメア合意時代の 15 年を経て、独立派、反独立派が少し歩み寄りつつあるようにも見える一方、両派がその内部で、とりわけ選挙時において分派、同盟、離脱、分離、再同盟を繰り返していることに変わりはない。少数派の独立派と多数派の反独立派との対立のみならず、それぞれの内部の対立から、両派の間に UC-FLNKS と RUMP 系、PALIKA-UNI とアンサンブルといった関係が出現する。ある政治家によれば、カレドニア政界で「マグイユ」が横行し、その政治行動は社会を変えるためではなく、権力やポストにとどまるためのものになっているという。両派と各党の代表から成る比例的構成の連合政府は、首班を含めそれぞれ——移譲権限から、市民権、文化、慣習的事柄、経済、産業、教育、環境、予算、保健衛生等々——11 人でひとり複数の問題を担当している。政治家の権力やポスト、党の利害や思惑をめぐって、「マグイユ」や戦術的同盟が各党の間で繰り返され、政治が私物化している意味では、日本の政界を彷彿とさせる。これまで多くの「国の法 (Lois du Pays)」は成立したが、独立派と反独立派の争点となるような移譲権限の法整備は遅れてきた。たとえば、「雇用に関する権利」は第 1 任期の移譲権限であるが、移民やその選挙権との絡みから、「国の法」が成立したのは第 3 任期の 2010 年である。最終任期において残された権限の移譲や「国の法」に関して合意の履行が急がれる。ニューカレドニアの政治的未来がいかなる方向に向かうか、ディスコース盤上の知識＝力による独立派、反独立派そしてフランスとの間のゲームの取引や綱引きは、ますます熱を帯びてこよう。政治家に託されたネーション・

第3章　現代アリーナの中のカナク・アイデンティティ

ビルディングへのルートが容易でないことだけは確実である。

2）完全な主権への道

　ヌメア合意の前文の最後で言及されている「完全な主権（pleine souveraineté）」とは、本文条項5「ニューカレドニアの政治的組織の進展」の最後で「国家はニューカレドニアが最終段階で完全な解放を達成することを承認する」と謳っている。フランスは権限の移譲に最後まで付き合うことを約束しているが、独立への完全な主権を保障することは約束していない。この意味では前合意同様、ニューカレドニアの未来は再びその不確実性の手中に置かれ、多くの人々が合意を評価している一方で、批判もここにある。実際、前合意では、「人々は、状況は（政治的に）より明らかに、（経済的に）より均等に10年でなるだろうと考えていたが、そうはならなかった」とするウアンブイは、ヌメア合意では人々が一緒に解決を考え、それを準備する時間を有効に使い得るかどうか危ぶみ、マティニョン合意で起きた同じ落とし穴に陥るかもしれないとも語っている（30/10/98）。コルトーも、この国のあるべき姿を15年の間に考え、描かなければいけないと言っている（21/10/98）。なぜなら、ヌメア合意は前合意の2倍の20年に及ぶが、人々の住民投票によって決定される完全な主権（pleine Souveraineté）への承認は、2014年5月の選挙に基づく第4任期期間中に、議会は議員の5分の3の賛成をもって、保留された権限の移譲に関する住民投票日を2014年から2018年の間にいつでも設定することができるからである。もし、議会がそれまでに投票日の決定に至らない場合は、仏国家がその日を当議会任期中の最終年内に設定する。この住民投票の有権者資格については第6節で言及するが、住民投票で承認されれば、保留権限の移譲、完全な政治的権限を有した国際的地位へのアクセス、及び市民権の国籍への変換に至る。しかし、住民投票で否定されると、議会は2年目に2回目の投票を、3年目に3回目の投票を、少なくとも議員全体の3分の1の要求があれば、3度行うことができるが再度否定されれば、政治的パートナとして独立派、反独立派、フランスが集まり事態の検討に入る。その結果、投票による新たな政治形態の達成が不可能と確認されれば、最終段階での政治的権限が不可逆的にとどまり、ニューカレドニア内部での分割や分離は除外される（JORF 1998: 5.; JONC 1999: Articles 216-217）。

第 1 部　ネーションの語り

　ヌメア合意の立役者でもあるクリスナートによれば、市民として同じ権利を有しているカレドニア人にとって、住民投票で唯一受け入れることができる可能な独立とは、フランス国籍を保持できる二重国籍を有することである。新国家がフランス国籍の保持を認めるか否かという問題になるが、解決法としては、国家と国家との間で合意を結ぶことであり、第二に、完全独立ではなく、フランスとの連合による独立であり、独立への住民投票と同時か、それ以前にニューカレドニアはフランスと合意を結ぶという道であると語っている（5/7/2005）。独立運動時代、FLNKS 憲章（1984）は、カナキー国で二重国籍は認められないとしていたのは、カナクの主権を前提としたものであったが、カレドニア人にとってフランス国籍の保持はその安全の保障を意味しよう。またニューカレドニア市民権の創出で、EU を含めた 3 重の市民権を有する意味においては、二重国籍の乗り換えは異なったパスポートを使用できる利便性からは、現代アリーナにおいてはむしろ歓迎されよう。連合国家案は前節で見たように、基本的にピサニ案と同様であるが、今日、カナク独立派が意味するところもこのフランスをパートナーとした連合国家であり、フランス及び独立派、反独立派の 3 者合意によるこの二重国籍と連合国家の草案が、完全なる主権への道として人々に提示され、住民投票にかけられることになるかもしれない。換言すれば、「完全な主権への道」とは、いったんフランスから脱節合した後、フランスと新たな連合協定を結ぶことによって、連合国家としてフランスと再節合するルートである。

　こうしたフランスとの脱・再節合へのルートに反独立派がウイと応じるかどうかはわからないが、「完全な主権への道」をカナクはどのように考えているのであろうか。ポワグーヌは、もし多数が独立に反対するならば、ともに生きなければならないのでそれを受け入れるとし（27/10/98）、ワポトロは、「私もまた民主主義者だ。我々カナクには大きな志があるが、他者とともに生きるためには、多数決に従わなければならない」（9/11/98）と語っている。しかし、このことは、カナクが独立というネーションとしての探求を諦めたことを意味するわけではなく、ウアンブイも、「独立はステップであり、国の歴史におけるノーマルな段階として、準備されなければならない」（30/10/98）と考えている。一方、高校を終えたが出身地のウヴェア島では仕事がないため帰らず、ヌメアで同島出身のカナク独立派政治家の事務所で選挙キャンペーンのバイトをしていたロバートは、次のように語っている。「もしニューカレドニアがフ

第 3 章　現代アリーナの中のカナク・アイデンティティ

ランスにとどまるとしても悪くはないが、ぼくとしてはカナキーとなることを望む。カナクの若者の中にはまだ過激な者もいるが、若者はより開けている。我々はいつか独立するだろうと信じなければいけないが、その独立は皆のためのものであって、カナクだけのものではない」(30/10/98)。こうした変化に関して、クリスナートは、カナクの指導者にとって独立という目的は変わらないが、カナクのみに主権があり、ヨーロッパ人やその他の者は同じ権利を持っていないという考え方は変わったとしている (5/7/2005)。あるいは、「今ではFLNKS はカナク独立について語らない。彼らは我々が他のコミュニティと主権を共有できるように、主権を我々に返還してほしいと語る」(IB April 1998: 35) という彼のコメントにも一致する。ゆえに、合意の時代において、若者から政治家まで、カナク独立に対する意識変化は、カナクのみが主権を有する想像上の政治的共同体から、他者のコミュニティとの主権を共有する政治的共同体への変奏にあると言えよう。

　一方、反独立派のカナクにおいては、独立派が少数であるという事実に支えられ、現実的実利主義ないしは、諦念も見える。合意調印者のひとりであるRPCR のルーコット議員は、合意はノーマルな進化であり、より大きな自治権を欲しているが、独立には至らないと考えている。FLNKS は他のエスニック・グループを等閑に付しているが、彼らはニューカレドニアをリッチにし、フランスへの依存はより少なくなっていこうが、フランスとのつながりは民主主義を守る上で最善であると主張している (5/11/98)。「ある日、我々は独立するだろう」と言った RPCR で働くあるカナクは、「この国は、まあ 50 年くらいの間には独立するだろうよ」とジョークにしていた (11/11/98)。一方、イエカエは、独立派は数の上から独立が不可能であることを承知しており、それを人々に明らかにすべきだと主張したが、「私にとっては、もはや独立であろうとなかろうと同じことを意味する。なぜなら、カレドニア社会を建設するためにともに生きていくことを達成していくことが重要であるからだ。闘争は、暴力によってではなく、国を建設するための力を与える手段にならなければいけない」と語っている (22/8/2007)。

　ヌメア合意に反対した人々の理由に見たように、フランスの経済パワーに対する人々の信奉、すなわち、独立すればヴァヌアツのように貧するという反独立派の神話的クリシェは今も変わらない。カレドニア社会の生活水準が他の太平洋島嶼国に比べて高いのは、フランスの援助予算によるところが大きいが、

第 1 部　ネーションの語り

メトロポリタンから見た対ニューカレドニアの経費は、「約 800 億 CFP パシフィック・フラン（日本円で約 800 億円）で、ニューカレドニアにとっては莫大であってもフランスにとっては国家予算の 0.38% にすぎず」（Vladyslav 22/10/98）、たいした負担とはならない。フランスにとって、今やニッケル鋼石は世界で安く手に入り、核実験は終了し、軍事的重要性はアフリカにある（Christnacht 5/7/2005）。実際、フランスがムルロア環礁などで行ってきた核実験 (1966〜96 年) の停止後、仏領ポリネシアは 2000 年に仏海外領から POM（Pays d'Outre-Mer 海外邦）となって、ニューカレドニア同様その自治権を拡大している。それゆえ、アフリカに比べれば、フランスにとって両者の相対的重要性は低減し、ワリス・エ・フトゥナは小さく実利的益はない。しかし、これらの島々を傘下に収め、太平洋におけるフランスの威信と栄光の一翼とするには、コスト・パフォーマンスに対する費用効果は少なくないと言えよう。

　それでは日本の諺のように、「三度目の正直」として 2 度の合意を経て、住民投票によって完全な主権への独立を果たすことができるのか、あるいは「二度あることは三度ある」として、再度の合意によって主権の一歩手前に踏みとどまり、独立は未来へと先送りされるのだろうか。合意、第 1 期終了において、ゴロデは人々の頭の中はまだ脱植民地化されていないと言っていたが（1/12/2004）、合意の履行が進んだ 2 期目の 2007 年には人々のメタンタリティは開かれつつあり、とりわけ若者はグローバル化によって開けていると語っている。ゴロデは 3 度目の合意に関しては、「私はないと信じる。もし住民投票で否定されたら、有権者資格の限定などを含め、完全な主権に至るための道を切り開く解決策をフランスは見つける責任があるとした……」。彼女がそう語るのは、「ヌメア合意はニューカレドニアの解放に至る自決権と完全な主権への道を意味し、その他の何者でもない」からだ (14/9/2007)。ここには、解放運動から 40 余年にわたって闘い続けてきた女性闘士として、ヌメア合意をその道程の最終地点として錨を下ろしたいという強い想いを感じる。一方、新たな世代のイエカエは、ヌメア合意終了の投票前に再度合意があるかもしれない。おそらく独立を見るのは、我々の代ではなく、孫の代であろうとも語っている (22/8/2007)。この両者の相違は、世代の違いや前述のヌメア合意最終任期に入った 2014 年 5 月の選挙結果にも反映されていよう。

　いずれにしても、カナク・ネーションとしての探求において、「完全な主権への道」の出口がいまだ開かれてないとしても、ヌメア合意の特性は先述した

第 3 章　現代アリーナの中のカナク・アイデンティティ

ように、権限の拡大からその道に至るプロセスをフランスがパートナーとして伴走する「共有的主権」にある。それゆえ、オーレンは、フランスはアルジェリア、インドシナ、ヴァヌアツで脱植民地化に失敗してきたが、ヌメア合意はニューカレドニアの解放と脱植民地化にとって、国を一緒に運営していくための良いプロセスとなっていると考えている（6/9/2007）。実際、フランスから独立したアフリカ諸国などの内実や現在の在り方を鑑みるならば、かつての教訓から、フランスが学んできたことは多々あるに違いない。この合意の時代においてカナク・アイデンティティが、そのナショナリズムの追求から多民族社会における主権を共有する共存的ネーションとしての「国の建設」という新たな使命を担いだしたことを考えれば、人々のアイデンティティが認められ、その諸権利が回復されるならば、ナショナリズムの追求は究極的に駆り立てられることはないことを示唆しているのかもしれない。

3) パートナーシップ

　ここで、マオリのワイタンギ条約から歴史的に由来するその権利回復のあり方を参照しながら、ヌメア合意における主権の道に至るパートナーシップについて考えてみよう。マオリの主権譲渡の代替としてその権利の保護を謳ったワイタンギ条約は、「ワイタンギ条約制定法1975」によって法的承認を与えられ、マオリ語版との相違が認められた。その問題点は、マオリ語では1条の「主権（sovereignty）」は「カワナタンガ（kawanatanga 管理あるいは政府）」として言及され、首長たちはクラウンが国あるいはパケハを管理する権限をクラウンに委譲したが、マオリの人々に対する「主権」に近い意味での「ティノ・ランガティラタンガ（tino rangatiratanga）」を譲渡したとは解釈されず、2条の「土地や森林、漁業やその他の財産」は、「土地や村、全ての貴重な財」に対する「ティノ・ランガティラタンガ」、すなわちこれらをコントロールする重要な(ティノ)首長権限として言及されていることにある（Barrett: 1-2; H. Kawharu n.d.）。この問題に関して、「ワイタンギ条約の原則（Principles of the Treaty of Waitangi）」としての枠組みを明示したのが、南島の部族集団（Ngai Tahu）（以下、NT）が長年被った歴史的苦痛に対して権利回復を求めたワイタンギ審判への1986年の提訴である[19]。審判所は、当NTに関するレポート（1991）で、クラウンへのマオリの主権の譲渡は、マオリの「ランガティラタンガ」をクラウ

ンが保護することとの交換、すなわちチーフがその完全な部族的権限（full tribal authority）を維持し、土地やその他の価値ある財を管轄するためのマオリの権利との交換である。マオリのチーフは、その自治的やり方を保持しようと試みているが、「ティノ・ランガティラタンガ」は、別個の主権を意味せず、部族的自己管理、ローカル的な自治政府に近いものであるとした。また、当部族の漁業権に関するレポート（1988）では、条約の基本的目的は2つの民族（two peoples マオリとパケハ）がひとつの国に生きることであり、「条約の原則」においてマオリの主権は消去され、クラウンの主権を確立し、それによってクラウンとマオリとの間の継続的関係によるパートナーシップの概念の基底を成すとした（M. Kawharu 2010: 49-50. Te Ara PT）。ここからもマオリの主権は否定され、「ティノ・ランガティラタンガ」あるいは「ランガティラタンガ」は、マオリの文化的に重要な概念として現代的な文脈の中では自決権あるいは「リーダーシップ」と解釈できよう。また、パケハと共存していくことが、クラウンとマオリとの間の継続的関係、すなわちクラウンのマオリの権利に対する保障を意味することになることがわかる。

　審判所は、条約を英語版とマオリ語版の2つのテクストから体現されたものとして、重要なのは両者の違いよりも適用される原則にあり、クラウンの行為が「ワイタンギ条約の原則（Principles of the Treaty of Waitangi）（以下、条約の原則）」に相反していないかを、マオリ要求グループのそれぞれの文脈において、その歴史的背景から文化的概念まで検討し、解釈、審議することによって、その所見（findings）を示してきた。「ワイタンギ条約制定法1975」は、この「条約の原則」を定義しているわけでないゆえ、これまでさまざまな議論を巻き起こしてきたが[20]、審判所の所見以外にも原則に言及した裁判事例や法（Act）、NZ政府によってその基本的原則が示されてきた。これらに共通して浮上する原則としては、1840年という歴史的条約を現在の状況に適応することのできる生きたドキュメントとして解釈、進化させ、相互的関係（reciprocity）という概念を主軸にして、クラウンとマオリ、ひいてはマオリとパケハが互いに良き信頼関係の中でそのパートナーシップを確立することにあると言えよう（Te Ara PT）。

　それゆえ、マオリの自決権を求める主張や論議は1970年代後半からマオリ復権運動の中で主張されてきたが、「ティノ・ランガティラタンガ」は、マオリのネーションとして別個の独立を目指した主権の探求ではない。脱植民地化

第 3 章　現代アリーナの中のカナク・アイデンティティ

におけるトータルな意味で諸権利の回復の探求として、それぞれの部族レヴェルで自己決定することを求めるマオリの自決権として表象できよう。ネーション・レヴェルにおいてマオリの政治的権限は、1 院制の NZ 議会で、1867 年にマオリに付与された 4 議席から、現在では総議席 120 のうち、7 議席に増大した。単純小選挙区制から MMP（Mixed Member Proportional）と呼ばれる小選挙区比例代表併用制の選挙改革を経て、このマオリ議席と呼ばれるマオリ選挙区を議会で廃止する声もあるが、常にマオリ議席が一定数確保されるゆえ、廃止に反対のマオリは多い[21]。マオリの自決権を主張するマナ・モトウハケ（Mana Motuhake）など、これまで複数のマオリ自身の政党は形成されたが議席を確保することはできず、マオリ議員は国民党へ所属する者もいるが、多くはリベラルな労働党に所属し、その中でマオリの権利回復を試みてきたと言えよう。しかし 2004 年に創立されたマオリ党（Maori Party）と 2011 年に創立されたマナ党（Mana Party）は、現在それぞれ 2 名と 1 名の議員を有し、後者はパケハの緑の党（Green Party）と連帯している。前者 2 名は 2008 年の選挙後、国民党政府と連合して閣外大臣となり、そのうちのひとり、P. シャープル（Pita Sharples）はマオリに関係する事柄を扱うマオリ担当大臣（Minister of Maori Affairs）として、「マオリ開発省（Ministry of Maori Development）」を管轄している[22]。マオリ議員は、現在（2014 年）国民党に 2 名、労働党に 2 名の議員をはじめ、他党にも拡散している。マオリの権利回復や保護を促進し、その「マナ」を前進するために、パケハや非マオリをパートナーとする政治的連合や脱連合は、カナク政界や政治家とも共通している。カナク同様、部族同盟の伝統的あり方としてのマオリの「ランガティラタンガ」は、ネーション・レヴェルの現代政治においてマオリ政治家のリーダーシップに継承されていよう。

　一方、ワイタンギ条約を相互的利益のために進化する社会的契約として、ワイタンギ審判を植民地化から受け継いだ負の遺産の見直しとしての有識者の見解を紹介している M. カウハルは、クラウンとイウィの要求グループとの交渉結果、個別的に結ばれるセツルメントとしての中身は、パッケージとして帰結するとしている。この「セツルメント・パッケージ（settlement package）（以下、S パッケージ）」は「カナク慣習地」で見るが、その骨子は、マオリが歴史的に受けた被害の責任と過去の過ちに対するクラウンの承認と謝罪、条約の不履行によって被った要求グループへの経済的回復としての補償金による財政的・商業的是正、グループの土地や自然環境との結びつきを認めることによる文化

的是正の 3 点にある（Kawharu 2010: 43, 48-49, 99-100）。マオリとカナクとの権利回復の最大の相違は、前者が共同体レヴェルの各部族とクラウンとの直接的・個別的和解交渉であるのに対して、後者は文化共同体としてのエスニシティをネーション・レヴェルで節合したフランスとの全体的な交渉にあるが、ヌメア合意は、マオリの条約とそれを根拠としてトータル的権利回復を承認した S パッケージに相当するとも言えよう。フランスが植民地化の責任を認めたことはその負の遺産の是正として、カナクのトータル的権利回復の承認であり、合意はカナクにとってその権利に言及することのできる根拠となる。主権の移譲はフランスをパートナーとした進化する政治的契約として、合意の調印者である独立派、反独立派、フランスは相互的関係の中でその義務を果たすことにあると言えよう。

　一方、NZ のみならずオーストラリアも、政体的にはクラウンの下にある立憲君主制をとり、英女王の代理として選ばれる NZ 人・オーストラリア人総督を有する英連邦国家として、クラウンとのパートナーシップを形成し、この意味では主権はクラウンと共有されてもいる[23]。ともに国民の間では、英国王室の人気の高さからも、そのつながりを断ちたいようには見えず、他方、先住民としてのアボリジニやマオリにとって、植民地化の責任者であるクラウンは、その諸権利や人間の尊厳としてのアイデンティティの回復にとって切り離すことのできない重要なパートナーである。両国ともに政治家の間で共和政への移行を進める動きは以前から存在しているが、一般国民の間で現在の政体を保持することを好む者も過半数を占めているため、共和国としての移行はこれまで実現していない（Wikipedia RN）。しかしながら、前者は 1945 年、後者は 1947 年にウェストミンスター憲章を批准して、国際的にも認められた独立したネーションとしての事実に変わりはない。つまるところ、後者においては、先住民としてのマオリの諸権利回復を認めた上で、パケハやその他のエスニック・コミュニティをパートナーとして主権を共有する「ニュージーランド＝アオテアロア（New Zealand-Aotearoa）」というバイネーション的な想像上の政治的共同体とも言えよう。

　この意味で、フランスと NC のパートナーシップとの最大の違いは、ネーションとしての独立にある。それでは、独立した英連邦や条約を通したパートナーとして、クラウンとの関係を保持している NZ のように、カナクとその他のカレドニア人がヌメア合意に基づき、「新たなフランスとの関係」、すなわち連合

第 3 章　現代アリーナの中のカナク・アイデンティティ

による独立したネーションとして、「ヌーヴェル＝カレドニ＝カナキー（Nouvelle-Calédonie-kanaky）」を成すのであろうか。コルトーは、ニューカレドニアは独立するだろうと考えているが、「問題となるのは独立ではなく相互依存である。なぜなら今日、もはやいかなる国も一国で生きている国はないからである」（21/10/98）。カナク独立が他者との相互依存に取って代わったのならば、指導者たちは、そのネーションの探求において独立は相互依存とあまり違いがないという考えに至ったのかもしれない。このことは、「カナク独立運動」で見た「パートナーを選ぶ権利と相互依存を交渉する権限」として、共存や共生を先取りしたポストモダンなチバウの主権の概念を想起させる（Tjibaou 1985:1593）。他者との相互依存の視座に立てば、他者からの独立と他者への依存は二律背反ではなく、相補的である。一方、ヌメア合意の住民投票で反対に投じた要因に、フランスとのつながりによる経済的依存があったが、フランスとの連合による独立の中で築かれる相互依存関係は、依存の中で生まれる関係とは異なる。すなわち、いったん脱節合し独立した上で、フランスと再節合することは、「自らの足で立つ人」として新たな関係の始まりとなるからだ。それは、カナクとカレドニア人が互いをパートナーとして主権を共有するバイネーション的な想像上の政治的共同体としての新たな模索の始まりでもある。

しかし未来への展望がいかなるものであろうと、カナクの長期的戦略の中で人々は次の世代に「国の建設」への使命を託そうとしている。1998 年 5 月、ヌメア合意とともにオープンした「チバウ文化センター（Centre culturel Jean-Marie Tjibaou)」の真新しい ADCK オフィスで O. トーニャは次のように語っている。「ニューカレドニアは独立運動の結果、脱植民地化の過程に実際に入りつつあり、20 年のうちに独立するだろう。しかし 20 年後、自分はもはや生きていないだろうから、それに投じるのは子どもや孫たちである……私自身は独立と言うが、これが彼らにとっての優先事項となるかどうかはわからず、フランスにとどまることを望むかもしれない。人々のメンタリティを変えることは難しい。真の意味での独立はもはや存在しないのだ……」（29/10/98）。その後、しばし沈黙の時が流れた[24]。

それから 10 年近くが経ち、2007 年 9 月、最後の調査を終えてヌメアのホテルでスーツケースを閉めたとき、かたわらで見ていた反独立派のあるカルドシュの女性が、「もう、ここには戻って来ないの？」と尋ねた。筆者は冗談めかして、「この次戻るときは、ニューカレドニアが独立したときね……」と彼

女の反論を期待したが、なぜか彼女は異を唱えず、苦笑いしたままであった。人々のメンタリティを変えることは難しい。しかし時代の流れとともに変わっていくことも確かだ。他方、ヌメア合意終了への足音が近づきつつある中で、この合意による20年という歳月を、人々はその未来を決めるためにうまく生かすことができたのか、その答えはまだ聞こえてこない。それは依然として人々の不確実性の掌中にある。

II. 市民的現在

　近代国家の理念としての国民国家（nation-state）は、フランスにおいては革命（1789）によって、「国家は朕なり」のルイ王朝の絶対王政国家が崩壊し共和制が誕生して、平民あるいは小ブルジョアジーによる市民が主体となる国家から派生した。主権を有するものとして想像された政治的共同体としてのネーションのメンバーは、近代社会に生きる市民を前提としている。すなわち、市民権を有し、市民としての義務及び公共の場での礼儀と振る舞いをわきまえ、成熟した自由な個人を主体とした理念的市民像である。こうした想像上の市民社会が開かれた公共圏のイメージで表象されるのに対して、閉ざされた親密圏のイメージでほのめかされるのが共同体と言えよう。この閉ざされた親密圏としての共同体は、現代アリーナにおいては家族、親族、地域集団、民族、ネーションからEUやグローバル・コミュニティまで、果てはWeb上の諸々のサイトまで共同の心や意志、あるいは目的をもってともにするという名の下に収束され、定義不能である。しかし、ひとりきりの個体幻想はあっても、共同幻想が成立するには2人以上必要とすることからも、そのスケールに大小さまざまあっても、「共同体」は関係性を必要とする。その関係性は血縁、地縁、政治、経済、科学技術、文化等々、諸々の文脈の中で、必然的あるいは合理的・自然的あるいは偶発的・人為的もしくは手段的・ロマン的もしくは幻想的に、アメーバー的に変貌自在に形成される。共同体がその内部に対立や矛盾を抱えた閉ざされた親密圏として表象されるならば、開かれた公共圏としての市民社会における想像上の成熟モデルも、人間としての自由な心の中には、不正や差別に対する憤怒や正義から、権力や利益、恩恵を求める根源的な欲求まで渦巻いている。それゆえ、市民社会も連帯心から利己心まで、共同の意志が働くと、開か

れては閉じられる、公共的であるとともに親密な「利益圏」としてさまざまな「市民共同体」を構成しよう。

　この意味で、第 3 幕「現代アリーナの中のカナク・アイデンティティ」第 2 場「市民的現在」において、カナクは、文化人類学的モデルとしての閉ざされた親密圏の伝統的共同体社会と、政治学的・社会学的モデルとしての開かれた公共圏の市民社会の間を行き交う人であるが、両者の「利益圏」を行き交う人でもある。こうしたことを念頭に、以下で「カナク慣習地」「カナク経済社会開発」及び「共通の運命の中の市民社会」でその権利回復や問題点を探っていく。

4. 慣習地

　「カナク・アイデンティティは土地との特別な関係に基づいている。各個人、各クランは谷や丘や、海あるいは川の河口と特別なつながりの意味において定義され、その土地において他の家族を受け入れる記憶を保持してきた。名前は、伝統によって土地景観の各要素に結びつき……空間と交換に対する構造を与えた……クランの中には土地を失うとともに自身の名前も喪失した。大々的な土地の植民地化によって、多くの人々は移動を余儀なくされ、クランによっては生存のための資源を減じられ、かつての居場所の記憶を失った。この剥奪の過程はアイデンティティの道標を失うに等しい」（ヌメア合意前文 1, 3）。

　このような前文とともにヌメア合意では、カナクのアイデンティティはクランとその名前との関係からなによりも先祖とのつながりにおける土地領域への言及で定義されると伝統的な概念を認め、脱植民地化運動におけるカナクの土地闘争と「植民地化論争」に対する FLNKS の交渉は、一定の成果を得たと言えよう。ヌメア合意とそれに基づく「NC 組織法」（1999）から土地に関連した規定条項を確認すれば、これまでのカナクの特別法民事地位は法的に不安定要因となってきたとして、慣習民事地位（statut civil coutumier）以下、慣習地位（statut coutumier）に名称変更された（JORF 1998: 1.1; JONC 1999: Titre I）[25]。この結果、慣習地位を有する者に帰属している慣習地と財産は慣習によって規定され（JONC 1999: Article 18）、新たな枠組みとして慣習地（terres coutumières）を設定した。土地に関する条項（JORF 1998: 1.4）で、慣習地とは、

植民地化によって創出され及びその後に土地の不足や要求から拡大したリザーヴ地（Reserve Land）、GDPL（Groupement de Droit Particulier Local 地方特別法集団）として言及されるカナクの土地所有者グループに返還される GDPL 地、及び ADRAF に在庫されている一般的に GDPL に分与される土地で構成される。その結果、ニューカレドニアの全ての地は慣習地か、普通法の下での土地に分類されたのである（JORF 1998: 1.4.）。ここでカナクの法的地位と土地が「慣習」という言葉で名称的に統一されたことは、慣習地位と慣習地に一体性の印象を与える。「カナク土地返還要求」で見たように、慣習地の権利は慣習的なやり方に従うゆえ、親密圏の共同体においては、これまで普通地位の個人であっても、帰属するクランや下位グループの系譜から所与の土地に対する慣習的権利を有していれば、土地使用や土地回復は認められてきた。しかし、慣習地位と慣習地の関係性の強調の中で、普通地位のカナクに対して土地の慣習的権利が不利に働き、阻害される可能性が出てくるかもしれない。換言すれば、共同体レヴェルにおける自由裁量の余地や多様性をなくし、ネーションあるいはエスニシティ・レヴェルで一元化していくことにも通じてくる。

　こうした慣習地は、いずれも「NC 組織法」によって、譲渡できず（inaliénable）、売却できず（incessibles）、交換できず（incommutables）、差し押さえできない（insaisissables）とされる（JONC 1999: Article 18）。これらの原則は植民地化で設定されたリザーヴに関するものとほとんど変わりなく、全ての慣習地に関してカナクの法的な所有権限を保障されたことを意味するが、売却や交換、強制的な差し押さえなどができないことは、土地が固定化されるため、経済的開発に支障となってきたリザーヴの特性が残存したことを意味しよう。ただし、同じ慣習地であっても返還地である GDPL 所有の土地は貸し出すことができる。土地に関するヌメア条項（1.4.）が強調しているのは、前合意に引き続き開発の促進とそのための ADRAF[26] の役割と土地改革の強調である。この目的のために慣習地の測量とその慣習的権利を明らかにするための土地登記台帳（cadastre）の作成、及び慣習地の経済開発などが言明されている[27]。

　「ネーションの語り」で出現した失地回復要求が植民地化の負の遺産の解消を求めるものであるならば、その要求が依然引き続く中で、ポストコロニアルへ向かうネーション・ビルディングのための土地改革にさまざまな問題や障害が立ちはだかっていることに間違いはない。この意味でも「土着性のパラダイム」における親密圏としての「共同体の語り」にあるカナク慣習地は「ネーショ

ンの語り」と節合され、両者は重奏しているのである。以下で、返還地としてのGDPL地、ADRAF在庫地と土地をめぐる紛争、土地改革のための土地台帳プロジェクトと土地開発の文脈などから、「カナク土地返還要求」の結果としての「カナク慣習地」とその問題を考察し、最後にマオリの土地権回復結果を参照する。

1）返還地としてのGDPL地

　それでは、土地返還要求はどのような結果を生み、その返却された地としてのGDPL地とはいかなるものなのであろうか。ADRAF（地方開発と土地整備庁）は、マティニョン合意以来、カナクの土地返還要求に対して、一般的にヨーロッパ人入植者から私有地を購入し、それ以外にも教会や国有地、公有地から土地を入手し、メラネシア人にこれまで無償で返還してきた[28]。ADRAFによれば、1995年、カナクの大多数が住む東海岸では土地のかなりの部分が土地回復要求によってカナクに戻り、東海岸の50％以上がヤテ（Yaté）を除いてカナクに属し、イヤンゲーヌ、カナラ、クアウア（Kouaoua）においては83％がカナクに属しているが、土地回復には地域的バラツキもあり、カルドシュの人口が多く、開発も進んでいる西海岸では50％以下にとどまり、ヌメアやその近郊では16％以下を示している（ADRAF 1995: 8）。土地が大々的に譲渡された主島グランド・テールにおけるカナク所有の慣習地は、土地改革が始まった1978年からヌメア合意に至った98年に10％から17％へ、さらに2005年において20％に上昇している。それに対して同期間普通法の下での私的所有地は25％から18％、20％に減少し、国家、プロヴァンス、コミューンに属している国有地や公有地は67％から64％、60％に減じている。この結果、メラネシア人とヨーロッパ人の土地所有の割合はグランド・テールでは、ADRAFの在庫地を含めるとほぼ同等となったと言えよう（ADRAF 1995: 10; Vladyslav 1998: 11; ADRAF 2005: 2）[29]。ロイヤルティ諸島、イル＝デ＝パン島、ベレップ島では土地のほとんどはカナクのリザーヴなので、カナクの所有地は1990年ではニューカレドニア全体の21％（PIY 1994: 416）、98年では約26％に上ると推定され、現在では、慣習地は全体の27％近くに、グランド・テール全体の18％を占めている（ADRAF: Les Dossiers）。

　土地の回復要求に対して、現在では以前のようにリザーヴを拡大するケース

は少なく、ADRAFが一般的に土地を返還してきたのは、前章で見たように「土地局」の下で1982年の法令から生まれたGDPLと呼ばれる現在の慣習地位（当時の特別地位）のカナク土地所有者で編成される地方特別法集団である。したがって、ヌメア合意によってリザーヴ同様、慣習地の枠組みの中に統合されたGDPL地とは、原則として慣習地位の人々で構成された慣習的権利を有する集団に分与された土地を意味する。1998年に帰国するまで10年余りカナクの土地返還要求に取り組んできたADRAFのヴラディスラヴ長官によれば、GDPL地は法的には普通法の下での私有地とリザーヴ地との間を節合する、いわばインターフェイス的存在として位置づけられるという。リザーヴは税金免除であるが、GDPL地は私有地と同等で、土地や家屋に税金がかけられる。ただし、現実には、給与所得者のカナクや現金収入が少ないため税金はほとんど払われていないようである。もうひとつの大きな違いは、リザーヴの土地は貸し出すことはできないが、GDPL地は可能であり、近年ではカルドシュに貸し出され、農場、牧場またホテルなどに使用され、グループとしては土地所有者集団として、その経済目的のために土地を開発、有効利用できる（Vladyslav 15/10/97; 1998: 12）。たとえば、土地資産の所有者として、土地賃貸会社を設立し、そこから上がる利益をグループで配分することができる。ここからも、GDPLの土地は資本として経済開発に投資し、カナクの開発ツールとして意図されていると言えよう。この意味で、GDPLは「共同体の語り」と「ネーションの語り」に節合された「土着性のパラダイム」において、共同体レヴェルのカナクの慣習的土地所有のあり方と、ネーション・レヴェルにおける普通法の下での西欧的土地所有との間のズレを縫合する試みと言えよう。

　一方、所有者単位としてのGDPLは、法的に土地権を有するひとつのクラン、あるいは複数のクラン、あるいはひとつのトリビュで構成されたグループとしての集団的所有で、土地返還要求がクラン・ベースか、ないしはトリビュ・ベースで行われたかによって2つの慣習的所有者グループに分けられる。独立運動時代、ADRAFのスタッフによれば、政治目的の中で行われた返還要求には結束のため後者の要求が多かった。土地の主あるいは迎え入れられたクランがリザーヴに隣接した土地の回復を求めるトリビュによる嘆願であるため、全てのクランがリザーヴ内のように関係し合うことができ、比較的取り組みやすい。一方、なぜクランXYZが一緒かという理由は、当時の政治的同盟関係によるという。しかし合意時代の1990年代に入ると、政治的団結の必要がなくなり、

第 3 章　現代アリーナの中のカナク・アイデンティティ

個々のクランで要求するようになり、また反独立派のカナクからの要求も始まったという（6/9/2005）。クラン・ベースの場合、あるクランがその先祖の地の回復要求を起こすと、その地はときにトリビュから遠く離れ、1 つ以上のクランが同一の土地を要求するケースも生じ、クラン間の競争が起こり、後述するように紛争が巻き起こる。しかし、全体の 4 分の 3 弱を占めているのは、カナクの伝統的土地保有単位であるこのクラン・ベースであり、1998 年でトリビュ・ベースの 69 の GDPL 地（2 万 6900 ヘクタール）に対して、クラン・ベースで 180 の GDPL 地（4 万 4900 ヘクタール）が存在し（Vladyslav 1998: 12）、クランのアイデンティティは起源としての祖先の地にあるということを証している。また、土地が返却されてもトリビュに住み続けるケース、場合によってはクランの数家族が一緒に住むことを好むケース、まれには同一クランの全ての家族が現在住んでいるトリビュを去って、その先祖の地で一緒に生活することを決める場合もあるという（ADRAF 1995: 12-15）。一般的に GDPL は、クランあるいは家族から成り、男性、女性の成員の「大多数」は慣習地位でなければならないが、その中に普通地位の成員が加わることは可能であり、またメンバーの変更も可能であるという（ADRAF; Le Coin des GDPL）。ADRAF スタッフによれば、土地所有者の名前は、リザーヴあるいはトリビュ・ベースの GDPL ではトリビュ名が登記されるが、1 クランで構成されている GDPL 名は、そのクランが所有者名に、複数のクランより成っている場合は土地と関係する名前を人々が決めて付けるという（6/9/2005）。

　いずれにしても、植民地化によるカナクの強制移住やカナク同士の戦争が引き起こした移動などによって、社会組織が複雑化した上、ときに要求された土地が返還不能の場合の代替地の提供もあり、失地回復としての GDPL 地は、植民地化以前の土地の復元を意味するわけでもない。筆者が訪れた X クランのＧＤＰＬ地も、こうした実例を示している。X クランは、モン＝ドール（Mont-dore）のコミューンにあるトリビュ（La Conception）に住む数家族から成るクランで、植民地化において宣教師によってグランド・テールの東海岸の地から当トリビュに強制移動させられ、1990 年代初め土地回復要求を起こした。ゆえに、彼らの実際の先祖の地は東海岸の遠隔の地にあるが、結局、ＡＤＲＡＦは彼らの居住地のトリビュからそれ程遠くないヌメア近郊のダンベア（Dumbea）の小高い丘陵の南急斜面の土地を代替地として提供した。ここは元、カルドシュが牧畜を営んでいた土地で、1996 年にクラン側はそれを受け入れ

229

た。土地返還要求は広大なゾーンに及ぶ場合も、あるいは小さなものまであるが、当地は約 135 ヘクタールと GDPL としてはだいたい平均的である。当 GDPL 代表者 A によれば、この辺り一帯は、1990 年代当時人口も少なく、土壌も良くないブッシュの生えた未墾の地であり、居住するためのインフラ基盤をまったく欠いていた。ヌメア近郊という立地条件から、当地を購入したいというリゾート開発会社もあったが、慣習地は売買できないので賃貸を望んだが実現しなかったという。彼らは 1996 〜 98 年頃から少しずつ開墾していき、筆者が 2006 年に訪れたときには、タロイモ、ヤムイモをはじめとした畑や木々が植えられ緑が広がり、その植林や農作業の 8 年にわたる開墾の成果が表れていた。しかし、居住地としては水道、電気などインフラはまったく敷設されていない。それでも、ブッシュの中に大きなコンテナが 2 つ置かれ、その間に洗濯物が掛けられ、若いカップルが不自由な生活を強いられながら生活しているようだった。ダンベア市（Dumbea）のコミューンの開発は進んでおり、市が計画した低所得層への分譲住宅地がこの GDPL 地に隣接して建築中で、その境界はフェンスで仕切られていた。A によれば、この分譲住宅地のインフラ設備を GDPL 地に延長してくれるよう南プロヴァンスやダンベア市当局に頼んでおり、ADRAF や南プロヴァンスはすでに合意しているが、市は同意してくれないという。これには、カレドニア人が住むコミューンの中にカナクのトリビュのようなものができるのを恐れているからで、市が OK すれば、南プロヴァンス（50％）と市の援助（30％）、ADRAF とクランの出資（20％）で、家や水道などが設置でき移住できるとしていた。リザーヴの彼らが住んでいるトリビュの土地は不足しているため、両親の家に同居している若者や子どもたち 20 人ほどが、トリビュから移り住む予定であるという（7/9/2006）。

　土地を整備するための労働力の必要性からも、GDPL 地に移住する者は、このケースのように一般的に若者が多い。トリビュから離れて、すなわち慣習当局や慣習から離れて自由を享受できるということにもあろうが、その開墾地の広がりは、カナク自身の経済開発に対する姿勢の変化も示しているように思える。一方、年寄りは、住み慣れたトリビュにとどまる場合が多いことにもなる。当 GDPL 地のインフラ整備など必要な経費に関して、2009 年の報道によれば、総計 1 億 2000 万 CFP（約 1 億 2000 万円）のうち、南プロヴァンスが 7000 万、FSH（Fonds social de l'habitat 居住のための社会基金）が 3400 万、GDPL 側が 1000 万 CFP 供出予定で、ダンベア市は財政的援助をせず、道路や通信網にお

第 3 章　現代アリーナの中のカナク・アイデンティティ

ける技術的援助を行うとある（*NC* 16/9/2009）。それゆえ、事態は進展したようであるが、ダンベア市当局は、GDPL居住地が隣接することによって、カレドニア人隣人の居住者との間にトラブルが生じることを恐れているようで、実際、当GDPL地では不審火が何度か起きている[30]。

　GDPL地は一般的にリザーヴの外にあることから、カナクと近隣の他のカレドニアンとの関係に問題が生じることを暗示しているが、同様にGDPL地の賃貸による土地活用も紛争がないわけではない。1930年以前に定住した移民子孫の会「ピオニエ（Pionniers開拓者）」から入手した資料には、コネでは、エヴェヌマンの時代（1984～85年）にその土地を去ったカルドシュが、カナクからGDPL地を賃貸して牧畜をやり、家畜飼育場などの牧場施設を整備して土地の価値を高めたが、カナクの土地所有者から脅しに遭って、急いで家畜を引き上げざるを得ず、賃貸契約を破棄したという。しかし土地はその後利用されず荒地になっており、GDPL地の貸借契約は借地人への法的保護が十分でないと訴えている（Pionniers 2006）。この紛争は、ネーション・レヴェルで派生した土地返還要求がクランという共同体レヴェルに回収され、問題が生じていくことを明かしているが、開発目的で創出されたGDPL地に対する法整備が等閑に付されていることがわかる。あるADRAFのスタッフによれば、慣習地は不便なところで、経済的な利益を一般にもたらすわけでないので政治家は関心を持たず、議会に提案してきたが、取り上げられないという（6/9/2005）。換言すれば、GDPL地がリザーヴとともに「慣習地」として一括された中で、経済的メリットが見えないところに政治的関心は生まれず、法整備が進まないと言えよう。一方、ヌメア合意に基づくNC組織法（1999）は、両者の違いをこのまま保持していくのか、あるいはリザーヴも一定の条件下で賃貸できるよう将来的に両者を法的に収斂し、共通の規範を作り出していくのか言及していない。いずれにしても、開発促進を目的とした法制化は政治的に残された課題となる。

2）在庫地と土地紛争

　それでは、ADRAFの在庫地はいかなることを意味しているのであろうか。ここで在庫地とはADRAFにストックされた土地を意味し、カナクの返還要求に応じADRAFがカルドシュから購入した土地以外の国有地も含んでいる。

ADRAFのスタッフによれば、土地紛争などが未解決のためカナクの間に分与することができない2万ヘクタールに近い貯蔵地があり、その処理には15～20年くらいかかるだろうとしている[31] (6/9/2005)。こうしたストックは、4分の3が北プロヴァンスに、4分の1が南プロヴァンスに見られ、2009年（1万9870ヘクタール）から2010年（1万7032ヘクタール）の間に14%減じたが、動きのとれない古くからの在庫地は、同年の間むしろ増大し（1万1690ヘクタールから1万2712ヘクタール）、ストック全体の80%を占め、その90%は係争中で見通しは立っていない（ADRAF 2008: 3, 7, 16, 17; 2010: 14）。

　在庫地の中にはカレドニア人との間の紛争で、カナクに土地返還ができないものもある。筆者が1990年代の調査時、テレビ・ニュースに映っていたグランド・テール北端の東海岸にあるウエゴア（Ouegoa）の土地をめぐる紛争もその一例である。当時のADRAF長官によれば、ウエゴアでは、植民地化によってプエボ（Pouébo）のトリビュに移動させられたクランの子孫から土地返還要求がなされ、ADRAFはパリ在住のヨーロッパ人土地所有者からその土地を買い上げ、クランに土地を配分しようとした。しかし、当該地を牧畜のため長年使用していた隣接の混血のカルドシュの農夫たちは、これらの土地を必要とするとして、カナクへの土地分与に反対するための会を組織した。土地を買い上げたとき、彼らの土地使用は明らかではなかったが、カルドシュたちは、カナクへの土地返還は経済開発を阻害すると反対している。カナクが土地を回復するとまず建てるのが象徴としての伝統的小屋であるカーズであり、彼らの関心事は経済的必要性よりも祖先の地の回復にあるという（Vladyslav 15/10/97）。法的文脈においては、祖先との絆として土地に基づくアイデンティティ回復のため慣習地位のカナク土地返還要求に対する、実際に土地を使用し実践してきた普通地位のカルドシュ農夫たちの用益権の対立という相克である。ADRAFスタッフによれば、両者の対立は暴力を引き起こし、現在も膠着状態にあるが、ウエゴアでは白人人口の比率もカナクと拮抗しているので、カナクに土地分配するとカルドシュとの間で戦いに発展しかねないという（6/9/2005）。

　しかしながら、ヌメア合意の和解の時代の現在、こうしたカルドシュとの紛争よりも、顕在化しているのは、カナコ－カナク（Kanako-Kanak）間のカナク同士の土地をめぐる紛争である。これは、カナク独立という目的で連帯し、政治的にカルドシュに対抗して同盟する必要が減じた結果、独立派であれ、反独立派であれ個々のクランや家族が各々の利益を求めて要求し、土地の分与が

阻まれているからと言えよう。カナクの土地回復要求は 2008 年の報告では、2000 年当初と比較すると減少傾向にあり過去 3 年にわたる低下が指摘されている[32]（ADRAF 2008: 35）。実際、2000 年代の現地調査では ADRAF スタッフによれば、土地の購入を続けているが、まったく新しい返還要求は以前より少ないという。しかし、ときに同一ゾーンをめぐって数件の要求があり、クランの間で土地分配をめぐる争いから合意が成らないという（6/9/2005）。利益圏としての共同体は父系親族集団のクランとしての親密圏にあるが、そこから生じる土地の権利をめぐって紛糾する背景には、慣習的土地所有権の認定の難しさが挙げられる。

　ナエペルスは、土地回復要求においてその権利認定を確立するための 3 つの重要ポイントを挙げている。第一点は、言及される時間が植民地化以前と以後の強制移住かで、厄介なのはカナクの自発的可動性が高い前者で、父系グループのルートとしての旅程は曲折し、土地の占有や使用は多くの場所に及び、これらの土地に対する権利を保持していると見なされている。第二点は土地境界で、異なった父系グループの所有を分ける目印となる自然の対象物——木々、岩、頂、川——が居住空間としての土地限界を示し、リザーヴの中で先祖が置いたいわば、境界石としての聖なる礎石がクランの境界を暗示する。第三点は、土地の権利認定においてはその土地の主か、あるいは主から迎え入れられたクランであるかでまず問題となる。植民地行政組織の中で行政シェフが土地も含めたトリビュの代表となった結果、地位が低下した土地の主は、「カナク土地返還要求」で言及したように、法的に唯一の所有者と判定され、今日ではシェフの地位低下に対して、それと競合関係にある土地の主の地位が高まっている。迎え入れられたクランの場合、とりわけ植民地化におけるヨーロッパ人の土地略奪や強制移動によって迎え入れられた場合、庇護された地で結ばれた社会組織との関係や支持が重要で、そこでのクランの権利や義務、振る舞いが問題となるとしている（Naepels 1998: 249, 252, 266, 307-312）。

　第一点からは、同じ空間に複数の土地回復要求が派生し、土地紛争の種がまかれることがわかる。さらに、第 2 部・第 3 部で見るように口承の記憶による土地の慣習的権利の曖昧さ、植民地化後の名前の登録と土地の関係性の変化などから、異論、反論による焼き直しヴァージョンとして「同一ゾーンをめぐって数件の要求」が生まれ、紛糾していくと言えよう。第二点に関しては後述するが、第三点に関しては、ADRAF スタッフによれば、土地の主は土地に直接

結びついているが、その他のクランも各役割を担っており、その機能に従って、法的権利は考慮されるべきで、土地の主のみが所有者であり、他はそうでないとするのはおかしい。なぜならば、各クランが果たす役割——たとえば、戦闘や守備の役割を果たす戦士のクラン——との交換によって、土地の主は支えられており、GDPLの中には、しばしば、土地の主とともに生活する他のクランがおり、彼らはその土地を使用する権利を有している。土地回復要求を起こす者は必ずしも土地の主ではなく、往々にして戦士のクランであり、これはおそらく彼らが強いからであろうが、いくつかのクランが一緒に要求してくるという（31/8/2006）。実際の土地回復要求とその紛争に現場で立ち会っている行政側の眼差しが見えるが、ここからも、迎え入れられたクランによる土地の主を支える義務や振る舞い、すなわち土地の主との関係の重要性が、前者の権利に影響することがわかる。

　ナエペルスによれば、土地をめぐる対立は、紛争の防止や調整の役を担っていた姻戚関係などによる同盟のローカル・ネットワークが近年の父系関係の強調によって後退し、クラン対クランの中で緊張の度合いが増しているという。魔術が使用されたり、未分与の土地で家や畑やバリアーを設置したり、同じ系譜やクラン、トリビュや政党メンバーの間で共通の立場を確認すると、対立相手に侮辱や一撃が集会や慣習的儀式で加えられたりもする。こうした紛争は時間をかけて妥協により解決に至ったものもあるが、同盟関係、魔術を含めた物理的力の行使、知識、レトリックな雄弁能力、個人あるいはグループのカリスマ性などが及ぼす影響力によって、土地の権利が再構築され、論争を紛糾化する結果となっている（Naepels 1998: 301, 323）。ここからも、回復要求するクランにとっては、その同盟グループとの社会関係や知識＝力関係を働かせていくことが決め手となることがわかる。この意味でも、戦士のクランの登場はカナクの伝統的な闘争戦術とも言えよう。土地の主よりも戦士のクランが前面に出て要求してくることは、戦いの先頭に立つことでもあり、魔術などの物理的、あるいは暴力的な行為ともかかわるとも言えよう。土地の主は戦略的に背後にいて、戦いに通じた戦士や、知識を有する名望家（notable）や、雄弁能力に長けた弁士としてのスポークスマン（port-parole）などの力によって、土地紛争は展開していくとも言えよう。

　父系関係が重要視され仲介役としての姻戚関係による同盟のローカル・ネットワークが後退しているならば、それに代わって調停役として行政的に想定さ

第 3 章　現代アリーナの中のカナク・アイデンティティ

れているのがヌメア合意でその権限が強化された慣習当局であると言えよう。実際、2010 年、ADRAF は 27 件の紛争の仲介を慣習当局とともにクラン当事者の間を仲介し、ケースによっては緊張緩和したとしている（ADRAF 2010: 3, 8, 16）。しかし、本来土地に対する権限を有していない行政的首長としての慣習当局者の権限は人々の間で低下しており、クランは慣習当局の調停に不満を抱き、人々は慣習的裁定にもはや従順でもない。いずれにしても、カナク間の土地紛争は、慣習当局やクラン、トリビュを巻き込み、さらに同じクラン内で異議を唱える他の成員家族が新たな請求を起こしたり、係争に持ち込むケースもある。ADRAF ストックの 90% が慣習的な文脈で阻止され、こうした在庫地を賃貸に出すか、分配を決定してしまうか、分配の対象としないかの道をADRAF は模索している。一方、こうした土地紛争に対しては、ADRAF は時間をかけて当事者同士の話し合いの場を何度も繰り返し設けることで前進が可能としている（ADRAF 2008: 17; 2010: 14）。土地紛争はカナクの知識＝力関係の中で紛糾する長期戦略ゲームであるが、当事者間が対話を重ねる中で、解決への糸口が見つかるのかもしれない。

3）土地台帳と土地開発

　それでは、慣習的土地所有者としての権利が法的に明確に確立されれば、土地紛争の問題は軽減されるのであろうか。このことは「土地台帳」への登記を意味するが、「土地回復要求」でも見た法的解釈と慣習的認識とのズレの上に裁断することにもなる。ADRAF スタッフによれば、もともとニューカレドニアの土地台帳では慣習地については、リザーヴも GDPL の土地も、トリビュ名や GDPL 名（クラン名は書かれていない）とその土地の輪郭が書かれているだけの簡単な概要のみであり、その中身はまったく空白のままで、内部の者には土地の構成がわかっても、外部からは知ることができないという。「人々は口頭で、どの土地がどのクランで、そのクランのどの家族があの山まで、あの川までと、パロールで言っても、その境界を明記するとなると恐れる」という（6/9/2005）。これには、口承によって土地の主やその他の迎え入れられたクランの土地権を、土地台帳に記載し、明らかにすることは、クラン間の潜在的に眠っている所有権問題を顕在化させ、土地紛争を解決するよりも増大させる危険性があるからであろう。一方、ヌメア合意での土地台帳プロジェクトは

こうした口承という不確実性から脱して、カナクの慣習的土地権の安定と保障を図り、経済開発へつなげていこうというのが目的と言えよう。実際、カナク判事のトロリュによれば、土地登記は書き表されることによって固定されるために、伝統的な土地境界と、土地や人々に属する系譜を再確認するのに等しい。土地登記は土地の経済面を考慮し、土地に対する権利を保存するには良い手段であると見ている（*Mwà Véé* No.41, 2003: 16）。

　2003年、慣習上院（以下、上院）はこの土地台帳の作成に着手したが、プロジェクトは各慣習地域で進められ、計画に合意したクランや地域もあるが反対は多く、上院によればフィジーでは50年かかったとしており、なかなか進捗してはいないようだ。土地台帳の作成は土地の測量や地図の作成から登記まで、所有権や境界を法的明確性でもって線引きすることになり、文化的意味でもカナクの慣習的流動性や自由裁量の余地を失うことになる。公的に登記するとなると、カナクの間の利害や歴史的問題が浮上し、クランやシェフ、あるいはシェフリ（首長国）の力関係の対立から紛争につながっていく難しい問題でもある。実際マレ島では、土地台帳の作成をめぐって、伝統的シェフリと植民地化において創出された行政的シェフリ、さらに、両者のシェフの間の土地領域をめぐる支配権や力関係の対立が再燃した。

　マレ島では、グアマ（Guahma）のグラン・シェフであるネスリーヌ一族の権力がかつては島全体に及んでいたが、現在グアマ地区を含めた8つの慣習地区、換言すれば8つのシェフリで構成されている。これには、植民地政府が当時ネスリーヌの力を減じるために領土的分割を図ったという説と、逆にグアマが西欧の侵略に対抗するため、自らの勢力内にシールドとしてのシェフリを作ろうとしたという2つの説があるという（Lafargue 2010: 186）。いずれにしても、報道によれば、土地台帳の作成からネスリーヌ配下の慣習地区が不利に、その対立側の慣習地区が有利に変更されるという憶測があった。そうした中で、2010年9月ネスリーヌの臣下約300人が彼の住まいのあるトリビュからバスと車を連ねて、島の西側の3つの慣習地区を行進し、慣習地区の間にある先述した祖先が置いた聖なる礎石としての古い慣習的境界標石を掘り出し清めた。この示威行動はネスリーヌ一族の伝統的支配がこれらの地区に及ぶことを顕示したもので、対立するシェフリの上院議員などは、新たな「慣習的併合キャンペーン」として非難した。これに対してネスリーヌは、行進はクラン間の関係、すなわち土地との関係が行政的な慣習地区の境界に勝ることを喚起したもので、

地図上のラインではなく、先祖とのアイデンティティの関係で土地は議論されなければならない。上院はネオコロニアルな権利に追随しており、土地登記の権限を有していないとした。一方、上院は、ヌメア合意の土地台帳プロジェクトの推進を委託されてはいるが、あくまで慣習地区と慣習圏の中での協調と合意の上でしか登録はされないとしている（*NC* 7,14,17/9/2010; 4,6/10/2010）。

　ネスリーヌは伝統的権限と臣下の支援を、対立派は行政的権限と上院の支援を後ろ盾にしているが、この意味でも、ナエペルスが言うように、土地紛争は現実の政治的影響力を受け、慣習的記憶は再解釈され、ローカルな社会的状況の中で関係性の網の目に左右されると言えよう（Naepels 1998: 302）。政治的ゲームの中で慣習的力関係によって土地領域がいかに線引きされ、土地台帳でいかに文化的「真正さ」あるいは行政的「真正さ」が表象されることになるのであろうか。いずれにしても、カナクの土地台帳への登記は、これまでの閉じられた親密圏としての共同体の土地所有が、ネーション・レヴェルの開かれた公共圏において開示されることを意味していよう。

　それでは、カナクの慣習的土地所有の概念に変化はあるのであろうか。行政側はこれまでにも、カナクの普通法の下での土地私有の促進を試みてきたが、個人的私有地を有するカナクは都市近郊や村に住んでいる給与所得者に多い。1998年ではカナク以外のカレドニア人の私有地（29万1000ヘクタール）がグランド・テール全体の土地の17.7％余りを占めているのに対して、カナクの私有地（1万5000ヘクタール）は0.9％と少ないが増えつつあるという（Vladyslav 1998: 11）[33]。実際、あるカナクは、ヌメアやグランド・テールでカルドシュの土地や国有地を購入するカナクもおり、カナクの私的土地所有の概念は進んでいると見ている（12/9/2005）。また、慣習地に住みながら、外で働きサラリーを得る人は増えつつあり、そうした中で将来的にカナクの個人的私有地は少しずつ進んでいくかもしれない。

　カナクの伝統的土地所有形態に私有地の概念が存在しないとすれば、クランという集団的ベースでの私的所有に近い概念があるという認識では、人類学者もADRAFも一致している。ADRAFスッタフによれば、土地の歴史的文脈や現況によって、その境界が決められているところもあれば、GDPLも含めそうでないところもあり、また明確に境界を決めることに賛成のカナクもいれば反対のカナクもいる。一概に言えないが、これまで慣習地の分与や分割をクランの間の話し合いで取り決め、合意した慣習的口頭協議調書（Procès-verbal de palabre)、通称 PV・ド・パラブル（PV de palabre）と呼ばれる紙上での文書作成は少ないという（6/9/2005）。こうした少ない事例のひとつに、ヌメア郊外のあるトリビュがある。ここはもともと、東海岸地域から宣教師によってカナクが移住して作られた、カナクが呼ぶところの「伝統的ではないトリビュ」であるが、ある住人によれば、他の土地に住んでいる元の土地の主は、その役割を断念しトリビュのクランの間でリザーヴの全ての土地を分割したため、土地の主はもはや存在しないという。その決定はトリビュの首長カウンシル（conseil des anciens）によって、シェフの出席の下でPV・ド・パラブルが作成され署名され、その結果、各クランは今では各自の土地を有している。これは現代的な新しい傾向であると語っている。この分割は1980年代末から90年代初めの頃と思われるが、こうした調書が第2部で見るように「慣習的行為（acte coutimier）」として2007年に法制化され、法的保障を得たため、土地分割はリザーヴやGDPL地で増大していくかもしれない。実際、ADRAFは、こうした慣習地の分割を「クラン的分割（partage clanique）」と呼んで、透明性、個人・家族・クランによる自律性、法的な慣習権の保証と土地紛争の防止に役立つとして、そのために慣習権とその有資格者（クラン、家族、個人）の権利の認定、地図上での土地権の境界画定、及び法的「慣習的行為」による効力の3つを主要な目標として掲げている（ADRAF 2010: 19）。土地台帳作成プロジェクトへの支援でもあるが、慣習地の「クラン的分割」による集団的土地私有化の勧めでもあると言えよう。

　一方、ADRAFが進める慣習地の開発に関しては、さまざまな障害が見える。GDPL地を含め慣習地は法的に譲渡できず、差し押さえなどができないため、担保となることができず、開発のための融資を銀行から受けるのは難しい。また、GDPL地に適用される普通法の土地規則に対してカナクは不慣れである。しかし最大の障害は、慣習地が一般的に起伏の多い深い谷間にあり、とりわけGDPL地の場合、先に見た例のようにカルドシュの牧場跡地などインフラ整備を欠いた不便な地が多いことにあろう。ADRAFは、回復要求の土地の購入が難しい場合は代替地を提供する場合もあり、主要道路に至る道を開き入植を援護しているが、限られた予算では足りず、道路や水道、電気などを敷設するにはプロヴァンスやコミューンの援助が欠かせない。一方、カナクも返還された土地を単に先祖の聖なる地としての回復価値だけで見ているわけではなく、経済的に実行可能な土地であれば利用するのにやぶさかではない。ナエベルスに

第 3 章　現代アリーナの中のカナク・アイデンティティ

よれば、その調査地ウアイルーの地で、カルドシュの所有者が去った後、家畜飼育場、貯水池、店、ガソリンポンプ、食肉解体場などが残されていた土地を回復した GDPL のケースでは、最初の集会で、牧畜をやるため 2 つの経済利益団体、GIE[34)]を作ることに合意したという（Naepels　1998: 297）。また、海岸地帯など、土地の条件が良いと借りたい投資家も現れ良い物件となる。たとえば、ADRAF スタッフによれば、東海岸のイヤンゲーヌでは、次節で見るようなホテルへの賃貸から、土壌が豊かで作物の生育に適しているがカナクはヌメアやコネの市場から遠いため耕作せず、かつて耕していた白人に土地を貸しているという（6/9/2005）。

　また、これまで慣習地はコミューンの都市計画の中に入らないので、開発の障害ともなってきたが、OGAF と呼ばれる土地整備のグループ・オペレーションや OCDL というローカル開発合議オペレーションなどによって、プロヴァンスやコミューン・レヴェルで土地開発が進められている。このため、行政上のコミューンの土地委員会（commission foncière communale）が、道路、公共工事、農業機械の貸し出し、土地整備などのインフラ整備のために重要となっているという（Naepels 1998: 320）。OGAF は 1992 年に発足し、プロヴァンス行政アクターとローカル・グループの参加による土地開発計画のための作戦で、現在ではプロヴァンスの開発政策の重要な道具立てとなっている。OCDL は OGAF に近いローカル・グループの土地開発協同作戦であるが、東海岸イヤンゲーヌ市当局が環境を考慮に入れて取り組んだ観光開発プロジェクト（2008 ～ 12 年）からスタートしたという（Bouard 2011: 9, 368-369）。OGAF や OCDL の枠組みの中で協力、参加している ADRAF によれば、各地の農業プロジェクトの中で開墾や整地事業から、GDPL 地における農業活動が推進され、2007 年の農業セクターへの予算は約 2300 万 CFP（約 2300 万円）に上昇した。また、慣習地を考慮に入れた都市計画の修正や慣習居住地への私的投資を呼ぶため、慣習地開発への具体的手段が実行できるよう「国の法」の必要性などを提言している（ADRAF 2008: 19-24, 28; 2010: 22-23）。

　他方、土地に商品価値を置くようになった近年の人々の意識変化は、都市近郊の返還要求に表れている。2010 年、返還要求が一番多い地は、南プロヴァンスの開発の進むパイタ（Paita）やラ・フォア（La Foa）、北プロヴァンスのヴォー（Voh）で、要求のうち 22 件が南プロヴァンスに、35 件が北プロヴァンスにあった。とりわけヌメア近郊では、その地理的・経済的絡みから回復要求が減る傾

239

向にはなく、開発との関連で景色は急速に変わりつつあり、土地に再定着するためのクラン間の争いが目撃され、パイタ海岸地域の ADRAF の在庫地では都市化の圧力による紛争が増大している。北プロヴァンスのコニアンボ鉱山に隣接する西海岸のヴォー、コネ、プーワンブーを結ぶ VKP と呼ばれる開発整備地域においても、将来同じような紛争が予想され、ADRAF の当支部は、VKP の慣習地の整備、GDPL 地の牧畜活動への賃貸契約等々、これらに多くの介入と時間を割いていると報告している（ADRAF 2008: 33; L. Mapou: *Mwà Véé* No.40, 2003: 7; ADRAF 2010: 8）。

　アタイ首長の反乱など植民地化によって祖先の地から立ち退かされ、歴史的に土地返還問題で揺れ続けてきたラ・フォアでは、ADRAF スタッフによれば、土地返還要求は定期的にしばしば同一人物から繰り返されるという。これは事態が動かないからでもあるが、エヴェヌマンの時代に東海岸から逃れて西海岸やラ・フォアにやって来たカルドシュの私有地が多く、彼らの多くは土地を売って出て行こうとはしないからだ（27/8/2007）。カナクにラ・フォアの祖先の土地を返還するには、ADRAF が土地を買い上げなければならないが、カルドシュが動こうとはしないのには、エヴェヌマンの時代とは状況が異なることに加えて、ラ・フォアのコミューンの市街地近郊の開発との絡みもある。2006 年に市近郊の分譲住宅プロジェクトの中で、あるカルドシュが所有している土地の一部を分譲しようとしたところ、土地返還要求をしているカナクがそれを阻止しようとして妨害し紛争化した。分譲住宅プロジェクトが優先されたが、この件に関して「ピオニエ」の会報誌は、コミューンの市街地近郊のカルドシュの土地は返還されるべきではないと主張している。会報誌はエヴェヌマンの時代に脅かされたカルドシュにとっての土地返還要求の「再出現（resurgence）」として、また、この返還要求をしたカナクのクランをラ・フォア地域の「外国人（étranger）」として、すなわちカナク文化における土地の外の人として言及している（*Pionniers* No.10, 2006: 2; No.12, 2006: 2-4）。ここにはカナク用語の流用が見えるが、カナク文化の「外国人歓迎」の概念の流用にまで至っていないのは、土地返還要求の「再出現」に対する警戒の中で、市近郊のカルドシュ居住文化にカナク文化を歓迎する用意ができていないからとも言えよう。

　土地の値段も 2001 年以降上昇を続けており（ADRAF 2010: 27）、土地返還要求も建設ラッシュが続き土地が高騰している市や近郊が多い。祖先とのつながりを意味する聖なる地としての「我々はこの土地に属している」から「この

第 3 章　現代アリーナの中のカナク・アイデンティティ

土地は私の物」として「土地は金なり」という経済的土壌へカナクの価値観が変わりつつあるのかもしれない。あるいは第 2 部で見る M. ウェバーの言う理念的追求と物質的追求の親和性の中で（ウェバー 1989: 29）、現代アリーナを生きるカナクは、贈与交換による伝統的市場交換と市場経済との 2 つの価値観の間を行き来しながら、土地の商品的価値を計るようになったのかもしれない。これまで土地境界を示すものとして、一般的には男性を表象するモミの木（sapin）や女性を表象するココナツなどの木々を並木として、とりわけモミを植えることがカナクにとっての土地の領域を示すものであったが、現在では、カナクの中にはその土地境界を標すためにフェンスを立てる者もいると聞く。

　土地台帳の作成やこうした開発による土地の経済的価値化の増大の中で、ADRAF 報告によれば、返還要求は 2010 年に顕著なぶり返しを見せている。2009 年の 3 倍以上の 57 通の書状のうち、37 通が新しい要求で、4 通が GDPL の分与に対する抗議で、慣習地における緊張は増大し、一部はカルドシュ私有地との紛争であるが、大部分は慣習地位のカナクの間での係争で、土地に対する慣習的権利をめぐる正当性の争いであるという（ADRAF 2010: 3, 8, 16）。土地返還要求と土地分与をめぐる紛争はセットとなり、両者は互いに喚起し合いながら、その要求と紛争が続いていくのかもしれない。ADRAF のスタッフは、ADRAF が続く限り、土地返還要求はあるだろうがそれを際限なく続けていくことはできず、カナク自身が回復した土地の価値について考えなければいけないのだと語っている（6/9/2005）。チバウは、土地は西欧的意味の資本ではなく遺産であるとしたが（Tjibaou 1981: 89）、回復した土地の価値について考えることは、親密圏としての遺産の概念を「利益共同体」としての資産のそれに節合することを意味しよう。ネーション・レヴェルにおける「共通の運命」の中のカナク市民として、土地の価値を国の建設というプロセスにつなげていかなければならないならば、カナク・アイデンティティはその「土着性のパラダイム」の中で土地の回復要求というミッションから、土地の上にネーションとしての経済発展をいかに表象するかという新たな役割を担っていると言えよう。

4）マオリの土地権回復

　以上、カナクの土地返還要求の結果とその問題を見てきたが、ここでマオリの土地回復としての帰結を参照してみよう。両者の違いは、ADRAF がカルド

シュの私有地や国有地を直接購入して、カナクへ返還してきたのに対して、マオリの場合は一般的にクラウンに没収された国有地である。これには「ワイタンギ条約制定法（The Treaty Waitangi Act 1975）」の6項（4A）によって、審判所は私有地に関するマオリの返還要求を聴取することはできるが、その土地を現在の所有者から取り上げてマオリへ返還することや、私有地をクラウンが買い上げることを、勧告できないと規定されているからである（Waitangi Tribunal F）³⁵⁾。ここにはマオリとパケハの間の紛争を回避し、両者の信頼関係を醸成するために、「条約の原則」を通してパケハの権利を認めるパートナーシップの概念が見える。一方、条約2条はクラウンの先買権を認めているため、マオリの権利を保護することなくクラウンはその土地を次々没収してきた。マオリ・カウンシル（Maori Council）はマオリ部族の伝統的所有地で没収された国有地にある国有企業を政府が他に移転することを阻止するために、1986年に成立した「国有企業法（The State-Owned Enterprises Act 1986）」を盾に、87年に裁判に訴えた。企業法の9項には、「クラウンはワイタンギ条約の原則に反した行為をとることはできない」と明記されており、控訴審はこれによってマオリの訴えを認めたのである（Walker 1990: 263-265; Te Ara PT; Barrett n.d.: 5）。その結果、この判決はマオリの伝統的な所有権のある国有地の移転や返還に対する訴訟に対して、「条約の原則」の判例を作ったと言えよう。

　一方、ワイタンギ審判において、2009年9月時点で審判所に登録された要求グループの訴訟件数は2125件に及んでいるが（Waitangi Tribunal M）、その多さから審判所に登録されれば、1995年に法務省の下で創設されたOTS（Office of Treaty Settlements 条約セツルメント局）を通して、近年ではマオリとクラウンの間で直接交渉に入ることができるようになった。たとえば、前章で言及したオラケイのイウィのNWOの返還要求はワイタンギ審判での登録ナンバーはWai 9であったが、Wai 388はこの同じオラケイの信託理事会（Trust Board）によるオークランド市の土地などの権利返還要求（1993）であり、Wai 312は同じイウィであるがオラケイより北西地域のカイパラ（kaipara）の5つのマラエ・グループから成る森林地帯を含めた返還要求（1992）である。両者（Wai 388, Wai 312）のクラウンとの交渉によるセツルメントは、それぞれ法的に議会承認を経て2012、13年に成立した（M. Kawharu 2010: 56, 68-69; Walker 1990: 215-219, 282-283; NWOd; NWK）。しかし、他にもあり、ある関係者によると当イウィ全体で5つの要求グループのうち、これまで4つは解決したがひとつは

第 3 章　現代アリーナの中のカナク・アイデンティティ

未解決で、それぞれの地域的要求になったのは、それぞれのグループがそれぞれの土地やその他の権限を請求した時間的ズレなどからひとつにまとまらなかったという（2/2014）。こうした返還要求グループのクラウンとの個別的な和解としての法的解決は、先述した「セツルメント・パッケージ」（以下、Sパッケージ）に帰結する。

　オークランド市の返還要求に対する wai 388 のSパッケージを例にとると、①土地譲渡の歴史と条約の不履行に対するクラウンの承認と謝罪、②文化的是正（cultural redress）として当イウィに帰属すると認められた土地や漁業資源に対する権利、これらの場所や国有地に対する購入や管轄権の移譲の承認、及び③財政的・商業的是正（financial and commercial redress）としての 1800 万ドルの経済的賠償から成っている。①においては、相互的互恵関係を期待して土地を譲渡し、その関係強化を図った当イウィを土地無き無力な存在と化したその被害とクラウンの責任を認め謝罪し、ワイタンギ条約に基づいた歴史的関係とその原則から未来への関係を強化するとしている（OTS NWO 1, 2）。この相互的互恵関係は、カナクに見る贈与交換的互酬性として解釈でき、またクラウンはそうしたマオリの文化的価値観を認めて、条約を通した未来的関係に言及したと言えよう。②では、土地返却もあるが、失地が返還されるよりはむしろ、その地のカイティアキ（守護人）としての土地や資源に対する権利を認め、公共的使用における市民のアクセスとともに、その土地の管轄権を同イウィに移管することで、NWO のトータルな慣習としての文化的あり方を承認したものと言えよう。③で所有権のある所与の土地の購入資金や、これまでの歴史的な代償やその社会的・経済的発展のための補償金が土地や経済的権利回復のために支払われたと言えよう。つまるところ、土地、社会経済面、文化面における当イウィの諸権利の承認とその回復を意味する総体的パッケージと言えよう。

　当イウィの資産は、このパッケージによって合計 5 億 9300 万ドルに上り、これを運営するのは、1991 年のオラケイ法（Orakei Act 1991）によって発足した信託理事会（Trust Board）である。理事会は受益者である住民によって民主的に選ばれ、受益者（beneficiaries）は、先祖（Tuperiri）をともにする NWO のメンバーで、オラケイのコミュニティに居住していない者も含め、18 歳になるとその系譜が証明されれば、土地の使用や居住、その他諸々の権利を受ける公的に登録された成員となる（2014 年 2268 人）[36]。カナク同様 NWO の土地はあくまでその集団的所有であるが、成員はその土地や家の広さに応じてレ

ンタル料を払い、それらは信託理事会から税金として支払われる仕組みである。所得のない者は国から受給する社会福祉クーポンで賄うようだ（NWOa; 2/2014）。

　一方、実際の実務を担当するのは、信託理事会の下部組織として創出されたNWOワイ・ラワ（Whai Rawa Limited）（2012）とワイ・マイ（Whai Maia Limited）（2013）という会社組織である。両者の理事会委員は、NWO出身以外にパケハや外部のマオリの専門家で構成され、前者はNWOに属する資産の運営、開発、投資を担当し、後者は受益者の雇用や教育、健康福祉、文化やアート、生活向上などのために働く。とりわけ、ワイ・ラワの戦略は、NWOの未来を担う世代のために、合計で167ヘクタールに及ぶ資産としてのNWOの土地の開発と投資にある。そのオフィスがあるオークランド市中心に近いビジネス地区をリースし、また、クラウンから購入した市の対岸にあるノース・ショー（North Shore）のデボンポート（Devonport）には、NZ海軍が使用していた土地の一部を購入後、再び海軍にリースされている（NWOabc; OTS NWO 1, 2）。つまるところ前者で得た利益が、後者を通して、たとえば受益者の子どもへの大学奨学金や先祖とつながりのある土地の「カイティアキタンガ（Kitiakitanga 保護、守護）」としての環境保全や持続的資源の維持などへ還元されていく仕組みである。ゆえに、個々の受益者に利潤としての配当がなされるわけではなく、共同体としての利益促進と共有の精神による社会発展を図る戦略である。

　NWOの居住コミュニティはオラケイの丘陵地にあり、筆者が2006年12月に訪れたとき、その中心となるマオリの伝統様式の大きく立派なマラエ（marae 集会場）には先祖の首長の絵写真などが飾られ、学校の生徒たちが宿泊する寝具が並び、オカフ湾のすばらしい景観を望む緑の平原の突端には、建設中のパケハ用賃貸老人ホームが見えた。2014年1月、そのイースト・クリフ（East Cliff）一帯を回ると、NZで最も高級な退職者用リゾート・ヴィレッジ（East Cliff Retired Village）として豪華なケアホームや住宅が立ち並び、パケハのみならずマオリの長老（kaumatua）も2、3人入居しているという。一方、NWOの住民ハプ（下位部族）へは、モダンなアパートメントの建設が新たな住宅供給として予定されている。オラケイにはパケハの居住地区もあり、NZ最大の都市オークランドという地の利を生かして、こうしたリース料から大きな利潤を得ることができるとともに、NWOが市の発展と事業に、「環境の守り人」としての文化的価値観で影響力を及ぼすことができよう。

第 3 章　現代アリーナの中のカナク・アイデンティティ

　1845 年までに都合 78 万エーカーが譲渡された NWO の最終的決着（full and final）のセツルメントとされた当 S パッケージには、直接的な土地返還も含まれているが、ADRAF を通したカナクの GDPL 地としての返還とは異なる。カナク同様、マオリにとって先祖の地が精神的に重要であることは言うまでもなく、また、それは資産としての価値も有する。今回のケースにはなかったが、パケハの所有地となっている先祖の土地が含まれている場合、どうするのであろうか。あるマオリによれば、「あなたは、我々の土地にいるから出て行きなさい」などとは決して言わないという。これは、「カナクのディスコースに『人を追い出す』という言葉はない」（E. Tjibaou 30/8/2007）という主張に重なってくるが、もしパケハがその私有地を売るようなことがあれば、土地返還要求とは異なったプロセスをとる（2/2014）。すなわち、その土地を S パッケージ、あるいはその資産で購入するという市場原理のプロセスであり、私有地を商品として購入し、イウィの属する集団的所有となると言えよう。クラウンの土地権に対する承認を保証として、土地の購入はその信託理事会の裁量に任される。この意味で、クラウンもマオリもパケハも、直接的な土地返還をめぐってカナクとカルドシュ間あるいはカナク同士の間に見るような土地紛争を避けることができると言えよう。

　以上見てきたように、セツルメント後のマオリの共同体組織は、共有の精神を保った社会資本主義型と開発を促進する利益誘導型を併せ持った、信託理事会の運営による法人組織と見なすことができよう。大きな資産を都会に有するイウィは地方のイウィと比べるとリッチなイウィとして、都市近郊と地方のイウィ、あるいは自然資源を有するイウィとそうでないイウィとの間での格差は広がっていこう。南島で大きな土地領域を占めている大部族ナイ・タフ（Ngai Tahu）を例にとれば、彼らは全てのグループの要求をまとめて同時に請求して、その権利回復を果たした結果、莫大な資産を有し、多くの観光会社やビジネスなどを運営し、経済的に成功したイウィ集団となった。一方、2011 年のクライストチャーチの地震では、被災者の救援活動に当たって彼らは大きな力を発揮し、パケハからの信頼も勝ち得たという。それゆえ、マオリにとって良きモデルとなっていると他のマオリからも見なされてもいるようだ（2/14）。

　いずれにしても、フランスの援助による依存構造が、カナクにその経済的自立を促すことを難しくしているならば、最終的な権利回復としての S パッケージは、そこから得た資金を資本として法的に決められた規則の下でいかに運営

245

し、受益者としての共同体に還元していくかという意味で、共同体としてのイウィの経済的才と自助努力による自立的発展を促すとも言えよう。

5. 経済社会開発

　ヌメア合意前文では、「合意履行期間を通して、ニューカレドニアは移譲される権限を実行し、経済社会開発を進めるために、技術的援助、人的育成、必要な資金面において、国家支援を享受するであろう」(前文5)とある。「ニューカレドニア」を「カナク・アイデンティティの回復」に読み替えれば、カナクの経済社会的権利としての経済社会開発は、フランスの国家支援によって享受されるだろうとも読める。第2次大戦後の「カナクの夜明け」で見た西欧のエージェントによる共産主義や社会主義が、人々の富に対する欲望をカーゴ・カルト(積荷信仰)に代わって、富の分配と平等な権利というスローガンへ変換したとすれば、独立運動時代の「カナク社会主義独立(IKS)」が一言も登場しないマティニョン・ヌメア合意においては、その社会主義に代わって人々の欲望の受け皿となるのは仏援助なのであろうか。しかし、それではマティニョン合意後の1988年、経済的に周縁化されたカナクは「戦いの道具として経済的ツールを使い、責任ある地位と独立を達成するために経済の不可欠な一部となることを決意する」と語っていたチバウの「尋常でない賭け」(Tjibaou 1996: 280; 2005: 265)は、夢想に帰すことになってしまう。それでは、イエウェネ・イエウェネの「自らの足で立つ人」は、フランスの援助依存の足枷をはめられたまま、砂上の楼閣のようにディスコースの内だけに終わってしまうのであろうか。

　それゆえ、ここでは経済的自立から共有まで志向するカナクの経済社会開発をいかに捉えることができるかを念頭に置いて、まず、マティニョン合意から継承された経済社会プロジェクトの進展、伝統的贈与交換による市場交換と市場経済に節合された土着的経済行為としてのクチューム、最後に、社会主義の系譜として、フランスから導入された労働組合とカナク文化システムの中に加工処理されたカナク社会主義のその後の展開を考察しながら、カナクの「資本の語り」としての「経済社会開発」における問題点を探っていく。

1）経済社会プロジェクト

　ネーションとしての「国の建設」においては、経済的な意味で「資本の語り」を必要とするが、経済的資本を担っているのが、フランスの援助とニューカレドニアのニッケル資源であることは間違いない。グローバル化の中の現代アリーナにおいて、カナクの経済社会開発は、ともにこの両者を主要な出資者として、実践的に「共同体の語り」に節合されていると言えよう。

　前者のフランスの援助においては、ヌメア合意の「経済的・社会的開発」（4.）の最初の人的育成（4.1.）で、全ての研修は内容的に方法論的にローカルな現実と地域的環境、均衡の回復により考慮すること、権限の共有において雇用のためにニューカレドニア住民を育成すること、「400カードゥル」の管理職養成プログラムや、中等・高等・職業教育におけるカナクのレヴェルアップを図ることなどが挙げられている。その効果は、たとえば、メディアにおいて新聞も放送もカレドニア人やカナクのジャーナリストが養成された結果、ほとんど独占していたフランスの番組が減少し、ローカルな番組が増えた。ヌメア合意が結ばれた98年には、トリビュの生活やブルスのカルドシュの生活を紹介するコミュニティ番組や政治的・文化的議題に対するインタヴューや討論番組など、これまで見られなかった番組が放送されていた。しかし、管理職養成では、ヨーロッパ系と比べるとカナクは依然として少ない。また太平洋フランス大学のUFPセンターは1999年、ヌメア合意の下で「ニューカレドニア大学（Université de la Nouvelle-Calédonie）」となり、約1500名の学生が学んでおり、この結果1996〜2009年の間に、高等教育（enseignement supérieur）の学位を有する者はニューカレドニア全体で2倍に増大したが（ISEE 2011: 3)、途中でドロップ・アウトして学位取得までに至らないカナク学生もいる[37]。ド・カモ高校の校長であるN. クルトヴィッチは、教育はカナク社会においてこの国の未来を担う主要な役割を果たしていく上で重要であるが、ディスコース上で多く語られても、教育現場や家庭における親の教育に対する姿勢はあまり変わってはいないという（N. Kurtovitch 31/8/2006）。実際、2009年の統計では、バカロレア資格を有する者は、ヨーロッパ人54.1%、カナク12.5%、ワリス人14.2%で、高等教育（大学）を修了した者は、ヨーロッパ人の2人に1人、カナクとワリス人の場合は20人に1人にとどまっている（ISEE ibid.）。一方、ネアウティンによれば、以前よりも多くのカナクの若者が大学入学資格を得ており、技術者や医者のカナクも輩出されているという（6/9/2007）。実際、労組USTKEのサイ

トには、2012年7月、8人の博士（docteur）あるいは博士課程（doctorant）のカナクを招いてそれぞれの研究を聞く催しのプログラムが掲載されている。依然としてコミュニティ間の格差は大きいが、カナクの教育面での進展は見える。

　一方、「経済開発」（ヌメア合意 4.2.）では、国家とニューカレドニア、プロヴァンス、コミューンとの間で、その経済的な自立と多様性を増大するために複数年の開発契約が結ばれるとあり、マティニョン合意で地域的・民族的格差是正のため設けられた CES（経済社会カウンシル）[38]、ICAP（資本投資参加機関）、IFPA（行政職養成機関）、ADRAF などの主要な関係機関を通して開発が続行されている。ヌメアへ集中する資本投下や企業活動、通信網などをブルスへ広げ、インフラ整備やニッケル・農業・観光産業など、ローカルな発展によって、人々がヌメアへ行くことなく地元で働き、市場に参入して均衡を図ることを目指している。インフラ面では、筆者は、2000年代の調査で南プロヴァンスの入り組んだ海岸沿いの東海岸の道路や2本の横断道路、また北プロヴァンスでは西海岸のコネから東海岸のポワンディミエ（Poindimié）を結ぶ内陸横断道路を経験したが、良く整備されていた。この内陸横断道路はカナクの家族と車で往復したが、東海岸が近づくにしたがって展開する美しい風景を堪能し、ポワンディミエには大きなスーパーができていて、その家族の主婦がたくさんの買い物をするのを手伝った。一方、この道路沿いにあるトリビュの頂にある彼らの家では、水洗トイレはあったが電気は通っておらず、自家発電装置を使っていた。カナク一般の生活環境は、町やヌメア近郊のトリビュと遠隔地のそれでは、物理的・物質的な生活面でかなりの違いがある。このことは、南プロヴァンスに対する北・ロ諸島プロヴァンスの間の格差に相通じる。人的資源において、2009年では総人口の約75%が南プロヴァンスにあり、全てのコミュニティの90%以上、カナクの50%が居住しており、ヨーロッパ系35.9%、カナク26.7%、ワリス人11.4%などで占められている。これに対して、北プロヴァンスの人口が占める割合は18%で、カナクが73.8%、ヨーロッパ系12.7%、その他5.7%であるが、ロ諸島プロヴァンスは7%にすぎず、そのうちカナクが96.6%を占めている（ISEE 2011）。マティニョン合意時代にロ諸島プロヴァンスの行政の長として開発を進める側であったネスリーヌに、プロヴァンスの開発について尋ねると、多くの資金がプロヴァンス行政や教育のための教師の雇用に使われ、人々の豊かさは創出されていない。これまで開発は何をもたらしたか、そのお金はどこへ行ってしまったかと批判している（6/9/2005）。このことは、フラ

第 3 章　現代アリーナの中のカナク・アイデンティティ

ンスからの資金援助とプロヴァンス・レヴェルでの経済開発がうまく実を結んでいないことを示唆しているが、それでは、ネーション・レヴェルと共同体レヴェルを節合しているプロヴァンスの経済開発はいかに進展しているのであろうか。

　北・南プロヴァンスの経済開発エンジンとなっているのは、言うまでもなくニッケル産業であり、その鉱山資源は国の建設としての「資本の語り」における主役でもある。ヌメア合意発足後第 1 段階で移譲された経済水域の自然資源に関する権限とともに、フランスは、これまでのように地下資源をもはや独占できなくなった。鉱山採掘の規制はフランスとの共有的権限となり、規則を草案する責任はニューカレドニアへ移譲され、プロヴァンスはその実行責任を担い（ヌメア合意 3.2.5.）、鉱山諮問委員会（comité consultatif des mines）と鉱山カウンシル（conseil des mines）が鉱山採掘に関する起草に関して、議会と州議会に助言を与えるために創出された（JONC 1999: Article 39-42）。これまで鉱物資源の採掘の権利は無償であったが、採鉱規則は「鉱山規則に関する国の法」の 2009 年の成立によって、採掘に関しては全て許可が必要となった（LP-MI: Article 5）。一方、鉱山権限の移転の一部として、カレドニア産業投資会社STCPI が設立され、SLN-Eramet 社に資本参加することになった[39]。STCPI は、融資・投資会社である南プロヴァンスの PROMOSUD から 50％、北プロヴァンスの SOFINOR と口諸島プロヴァンスの SODIL との共同会社である NORDIL から 50％の資本で創立されたもので、SLN 資本の 30％、また SLN の 90％を保有している Eramet 社資本の 8％を保持している。この STCPI を通して、北プロヴァンスは 50％、口諸島プロヴァンスは 25％、南プロヴァンスは 25％の配当を受け（NC 18/7/2000, 20/7/2000）、フランスと SLN に独占されていた鉱山業に、ニューカレドニアは全面的に参加できるようになった。

　北プロヴァンスでは、1998 年に批准されたベルシー合意によってコニアンボ鉱脈の権利を SLN から得た同プロヴァンス所有の鉱山会社 SMSP は、元 UC 党首であったロック・ピジョー（Rock Pidjod）の甥に当たるフランスで経済・金融学を学んだラファエル・ピジョー（Raphaël Pidjot）をカナクの P. D. G.（président-directeur général 取締役会会長兼社長）に据え、その下で、コニアンボ・プロジェクトは、1998 年から 51％を SMSP、49％をカナダの Falconbridge をパートナーとする資本提携で進められたが、2000 年 11 月、彼とそのクルーを乗せたヘリが墜落するという事故があり、SMSP と工場計画にとって大きな

249

痛手となった。しかし鉱脈の予備調査は 2004 年に終了し、2005 年に両者の合弁による KNS（Konianmbo Nickel SAS コニアンボ・ニッケル SAS）が創立され、コニアンボの鉱山株が取得された。この間 Falconbridge がスイスの Xstrata（エクストラータ）に買収されたが[40]、SMSP と Xstrata との合弁企業 KNS のニッケル精錬工場の建設はその予備段階が 2006 〜 07 年に始まり、2012 年の中頃にはニッケル精錬が開始される。開始されれば、年間で 6 万トンが生産され、約 1000 人の雇用、203 億円相当の年間収益を生み出すとされている（Koniambo Nickel SAS）。この意味において、北プロヴァンスにおけるコニアンボのニッケル精錬プラントの建設は、SLN の独占にストップをかけ、プロヴァンスの経済発展を促進し、地域格差の均衡を図るものとしてその期待度は大きい。この KNS をはじめとして、SMSP は鉱山業を運営する州産業の中枢会社として、韓国の鉱山会社 POSCO との合弁で、東海岸と西海岸に各々 2 つの鉱山センターを有する NMC や SNNC などの鉱山会社を有している。2012 年の SMSP のホームページ・サイトでは、故 R. ピジョーの後を継いだ現 P. D. G. のヴェトナム系 A. ダン（André Dang）が NMC で 7000 人、KNS でその精錬工場の地ヴァヴート（Vauvouto）で 6000 人の雇用を生んでいると報告している（http://www.smsp.nc/）。北プロヴァンスの戦略は、ニッケルという基幹産業から波及効果的にその他の産業を開発し、ネーションとしての建設を進めていくことにある。

　筆者はコニアンボの一大プラントの予備建設が始まってから 2007 年 9 月、関係者やフランス RFO の TV クルーとともに見学ツアーに参加する機会を得た。雄大なコニアンボの山脈がパノラマのように目の前に展開する整備された西海岸道路をコネの町からウンジョー（Oundjo）に向かって車で走り、そこから工場へのアクセス道路建設のためひとりのカルドシュの所有者から買い上げたという広大な農場跡地——車中ではカナクの慣習地だとこうはいかないという声がした——を通過して、湾（Vavouto）に臨む建設用地に到着した。北プロヴァンス議長のネアウティンをはじめとした関係者の名が刻まれた工場の大きな礎石碑がひとつ、ぽつねんと草むらの中に立っている。プラント建設を進めるため必要なノウハウを持った約 200 人のフィリッピン人作業員の施設や、あそこがキャフェテリア、あちらが精錬所用地などの説明を受けて TV クルーはカメラを回した。湾一帯を望む山に車でガタガタ登って行くと、地元のカナクが運営するトラック会社、建設会社の従業員が働く姿が点在し、眼下に巨大な瘤を山頂に付けたカナクにとっては先祖の霊が住むという聖なる山が見えた。

第 3 章　現代アリーナの中のカナク・アイデンティティ

それは、国造りのために先祖の霊が自らの肌を削っているかのように赤い山肌をさらしていた。工場建設は、国際基準に見合った雇用、環境、そのリハビリプランという 3 つを備えているとの説明を受けたが、この広大な山々に埋蔵するニッケル鉱石の採掘と精錬は、聖なる山々から世俗的欲望が渦巻く下界への脱皮であり、環境汚染によって山の祖先の霊が悲鳴を上げないことを祈って、この鉱山ツアーを終えた。

　ニューカレドニアではこれまで独占的に鉱山事業を展開してきた SLN 以外にも、1980 年代頃までカレドニア人財閥によるラフルールやペンテコストといった小規模な鉱山会社も活動していた。しかし 2000 年代、多国籍企業による鉱山開発が、このコニアンボ・プロジェクトと南プロヴァンスのゴロの化学工場プロジェクトで展開している。ニッケル産業はフランスへの依存構造からの脱却のカギを握る開発戦略でもあるが、それは、グローバル化の中での多国籍企業とニッケル市場の支配を受け、環境へのインパクトにさらされることを意味している。ネスリーヌは、ティオやクアウアの鉱山で、村は汚染され、人々は農業を放棄して他の村より貧しく不幸になった（6/9/2005）と語っているが、有限なニッケル資源が、持続可能な開発（développement durable）の名の下でいかに進められていくか、北・南プロヴァンスの両プロジェクトに関しては、これに節合された「共同体の語り」において、経済権、環境権という先住民的権利の視座から見ていく。

　北、南、口諸島プロヴァンスは、マティニョン合意に基づき、1992 年に創立されたそれぞれ SOFINOR、PROMOSUD、SODIL という各州への融資・投資分野を促進する役割を担ったいわば開発公社が、鉱山から農産物や観光まで経済産業開発の担い手となっているが、SOFINOR の場合、SMSP の 87.25% の株を所有しており、鉱山事業から生み出される収入を、観光や養殖業や漁業、ホテル、またローカルな中小企業の育成に振り向け、北プロヴァンスの経済的多様化と発展を図っていると言えよう。口諸島プロヴァンスの SODIL も、コニアンボ鉱山開発に参与しているが、口諸島のニッケルとして言及されるのが観光業である。「天国に一番近い島」として、日本人観光客を対象に、ウヴェア島のムリ橋近くのプライベート・ビーチを有するパラデイ・ド・ウヴェア（Paradi d'Ouvea）の高級ホテルが、2000 年に日本人実業家によって建てられた。ここにホテルを建設する計画は 1980 年代からあったが、地元住民の土地所有権との関係で難しく、1990 年代の調査時にようやくその礎石が打たれたニュー

第 1 部　ネーションの語り

スを聞いた。ウヴェア島のムリの海岸を、「天国に一番近い島」として見つけた森村自身は、こうした観光に反対であったが、観光産業に貢献したことは確かである。本の映画化もあってか、ニューカレドニアのパラダイス・イメージは定着し、南プロヴァンスでは首都ヌメアのアンス・ヴァタにはヨット・ハーバーからビーチまで、海岸沿いのホテルやショッピング・センターが立ち並び、観光客、なかでも南太平洋のパラダイス好きな日本人、とりわけ若いハネムーンカップルをパッケージ・ツアーで集客している。しかし、地獄は常に天国の裏側にあるゆえ、彼らがウヴェア島で起きた悲惨な事件を知る機会はないだろう。一方、よく整備された道路が走る北プロヴァンスのイヤンゲーヌの海岸地帯に 1992 年にオープンしたホテル地中海クラブ（Club Mediterranée）は、地元のあるトリビュ所有の GDPL 地を SOFINOR が借り受け建設したものである。フレイスによれば、ここは土地をめぐるカナク間の対立で紛争化した後、トリビュの全ての集団が参加した協会を作り、土地所有者のクランは 25 年間土地の権利を貸し、観光客 1 人につき 200 CFP（約 200 円）を使用料として得ることで解決したという（Freyess 1995: 417）。

　ニューカレドニアにはこうした高級リゾートホテル以外に、「ジット（gite 宿）」と呼ばれるカレドニア人やカナク経営のゲストハウスがあるが、ネスリーヌは 1 晩 5 万 CFP（約 5 万円）で美しい自然の中での贅沢なリゾート休暇と、4000 CFP（約 4000 円）でカナク文化に興味を持つ若者向けの安価な二重ツーリズムに言及している（6/9/2005）。1990 年代、マレ島のあるトリビュでカナク家族が経営するその家の隣に建てられた伝統的カーズ（小屋）の「ジット」に、筆者も泊まったことがある。夜は巨大なクモに陣取られて片隅で小さくなって過ごし、夜明けはカーズの上の窓から窓へバタバタバタとけたたましい声を上げて飛び抜けていくニワトリたちに起こされたが、奥さんからは島の話を聞き、漁師のご主人とは一緒に海へ行って潜った楽しい思い出がある。　チバウは、観光は人々に雇用を与えることにおいてのみ益があるとしているが（Tjibaou 1996: 146; 2005: 118）、ホテル建設による慣習的土地所有者や地域住民との利害対立のみならず、観光産業の促進がもたらす環境・文化への否定的側面もある。第 2 部で見るように、2008 年にニューカレドニアの環礁はユネスコの世界遺産に登録され、観光開発はエコ・ツーリズムを戦略として島の経済に活力を与えることができるが、観光客の増大が環境に及ぼす影響を考えればコントロールされる必要がある。とりわけロ諸島のような小さな島々に受け

入れられる数は限られ、雇用面でもニッケル産業のような規模で人々の働き口を創出することはできない。

　こうしたカナク社会のツーリズムに対する消極的姿勢と比較すると、マオリの観光産業への積極的姿勢は歴史的にも際立っている。とりわけロトルアやタウポーなどの地熱地帯のマオリのイウィ・グループは19世紀の半ばから、訪れるヨーロッパ人に対してマオリ女性ガイドによる観光案内などを展開して、経済的自立を図った。しかし、1886年のタラウェラ山（Mt Tarawera）の噴火によって破壊された地熱地帯の土地を政府が購入し続けたため、マオリ主導の観光は一時期衰退した。現在では、カパ＝ハカと呼ばれる（kapa-haka concert）マオリ・ダンスや歌から、オセアニア伝統の地中オーブン料理のハンギ（Hangi）[41]パーティまで、マラエから村や森、海での鯨ウォッチングまで、マオリ文化体験ツアーは、マオリ自身が組織化し運営する観光会社によってロトルアをはじめ北島から南島まで展開されている。NZマオリ観光カウンシルによれば、2008年にはこうしたマオリ観光会社の数は350余りに及んでいるという（Te Ara MT）。

　他方、カナクが最も慣れているのは農業分野であるが、とりわけ資源を欠いたロ諸島では雇用の増大が難しい結果、島民の流出によって農業人口の過疎化が進んでいる。農業はロ諸島では、ネスリーヌによれば減り続けており、とりわけリフ島ではここ10年間（1991～2001年）で農業面積の54.2%が、マレ島ではではその面積の10%が減少する一方、農業生産高は10年間で約2倍（1991年約36億円から2001年約60億円）近くに増えた。リフ島では人口流出が激しく、その45%がヌメアと近郊のグラン・ヌメアに在住し、マレ島では換金作物のアボカドの生産も進んでいるが、他のものも作らないとリフ島のように人口流出するだろう。島でも売春が始まったという（6/9/2005）。ここには、援助や技術、機械化による効率化や農業会社の設立による生産高の増大と反比例した人々のヌメアへの流出が見える。実際、1996～2009年の間年平均の各プロヴァンスの人口増加率は南が2.3%、北が0.7%であるのに対して、ロ諸島では1.3%の減少である（ISEE 2011）。

　一方、「カナク社会主義」で見た1980年代にLKSが始めた協同組合は、ネスリーヌによればトリビュに市場ができ、人々がお金を自ら勘定し、全てを賄っていたが、プロヴァンス化による援助で開発が急進し、協同組合はつぶれ、人々は熱意を失い、現在では1つか2つしか残っていないという（6/9/2005）。フ

第1部　ネーションの語り

　レイスによれば、1988年に独立派（LKS、PALIKA、UC）によって、ニューカレドニアの果実を野菜市場に進出する野心から、ロ諸島と主島の8つの協同組合が参加してSPIE（輸出入生産会社）が設立されたが、SPIEはさらにヨーロッパ市場への参入を求め、商売で世界に伍していくことを示すための独立派の政治的・文化的なプライドをかけた闘いになってしまったという（Freyss 1995: 377-378）。ここには、プロヴァンス化による援助と政治家たちの行政的権限の下で、大きなプロジェクトが優先され、地元の人々が主導権を失っていく姿がある。開発公社はいずれも行政カウンシル（Conseil d'Administration）を有しており、たとえばSOFINORの場合、カナク独立派政治家を長として北プロヴァンス議員やコネ市長などで構成され、監督、運営役としてその経済政策を決める権限を有している。フレイスによれば、こうした公共的権限を持ったプロヴァンスのアクターによる戦略は、経済的テイク・オフを推進するため、設備やインフラを整備し、その投資会社のSOFINORやSODILなどをコントロール下に置いて、ニッケルや観光のカギとなるセクターに作戦を展開する。人々を動員して軌道に乗ったら、後はローカルな人々の小規模会社に任すというものである。しかし人々をなかなか動員できず、共同体レヴェルで会社を設立するのに時間がかかり、財政的にはフランスからの援助資金を頼みにしなければならず、政治的には独立派と反独立派の間の力関係に足を引っ張られる。フレイスは、プロヴァンスが産業化の牽引として、カナクの経済開発をうまく推進してないと分析し、これをマクロ・プロジェクトとミクロ・プロジェクトの衝突と呼んでいる（Freyss 1995: 396, 425-426）。

　ここからは、プロヴァンスが進める開発において行政的権限によるマクロ・プロジェクトの下で、ローカルな人々が自発的にイニシアティヴを発揮し、徐々に技術移転しながら自立が促されていくようなミクロ・プロジェクトの育成が難しく、援助依存が構造化されていくことがわかる。鉱山開発の経済構造の中に組み入れられ、地元のオトクトーヌが参加したミクロ・プロジェクトに関しては、「共同体の語り」の中で見ていく。

2）土着的経済行為

　ヌメア合意調印後の当時、グローバル市場経済が席巻する中でカナクの経済開発推進を主張するFCCI党首であったR.マプー（Raphaël Mapou）のディスコー

第 3 章　現代アリーナの中のカナク・アイデンティティ

スには、ディレンマと焦りが表れていた。「具体的な事柄が草の根レヴェルでなされなければならない。トリビュの経済開発を進めることである……変えるべき多くのことがあり、慣習もまたそうである」。彼によれば、結婚式や通夜は短縮されなければならないし、壁に掛けるような文化ではなく、生きた、人々が現在必要としているものに対応した文化が必要である。今日土地はあるが、運営されておらず、マネージャーを必要とし、開発手段を見つけなければならない。10 〜 15 年のうちにリザーヴを変革し、そこで農業や公共施設、学校、スポーツ施設などを建設できるよう、人々は開発に対して熱意を持たなければならない。経済開発が我々の優先順位であり、それを達成するために制度を利用することが必要である。より活動的な人々は利益を得る人々であり、独立とは働くことである。FLNKS の戦略は、RPCR や SLN に対して経済戦争を仕掛けながら、独立を構築することにあるが、そうした経済戦争の余裕はなく、ヨーロッパ人や他の人々やフランスの力を利用しなければならないと語っている（12/11/98）。これに対して、LKS 党首のネスリーヌは利潤、効率で測られる西欧的経済開発はネオコロニアリズムであり、カナクの尊厳と自らを定義する能力を侵害するとして、むしろカナク文化が、開発へのブレーキとして働くことは有益であるとしている（Naisseline 1994: 13-20）。

　スピードと効率性を求める西欧的経済開発の概念を想起させる前者は外発的発展として、スローな発展とカナクに合ったやり方を主張している後者は「内発的発展」として捉えることができよう。内発的発展の概念は、近代化理論や外発的発展とは反対に、自らのモデルをその社会的・文化的条件に適合した伝統の再創造としてのモデルを創出することにあるが（鶴見 1989: 43-64）、1990 年代の調査ではこうした開発と格闘しているカナク指導者たちに、文化的価値観を保持し経済的に発展している日本は、その経済開発モデルとしてしばしば表象されていた（Tjibaou 1996: 295; LKS 1994b: 36）。しかし、伝統の再創造としての内発的発展は外発的発展に節合されている。フレイスの言葉を借りれば、それは「近代を消費し、伝統を生産する」というカナク社会のあり方に表象されよう。彼は、こうした折衷主義が危うい緊張を生み、社会発展を阻害していると見ており（Freyss 1995: 321, 323）、これをカナクの土着的経済行為としてのクチュームから見ていこう。

　ニューカレドニアで慣習は一般的に仏語でクチューム（coutume）と呼ばれているが、なかでも社会的行為としての慣習を具体的に表象しているのが贈与

第 1 部　ネーションの語り

交換であり、ポランニーが論じている「互酬と対称性」「再分配と中心性」「交換と市場」の 3 形態である（ポランニー 1998: 88-102）。すなわち、贈与の相互的返礼によって社会関係を更新、持続する互酬性、集団内のメンバー間での収集と受け取った財の再分配、交換を通した財の相互移動というメカニズムを通してもたらされる富の交換分配は、集団間のパートナーとの間で均衡の働く贈与市場における土着の経済的行為として見ることができよう。クチュームについては第 2 部で見るが、今日の経済開発が、資本主義市場システムのグローバル化に否応なく巻き込まれることを意味するならば、文化・経済人類学者の分析では、この伝統的経済行為としてのクチュームは、人間関係の蓄積を社会資本とするので、資本主義経済システムとは相容れないという見解で一致しているように見える。

　フレイスによれば、クランやシェフリ（首長国）の社会集団による生産は、贈与交換においてグループの自給的生活維持のためだけでなく、政治戦略のための物質的手段となっていると指摘している。具体的には、グループ間で行われる結婚などの贈与交換は、招待するクランや参加者数から、数日にわたるその食事の量まで、数年前から計画されて、その余剰生産が決められる。なぜなら、カナクにとって、「プレスティージとは与えることであり、多く至るところで与えることである」（Tjibaou 1981: 87）ので、交換の量が慣習政治における重要な賭けとなる。分かち与えない者は、悪く見られ、魔術の対象となるゆえ、この行動規範が再分配を決め、個人の物質的蓄積の可能性は制限され、交換における循環がカナクの生産を決めるとしている（Freyss 1995: 262-264）。このため、交換において主要な贈与品となる農業産品の 10% 近くが、狩猟と漁業産品の 4 分の 1 以上が、贈与にかかわっているという（Bouard & Sourisseau 2010: 272）。一方、市場経済への参入のための収穫や生産するためのカナクの動機づけに対する障害としては、こうした文化的価値観のみならず、労働力と収入における採算性とその見返りとしての報酬に合わないという理由もある。給与や年金はカナクの現金収入の 3 分の 2 を占めているが、それと比較すると商品作物の栽培はその 10% しか占めておらず、コーヒー栽培などは手間がかかり若者は興味を持たないという。その結果、根菜作物を食料や贈与交換のために栽培するが、土地生産から金を得ようとは期待しないと、フレイスは述べている（Freyss 1994: 19, 20, 22）。

　それでは、限られた給与や年金以外に、現金収入をいかに得るのであろうか。

第 3 章　現代アリーナの中のカナク・アイデンティティ

筆者は現地調査において、慣習婚における大々的な贈与交換から、公の集会におけるクチューム、さらに日常生活において人の家を訪問するときなどのちょっとしたクチュームまで、現金がそのギフトの中に含まれるのを見てきた。とりわけ、ロ諸島では莫大なお金が花婿側のクランから花嫁側の家族に贈与されると聞いているが、こうしたお金は、家族にとってたとえば家の建設や車の購入から、普段の生活必需品の購入まで役立つ意味でも、キャッシュは実利的に、最も贈って喜ばれるギフトでもあろう。贈与交換は、クランや同盟関係にある親密圏、利益圏としての共同体で行われ、市場交換による循環を通してキャッシュは獲得され分配されるが、全て使って消費してしまえば、それで終わりである。このことは経済活動のための生産活動を通さない、社会的活動としての交換体系への依存を存続させることになると言えよう。それゆえ、カナクの所帯にとって確実な収入源は、なんらかの雇用を得ることであり、トリビュでのカナクの家に滞在中、女性と子どもたちばかりで父親不在なので聞くと、「お父さんは鉱山に働きに」という。男性は資格を必要としない工事などの不定期な仕事で、女性はカレドニア人の家のメイドなどで所帯の収入を賄っている場合が多いが、雇用の口は限られている。

　カナクの給与所得者は都市居住者が主体となるが、ヌメアの場合、カナクは1956 年には 10% にすぎなかったが、1970 年代後半から上昇し 1989 年には 28.6% に上っている。都市在住のカナク給与所得者は 1989 年には、公務員（全体の 32%）や専門職（3%）から、中間職（13%）、労働者（84%）まで及んでいる（Freyss 1995: 285, 297, 301）。なかでもロ諸島民、とりわけリフ島からヌメアやグランド・テールへの移住は伝統的でもある。19 世紀の半ばから彼らは勤勉さを買われ、白人入植者によって低賃金労働で募集され、1911 年までには公的に 405 人のロ諸島民がグランド・テールで働いていたが、同年リフ島からは 600 人が島を出ている（Howe 1977: 100）。シェフの力が強いリフ島では、フレイスによれば、かつては臣下が資金源のためだけでなく、長期間ヌメアに滞在して、シェフリ（首長国）の関係性の網の目の拡大を図ったが、現在ではシェフリの高位の者が社会的地位、すなわち、プレスティージや力を求めてヌメアに行くとしている（Freyss 1995: 306-307）。実際、筆者が知っているヌメア在住のカナクには、政治家、知識人から宿のお掃除のおばさんまでリフ出身者は多く、またマレやウヴェア島出身もいる。一方、ヌメアやグラン・ヌメアには、こうした定住者以外に、故郷のトリビュとの間の一時的な U ターン組

も多く、グラン・ヌメアのトリビュからヌメアに仕事に通っているカナクや、南プロヴァンスの町のコミューンの市庁舎にトリビュから1時間余りかけて歩いて通っている者もおり、カナクの都市人口は流動的でもある。

　都市化した給与所得者は、トリビュでの慣習に参加し、故郷との接触を保持している者が多く、普段畑で贈与交換のための農産品を生産しない代わりに、現金で貢献していると言えよう。人類学者は、ヤムイモのような象徴的富の贈与は慣習的義務であり、これらの富に値はつけられず、貨幣的贈与で差し引いたりすることはできないとしている（Bouard & Sourisseau 2010: 272）。しかし、町の給与所得者の貨幣とこうしたシンボリックな意味で文化的価値のあるヤムイモとの交換は、土地のクランと海のクランとの間のヤムイモと魚との交換におけるような等価性はない。トリビュで贈与交換からキャッシュを得た者は、経済市場で好きな物を購入したり、生活費に充てたりすることができるが、町で暮らす給与所得者はヤムイモを市場で商品として売ってお金に変換しない限り、生活費として家賃などを支払うことはできない。この意味において、カナク給与所得者から見れば、ヤムイモを食する以外、キャッシュのような普遍的価値としての実利性はないゆえ、両者の交換は経済的意味での等価性はないと言えよう。

　カナクの価値観は、富の蓄積ではなく、贈与の交流と配分にあるとするベンサは、カナクは物質的条件を改善するための貨幣をその交換システムにおける循環から得ており、資本主義経済システムに対してカナク社会は向いていないと観察している（Bensa 1944: 14）。社会交換システムに基づく共同体の経済的あり方を、「家庭内経済（économie domestique）」あるいは「家庭内社会（société domestique）」として言及しているフレイス（Freyss 1995: 235-280）もまた、商品の生産におけるイニシアティヴあるいは、貨幣でもって力を求めるそれはカナク文化においては価値化されず、金持ちになることはカナク社会との絆を切ることを意味するゆえ、カナクにとって動機づけとはならない。フレイスは、カナク社会内の交換システムのダイナミズムは、資本主義社会に同化し得ず、「現在のところ、カナク社会がお金の中で解決を見出すよりも、お金がカナク社会の中で溶けていく」としている（Freyss 1944: 24-26）。ベンサもフレイスもカナクの文化的価値観のみならず、その文化的に形作られた技術は市場経済システムと相容れないと見ているが、威信や共有といったカナクの慣習的価値観を象徴する贈与交換を視座に置けば、財の蓄積よりも社会関係の蓄積が、市

第3章　現代アリーナの中のカナク・アイデンティティ

場経済における換金作物などの生産のための生産よりも、市場交換における贈与品の生産が重要となる。ここには、こうした共同体の論理の中で、個人的に財を備蓄することは難しく、経済開発は進展しないという西欧の人類学的視座が見える。

　しかしながら、ワポトロによれば、カナクは貨幣経済システムに、1970年代以来雇用者として巻き込まれていったが、全てのカナク企業は、いかに貨幣システムが異なって機能しているかを理解しなかったために失敗してしまった。しかし、カナクは慣習を実践することと経済を運営することは異なっており、なんでも贈与交換に出すことはできないことを悟り始めている。たとえば、「あなたは私に店でお金を渡すが、そのお金は贈与交換で使ってはならず、店を運営するためにそれを保持し、慣習で使うお金は、店を運営することから生み出される利益の一部から賄うと確認している」。また、企業家にいかにしてなるか、店主にいかにしてなるか、経済市場とビジネスがいかに機能しているかを理解し始めているという（16/10/98）。ここには伝統を生産することと、近代で稼ぐことは、別々のシステムに乗り換えることであるということが確認されていよう。カナクにとってビジネスの道を切り開く障害は、こうした技術的ノウハウの取得のみならず、資金面で銀行からローンを得ることの困難さがある。慣習地位を有するカナクに対して土地などを担保に抵当権を設けることができないからであるが、銀行のローンを借りるために、なかには普通身分に変わるカナクもいるという。あるカナクは、銀行側は植民地的メンタリティのためカナクを信用しないが、我々の問題を理解する銀行があるべきだと語っている（13/10/98）。

　カナク企業家は1996年において企業のトップ595人のうち、15人（2.5%）のみで、488人がヨーロッパ系（82%）、ヴェトナム系16人（2.6%）であった（ITSEE 1997: 115）。ワポトロは、マティニョン合意から始まった均衡化政策により、カナク企業家の数は少しずつ増えているという。個々にあるいは協同で農業の商品化を試み、ある者はレモンやライチ、エビなどを輸出し始めており、若い企業家は結構うまくやれるが、年配者には難しいという。カナク企業家の中には、1000万から1億5000万CFP（約1000万円から1億5000万円）を稼ぐ企業家もいると語っている（16/10/98）。ワポトロはビジネスで成功した者は、2つのシステムをいかに両立させていくかを心得ているとしている。成功した企業家は慣習（贈与交換）を多く利用しているが、それは文化的にや

らざるを得ないからであるが、より多く循環させれば、より多く与えれば、カナクとしてより多くのプレスティージを得る。そのため慣習に参加し、お金を循環させ分配するが、出席している時間を短縮し、2つの義務である仕事と慣習を両立させているという（16/10/98）。換言すれば、親密圏としての贈与交換を実践することによって、社会交換関係のネットワークを維持、活性化、拡大することは、勝ち得た威信からも公共圏としての経済市場におけるビジネス・ネットワークの発展にも間接的に役立ち、補完できると言えよう。カルフーンは、「マルクスが議論するように、資本主義は個人を共同体の絆から引っ張り出し、彼らが自律しているということを宣言する」（Calhoun 1995: 258）としているが、ビジネスで成功しているカナクは共同体の絆から切り離されず、「家庭内経済」においても市場経済においても社会的関係は資本となる。一方、威信そのものはなにも伝統的社会だけの独占だけではなく、あらゆる社会において人を動機づけることができるが、財を貯蓄することがプレスティージとならず、分け与えることが威信の増大につながるならば、贈収賄も起き、権威づけとしての関係性のコネに働けば、コネ社会となって両刃の剣でもある。いずれにしても、人類学者から政治家、知識人まで一致しているのは、市場経済における技術や資金投資を取得しながら、カナクの経済社会開発に時間をかける必要性である。

　筆者は、1990年代の後半のフィールドワークでは、滞在していたトリビュのある家の中の一隅に置かれた箱から砂糖などの実用品を同じトリビュのカナクに売っているのを見た。またマレ島のスタジアムでは、巨大なカニなどの海の幸から伝統的農産物、カナクの伝統的彫刻の工芸品まで並べられた見本市を見学した。しかし2000年代のフィールドワークでは、北プロヴァンスの鉱山関係で、運送、トラック、資材などのカナクによる中小企業が創設され、そこで働いているカナクや、コネに近いトリビュの家で雑貨店を開いているカナクに出会った。カナラのトリビュでは、育てた園芸植物をヌメア市場に出荷、販売するために、直接運搬するカナクの車に便乗して、ヌメアまで送ってもらったこともあった。園芸植物の栽培はカナクの得意な分野であり、ヌメア近郊のトリビュでは、ヌメア市場に出すためにたくさんの鉢植えの園芸植物を誇らしげに筆者に見せて、自分が栽培していると胸を張ったカナクの主婦にも出会った。こうした観賞用園芸植物の商品開発は市場のルートの中で、商業行為としてのグループ学習の成果であるという（Bouard & S. 274）。またネアウティン

第3章　現代アリーナの中のカナク・アイデンティティ

によれば、北プロヴァンスでは菜園のための経済的主導の開発協会 ADIE があり、現在では伝統のヤム栽培に従事しているヨーロッパ人もおり、ポネリウーアンなどでは機械化され週末市場へ出荷されているという（6/9/2007）。市場交換システムの伝統的贈与品が、カレドニア人によって流用され市場経済システムの商品に変換されているわけである。一方、観光業においても前述したジット（宿）の数はトリビュ内で増大している。またかつては考えられなかったが、その閉ざされた親密圏であるトリビュの中に観光客を誘致するツアー企画も見られるようになった。2000 年代南プロヴァンスのトリビュでは、ヌメアの観光客を募って自らのトリビュに、ガイド付きカナク文化体験ツアーやキャンピングを行っているところもある。こうしたことからも、カナクは社会的交換以外に、その生活圏の中で現金収入を得るための小さなビジネスに乗り出すことにやぶさかではない。筆者自身は 10 年の間に、カナクの商いに対する姿勢の変化やその知識、経験の蓄積による市場への参入を確実に感じた。

　しかしながら、経済人類学者によれば、このことは文化的には慣習における市場交換の非商いと、市場経済における商いとを区別することにはならないという。なぜなら、個人がその開発した技術的選択や生産の割り当ての中で決定権を持っているならば、彼はそのクランの成員と、生産手段の利用条件や土地、産出結果の価値についてクランと交渉しなければならないからである。それゆえ個人的にその才をもって企画し、市場経済の中で商いに挑戦しているように見えても、クランや慣習の集団的コントロールの中で、結果的には前者の非商いにその利益を還元し、慣習に戻されるからである。公共の政治が、商売と非商売の間の複雑なつながりの中で、両者の組み合わせを模索し、その可能性を開くことによってローカルな開発は始まるだろうとしている（Bouard & Sourisseau 2010: 273, 274）。

　フランスで経済学を学んだネアウティンは、問題は伝統や慣習をいかに守っていくかではなく、カナクの全てが近代経済に統合されなければいけないという理由もなく、彼らが選択しないやり方を押し付けず、人々の尊厳を守ることにある。（フランスの）支配的な論理の中で、援助を要求する方向に導く必要性を作り出すのではなく、彼らがわかっているやり方で存続しながら、均衡のとれた開発のために時間をかけていくほうが、ことはうまく運んでいくとしている（*Mwà Véé* No.32, 2001: 12）。つまるところ、カナクは市場交換システムと市場経済システムを乗り換えながら、伝統と近代の再想像としての内発的発展

への道を模索中と言えよう。

3) 系譜としての社会主義

　それでは独立運動時代の「カナク社会主義独立（IKS）」がまったく登場しない合意の時代においては、経済社会開発の促進の中で、「社会主義要求」で見た労働組合とカナク社会主義はいかなる展開を見せているのであろうか。社会主義の実践の場としての労働組合は、政治目的と経済目的の2つの労組の流れの中で、前者のUSTKEは先に見たように、FLNKSから脱退して労働党を結成した。しかし両者ともに、労働者の賃金値上げから人事関係まで、その経済的・政治的要求貫徹のために道路、港、空港などのロックアウトによるストライキを頻繁に行うなど、その闘争方法には変わりはないように見える。筆者がリフ島を1997年8月に訪れたときも、USTKEは長期のストライキを決行中であった。これは、FLNKS支持のロ諸島州政府の首長（Richard Kaloi）に代わって、LKSとRPCRの同盟結果選出されたネスリーヌが、プロヴァンスの役所の人事異動（カナクからヨーロッパ人への変更）を断行しようとしたことに対して、USTKEが彼を反社会的・反労働者的として抗議していたことにある。ネスリーヌは解放運動の時代においては労働者や労組を重要な同盟者としていたが、当時、壁の落書きやUSTKEの組合員から手渡されたビラには、彼がカナクの慣習を利用している独裁者として批判されていた。ここには、ネスリーヌとFLNKSとの政治的対立も絡んでいるが、州の行政的首長と同時に慣習的グラン・シェフとして、彼はいわば、二足のわらじを履いているという批判である[42]。ワポトロによれば、ヌメアにおける工場やカレドニア人所有の百貨店などに対する組合闘争においては、トリビュは一般的に組合と連帯し、労働者を支持するが、会社社長がトリビュに関係した人物やシェフであれば問題となるという（12/11/98）。換言すれば、先に見たように「工場もトリビュも同じ闘争」というのがUSTKEのスローガンであるが、労働者の権利は、慣習が支配するカナク社会主義における連帯や権利とは必ずしも一致せず、組合と慣習はときに相克するのである。結果として、教会の調停によってネスリーヌは組合の権利と活動を保護することを約束し、組合はその人事異動を受け入れるという合意によって4、5カ月に及んだストライキは終わった（*CL* No.44: 4-5）。こうした組合の長期ストライキは半年に及ぶものもあり、人々の顰蹙を買って

第 3 章　現代アリーナの中のカナク・アイデンティティ

きた。

　一方、組合活動は、慣習や政治とは混合せずに、それぞれがその分野で本来の機能を果たすべきだとする SLUA（統一行動自由労働組合）のカナク女性委員長であるストリテールの闘争方法は、ストライキよりも交渉によって要求を貫徹することにある。彼女は、USOENC に公務員セクターを設立したが、1992 年そこから追放され、他の組合員とともに女性、男性、エスニックを問わず受け入れる SLUA を結成した。彼女によれば他の組合は対話せず会社側が OK するまでストライキを行うが、彼女は経営者が対話しない場合のみ 50 分のストライキを行う。これには 1 時間封鎖したら 1 時間分の給料が引かれるが、50 分だと引かれず労働者は損をしないので、組合員に職場放棄するよりも働くことを勧め、交渉を重ね、その間ときどき見に行って再封鎖したりして、だいたい要求の 80% の成果を勝ち取ってきたという。他の組合は、経営者を敵として戦うが、経営者とパートナーとしての関係が確立できれば交渉できるという。一方、彼女自身は、親の代から選挙では UC に投票し、独立を支持しているが、ワリス人やカルドシュなどの組合員はラフルールに投票してきた。しかし SLUA は政治や政府からの自由を意味し、USTKE のように集会で組合員の行動を決定、制約しないし、ラフルールがお金で彼女を呼んでも動かないという。2005 年から 10 年、経済社会カウンシル、CES 委員を務めてきた彼女は、カナクの管理職は十分ではないが増えており、労働者を守らなければならない。政治は進まないが、組合は労働者の道具となって働き、組合のお陰で人々の生活は良くなっている。変化をもたらすのは、政治ではなく組合であると語っている（4/9/2007）。ここには男が支配し力によるストライキを断行し権利を勝ち取ってきた、これまでの組合とは異なった交渉によるディスコースと、エスニシティを超えて労働者の生活向上のために働いてきたという自負が見える。ニューカレドニアの経済社会システムの中に労働者と経営者を互いのパートナーとする概念を持ち込み、社会主義の系譜としての労働者の人権と経済的権利を求めて、対話を通した組合活動を実践してきたと言えよう。

　一方、カナク社会主義においては開発援助とグローバル化が進んだ 1990 年代の調査では、「マティニョン合意によって……お金は人々の頭を変えた」（22/10/98）と、人々が "金＝力" の影響を受けていることが示唆されている。実際、カナク政治家の腐敗は増大し、これはカルドシュ政治家も同様であるが、カナクは社会主義よりも資本主義に傾いているようにも見えた。CCT のある

メンバーは、鉱山のある土地所有者のクランに鉱山会社が接触して契約し、他の者には黙ってロイヤルティ（使用料）を得たり、トラック会社などを経営して資本家になるが、その金を他の者には与えず、「賢いけれど盗人のようなものだ」と冗談めかした（15/10/98）。こうしたカナクのニュー・リッチは、その金を家族やクランとは共有しても、他には分配しないゆえ、利己的に表象されるが、そこには羨みもある。ワポトロも、「以前は誰もが同じことをやったが、今や各人したいことを行う……大きな鉱山地のカナク所有者もおり、ある者が金を得て、他の者は得ない」（16/10/98）とカナク間の格差に言及している。ここには人類学者がこれまで観察してきた他者へ気前良く分け与えることによって蓄積する社会資本主義とは異なった、貨幣資本主義的な集団的個人主義の出現が人々のディスコースから窺われる。

　元公務員で引退した慣習に詳しいあるカナクによれば、お金との問題は深刻であるという。今や人々は少ししか共有せず、少ししか他者に与えず、若者は考えることなしに稼ぐ以上に多く消費し、ウイスキー1本に使って遊んでしまうが、ヨーロッパ人であったら使う以上に働き稼ぐだろう。しかし、カナクの中には働き、節約し、お金を維持することに良心的な者もいる。また、お金には価値があり、生活のために使われるべきで、慣習はカナクの世界であるが、お金は世界的なもので、カナクを金持ちにするのは慣習ではないとも語っている（6/11/98）。ここには、プロテスタント的倫理観と市場交換から市場経済へ乗り継ぐ普遍的貨幣価値の表象が見えるが、CES委員のオナココは、ソビエト崩壊後、社会主義は機能せず、国営化よりも民間企業を信ずるという。1969年に学生たちがフランスから帰国したとき、彼らは当時の（世界的イデオロギー）システムに啓発され（ニューカレドニアの）体制を変えようとしたが、システムは変わる。人は象徴のみで生きていくことはできず、お金はひとりの人間に属しているのではなく、仕事を探す人々のためにある。今日、我々が入らざるを得ないのは、フランスではなく世界経済システムである（23/10/97）。彼は、現実の生活を物質的により良く生きるために、実利的な意味でのカナク社会主義から市場経済に参加し、資本主義的経済システムを修得してフランスへの依存システムから脱却していく必要性を示唆している。

　ウアンブイは、カナク文化は社会主義的・資本主義的価値の両方を有し、富の価値は土地と子どもたちにつながっており、富は他の者と共有されている。しかしながらお金は共有するのが難しく、あっと言う間に金持ちになることが、

第 3 章　現代アリーナの中のカナク・アイデンティティ

今日的傾向であるが、社会主義と資本主義を和解させることは可能であろうと語っている（15/9/97）。あるカナクの主婦もまた、両者を和解させる望みを託して、「我々も白人のように個人主義的になり、カナクは共同体の価値観や共同体主義を失うことになるかわからないが、もし白人がカナク文化からなにかを学べるのなら、彼らはそれほど個人主義的にはならないであろう」と述べている（27/10/98）。第 2 部の「共同体の語り」で見るように、「個人主義」という言葉は、利己主義と同義的に使われるが、両者のディスコースからメラネシアの伝統的社会の財の価値とその共同体としての共有の価値において、カナク的な資本主義と社会主義への志向は補完関係にあると言えよう。しかし、2000年代の調査で、ウアンブイは、カナクの交換システムには、常に一方が減少しない均衡があるが、財を減らすことなくいかに共有するか、カナクは損得勘定をするという。共有の精神はディスコースにおける重要な概念であり、自ら自発的にそのディスコースと実践を一致させる人もいるが、ディスコース上だけの人もいると語っている（12/9/2005）。つまるところ、財の価値としての実利主義が実践される中で、カナク社会主義の共有という価値観は実践的より理念的になりつつあるように見える。

　カナクは脱植民地化闘争において、政治的戦略としての社会主義に基づいた社会的・経済的権利を要求したが、社会主義の崩壊後、この原則があまり維持されているようには見えないのは、彼らの直接目標がネーション・ビルディングのための経済開発となって、戦略的に資本主義市場経済システムをカナク的文脈の中で導入する試みをしているように見えるからであろう。ポワグーヌの言うようにカナクとしてとどまり、経済開発は他の者に任せるということはできず、国の建設のために参加しなければいけない（1/9/2005）からである。しかし、カナク社会主義の概念は共同体の概念に基づくものであるから、ベルリンの壁崩壊によって影響は受けないとカナク判事トロリュはコメントしている（10/9/96）。実際、科学的社会主義を堅持し、現在も「私はマルキストである」と言うネアウティンは、カナク社会主義とは「人が社会を生きる」という意味での社会主義であり、グローバル化の資本主義とは異なる共有であり、経済システムから除外されてきた人々の解放を、いかに進めるかの闘いであると語っている（6/9/2007）。ここには、独立運動時代においては、フランスに対するコロニアリズムとの政治的闘いが、合意の時代においてはフランスの援助によるネオコロニアリズムとグローバル化の中での市場原理主義に対する経済的闘

第1部　ネーションの語り

カナク・モダン・ハウス

いが明かされている。それが困難な闘いであることは現代世界の実状からも明らかであるが、カナク社会主義における共有という文化的価値観は、そうした経済的闘いの理念的ツールとして表象されていると言えよう。

　筆者は、ヌメア近郊のあるトリビュで、フランス南部のリゾート地で見かけるような現代的で瀟洒な西欧的家々を見たことを思い出す。そのうちの1軒は若いカナクのカップルによって所有された大きな家で、室内もきれいに保たれていたが、裏庭は小さく緑もまだ植えられていなかった。夫婦ともにヌメアで働く給与所得者で、カナクの基準からすればかなり裕福に見えるが、カルドシュの若いカップルは同じ収入でも、このような家と土地を手に入れることは難しいかもしれない。リザーヴのトリビュに住むことによって土地・家屋の税金を納める必要がないこと、加えに家族やクラン・メンバーの協力によって、このような広々としたモダンな家を建てることが実現されたと言えよう。家の基本的骨組みが専門家によって建てられた後、多くの部分が家族の手によって作られ、家族や親族がしばしば訪れ、滞在していくことは言うまでもない。

　以上見てきたように、ネーション・ビルディングにおけるカナクの「資本の語り」において、フランスの援助とニッケル資源を両翼として、カナクは親密な利益圏にある市場交換システムを経済的手段の一部として活性化しながら、市場経済システムへの乗り換えと乗り継ぎを実利的に繰り返しているとも言え

第3章　現代アリーナの中のカナク・アイデンティティ

よう。換言すれば、カナク社会主義的共有と社会資本のシンボルとしての贈与交換をイグニッションとして、「自らの足で立つ人」として市場経済の軌道に乗るため、経済的ノウハウをマスターしていく迂回路を走行中なのである。

6. 共通の運命の中の市民社会

　「脱植民地化は、カナクがフランスとの新たな関係を確立することを可能にすることによって、ニューカレドニアに生きるコミュニティの間で永続的な社会的絆を再構築するための道である……今日、ニューカレドニアにおいて、起源の人々（peuple d'origine）が、そこで生きるその他の男女（カレドニア人）とともに共通の運命（destin commun）を認めて、人間的な共同体を形成することが可能となるように、ニューカレドニア市民権の規定を作ることが必要である」（ヌメア合意前文4項）。

　このように謳っている「共通の運命」という言葉は意味深長である。同項では、「未来はひとつの共通の運命の中でアイデンティティのときでなければならない」とも記され、親密圏としての「運命共同体」を想起させる。それゆえ、ワポトロは、「これまでカナクとヨーロッパ人は各々の運命を持っていたが、我々は、これからはこの国の運命としてひとつの運命を共有することを決めたのである。これはこれまで見られなかったことだ」と語っている（6/11/98）。他方、共通の運命の中での市民権の創設を謳っている意味において、「市民社会の語り」が必要と言えよう。したがって、この第3幕第2場「市民的現在」の最終舞台でもある「共通の運命」において、重要なのはパートナーとしてのコミュニティの関係であり、これまでの独立派カナク対反独立派カレドニア人という対立的役柄から、対話する市民としての登場にある。両者の調停役を演じてきたフランスは舞台の袖に退き、カナクとカレドニア人は共演者として、いかにして、共存的な信頼関係と互いのパートナーへの理解を深めていくことができるか、ダイアローグを交わす主体的役柄を担っていると言えよう。

　こうしたことを念頭に置いて、まず、慣習地位を有するカナク市民の意味するところとその他の市民との関係、市民権を定義する選挙権資格や雇用の権利と市民権意識及びネーション・ビルディングにおけるアイデンティティ・シンボルの形成、最後にニュージーランド市民社会を参照しながら「共通の運命の

中の市民社会」を読み解いていく。

1）カナク市民とその他の市民

　ニューカレドニア「市民社会の語り」において、その特徴は市民の法的枠組みとして、慣習地位を有するカナク市民と一般的に普通法の下にあるその他の市民の2つのカテゴリーにあろう。前者においてはこれまで見てきたように、カナクは第2次大戦後市民権を得て以来、植民地時代の差別的な土着民的地位から派生した特別法民事地位（statut civil de droit particulier）（以下、特別地位）を法的に有してきたが、ヌメア合意とそれに基づく「NC組織法」（1999）では、慣習民事地位（statut civil coutumier）（以下、慣習地位）として更新された（JORF 1998: 1.1; JONC 1999: Titre 1）。しかし法的に優先するのは常に普通法民事地位（statut civil de droit commun）（以下、普通地位）であり、慣習（特別）地位から普通地位に変更することは常に可能であるが、これまで特別地位を失った、あるいは普通地位に変更したカナクは、特別地位に戻ることは不可能であった。しかし、「NC組織法」の慣習地位と慣習的所有に関する条項（Loi organique: Articles 7-19）の中で、普通地位に変更したカナクで、両親のどちらか一方の家系を遡って特別地位を有していれば、2004年までの5年間の猶予期限付きで、その地位を慣習地位に変更あるいは戻すことを可能としている（ibid.: Article 13）。

　普通地位になったカナクの場合、それぞれの事情にもよるが、一般的なケースでは、異人種間の婚姻において生まれた子どもの場合で、両親はそれぞれ本来のステータスを維持できるが、どちらか一方の親が慣習（特別）地位のカナクであろうとなかろうと、子は自動的に普通地位となる。また、フランスや外国で生まれた子どもの場合、たとえ両親ともに慣習（特別）地位であっても普通地位となる。それゆえ、養子縁組も、慣習（特別）地位の子であればその母親とクランの同意を必要とするが、外国で生まれた養子の場合は、普通法の下での裁可も必要となり複雑である。その他の主要なケースでは離婚したカナク女性の場合である。カナク同士の結婚において慣習婚、キリスト教婚、市民婚と3つの儀式を連続して行う場合が多いが、カナクにとって最も重要な慣習婚は、クラン間の同盟なので両家の家族とクランの首長の同意を必要とするため、結婚しないままのケースは多く、結婚に至る場合はすでに長年一緒にいて子ど

第 3 章　現代アリーナの中のカナク・アイデンティティ

もがいる場合が多い。これには結婚や離婚にはシェフの許可を必要とし、いったん結婚すると、離婚もそれぞれの親族、クランのシェフの合意が必要でほとんど不可能に近いからである。そのため、慣習地位のカナク女性が離婚を望む場合、普通地位に変更して普通法の調停裁判に訴えるほかはないため、数はわからないが普通地位に変わった女性もいるようだ。ただし、第 2 部で見るようにカナクの慣習（特別）地位を有した陪席者を判事の補助とした、いわば、司法と慣習を結ぶ民事裁判が 1982 年に設けられたので、必ずしも普通地位に変更せずとも裁判に持ち込むことはできる。1988 年 5 月のインタヴューでチバウは、当時のカナク人口 7 万 5000 のうち普通地位を受け入れた者は約 2000 人（2.6％）にすぎないとしているが（Tijbaou 2005: 231）、この数字の多くが、こうしたケースなどで普通地位となったカナクと推定される。今回の特別措置によって、1999 年の時点ですでに 18 歳に達している成人の場合は、猶予期間内に慣習地位に変更することが可能となった。これ以降は、子どもたちが未成年の場合は親が手続きすれば、また 21 歳以上になれば、自身で慣習地位に申請することが可能となった（JONC: Article 11, Article 12）。筆者は、猶予期間中に地位変更した人々の総数は入手できなかったが[43]、2000 年の地位変更は 98 件あり（Pipiti 2003: 206）、同年慣習地位の者は 341 のトリビュで 8 万 443 人を数えるという（*Mwà Véé* No.41, 2003: 13; ISEE-TEC: 46）。この数は、人口表で 1996 年のカナク人口、8 万 6788 人から概算すれば 92.6％、2009 年の 9 万 9078 人から見れば 81％ に上る。前述の 1999～2004 年の 5 年間にわたる地位変更と人口増加を考慮に入れても、いずれにしても大半のカナクが、法的に慣習的権利を保持している市民ということになる。

　それゆえ、戸籍上カナクの場合、そのほとんどは、「普通市民」とは別個の慣習戸籍に登録される（JONC: Article 8）。法人類学を学んだカナクの SECC、慣習戸籍役所所長の L. ワミッタンは、普通法の戸籍と慣習民事戸籍の 2 つがあるが、前者は後者に優先し、150 年間我々カナクはこのような形態を生きてきたという。2000 年に慣習戸籍の権限がニューカレドニアに移譲され、特別法民事地位市民戸籍は慣習民事地位市民戸籍（état civil des citoyens de statut civil coutumier）に変わったが、家族が特別地位を有していたかどうかは、憲兵隊によって戸籍としての記録の作成が開始し、保存されてきた 1934 年まで遡ることができる。それ以前の誕生の記録はないが、植民地化による強制移住は憲兵隊によって記録がなされてきた。トリビュが作られて以来、シェフは全

269

てのトリビュの子どもの誕生を申告することが義務づけられていたが、これは植民地化によって人々を知る必要があったからであり、戸籍とは人々をコントロールする手段であると語っている（28/8/2007）。

　慣習地位への変更は民事裁判の取り扱いになるが、植民地時代の土着民戸籍であった1934年まで遡って証拠として申し立てることができるわけで、70年のルートをたどってカナクは祖先のルーツに戻ることができることを意味しよう。歴史的にもカレドニア人とは異なった戸籍に登録されてきたカナクにとって、慣習戸籍への地位変更は、共通の運命の中での慣習地位のカナク市民の増大を意味する。人口を管轄する手段として戸籍は、植民地化とその後に移住してきたその他の普通法上の市民との間で、法的地位において二重の市民カテゴリーを形成し、カナクとその他の市民との差別化でもある。L. ワミッタンによれば、オセアニアのフランス領でこうした特別地位は現在、ワリス・エ・フトゥナに残っているが[44]、タヒチで残存していないのは、タヒチでは土地を売ることが可能であったからだ。また、民事的地位や土地との関係で人々が自らの系譜や祖先を調べることは始まっているともいう（28/8/2007）。慣習地位の第一義的特性が慣習地とのつながりを保証することにあるならば、逆説的には、慣習地位の保持者にしか慣習地が所有できないとなれば、上記の猶予期間中に普通地位のカナクの多くが変更したに違いないと推定できよう。

　しかし、カナク独立派の政治家ネアウティンは、「カナクの権利はヌメア合意までは認められなかった……慣習地位は我々が植民地化以前に存在していたことの証なのである」。慣習地位は慣習地だけに結びついているものではなく、その民事地位はカナク言語や文化の中でのカナクの人としての承認であり、それゆえ、特別地位から慣習地位へと名前が変わったのであると語っている（6/9/2007）。したがって、カナクの慣習地位は、法的に慣習の中にいる人として歴史的・政治的・文化的にカナクの存在を先住民として証明し、他のコミュニティと差異化する「慣習的市民」としてのアイデンティティでもある。また、L. ワミッタンは、リザーヴが今日遅れているとしたら、当初それはコントロール手段であったからであり、今ではカナクにとってアイデンティティを保持する手段である（28/8/2007）とコメントしている。アイデンティティとしての法的地位については第3部の「文化の語り」で見るが、過去の植民地化による差別的な土着民法の歴史的文脈や、国連などによる現在の国際先住民の権利保護のトランスナショナルな文脈に立てば、土地などの慣習的権利を保障する慣

第 3 章　現代アリーナの中のカナク・アイデンティティ

習地位はヨーロッパ系などのカレドニア市民に対するアファーマティヴ・アクション（積極的優遇措置／積極的差別是正措置）とも言えよう。

　しかし、「共通の運命」の中で、市民としての平等な概念に立てば異なった分類の市民の形成は問題となる。慣習上院の議長（2001～02年）であったマンダウエは2つの分類の間に関係性を築く努力を強調しながら「2つの身分は互いにその立場を認め合ったときから両立しないことはない……この国の子どもたちのために市民権の基盤を規定した2つの権利の間で良い均衡をともに見出さなければならないのは明らかである」と述べている。一方、カレドニア人歴史家で、慣習地位を肯定的分類として捉えている I. クルトヴィッチは、「民事的地位と市民権の間の関連性を断つことによって、（市民としての）共存は可能となり、一定の均衡がヌメア合意に見出せる」と考えている（*Mwà Véé* No.41, 2003: 33, 34-37）。両者とも2つの地位の両立と均衡は可能という点で一致しているが、前者は市民の間のコミュニケーションと関係性の構築を、後者は市民権と慣習地位を同等視せず、別個の次元としての法的な切り離しを視座にしている。慣習地位は、ネーション・レヴェルの市民社会において、普通法が優先するという前提に立てば、カナク市民とその他の市民の間の地位的差異は、最終的な法的解決においては同等になるが、I. クルトヴィッチは、「共通の運命を作るために全てを共通にする必要はない」と言っており、これは異なった要素で成り立つ市民社会、すなわち、単一でない、複数の「市民共同体」を想像する上で、第3部でみる「文化共同体」としてのそれぞれのコミュニティで構成される「異種混淆の多文化社会」へ文化的ルートによって節合されてくる。

　カナク社会における共同体としての親密圏は集団的であるが、市民権の概念は公共圏における個人を位置づける。しかし現在のカナクは、村としてのトリビュや親族集団としてのクランのレヴェルで集団としての共同体の活動に参加し、公共の場における学校や仕事場、店、市や町のレヴェルで個人としての市民生活に参加して、多かれ少なかれ2つの間を行き来し、ある程度両立させている。しかし、共同体の親密圏において、慣習的権限は一般的に男性によって支配され、慣習当局者は男性で占められ、女性や若輩者は慣習的に従属的地位に置かれてきた。一方、経済開発やグローバル化によって、カナク、とりわけ女性や若者の意識や価値観は変化し、また異種婚も増大している。そうした中で、カナクの意識や価値観の変化は単に、慣習地位の保持が有利と見なす認識

第1部　ネーションの語り

だけにとどまらず、むしろ慣習の枠外に身を置くほうが、慣習に縛られず、私的財産を所有し、家族に相続する際の自由裁量の余地があるとするカナクの個人化は、将来的に増えていくかもしれない。こうした意味では、上記の猶予期間に慣習地位に変更したカナクは、政治家や慣習当局者が予想したほど多くなかったかもしれない。

一方、共通の運命の中の市民社会において、カナクと植民地化で移住してきたその他の市民との間のパートナーシップは最も大切な主題である。ヌメア合意前文2項では、仏植民地化の中で歴史的に到来したヨーロッパ人に関して、そのニューカレドニア建設への貢献と苦難を強調しながら次のように表象している。「19、20世紀、多くの男女は、進歩をもたらすと信じて、宗教的信心に鼓舞され、彼らの意志に反して送られ、あるいはニューカレドニアで第2のチャンス求めて、この地にやって来た……とりわけ文化人、宣教師、医者、技術者、行政役人、軍人、政治的責任者は大いなる理解と同情を示しながら、異なった眼差しで先住民を見た。彼らの科学的・技術的知識を通して……新しいコミュニティは、国家の助けを得て、ニューカレドニアの形成に困難な状況で尽くした……遠く離れた母国との植民地的関係から……新しいコミュニティもまた、その大志の中で苦しんだ」。

当時の西欧のリーダーたちが大いなる理解と同情をカナクに示したかは、植民地化で見たようにはなはだ疑問であるが、流刑囚やコロン（colon）と呼ばれる入植者の用語は微妙に避けられ、「意志に反して」「第2のチャンス求めて」という言葉で濁されている。これには、合意交渉における反独立派側カレドニア人からの要望があったと推測されるが、いわゆる「歴史の犠牲者」とされる人々に関する2項は、他項と比べても短く簡略化されている。それゆえ、マッコールは合意前文で、カレドニア人を仮面を被ったドラマのようにロール・プレイで表象し、フランス政府が実際の植民地化におけるカナクとカレドニア人の間に起きた対立や紛争という歴史的事実に向き合うことを回避させ、ひいては、未来の関係に障害になると批判している（Muckle 2007: 115）。実際、カルドシュとカナクとの植民地化における互いの関係や独立運動における紛争や対立に前文は踏み入ることなく避けている。4項で、人々は暴力をやめ、和平を達成する人々の意志を証明したマティニョン合意による10年の成果から新たなプロセスに向かって、「過去は植民地化の時」「現在は均衡による共有の時」「未来はひとつの共通の運命の中でアイデンティティの時」として、「フラン

スはこの道に同伴していく用意がある」として過去を清算している。ここには、マティニョン合意の前文で見た第三者的な調停者としてのフランス政府の姿勢と、エヴェヌマンにおける「カレドニアンはカナクのそばで生きているがカナクと一緒に生きているわけではない」という両者の関係を想起させる。つまるところ、ともに国の建設というプロセスにおいて、チバウがパートナーとしてコミットすることを望んだ相互関係の構築に問題を残していると言えよう。

　一方、ヌメア合意の住民投票で、合意前文にカルドシュとしてのアイデンティティを見つけることができない、すなわち「我々カレドニア人のものでない」という意見があった。合意が先住民として植民地化されたカナク・アイデンティティの権利回復を公に承認したものであることに鑑みれば、これはある意味必然的なことでもある。合意を認めることは、カルドシュであれカレドニア人であれ、先住民としてのカナクの権利を承認したパートナーになることである。他方、前文4項は、「ニューカレドニアの建設と発展に寄与することを通してここで生きてきたコミュニティは、国の発展に寄与し続けながら、これからも居住する合法性を有している……」[45]と裏書きしており、カナクにとっても、自らの権利とともに、彼らの存在とその権利を認める相互的パートナーとしての承認でもある。

　それではネーション・ビルディングにおけるカナクのパートナーとしてのカレドニア市民の意識はいかに進んでいるのであろうか。合意後の第2期（2004～09年）における筆者の2000年代の現地調査では、カレドニア市民としてそれぞれの歴史的過去に向き合っていく意識は、集団、個人のレヴェルで少しずつではあるが進んでいることは、人々のディスコースや実践からも確認できた。ヨーロッパ系カレドニア社会においては、こうした姿勢は、古くは1975年に創立された「過去の証言協会」（Association de Témoignage d'un Passé）の活動に見て取ることができる。協会は、植民地時代の入植者や流刑囚が残した建物や道具などの保存、展示を目的として、西海岸のブーライユ（Bourail, 1986）、パイタ（Paita, 1993）、ヌメア郊外のヌー（Nou）島（現在のヌーヴィルNouville, 2015年オープン予定）に、そうした博物館を設立することに尽力してきた。また「カナク植民地化」で先述したように、イル＝デ＝パン島にはパリ・コミューンの流刑囚の遺跡が島の西側に残っている。「過去の証言協会」の目的がカレドニア人のニューカレドニアにおける歴史性を証明することにあるならば、ヌメア合意後の2003年に設立された「ピオニエ（Pionniers 開拓者）」

第 1 部　ネーションの語り

は、1930 年以前に渡ってきたヨーロッパ人やその他のコミュニティの子孫の権利や利益を図る共益性にあろう。当時の会長の祖先は 1856 年に到来し、ヌメアの宝飾店主として代々商売をやってきたが、700 人を超えるその加入者にはヨーロッパ人以外にアラブ人、ヴェトナム人、インドネシア人、日系人もおり、1930 年以前で区切ったのは、開拓者としてのアイデンティティと、1960 年後半以降にニッケルブームなどで流入した移民や近年の移住者を区別するためであるという。会長によれば、本国から来たメトロポリタンの移住者は、かつての開拓者の子孫よりもずっと多く、行政府で働くメトロポリタンによって設立された「カレドニア人会」(Association "CALEDONIENS") はピオニエと競合関係にあるという。なるほど、「ピオニエ」会報誌のタイトルの背後にはブルスの牛車と牧場のイメージが描かれているが、後者のホームページにはフランスの三色旗が棚引いている。ここには、数の上で彼らのコミュニティを脅かし、支配的なフランス文化の下にあるメトロポリタン系カレドニア人やその他の新移民に対する警戒と、ヌメア合意で認められたニューカレドニアの建設と発展に貢献してきた開拓者子孫として、カナクの対等なパートナーとしての誇りと存在意識が見える。会報誌は開拓者のルーツやアイデンティティの模索から、カナクの土地返還要求から生じる問題、カナクとの和解まで取り扱っている。会長は、これまでの主だった活動として、カナクの土地返還要求に対して牧畜業者などの利益を守るための運動を挙げた。「慣習地」で取り上げた 2006 年のラ・フォア (La Fois) のケースでは、カナクの土地返還要求の中で脅しなどを受けたカルドシュ土地所有者を支援するために、高等弁務官に訴状を送り、現地で牧畜業者らとともに、上院の慣習当局や土地のシェフと会い事件を収束するために積極的に働いたと語っている (11/9/2006)。それゆえ、会は非宗教・非政治と文化やアイデンティティを旨とする非営利団体としているが、開拓者の利益のために活動する以上、政治的にもならざるを得ないと言えよう。ヴァヌアツ、ニュージーランド、オーストラリアの開拓者の会と接触を求めているということからも、開拓者としての共通の利益とアイデンティティを求めて、オセアニアにその交流圏ネットワークを構築しようとしている。

　カレドニア市民の間には社会経済的に周縁化され、独立運動の中でエヴェヌマンによって RPCR に与してカナクと政治的に敵対し、その関係が悪化したポリネシア系ワリス人がいる。あるワリス人神父によれば、1997 年 7 月にカナク慣習当局は、この国のために一緒に働こうとワリス人コミュニティの代表

第 3 章　現代アリーナの中のカナク・アイデンティティ

を招いたり、カナクのシェフの息子とワリス人女性の結婚の例もあり、両者の関係は少しずつ改善しているという（Sagato 7/10/97）。しかし両者の関係は、和解の時代において和らぎつつも、互いの信頼関係が築かれたわけではない。ワリス人は、植民地化以前に遡るかつてのウヴェア島への移住ではカナクに同化し土地の人となったが、第 2 次大戦後から始まった移住においてはグラン・ヌメアに集中した。とりわけ、「アヴェ・マリア」と呼ばれるワリス人村が形成された隣接のトリビュ、サン・ルイ（Saint Louis）では、彼らが占拠、居住してきた土地をめぐってカナクとの間でエヴェヌマンが続いてきた[46)]。1990年代末の調査時、その村を囲っていた金網の前で、「ワリス人はカレドニア社会をいつかコントロールするだろうと言っている……RPCR のワリス人はタフで彼らの頭は脱植民地化されていない」と、あるカナクは筆者に語っている。2004 年の調査では、「アヴェ・マリア」のワリス人が他の地へ移された結果、紛争は地元のカナク同士のシェフの力関係をめぐる対立に取って代わられていたが、人々の不信感が生じる背景には、慣習的歓迎の実践と移民のコントロールという二律背反が横たわり、後述の選挙資格や雇用問題ともかかわってくる。

　ヌメア合意によって、非カナクのカレドニア市民の中にはカナクの慣習的・文化的権利の享受を羨んだり、とりわけ慣習地の保有に対しては特権として、カレドニア人に対する差別であると不満を口にする者はいる。しかし、民族的な反カナク感情とならないのは、先住民の権利が合意で公に認められ、2 つの合意によってコミュテイの間の和解が進みつつあることにもよろう。N. クルトヴィッチによれば、こうした不満は雇用や移民に関した政治や行政の怠慢に対する人々の批判の裏返しでもあるという（31/8/2006）。人々の不満がたまる政治や行政の怠慢は、独立派、反独立派の対立構造の中で政治の私物化、「マグイユ」にもあろうが、何をもって、カレドニア市民の生活の質を問うかは物差しにもよる。小さなアパートに住み、あまり休みもなく、懸命に働くプティ・ブラン（貧しい白人）と呼ばれる白人のあわただしく明けていく日常生活を見て、土地と緑に囲まれたトリビュで暮らすカナクの生活を味わうと、ゆったりとした時間の流れの中で気持ちもないでいく。一方、就労の機会の少ないブルス（地方、田舎）と、雇用の機会を得やすいヌメアや近郊では、物質的生活に大きな落差がある。交流という面においては、ヌメアではブルスに比べて、異なったコミュニティのコンタクト・ゾーンとして人々と出会い、知り合う機会を提供する。それゆえ、合意の第 2 期に入ったヌメアでは、人々の関係と交流

が市民社会のレヴェルで進みつつある手応えを感じた。ウアンブイも、人々は明日独立したらどうなるかと考えるよりも、ともに明日のために何をなすべきかについて考えるようになり、人々の興味の方向は変わってきていると語っている（12/9/2005）。これまでの独立か否かという対抗的議論から、「いかに明日の国を造るか（comment construire le pays de demain）」という共存的議論に、人々の意識が変化していることは「共通の運命の中の市民社会」を構築する上で重要である。

2）市民権とアイデンティティ・シンボル

　「市民社会の語り」において、これまでになかったニューカレドニア（NC）市民権を創出することにおいて、市民権の定義は意味深長で複雑である。合意第2期が始まった2004年、コルトーは彼の属するUCでは、市民権に関して、そのモットーである2つの肌の色と1つのピープルの概念で市民権の概念について検討したが、人々が市民権についての概念を理解するのに5年かかり、これに関する討議がようやく始まったと語っている（9/12/2004）。

　それでは市民権の概念とはいかなるものであろうか。ヌメア合意（2.）は、合意期間中、NC市民権の概念は、ニューカレドニアの選挙及び主権の是非に対する最終的住民投票に対する有権者に適用される条件を満たし、地元の雇用機会を保護する規則を起草する際に言及されるとしている。したがって、「市民権」は選挙、住民投票、及び雇用に対する権利に関係するが、「NC組織法」4条では、市民権は「プロヴァンス選挙（élection provinciale）」として言及される州議会とニューカレドニア議会の議員を選ぶ選挙の有権者資格の条件を満たすフランス国籍の人とある。つまり、NC市民権とは「住民投票」資格を決定するものではないことになるが、その違いはどこにあろうか。両者の有権者資格者は、ともに組織法の188条「プロヴァンス選挙」（以下、前者）と218条「住民投票」（以下、後者）の条件（a）で、1998年11月8日のヌメア合意是非の住民投票で、後者は投票への参加を認められたもので、前者はその選挙人登録の条件を満たしている者となっている。（a）に該当しない場合のその他の条件では、後者は、カナクの慣習民事地位を有する者、あるいは両親のうちひとりがニューカレドニアで生まれ居住してきたカレドニア人や、遅くとも2014年12月31日までにニューカレドニアに20年間居住してきたことを証明

第 3 章　現代アリーナの中のカナク・アイデンティティ

できる者などに限定されている（JONC 1999: Article 218）。これに対して、前者は、(b)「プロヴァンス選挙」時の有権者名簿に登録され10年間の居住要件を満たしている者、(c) 1998年10月31日以降成人に達した者で、98年で10年のNC居住、あるいは両親のうちひとりが上記 (a) や (b) の者で、同期間の居住を証明できる者などである（ibid.: Article 188）。後者との10年の居住条件の違いでハードルは低くなり、市民権を有する者が必ずしも住民投票の有権者になれるとは限らないことがわかる。マティニョン合意では新たなフランス国籍の入国者も選挙に参加できたのに対して、市民としての選挙資格が設けられたことは、選出される各任期の議会政治の状況が、権限の移譲や政策、国の法を左右し、2014年から可能となる住民投票に影響することを考えれば当然とも言えよう。しかしながら、問題となるのは、有権者名簿の凍結（corps gelé）とかかわる10年という居住期間である。ヌメア合意（2.2.1）に従えば、独立派が主張するように1998年の有権者名簿が凍結されるはずであったが、反独立派は98年以後に到着した者、たとえば99年に来た者は2009年の選挙に横滑り（corps glissant）できると争点化した。これには、仏憲法3条4項で、仏国籍者は全て選挙人であると定義され、憲法評議会（conseil constitutionel）も一般の地方選挙に対しては98年以後の到着者も投票できるという解釈のため、1999、2004年の選挙でも名簿は凍結されず横滑りしてきた。実際、合意第2任期（2004～09年）が始まった筆者の2004年の調査時には、有権者名簿の「横滑り」、いや「凍結」という言葉が巷で飛び交い、RPCRのラフルールは市民権獲得には「3年の滞在でOK」と言っているとか、「横滑り」が闊歩していた。名簿凍結のためには、大統領が国民議会と上院の憲法会議を招集し仏憲法を修正するという法的・技術的問題が横たわっていた。しかし当時のシラク大統領はウヴェア島の人質奪回作戦（88年）の教訓からか、合意の精神に則りカナク独立派の見解に同意した結果、2007年2月仏議会で修正が承認され、ようやく2009年の選挙で名簿は凍結されるに至った。これによって、組織法に新たな条件が付加され、1998年11月8日以前からNCに主として居住しているフランス国籍者と、両親のうちひとりがNC市民で、この日付以降に成人に達した者が「プロヴァンス選挙」資格のあるNC市民として定義されたと言えよう[47]。

　一方、「横滑り」や「凍結」に代わって、2007年の調査で耳にするようになったのが、地元の「雇用の権利」（emploi local）であり、就労に対する優先権は、

277

選挙権とともに共通の運命における NC 市民権と深くかかわる問題である[48]。この雇用の権利は、合意発足と同時にニューカレドニアへ移譲された権限のひとつであるが、議論が始まったのは遅く、これには反独立派の抵抗や市民権の明確化の必要性とかかわっていたからでもあろう。2005 年 9 月のある夜あるトリビュで、カナクの盛大な慣習婚に出席していた筆者が、大勢のカナクに交じって贈与交換を見守っていると、薄暗がりの中で「マダム、あなたはどこから来たのか？」という鋭い声が突然した。驚いて振り向くと、ひとりのカナク男性が私を凝視していた。私の隣にいたカナク女性が慌てて、「彼女は日本から来たプロフェスールで……」と説明すると、「いや、中国人かと思ったので……」と、男性の顔は柔らいだ。一時期多数の中国人が乗った船——これが同年かそれ以前か、難民船か普通船かもはや記憶にないが——の入港が巷を賑わしていたので、中国移民あるいは不法滞在者に間違えられたのかもしれない。新移民の流入が絶えない中で、カナクの懸念の表出と言えよう。

　ニューカレドニアへの移住者は、仏本国、その海外領・海外県の仏国籍・仏市民はいうに及ばず、EU 市民、またその他の外国人も後を絶たない[49]。2004 〜 09 年の間、ニューカレドニア以外で出生し、居住するに至った者の数は 1 万 8500 人に上り、そのほとんどは本国フランスからで（75.5%）、ワリス・エ・フトゥナ（4.9%）、仏領ポリネシア（2.3%）、その他の外国（17.3%）からの移住者である。2009 年の統計では、75.6% がニューカレドニア生まれであるが、15% が仏本国とその海外県、5.2% が外国、2.9% がワリス・エ・フトゥナ、1.3% が仏領ポリネシアで出生した者である（ISEE 2011）。ここからも推定できるように、底辺の労働力のみならず、本国から来たメトロポリタンがローカルな人材不足などから、管理職のポストを多く得ていることにも問題がある。こうした新移民は押しなべて独立に反対であるため、反独立派は移民導入に賛成し、独立派は反対するという対立を生んできた。この雇用権に対する独立派と反独立派の争点は、前者の市民に対する積極的優遇措置を伴った採用と、後者の移住者と市民の同等の能力での採用の主張にあった。結局、市民の優先権と雇用の権利を規定する法案は、2 回にわたる決議を経て、同等の能力と資格に対する条件において、雇用者はカレドニアン市民に優先権を与え、また、市民でない配偶者に対しては 2 年の婚姻継続を、一般的新参者の 10 年の居住要件と同等化することによって、「雇用に関する国の法」としてようやく 2010 年 7 月に議会で可決された（LP-EM）。フランスへ留学しそこで配偶者を見つけ帰国す

第 3 章　現代アリーナの中のカナク・アイデンティティ

るケースは昔からあったが、これからは入国者が職を得るために、市民と結婚あるいは偽装婚するケースも出現するかもしれない。

　このように、市民権の定義は、2007 年の選挙権（住民投票と州選挙）の凍結と 2010 年の雇用の権利に関する「国の法」によって法的資格が定義され、フランス国籍を有するカレドニア市民は、フランス市民、及びフランス国籍から派生する EU の市民権としてのヨーロッパ市民という 3 重の市民権を有する。その結果、共通の運命における問題は、市民の間に民事地位の違いはあっても、「市民権は選択された共通の運命を反映し、合意の適用期間の終了後に、もしそう決定されれば国籍と成り得る」（ヌメア合意 2.）ことにある。それゆえ、合意発足時、あるカレドニア人反独立派は、市民権は有権者を単に限定するもので国籍にはならないと主張したのに対し（12/11/98）、カレドニア人のシヴォは、市民権は全ての人々が共有する意味で重要で、その共有がネーションとなることを期待する前提となれば、カナク・アイデンティティ闘争の成果として意義があると語っている（27/10/ 98）。先の法的定義が「共通の運命における市民権」というラベルを貼った缶詰の容器となったとすれば、その中身を詰めるのは、市民であり、市民意識の構築は、完全な主権へのネーション意識の形成に影響を与えよう。

　そのため、有権者に対して NC 市民権に関するセミナーや議論の場が盛んに設けられてきた。「共通の運命」における「明日の国（pays de demain）」を担う若者の意識形成では、大学や高校で、たとえばカナクのド・カモ高校では毎年、「市民の日（journée de citoyenneté）」を設け、外部から有識者を招き生徒たちとワークショップを行っている。2005 年の開催では、30 人を招き 30 のワークショップの中で、国旗、土地、予算など多くの質疑があり、「皆が同じ市民となって明日の国となる」ことは何を意味するか、学生の関心と理解を高めてきたという（N. Kurtovitch 31/8/2006; Houmbouy 12/9/2005）。一方、ポワグーヌによれば、本来、市民権について効果的に情報伝達や人々の関心を喚起するのは、メディアの主要な役割でもあるが、テレビは市民権や共通の運命についての番組を設けず、依然としてカナクのジャーナリストの数が少なく、市民権構築にテレビは貢献していないという（1/9/2005）。そのポワグーヌを会長として、解放運動で共闘したカレドニア人医師、カイヤールなどとともに、ヌメア合意後に設立された LDH-NC（ニューカレドニアの人権と市民連盟）は、毎年テーマを選んで関係者を招き、セミナー討論会を開催してきた。フランスの人権の

国としての市民のアイデンティティはその「人権連盟（LDH）」の創立（1901）にも表象されるが、LDH-NCの前身はその支部として1978年に設立され、エヴェヌマンに至って活動を停止していた。1999年、フランスの支部から独立してその活動を再開したLDH-NCの2005年のテーマは、「共通の運命」をタイトルとした市民権であった。セミナー会場がヌメアなのでカレドニア人が多いが、あるカナクに「行かないの？」と聞くと、「あそこはディスコースばかりで実践がない」と批判していた。しかしまずは聞かなければわからないと、組合関係者を招いたセミナー（31/8/2005）に出かけると、USTKEや公務員組合などの代表たちが、経済的不均衡や失業の問題の中でコミュニティ間の経済的・社会的均衡が、国造りや市民の意識の構築に重要であることを強調し、相互尊重や連帯の共有で「共通の運命」を表象していた。聴衆の質疑からもこの問題に対する関心の高さが感じられたが、LDH-NCは、人権、歴史、文化、政治、経済、法から教育、若者、女性に至る分野まで、さまざまな方向から市民権にアプローチすることによって、「共通の運命」の中の市民として有権者が缶詰の中身の肉付けをできるように試みているようだ。その資料には、「共通の運命」とは、余儀なくあるいはやむを得ず「運命」として受け入れた上で、平和の中で「ともに生きること（vivre ensemble）」であり、互いを理解するのは単に交わることではなく、予断なく意識的に互いをより良く認識することであり、カナクは西欧文化を知ることを強いられてきたが、ヨーロッパ人はそうではなかったとしている（LDH-NC 15/6/2005）。カナクは両者の眼差しの違いを知っているが、ヨーロッパ人はその文化的認識のメガネを外して、カナク文化を理解する必要があるということであろう。

　9月24日は、ニューカレドニアでは長い間1853年のフランスのニューカレドニア併合を記念する「祝賀の日（Fête de 24, septembre）」となってきたが、脱植民地化運動が始まるとカナクはそれを「喪の日（journée de deuil）」に変換し、さらに2006年から「共通の運命の中でのカレドニア市民権」を祝う「市民権祭（Fête de la Citoyenneté）」に更新している。一方、モーゼル湾（Baie de la Moselle）に臨むヌメア博物館近くの広場には、共通の運命の象徴としてカナク・アーティストによって彫られたトーテム・ポール、ムワカ（Mwâ Kâ、ジュベア語でカーズの中心の柱）[50]が2004年に立てられ、そこを中心に毎年市民権祭が催されている。こうしたトーテム・ポールを立てることは、第2部の「共同体の語り」で見るようにカナクにとって、所与の文脈の中で文化的価値やシ

第3章　現代アリーナの中のカナク・アイデンティティ

ンボル的意味を担っている。「ピオニエ」協会も、2005年の市民権祭にこの「ムワカ（Mwâ Kâ）」での儀式に招待を受け参加した。会長によれば、出席はヌメア合意の枠組みの中で、共通の運命のために働き、カナクとともに市民権を築くためであり、かつてはそうではなかったが、「今では、カレドニア人はカナクに多く留意している」と語っている（11/9/2006）。かつてのような紛争を引き起こさないためにも、また共通の運命における「アイデンティティのシンボルを第1コミュニティ（カナク）が独占しないためにも」（*Pionniers* No.9, 2005: 6）、留意する必要があり、カナクとの付かず離れずの微妙な距離と関係を保ちながら、市民として交流しているのがわかる。その会報誌には、ピオニエの子孫たちが9月24日を「祝賀の日」とするのをやめる代わりに、カナクもそれを「喪の日」とするのを放棄することによって、コミュニティ間の和解の印として、2003年以来9月24日の市民権祭に出席し、そのトーテム・ポールの足元にピオニエのシンボルとして農夫のシャベルや鉱夫のツルハシ、牧夫や流刑囚の帽子などを献呈したと記されている（ibid.: 6）。それでは、市民権は国籍に代わるであろうかとの筆者の質問には、会長は「ずっと、ずっと後だ。性急なのはオセアニア的ではない。常に目的を目指すあなたは完全に西欧的で、我々のやり方ではない。我々はオセアニア人である」（11/9/2006）と返ってきた。ここにおいて、開拓者精神とそのアイデンティティは、オセアニア流儀とオセアニア人としてのアイデンティティに同一化され、カナクの長期的戦略も流用されているようでもあるが、筆者は一本取られてしまった。2009年の記念日の政府主催の広告には、このムワカ広場を中心に開かれる市民権祭での公開討論会やコミュニティ参加のさまざまなイヴェントの開催が載っている。2010年はその年の9月に開催された「第4回メラネシア・フェスティバル（4 ème festival des arts mélanésiens）」の閉会と組み合わせてフランス国旗とカナキー国旗の2つがムワカで掲げられた。しかし、反独立派の参加は少ないようで、このトーテムの居場所をめぐっても、市民の憩いの場であるココティエ広場は反独立派の反対で、南プロヴァンス州庁の中庭は独立派の反対に遭って、ようやくここに落ち着いたという経緯もあるようだ。

　合意では、「国のアイデンティティの象徴である国名、国旗、国歌、標語、紙幣のデザインは、カナク・アイデンティティと全ての人々が共有する未来を共通して表象するために考案される必要がある」とし、また、「国の名前は市民権の印として、IDカードに印刷できる」（JORF 1998: 1.5）としている。こ

うした国のアイデンティティ・シンボルに関しては、名前は変更可能であるが、議会議員の5分の3の承認とともに「国の法（loi du pays）」を作成することができる（JONC 1999: Article 5）。

　もし市民権がネーション意識の形成を育むことができるならば、このような国のシンボルはいかなる影響を与えるのだろうか。シヴォは、カナク・アイデンティティのシンボルであるならば、カナク文化であるが、市民としてのシンボルならば全ての人々に受け入れてもらわなければならないので難しいという（27/10/98）。それゆえ、合意当初UC党首であったレプは、名前の変更は、若い活動家にとっては重要であるが、しばらくの間は高度な優先事項ではなく、重要なことは人々の精神的変化にあるとしていた（28/10/98）。国のアイデンティティ・シンボル検討・指針委員会CPSIPが発足したのは合意2期の2007年4月で、それを統括する政府代表となったゴロデは、当時、シンボルのデザイン募集のコンクール企画や、シンボルに込められる価値観として、共有、寛容、合意などのカナク・アイデンティティの価値観とオセアニアの価値観、及び進歩、民主主義を表象する市民としての価値観の3つに言及していた（14/9/2007）。カナクの文化的価値観については、第2部、第3部の共同体や文化の語りで見ていくが、オセアニアや市民の価値観を表象することは同様に重要である。前者はニューカレドニアを太平洋の只中にあるオセアニアの国としての存在とメラネシア人同胞との絆に結びつけ、後者は他のカレドニア市民との普遍的価値観の共有の証として、またフランスやヨーロッパとの長い歴史的関係とともに、世界のコミュニティに節合されていることを表象すると言えよう。こうした中で、ニューカレドニアの象徴的サインとしての国歌、標語と紙幣[51]に関しては、その芸術的センスやデザイン性を問われても、国名や国旗のような政治的鬼門には至らず、第3任期に入った2010年8月、その法案が議会で可決され、「ニューカレドニアの3つのアイデンティティ・サインに関する国の法」（JONC 2010）となった。国歌は「ともに結ばれ、兄弟になろう……（Soyon unis, devenons frères...）」として、標語は「言葉の大地＝共有の大地（Terre de parole-Terre de partage）」として、「共通の運命の市民社会」を謳っているが、対立が顕著な国名と国旗はいまだ決まっていない。国名としては、これまでもバイネーション的な「ヌーヴェル＝カレドニ＝カナキー」あるいは、「カナキー＝ヌーヴェル＝カレドニ」もしくは短く「カレドニ＝カナキー」などが人々の間で挙げられてきたが、国旗は、ゴロデによれば、ヌメア合意の過

第3章　現代アリーナの中のカナク・アイデンティティ

渡期においては、プロヴァンスなどでカナキー国旗と仏国旗の2つが住民投票まで掲揚することができるという（14/9/2007）。その結果、カナキー国旗のシンボルとしてFLNKS旗を支持するUC-FLNKSと、フランスにとどまるシンボルとして仏三色旗を主張する反独立派RUMPのフロジエが連合して、両旗をともに掲揚する誓約が2010年7月議会において表明された。しかし、法的拘束力はなく、カナキー旗を揚げることに反対する反独立派や市庁（コミューン）もあり、採用するかどうかは各コミューンや集団の自由に任せられ、またカナク独立派内部でも、FLNKS旗は統一を表していないとして反対する者もいる[52]。一方、2つの旗の掲揚に反対のカレドニ・アンサンブルのゴメスは、ヌメア合意の「カナク・アイデンティティとNCの全ての人々の間で共有されるべき未来の両者を表象する」新たなひとつの旗を創出することを主張し（Maclellan 2013）、インターネットでは共通旗としてのデザインの投票が行われ、2012年12月には「共通の旗特別委員会（commission spéciale drapeau）」の設置が議会で成立している[53]。しかし、NC国旗をめぐる論争はその政治的将来への選択と絡み、国名とともに合意には政治的多難が予想される。いずれにしても、市民権の表象としてのこうしたアイデンティティ・シンボルに関しては修正可能であり、フランスの承認を必要としないが、次のステップとしてはパスポートやIDカードなどに市民権を具体的に国籍などとともに記載するという、いわば、商標登録のプロセスがあり、これはフランスと交渉する必要があるという（ゴロデ 14/9/2007；コルトー 9/12/2004）。

　チバウは「共通の運命」とは国を人々の違いで豊かにし、共有する歴史的要素を可能な限り集め、望ましい社会的モデルへ向かっていくことであると語っていたという（LDH-NC 20/7/2005）。法的二重市民から成る市民社会としての公共圏も、異なった文化共同体としての親密圏も、同じ共通の運命の掌中にあるならば、異なる要素で豊かに、共有的要素で手をつなぎ、ネーション・ビルディングを進めていくことにあろう。「共通の運命」が意味するのは、全てにおいて同等で均質的な、息の詰まるような運命共同体ではない。国名や国旗が、この地を起源とする市民とこの地で安住を得た市民のアイデンティティを表象するならば、両者の間で乗り換え・往来可能な、開かれた「市民共同体」で構成される共存関係を構築していくことにあろう。

3) ニュージーランド市民社会

　ここで、マオリとの関係からニュージーランド（NZ）「市民社会」を参照してみよう。2006 年総人口約 450 万の NZ において、エスニック・コミュニティ別では、パケハ 67.6％、マオリ 14.6％、アジア系 9.2、太平洋島嶼民 6.9％、また 11％ が NZ 人と答えている（Wikipedia NZ）。マオリの人口はカナクの 6.5 倍の約 65 万を数えるが、NC 総人口約 25 万（2009）に占めているカナクの割合 40.3％ と比較すれば、マオリは 14.6％ と国内ではより少数派の先住民市民でもある。NZ の市民権は、独立した翌年、NZ 市民権法 1948（New Zealand Citizenship Act 1948）によって創出され[54]、マオリはパケハあるいは他の非マオリと同様、普通法（common law）の下にある市民である。マオリはカナクのように法的慣習地位を有しないが、NZ 市民社会における権利と義務と、その共同体社会の慣習、「ティカンガ（tikanga）」におけるそれでは、前者が個人としての権利を、後者が集団としてのそれを重視する点で両者の権利や文化的価値観には違いがあり、この意味では、カナク同様、文化的に慣習に帰属し、慣習的権利を有する市民と言えよう。1992 年、「マオリ開発省制定法（Ministry of Māori Development Act 1991）」によって創立され、マオリ担当大臣の管轄下にある「マオリ開発省（TPK: Te Puni Kokiri）」は、マオリ言語から教育、雇用、健康福祉、経済まで、政府の公共政策にかかわり、コミュニティ・レヴェルでの社会的・文化的・経済的発展を目指したトータルな役割を担ってきた。とりわけ、独自の文化や価値観と多様性を有した先住民として、マオリの潜在能力（Maori Potential）を伸ばすことを旨としている（TPK MP）。しかし、マオリ市民とパケハ市民との間には依然として大きな社会的格差があり、多くのイウィの成員は社会福祉的サービスを受けているが、とりわけイウィ集団から離脱して、都会に移り住んだマオリの生活は貧しい。

　この意味で、西オークランドのマオリのアーバン・コミュニティ、テ・ファナウ・オ・ワイパレイラ（Te Whanau o Waipareira）の慈善信託局（charitable Trust）のワイタンギ審判所への提訴は興味深い。ワイパレイラは、NZ の社会福祉局コミュニティ基金庁（Community Funding Agency of the Department of Social Welfare）の財政援助が受けられないのは、条約 2 条の下でクラウンの義務に違反するとして審判所へ 1994 年提訴した。そのワイパレイラ・リポートの審判所の所見では、クラウンは、条約 2 条は部族集団のイウィやハプにのみ適用されるとして、ワイパレイラのメンバーには市民権以外の他の権利はない

第 3 章　現代アリーナの中のカナク・アイデンティティ

としたが、2 条の貴重な財としての「タオンガ」は、「ランガティラタンガ（首長権限）」をはじめ、マオリがその生活のあり方としての慣習における重要な財の全てを意味し、「ランガティラタンガ」は、単なる財の所有権や運営ではなく、リーダーとマオリ・コミュニティのメンバー間の相互的義務と責任を意味する。ゆえに、条約 3 条のクラウンの保護と英国臣民の権利と特権というマオリへの授与は、マオリ語版で全ての慣習と価値（nga tikanga katoa）を意味する権利の保護に相当し、こうしたリーダーシップ「ランガティラタンガ」のような価値にマオリが愛着している限り、クラウンの慣習的サービスに対する保護は保障されるとした（Waipareira Report 1998: 18, 19, 56）。審判では非イウィである当信託局のマオリ・リーダーの「ランガティラタンガ」を認め、都会化した非部族集団のマオリも条約に対する権限はあるとして、クラウンの慣習的サービスとしての社会福祉サービスをイウィと同じように受ける資格があるとしたのである。審判所の所見は勧告であり、クラウンと法的に条約を結んだ先住民市民としてのこうした慣習的権利をクラウンが全て認めているわけではないが、マオリの慣習的権利がワイタンギ条約とその原則に依拠して保護されるという意味においては、カナク同様、慣習的市民と言えよう。また社会的に、共同体の親密圏における慣習的権利と義務に従いながら、公共圏における平等な権利と義務を有する NZ 市民として、2 つの間を行き来している点でもマオリとカナクは共通している。

　一方、NZ ネーションの主体となったパケハ市民は総人口の割合では 67.6%と減少しているが、NZ 人（11%）と答える者のほとんどがヨーロッパ系と推定され、「キーウィ（Kiwi）」としてのアイデンティティが増大している。パケハは、1970 年代後半のマオリの権利回復運動からクラウンとイウィとの間のセツルメントに至る歴史的プロセスを通して、それまで享受してきた土地や富、社会的地位が奪われることに対する脅威から、しだいにワイタンギ条約の存在を改めて認識していったように見える。筆者はこれまで、牧場をマオリの土地所有者に売ってオークランドに移り住んだというパケハから（1986）、ワイタンギ・グラウンドに隣接するゴルフ場をマオリ土地所有者がリースしてくれるお陰で、我々はゴルフが安価にできると感謝しているパケハ女性まで（2014）出会ってきた。クラウンとのセツルメントを目指したマオリ側の交渉団にはパケハの弁護士が加わっており、マオリの権利回復に対する彼らの認識と理解度は、カルドシュあるいはカレドニア人のカナクに対するそれより進んでいるよ

うに見える。太平洋島嶼民（6.9%）のほとんどはマオリと同じポリネシア人で、NZが植民地支配した関係で移民割り当てのある、自由連合のクック諸島（1965）やニウエ（1974）、また独立した（西）サモア（1962）からの出稼ぎや移住で、オークランドはポリネシア人最大の町でもある。彼らはNCにおけるワリス人同様、マオリとの関係には問題もあるが、現在では南島の南端にまで拡散している。近年急増しているのは中国からのアジア系新移民（9.2%）で、NZもNCのように多民族化し、マオリとパケハの両文化から多文化社会にもなりつつある。しかし、政治、文化、経済社会的に依然としてヨーロッパ系市民の支配と影響力下にあることは、NC市民社会と共通している。「アオテアロア」のシンボルとして1990年公開されたマオリの旗は「ティノ・ランガティラタンガ」旗として言及され[55]、マオリ党の下でのキャンペーンもあって、公的な旗にする運動が展開された結果、国民党首相（John Key）とマオリ担当大臣（Pita Sharples）によって2009年NZの公式のマオリ旗として承認された（TPK MF）。オーストラリア国旗と紛らわしいユニオン・ジャック付きのNZ国旗をやめて、新たな国旗を作る提案はあるが、マオリ旗と国旗は「土地の人」マオリと条約で結ばれたパケハやその他の移民とのパートナーシップにおけるバイネーション的な国を象徴していよう。ワイタンギ条約記念日（2月6日）は、かつてはマオリにとって、カナク同様、植民地化された喪の日を意味していたが、その権利回復を遂げつつある現在、テレビでは「ハッピー・ワイタンギ・デイ（Happy Witangi Day）」として、ワイタンギ・グラウンドでの政府関係者や海軍、ワカやハカによる祝典やコンサートなどが賑やかに催され報道され、マオリのみならずその他の非マオリにとっても、条約を認識する日となっている。

　ワイタンギ審判所のマオリ主席判事のデューリー（E. Durie）は、1989年2月の条約記念日にワイタンギで次のような要旨のスピーチを行っている。近代国家の基底を成すワイタンギ条約は、第一に先住民の権利と財産の保護であり、マオリがオリジナル・ピープルとしてのタンガタ・フェヌア（tangata whenua 土地の人）であるならば、パケハは条約の権限によって土地に属する者としてのタンガタ・ティリティ（tangata Tiriti 条約の人）である。条約なしにはパケハの定住権はあり得ず、それゆえ、パケハの権利を尊重することなしにマオリの権利も要求できない。条約の承認を求めた我々の祖先はパケハとのパートナーシップを求めたのである（Durie 1989: 1-4）。これは、条約のパートナーは

第 3 章　現代アリーナの中のカナク・アイデンティティ

クラウンと調印したイウィにあるというマオリや、条約に署名したのはクラウンであって我々ではないというパケハの見方に従えば齟齬が生じるが、このズレは条約がネーション、エスニシティ、共同体レヴェルの間で節合されているからである。しかし、マオリの祖先たちはパケハとのパートナーシップを求めたという彼の私見とした解釈は、先に見た「条約の原則」やマオリの相互的互恵性という文化的価値観からも納得できよう。「土地の人」と「条約の人」は、互いをパートナーとして主権を共有するバイネーション的「ニュージーランド＝アオテアロア」として現代的文脈で解釈できよう。しかし、こうしたバイネーション的パワー・シェアリングからバイナショナリズムを想定する考え（内藤 2008: 391-394）には意見を異にする。エスニシティ・レヴェルにおいて「文化共同体」としての集団間の差別と格差が大きく、一方の権利が抑圧されている状況にある場合、バイカルチャリズムは政治的なエスノナショナリズムと結びついて、ネーション・レヴェルでバイナショナリズムとなる。しかし、1975年のワイタンギ条約の見直しとしての制定法やワイタンギ審判、クラウンとの個別的セツルメントを通して、マオリが現在権利回復しつつある中で、共同体レヴェルにおけるイウィ意識の強いマオリにそのようなバイナショナリズムは見られない。NZ市民社会において、ワイタンギ条約を根拠とするマオリの権利承認は、市民的パートナーとしてのパケハや非マオリの権利承認というパワー・シェアリングの確認でもある。権利は相互的力関係に左右されるが、他者の権利を顧みることなく自己の権利のみ主張すれば、そこに社会的・法的正義や公正はない。この両者の眼差しから権利を捉えたマオリ判事のスピーチは、チバウの他者との共存や相互依存関係のヴィジョンにも通じてこよう。この意味でも、ヌメア合意におけるカナクの権利回復の承認は、カルドシュやカレドニア人の権利の承認というバイネーション的パワー・シェアリングに導かれる。共通の運命の中の市民社会において両者のパートナーシップの形成は、市民的現在においてニューカレドニアの過去の歴史と向き合い未来を見据えて対話し、信頼と共存関係を醸成していくことが重要と言えよう。

　カナク判事トロリュは、マティニョン合意の末期、次のように語っていた。「私は、カナク・アイデンティティを要求しなければならなかったが、娘が言うことには、"私は常にカナクであったし、カナクであるし、カナクであり続けるのに、なぜ、自分のアイデンティティを要求しなければならないの？"と言うんだよ」(16/9/97)。もし、カナクの若者が、今やカナク・アイデンティティ

第 1 部　ネーションの語り

回復要求の必要性を取り立てて感じていないとするならば、それは、人間としての尊厳と「ピープル」としての権利を回復するために、両親の世代がかくも長きにわたって闘ってきた闘争の結果と言えよう。しかし、このことは、カナク・アイデンティティがその役割を終えたことを意味するものではない。両親の世代が脱植民地化運動の中でもがき苦闘しながら歩んだ道を背にして、彼らは、グローバル化の中でどこに向かうべきか迷いながら、現代アリーナの市民的現在におけるカナク・アイデンティティの意味を紡いでいこう。

注
1) マティニョン合意に関しては GF（1988abcd）を、また当合意に基づく法案と法律に関しては JORF（1988ab）を参照している。
2) この交渉団は FLNKS のチバウ、ネアウティン、RPCR のウケイエやルーコット、ブリオーなどである。
3) このチバウのディスコースは、ワデルが L. マプー（Louis Mapou）から得た個人的コミュニケーション（Mapou, pers comm. 20/1/1998）である。
4) ニューカレドニアは主権国家という意味での国ではないが、仏語の「pays」には、日本語の「国」と同じように国民、地方、故郷といった意味を包摂している。
5) 1989 年 6 月の選挙結果、南プロヴァンスでは反独立派が 86% を占め、RPCR 21 名、FN 3 名、CD（右派政党の Calédonie Demain）2 名、UO（ワリス人政党の Union Océanienne）2 名で、独立派は FLNKS が 4 名で、議長は RPCR。北では、独立派が 73% で、FLNKS 11 名、RPCR 4 名で、議長は FLNKS。ロ諸島プロヴァンスでは独立派が 71% で、FLNKS 4 名、RPCR 2 名、FAN（Front Anti-Néocolonialiste、FAN は LKS とかつての中道政党 OPAO とのマレ島を基盤にした連合）1 名で、議長は FLNKS。
6) 54 人の議会議員のうち、FLNKS は 19 名で FAN が 1 名、反独立派は RPCR が 27 名、FN が 3 名、CD が 2 名、UO が 2 名である。
7) 高等弁務官は国益、法、行政、公共の秩序、自由、個人と集団の権利を管轄し、非常事態を宣言できる。予算を準備し執行し、ニューカレドニアとプロヴァンスの予算に関して、均衡がとれていないならば、その修正を要求できる。また、ニューカレドニアの行政役所や機関の人事を任命し、議会の決定を執行する。ニューカレドニアとプロヴァンスの法律遵守を見守り、両者の議会によってなされた行政的・法的決定が法律に反していると考えれば介入できる（JORF 1988b: Article 64-71）。
8) 経済社会委員会は、専門職、労働組合、その他の経済、社会、文化的分野からの代表として 31 名の委員で構成されている。そのうち、28 名は各プロヴァンス（北 8 名、南 16 名、ロ諸島 4 名）から、3 名は農業会議所、商工会議所、職人会議所からの代表である。
9) ベルシー合意ではニッケルなどの鉱山資源がニューカレドニアの経済的価値を高めること、2006 年 1 月 1 日までに北プロヴァンスの精錬所建設の最終決定を確定すること、適切な期間内に工場を建設することなどとしている（Sénat）。
10) 移民の問題は FLNKS によれば、1988 年から 98 年の間に 2 万 4000 人を帰国させるという仏政府の約束に反して、1989 年以来 2 万人がニューカレドニアに入国し、深刻な雇用問題を引き起こしているとしている（*NC* 26/2/98）。

第 3 章　現代アリーナの中のカナク・アイデンティティ

11）投票率は南プロヴァンスで 80.71%、北プロヴァンスで 73.40%、ロ諸島プロヴァンスで 48.55% であった。ヌメアでは投票率は 80.69% で、57.74% が「ウイ」に投票した（*Lundi Matin*, Numéro spécial référendum, 9/11/98）。一方、北とロ諸島プロヴァンスでは、80% 以上が「ウイ」であったが、投票率は 50 〜 70% でやや低く、投票率と「ウイ」の投票は、逆比例していた。
12）ヌメア合意に関しては JORF（1998）、GF（1998a）と英語版 GF（1998b）を、そのニューカレドニア組織法（Loi organique）に関しては JONC（1999）を参照している。
13）太平洋地域機関としての「南太平洋フォーラム（SPF）」は、2000 年「太平洋諸島フォーラム（PIF: Pacific Islands Forum）」に名称変更したが、1999 年以来そのオブザーバーの地位にとどまっていたニューカレドニア（NC）は、2006 年 PIF の準メンバーとなり、2010 年には将来フルメンバーになることを表明している。一方、第 2 次大戦後からヌメアに本部が置かれている SPC は、「南太平洋委員会（South Pacific Commission）」から 1998 年「太平洋共同体（SPC: Secretariat of the Pacific Community）」に発展したが、NC は 1983 年以来のフルメンバーである。メラネシア人同胞諸国の政治グループ「槍の穂先」は 2007 年に政治から経済領域まで地域機関としてその枠組みを拡大したが、MSG（Melanesian Spearhead Group メラネシア槍の穂先グループ）では、フィジー、PNG、ソロモン諸島、ヴァヌアツとともに FLNKS は従来から正式メンバーである。国際機関では、NC は UNESCO や ILO などの国連機関や欧州連合に代表を送ることもできる（JORF 1998: 3.2.1）。
14）移譲する権限と日程は、遅くとも各任期の初めから 6 カ月の最終日までに決定される（JONC 1999: Article 26）。
15）1999 年の議会議席は、RPCR 24、FLNKS 18（UC 10、UNI-PALIKA 7、RDO 1）、FCCI 4、FN 4、Alliance 3、LKS 1 であった。
16）2004 年の議会議席は、RUMP 16、L'Avenir ensemble 16、UNI-FLNKS 8、UC 7、FN 4、FCCI 1、UC-Renouveau 1、LKS 1 であった。
17）2009 年の議会議席は、Rassemblement-UMP（RUMP）13、Calédonie ensemble 10、FLNKS 7、Union nationale pour l'indepadance 5、UC-FLNKS 4、Parti travailliste 4、L'Avenir ensemble 3、その他の独立派系 3（UNI 1、Dynamique Autochtone 1、Union Nationale pour le Renouveau 1）、その他の反独立派系 5 であった。
18）その他の 3 党は、LKS-Dynamique Autochtone、PT（Parti Travailliste）、UCL（Union pour Construire les Loyautés）が各 1 議席である。
19）南島は北島と比較すると、植民地化時点においてマオリが少なかったため、クラウンはパケハ入植者のため、NT 部族からそのほとんどの地を 1840 〜 60 年代にかけて購入していった。しかしクラウンは条約 2 条が謳っているその権利を保護せず、土地の見返りとして約束した学校や病院の建設をせず、150 年間にわたって部族はクラウンに訴え続けたが、クラウンは 1940 年代に初めて金銭の賠償に応じたが、これまでの損失を補償するようなものではまったくなかった（Te Ara NT）。
20）2006 年には、「ワイタンギ条約の原則」に言及することに反対した「ワイタンギ条約原則削除法案（Principles of the Treaty of Waitangi Deletion Bill）」が議会に提出されたが通過しなかった（Te Ara PT）。
21）マオリの選挙人はマオリ選挙区（Maori electorate）か普通選挙区（general electorate）のどちらかを選択、登録することができるが、1993 年の MMP への選挙改革後初の 96 年の選挙でマオリ議席は 4 から 5 へ、99 年の選挙で 6 へ、2002、05、08、11 年の選挙で 7 に増大している。マオリが NZ 人口に占める割合は 18% であるが、普通選挙区に登録しているマオリが多数を占めているので、この 7 議席は、マオリ選挙区登録者の投票者数に比例している（Wikipedia ME）。NZ 選挙制度に関しては、安田（2012）を参照されたいが、議員定数 120 のうち、小選挙区は 70、比例区は全国 1 区で定数 50。小選挙区 70 のうち 7 区がマオリ選挙区（マオリ議席）で、マオリの人口に応じてニュージーランド全域がマオリ

289

選挙区の数により分割された配分となっている（ibid.: 43）。
22）2014年現在の国民党政府のマオリ担当副大臣（Associate Minister of Maori Affairs）はクラウンとマオリとの間のセツルメントのためのワイタンギ交渉条約担当大臣のC. フィナレーソン（Christopher Finalayson）である。「マオリ開発省（TPK）」は、両大臣や、マオリ語で家族の健康を意味するファナウ・オラ（Whanau Ora, family health）担当大臣（Minister for Whanau Ora）に対して政策助言などを行う（TPK）。
23）NZ では行政的には 1852 年に政府、次いで議会制度が確立され、国の統治のあり方に関しては議会での立法を通して形成されていき、そうした法を統合した「基本法 1986（Constitution Act 1986）」が、英国から立法的に独立した NZ の国としての法的あり方を決める憲法に相当している。司法的には、2004 年までは最終審としての控訴審はロンドンの枢密院司法委員会（Privy Council）にあったが、現在では NZ の最高裁にあり、司法的にも英国から独立している（Wikipedia NZ, PN）。ただし、現在でもロンドンの枢密院に訴える NZ 人もいる。
24）O. トーニャは ADCK 退職後、経済社会カウンシラーを経て、慣習上院議員として健在である。
25）ヌメア合意（1998）での「慣習地位（statut coutumier）」は、NC 組織法（1999）では「慣習民事地位（statut civil coutumier）」となっている。
26）国家に帰属している ADRAF が行っている事業や任務は、コミューン・レヴェルの土地委員会（commission foncière communale）と州レヴェルのプロヴァンス委員会（Commités de Province）が、ADRAF の土地の取得などについて意見を提言し、高等弁務官の下で国家とニューカレドニアの代表、及び各州や慣習当局、農業専門家などの代表で構成された行政カウンシル（Conseil d'administration）で決定される。ADRAF は、NC 組織法（1999）で、将来ニューカレドニアに移されることになっているが、その日付に関しては議会で決定されることになっている（ADRAF 2008: 5, 29）。
27）土地に関するヌメア条項（1.4.）では、ADRAF の土地開発への取り組みの促進、慣習地の測量とその慣習的権利を明らかにするための土地登記台帳の作成、慣習地の経済開発が阻害されぬこと、土地論争は慣習的陪席者の下で普通法で裁かれること、国有地やニューカレドニア公有地の地方自治体や慣習的・私的所有者への割り当ての促進、土地の権利の回復と共通の利益のための土地開発、また、沿岸地域の土地問題に関しても同様の精神に立って考慮されることなどが明記されている。
28）ADRAF は、通常土地をメラネシア人に再分与するが、ときにはメラネシア人へ土地を供与するするために、ヨーロッパ人個人に土地を再配分する場合もある。
29）1978 年から 1998 年、グランド・テールにおけるメラネシア人の土地は 11 万 6500 ヘクタールに増大し、それに対して非カナクの（ほとんどがヨーロッパ人）の私有地の削減は 9 万ヘクタールであった。国家と公有地の削減は 5 万 1000 ヘクタールであった。グランド・テールの土地の 163 万 7000 ヘクタールのうち、1998 年メラネシア人の土地は 17 万 9800 ヘクタールのリザーヴを含め合計で 27 万 8200 ヘクタールで、一方ヨーロッパ人の土地は 29 万 1000 ヘクタールである。ADRAF の在庫地は 1998 年で 2 万 4500 ヘクタールである（ADRAF 1995: 10; Vladyslav 1998: 11）。ロ諸島とイル＝デ＝パン島、ベレップ島は 21 万 2000 ヘクタールで、これを入れるとカナクの土地は 1998 年で合計約 49 万 200 ヘクタールになる。
30）X クランの代表者 A は、低所得層への分譲住宅の最初の住人移住記念式典（2010 年 8 月）に招かれて、当 GDPL 地が 14 年の間に、5 回にわたって燃え、毎回 50 ～ 100 ヘクタールの土地が破壊され、近隣者として環境の遵守と警戒を怠らないと語っている。この分譲住宅は、ダンベアの海岸沿いの干拓開発整備分譲地の長期開発プロジェクトの中の一部と思われるが、プロジェクト推進者は、工事はこれからまだ長く続くので忍耐が必要であるが、南プロヴァンスがこの計画をダンベア・コミューンと共有しているゆえ、クランを失望させることはないと応答している<http://www.province-sud.nc/actualites/logement/3755-premiers-

第 3 章　現代アリーナの中のカナク・アイデンティティ

habitant -1-dumbea-su...> (20/4/2011)。
31）ADRAF にストックされた土地は 2007 年では 1 万 7170 ヘクタール、2008 年には 1 万 8884 ヘクタールで、この上昇は国有地の ADRAF への移管によるもので、これに関する土地分与は 2009 年にされる見通しという（ADRAF 2005: 16）。
32）2007 年 20 件、2008 年 21 件と横ばいしているが、後者において新しい要求は 16 件である（ADRAF 2005: 3, 7）。
33）1998 年、グランド・テールにおいてメラネシア人の土地は合計 27 万 8200 ヘクタールで、そのうちリザーヴは 17 万 9800 ヘクタールで、クラン所有地は 9000 ヘクタールで、GDPL とその他のメラネシア人の団体組織の土地は 7 万 4400 ヘクタールで、個人所有地は 1 万 5000 ヘクタールである（Vladyslav 1998: 11）。
34）GIE（Groupement d'Intérêt Économique）は、1967 年の行政命令（ordonnance）によって制定された新たな会社形態の経済利益団体である。
35）例外として、クラウン所有の土地が国有企業に譲渡され、その後民間人に売却された土地に関しては、審判所はマオリへの返還を勧告できる（Waitangi Tribunal F）。
36）系譜の証明に当たっては、系譜委員会（Whakapapa Komiti）があり、証明できない場合に訴える論議委員会（dispute komiti）もある（NWOa: 20-21）。
37）2000 年当時、「ニューカレドニア大学」のある教授によれば、第 1 学年でカナク学生は 30 〜 40% であるが、2 年生は 20%、3 年になると 10% に減じ、たとえば、歴史部門では 20 人中平均 4 人のカナク学生が学位を取るという（Angleviel, e-mail pers comm. 8/9/2000）。
38）経済社会委員会（CES）は経済社会カウンシル（CES）となり、そのメンバーは 39 名に増大し、そのうち 28 名は各プロヴァンスから以前のように指名され、2 名は慣習上院から、9 名は経済的・社会的・文化的分野から政府によって任命される。CES は、政府、議会、州議会、上院によって提出された経済的・社会的・文化的事柄に関するプロジェクトに対して意見を述べる（JONC 1999: 153 条）。
39）これは、2000 年 7 月に SLN とその親会社 Eramet、ヌメア合意の調印者ワミッタン、ラフルール、フランス、及び 3 プロヴァンスの行政の長である議会議長との間で合意が成立したことによる。
40）2005 年 3 月から 2006 年 8 月にかけて Falconbridge の企業買収がカナダの Inco とスイスの Xstrata の間で展開されたが、Xstrata が Falconbridge 買収に成功した。
41）オセアニアではウム（um）と呼ばれる、地中にイモ類や魚介類、豚などを焼いた石の上に置き、バナナの葉などで覆って土を被せ、数時間蒸し焼きにする伝統的料理が、ポリネシア、メラネシア、ミクロネシアにわたって見られる。
42）組合がこの人事異動に反対なのは、リフ島から、マレやウヴェア島へ役人が移動したくないからとも、またお金が絡んでいるとも聞いている。一方、ネスリーヌがそのグラン・シェフの地位を息子に譲ったのは 2007 年である。
43）SECC、慣習戸籍役所に何度か身分変更した人々の数を尋ねたが回答を得ることはできなかった。
44）ウオリスとフツナでは特別地位を保持し、NC に来れば彼らはその地位を保持するが、NC で生まれるその子どもたちは普通地位となる。同様にカナクがフランスに行けば特別地位であるが、そこで生まれるカナクの子どもたちは普通地位となる（L. ワミッタン 28/8/2007）。
45）合意前文 4 項の引用の続きは、「これらの共同体は社会的均衡や経済と社会制度の機能にとって不可欠である。一方でカナクの責任ある地位への準備はまだ不十分であり、それは進取的な手段を通して増大させる必要があるが、他方、この領土に生きる他の共同体の人々の参加も不可欠であるというのは事実である」となっている。
46）このサン・ルイにおけるカナクとワリス人の土地をめぐる紛争に関して、報道によれば、カトリック宣教師団所有の 400 ヘクタールのほとんどが ADRAF によって買い上げられ、

第 1 部　ネーションの語り

　　　サン・ルイのトリビュに返還された。カナクによれば、23 ヘクタールをワリス人に居住用
　　　として無条件で譲渡したが、ワリス人側はこれにほとんど感謝の意を示さなかったとして
　　　いる（NC 14/11/2001）。また、トリビュのグラン・シェフでもある R. ワミッタンは、2001
　　　年以来トリビュとワリス人村の間の頻発する暴力を解決するには、ワリス・エ・フトゥナ
　　　からサン・ルイへの移民の継続を止めなければならないと語っている（NC 14/2/2002）。
47）市民権資格と有権者資格の問題については、ヌメア合意と NC 組織法以外に、以下を参
　　　照した（Cortot 9/12/2004; Christnacht 5/7/2005; Chauchat 2007, 2008; Wikipédia CN）。
48）NC 組織法では、「ローカルな雇用を維持し促進する目的で、ニューカレドニアは、NC
　　　市民及び十分な居住期間を証明できる人々のために、賃金雇用の遂行を優遇することを目
　　　的とする措置を講じる。ただし、他の雇用者が、その措置が公布される日に付与される個
　　　人的・集団的特権を侵害しないことが条件である」としている（JONC 1999: Article 24）。
49）外国人の入国と滞在に関しては、NC 政府が、それに関する規則、及び 3 カ月以上の滞
　　　在ヴィザの発給に関して高等弁務官の意見を求め、その意見が 30 日の期限内に出されな
　　　ければ、認められたと見なされる（JONC 1999: Article 34）。
50）ムワカ（Mwâ Kâ）は高さ 12 メートル、3 トン重量で、8 層建てのモティーフ（クラン
　　　の先祖の神話）の作りで、歴史的に古い順の植民地化の階から始まって、トップは伝統的
　　　カナクの小屋に尖頭型の棟矢を有し、ヌメア合意の前文にある「過去は植民地化の時であ
　　　り、現在は新たな均衡の達成を通しての共有の時であり、未来はひとつの共通の運命の中
　　　でアイデンティティの時でなければならない」（ヌメア合意前文 5）が彫られている。1 年
　　　をかけて 3 プロヴァンスを通って 150 人によってヌメアに運ばれたという（Wikipédia CN）。
51）通貨は住民投票で独立してから移譲される国家の保留的権限であり、貨幣や紙幣のデザ
　　　インに関してのみ、ニューカレドニアは決めることができる。
52）報道によれば、33 コミューンのうち、カレドニ・アンサンブルが多数を占める 3 コミュー
　　　ン（ラ・フォア、モワンドゥー、ブーライユ）が FLNKS 旗を揚げず、またマレ島では仏
　　　旗にも FLNKS 旗も反対している（NC 16/2/2011）。
53）国旗デザインの投票はネット上で 4 回行われ、いくつかの旗が選択されたが、新たにも
　　　う一度投票を行うという <www.drapeaunc.com>（2011）。「国旗特別委員会」の第 1 回会議
　　　は 2013 年 4 月に開かれた <http://nouvellecaledonie.la1ere.fr/2013/04/16/le-drapeau-commun-
　　　premiere-reunion-de-la-commission-speciale-du-congres-27569.html>。
54）NZ のパスポートには、1977 年まで英国市民としての記載があった（Wikipedia NP）。
55）公開のコンペティションを通してでき上がったもので、マオリにとってシンボル的意味
　　　を持つ父なる空と母なる大地を表す黒と赤の上下を背景にして、その中に新生や未来への
　　　希望を意味するシダ植物が白のカール状に象徴的に描かれている（TPK MF）。

第2部
共同体の語り

第 2 部　共同体の語り

　すでに見てきた「ネーションの語り」と次に見る「文化の語り」のルーツでもある「共同体の語り」をいかに解釈したらいいのであろうか。ネーションを「想像された政治的共同体」として定義したアンダーソンが、アメリカやヨーロッパのナショナリズムをアジアやアフリカのそれにモジュール的に適用したことに対して、「我々の想像すら植民地化されなければならないのか」と批判したチャタジーは、植民地社会を精神と物質面の 2 つの領域に、すなわち、ひとつは文化的内部領域で、植民地権力が介入できない主権的領域と、もうひとつは西欧の技術が支配し、それが取り入れられてきた経済的・技術的領域に分けた。彼の外部と内部の 2 つの区別は、伝統的な日本人の内と外を分ける流儀や和魂洋才を想起させる。内と外はときに暗示的に、ときに明白に差異化され、日本の文化的内部領域にある和魂は、技術的外的領域の洋才を取り入れ、内に合うように飼い馴らされてきた。チャタジーによれば、脱植民地化の中で、第三世界はナショナル・アイデンティティをこうした内的な文化領域で形成し、彼はそれを「共同体の語り」と呼んでいる。しかしながら、共同体のレトリックは愛とか親族関係にあり、それは反近代主義、反個人主義、そして反資本主義的ですらあるため、その語りの権威は認知されず、原初的領域に押しやられ、近代国家の要求に添い遂げることのできない主観性は否定されてきたとしている（Chatterjee 1993: 5, 6, 237, 239）。

　ニューカレドニアでは植民地権力は、共同体内部のこの原初的領域に介入し、統治支配のためにその領域内部を歪めてきた。この意味でも、外部領域と節合されているこの内部領域は犯すことのできない聖域ではないが、この歪みに対してカナクはその原初的領域を確保するためにも、共同体内部の再構築を行い、その「語りの権威」や「主観性」が否定されることに抵抗し、公的にも主張してきた。カナク・アイデンティティは外部に対してはエスニシティとしての文化共同体を基盤として形成されたが、その「原初領域」は出自としてのクランにあり、この内的領域を統轄しているのが、共同体レヴェルの生活様式を包括的に表象する慣習である。植民地化によって大きな影響を受け、認識論的にもホリスティックな社会・経済・政治・法・文化体系としての慣習は、漠として曖昧、多義的である。この意味でも、「共同体の語り」における主体は拡散し、

政治的には「ネーションの語り」と、文化的には「文化の語り」と節合され、両者の語りのルーツであると同時に、両者へのルートでもある。先住民としての伝統的アイデンティティは、この慣習を共有する想像上の共同体において、共通の祖先を有する細分化したクランとしての親族集団にある。つまるところ、カナク・アイデンティティは、この共同体を基盤として、アンダーソンの言葉を借りるならば、「共同のコミュニオンのイメージ（image of communion）」（Anderson 1991: 6）として想像されていると言えよう。

それゆえ、慣習を共有する想像上の共同体として、この第2部では、原初的領域における共同のコミュニオンのあり方を意味する「土着的アイデンティティ」と、現在もなお再構築されつつある「伝統の発明としての慣習」、及び「現代アリーナの中の先住民性」をグローカル化する先住民権や法化する慣習、慣習の中の個人から考察していく。

第 2 部　共同体の語り

第 4 章

土着的アイデンティティ

　パプアニューギニアでフィールドワークを行ってきたストラザーンによれば、メラネシア人は、個人的に概念化されているのと同じくらい分割的であるという。つまり、自己の内部に、多様で複数な関係を抱えた「総括的社会性」あるいは「社会的ミクロ・コスモス」を有し、人としてあるいは社会としての統一は、内部の相違を押し殺したり、破棄することによって、概念化されるとしている（Strathern 1988: 13）。この見解は、ラカンのミラーステージ（鏡像段階）やポスト構造主義者やポストモダン主義者による複数的な自己や主体の解体といった分析とも一致する。ラカンでは、他者との関係によって自我は間主観的に変わるというもので、ポストモダンな分析では、個人はしばしば異なった矛盾した主体の位置をとり、主体は内部で分割されている（Moore 1994: 43, 55）。こうした自己を関係的な主体として見なすオセアニアの伝統的アイデンティティ観は、デカルトから啓蒙思想に至る西欧の明確な境界を有した個人とは異なり、集団の成員としての位置づけの中で、自己と他者との関係性に対する認識と言えよう。

　一方、リンネキンとポイヤーは、オセアニアの民族的セオリーは必ずしも西欧の民族的セオリーとは一致せず、両者の違いは、後者が出自や生得的特徴を優先し、その境界概念は固定化されているのに対して、前者はそうした要素よりも環境や人々の振る舞いを重視し、状況に応じた柔軟性を有していることにあると主張している。彼らは前者を、社会的関係といった後天的に獲得された特性の継承を強調するラマルク学派のモデルとして提示し、それに対して後者を、生物学的遺伝を重視するメンデル学派のモデルとして対比している（Linnekin, Poyer 1990a: 5, 6, 7-8）。2 人はこれら 2 つのモデルを二項対立的に位置づけているが、同書の他の著者によるケース・スタディでは、両者の傾向が示されており、ルーツとルートから成るカナクの土着的アイデンティティとも一致している。

第 4 章　土着的アイデンティティ

　こうしたことを念頭に、まず「カナクの人としてのあり方」をレーナルトの分析から探った後、共同体における「先住民性のルーツ」を構成するクラン、名前と土地、次に、「先住民性のルート」としての道程、血、シェフ（首長）から、カナクの土着的アイデンティティが意味するところを探っていく。

1.　人のあり方

　「我々のシステムでは、人は主人ではない。人は世界を成しているひとつの要素である……我々は世界の一部であり、生きているものの世界の一部、自然の世界の一部、木々、植物、石の世界の一部であり、それらを尊敬しなければいけない」(Tjibaou 1981: 88-89)。
　このチバウのディスコースが表象している日本の「自然の一部」にも似た伝統的なものの見方は、相違よりも相似による自己と他者との同一化を示唆していよう。違いに注目することは、自己と他者を対峙させ、他者との境界化や、自己の個別性、独自性に導くが、類似性や共通性に注目することは、他者との境界を曖昧化させ、境界の浸透性や、自己と他者との共有や包摂に導かれよう。換言すれば、カナクの伝統的アイデンティティ観は、自然との親密な一体性の中で生きるものとしての共通性や類似性を前提に、自己と他者を関与的に同一化する認識と言えよう。ここでは、こうした西欧のデカルト的主体とは異なったカナクの人としてのあり方や認識論を探るために、『ド・カモ―メラネシア世界の人格と神話』（以下、『ド・カモ』）（仏 1971、英 1979、日 1990）から、その自然との融即、トーテミズム、関係的アイデンティティ、神話的・合理的思惟を考察するとともに、これらが著者レーナルトの宣教師及び人類学者としてのその西欧的視座と両義的思考にいかにかかわっているかを見ていく。

1）レーナルトと自然との融即

　フランス人人類学者のモーリス・レーナルトは、1902 年、プロテスタント宣教師としてニューカレドニア本島に赴任し、アンジュー語（ajië）地域にある東海岸のウアイルーの谷間のド・ネヴァ（Do Neva）の伝道本部に居を構え 1926 年まで過ごした。彼が、メラネシア人世界の中で布教活動と人類学的参

第 2 部　共同体の語り

与観察を行ったこの 20 余年間にはアタイの反乱以後植民地行政の支配が強化され、第 1 次大戦やノエルの反乱が起こった時代的な過渡期にあった。さらに、1938 年に再訪し 1 年余り滞在したときは、第 2 次大戦がヨーロッパで勃発している。パリに戻った 1930 ～ 40 年代はモース（Marcel Mauss）の後継者として、とりわけレヴィ＝ブリュル（Lucien Lévi-Bruhl）と互いに影響し合いながら高等研究院（École pratique des Hautes Études）に人類学者として従事し、そのポストは 51 年レヴィ＝ストロースに引き継がれた。このレーナルトと彼の代表作である『ド・カモ』に関して、クリフォードは、『人格と神話　メラネシア世界におけるモーリス・レーナルト』（Clifford 1992a）を通して、新たな光を当て再評価している。クリフォードは、1970 年代半ばパリ滞在の終了間際に、レーナルトの息子から、レーナルトがニューカレドニアから 1900 ～ 20 年代に送った膨大な手紙（1902 ～ 26 年）の束を渡され、それをひも解くことによって、レーナルトの内面に足を踏み入れていったと言えよう。彼によれば、レーナルトは宣教師転じて人類学者になったのではなく、民族学は彼の宣教師としての仕事から切り離せない一部であったとしている（ibid.: 1-8）。フランスの人類学者がカナク側の視点から見る十分な経験なしに、カナクの精神的・社会的構造に関する議論を打ち立てるのに批判的なレーナルトは、民族学の仕事を、彼のインフォーマントであるメラネシア人との「共同作業」と見なしていた。たとえば、3 冊の民族誌、『ネオ・カレドニア人の民族学ノート』（Leenhardt 1930）、『ネオ・カレドニア人の記録』（Leenhardt 1932）、『ウアイルー語の語彙と文法』（Leenhardt 1935）は、レーナルトが勧めて、インフォーマントが自らノートに書き記した民族誌を、その内容について彼らと議論して書き上げたもので大変な労力を必要とした。しかし、直接彼らに質問して自らノートをとることによって、誘導的になったり、彼らにプレッシャーを与えることを避けるためであったという[1]（Clifford 1980: 519, 520, 525-526）。

　レーナルトの宣教師としての仕事と人類学への関心は、彼をして、「文化変容、習合、改宗、生存」における実践的・理論的な問題への関心（Clifford 1988: 9, 14-17; 2003: 21, 29-31）に駆り立てていったと言えよう。しかし、同時に宣教師的視座と人類学的視座は、西欧の神学と土着の神話的世界という 2 つのモードの間で彼を揺さぶることになる。レーナルトのそうした非合理的な側面は、『ド・カモ』の序に表れており、冒頭で、レヴィ＝ブリュルの「未開心性」に言及しながら、目的は「未開人」と言われる人々の心性であるこの神話的心性

第4章　土着的アイデンティティ

を理解する手助けとして、筋の通った理論を提示するものではく、人格（personne）が個別化していくにつれて彼らの心性の構造的要素が考えもしなかったように解体していくさまを見ることにあるとしている（Leenhardt 1971: 44; 1979: 3; 1990: 12-13）。クリフォードによれば、「未開の精神」に心を取られていたレヴィ＝ブリュルに影響を受けたレーナルトは、「神秘的（mystique）」を「神話的（mythique）」に換えたという（Clifford 1992a: 200-210）。いずれにしても、「未開人」の神話的心性の構造的要素の解体という神学的・哲学的テーゼを、メラネシア人の神話的世界に投影することそのものが、当時の植民地的文脈と西欧的認識の枠組みの中にはめ込まれていたことを証明しており、まさしく、植民地化がこの人類学者へ与えた「複雑で曖昧な葛藤」（ibid.: 1）を明かしていよう。

　それでは、アンジュー語の言葉で「真の人間」を意味する『ド・カモ』において、レーナルトは、カナクの神話的心性をいかに表象しているのであろうか。彼は、カナクを人間形態論（anthropomorphism）ではなく、宇宙形態論（cosmomorphism）的状態に生きている「ペルソナージュ（personnage 人物、役割）」として表象している。レーナルトは、カナクの人としてのあり方を形容するのに、個別化される以前の神話的心性としての「ペルソナージュ」、さらに個別化と交感の間を行く人格として「ペルソンヌ（personne 人）」という言葉を、西欧における「個人（individu）」の対極の概念として進化論的分類で用いている。これは、クリフォードによれば、レーナルトはモースから「ペルソナージュ（人物）」「パーソン」という区別を習い、それに「個人」という第3のカテゴリーを付け加えた結果であるという（ibid.: 187）。「ペルソンヌ」は、日本語版『ド・カモ』の訳では「人格」あるいは「ペルソナ」になっているが、ここでは、以下「パーソン」という言葉を用いる。

　レーナルトは、カナクは自然から分離しておらず、彼らにとって身体は、明確な境界を持った1個の存在を成しているよりも、単なるカモ（kamo 生きている者）を支えるにすぎない。個人であること、さらにパーソンであることすら認識しておらず、宇宙形態論的状態にある「ペルソナージュ」であるとしている。カモは人間の格好をしているよりも、その形によって、人間らしい雰囲気を持った、いわば舞台の登場人物が衣装を変えることによって、他のペルソナージュに成り代わるように、他の人間以外の生きているものに変異することができるのである。人間らしくない行動をしている者に出くわせば、「彼はカ

モではない」と言い、人間らしさに満ち満ちていれば、彼をド・カモ、すなわち真の人間、あるいは真正な人間と呼ぶのであるとしている（Leenhardt 1971: 71-74; 1979: 24-26; 1990: 49-51）。

　それでは、レーナルトは、カナクの宇宙形態論的認識のあり方をどのように表象しているのであろうか。「人とものの間に距離はないのである。対象は主体に密着している。そこで予想もしないような融即（participations）[2]が世界の中で起こる。目はいまだ奥行きを見ることに慣れておらず、世界を二次元でしか捉えない」としている。レーナルトによれば、世界を異質なものから成るイメージで捉える西欧的認識に対して、カナクの場合は、世界を同質的イメージで捉えており、その目には、岩も、植物も、人間の身体も同じような構造から生じており、同じ生命の流れの中で交じり合い、生命を云々するのではなく、生きているものを認識するのである。したがって、カナクは存在と彼自身を自然との同一性を通してまず認識するのである。たとえば、カナクは、人間の生のあり方のサイクルをヤムイモのサイクルに、すなわち、誕生から、青年期、死、やがて土に帰ってまた新しい芽を出していくサイクルに投影して理解するのである（ibid. 1971: 121-125; 1979: 60-64; 1990: 108-109）。人間の生のサイクルのヤムイモのサイクルへの投影は、日本の伝統的自然観、あるいは仏教的な「輪廻転生」を想起させるし、冒頭に見たチバウの自己と自然との関与的な一体化の認識に通じてくる。

　こうしたカナクの自然との融即関係（participation）は、日本人の自然との一体感や伝統的な死生観といった視座から見れば、さほど違和感は感じられないが、レーナルトの観察に疑問を抱かざるを得ない点もある。たとえば、レーナルトは、カナクにとって三次元は未分化のままで、奥行きというものを知らないとして、遠近法を欠いた平面的な彫刻や竹の上に描く線描画、また丸みを持った胴体を表現する言葉の欠如などを例に挙げている。これにはカナクが遠近法の技術を知らないために二次元的世界しか表現しようがなかったと考えるが、レーナルトがカナクの自然とあまりにも密着した融即関係から、空間の概念としての奥行きを把握できないとしたともとれる。実際レーナルト自身、カナクの神話的領域が後退した段階を描いた本の後半では、彫刻家は「空間を発見し」、三次元における量感を技術的に出していると認めている（ibid. 1971: 56-60, 281; 1979: 11-15, 176-177; 1990: 25-32, 305）。この点で『ド・カモ』が、メラネシア人との共同作業として書いた先の民族誌と異なる点は、レーナルト

第 4 章　土着的アイデンティティ

自身の当時の西欧の「視覚のパラダイム」によるカナク的世界観の客体化にあることだ。

　また、レーナルトは、カナクは自然から切り離されていないので、「Il ne se répand pas dans la nature; il est envahi par elle.」としているが、これは英語版でも、「He does not reach out into nature; he is invaded by it.」となっており、両者ともそのまま訳せば、「彼は自然の中に自分を押し広げていくことをせず、自然に侵略されている」となる（ibid. 1971: 121; 1979: 60）[3]。仏語の envahir、英語の invade はともに侵入する意を示すが、仏語の envahir には浮かび上がって広がっていくというイメージもあり、英語における侵略ほど攻撃的ではないかもしれない。しかし、英語あるいは仏語を母語とする人々に聞いたところ、「自然に侵略されている」という表現は不自然に聞こえるという。日本語では、開発などによって「人間が自然を侵略している」とか、あるいは「自然災害に襲われた」と言っても、「彼は自然に侵略されている」とは表現しない。カナクの場合も同様で、プロテスタント・スクール連盟のワポトロに尋ねると、これは、潮流などが押し寄せてきたときなどに使う表現であるという（16/10/98）。しかしながら、レーナルトは、この文の後、続けて「彼は自然を通して自らを知る（C'est au travers d'elle, qu'il se connaît./ Through nature he knows himself.）」と言っているので、レーナルトの真意はわからないが、カナクと自然との深い融即関係を逆説的に表現した結果、自然と対峙して自然を征服するか、自然に征服されるかという西欧的パラダイムを強調する結果となったのかもしれない。実際、日本語訳の坂井は「浸透」を使って、「彼らは……自然に浸透されている。彼らは自然をとおしてこそ自らを知るのである」（ibid. 1990: 108）と日本語的に意訳している。

　もともと、自然という抽象的な言葉はカナクの言語にはなく、ワポトロは、自然とは周囲の環境を意味し、リフの言語であるデフ語では、森という意味の「hnëngehnitre」に相当するという。陸、石、水、木、魚、月、あるいは太陽といった周囲に存在しているものは、全て生きているものとして、それぞれが各自の場所を持っており、西欧では我々は地主であるというが、カナクは、我々は他の生きているもののように生きているとコメントしている（16/10/98）。こうした自然に対する「森羅万象」的な認識の仕方は、彼らが存在しているものに対して、対立関係や支配関係で捉えるよりもパラレルな関係性で捉えていることを示唆していよう。この意味で融即関係は、チバウの言う「世界の一部」

に、日本の「自然との一体」あるいは「自然の一部」という表現に収斂してこよう。

　レーナルトによれば、カナクは死と生の状態を文字通りの意味では見ておらず、彼らにとって死は虚無ではなく、両者は可視と不可視の相を帯び、肉体を持って生きている状態とそれを超越して生きている状態で、両者は対立せず、同じ現実にかかわっている。ゆえに、彼らはこの世界から逃れるため、あるいは超越的な世界から復讐して自尊心を取り戻すため、たいして躊躇することなく、自殺してしまうという（ibid. 1947, 71: 88-94; 1979: 36-40; 1990: 68-76）。これは、この身は仮の姿で、魂がたまたまこの肉体に宿っているにすぎないといった日本の伝統的なあるいは仏教的な無常観を想起させるが、一般的にメラネシア人世界では、この世とあの世の区別はなく死者や祖先は彼らの世界の中に不可視的に存在するため、この意味では死は虚無とならない。実際、後述の薬草など呪術の助けを借りて、身体はカモ（kamo 生きている者）を支えるにすぎないという知覚を身に付ければ、精神や魂が肉体から離れて先祖、死者、動物、鳥、木など他の存在に乗り移り、同一化し、別の世界を認識することは可能となるのであろう。実際、筆者はあるカナクから「メラネシア人の精神は強く、夜、原野を自由に飛び回れるのよ」と言われたことがあった。これはアメリカの認識人類学者のカスタネーダが 1970 年代メキシコのヤキ・インディアンの師に弟子入りして学び、実践的に会得してその体験を描いた世界を想起させる[4]。いずれにしても、カナクの自然との融即関係は、自然界における彼らとそのトーテムとの深い結びつきに表れており、次に、それを見ていこう。

2）トーテミズムと関係的アイデンティティ

　レーナルトはトーテミズムをカナクの神話的世界の中心に見ており、トーテムは、メラネシア人にとって性的器官を表象し、口に出して言ってはならず、「トーテムの神話はメラネシア人にとって生命を生む世界、すなわち情緒的生全体に関する認識の最初の様式である」としている。宇宙形態論から自然への同一化を通して、同一性の諸様相が生まれ、この同一性がカナクの精神的・情緒的行動の鍵として、クラン間の婚姻による同盟は女性を通して、トーテムの生命を受け渡し、クランからクランへトーテムの流れが伝わり、メラネシア人をしてクランの起源や彼らの居場所を決め、その結果クランに基づく社会を区

第4章　土着的アイデンティティ

分させることになる（ibid. 1971: 130-134; 1979: 67-70; 1990: 119-123）。自然との融即から生まれるトーテムとクランとしてのカナクの同一化に、レーナルトは原初的なアイデンティティの形を見ていると言えよう。彼は、『ネオ・カレドニア人の民族誌』(1930) の中で、カナクのトーテムを3つに、トカゲや鮫、ムール貝に至る生物、先祖の霊が閉じ込められた形の雷のような特異なもの、それにバナナなどの植物に分けている。たとえば、鮫のクランとそれに共生するムール貝のクランは兄弟であるので結婚できないとか、バナナの木をトーテムとするクランは、場合によっては、その木に住むトカゲが本当のトーテムだとも言うが、この場合バナナの木は、そのクランの下位のトーテムとなる（ibid. 1980: 179-212）。こうしたクランとトーテムとの関係から、クランの体系におけるその親族関係や社会区分を推し量ることができる意味でも、トーテムはクランのアイデンティティの元祖として、祖先とのつながりを示す精神的・情緒的な対象と言えよう。

　カナクは、レーナルトの言うようにかつては自身のトーテムを明らかにすることはなかったが、今日ではたいていのカナクは、そのトーテムが何であるかをオープンに語っている。あるカナク女性は、その父方のトーテムはトカゲで母方のトーテムはカメレオンで、カメレオンが現れると吉兆あるいは凶兆を告げ、自身の属するトーテムは殺してはいけないと語った。チバウが亡くなったときは、彼のトーテムである鮫がその故郷近くに現れたという話も耳に挟んだ。また、あるトリビュのカナクの家族の小屋に泊まり、朝起きると「昨夜はよく眠れたかい」と聞かれ、「ヤモリが、ちょっとうるさかった」と言うと、皆クスクス笑っている。彼らのトーテムが最もポピュラーなヤモリであることがわかったが、その小屋のヤモリには「淳子が泊まるから悪さをしないようにと、言って聞かせたけれど」などと語っていた。ウアンブイによれば、カナクにとって、トーテミズムとは伝統的には彼らが誰であるか、祖先の起源を知るための手段であったが、今では他の手段があるのでそうした価値は失われたという（15/9/97）。しかし、依然としてクランやそのアイデンティティのシンボルとなっており、人々の話しからも、カナクとトーテムとの絆や親密な交感を今日でも感じることができる。

　一方、トーテミズムに関するさまざまな研究を分析した構造主義者のレヴィ＝ストロースは、レーナルトとは異なり、人間とトーテムとの関係よりも、文化対自然の関係で分類化している。レヴィ＝ストロースは、ともに肉食鳥であ

るが、自ら餌を取る鷲と死肉を食べるカラスを例として挙げて、種は反対のペア同士に合理的に分類され、このような相違を前提にしている狩人と盗人の関係は人間社会のペアでも見つけられるとしている。彼は、人間は自身の文化に由来するイメージを投影することによって、自然におけるトーテムの関係を観察しており、人間とトーテムとの関係に基底するのは類似ではなく、相違が互いに類似しているとして、トーテミズムの幻想は我々の外にあるのではなく、我々の内にあるとしている（Lévi-Strauss 1962a: 77, 88, 104）。ここにおいて問題となっているのはトーテムと人間との関係ではなく、人間同士の関係とトーテムである自然界の種同士の関係であり、それぞれの関係は相違において構造的に相似し、二重性を成していると言えよう。

　それゆえ、バスティドは、「野生的思考であるが、野生の人の思考ではなく」、文化システムとしてのトーテミズムの研究ではなく、現実の分類としての研究であるとしている（Bastide 1965: 143-144）。また、ストラザーンも、自然と文化はハーゲン（PNG）では分類的秩序としては存在していないとしている。文化や自然に相当する用語はなく、せいぜい「飼い馴らされた（domestic）」と「野生（wild）」という分類が存在する。両者は文化と自然が西欧的概念では階層的、支配的な関係として見られているのに対して、ドメスティックな領域は、野生を従属したものとは見ておらず、また野生の領域は飼い馴らされるものと見られてはいないとしている（Strathern 1980: 218-219）。人間とトーテムとの関係は自然との融即関係において生まれたものであるので、「世界の一部」という概念は人間対自然、文化対自然で捉える二項対立的な西欧的パラダイムに置き換えることは不自然と言えよう。レヴィ＝ストロースの分類は、レーナルトが挙げた鮫とムルー貝の関係やバナナとトカゲの関係にも見ることができ、その分析と結論自体は面白い。しかし、カナクに見るようにトーテムを祖先の起源とする人との親密な関係は見えてこないのである。

　レーナルトは、カナクの「ペルソナージュ」を、レヴィ＝ブリュルの言葉で「二元一体性（dualité unité）」における同等性（parité）あるいは対称性（symétrie）を持った二元性で強調している。ひとつとは、他性（altérité）を有したカップルの一要素であり、二元性はカナックの精神の構築の全ての基礎的単位として働き、互換的な位置関係において均衡の様相を呈しながら補完的なペアを形成する。たとえば、甥とオジ、祖父と孫は２つの個人ではなく、同等的関係における同質的な全体を形成し、表象しているのは２人を結合している絆なのであ

る。同様に、男と女は対立した2つの存在ではなく、互いに補い合うものとして、この補完的概念が彼らの結合に心理的安定を与えているとしている（Leenhardt 1971: 121, 171, 177-178; 1979: 66, 97-98, 101-102; 1990: 117, 168, 176-177）。

　こうした他性を有した二元性としてのアイデンティティは、ストラザーンのメラネシア人男女の両性具有性の分析からも理解することができよう。彼女は、1個の主体となる過程を、相手との関係により、男性あるいは女性の要素が二重性から外に押し出され、あるいは排除されて複数性が消えて、相手の前で一元的な自己となり、男女を対立的な二分法で見ることは適切ではないとしている（Strathern 1988: 13-15）。レーナルトの男女の補完性やストラザーンの男女の二重性を、ADCK長官のO.トーニャのディスコースから見てみるならば、チバウ文化センターの会長は亡くなったチバウの未亡人であるM.-C.チバウであるが、公的な会議でO.トーニャの前に座り、話すのは上司である彼女だが、トリビュで行う場合は、カナク文化に従って彼が彼女の前に座り、話すのは彼であるという。カナク女性が公衆の中で話すことは伝統的になかったので、彼はこのような関係を二重の働き（double fonctionnement）と呼んで、それは宝であり、もし2つの椅子があってときにどちらかに移らなければいけないとしたら、喜んでそうするし問題はないとした（8/10/97）。彼が実利的に現実に対応しているということもできるが、彼女との関係を階層的な対立関係で捉えてはおらず、むしろパラレルな二元性で捉えていることがわかる。

　「カモ」というペルソナージュでカナクの人のあり方を描き出しているレーナルトは、「彼は関係性の中で役割を演じる限りにおいて存在し、そのペルソナージュは、他の者との関係を通して位置づけられ、その関係においてしか自身を認識しない」として、放射線状にa－b、a－c、a－dなどの線で示された——彼と父、彼とオジ、彼と妻などの——諸関係に囲まれた真ん中が空白な図と、これらの関係性を失い、自己を位置づけることのできない、すなわち放射線状のない空白の図を描いている。この関係的アイデンティティを表象するのは「名前」である。ペルソナージュがまとう装いであるカモのaという身体は、同様のグループ——たとえば兄弟など——の人々と置換可能であり、彼らの社会的実在性はその身体にあるのではなく、この空白の場、すなわち彼らの名を持つ空白の場にあり、その名が彼らの関係を表現——たとえば「ポインディ」は弟の意——しているとしている。つまり、カナクの名前はその社会的

関係によって変わり、各人が複数の名前を有していることは、カナクのペルソナージュとしての多面性を示し、どの名前かによって異なった人物の局面を帯びることになり、人格全体をカヴァーできるような名前はないのである（Leenhardt 1971: 248-252; 1979: 153-156; 1990: 265-269）。名前については次章でまた見るが、こうしたレーナルトの分析は、心理学の面でも、ラカンのミラーステージや、エゴを関係的アイデンティティの主体として扱うポストモダンのアイデンティティ概念に影響を与え、しばしば言及されているが、違いはレーナルトがカナクに個としての主体ではなくペルソナージュを想定していることにある。

　ストラザーンはこのレーナルトの分析を一方で評価しながらも、彼が中心を想定しているとして、この形状を批判している。すなわち、前述の空白の形状は個人／社会の二分法の構造とシステムの中で生きる個としての主体に導き、考えや行為の作者である西欧的エージェントを関係性の中心に作っている西欧的視座に他ならないというのである（Strathern 1988: 268-274）。レーナルト自身が主体としての個の西欧的概念を有していることは疑いようもないが、彼がカナクの人のあり方について論じているとき、他者との関係性によってのみ己を知り、他者との関係によって位置づけられるカモという自己意識のないペルソナージュを設定しており（Leenhardt 1971: 248; 1979: 153; 1990: 264）、核を欠いた空白の場を、一般的に理解されている考えや行為の作者である西欧的エージェントとして、関係性の中心として読むことはできない。ただし、エージェントをいかに定義するか、この場合、考えや行為の意図的作者としないならば、ストラザーンが主張するように、レーナルトが描くメラネシア人の人格は、関係性の軸として働く行為者、あるいは関係性によってサポートされているエージェント（Strathern 1988: 272）ということを正に明かしている。それゆえ、中川は、ストラザーンは個人を脱中心化することによってメラネシア人モデルのエージェントを見出そうとしているとコメントしているが（中川 2002: 210）、ストラザーンは議論のための議論をしているようにも見える。エージェント・モデル云々に関しては筆者の関心の対象ではないので、これについては中川を参照されたい。

第 4 章　土着的アイデンティティ

3) 神話的・合理的思惟とレーナルト

　『ド・カモ』の後半で、宣教師の教えを通して、カナクに「我々は精神という観念をもたらしたのであろう」と質問したレーナルトは、「精神ですって、とんでもない……精神の存在はすでに知っているし、我々は精神に従ってことを行ってきたのですよ。あなたがたが我々にもたらしたのは身体ですよ」と、強く反論されている。これは、前述の筆者が聞いた「メラネシア人の精神は強く……」という言葉とも重なり、結局のところ、カナクがキリスト教から取得したのは、宗教的リアリティとしての精神ではなく身体であったということは興味深い。ここからも、カナクが精神的にどれほどキリスト教化されたか疑問となるが、これについては第 3 部で見ていく。しかし、ここからレーナルトは、カナクがトーテム的神話との融即の中にあった支えという身体を神話的時間から引き離し、閉じ込められていた神話的領域から解放し、すなわち身体による個別化を通して、ペルソナージュ（人物）からパーソン（人）へと変わると分析している。このために、カナクは宣教や植民地化による新たな文化やキリスト教を経験しなければならなかったが、身体がこの個別化に重要な役割を果たし、カナクは人と人との間に境界を確立することができるようになる。個別化の段階を通り越した者は、カモという言葉にもはや満足できなくなり、「私は本当のパーソンである（Go do Kamo）」と、自らを確認するとしている。しかしながら、レーナルトは、カナクが混乱して、神話的世界に再び逃避して、戻ってくることを示唆しており、その結果、神話的領域は後退しつつも、合理的思惟と神話的思惟はカナクの中でともに存在し、神話と合理性は人間の精神の構造を成している 2 つの要素であると見ている。レーナルトは最後に、「今や神話とパーソンは密接に関係し合い、互いに支え合い、互いを生み出し合い、強化し合い、説明し合い、その正しさを証明し合っている。だが、この最終的な形は、はたしてメラネシア世界だけのことであろうか」と結んでいる（Leenhardt 1971: 261-309; 1979: 162-195; 1990: 281-338）。

　クリフォードは、レーナルトが合理的思惟と神話的思惟との間で両者を補完的、パラレルに見て、それ以上は理論を発展させなかったと批判している（Clifford 1992: 182）。しかし、これにはレーナルトが、神話的モードと合理的モードの認識の間で揺れ動く姿が人間にとっては自然であり、彼らの「精神」に従ってことを行うカナクを通して、そこに彼自身の布教活動のゴールを見出したことにあったからかもしれない。このことは、人が神話的認識と合理的認

識の境界のボーダーを乗り越えたり、往来でき、この双方向的な揺れ動きは両者の領域が節合されるからと言えよう。

しかし、こうした神話的・合理的思惟の並存は、ヨーロッパ人との接触以前からすでにあったと言えよう。たとえば、伝統的な薬草は治療薬としても呪術的にも使われてきた点で、合理的・非合理的モードの知識でもある。筆者も「あの白い草花は、人を殺すことのできる恐ろしい植物だから、絶対に触れてはならない」と注意されたこともあった。カナクによると、マジ（呪術、魔術）には良いマジ（bonne magie）と 悪いマジ（mauvaise magie）があるという。マジは宣教師によって下火になったが、両者ともクランの間に伝えられ、良きにつけ悪しきにつけ使われ、後者は今でも恐れられている。あるクランのトーテムである石に閉じ込められている蚊が人を一斉に襲うことができると、襲われた体験を恐ろしげに語ったカナクもいた。不当に金を得たあるカナク市長が病気になったとき、村の年寄りがマジを使って病気にしたとか、カルドシュのある政治家は彼の政敵に魔術をかけてくれるようカナクの魔術師に頼んだとか、また魔術に使われる弓や石はヌメアのマーケットで売られているなど、マジについての噂は多々聞いた。筆者は実際にマジの実践を見ていないので、こうした話の信憑性はわからないが、あそこはマジが恐ろしいから行かないとか、ヴァヌアツはマジが盛んだから旅行しないとか、呪術に対する人々の恐れ、換言すれば、「マジ」という言葉が有する影響力は現在も少なくない。逆説的には、マジを信じていなくても、重い病気を患うと、人々からマジの所為とされるのではないかと、懸念も生じることになる。魔術師には男性、女性もいると聞いているが、面白いのは、合理的モードで使われるはずの「良いマジ」が神話的モードの「悪いマジ」から身を守るために使われることである。あるトリビュでカナク女性がワゴン車を買ったが、そのトリビュでは車を持っている人は少なく、メラネシア人は人を妬んでマジをかけるからと、彼女の親が秘伝の薬草を作り彼女に飲ませ、そのお陰か彼女は元気に車を運転し続けていた。結果として、マジを恐れてマジを使うことにもなり、神話的思惟と合理的思惟には親和性があると言えよう。

レーナルト自身、当時の植民地主義や西欧的・キリスト教的世界観から逃れることができなかったと同時に、そうしたイデオロギーや観念に対する批判的な思索の間に揺れ動くという矛盾した両義性を内包していた。この両義性は彼の仕事において、すなわち、プロテスタント宣教師としてのメラネシア人のキ

リスト教化と、伝統的社会の人々の文化に対する人類学的な参与観察という、2つの試みとオーヴァーラップし、まさしく神学と人類学のボーダー領域に常にかかわっていたと言えよう。デカルトのコギト（cogito）は、「曖昧な思考（pensée obscure et confuse）」から「明確な思考（pensée claire et distinct）」を区別する過程を通して構築されたと分析しているバスティドによれば、デカルトは人間の心の中に両者の側面があることを認めたが、前者よりも後者を分析し、レヴィ＝ストロースは後者の「明確な思考」の系譜に属するが、前者の「曖昧な思考」の系譜にあるレーナルトのコギトは、人間にとって前者から後者へ進んだり、両者の転換は常に可能であると考えているとしている（Bastide 1965: 139-142; Clifford: 178-180）。したがって、レーナルトがカナクの中に見た神話的・合理的思惟は、彼自身の「曖昧な思考」の中に存在し、彼の神学、人類学に対する関心とも一致する。彼の科学的側面は宗教的側面から切り離せないと言っているクリフォードは（Clifford 1992a: 3）、レーナルトのこうした矛盾する両義的な思考に興味をそそられ、新たな光を当てたと言えよう。

　レーナルトの『ド・カモ』は、当時のメラネシア人の神話的世界観を多様に解釈できる自由な余地を残しており、ここにこそ「明確な思考」の系譜に立つ構造主義のレヴィ＝ストロースとは異なる「曖昧な思考」の系譜に立つ現象主義者レーナルトの豊かさがあるのではないだろうか。レーナルトのメラネシアの人格論をめぐっては人類学ではしばしば取り上げられ、議論の対象となっており、日本でも前述の中川が取り上げている（中川 2002）。かつてレーナルト自身に師事した人類学者のギアールは、40年後に『ド・カモ』で描かれているデータを再考証、再分析している（Guairt 1985）。一方、本国フランスでは『ド・カモ』はあまり評価されていないようだ。これには、おそらく人類学的というより、哲学的な考察として、当時の西欧的進化論の見方を示しているからでもあろう。

　一般のカナクの間でも、レーナルトと『ド・カモ』の存在はよく知られ、彼は一方で尊敬され、評価されると同時に他方、批判的眼差しで見られるという両義性を見せている。1978年、レーナルトの生誕100周年を記念して、ウアイルーには彼の記念碑が建てられ、『ド・カモ』や彼がカナクのインフォーマントと共同作業で作成した民族誌は、今日のカナクにとってはいわば括弧付きの「文化的真正さ」となっている。この意味において、『ド・カモ』は、カナクが文化とアイデンティティを今日的文脈の中で再構築し、再解釈していくこ

とを可能にするカナク民族学の古典的ソースとも言えよう。暗殺されたカナク独立派の政治指導者チバウは、人類学をフランスで勉強したが、彼に知的影響を与えた人物としてレーナルトを評価し、しばしば彼とその仕事にも言及している。一方、カナク判事のトロリュ（Trolue）は、次のような批判をしている。「レーナルトは多面的な面を持っていて、白人として宣教師として民族学者として、矛盾した面を生きた。彼は、少々植民地支配的性格を帯びていて、カナクをマイボーイと呼んだ」(16/9/97)。レーナルトがカナクを、植民地で白人に雇われた若い現地人を広く指す言葉である「マイボーイ」として呼んだとすれば、まさしくそれは、トーマスの言うように、「(先住民の) 幼児化は、宣教師文化の必須的な特性である」と言えよう(Thomas 1992: 379)。このことは、レーナルトが当時の植民地的・西欧的眼差しから逃れられなかったことを証しているが、この意味でも、カナクが期待するのは、民族誌的現在におけるパーソンとしてのあり方を、カナク自ら表象することのできるネイティヴ人類学者の出現であることは言うまでもない。

2. 先住民性のルーツ

　第1部の「ネーションの語り」で見たように、カナクはニューカレドニアに起源を有する人々としてのアイデンティティの回復要求を行い、その生得的権利として独立を要求してきた。その根拠は先住民性にあり、この意味でも、カナク・アイデンティティは先住民性のルーツに節合されているのである。そのルーツは、親密圏として想像される共同体のレヴェルにおける父系出自集団としてのクラン（clan）、そのクランが保持している名前（nom）とそれに結びついた場所にある。換言すれば、先住民性のルーツとしてのカナクの土着的アイデンティティは、これらの要素で構成されているとも言えよう。それゆえ、ここでは、クランとその祖先塚＝リニージ、及びクランが所有する名前と土地から、カナクの土着性のルーツを探っていく。

1）クランと祖先塚＝リニージ
　「私は、個人としてはそれ自身のアイデンティティを持っていない。という

第 4 章　土着的アイデンティティ

のも、私ひとりでは自分を定義できず、クランや、首長国、他のクランとの関係で定義することになるからだ……つまり私のクランにおける位置づけといった点から定義するのであり、私を定義するのはクランなのです……アイデンティティとは、我々が主体であり、私という単独の個人が主体ではないのです」（21/10/97）と、リフ島のカナク教師であるワトロン（Itraqualo Watrone）は語っている。彼は西欧の政治学、社会学、哲学に関した多くの書物を読んで、世界を理解し生きていく上で必要なヴィジョンを受容し、西欧的思考に対して心を開いているが同時に批判的・倫理的に考えており、カナク社会の伝統的価値観にも執着しているという。社会的連帯としての機械的連帯と有機的連帯について論じた E. デュルケム（1989）に言及して、集合的意識としてフランスでは有機的連帯が国家から働いているが、カナク社会においては機械的連帯が働いていると考えている（21/10/97）。筆者の見るところ、必ずしも機械的連帯が働くわけではないが、彼のディスコースからも、西欧のアイデンティティが個人の主体性にかかわるものであるのに対して、カナクの伝統的アイデンティティ観は、自己と他者との関係性に対する認識にあり、アイデンティティの主体は「我々」、すなわちクランとしての集合的意識と連帯の中で、個人は属する集団の成員として位置づけられ、他者との関係で個人を定義するのに、クランが決定的な役割を果たしていることがわかる。実際、カナク文化を研究しているカレドニア人教師のエッシェンブルナーも「カナク社会における真の単位は、クランである。つまり、カナク社会は、集団としてひとつにまとまった社会ではなく、クランとしての個が際立った共同体社会である」。とりわけ、主島のグランド・テールでは、首長制の発達したリフ島のように大きな首長国（chefferie）が存在しないため重要であると語っている（23/10/97）。それでは、この重要な基本単位としてのクランという存在は、具体的にいかにして捉えられるのであろうか。

　クランの連帯は家の建設といった集団的な活動に見られるが、筆者は、トリビュにおける日常のカナクの家族生活において、クランとしての実態を目の当たりにした経験はない。クランの存在が顕示されるのは、同じトリビュや異なった地域から成員が集合する誕生や結婚、通夜といった機会に、大々的な贈与交換が行われ、クランは一族の連帯と婚姻側との間で同盟関係を結び、その存在が誇示されると言えよう。筆者は北・南プロヴァンスで大勢の人々が集った慣習婚を経験したが、花婿、花嫁側の親族集団は、両者の違いがわかるように、

2種類の異なった色模様のマヌやそれで作ったドレス、被りものやシャツを身に付け、筆者も手渡されたものを身に付け一方の集団に参加して、両者のクランとしての存在とそれぞれの集団に帰属する人々を識別したのである。一方、クランも大小さまざまであるが、規模の大きなクランはその同盟関係も含め勢力を有するクランとなるが、一族の全ての成員（数百、数千）が一堂に会するといったことはほとんどあり得ず、面識のない成員もおり、この意味では想像された共同体である。それゆえ、人々が通常クランについて語るとき、兄弟関係などの血縁レヴェル、あるいは同じトリビュに居住している、もしくは異なった地域の近い親族関係にある分節化した出自集団としてのクランを指し、遥か遠い共通の先祖をともにするクランとしての総体を意味するときは、祖先や首長国の言及を伴ってくる場合が多い。たとえば、あるカナク男性の場合、彼が属するクランは、同じ祖先を共有するカナラ、クアウア、ラ・フォアに及ぶ首長国（Bwaxea）に属し、長子家系のクランの影響力下にある分節化した12のクラン（sub-clan）より成っている。グラン・シェフのクランは蛇をトーテムとし、臣下のクランはトカゲをトーテムとし、彼も臣下のクランに属しているのでトーテムはトカゲである。ここには爬虫類をトーテムとして、蛇からトカゲへのトーテムの序列化が見える。彼が属しているクランXは4家族から成り、その長子家系X1に次いでX2、X3、X4と続くが、末子家系のX4はすでに消滅し、X1とX2は谷間の同じトリビュに居住し、X3は山中の異なったトリビュに居住している（13-15/09/2006）。

　それでは、こうした共通の祖先をともにする総体としてのクランはいかに把握できようか。人類学的に、クランとは具体的系譜は不明だが共通の祖先を有する出自集団として捉えられている。それゆえ、ギアールはクランの用語に相当する絶対的なものはなく、現実にはクランは親族集団あるいは居住集団の中の同じ出自集団に相当するもので、人々が出自した樹木のような擬似的系譜であるとしている（Guiart 2003: 30）。この樹木というイメージは、クランが分節化して異なった場所へ拡散していく過程で、幹はサブクランにその枝は家族レヴェルに、葉は成員レヴェルに見ればわかりやすいが、葉が生い茂れば鬱蒼とし、ただでさえ曖昧模糊としたクランという大木の全体像を解析するのは難しい。

　一方、ベンサは1965年からグランド・テール北東部のチェムヒン（cèmuhî）言語圏のトゥオ（Thuho）地域におけるフィールドワークに基づいた著書『Les

第4章　土着的アイデンティティ

Chemins de L'Alliance（同盟の道）』（Bensa, Rivierre 1982）の中で、カナクの伝統的社会の構造を、祖先塚＝リニージ（tertre-lignage、チェムヒン語でpwömwaiu）、すなわち、祖先塚と系譜から分析している。カナク社会には地域的多様性があるが、以下で見るような祖先塚＝リニージ、クランの名前のストックや地名と父祖名とのつながりなどは共通して見られるので、総体としてのクランのあり方をここから探ってみよう（ibid.: 51-105）[5]。彼は、クランの構造を２つの系譜的レヴェルで観察している。ひとつは、クランの祖先としての創始者の次元における神話的系譜であり、もうひとつはファミリーやリニージ（系族）の次元での、つまり事実上の系譜である。しかし、重要なのは事実上の系譜よりも、そうした関係から独立して存在するより古い神話的系譜に意味があると見ている。クランにおいては共通の神話的祖先が発した起源の地において、創始者が築いた祖先塚は、しばしば山の山腹、谷や川といった所与の場所に言及され、塚の創始者のアイデンティティとしての名前が祖先塚の名前としてクランに与えられる。祖先の霊が宿るこうした神聖な場所を訪れるときカナクは感極まるという（Bensa 1990: 14; 1995: 27）。こうした祖先塚（tertre）から、成員は拡散していき、異なったグループ（sub-clan）に分節化していくが、各分節においてその創建者は自身の祖先塚を築き上げる結果、父系集団の系譜は祖先塚＝リニージのグループを形成し、その名前とともに空間の中に位置づけられ、クランはこうした場所の名前を保持する。

　この祖先塚について、筆者があるカナク男性にその塚を尋ねたところ、彼の両親の家のそばにある矢尻形の石が地面に突き立っている周囲より盛り上がった木々の茂った場所に案内されたことがあった。しかし、一般的に祖先塚に碑はなく、祖先の居住跡としての炉や、家としてのカーズ（伝統的な草葺き小屋）などの痕跡がある場所が祖先塚とされ、必ずしも盛り土となっていないところもあるという（Wapotro 10/12/2004）。またギアールによれば、塚となるのは水はけのために基底に貝殻や砂を撒いて湿気を防ぐためであり、石灰岩の海岸地帯やロ諸島では、シンボルとしての塚はなく、たとえば崖であったりするという（Guiart 13/9/2005）。

　いずれにしても、こうした各クランの創建地としての異なった祖先塚を通ってクランの創始者である元祖祖先塚まで、祖先がたどった道程を空間的系図として想像することができる。人々を祖先がたどったルートからそのルーツへ導いていくことができる祖先塚＝リニージは、慣習的道程（chemin coutumier）

313

第 2 部　共同体の語り

あるいは旅程（itenéraire）として、クラン内部で重要な意味を持っている。同じ分節における親族集団は、ベンサによれば全体のクランとの間でインターフェイスともなる首長袋（contenant-de-chefs）と呼ばれるグループを形成する。首長袋は首長を含んでいる意で、袋あるいは籠（Panier）とも呼ばれ、複数の家族あるいは家系の祖先塚＝リニージを含み、起源としての祖先塚の創始者の名前を有している家系の首長クラスの祖先塚＝リニージと、有していない臣下クラスのそれに分けられ、古いものほど、その序列は高貴となる。各首長袋においては、同一の祖先がたどった道程や父祖の地を共有することで、内部の家族たちは団結し、またその首長（シェフ chef）の下で人々は結束する。通常、首長家系として、ひとつの家族がシェフを輩出するが、シェフを輩出する家族に子孫がいなくなれば、この首長袋に属している他の家族から代わりに輩出できる。農業関係の仕事をしていたタメホウのクランについてのディスコースは、この首長袋の規範に当てはまろう。彼の属するグループは、ロメ、パエ、タメホウという3つのファミリー集団で構成され、ロメは首長家系であり、次にパエはシェフを支え、もしロメの首長が不在となったり、子孫が絶えた場合、パエはシェフとして代替する副首長家系に位置し、彼自身のタメホウは若輩家系として、スポークスマン（porte-parole）を担っている。彼の言葉に従えば、「我々は召使である」ということになり、食料を確保したり、なにか問題があれば、それを担うのはタメホウ家系である。もしなにかことが起これば、3 者は互いに連絡をとり、行動をともにするという。このような序列は個人の次元でも当てはまり、伝統的には、2つのクランは互いに女性を結婚のために交換し合うが、同じランクのグループから妻をめとり、もしシェフならば、女性交換における相互的な均衡を保つべく首長ファミリーから妻をめとらなければならなかったという（6/11/98 名前は全て匿名）。

　クランにおける首長間の序列化は、そのうちのひとりをシェフの中のシェフ、あるいはクランの首長に据えることになるが、彼は全ての成員から尊敬され、クランに関する重要な事柄について相談を受けるが、臣下クラス全体にその影響力を直接振るうわけではない。個人は長子制に従って、家族の中で「エネ（aîné 年長者）」から「カーデ（cadet 若輩、末子）」へと位置づけられる。創始者に最も近い祖先塚＝リニージを有する者が最上位を占めるため、各個人は祖先塚＝リニージの序列に従って、クラン内で、また首長袋の中で位置づけが決まると言えよう。前述した「私」を定義し、そのアイデンティティを決めるのは、

第 4 章　土着的アイデンティティ

こうしたランクづけによろう。しかし、長子制や位階制の原則は、固定化されておらず変更可能である。ベンサは、「エネ」は、原則として祖先塚を継承するが、常にそうであるとは限らず、ときはカーデが占有する場合もあり、その意味で、「エネ」と「カーデ」は対立関係に置かれると言っている。また、移住によってもその系譜上の地位を変えることは可能であり、たとえば、新たな居住グループに移住した「カーデ」が、そのグループより古い祖先塚＝リニージに属する集団の出身であれば、そのもともとの出自集団における誕生の序列を超えて、彼は新しいグループの中で、「エネ」となることができるという。実際、この仏語の「エネ」と「カーデ」は、しばしば人々のディスコースの中で対に、あるいは対立的に使われるのを筆者は耳にしている。

　クラン内で起こる分節化によって、この祖先塚＝リニージの増殖プロセスはやむことなく続き、クランの系譜（系図）は拡大していくと思われるが、ベンサは、そうはならないとしている。つまり、Aという祖先塚＝リニージの名前はAという決まった場所に固定されており、地名（toponym）と父祖名は重なり合い、互いに交換可能で、さらに共通の祖先である原古の祖先塚に近い祖先塚＝リニージの古い名前ほど名声はより高い。その結果、人々は祖先塚＝リニージの名前の限定的な在庫から、先行する祖先塚＝リニージの名前をとることによって新しい祖先塚＝リニージを築いていく。そのため、クラン内部では個人や家族は、最も古い、すなわち最も高貴な祖先塚＝リニージに登録する競争が繰り広げられる。また、人々は全ての系譜を記憶し世代から世代へと口承していくことはできないので、より以前の世代の系譜は忘却され、祖先塚＝リニージの創始者からの距離は一定にとどまっていく。系譜は5世代から8世代以上遡ることはできず、メラネシアのほとんどで最も信頼できる範囲は3世代である（Bensa 1981: 18）。実際、筆者がカナクから聞いたところによれば、口承では通常3代前まで遡るという。分節化において、父祖名として同じ地名をとることは祖先塚＝リニージの古い名前を活性化し、かくしてクランの成員の移動や、分裂、グループの再編成は、クランの体系的枠組みを変えていくことにはならないのである。

　つまるところ、カナクにとって重要なのは、クランの祖先塚＝リニージが「真正」であるかどうかよりも、序列化における優位性、由緒ある名前とその場所に結びついた土地にあると言えよう。土地は地殻変動を除いては動かないが、人は動く。「人間の場所は静止と同じくらい転地によって成り立っている」と

315

見るクリフォードは、文化やアイデンティティは必ずしも先祖の地にそのルーツがある必要はなく、受粉によって、歴史的な移植によって存続してきたとし、旅と接触は文化とアイデンティティにとって重要な場であるとしている（Clifford 1997: 2; 1988: 15）。祖先塚＝リニージは、この意味で、特定の場所に根付き、特定の場所を通ってルート化していく節合体として、神話的系譜上の転地から転地への受粉によって存続してきたとも言えよう。カナクの先住民性のルーツ、それ自体がすでにルート・ルーツから構成されているわけで、このことはその移動性を空間の中でダイナミックに捉えることを可能にする。また、カナクにとって祖先がたどってきたルートとしての道程は、祖先のルーツのみならず、姻戚関係による同盟のルートにも導き、一族の歴史的足跡としてその力関係の縮図ともなろう。つまり、カナク・アイデンティティの根拠を成しているその先住民性は、系譜上の連続、不連続を節合した社会的・政治的・文化的総体としてのクランに起源をとることができよう。出自や生得的特徴を優先しているクランの父系集団としての系譜的アイデンティティは、生物学的遺伝を重視するメンデル学派の西欧的セオリーとも重なってくるが、同時に文化的概念における血（sang）との関係でバランスをとっており、これは次節で見る。

2）名前と土地

それでは、名前はいかに捉えられるのであろうか。名前は一般的には対象を固有名詞的に表象するアイデンティティでもあるが、カナクが有する名前は、クラン所有の地名と交換可能な父祖名から系譜に属する名前、家族や親族集団における関係性や位置づけを示す呼称、家族名や個人名まで、多々存在する。換言すれば、関係性としての名前という名札を編み込んだ複雑な網の目が、個人からクラン、所与の場所から土地までを絡め取っているのである。

『野生の思考』（Lévi-Strauss 1962b, 1976）で「未開社会」における動植物や人間などに付けられる名前をその分類様式との関係から分析しているレヴィ＝ストロースの構造主義的理論が、命名は人を社会の成員にするためであるという結論に導くならば（Cohen 1994: 72）、現象主義派のレーナルトは、どのように見ているのであろうか。カナクという人間のあり方そのものに興味を示し、観察してきたレーナルトは、カナクが与えられた名前の役割をいかに演じているかを分析して、カナクの社会性という結論を導いている。実際、前節で見

第 4 章　土着的アイデンティティ

たように、レーナルトは、カナクの関係的アイデンティティは彼らの社会的関係によって変わり、個人は複数の名前を有し、どの名前かによって異なった人物の局面を帯び、個人全体を包括できるような名前はないとしている。ある名前は親族集団における位置づけを示したり——たとえば、「ヒケ」は妹——、別の名前はその人物の親族関係や神話的関係におけるある人物を表現したり、あるいは他の名前はあの丘というように土地との関係で人を位置づけたりと、カナクが有する名前は、人のあり方としてのアイデンティティの多面性を示していよう（Leenhardt 1971: 251-255; 1979: 155-158; 1990: 269-273）。

　たとえば、彼のインフォーマントのウアイルーの大首長であるミンディア・ネジャ（Mindia Néja）においては、ミンディアはフランス政府に知られた名前で、彼自身は自分をネジャと呼んでいた。ネジャとは、石灰岩を意味し、彼の祖先のルーツは石灰岩を産出する土地の出身であることになる。クランの名前は「ネジャ」のように、クランが発生した場所の自然環境や土地の名称、さらに厳密には祖先のカーズが建てられていた塚、あるいは祖先のファースト・ネームや、クランが身に付けている魔術的性格、クランのトーテムなどを示している。また、非常に古い名前はクランの起源について説明していなくても、最も古くから住まわれていた土地を所有していたことを物語っており、これは、カナクにとっては、真正な貴族としての家柄を与えることになる（Leenhardt 1930:103-104）。ネジャはその他にも親族関係やそのときの状況によって、いくつか異なった名前で呼ばれていたが、なかでも、滅多に使われることのないカクー（Kakou）という神聖な名前は、適切な状況でのみ使われ、行き詰まりを打開する開けごまのような効果があるという。このような名前は、名前の継続や祖先の再現を意味するものではなく、祖先の人格が賦与されることを意味するゆえ、正真正銘のアイデンティティを与え、先祖との神話的関係において彼を表すことによって、その集団に一種の安心感を与える（Leenhardt 1971: 252; 1979: 156; 1990: 270）。

　ネアウティン（Néaoutyine）も、人は名前を与えられると、ただちに、家族やクラン、場所やコミュニティ、土地と関係づけられると語っている。たとえば、男が結婚すると、彼が住んでいる場所との関係で、もし彼の家がある木のそばに立っているならば、「Goro（そばに）Bwia（木の名前）」（パイチン語）、つまり「ビワの木のそばに住む男」と呼ばれるかもしれない。あるいは、ネアウティンは Paul（クリスチャン名）と Tyaou（カナク名）という名前を持って

第2部　共同体の語り

おり、同様に彼の父親は、Michel と Tein という名を持っているが、彼が生まれたとき、父親の Tein と子どもの Tyaou は関連づけられて、彼の父親はパイチン語で「Tyaou ma caa kêê（ティヤウは彼のパパ）」と呼ばれたという（2/10/97）。これは、子どもの個人名に基づいて誰それのお父さんと呼ばれる、社会人類学的にテクノニミーとして言及されよう。呼ばれる人に名を尋ねたり、相手を名字や名前で直接呼ぶことは失礼でもあり、名前を汚さないためにも、人々は三人称的に呼ばれるとも言えよう。このように人々のアイデンティティは名前を通して、社会的関係のマトリックスの中に位置づけられることになる。カナクが異なった名前をあらゆる分野で持つことは、社会的に多様な関係や参与が要求されるわけで、社会的にならざるを得ないと言えよう。呼ばれる名前によってその社会的役割が変わるということは、関係性によって変化する複数のアイデンティティをカナクが有していることになり、カナクの共同体レヴェルにおけるアイデンティティは、十人十色よりも、むしろひとりで何色にも変わりうるポストモダン的なアイデンティティと言えるかもしれない。

一方、O. トーニャによれば、彼の氏名「オクタフ・トーニャ（Octaf Togna）」はカレドニア社会で、また国際的にも使用される、ID カード用の名前であるとしている。つまり、公共圏としての市民社会に属する個人を識別する公の名前でもある。これに対して、ワカ（Waka）という名前は、彼のクランに帰属しており、カヌーを意味し、そのクランは漁師で海のクランだという。この「ワカ」という言葉はマオリとの関係でも興味深い。なぜなら、マオリ語でもカヌーを意味する言葉であり、また、そこから派生し同じカヌーで東ポリネシアから移住してきたカヌー船団一族の意味も有している[6]。それゆえ、O. トーニャは「我々は互いに見知らぬ人ではない」とマオリとの関係も示唆している（6/12/2004）。アボリジニなどを除けば、オセアニアの諸言語はオーストロネシア語族に属しているので、「ワカ」の語源もこの語族にあるが、幅広くカヌーを意味する「ワカ」は、オーストロネシア語族のオセアニアの民族移動において先住民性のルート・ルーツを節合していると言えよう。いずれにしても「ワカ」は親密圏としてのカナク・コミュニティにおいて彼の身元を明らかにする。こうした名前は父系制の下で男性を通して伝えられ、父方の家族が、リニージとクランの名前を子どもに授け、地名と父祖名は互いに交換可能であるため、子どもはそのアイデンティティとしての社会的地位と土地の権利を有することになる。それゆえ、彼は、「私の名前が結びついていない場所では、

第 4 章　土着的アイデンティティ

私は外国人であり、許可を求めるパロールを求めざるを得ない。なぜなら私のパロールは、私のクランのトーテムが発生した場所と結びついているからだ。したがって、アイデンティティは各人が担っている名前のネットワークの中にあり、この名前が祖先塚に引っかけられている」(8/10/97) と語っている。つまり、この祖先塚に引っかけられている名前「ワカ」は、彼の祖先の発生場所と結びついているのである。

　チバウの言葉を借りるならば、系譜は決まった土地にルーツを置き、その名前が空間の正確な場所に記されていないならば意味を持たず、そこから、歴史は始まるのであり、このような空間と結びつくことなしには、人々は歴史を持てず、どこにも身の置きどころのない単なる世界市民となってしまうのである (Tjibaou 1981: 89)。それゆえ、「名前は、伝統によって土地景観の各要素に結びつき……カナクのクランの中には土地を失うとともに自身の名前も喪失した」(ヌメア合意前文1) ことになり、第 1 部で見たように、土地の回復はクランとしてのアイデンティティの回復を意味する。この意味でも、共同体レヴェルにおける空間的場と結びついた名前は、クランのアイデンティティをネーション・レヴェルにおけるカナク・アイデンティティに節合しているのである。クランはこうした名前を普通 4〜5 個有しており、チバウによれば、社会的役割を表す照合番号のようなもので、もし誰かが名前を盗んだりしたら、戦争を引き起こしたり、あるいは盗んだ人は呪われることになるという (Tjibaou 1981: 86)。こうしたクランが有する名前は、儀礼的口上のときに使われ、土地の権利や社会的関係を明示し、権力や富よりもプレスティージを表す。クランの序列化の中で、より高い地位、あるいはクラン創始者の発生場所のような由緒ある名前を獲得するために、慣習的ディスコースで戦略を駆使して、その地位の序列を変更することは可能である (Bensa, Rivierre 1982: 79-84; Pillon 1992; Naepels 1998, Ogier Guindo 2007)。口承は決して固定化したものではないが、名前の争奪戦は土地のそれに結びつくため、こうした名前は威信を付与するとともに紛争も付与することになる。

　家族名や個人名の登記は、1934 年の憲兵による土着民民事戸籍への記載によって始まったが、このとき、人々は新たな名前を創出したり、フランス語名から選択したりした。ネアウティンによれば、1950 年代の初めからカナクはクラン名を家族名へ同化するようになったという。たとえば彼の場合、戸籍登記への転写でその家族名はネアウティンとなったが、正式なクラン名の写字は

ナウシウエ（Nääuciùwè）であるという（Néaoutyine 2006: 14）。仏語綴りへの変換がカナク語の名前を変化させていることがわかるが、クラン名が家族名として登録されれば、地名とつながりのある家族名は土地返還などにも影響を与え得よう。実際、筆者は、車でブルスのある地点を通過したとき、その標識の地名がある名の知れた人物の姓と同一なので、この地は彼のクランの地であるかと尋ねると、同乗のカナクはよくわからないと言葉を濁していた。植民地化による強制移動から、戸籍の導入、フランス語綴りへの表記、さらに土地返還という文脈の中で、名前は地名と絡み合いながら、有為転変していると言えよう。

　クランの名前が地名と重なり合い相互交換が可能であることは、場所が変われば名前も変わり得ることになり、また、地名はグループや家族の名前（父祖名）としてもときに機能するため、グループはそれが占領していた場所の名前を保持できる（Naepels 1998: 96）。リフ島北部にあるトリビュM（Mutchaweng）で起きた事件はこの場所と名前の関係性から生じるややこしい問題を示している。あるカナクの説明によれば、約70年前、X家族（Doadi）は、トリビュMから同じ慣習地区にあるトリビュC（Chépénéhé）へ移ったため、慣習地区の大首長は、トリビュMのY家族にDoadiの名前を継承させ、首長に指名した。一方、Xは、トリビュCで、一時期は首長も務め、Teunoという名前で暮らしていた。しかし、約10年前にトリビュCの首長に従わなかったため、そこから追放され、トリビュMにMokkaという名前で戻ってきた。ところが、XはDoadiの名前を取り戻したかったために、「この名前は我々のものだ」と、YをトリビュMから追い出した。その結果、トリビュMでは不穏な状態と暴力が続き、1988年10月には放火事件が起きて、Xの家などが破壊されたという（16/10/98、名前は全て匿名）。事件はXY家の間の不和と土地が絡んだ長い敵対関係から起こったものと報道されており（NC 6/10/98）、Doadiという名前と関係した土地の権限をめぐって起きたことがわかる。放火はトリビュにおける慣習的制裁と解釈することができるが、Xクラン出身の中からかかわった者もおり、トリビュ内の紛争で、カナクがときにはクラン一族の連帯よりも、居住集団としての連帯を優先させる場合があることもわかる。X家族は、シェフに願い出れば慣習に照らして彼らの権利が裁定されたが、そうした慣習的手続きに従わなかったため、紛争はXの慣習的やり方から逸脱した名前の奪還に原因があったと言えよう。このケースに見るように、場所が変わるごとに名前も

第 4 章　土着的アイデンティティ

変えるというのは、とりわけなにか問題がある場合に変えることが多いようであるが、名前を変えるということは、アイデンティティを変えることでもあり、この意味でもカナクの土着的アイデンティティは転地から転地への受粉によって節合されていると言えよう。

　ナエペルスによれば、土地所有者としてのクランという言葉はむしろ「家」に翻訳できるが、土地は名前あるいはトーテムとして父系集団に継承されるゆえ、土地はなによりもクランであり、土地の分与の文脈においてカナクの土地所有は集団の私的所有であるとしている（Naepels 1998: 244）。それでは名前と土地との関係で、クランのテリトリーは、空間領域にいかに位置づけられるのであろうか。ギアールによれば、各父系集団は名前と関係した土地の権利を有し、通常は都合できる可能な名前の数に従って、孫である子どもの誕生時に親族名称（classificatoire）が与えられる。こうした土地へのアクセスを与える名前は、まだ生存中の年寄りの名前の場合が多いが、これはその土地の権利を死者から受け継ぐからである。誕生時以外にも、子ども、あるいは成人でも養子になることによって名前を変える場合もあり、選択された名前が子どもの社会的地位と土地との関係を決め、男子がいない場合は、女子にも誕生時に名前が与えられることによって土地権を得ることができるという。名前はその集団の土地の権利とリンクするため、父系集団のグループ内で土地への権利を有している個人の権利の合計数が父系集団のテリトリーを構成し、それは常に名前と機能するゆえ、テリトリーとしての永久的な土地の権利は存在しないという（4/09/2006）。つまるところ、クランのテリトリーは、境界を持った領土的テリトリーとは異なり、個人に付けられる名前とともに、これらの個人に付与される土地の権利の合計によって、空間的に位置づけられよう。永久的な土地権が存在しないことは、名前をめぐる紛争が活性化していくことを意味していよう。

　クランの歴史が特定の場所の一定の土地にルーツを置くことによって始まるとすれば、所与の土地に最初に定着、祖先塚を築き、その土地を切り開いた創建者のクランの起源は遥か昔の神話的時代に遡り、その土地から生まれ出たものとして、しばしば、「土地の主（maître de la terre）」として言及される。一方、クランの分節化の過程で、こうした祖先の発祥の地から拡散していった人々は、新たな地に集まり、いくつかの親族、クランから成る居住集団、すなわち、トリビュあるいは社会組織としてのシェフリ（首長国）を形成する。クランがそ

の祖先塚＝リニージを通して関係する土地の権利を有しているのに対して、トリビュは土地を占有する居住組織としての集落を形成すると言えよう。土地の創建者は、新たに到着した父系グループを受け入れる歓迎の権利（droit de accueil）を保持するが、迎え入れた者（accueillants）と迎え入れられた者（accueillis）との間に、前者のグループへの従属、忠誠を誓う一種の「歓迎の契約」（contrat d'accueil）が成立する。

　土地の主であるクランは儀式、農業暦や、婚姻、誕生、通夜の儀礼における日程を決めるなどの慣習的事柄を扱う権限と責任を有している。その役目は人々の糧を管理することにあり、保存できるヤムを栽培し、人々は収穫された生産物を彼に献上し、彼はその共同体の食糧を貯蔵し、社会的な慣習儀礼において人々にそれを振る舞う。これに対して、後者の迎え入れられた者は、土地と結ばれたこうした神聖な慣習的実践は土地所有者の占有事項として介入せず、土地とのつながりにおいて居住集団の中に社会的関係が構成されることになる（Pipiti 2003: 204）。ナエペルスによれば、到着した父系グループに土地の所有権が与えられることは、両者の間にカナクの伝統的貝貨の贈与交換によって関係性が確立し、創建者への尊敬が維持されることを意味する。両者の関係の中で、前者は常に先住民あるいは最初の土地占拠者としての優位性を、その空間に保持することになる。後者は、次節で見るように、しばしばシェフとして迎えられ姻戚関係を結ぶ場合も多いが、与えられた土地へ定住し、土地の用益権を有する。その居住地で並木道やタロイモやヤムイモ畑を作り、土地の主への儀礼的行為（産品の贈与）を欠かさず、元の未墾地に戻さないよう土地使用を可能にする状態を維持する（Naepels 1998: 241）。クランのシェフの認可の下に、こうした土地の使用権は外部の者にも与えられ、耕作をする者はその生産した産物の所有者となる（Saussol 1987: 242）。

　このように所与の土地には、所有権、管理権から、居住権、使用権、農業、狩、あるいは海浜における漁業権などのさまざまな慣習的諸権利が重層している。また迎え入れられた者も、いったんはその土地へ定着しても他へ移動する者もいる。新たに招かれる者がいれば、そこから追われて出る者もいる。ギアールによれば、居住権としての土地の権利はその地へ残るが、あまりにも長い間不在であると、その土地の名前は他の者に移ってしまうという（4/9/2006）。しかし、創建者は土地の真の所有者として、他へ去ってしまった場合でも、その力を残すことができる。実際、土地の主のクラン出身のあるカナク男性の子ど

もたちは混血の普通身分であるが、彼の故郷に子どもたちが行けば、クランのメンバーとして受け入れられ、望むならばそのクランの土地に定住することができる。しかし、土地の主でなければ、トリビュの人々は拒否できるという（26/10/98）。このことからも、土地の主はたとえその地に長年不在していても、土地所有者としての権限を保持し、人々は土地の主が誰であるかを忘れない。このことは、第1部で見たように、一方で、土地の主とそうではない者との間で土地に対する権限が同等でないことを意味するが、他方、迎え入れた者と迎え入れられた者との間の関係性の絆も忘れられていないことを意味しよう。

　以上見てきたように、共同体レヴェルにおける先住民性のルーツそれ自体が、ルート・ルーツから成る複雑な節合体であることがわかる。土着的アイデンティティを決定する要素として、クラン、名前と土地は、親密圏としての伝統的共同体の関係性のネットワークの中に織り込まれ、位置づけられているが、この共同体の関係性を結ぶものとしてのルートを次に見ていこう。

3. 先住民性のルート

　慣習を共有する想像上の共同体レヴェルにおいて、先住民性のルーツとして基盤が出自集団のクランにあるならば、そのルートとしての基盤は居住集団としてのトリビュにある。しかしこの出自集団と居住集団の社会組織としての二重性から、カナクがそのコミュニティについて語るとき、外部の者にとってはときにどちらのコミュニティについて語っているのかわからない場合もある。ワポトロは、カナクにとって、「共同体という言葉は、我々全てが他者との関係においてなんらかの絆を有していることを意味する」としている（20/10/98）。ここでは、この共同体の関係性を結ぶものとしての先住民性のルートを視座に、カナクが織り成してきた慣習的道程（chemin coutumier）と関係性を結ぶものとしての血及びその所有者としての母方オジ、最後に、共同体の関係性を結ぶ要としてのシェフについて探っていく。

1）慣習的道程と血

　カサレルによれば、カナクの伝統的社会におけるアイデンティティには、父

方ルーツの先祖の土地との関係に基づいた、土地の人としての感覚を人々に付与する不動性のイメージと、空間的な言及によって結びつけられる慣習的道程への帰属意識が織り成すネットワークのイメージの二重性があるとしている（Kasarherou 1989: 17, 19）。この二重性において、前者はオトクトーヌとして「我々はこの地から生まれ出た」というルーツとしての土地との絆を、後者は空間的系図の中でカナクの慣習的道程が織り成す関係性のダイナミズムを表象していよう。祖先塚＝リニージや、女性の結婚を通した姻戚関係による交換・同盟関係などさまざまなクランの慣習的道程は、カナクの土着的アイデンティティを形成するルートと言えよう。ただし、ここで、慣習的道程、あるいは慣習的ルートとは、婚姻や養子といった慣習的事柄、すなわち社会的関係における人々の循環において、物理的な意味で進むべき道筋でもあるが、比喩的な意味で慣習的に踏むべき段階あるいは慣習的なやり方の両者を意味している。前者は目的地への実際のルートとして、関係する特定の場所を通らなければならず、それを飛び越えて行くことはできず、後者は、まず使者を送り、次に代表を送り、贈与交換を行うなどの慣習的しきたりに則った道筋の遵守である。

　クランの移動は、地域的に異なった首長国を越え、こうした慣習的道程による連帯のネットワークを編み出す。たとえば、現在の8つの慣習圏のひとつを行政的に構成しているグランド・テール北部のオート・マ・ワープ（Hoot Ma Waap）は、オートとワープという有名な伝統的2大ネットワークである。オートもワープももともとクランの名前に属し、両者の内部には複数の首長国が存在する（Wapotro 10 /12/04; R. Mapou 22 /8/2007）。カサレルによれば、政治的には首長レヴェルで結ばれている同盟的な慣習的道程で構成されたネットワークであり、オートとワープはときに平和裏にときに対立し、オートのネットワーク上に位置する首長国に属するクランでも、歴史的に異なった慣習的道程に属していれば、ワープのネットワークと連帯することもあり得る。この意味において、慣習的道程は、連帯の絆と同時に敵意が編み込まれたキャンバスであるという（1/12/04; Kasarherou 1989: 19）。こうしたネットワークは、集団間のコミュニケーションや人、モノが循環していくクランの知識＝力関係を作る網の目とも言えよう。植民地化による保留区への封じ込め（cantonnement）において、カナクはリザーヴから出て、自由に往来することを禁じられ、こうした慣習的道程をたどる旅は断絶されたはずである。しかし憲兵は複数の谷間を2〜3人で監視しなければならず、カナクの往来を止めることは実際には難

しく、集団間の往来は続いたという（*Mwà Véé* No.15, 1997: 21）。

　リフ島出身のワポトロは、こうした「慣習的道程の主（maître de la chemin coutumier）」の家系に生まれた。その役割は首長国あるいはトリビュの「安全のため国への出入りを管理し、その入り口を開くこと」にある。すなわち、人々は首長国を通る許可を彼の家族に求めなければならず、慣習的な段階を踏んだ上で認可を与え、慣習的儀典やスピーチなどを担当する役目である。こうした慣習的プロセスを遵守することが、敵からシェフリを守るための防御戦略ともなる。彼は8歳のとき、実際に父に連れられて、その道程を修行するための旅に出たという。系図や道程は口承で伝えられていくが、その道程を覚えるためには足でたどることによって、それを経験、習得していかなければならず、誰と会うべきか、いかなるスピーチをいつ、いかなる場所で、いかなる人々の前でしなければならないか、いかに贈与としてのタロイモや魚を慣習的やり方とルートで回していかなければならないかなどを学んだ。また、道程をたどっている人が彼の家を訪問し、慣習的贈与を行い、家に泊まり、そのスピーチを聞いたことなどを記憶している（16/10/98）。

　こうした慣習的道程やそのネットワークは同盟や交換、交流や循環の概念を喚起するが、この意味で「血（sang）」は共同体にとって重要な概念である。カナク社会は父系社会であるが、母方親族を重視した父系外婚制であり、母方との同盟関係を重視する。父方ファミリーが前節で見たように、子どもにクランの成員としての社会的地位と名前と土地の権利を付与するのならば、母方ファミリーは子どもに生命を与えるとされ、なかでもエネルギーと力の象徴である血は、母方のオジから、その甥や姪に一方的に授けられると見なされている。このことは生殖をいかに見るかにもかかわってくるが、他のメラネシアでも見られるように、レーナルトは父親の生殖における役割を単なる増強剤的なものとして見ており、母方のオジが生命の源泉であるゆえ、母方ファミリーのトーテムは父方集団にとってきわめて重大であるとしている（Leenhardt 1930, 80: 202）。これに対して、ベンサとA.ゴロミドは、カナクは明らかに、生殖における精子の働きを認識しており、父方のトーテムは子どもに外から働きかける力を有しているが、魂、すなわち母方ファミリーから授けられた力は、内部から働き、身体全体に活気を与える。カナクは、赤ん坊は両親の血が混じることによって形成されると認識しているが、母方の血が強調される。それゆえ、子どもは、母方のオジに、いわば借金を負っており、子どもの母親の長兄は、

甥や姪に、血、肉体、骨、一言でいうならば、身体の全部と命を授ける力を有している（Bensa 1990: 24; Bensa, Goromido 1997: 93-96）。

　生物学的概念とは別に、文化的概念の中で血をアイデンティティの重要な要素として言及するカナクもおり、ポワグーヌは次のように語っている。「多くの人々は、血については語らないが、真のアイデンティティは血である。血は我々の血管を循環する……血は人々が呼ぶところの母方のオジからくる……血は、神聖で、ほとんど神に近い存在であり、生命と同義語であり、私に命が与えられたのは、オジのお陰なのである」（5/10/97）。それゆえ、母方のオジは子どもの誕生から死まで、子どもに対してその血の所有者として、また保護者として伝統的に大いなる権限を有している。これは他のメラネシアにも見られるが、筆者が聞き取りした以下の内容は、地域的に多少の違いはあっても甥や姪に対するオジの伝統的権勢を物語っている。

　オジは子どもが生まれると、その耳に息を一吹き与え、子どもを教育する責任がある。一方、子どもにとってオジはなににも増して尊敬の対象として、父親に対してできてもオジにしてはならないことがある。たとえば、彼が座っているとき、そのそばを通ってはならず、同じように座らなければいけない。彼との間で問題を起こさぬよう、オジを苛立たせないように、もし彼と道で出会ったら、お金を上げるなど、気を配らなければならない。子どもにとって重要な義務は、オジの家に顔を見せに行くことである。子どもが病気になったり、事故が起きた場合、オジの家にあまり出向かなかった結果とされ、もし子どもが怪我をした場合、彼から授けられた身体を傷つけたとして、彼にあやまらなければならない。実際、チバウが暗殺されたとき、彼は忙しくて、オジのところへ顔を出す暇がなかったからだとも言われた。グランド・テールにおいては、オジの力は他島よりも大きく、もし子どもが外国へ行くならば、彼の血を異国の地で浪費するゆえ、ギフトを持っていってその許しを請わなければならない。子どもの結婚に際しては、父親はオジに報告し贈与を行う一方、オジに帰属する血が、他のクランの家族と結ばれるゆえ、彼はその家族との同盟を結ぶ結婚式に真っ先に到着するよう努める。子どもが亡くなった場合、お陰様で彼は良い人生を送りましたと感謝の言葉とともに、子どもの遺体は、母方ファミリーに返される。たとえ、オジがいなくなっても、たとえばオジの息子などが代理となって遺体を引き取り、彼が決める場所にそれを埋葬する（Poigoune 5/10/97; Watrone 21/10/97; Eschenbrenner 23/10/97）。ただし、全ての肉体が腐食

第 4 章　土着的アイデンティティ

して土に帰った後、残った骨は、父方ファミリーに帰属し、クランを構築するために埋葬される（Kasarherou 29/10/98）。

　血をアイデンティティの要素として語ったカナクは多くはなかったが、これには父系社会における出自とはクランとしての父系集団の系譜を意味するからであろう。子どもの結婚式におけるオジの役割からも、血がクランの同盟関係を成す重要な要素であるということがわかる。実際、筆者が参加した慣習婚や婚約式には、花嫁、花婿側の母方のオジが出席しスピーチを行っていた。子どもの血が母方のオジに由来するという概念は、オジが子どもの母方の出自を代表しているからである。彼の子どもに対する大きな権限は、伝統的にはクランの同盟を意味する婚姻関係の中で、父方ファミリーに対する母方ファミリーの力関係における均衡をとるためと考えられる。オジは子どもとその母親、すなわち彼の姉妹の後見役として、彼が有する力はクラン間の同盟関係に影響し、オジの家に子どもが姿を見せる重要性は、その子が母方ファミリーとの接触を保ち、両者の関係を維持していく目的があると推定できよう。母方のオジから子どもに流れる血を通して同盟のルートが作られる意味で、血は関係性を結ぶ重要な要素と言えよう。ただし、「カナク慣習地」で見たように、土地紛争などにおいて、近年の父系関係の重視によって調停役としての母方関係、とりわけ母方のオジの役割が減じているが（Naepels 1998: 301）、このことは、子どもに対するオジの伝統的役割である慣習教育などにも当てはまる。子どもは学校で忙しく、伝統的知識を学ぶ時間がなくなっているからである。こうした社会的変化の中でオジの役割は相対的に減じつつも、子どもに対して、あるいは慣習婚において母方のオジが占めるその存在は、他のメラネシア諸国と同様、依然として大きいものがある。

　女性は、嫁ぎ先のファミリーでは、その出身クランのアイデンティティを保持し、彼女の兄弟に代わって、子どもの母方ファミリーと血の所有者を代表する。カナクの女性作家でもあるゴロデによれば、女性は結婚を通して同盟関係を築く契機となるので、カナク社会ではルートと見なされているが、彼女は女性を単なる同盟のルートとしてよりも、姉妹、母、オバ、祖母としての多様な役割から、ルートの交差点として見ている（Gorodey 1994: 32）。女性はこれらの役割を担うことによって、異なったルートを節合していると言えよう。また、子どもが生まれると、女子か男子のどちらか、一般的には、最初に生まれた子どもを母方の両親に養子として引き渡すことが伝統的に行われてきた。慣習上

第 2 部　共同体の語り

院で法関係を担当しているダルメラック（Dany Dalmayrac）によれば、子どもの養子には各クランがその規則を持っているという（14/9/2005）。最近では、自発的行為となっているが、父方と母方ファミリーとの間の交換体系の中で、婚姻や養子縁組を通して人々が交流、循環し、カナクの社会的関係が編まれていくと言えよう。

　それでは父方ファミリーの出自集団の系譜と母方ファミリーの血の重要性は、生物学的・遺伝的要素が重要視されていることを意味しているのであろうか。一般的に血縁の有無にかかわらず、養子においては、クランの名前を与えられた瞬間から——たとえばお祖父さんの名前——成員として扱われ、クランのアイデンティティを獲得する。このことは、オセアニアにおいて出自は行動とともに変化するというラマルク学派的説や、またハワードのオセアニアでは個人のアイデンティティは、その生まれによってではなく、どの共同体と関係を結ぶかによっても変えることができるという説（Howard 1990: 266）にも当てはまる。この意味で、共同体の境界概念は包括的で浸透性があると言えよう。与えられる名前が、土地とともに社会的地位とアイデンティティを与えるので、カサレルは血の論理では血縁関係なしに、グループの一員になることはできないから閉じられているが、名前の論理では、養子を認めるので開かれているという（6/10/97; 29/10/98）。しかしながら、血が、異なったクランのみならず異なった民族や人種を、境界を越えてつなぐことができるという意味では、血の論理も開かれているとすることができるが、これに関しては第 3 部で見る。血は、カナクの間で、またカナクとその他の民族の間で、他者を排除する印象を与えることもあってか、カナク・アイデンティティの構成要素として血に言及する人々は多くなかったのかもしれない。いずれにしても、クランの出自としてのアイデンティティに対して、生物学的概念によらない文化的概念での血は関係性を結ぶ同盟のルートとして見ることができよう。

2）シェフ

　それでは、先住民性のルートにおいて、出自集団と居住集団としての共同体の二重性の中でシェフはいかに捉えられるであろうか。首長と臣下を、二重性（dualité）で見ているカサレルによれば、首長は外国人で移動のイメージを帯び、女性もまた結婚のために移動するので、女性原理として魚や鳥によって表せら

れる。それに対して、臣下は土地と結びついた土着の民であり、不動のイメージを担い、男性原理として木や岩、山によって表されるという（Kasarherou 1989: 17, 18）。首長と臣下、あるいは男性と女性を二項対立としてではなく、移動と不動の二重のメタファーで捉えることはパラレル的な認識論であり、この意味でも先住民性はルートとルーツの節合体として捉えられよう。

　シェフは居住集団としての共同体レヴェルにおいては、ポリネシアに見られる外来首長（stranger king）の伝統のように、その土地の者でない外国人を、しばしば首長として歓迎（accueil）の概念で迎えてきた。実際、ヌメアにあるド・カモ高校のヨーロッパ人教師のシヴォによれば、こうした外来首長の慣習は、彼のクラスでも実践されているという。この高校は、ほとんどはカナクの生徒であるが、彼らの代表を指名するときは、常にクラスにいる外国人のワリス人を選ぶという。彼によれば、「まるで外からやって来た首長のように、その選出は当たり前のごとく行われる」という（10/10/97）。こうした「外国人受け入れ」の慣習は、人の交流や循環を引き起こし、カナク社会に流動性をもたらしてきたと言えよう。個人あるいはグループが、父系集団のつてや同盟関係などを頼ってこうした居住グループに加わる場合、前述の慣習的道程を通して接近する。前節で見たように土地の主として迎え入れた者と迎え入れられた者との間に「歓迎の契約」の同意がある。後者は、それぞれの戦士的能力や農業的知識によって俗世界的な政治的事柄において成功することが、歓迎グループの社会的イエラルシー（hiérarchie 階層制）の中で、その場所を保証することになるという（Pipite 2003: 204-205）。ベンサによれば、伝統的にしばしば新参者は、そこで新たな祖先塚を建てるか、あるいはすでに存在するものを引き継いで、一定の条件下で、たとえばその居住地で起きている問題を解決することなどを求められて、首長の地位に就くべく招かれるという。その結果、居住グループの創始者として定義されるその土地の最初の占有者は臣下となり、外の人として定義される最後にやって来た者が首長となる。しかしながら、これらの定義と到着の順序は、忘れられず、最初の占有者は土地の主として、土地に対する権利を保持する。さらに新たな者が迎え入れられると、首長の地位は入れ替わり、これまでの首長は臣下となるが、古参の者としての地位を保持するという（Bensa, Rivierre 1982: 100）。このように、首長と臣下という地位は逆転し、また人々の系譜に基づく地位も移住や土地の主のクランとの姻戚関係や養子に入ることによって、修正することが可能となる意味で、カナクの位階制

は祖先塚＝リニージに見られるように流動的であると言えよう。

　ベンサによれば、口承ではシェフリの歴史や起源に関した説明で、迎え入れられる外国人にシェフの称号が与えられることがメタファーを使って繰り返されているという。たとえば、パイチン（Paicî）語では、土地の主が新たな到着者に土地を与えることを、「ここに国（pays）がある。我々はあなたにそれを与えよう。あなたはシェフリ（首長権）をとるだろう。なぜなら今後我々はあなたの臣下となるからである」と語る（Bensa 2000a: 10）。言うまでもなく、ここには新参者の器量や出自と、受け入れる側の計算と戦略が働いていよう。ここで国（pays）とはシェフがいる空間的領域を意味するシェフリであるが、新たなシェフとして迎え入れられる者にシェフリが引き渡されることになる。これは、東海岸ウアイルー（Houaïlou、aije 語）で調査を行ったナエペルスによれば、シェフと土地の主との間で、シェフの周りに政治的に組織された共同の居住空間（espace de corésidence、ajië 語で mwâciri）の構成に多様性をもたらし、両者の間の均衡を保つという。前者とそのクラン及び後者とそのクランは高い地位にある貴族（noble、örökau）として、それに対してその他の者は平民（hommes petits、kâmöyaari）、すなわち臣下（serviteurs、sujets）としてシェフの生活に従事し、魚釣り、料理、水や木を運んだりする。後者の中で、戦士（guerriers）の場合は植民地化のときに、行政的シェフによって慣習警察（policiers）として指名されたりしたが、こうした2つの分類による地位は決して固定したものではないとしている（Naepels 1998: 261）。迎え入れられた者のアイデンティティは迎え入れられた地で、変化し修正できる意味で、社会的関係といった後天的に獲得された特性の継承を強調するラマルク学派の説を示している。

　植民地化の時代、こうした外来首長としてのシェフは、トリビュやカナク集団間の紛争、宣教師、仏軍隊、白人入植者との錯綜した関係の中で戦いの主要なリーダーとして迎え入れられたと言えよう。ベンサは、植民地化が進んでいった19世紀後半に東海岸からのクランの移動の中で、父方の兄弟のクランによってコネの地域に迎え入れられ、養子となりシェフリを与えられたシェフ（Goodu）を口承から分析して、好戦的な戦士としてのシェフ像を提示している。このシェフは地域一帯で幾つもの戦争を引き起こし、コネの中間地帯にその大首長国（grand chefferie）を出現させたが、力を手にするためのグループ間の対立や競合から暴力的な戦いを繰り広げ、あまりの残忍さに、身内から裏

切られた。裏切った兄は、その後白人との同盟によって行政的グラン・シェフとなったが、このシェフリの歴史に関する口承の語り手自身が、その家系の子孫のグラン・シェフである。一方、このシェフリの敵方のクランは1878年のアタイの反乱に呼応して虐殺されている。グラン・シェフとなった兄は、フランスとの同盟によって、権力の獲得と集団の生存を図った戦略的シェフ像と言えよう（Bensa 2000a; Bensa, Goromido 2005）。

　それでは、過酷な土着民統治の下で20世紀初めに到着したレーナルトは、いかなるシェフ像を示しているのであろうか。レーナルトは、シェフを神話的領域と結びついたカナク社会と、その居住地空間の構造体系を司る神話的リアリテイの人物（ペルソナージュ）として描いている。すなわち、居住空間のグラン・カーズに祖先が身を隠している中心の支柱としての「トーテムと祖先の現存」である。クランという父方親族の「頭ではなく顔」として、「母方の血の名誉」として、人々から「大きな息子あるいは兄弟（Grand-fils）」と呼ばれ、兄弟として人々の権利を侵すことはないシェフとして表象している（1971: 186-191; 1979: 108-111; 1990: 186-192）。この祖先の現存としての大きな息子を通して、クランの成員とその最も深淵なところで結ばれている、理想化されたレーナルトのシェフ像をめぐっては議論があるが、ベンサは、レーナルトの時代、もはや反乱を起こすことはかなわず力を奪われ、象徴的な役割を演じるシェフとなったと見ている。しかし、レーナルトが外から迎え入れられたシェフについてまったく言及していないことには驚いている（Bensa 2000a: 10, 41）。

　レーナルトの表象するシェフ像は、伝統的に共通の祖先をともにする出自集団としてのクランの中の長子家系、あるいは勢力のある家系の長子としてのクランのシェフ像と言え、こうしたシェフは真のシェフとして表に出ず、隠される可能性もある。ダルメラックによれば、ウアイルー地域のアンジュー（ajië）語でシェフに相当する「オロカウ（örökau）」という言葉は、フランス語には訳せず、シェフは威信的な力で、人々をより良い運命、戦争への勝利などに導いていくという。冒すべからざる神聖さを帯びており、長老が手を頭に置いた子が「オロカウ」となるが、どの子がシェフになるかはしばしば秘密にされるという。敵方のクランの脅威から守り、目眩ましのために戦略的に、一番弱い者や外国人をシェフに据えて、本物のシェフを隠し、シェフリを隠し、行政面では誰かをシェフとして据えても、それは長兄ではなく、2番目あるいは一番下の子かもしれず、神秘化されてきたという（Dalmayrac 14/9/2005）。このこ

とは、実際の権限を誰が有しているのかということにもなる。ナエペルスは、その調査地ウアイルーで「シェフはしゃべらず、隠れている。臣下のカーズが並木道の中央の常に上にあり、シェフのカーズが上にあるのではない。臣下はクランに仕えるためであり、シェフは臣下がそばにいるとき、語る権利を持たず、決定するのはシェフであるが、シェフはそれを受け入れるだけだ。年寄りの背後にシェフはおり、人は彼を見ず、隠された人なのだ」と、人々のシェフについてのディスコースを引用している（Naepels 1998: 263-264）。実際、筆者自身、行政的シェフやグラン・シェフには何度も会ってきたが、クランの隠された「真のシェフ」に会った経験はなく、人々は誰が真のシェフであるかという世俗的合意に達しないのか、あるいは実際には存在しないのか、神秘のヴェールに包んでいるようにも見える。

　ベンサは、力はカナク社会の構造の中心であったが、植民地化はその概念を強化し、弱さをさらに軽蔑の対象としたとしている（Bensa 2000b: 160）。レーナルト自身、「大きい息子」の威信は全面的で、それを絶対的権力に変えることができ、自分の思い通りにすることができ、かつては身近にいる者を食することができたとも記している（Leenhardt 1971: 190-1; 1979: 111; 1990: 192）。シェフが人間である以上、寛容さから残酷さまで、カナクのシェフ像は時代的・状況的な文脈の中で変化することを明かしている。ベンサは、またクランの存続を保証するレーナルト的大きな息子も、あるいは居住集団に迎え入れられたシェフも、前者はその父系集団の子孫の成員なしには、後者は土地の主のコントロールなしにはシェフとして信任されず、シェフの地位は安定したものではないとしている（Bensa 2000a: 10）。実際、シェフの地位は、共同体における他者との知識＝力関係のネットワーク上にある意味で、力学的にも安定せず流動的であると言えよう。

　一方、頭（tête）を意味するラテン語から派生した仏語シェフ（chef）という言葉は、カナクのシェフの概念とは相容れないとしばしば主張される。「彼はシェフである」ということは、主人であることを意味せず、一番最初に生まれた人々の間の均衡をとる長兄的シェフとして表象される。これは、しばしばカーズをメタファーとして、中心の支柱は長兄のシェフに、その地所は土地の主に、その他の柱は臣下に、屋根の頂きに立てられた木彫りの矢形は人々を守る戦士として表象される。もし他の部分が取り去られたら支柱は維持できなくなるので、シェフを支えているのは臣下であり、臣下がいなければシェフも存

在しないことになる。ここからは西欧のイエラルシーにおける権力者としての首長概念に対する批判的表象が見える。メラネシア社会は、ポリネシア社会と比較して、階層的にはより平等的であるが、ポリネシアの影響の強いロイヤルティ諸島では階層性が強く、とりわけリフ、マレ島では大首長はその首長国の中で、現在も強い権限を有し、その権威は尊重されている。一方、グランド・テールでは、「首長は決して人々の権利を侵さない」とレーナルトも言っているように（Leenhardt 1971: 191; 1979: 111; 1990: 192）、カナクの中にはイエラルシーという言葉をカナク社会に適用することに同意しない者もいる。グランド・テール出身の O. トーニャは、イエラルシーは、ピラミッド形の社会構造や組織図を想像させる西欧的概念で、カナクの見方ではないと主張する。「カナクの文化の中では、我々は常に兄弟である……弟か兄かである。このグループはこの役割を、あのグループはあの役割をというふうに、グループの社会的関係に基づいている……他者に対して持っているのは、義務に対する関係的概念である」（29/10/98）。同様に、彼は、法の下で全ての人々は平等であり、同じ権利を有するという西欧の意味における平等主義の概念も、グループや各人に与えられている役割において、人は他者との関係で均衡がとれているとするカナクのそれとは性質を異にするので、適用できないと考えている。この意味において、第 1 部で見たフランスから由来した人権に基づく個人としての社会主義的平等の概念は、カナクの文化的価値観に基づいたカナク社会主義において、最大公約数としての集団間における他者との均衡の概念に置き換えられよう。リフ島出身のワポトロも、イエラルシーという言葉はカナク社会のあり方を表すのに十分ではないとして、機能と責任におけるイエラルシーについて語ることはできても、権力という意味におけるイエラルシーについて語ることはできないとしている。中世のフランス社会においては、首長は土地や生産手段などを所有していたが、カナク社会では権力はひとりの者に独占されておらず、土地を持っている者は首長ではなくて土地の主であり、生産手段を持っている者は首長ではなく臣下であり、語るのは首長ではなくて言葉の主（maître de la parole）である。首長は人々が語る言葉を守る役割を担っている。もし、彼がしゃべってしまえば、人々は彼の言うことに異議を唱えるからである（16/10/98）。

　つまるところ、カナク社会の権限は人々あるいはクランの間で役割的に分散し、脱中心化しているため、シェフはピラミッド形のトップに権威主義的に君臨するよりも、水平的に人々を結ぶ扇の要のような存在、あるいはワポトロが

強調する「均衡」をとる者として表象されている。イエラルシー、シェフ、あるいはオトリテ（権威者、当局 autorité）といったフランス語がカナク文化の中で再文脈化され、西欧的言説に対するカウンター・ディスコースの中で、カナク社会を差異化し、カウンター・ワードとしての「均衡（équilibre）」の概念が強調されると言えよう。一方、西欧的権力を有したシェフの概念が、植民地化以前のカナク文化の中で存在しなかったとしても、カナクの中には自らのポジションに言及するとき、アナクロニスティックな言い回しで「我々は臣下だ（On est sujet）」とか、あるいはカナク社会は階層的であるとしてイエラルシーという言葉を使う者もいる。

いずれにしても、植民地化はシェフと人々の関係をシェフと臣下という階層的関係に位置づけ、フランスがカナク社会をコントロールする目的で、人々を臣下として統率、管理する行政的権限をシェフに押しつけた。その結果、「シェフ」という言葉は「権力」と結びつき、今日では共同体の行政的要としての「シェフ」は、慣習当局者（autorité coutumière）として表象されている。しかし、「シェフ」の名の下で括られる首長が、伝統的な意味における慣習的シェフやクランのシェフなのか、あるいは給与を得る行政的シェフなのか、あるいはその両者であるのか、見分けることは外部の者にとっては難しい。後者の行政的シェフに関しては次章で見ていこう。

注
1) クリフォードは、これら 3 つの中で、最初の『ネオ・カレドニア人の民族誌』（Leenhardt 1930）が最も重要であるとしている（Clifford 1980: 525）。
2) レヴィ＝ブリュルは「融即（participation）」を個人的な経験、あるいは経験の条件として概念化したという（Clifford 1992a: 205）。
3) 英語版の序文でも、Vincent Crapanzano は、"The Canaque does not spread out over nature but is invaded by nature."（1979: xxiv）としている。
4) カスタネーダ（Carlos Castaneda）は、その体験を Teaching of Don Juan（ドン・ジュアンの教え）をはじめとして、一連の著作で発表している（Penguin Books 1970-81）。
5) ベンサはその著の中でしばしばチェムヒン (cèmuhî) 語の用語を使い、それに相当するフランス語を記載しているが、ここではチェムヒン語は省略した。
6) マオリは現在では 13 世紀までに、複数の船団で東ポリネシアやクック諸島から何回かにわたって移動して来たとされているが、ニュージーランドの南東約 750 キロ沖合のチャタム（Chatham）島の先住民のモリオリ族（Moriori）はマオリ以前のモア・ハンターとして、メラネシア人起源説もあったが現在ではマオリと同じポリネシア人とされている。

第 5 章

伝統の発明としての慣習

　「我々は文化、慣習、伝統の間にあまり区別をしていない……ある日、誰かがある行為を発明する……私にとっては、どれも人間の創造性と発明、そして適応と反復に対する能力にかかわることである……文化には教養や育成、慣習や伝統には反復といった意味が含まれ、慣習が長い間続いていけば伝統になる」（Houmbouy 15/9/97）。

　この文化、慣習、伝統のどれもが人間の創造性と発明、適応と反復に対する能力にかかわるというウアンブイの指摘は、文化が創造力と実践的存続を必要としていることを明かしている。彼の「発生の語り」とも言うべきディスコースは、ホッブスボームが伝統とはもともと発明され、構築され、制度化されたものであるとして、「伝統」と「発明」を撞着語法的に表象し、伝統文化の意味するところを逆説的に表現した『伝統の発明』（Hobsbawm 1983）と重なってくる。文化人類学では伝統文化と見なされ、あるいはローカルの人々が主張する伝統文化の中で、どれが本物で、どれが後から作られてきたものか、真正（authencity）か本物でないか（inauthencity）をめぐる「文化的真正さ」の議論が繰り返されてきた（Keesing 1989; Linnekin 1992）。文化やアイデンティティが主張され、他者との間で互いに競合しながら、存続のために再創造されていくプロセスにあると考えるならば、文化をめぐって、真正さと伝統の発明をめぐる議論は不毛に見える。一方、植民地化によって外の文化が導入されたとき、それが外部からの弾圧の下で強制的に押しつけられたものか、あるいは内部の人が自ら意識的に積極的に学び取ってきたか、両者を区別することは重要である。なぜなら両者の違いを曖昧化すると、第 3 部で見る「異種混淆のレトリック」の罠に陥り、植民地を正当化することになってしまうからである。いずれにしても人々は外部要素を内部の文化システムに再文脈化し、加工処理してきた。この章における「伝統の発明としての慣習」も、こうした両者の流れの中で再想像、再構築されてきた「慣習」としての存続である。もし、実体として

第 2 部　共同体の語り

「真正なる慣習」が存在すると主張されるのであれば、それは現在的解釈の文脈の中で当局のお墨付きを得た結果であろう。

　以下で、植民地化から現代の合意の時代に至る「伝統の発明としての慣習」を通して、まず社会・経済・政治・法・文化が一体化した「クチューム」が意味するところを探り、次に植民地化によって創出された社会行政組織としての「トリビュとシェフリ」、さらに慣習の中核を成してきた「シェフの制度化」がいかに進められてきたか、その問題点を考察する。

1. クチューム

　仏語のクチューム（coutume）や英語のカスタム（custom）は、もともと植民地化によって西欧の目に映った先住民社会のライフ・スタイルからその総体的あり方に対する、外部の侮蔑的な眼差しによるオリエンタリスト的表象の言葉である。チバウも、クチュームとは白人が使う総称であるが、カナクにとってはむしろ、クランや家族間の関係を統括する法、生き方や全ての制度を意味し、その本質は個人間の関係ではなく、グループやコミュニティの関係性にあるとしている（Tjibaou 1996: 201-202; 2005: 178-179）。慣習の本質が集団的行為としての関係性にあるなら、クチュームはカナクの共同体レヴェルにおけるクランの間の社会的行為を具体的に表象する場を提供する。そこにおいて、パロールを伴った贈与交換からその市場交換における贈与品の再分配としての慣習的経済、グループの関係を動かす慣習的政治、共同体を律する慣習的法、人々の振る舞いと価値観を表象する慣習的文化まで、クチュームはトータルな社会・経済・政治・法・文化体系を包括するアルケミー的用語となる。したがって、個人のレヴェルでは、慣習はカナクの社会生活の基軸として、クチュームへの参加、実践がカナクとしてカナクたり得る条件と見なされることにもなる。しかし、人々が日常の中で「クチューム」という言葉を用いる範囲は、初めて人の家を訪問するときのギフト行為から、慣習的行事としての大々的贈与交換への参加まできわめて幅広い。この意味で、あらゆるカナクの文化的振る舞いをクチュームに転化できる都合の良い言葉にも見えるが、このアルケミー的用語を煎じ詰めていくと、「クチューム」とは集団から個人のレヴェルまで、その社会的関係を確立するための道具的手段と見なすこともできる。経済的行為

としてのクチュームはすでに第1部の「社会主義要求」と「経済開発」で見たので、また法的行為、文化的行為としてのそれは次章や第3部で見るので、ここでは、まず社会的行為としてのクチュームからその基軸となっている贈与交換が意味するところを探った後、次に共同体の関係性においていかに慣習的原理が働く中で、政治的行為としてのクチュームが動いていくかを探っていく。

1）社会的行為としてのクチューム

　仏語の「パロール（parole）」とは、レーナルトによれば、彼らにとって単なる言葉を意味するだけではなく、行為、思惟を意味し、本質は行為そのものにあり、言葉は存在ないしは存在者の顕現として、思惟は行動、身振り（geste）によって開示されるという（Leenhardt 1971: 212-226; 1979: 127-136; 1990: 219-237）。実際、筆者は、この「ジェスト（geste）」という言葉をカナクから「パロール」とともにしばしば耳にしたが、パロールは行為としてのジェストなのである。換言すれば、クチュームとは、パロールと贈与がワンセットになった重要なジェストを表現する行為と言えよう。このパロールについては、第3部の「カナク口承の遺産」で見ていくが、たとえば、一般的に誰かの家を初めて訪問するときやある場所で集会が開かれるときなど、慣習的道程のステップとして、その人の家の扉（chemin d'entrée）を開く許可を求めるパロールを伴った贈与を行う。こうした慣習的なパロールは、ADCKのカサレルによれば、ここに来た理由や目の前にいる人々に尊敬を払うことを言い、ロ諸島では、「私の顔を見せに来た」とも、グランド・テールでは、「道程の最後にきた」とか言う。不可視の先祖の霊と関係し、尊敬を払うことによって安全を得るという（1/12/2004）。贈与は一般的には、到着したときに贈り、ゲストを迎えた者はその道中の安全を願って、帰るときに返礼する。いずれにしてもパロールとギフトによって、扉が開かれ、訪問者に安全と庇護を与えることになる。もしこうしたクチュームを行わないと不可視の世界からなにか危険なことが身に及ぶかもしれず、このクチュームによって、訪問者はもはや見知らぬ人ではなくなり、両者の関係性が確立されたことになると言えよう。

　「贈与品」はヤムイモ、タロイモ、貝貨といった伝統的な品目から、最も手軽でポピュラーなマヌと呼ばれる布、タバコ、現金といった近代に入って導入された品目、さらに、砂糖、コーヒー、米などの実用品まで諸々にわたる。た

とえば、1998年10月、CCT（領域慣習諮問カウンシル）の一行とともに出席した南プロヴァンスのあるコミューンで開かれた集会を例にとれば、ヌメアから訪れた我々のグループとそれを迎え入れた地元のグループとの間で、パロール（言葉）と贈与交換によるクチュームが行われ、机の上にはCCTグループからのマヌ、現金、ヤムイモ、タバコなどが積み上げられ、その贈与品の中に筆者自身が送った1枚のマヌを見つけた。会議の終了後、経済人類学的に言えば、両者の集団の間で互酬的に市場交換された財の相互移動を通して、贈与品がそれぞれのグループのメンバーの間で再分配され、CCTメンバーは、土地の人たちとの相互関係を更新、持続したのである。筆者も1枚のマヌを受け取り、新たな人々と知り合うことによって人間関係のネットワークを拡大し、交換したマヌを他のクチュームで使うかもしれないし、贈ったマヌは異なった人々の間を循環しながら、他のオセアニアの地にも旅していくことになるかもしれない。この意味で、社会的関係性を結ぶ手段として、マヌは人々の交流を紡ぎ、織り成す、異なったルートを結ぶシンボルとも言えよう。

　レーナルトによれば、「与えること、それは自分から提供することであって、他者との応対を確立する行為を遂行すること、そして相手も自分から提供しようという気になるよういざなうこと」（1971: 194; 1979: 113; 1990: 196）であり、交換には循環と交流としての社会関係が反映される。ベンサも、土地や食料の蓄積はカナクの伝統的社会では決定的な役割を果たしておらず、人間と物質的世界とのかかわりを認識することにおいて、強調されるのは品物の生産ではなく循環であり、それが贈与交換、利子なしの貸し、ただちには互酬されない遺贈、土地、生産物、養子による子ども、貝貨や玉石の斧といった珍重品、そして男女による交換であれ、それらは社会関係の表現としての循環であるとしている（Bensa, Rivierre 1982: 111）。ここには、より多く循環させ、より多く与えれば、カナクとしてよりプレスティージを得るという原理が働き、社会的関係は資本として蓄積され、その威信のために投資されるとも言えよう。

　それゆえ、社会関係の交換と循環を意味する、結婚、誕生、通夜はカナクにとって最大の慣習的行事となり、なかでも伝統的にクラン間の同盟を意味する結婚は、両家の家族やクランのシェフの同意を必要とする大掛かりなプロジェクトのため、結婚しないままのケースは多く、ロ諸島ではシェフの許可も必要で、結婚に至る場合はすでに子どもがいて連れ添っている場合が多い。結婚を求める場合においては、まずクランの使者を送るといった慣習的道程としての

第 5 章　伝統の発明としての慣習

段階を通って、花嫁側の許可を求めなければならない。2004 年 12 月、筆者が南プロヴァンスのあるトリビュで参加した婚約式は、リフ島出身の花婿の母方オジを含めた家族が花嫁の母方のオジの家を訪れて行われた。カップルはすでに子どもがいてヌメアに住んでおり、反物や現金などの贈与交換をパロールとともに行い、花嫁側に結婚の承諾が求められ、同意され、その結果、結婚式は翌年の 9 月に決められ、後は宴とダンスである。結婚は 1 年余りの準備をかけて行われ、9 月はヤムイモの収穫もあり、結婚シーズンたけなわである。

　かつて結婚式は 1 週間位にわたって行われたが、現在では、だいたい 2 ～ 3 日間で、1 日目はカナクが呼ぶところの最も重要な慣習婚（mariage coutumier）であり、2 日目は第 3 部で言及するキリスト教婚や市民婚が行われる場合が多い。前述の婚約式とは別のケースで、2005 年 9 月に南プロヴァンスのヌメア近郊で行われた地元の有力クランの間の慣習婚の次第を引いてみよう。花嫁の別れのあいさつでは、トリビュで多くの参列者が見守る中で、両親や親族が嫁ぐ娘にいろいろな心得を言って聞かせ、別れのあいさつをしていく。その間、下を向いて涙ぐんでいる娘のそばには彼女の幼い娘がひとり、母親の手を握っている。長い別れが終わると、花嫁の背中には籠が背負われ、そこにはシンボル的意味のある持参の包丁や鍋などの台所用品が入っている。花嫁と親族などの参列者一行は――この場合同じトリビュにある花婿の家まで――空洞の木製の長太鼓を布で包み運びながら、それを男たちが叩きながら、女たちはときに踊ったりしながら、クチュームの贈与品を乗せた車とともに向かって行く。途中、バチが折れてしまうと道の並木の木から枝をヒョイと切り取って即席のバチを作り、また叩きながら一行はゆっくりと歩き続ける。1 時間余りぐらいで、花婿の家の前に到着すると、迎える花婿側の親族は夕暮れの中でドラム缶を叩いて歓迎する。家の前の広場にはココナツの葉が一面に敷き詰められ、贈与を受ける準備ができている。そこに花嫁側の男たちによって贈与品が次々並べられ、ヤムイモは積み上げられ、長い反物のマヌは一面に広げられ、すでに辺りは闇で、ライトが照らす中でクチュームは続いていき、宴が始まったのはすでに夜も更けた頃であった（次ページの写真 A、B、C）。

　慣習婚のやり方にはそれぞれの違いはあるが、中心となるのは花嫁側クランと花婿側クランとの同盟関係を象徴する贈与交換である。その内容は伝統的なものから実用品まで、ヤムや貝貨、マヌ（布）の反物、タバコ、現金、根菜類や野菜といった収穫物、観葉植物、また砂糖や塩、米など親族から用意された

花嫁の別れ（A）　　　　　花婿の家に向かう花嫁一行（B）

慣習婚における贈与交換（C）　　贈与交換における貝貨（D）

種々さまざまな品目に及ぶ。なかでも、グランド・テールでは伝統的貝貨（traditonal monaie）は婚姻などの儀礼的贈与交換において、クランの間を結ぶ同盟を可視的に象徴する重要な交換である。パール貝などの小さな貝殻を首飾り状の細長い紐に通したもので、現在では貝貨を作る専門の者に注文が出される。北プロヴァンスの東海岸で行われた慣習婚（2006）では、各自のクランや家族の貝貨が収められた鞘から、若者が順番に人間の頭から胴体を表す形状の貝貨を丁重に取り出し、確認し、隣の貝貨の横に並べていく。若者にとっては、こうした交換や、貝貨に言及するパロールから、クラン間の同盟の歴史を知る機会ともなる（写真D）。

一方、こうした贈与交換が男性によって実践されるならば、慣習婚の後で、あるいはキリスト教婚や市民婚の後で開かれる饗宴は、とりわけ裏方に回る花婿側の親族集団の女性によって準備され給仕される。そうした労働力に駆り出

されて、大勢の食事を大鍋で料理していたあるカナク女性は「わたしゃ、結婚式は嫌いだよ」と、疲れた顔で本音ともとれる溜息を漏らしていた。宴会では、男たちは酔い痴れ、食後の饗宴は男も女もダンスへと続いていくが、現代ではピルーピルー（pilou pilou）と呼ばれる伝統的なダンスはなく、いわゆるディスコダンスである。9月は結婚式が多いため、飲酒運転による事故が多発する季節でもある。

　ウアンブイによれば、カナク慣習婚において、とりわけ口諸島では貝貨よりも多額の現金が循環する。伝統的に贈与するのは花婿側で、お金を受け取るのは花嫁側の家族であるが、現在では互いに分かち合うようになっているともいう。こうした現金は、2つに分けられ、主として花嫁の家族にいくお金と、婚姻を披露するために使うお金、すなわち、宴で人々をもてなすための準備などに使われる。花嫁の家族にいくお金はその家族を一時的に援助する軍資金ともなる。一方、花婿の家族が使ったお金を回復できるのはそれ自身の娘であり、交換は経済よりもシンボル的意味を有し、交換の枠組みが関係性を強化し、この関係が生活を向上させ、起動し、時間の中で持続させるとしている（3/12/2004）。レヴィ＝ストロースは、男性を社会の主体的行為者として、女性を交換の対象として「最高の贈与」と見ているが（Lévi-Strauss 1969: 65）、ウアンブイのディスコースは、娘を贈与とは見ておらず、むしろ交換とそこでもたらされるお金や関係を循環させる主体として見ていよう。この見方は、ストラザーンが、贈与交換において、女性は自らを客体化することによって主体として行動しているので（これは、他者の視線では客体として映るが）、彼女たちは活発な行為者であるとしていることにも重なってくる。女性がクランあるいは男性の社会的アイデンティティの財の一部となっているのと同様、男性も女性の社会的アイデンティティの一部として説明でき、人々は主体・客体のどちらか一方の状態に永続的に置かれているわけではないとしている（Strathern 1988: 311-318, 331）。彼女が指摘するこの両面性は、メラネシア人男女の両性具有性や関係的アイデンティティの主張と一致し、メラネシア人のパラレル的視座を捉えている。言い換えれば、男性側の視座と女性側の視座の交換によって、客体と主体は入れ替わる。

　この点で、贈与交換はストラザーンも言及しているように、商品交換体系のヴァージョンではない。グレゴリーは「ギフトと商品の間の相違は、確立された交換関係の間の相違を示しており、前者は取引を行う主体間の質的な人間関

係を確立するのに対して、後者は取引される対象品の量的な客観的関係である」としている（Gregory 1982: 42, 41）。この彼の議論に言及しながら、ストラザーンは、贈与交換における欲求は社会的関係を拡大することにあり、商品交換における欲求は商品を手に入れることであり、前者はメラネシア人が相互的に依存し合う関係を作り出しているとしている（Strathern 1988: 143, 145）。しかし、2つの体系を本質的に決めつけることはできないであろう。贈与交換に関して言えば、モノを手に入れたいという欲求もあるし、商品交換においても社会的関係は取引を行っていく上で大切な要素ともなる。

　ホッブスボームは、慣習は革新を除外しないし変われるところまで行き、その中身においては柔軟性を示してきた一方、先例に相反するようなものであってはならない。あるいはそれと同じようなものに見えなければならないという点で、実質的な限界が課されているとしている（Hobsbawm 1983: 2）。このことは、慣習が意識的に継承されていくことを意味しているが、カナクは中身の交換品に新しいモノを外来品から取捨選択し積極的に導入してきた。CCTによれば、伝統的産物であるヤムは現金や実用品よりもより価値があるという（15/10/98）。しかし、ワポトロによれば、ヤムイモは、ニューカレドニアに10世紀にニューギニアからフィジーを通して入ってきたもので、人々はこのことに触れないが、カナク文化では食物的に吸収される限り問題とはならず、ヤムイモを自分たちのアイデンティティとしたという（16/10/98）。外来のヤムイモは、食べられることによって消化され、カナクのものとして、他の島々同様、贈与交換において最も価値ある伝統的産物となったわけである。つまるところ、彼らは外部のものを内部の交換システムの中に意識的に取り入れ、ギフトとして読み替え、中身の品目は変わっても常に同じ慣習を実践しているとして、先例を守ってきたわけである。一方、ベンサは、カナクの儀礼交換で欠いているものは経済的功利性で、カナクは実利的価値には注目を払わないとしている（Bensa 1997: 91, 92）。しかし、第1部で見たように給与所得のあるカナクが限られている中で、現金やモノは実用的なギフトとして交換体系の中に変換されてきた。経済市場でほしいものと交換できる現金の実利的価値について、カナクは十分知っていると言えよう。彼らは、ギフトとして日本のお土産よりも現金のほうを喜んでいるようだったし、送られる金額は問題ではないというが、陰ではその金額について言及しているとも、また、現金が託された一家族だけに、あるいは首長だけにとどまって、共同体のメンバーには回ってい

かないというようなうわさも聞いた。

　それでは、この社会的行為としての贈与交換における人間の動機づけをいかに読んだらいいのだろうか。社会的行為を因果関係で説明しているマックス・ウェーバーを参照するならば（1972）、非合理的側面も含めた目的合理的行為として、その『プロテスタンティズムの倫理と資本主義の精神』の中で宗教的に、非現世的・禁欲的で信仰に厚いことと、資本主義的営利生活に携わることは対立するよりも、むしろ相互的に内面的な親和関係にあるとしている（ウェーバー 1989: 29）。すなわち、人間の社会的行為の動機づけとして前者の理念的追求と後者の物質的追求の2つは相互的に絡み合っていることを示唆している。これに鑑みれば、カナクの贈与交換には、社会的関係や人間的交流、共有や分配という理念的追求と、これに参加することによって同盟関係、モノや現金を手に入れるという物質的追求は対立せず相関的に親和し合い、その社会的行為を動機づけていると言えよう。カナクはその理念と欲望を、贈与市場を動かす車の両輪として、土着の経済活動を牽引してきたとも言えよう。経済的な意味でも、総体的には集団間のパートナーとの相互関係による互酬性、財の相互移動、財の再分配という市場交換は、一方の集団が得をしたり損をしたりしないという両者の利益における均衡が働いてもいる。

　メラネシアで政治化されてきたカスタム（kastom）に関して、キーシングは、「カスタムは、抽象的シンボルが、まさしくその曖昧さと空虚さゆえに、いかに力を得ることができるかを示している。メラネシア人がカスタムに付与する意味の多様性は、このようなシンボルが意味を持つことではなく、意味を喚起することを明示している」と主張している（Keesing 1982: 299）。ニューカレドニアにおいてクチュームという言葉は、ほとんど毎日のように聞かれるポピュラーな言葉であり、「慣習を実践する（On fait la coutume）」と表現されるように、クチュームの意義はそれを実践することにあり、生活の一部となっている。ゆえに、クチュームがシンボルとして力を喚起するならば、この実践にこそあり、カナクの生き方を如実に示している文化的アイデンティティの実質的シンボルとして、その価値観の実践と言えよう。一方、贈与交換において、女性はダンスを踊ったりして花を添えるが、主役となるのは男たちである。筆者には日本の伝統的な祭りで、神輿を担ぎ、大太鼓を叩き、慣習行事に酔い痴れる日本の男たちの姿にダブってくるが、今や日本でも女性神輿が登場する。「革新を除外しないし、変われるところまで行き、その中身において柔軟性を示してきた」

カナクの慣習において、女性が贈与交換を演じ、パロールを述べるシーンを想像することは可能であろう。慣習が実践されていくことによって、なによりも継続していくならば、そのためにもメラネシア人男女の両性具有性の中で、男女の視座と主体・客体の転換は、慣習のダイナミズムのためにも必要なことであろう。

2) 政治的行為としてのクチューム

　ウヴエア島のあるトリビュの主婦は、「以前は政治など存在せず、クチュームしかなかった」(10/97) と、筆者に溜め息混じりに漏らしたことがあったが、このパロールが意味するところは深長である。慣習がコミュニティのあらゆる問題に対処する万能薬であったことを示唆していると同時に、もともと、文化と政治は切り離されず一体化していたことを明かしてもいる。察するところ、彼女は、合意によって物事を収めてきた慣習に対して、西欧の近代政治が入って来て以来、政治は対立を表面化し、全ては政治化されてうまくいかなくなってしまったと言いたかったようだ。クチュームがカナクの文化的価値観の実践として、人々や財を交換し循環させることによって共同体の社会的・経済的活力を生み出してきたならば、そこにおいてシェフや名望家、長老の男性が展開する政治的ゲームを動かす原動力となるのがプレスティージや戦略、慣習的知識＝力の取得、合意的解決といった慣習的原理である。以下で、伝統的に政治志向が強いカナク社会において、政治的行為としてのクチュームがいかに働いてきたかを見ていこう。

　第1部で見たように、文化人類学的キー・ワードともなってきた「プレスティージ」は、威信から、威光、特権、権威、権力、名望、名声、栄誉、名誉など、文脈によってさまざまに訳すことができようが、古代社会から伝統的社会、現代社会に至るまで、人間の性が普遍的に求めるマジックな用語と言えよう。その根底にあるのが「力」と言え、この意味で想像するにオセアニア起源の超自然的力を表す「マナ (mana)」が、カナク社会においては、威信好きのフランスからもたらされた「プレスティージュ (prestige)」と結合したのかもしれない。実際、カナクにとっての「プレスティージュ」は、マオリにとって非人格的な場所やものから人間まで、これらが有するあらゆる力や威信などを意味する重要な言葉としての「マナ」に相当するとも言えよう。カナクの場合、

第5章　伝統の発明としての慣習

そのプレスティージに関係する「マナ」は、とりわけ、クランや祖先の霊、聖地、名前やパロールから人としてのパワーに結びつく。カサレルによれば、プレスティージとは2つのことから派生し、ひとつは歴史的に言い伝えられてきた力のある、あるいは名高い家系やクラン出身の者に帰属し、彼らの求めに応じて、その同盟者や人々は遠方から動員されてくる。もうひとつは、彼自身の能力、とりわけパロールや個性から発するものである。また、プレスティージ・コンペティション（prestige competition）は常にあり、それはパロールと結びつき、パロールは不可視の祖先によって支えられ、祖先は可視の世界に力を有しているという（29/10/98; 1/12/2004）。換言すれば、カナクにとって、クランであれ、個人であれプレスティージを有する者は高く評価され、両者の背景を持ったカナクの政治家を第1部でも見てきた。カナクは伝統的なクラン首長には従うが、行政的に指名されたトリビュの首長には従順でないことは、逆説的に言えば、前者に威信を付与しても、後者には必ずしも付与するわけではないとも言えよう。彼岸と此岸のないカナクの世界観に存在するのは、不可視と可視の世界であり、個人の威信に結びつくパロールは、祖先が不可視的世界から可視的世界に交信し、そのパロールにマナを与え、子孫のプレスティージ獲得に影響を及ぼすと見なされていると言えよう。他方、あるカナクによれば、強い個性を有し、彼が話すときは誰もが尊敬をもって耳を傾けるような人物がプレスティージを有するが、なかには悪い支配的な性格を持った強い者もいるという（6/11/98）。ここには、カリスマ的威信にもいろいろあることを示唆しているが、プレスティージは伝統的な慣習政治における最大の動機づけとなってきたと言えよう。

　プレスティージは名前の序列と結びつき、名前は所与の場所と結びついていることを前章で見たが、この名前はクランとともにあり、子どもたちは祖父と結びついた父方家族の名前を有する。人の地位は出自によって決まるが、同時に戦略によっても変わり得るので、慣習政治において威信を獲得するために必要なことは、まず戦略を立てることである。ベンサは政治的成功のためのあらゆる戦略は、名前と祖先塚＝リニージから相続する人間関係の蓄積という資本をうまく維持し続けることから始まるとしている。このために、大事なのは父系親族を訪問し、他の集団との政治的同盟や、母方関係との同盟を築き、クラン内部のより高い地位を得ることである（Bensa, Rivierre 1982: 111）。リフ島のカレドニア人高校教師であるエッシェンブルナーも、カナクにとっての本当の

第 2 部　共同体の語り

　豊かさとは、たとえば 15 軒の家を持つことではなく、15 のクランとの同盟関係を有することであると語っている（23/10/97）。クランにとって他者との関係を構築することが名前や土地を含め、その勢力に直結してくるからであり、大きく、強力なクランとは、多くのグループや成員をクラン内部に抱え、同盟関係を維持しているクランとなろう。

　社会関係という資本を蓄積し、プレスティージを獲得するために人々は戦略を駆使する。婚姻は同盟をなすための最上の手段であり、カサレルによれば、祖父の代にある高貴な名前を獲得するために、母の父である祖父は力のある重要な家族の元に娘を嫁にやる戦略を立てる。この力を持った家族に生まれた子どもたちは、母方のオジを尊敬しなければならないので、母の兄弟は母方のオジとしてその結婚から恩恵を受け、同盟による名誉を得ることになる。このようにある集団が立てた戦略の成果は次の代、あるいは孫の代になって現れる。結婚や通夜のような機会に示されるクランやその成員が属する階層的序列は、永続的なものではなく、他のグループとの関係から、計画を実行するのに良いときであるかどうかを各世代が窺い、戦略を立てなければならない。通夜や婚姻の席で語ることは誉れとなり、人は時宜に適ったときに語り、そのとき才量を示すことができる者が名声を得て、たとえば、伝統的な貝貨を支配することできる。そうした慣習的知識を持たない者は負け犬となるゆえ、慣習について多くの知識と記憶を必要とするが、こうした戦略は、現在でもクランやトリビュで見られるという（6/10/97; 1/12/2004）。したがって、慣習において多くの知識を獲得した者が、その戦略において勝つことができると言えよう。

　良き戦略を立てるためには、文化的に鍛錬された技術としての慣習的知識（savoir）＝力を必要とする。これは、学校へ行き、本を読んで身に付ける教育とは異なり、伝統的に母方のオジや周囲の人々から学んでいく慣習教育である。これを、リフ島を例にとって見てみよう。リフ島のデフ語（Drehu）では、ルーツ（racine）を意味する「in」を重ねた「inin」には習得する、教えるの意があり、伝統的教育は、幼児、少年あるいは少女、「真の人間」となる成年男女、及び老人の段階と、人生のサイクルに従った段階があり、それぞれに習得する知識の内容、方法、目的がある。伝統的知識を得るための 2 つの方法として、ひとつは集合的伝達を意味し、全ての人々に伝えられる「lahnithkeun」が、もうひとつは、他のクランに伝えられる場合もあるが、一般的には同一のクラン内のみに伝えられる伝達内容を意味する「lahnikew」がある。各クランは所与のや

り方で、たとえば先祖伝来のトーテムを通して知識を獲得するが、同時に慣習の実践や集団行動への参加などを通して、共同体の成員は共通の知識を共有することができる。知識を取得する（accéder au savoir）は「atre」であり、ココナツを切る、あるいはカーズを建てるための知識のような、決まったやり方で学んでいくことを意味する言葉は「atre hmekun」であるが、物事を見極めることのできる識別、洞察力を意味する「wange atre hmekun（discernement）」は、何が必要であるか、あるいは何が考えられるべきかを把握し、その結果選択できることを意味する。また、人々は「私は知らない（thaatreköni）」と言うことはできないという。なぜなら、知らないということは、人間関係をいかに構築するかその術を知らないことを意味するので、もはや社会的人間とは言えないからである。また、「私は知らない」ということは、彼は、本当はしなければならないが、したくないことを意味する。たとえば、クランの戦争のような場合、なにか好ましくない考えを隠しているのではないかと、疑われることを意味するという。伝統的に、知識とは抽象的なものではなく、頭で考えるのではなく、食べ、飲むように腹で考えることであり、知識を獲得するために、人々は日常生活において、たとえば、老人の荷物をその家に運ぶのを助けて、彼からある知識を獲得しようとしたり、若者は伝統的に知識を習得する修行の旅に出て、学んできたという。（Wapotro 1994: 9-22; エッシェンブルナー 23/10/97; ワポトロ 16/10/98）。

　つまるところ、慣習知識を習得するとは、共同体を生きる上で各自のルーツ・ルートを学ぶことに帰していくと言えるが、伝統的に知識は、資本としてその属するコミュニティのために投資され、もしある男が呪術の知識を持っていれば、それはクラン内部で継承され、その実践は個人的資本としてではなく、集団としての共有資本として投下されると言えよう。新たな状況に対処するには、人はそれを見極める力を必要とするゆえ、「wange atre hmekun」はとりわけ重要であり、問題意識という言葉にも置き換えられよう。知らないということは、つまりは人といかに付き合うかを知らない人であり、それは社会的な意味でひとりぼっちの個として人間失格となり、知識を獲得できず、社会的に生存していけないことを意味しよう。この意味でも人は社会的にならざるを得ず、自らのルーツ・ルートを学ぶとともに、新たな知識を求め、慣習的教養を身に付けなければならない。知識とは、抽象的でなく具体的なものとして、前述したヤムイモのように知識を消化する、すなわち、実践することよって獲得するゆえ、

第 2 部　共同体の語り

「腹で考える」ことにもなろう。

　一方、慣習に関する教育は、伝統的に母方のオジの役割であるが、今やカナクの子どもたちは、学校教育により多くの時間を割かれ、学校で過ごすようになって慣習について学ぶ時間もなくなっている。たとえば、O. トーニャによれば、カナクの言語では親族に関して言及する多くの異なった称呼があるが、そうしたことを学校では教えられないため、称呼を無視することはカナクの慣習を貶めることにもなり問題となる（8/10/97）。現実の問題として若者の慣習知識は減少し、その知識を有しているのは彼らよりも外部の人類学者ということにもなり、この意味で、カナク人類学者の出現が待たれることにもなる。さらに、これまで伝統的に名誉とされること——より高位の名前や価値ある貝貨を有していること、シェフであること、慣習で雄弁に演説できることなど——に、個人レヴェルでヨーロッパ人や外国人を友人に持つこと、企業家、土地所有者などが将来加えられていくかもしれない。新たな名誉につれて、そのための新たな戦略や知識の必要性が生じてくる。若者にとって新たな知識獲得へのルートは、地元の学校から首都ヌメアでの就学、フランスでの兵役や海外留学、市場経済への参加からインターネットへのアクセスまで広がり、その知識の取得と使用においては情報の吟味という「見極める力」が常に必要となる。こうした新たな知識は個人的なものであるが、慣習においてはそのアプローチ方法や伝達内容は、クラン内での「秘匿知識」とするか、あるいは他の者と共有する「集合的伝達」とするかの選択があると言えよう。エッシェンブルナーは、カナクは新しいことを恐れないし、それを神聖化しない。常にいかに新しいものを利用するかを考え、それを社会的に統合しようとしているという（23/10/97）。カナクは流用の精神で、外からの新たな知識を文化システムに再文脈化し、財として資本化し、文化的技術を習得しながら、その社会的ネットワークの中で知識＝力を規制、分配し、循環させてきたと言えよう。しかし、現代世界の急速な変化の中で、クチュームが大きな変化にさらされていることは間違いなく、新たに獲得される現代知識を資本としていかにどこに投資していくかによっても、慣習において獲得される文化的技術や慣習的価値観に新たな変化が生じていこう。

　カナクは第 2 次大戦後、カレドニア政治に参加して以来、半世紀以上経ったが、こうした伝統的・近代的要素の相関関係の中で慣習的原理は機能してきたと言えよう。しかし、村人から指導者に至るまで、「政治」は彼らの文化的表

現ではないとし、O. トーニャは次のように語っている。「政治的アイデンティティは複数で一緒ではないが、これは政治が西欧的発想の表現であって、もともとカナクのものではないからだ。しかし我々が慣習を行うとき、独立派であろうと反独立派であろうと、皆一緒にやる」(8/10/97)。RPCR のカナク反独立派の政治家のルーコット議員もまた、メラネシア人は政治では同意しないが、慣習では我々は一緒だと語っている（5/11/98)。この「慣習では一緒」という政治文化的表象をいかに解釈したらよいのであろうか。ワポトロによれば、西欧的政治は批判的な議論によるが、カナクの伝統的政治は関係に頼り、勧告であり、お互いに批判するようなことを言わない。それは、相手を批判してしまえば、相手との関係を断つことを意味することになるからである（12/11/98)。なにやら日本社会を想起させるが、相手との対立や批判を避けるために人々は長い話し合いの末、そこで合意的解決を見出そうとすることになる。この意味において、エッシェンブルナーが指摘するように、慣習における合意とは問題を消し去ることではなく、無視できない問題が存在することを意味する。したがって、人々が（合意後に）対立するのを防ぐには、集まりに出席していることが重要であるが、これはその場に居合わせる者がそこでのパロール、話を支配する者であるからだ。誰もが一緒に出席して参加していれば、それは合意と呼ばれるという（23/10/97)。しかし、その合意に達するためには、日本でまさしく見られるように、合意の裏にまた合意がある。カサレルによれば、人々を説得するための過程において、背後で多くの話し合いが持たれる。合意に達するとき、人々は同意し、同意しなければ合意は維持されないゆえ、長時間かけて核心に至る。集会では真の議論はなく、ポジションの公的な確認がなされる。近代政治はこうした伝統的な慣習的論理をある程度バイパスしてしまうことを可能にし、近年こうしたやり方は変化しつつあるが、依然として根強く残っている（1/12/2004)。慣習政治の合意に至るプロセスには、その背後に長期的戦略や根回しが必要であり、時間がかかるため、カナクは近代政治の合理的側面を取り入れつつある。とまれ、慣習では内に反対があったとしても合意として表出されるから、カナクは慣習では一緒だと主張されると言えよう。一方、西欧の民主主義制度に基づく近代政治では、討論で批判や反対意見が明確に表出され、各人は投票によって直接的に反対を表明する。合意の傘で反対意見を被ってしまう伝統的慣習政治と、反対意見の表出の下で多数決によって押し切る西欧的民主政治の対比的表象である。両者とも反対意見がくすぶり続けるこ

第2部　共同体の語り

とに変わりはないが、反対あるいは対立を明示する文化と、それを避けて曖昧にする文化の違いがあろう。合意的解決法は、日本人にとってはお馴染みのことであるが、国際会議において、決議に至るプロセスには各国間での話し合いや合意形成をすることが外交的駆け引きの中で盛んに行われていることを考えれば、合意は、なにもカナクや日本社会の専売特許としての文化的価値観とも言えないかもしれない。

　一方、慣習と政治は異なって機能し、混同してはならないとしばしば言われるが、両者は互いに関係し合い文脈化されてきた。日本が日本的民主政治を生み出してきたように、カナクもまた積極的にその慣習的側面を近代政治の中に習合してきた。先に見たように教会と慣習は政治に影響を与えてきたが、常にクランの成員ルートを通してである。ウアンブイによれば、クランはひとつの組織体として機能するという。人々は通常クランの首長に従い、クランの成員に投票する。それゆえ、もし、議員がシェフであれば、クランに対して影響力を発揮できるので反対者は出ないが、シェフでなければ、彼はクランの意思に反対行動はとれない（26/10/98）。カナクの近代政治ではどの政党に属するか、あるいはどの政党を支持するかだけでなく、どのクラン、あるいはどの首長国に属するかによっても投票されるし、力を持っている大きなクランが、その代表としての議員を近代政治のアリーナに送ってきたとも言えよう。しかしカナクの投票行動にも変化が見え、今や、個人として投票する傾向が増え、とりわけ、自身の考えに従って行動する教育を受けた若者は、クランに影響を与え、ときに問題を起こすことにもなる。

　つまるところ、カナクはネーション・レヴェルで、その慣習政治と近代政治を節合し、政治文化にある慣習的価値観と技術を近代政治に再文脈化しながら、カナク流の近代政治を形成してきたと言えよう。シェフや名望家、長老たちによる男性の間で情熱と献身をもって演じられる慣習的檜舞台に、通常、女性、若者、臣下は上がることはないが、舞台の脇から補助することは義務でもあり、クランやシェフリの成員として彼らに従ってきた。第1部で見たように、女性のカレドニア政治への参加は近年顕著であるが、慣習的舞台への参加は未だ見ていない。プレスティージを獲得することが、カナクの政治文化における最大の動機づけであることを見たが、そのために彼らは必要な慣習的知識＝力を取得し、長期的戦略を立ててきた。この長期的戦略は、先に見たようにカナク脱植民地化運動の戦略に表れており、合意による解決法の最たる例は、対立と紛

争を避けるために住民投票を繰り延べしてきたフランスと独立派、反独立派との間に結ばれたマティニョン合意とヌメア合意であろう。これをクチュームで読み替えるならば、両合意は、パートナーとしてのフランスとカレドニア人との間の関係を同盟的に結び、更新し、持続させる政治的行為とも言えよう。

2. トリビュとシェフリ

　前章で見たように、ルート・ルーツによって節合された道程をたどるクランの神話的系譜が、受粉による移植によって歴史的に存続してきたとするならば、その移植を可能にしてきたのは、クランのルートを実質的に結節する地縁集団であり、人々が普段生活をともにする居住集団である。現在も、カナクの大多数が日々の生活を送る村としてのトリビュは、伝統的社会単位としてのクランと並んで親密圏としての共同体を表象している。しかしクランは、植民地化以前の各地への拡散と植民地化後の強制移動によって、各地のトリビュに分散し、複数の異なったクランで構成されたトリビュにおいて人々の帰属意識はクランにある。共同体レヴェルの伝統的組織と行政的組織は絡み合い、クランとしての各親族集団を軸に関係性は展開していく。この意味では、マオリと比較すると、第１部で見たようにイウィ（部族）が一定の地域に同族集団としてある程度まとまり、マラエ（集会場）を中心に親密圏としての共同体を形成しているのに対して、カナクのトリビュとしての親密圏はより複雑な内部事情を抱えた共同体と言えよう。トリビュ、クラン、社会組織としてのシェフリの共通点は、良きにつけ悪しきにつけ、関係性で結ばれた閉ざされた親密圏としての共同体社会にあるゆえ、村としてのトリビュは、都市や町、あるいはカルドシュの農夫や牧場主たちが住むカルドシュの村を意味するヴィラージュ（village）における個人化したカレドニア社会とは異なると言えよう。

　ここでは、植民地化によって伝統の発明として創出された居住集団とその居住地を意味するものとしての「トリビュ」、その社会組織としての「シェフリ」に関して、両者の用語が意味するところをまず検証した後、行政組織の中に再文脈化されたシェフとの関係から、植民地化から第2次大戦後、さらに現代に至るトリビュとシェフリを考察し、最後に両者における紛争や問題点を探っていく。

第 2 部　共同体の語り

1)「トリビュ」と「シェフリ」

　仏語の「トリビュ（tribu）」と「シェフリ（chefferie）」という言葉は、アルケミー的な「クチューム」のように、きわめて曖昧な用語であるが、前者の「トリビュ」は、もともとローマ人の地形的分割を意味するラテン語から派生し、フリードによれば、部族「トライブ（tribe）」は　未開の条件下での人々の集塊、集合体に適用されるが、重要なポイントは土地へのアクセスにあるとしている（Fried 1975: 5, 7, 50）。換言すれば、西欧の植民地的文脈の中でローカルな集団に侮蔑的意味をもって適用され、社会組織集団としての部族のみならず、現在ではその集団が住む居住地にも言及されるため、ときにどちらを指しているのかわからない紛らわい用語でもある。ニューカレドニアで 1867 年に設立された「トリビュ」は論議を呼んできたが、UC のカレドニアン政治家で人類学研究者でもあったルノルマンは、シェフの周囲に集まる首長家系のクランと下位のクランあるいは複数の家族より成るグループをトリビュとして定義し、こうしたグループによるトリビュとしての集落の形成は、ヨーロッパ人との接触が近づいた頃で、それ以前はなかったとしている。すなわち、カナクは、その祖先塚＝リニージの名に従って自らの体を表す、同じ系譜のクランによる共通のカーズを中心として、ときに輪作でその用地が変わることはあっても、こうした祖先塚はグループが帰属する集結の場として残存し、クランが居住する集落が所与の領域的空間において散在していたとしている（Lenormand 1953: 246-247）。一方、人類学者のベンサ（Bensa 1981）もギアール（Guiart 2003: 33-34）も、当時メラネシア人のいかなる村も存在していなかったとし、歴史家のダグラスは 19 世紀半ばのフランスの役人や宣教師たちによれば、メラネシア人の居住地はグランド・テール北部では散在し、しばしば空っぽになったり見捨てられたりしていたとし、「カナク言語には永続的に自律し、地域的に定義できる社会的・政治的な単位の意味でのトリビュの概念に相当する言葉はない」（Douglas 1998a: 71, 81）としている。ここからも、トリビュやその居住集落あるいは村の形態をいかに定義するかでその意味するところにズレが生じるのがわかる。

　これに対してカレドニア人の考古学者である C. サンドは、複数のカナクの部落形成の発掘跡は、1774 年以前に多くの人口が自律性を持った集団の国（pays）として、固定した土地の上に定住したクランで構成された大きなシェフリ（首長国）を組織していたことを証しているとしている。これまでの伝統

第 5 章　伝統の発明としての慣習

的カナク社会に関する民族的データ、すなわちクランによる規則的な転地で構成され、政治的に単純な分散したシステムを有し、人口的にほとんど多くなかったとして記述されてきたオトクトーヌ社会のオーソドックスなイメージを、考古学は疑問視するとしている。彼は、また発掘調査は脱植民地化運動が激化した時代は難しかったが、1988 年のマティニョン合意によってカナク遺産に対する考古学的調査が 1990 年代から始まり、ヌメア合意の共通の運命に向かって現在は統合論的歴史へと向かっているとしている（C. Sand 2012: 5）。

　ここには植民地化以前のカナク社会において、人々は流動的でとりわけ若者は見習い修行の旅に出たという口承や古文書などから、カナクの伝統的社会における可動性と流動性を重視し、植民地化はそのあり方に大きな影響を及ぼしてきたとする歴史家や人類学的見解に対して、所与の発掘調査地跡からカナクは、植民地化以前にすでに固定的な定住性を有していたとする考古学との論証的対立が見える。カナクにとってのルーツ・ルートの重要性に鑑みれば、定住性と可動性は双方向的にあったと考えるが、いかなる方法論によるデータを手引きにするかによって、植民地化の歴史的解釈やその「真実の体制」としての表象も異なり、アカデミズムが時代的文脈における政治力学の影響を受けて政治化されることを明かしていよう。いずれにしても、トリビュは親族集団から地縁集団、同盟関係まで網羅する可塑性の高い用語であり、フランスは、都合よくクランの居住グループを寄せ集めた集合体として、メラネシア人の行政的居住集団の単位、あるいはその居住地村として認定したと言えよう。

　一方、仏語のシェフから派生した「シェフリ」は、西欧の植民地化の中でローカルな族長などのシェフの勢力が及ぶ首長国やその首長制組織として言及される。ニューカレドニアでは伝統的な意味の首長国は、シェフの勢力傘下の地理的に必ずしもつながっていない離れた飛び地が同盟関係で結ばれている空間的領域を指す。いずれにしても「シェフリ」は、カナクのクラン間の対立や戦争による力学的関係、さらに植民地化によるトリビュやリザーヴの設定から行政的慣習地区の設定、カナクの強制的移動や転地、カントヌモン（cantonnement）によるリザーヴへの封じ込めなどによって、「シェフ」とともに有為転変してきた。伝統的あるいは慣習的シェフと行政的シェフの二重性の創出は、とりもなおさず、伝統的シェフリと行政的シェフリの二重性ともなる。実際、人々が「シェフリ」と言うとき、それが伝統的シェフリなのか、トリビュあるいはグランド・シェフリとも呼ばれる行政的に設けられた慣習地区（district coutumier) なのか、「トリビュ」とももつれ合い混乱する。1990年代の調査においては、筆者はシェフリという言葉はそれほど頻繁に聞いた覚えはなかったが、2000年代の調査では、慣習上院議員やその関係者が、組織としてのトリビュに代わって、このシェフリという言葉を多用するようになっていた。当時慣習上院の官房室長（Directeur de Cabinet）であった R. マプー（Mapou）によれば、ヌメア合意前は伝統的シェフリと行政的シェフリを区別していたが、今日では、どこに住んでいるかと聞かれたらトリビュであるが、どの社会組織に属しているかと聞かれればシェフリであるという（22/8/2007）。シェフの権限強化を図ったヌメア合意の「慣習法とその組織（Droit et structures coutumières）」の条項（1.2）では、空間的組織（organisation spatiale）の明確化（1.2.2）を示唆しているので、空間的組織としての「シェフリ」という用語が、シェフとともに強調されるようになったのかもしれない。また「シェフ」と「シェフリ」には、カナク文化としての「力」を象徴的に意味することができることにおいて、積極的に用いられているのかもしれない。「シェフリ」は首長国、あるいは行政区として首長のいる所在地を意味するシェフ・リュー（chef-lieux）との関連からか「シェフがいる場」と解釈できるときもあるが、一般的には慣習的事柄を決定する「シェフがいる社会組織としての集団」と言えよう。これに対して、「トリビュ」は植民地化によってカナクに押しつけられたという歴史的遺恨もあり、現在では「トリビュ」は居住集団の居場所としてもっぱら「カナクの村」という意味で使われることが多い。居住集団としてのトリビュはシェフリに、地区はグラン・シェフリに社会組織としてのカテゴリーを得たとするならば、次章で見るような鉱山シェフリ（chefferie minier）、すなわち鉱山資源に対する慣習的権利を有する集団としてのシェフリも出現し、シェフェリという用語は今日的文脈の中で、新たな意味を担って勝手にひとり歩きしているようにも見える。いずれにしても、「トリビュ」「シェフリ」はその可塑性から、歴史的に錯綜しながら時代的文脈の中で再解釈されてきたと言えよう。

2）今日に至るシェフリとトリビュ

それでは、植民地化は「シェフ」「シェフリ」や「トリビュ」に対して、具体的にどのような影響を与えたのであろうか。シェフリは社会的関係を有しない強制移住させられたグループを受け入れざるを得なかったが、迎え入れた者

（accueillants）と迎え入れられた者（accueillis）との間の「歓迎の契約」に変わりはなかった一方で、植民地行政府の前では両者は同一の義務と従属を課せられた意味で同等となった（Pipiti: 206 L）。また臣下としてのランクにあったクランにとっては、その序列を立て直すチャンスを提供した（Naepels: 276）。具体的には、ある者は贈与交換、結婚や養子といった伝統的戦略を通して父祖名（patronyme）をその土地の主の名前から得たり、他の者はフランス語からその父祖名を選択したり、あるいは個人で両者のクラン・グループに属する者、すなわち、父方と母方の両方のグループと同一化する者が出たという（Pipitie: 206-207）。ここからも、植民地化によってもともとの居住集団の関係性やクランの祖先塚＝リニージが揺るがされ、系譜の再構築が行われたことがわかる。強制移動によって新たに到着したクランと土地の主であるクランとの関係性など、シェフリの中でさまざまな相克が生じたと言えよう。

トリビュにはその設立とともに、植民地下で「伝統の発明」としての行政的役割と権限を持たされた長老カウンシル（conseils des anciens）、あるいは賢人カウンシル（conseil des sages）が認定され、カウンシルの権限は伝統的には真正ではないが、懲罰や制裁などを含めシェフリの取り決めなど慣習的権限を獲得した。長老の知恵に頼る賢人としてのカウンシルは、行政組織の中核として、ルノルマンによれば、シェフはこの長老カウンシルもしくは長老の命（ordre des vieux）によって、原則的には伝統的慣例に従って指名され、任命されたという。すなわち、その決定が、地元の行政監督官としての憲兵に知らせられると、監督官はトリビュでの長老たちの集会を招集して、その候補者の選択を認めるかどうかを聞き、反対がある場合は彼自身で新たな候補者を選択し、どちらの場合でも指名された者は総督によって任命され、就任の儀式において公的承認を受けてきた（Lenormand 1953: 261）。ナエペルスも、所轄の憲兵はトリビュを構成している異なった家族の意見を取り入れたとしているが、真のシェフは隠されて、シェフリのスポークスマンを前面に置き、フランス語の話せる者を仏植民地側との仲介に選択したと言えよう。

しかし、クランにおいてはこれまでのようにシェフとして長子（aîné）が占め、これに対する抗議はなかったが、指名された行政シェフの家系が「真」のシェフとしての合法的子孫となり得たかどうかは、いかなる規則もなく、状況はさまざまであったという。本物の慣習的シェフが解任され、シェフリの臣下が権限を得たり、3〜5家族の成員によって継承されてきたり、ある場合には、植

第 2 部　共同体の語り

民地化以来父系子孫の長子に引き継がれた。とりわけ地区のグランド・シェフリ（gande chefferie）は、トリビュのプティト・シェフリ（petite chefferie）よりも安定し、グラン・シェフは全てのトリビュのプティ・シェフを指名することができた（Naepels: 272-273）。しかしながら、人々が最後に従うのは家族やクラン関係、すなわち出自集団である系譜上のクランとして血で結ばれた「真のシェフ」や伝統的な同盟関係から由来するシェフであり、行政府が任命したシェフの命に対して人々は認めたり認めなかったりで、行政府を表象する者はほとんど尊敬されず、ときに軽蔑されたという（Lenormand 1953: 261-262）。ここには、カナクの植民地側に対する抵抗の精神が見える。しかし、トリビュと植民地当局や外部との間の仲介役を任じられ行政的シェフとなった者が新たな権限と地位を獲得し、トリビュを代表する責任者として憲兵との折衝や入植者との取引に当たった結果、本来はトリビュの土地に対する権限を持たないシェフが、トリビュ全体にその影響力を及ぼし、権威を増大したが、これに対して創建者としての土地の主の地位が低下していった。フランスの意向に従う者が行政的シェフとして任命されたところでは、トリビュは 2 つのグループ、慣習的シェフか行政的シェフ側かの 2 つのグループに分かれ、共同体の中の関係性は複雑化し、トリビュ内紛の種がまかれていったと言えよう。こうした状況が慣習的シェフと行政的シェフ、慣習的シェフリと行政的シェフリの二重構造を生み出す一方、シェフは行政府から与えられたこれまでになかった新たな権限を自らの権力としていった意味で、まさしく伝統の発明と言えよう。

　過酷な土着民法が廃止された第 2 次大戦後、カナクは特別地位（現在の慣習地位）を保持し、行政的シェフはトリビュにおける慣習的代表者としてその権限を保持し続けた。ルノルマンの言葉を借りるならば、アンディジェーヌ社会は慣習によって管理されると宣言され、その「伝統的基盤」であるトリビュ、シェフリ、長老カウンシル、クチュームの上に自発的に再組織されたということになる（Lenormand 1953: 292）。長老カウンシルのシェフは地区によっては、第 2 次大戦後共産主義に対抗して、カナクの近代政治への参加をサポートするために形成された政治的宗教組織のカトリックの UICALO あるいはプロテスタントの AICLF から選ばれたメンバーで構成されたり、他の場所では伝統的な構成に執着し、特定の家族のシェフによって形成されたり、あるいは本来の伝統的シェフで形成されたりしたという（ibid.: 292）。しかしながら、ベンサとサロモンによれば、1960 年代に入ると、こうした慣習当局者の権限は、植民

地権力とあまりに結びついているとカナクから政治的に批判されるようになった。その権限は低下し、これに伴ってクランの親族集団としての統一性が回復され、クランや家系的紛争は、その間の力関係における競合に回帰していったという (Bensa, Solomon 2003: 14-15)。トリビュにおいて行政的シェフがその威信と権威の下で人々をコントロールする権限が低下していったのにつれて、各クランとしての親族グループの自律性は増大し、力関係や暴力などをめぐるシェフリでの紛争や争いが増大していったと言えよう。その結果、再びシェフの行政的権限の強化が図られ、ニューカレドニア全体のシェフリをまとめるものとして、マティニョン合意による CCT からヌメア合意での慣習上院の設立に至ったが、これについては次節で見る。

　今日、カナクの村としてのトリビュは、植民地時代に設けられたカナク保留区としてのリザーヴの中にあり、景観的には海沿い、山間などの地形によっても異なるが、山々の起伏が多いグランド・テールでは、植民地化以前からトリビュは敵の襲撃に備える戦略的な意味で、周囲を一望に見晴らすことのできる山間の高地に点在するケースが多い。土地の譲渡化によって、さらにトリビュは山間の地に追いやられたり、人々は強制移動させられたが、ルノルマンによれば、現在のトリビュはかつての居住集団やその居住地の再編であったり、歴史的なトリビュの残存であったりするという (Lenormand 1953: 246-7)。また、疫病などがはやると人々はその地を捨て、他の場所へ転地し、リフ島ではそうした跡地へ案内されたこともあった。一般的にトリビュには家族が居住している家々、伝統的な茅葺きのシンボルとして尖頭的棟矢の付いたカーズ（case 小屋、家）やシェフのグランド・カーズ（grande case）、人々の集う集会所、教会、ヤムイモ、タロイモなどの畑、なかには養豚所、森や川、あるいは海辺などが展開し、一見のどかな村の光景を見せている。カーズの規模は大小さまざまであるが、伝統的なカーズは土台の下には砂と貝殻が詰まり、茅葺きで覆われ、出入口が付いた円形状の家が多い。系譜の序列により、序列が高ければカーズも高く大きく、グラン・シェフのグランド・カーズになると高さ 3〜4 メートル（直径 15 メートル）に及び、柵で囲まれたりしてもいる（次ページ写真）。

　こうしたトリビュにおいて、それぞれのクランの役割とは、各クランの長子家系のシェフあるいはその長子、土地の主、スポークスマンや戦士などの役割をシェフリの関係性に応じて果たすことにもなろう。しかし、日々の家族単位の生活において、たとえば海が近いトリビュであれば、人々は釣りをしたり、

第 2 部　共同体の語り

ウヴェア島の首長のグランド・カーズ

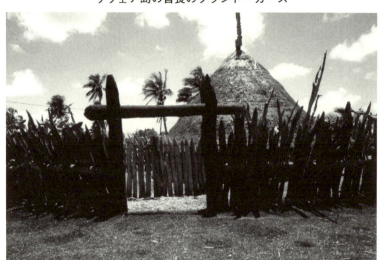

タロイモ畑を耕作したり、あるいは鉱山で働いたりして糧を得、非日常性において、たとえばヤムイモの祭儀といった慣習的イヴェント、あるいは紛争において本来の役割を果たすと言えよう。しかし、このことは、必ずしも固定化した役割を演じることを意味するわけでもなく、個人の能力によっても置かれた文脈の中でその機能を発揮すると言えよう。たとえば、シェフを代弁する影の実力者としてスポークスマンは、シェフリの広報活動でその役割を果たすことができる。また戦士のクランでは、かつてのような戦争はないゆえ、トリビュでなにか紛争が起きたときにシェフリを守るために善かれ悪しかれ尽力することになろう。ピピテイによれば、外からやって来た者は、土地の主を助けるべく呼ばれ、トリビュの仕事に貢献するという。シェフリの支配的クランの要求に応じて迎え入れられたクランとして歓迎における契約的な性格を有し、土地の開発などの義務もあり、その地で自らの到着を正当化しなければならないとしている（Pipite 2003: 208-209）。迎え入れられたグループは、昔も今もそのシェフリ内部の問題解決への新たな知識＝力となることを意味しよう。今日的文脈において、外からは急速な変化を、トリビュ内部からは人々の抵抗を受けつつ、そのハードルはいっそう高くなっているとも言えよう。

　それでは、トリビュの中で人々はいかに住み分けているのであろうか。グラ

ン・ヌメアのあるトリビュの 11 人の子どもがいるベルナール（Bernard）の家族の場合、息子 8 人のうち 2 人は町に住み、4 人は彼の家に住み、結婚して子どもがいる 2 人の息子 A、B は同じリザーヴの中でそれぞれの家を建てて住んでいる。彼は、シェフに息子 A、B の土地の分与を頼み、それぞれの土地区画を得たが、トリビュの長老会議によっても承認されたという。長兄たちは家を出ており、彼が住んでいる家は最後に残る「カーデ」、すなわち末っ子が引き継ぐという。彼の敷地内の正面には、カナクの伝統的カーズが立っており、筆者はこうしたカーズに何回か泊まったことがあるが、たいていは客人を泊めるために使われており、家族は現在では、一般的に木造やトタン屋根の家に暮らしていることが多い。レーナルトによれば、クランの祖先はカーズの真ん中の支柱の木に身を隠しているとされ、カーズを建てることは文化的にカナクやクランにとって象徴的な意味がある。リザーヴ内の土地には限界があり、子どもたちへの土地の分与は難しくなっており、息子の家は両親の家と比べるとずっと立派であるが、木々や植物で緑に溢れた両親のような広い庭はなく、土地面積はずっと狭い。

　一方、ベルナールは、娘のうち独身で他の場所で働いている娘がトリビュに住みたいならば、シェフに土地を分与してもらうよう頼んでもいいが、タヒチ人と結婚した他の娘がトリビュに住むことを頼んできたときは、できないと断ったという（9/97）。両娘とも法的に慣習的地位を維持しているが、この違いは父系制のカナク社会では、クランの土地の権利は、通常男性の成員に継承されるので、カナクあるいは非カナク男性と結婚した娘は、頼めないということであろうか。実際、同じトリビュに住んでいる他のカナク男性は、娘は結婚することになるから、土地を分与できないとも語っていた。女性は慣習的には土地への権利を有しないとも言われるが、1990 年代の調査では南プロヴァンスのトリビュでは未婚の母と子どもの 2 人住まいの家に滞在したこともある。ニューカレドニアの世帯規模は減少傾向にあり 2009 年には平均 3.3 人で、ロ諸島プロヴァンスでは 4.3 人、北プロヴァンスでは 3.6 人、南プロヴァンスでは 3.2 人となっている（ISEE 2013）。2000 年代の調査では北プロヴァンスのトリビュで年取った父と息子の 2 人住いや独身男性の独居に出会っており、カナクの所帯も核家族化が進みつつある。しかし、人々との接触のあるトリビュでは都会のような孤立を意味するわけではない。また、女性は夫の死後、出身地へ戻る場合もあり、出身のトリビュで兄に新たな住まいを建ててもらった女性

第 2 部　共同体の語り

は、子どもたちが居住する元の住まいに加えて、海に面するその家を未完成のためかセカンドハウスとして利用しているケースもあった。他方、ウヴェア島では、姉妹たちと親元に住む女性が、自らの耕作地へ案内してくれ、手入れされたその畑を前に彼女は誇らしげに見えた。こうした個人的耕作地を有していることは、個人的に占有できる土地の使用権を明かしている。トリビュの中での家族や個人に対する土地の分与は、家族やクランの状況の中で、またリザーヴ内の土地の広さなど、それぞれの事情によって現実的に対処されているように見える。

　行政的には、今日トリビュは慣習地区の中に組み込まれ、地区の中には、1つあるいはそれ以上の複数のトリビュが存在する。慣習地区は行政的選挙区でもあるコミューン（行政区）内に、さらにマティニョン合意で設けられた8つの慣習圏地域の中に組み入れられ、ニューカレドニア全体で57の慣習地区と341のトリビュが存在し、総人口の29%に相当する63%のカナクがトリビュに住み、カナクの93%がいずれかのトリビュに属している（ITSEE 1998abc: 2）。慣習地区の中には、複数のまれには1つのトリビュだけが存在、ロ諸島では慣習地区は伝統的なシェフリの構成と合っているところも多い。植民地化の影響を大きく受けた主島の場合は合っていない場合も多く、伝統的な空間領域としてのシェフリと行政的シェフリの違いは複雑化している。トリビュにおける行政的基盤組織としてのシェフリは、ヌメア合意以降、名称上変更された各クラン・レヴェルでのシェフあるいはプティ・シェフより成るクラン首長カウンシル（conseil de chefs de clan）、すなわちこれまでの長老カウンシル、及びそのカウンシル長（président）やトリビュの首長（chef de la tribu）で構成され、トリビュの運営やクランの問題に対応して、クラン首長カウンシルが招集され、討議し、合意に基づいてカウンシルやシェフによってことが処理される。こうしたクランの首長の中から慣行に従って指名されるトリビュの首長は、公に任命され、トリビュ全体の住人に対して責任を負い、社会組織としてのシェフリは内部で一定の自治権を有していると言えよう。慣習上院によれば、マティニョン合意以来、伝統への回帰があり、シェフリはクラン構造の上に成立し、クランはシェフリ内部の社会組織の中で伝統的な役割を回復し、シェフリは今日ではより効果的になり、社会組織として活力を得ているという（14/9/2005）。

　つまるところ、今日のシェフリはクランの代表からなる慣習当局とその権限を表象していると言えよう。これを裏返せば、伝統への回帰とはクラン間の対

立の活性化でもあり、シェフリの基盤は安定しているとは言えない。カナクは伝統的シェフリでないところは紛争が多いというが、全般的に見ても、グラン・シェフを欠いている場合、トリビュのシェフを選出できないケース、クラン首長カウンシル（長老カウンシル）が設立されていない場合、またそのカウンシル議長が選出されていないケースなどがある。とりわけトリビュの首長の場合は紛糾し、その選出はそれぞれの共同体の慣例に従うが、閉ざされた親密圏としての共同体の中で、シェフが亡くなるとその後の候補者に対して合意に至らず、紛争化して空席のままになっているところも多い。これには、ナエペルスが引用しているウアイルーの人々のディスコースによれば、シェフは手当、等級、肩章で、委任、職務を受け、毎月の終わりに給与を受ける。また、トリビュの電話、水道、土地の開発などを実行するために合法的に認められた行政的権限を得ることによって、行政的シェフリを独占したいという傾向もある。真の慣習的シェフリは、各人の心の中で生きている。新しいシェフの任命はトリビュ内での社会的興奮と論議を引き起こし、いかなる合意にも達せず、立ち往生して泥沼にはまり込むという（Naepels 1998: 277-278）。要するに、トリビュのシェフとなることは、マナあるいは威信を獲得し、貴重な現金収入の道を得ることでもあり、諸々の特権と結びつくゆえ、それだけ魅力ある競合的ポストであるということを意味している。クランあるいは家族から選ばれるシェフは、それが慣習的シェフであるかどうかを問わず、知識や実力を有した者が送り出され、人々のプレスティージや金に対する欲望と競合を掻き立てる。戦士から土地の主、スポークスマン、臣下に至るまでトリビュ全体を巻き込んで、ときに同じクランの中でも家系の違いや誰を指名するかをめぐっても、陣営に分かれ紛糾していくと考えられる。ADRAFのスタッフの言葉を借りれば、シェフリとは、クランの間で絶えず自分たちの力を得ることを、再交渉する首長たちの集合体ということになる（27/08/2007）。

3) トリビュ／シェフリ紛争

この意味で、南プロヴァンスの東海岸にあるヤテ（Yaté）コミューンのトリビュU（Unia）で起きたシェフの指名をめぐる紛争は、今日のシェフリ内部における力関係やトリビュ内部の複雑な共同体のあり方を知る上で、興味深い事例である。この紛争に関する2010〜11年の報道や、同トリビュ出身のあるカ

ナクなどから得た情報を基に、問題を考えてみよう。

　報道などによれば、トリビュ U の紛争は約 30 年前に遡り、ウアイルーから迎え入れられたクラン A でシェフの系譜に属している A1 が当初、土地の主のクラン B のシェフ B1 によってトリビュのシェフに指名された。しかし A1 が指名後亡くなり、後継の息子 A2 は年が 30 歳と若く、慣習的にも経験的に未熟であった。その結果、B1 が 1978 年にシェフを引き継いだが、当時クランの間でそれに同意しない者が出て紛争化したという。その後、シェフ B1 が 2004 年に死去すると、シェフリのスポークスマンによれば A2 がシェフの権利を持っていたが、B2 によるシェフリ継承を支持する者との間で、A2 の指名をめぐって再び両陣営に分かれ、クラン同士の間で紛争が再燃した。A2 は、慣習的な口頭協議記録（PV de palabre）によってクラン（長老）首長カウンシルとそのカウンシル長の支持を得てシェフに指名されたが、B2 を後継者とする陣営がこれに反対し、若者などの暴力行為が数年にわたって相次いだ。2010 年 7 月、この騒動の煽動者として、B2 を支持するリフ島出身のクラン C の成員がトリビュの秩序を破壊したとして、70 年居住してきたトリビュ U からの追放を、クラン首長カウンシルの名で、すなわちシェフリとして決定した。しかし、トリビュの人口の 3 分の 1 近い 200 人余りが C に連帯し、トリビュを出て行ったという。追放された者たちは、南プロヴァンスに暫定的なシェルターの地を得たが、トリビュに残された彼らの家や財産はその後放火、略奪された。一方、2011 年、両陣営の間で和解がなされないまま、シェフリ側のメッセンジャーは新シェフ A2 の就任に関して南プロヴァンスのシェフリの慣習当局者の承認を得るため、その慣習的道程を回った。なかには同意しないシェフリもあったが、同年 5 月 A2 のシェフの就任式が、複数のシェフリの支持と出席を得て、約 400 人がグラン・シェフのグランド・カーズの下に集まり行われた。トリビュの 4 つの共通の祖先をともにするグランド・クランの代表が、慣習的道程の統一を伝えるメッセージを発した。グラン・シェフは母方のオジによってその序列を象徴する帽子を被り、困難なときに締められるベルトをし、最年長の長老が、権威を示すカナク伝統の円形緑石聖体顕示斧（hache-ostensoire）を彼に与えた。人々は踊りながらグラン・シェフの周りを回って、シェフとしての合法性が顕示された。クラン B のシェフ B2 はトリビュに残っているが、出席したその兄弟によれば、この就任に合意を与えたというが式には欠席したという（*NC* 4, 25/8/2010; 23, 25/4/2011; 2, 3/5/2011）。

第 5 章　伝統の発明としての慣習

　シェフリによって追放された C のクランに多くの人々が同調し、人道的見地からもメディアや人々の注目を集めた中で、慣習的道程をたどってその他のシェフリの支持を得ることは必須である。シェフ A2 の就任儀式は、その正当性を公に表象するため贈与交換を含めた大々的な慣習儀礼と言えよう。トリビュ U は、それひとつでグラン・シェフを有する行政的慣習地区を構成しており、人口的にも大きなトリビュで、1996 年で約 650 人、不在者も含めれば 900 人を数える（ITSEE 1998）。同トリビュ出身のあるカナク X によれば 17 という異なったクラン名を持った数多くの（下位）クランが居住し[1]、トリビュ全体では 5 つの共通の祖先をともにするグランド・クランから構成され、前述した土地の主のクラン B は、1853 年にフランスに併合された当時のグラン・シェフの子孫でもあるが、植民地化による戦争などで、この子孫の一部は他へ散り、これは口承によって伝えられているという。こうした複雑な歴史の中で、X のクランの場合、南プロヴァンスの東海岸にあるティオ・コミューンのあるトリビュから来て、同じトーテムと先祖をともにする D1 というグランド・クランから枝分かれした下位クランの戦士のクランであるが、D に属する D2 のクランとともに、5 つのグランド・クランの中のひとつに統合されたという。土地の主のクラン B も、5 つのグランド・クランのうちのひとつであり、他の迎え入れられたクランも全てこれらのグランド・クランに統合されているという。2007 年当時、X は、当トリビュでは慣習的シェフが行政的シェフであり、B はシェフの主要な称号を持ったクランであるとして、シェフリ B として言及していたが、このグラン・シェフの空席についてはどうなるかわからないとしていた（22/08/2007）。

　トリビュ U に居住するクランには、植民地時代から近年まで主島の各地から南プロヴァンスではティオ以外にも西海岸のパイタや北プロヴァンス東海岸のウアイルー、リフ島などのトリビュから迎え入れられた多くのクランが存在し、B を支持した C はリフ島出身のクランである。これらのクランが 5 つのグランド・クランへ同盟を通して統合され、シェフ選出をめぐる紛争がクランの力関係の中で歴史的に繰り返されてきたと言えよう。今回、4 つのグランド・クランが迎え入れられたシェフとして A1 を支持し、シェフリとしてのクラン首長カウンシルや、カウンシル長やシェフリのスポークスマンの権限によって決定されたようだが、同じクラン内、家系内で、また個人によっても両陣営に分かれたとも報道されている。シェフリの紛争は、こうしたシェフの指名と土

363

地をめぐる問題が主要な要因となるが、若者が対立するクランの陣営を後ろ盾にして、コマンドとして暴力や放火などを働き、紛争をエスカレートしていく場合が多い。ここには行政的シェフリの権限に人々が容易に従わず、暴力を止められない慣習当局権限の機能不全が見える。また、当紛争においても若者がインターネットのサイトのブログでシェフリの非正当性などを訴え、糾弾したりすると、フェイスブックで人々が賛同あるいは批判したり、また明るみに出すことに反対したりなどコメントが続き、反応してもいる（cagou <http://www.cagou.com/blog/>）。この意味において、知識＝力としてのネットワークはウェブ・サイトの中で開示され、シェフリ内部の情報は、その信憑性の有無にかかわらず自由に開示され得る。もはやシェフリを表象する者は外部の人類学者だけではなく、内部のいわば、自生の半人類学者とも言え、若者が既存の力に抵抗するパワーとなることは時代を問わないと言えよう。

今日のシェフの権限は、トリビュの開発とも大きくかかわり、シェフの指名は、村としての発展を左右する上でも、またそこからの権益をめぐっても共同体のあり方は急速に変わりつつある。トリビュUの新シェフとなったA2も、両陣営の紛争解決とともに、その経済活性化に努め、ヤテのトリビュの観光協会（Association Tourisme Grand Sud）会長として、観光客が地理的にヌメアに一番近いトリビュUから始めてヤテの各シェフリを訪れる週末ディスカバリー（week-end découverte）ツアーの呼び込みをアピールしている（*NC* 3/5/2011; 8/11/2011）。実際、今や多くのトリビュが観光客を招くようになって、訪問者は撮影したトリビュの写真とともにその体験を自身のブログで紹介する。しかし、こうしたブログに内部の紛争は一般的には表出してこないゆえ、外から迎え入れられた観光客は、安全な美しいパラダイスとしての宣伝に一役買っているとも言えよう。この意味では、親密圏としての共同体はもはや閉じられてはいないとも言えよう。

しかし、「トリビュ」における「シェフ」「シェフリ」の将来は、人々の反発や造反の中で波乱含みと言えよう。トリビュの行政的シェフとしての選出をめぐる合法性や正当性は、土地の主のクランから迎え入れられたクランまで、その力関係の中で再構築されていく。一見緑溢れ、平和な土着的景観が織り成すトリビュを舞台に、シェフリ内部では政治的力関係のゲームと内紛が渦巻き、昔も今もエヴェヌマンは繰り返されていると言えよう。トリビュ、シェフ、シェフリが慣習の象徴として合意と内紛の下でこのまま維持されていくのか、ある

いは、慣習地としてのアイデンティティを保ちながらも、将来的に公開上の民主的選挙によって人々から選ばれる行政村とその組織、首長になっていくのか、カナクのルート・ルーツ上の節結地点としての共同体の前途が多難であることは間違いない。

3. シェフの制度化

　前節で見たように、植民地化によって創出されたトリビュにおいて、首長はカナク社会にそれまで存在しなかった行政的権限を付与され、行政的シェフや行政的シェフリなるものが出現した。この結果、行政的権限はカナク社会の慣習システムの中に構造化され、今日ではネーション・レヴェルの現代政治との節合において制度化されている。ここでは、まず、シェフの慣習機関の制度化がいかに進展していったかを、独立運動における大首長カウンシルからマティニョン合意に基づくCCTの設立、さらにヌメア合意における現在の慣習上院の創立から検証し、最後に上院の政治的行為としての慣習的リーダーシップをマオリとの比較を含め探っていく。

1）大首長カウンシルとCCT
　先に見たように1960年代に入ると行政的シェフはかつての権限をもはや維持できなくなったが、いったん味わったその権力への思いは捨て難かったと言えよう。一方、フランスにとっては1970年代後半から脱植民地化運動の高まりの中で、カナクをコントロールすべく保守的なグラン・シェフと再提携する必要があった。こうした両者の思惑の中で、1980年、当時の仏保守政権下で行政府とグラン・シェフの集会がサラメア（Sarraméa）で開かれ、翌年フランス社会党政権に変わると、領域議会は行政側に答申する諮問機関としてのグラン・シェフ・カウンシルを創出することを決議した（Douglas 1998b: 76, 91）。
　これに対してカナク独立派の政治家たちは独立への戦略的枠組みの中で、いかなる考えを持っていたのであろうか。1980年8月のヌメアのUC 11回会議では、次のような慣習的事柄についての懸念や検討が挙げられている。行政的グラン・シェフに関する正当性、ネーション・レヴェルにおける政治的選出議

員と慣習当局者との間の権限の衝突の可能性、「ビール瓶の慣習（coutume de la bouteille de bière）」[2]から真の慣習への回帰、言語的相違に基づくローカルな地域的自律性、諮問的権限を有した上院あるいはシェフのグランド・カウンシル（grand conseil des chefs）の設立などである（UC Congrès 1980）。また、翌年11月リフ島の12回会議では、ネーション・レヴェルでの慣習の位置づけとして、地域的グランド・カウンシル（grand conseil de région）からトリビュ・レヴェルの長老カウンシルまでの組織図や、グラン・シェフはカナク独立運動の政治的指導者にはなれないが、慣習当局者としての位置づけの必要性があるなどといったことが言及されている（UC Congrès 1981）。つまるところ、カナク社会の基盤としての慣習をネーション・レヴェルでいかに政治的に節合しながら、シェフの権限を制度化するかについて検討を重ねており、現行の素案と問題点が見える。

　一方、先のサラメア会議や領域議会の決議の中で、1982年12月17日から3日間にわたってリフ島のグラン・シェフ（Boula）の呼びかけで、各地のグラン・シェフがリフ島に大集合し、一堂に会した。この集会へ参加したダグラスによれば、54人のグラン・シェフのうち約30人――その多くは彼らのスポークスマンを伴っていた――と約350人のプティ・シェフが参加し、出席者には当時の高等弁務官や領域政府カウンシルの副首班となったチバウもいた。会議の詳細については、ダグラスが論じているのでそれを参照されたいが、儀礼的にはリフ島における慣習的道程をたどり、贈与交換儀礼を実践し、多くのダンスや歌に彩られた大規模な祭儀でもあった。そのグラン・シェフの慣習地区ロエシー（Löessi）にあるトリビュで2日間にわたった討議は、ひとつはチバウを含めたグループと、もうひとつはグラン・シェフのグループの2つに分かれて行われた。前者のグループでは、チバウがカナクの遺産としての土地と西欧的土地所有の概念の対比、伝統的歓迎の概念の強調などについて述べた後、討論の目的を語ったという。すなわち、選挙区のコミューンでカナクの知事やカウンシラーを選出する地元政府の創出、慣習の枠組みと協力の中で慣習的事柄におけるシェフの権限、慣習の法化にシェフの言葉が伝わる行政的効率性などで、計画される制度は新たな行政的制度で慣習的制度ではないとした。要は新たな伝統の発明としての行政的慣習機関の設立を目指したものであるが、人々は彼の提言を受け入れ、1981年の領域議会の決議を実行に移すための地域的代表としてグラン・シェフの暫定委員会を選出することを何時間もの交渉で決めたと

第 5 章　伝統の発明としての慣習

いう（Douglas 1998b: 81, 91-94）。ここからも、こうした会議や討議を通して、「遺産としての土地」や「伝統的歓迎の概念」などの言葉が、ローカルな生産的社会ネットワークの網の目の中に循環し、第 1 部で見たように、人々を動員していくことがわかる。また委員選出に長時間かかったことは、合意に達するのは常に容易でないことを証明している。一方、リフ島会議のもうひとつのグループに参加したあるグラン・シェフによれば、討議の目的は上記のような慣習制度の設立ではなく、シェフリとカナクの土地や文化的権利を認めることをフランス政府に主張することであったという（14/9/2005）。ここからも慣習の制度化は、慣習当局者よりも政治家たちによって決められていったことがわかる。

　いずれにしても、こうした結果、1983 年 5 月フランスのミッテラン社会党政権下で大首長カウンシル（Conseil des Grand Chefs）が創出され、リフ島会議の開催者であるグラン・シェフを事務局長として、1983 年 7 月のナンヴィル＝レ＝ロッシュの円卓会議に当カウンシルの代表も出席した。第 1 部で見たこの会議のコミュニケには、メラネシア人の文明の同等性を認め、慣習の代表者からなる制度を設けることによって、植民地主義終了の意志を表明している（AFIKHM n.d.: 107）。UC による円卓会議のコミュニケ分析では、慣習組織の制度化は重要であるが、自らの国におけるカナクの権利のひとつにしかすぎず、当然の権利の承認であるとしている（*L'Avenir Calédonien* No.887, 28 /7/83: 1）。換言すれば、植民地化でフランスはカナクをコントロールするためにシェフに行政的権限を付与したが、そうした伝統の発明としての慣習において、カナク独立派もまたカナク社会の基盤としてのクランやシェフリをネーション・レヴェルに節合するための慣習的行政組織を確立する必要があったと言えよう。

　円卓会議後、この大首長カウンシルに取って代わったのが、地域的な慣習カウンシルに基づいた行政シェフの制度化の試みである。ニューカレドニアを 6 地域に分けた 1984 年のルモワーヌ計画では、6 つの慣習国（six pays）と、それぞれに慣習国カウンシル（un conseil de pays）を設けるものであったが、慣習関係者以外にもコミューンや経済社会分野の代表から成るもので、現在の 8 つの慣習圏のうち、ロ諸島を 1 つに纏めた 6 慣習圏地域に相当するものであった。しかし、独立闘争の激化によるエヴェヌマンでほとんど実現されず、続く 1985 年のファビウス計画では、4 地域（région）分割の下で、行政命令（Ordonnance du 20 septembre 1985）によって各地域に慣習諮問カウンシル（conseil consultative coutumier）が設立され、ネーション・レヴェルで領域慣習諮問カ

367

第 2 部　共同体の語り

「慣習圏」地図（ISEE 2012）

8 慣習圏とその棟矢シンボル

ウンシル（conseil coutumier territorial）が設けられた（Sénat coutumier 14/9/2005; JORF 1985: Art.19; Devaux 1997: 70-73; Deckker 1995: 67-68; UC 1991: 3）。一方、FLNKS カナキー憲法草案（1987）の上院（Sénat）に関する条項（22-25条）には、ルモワーヌ計画のように慣習当局とその他の公共分野からの代表で成る上院（任期 5 年）が、議会から送られる法案を検討し、議会に上院の意見や修正案を送る役割の第 2 院的構想が示されている。

　しかしいずれも、先の試みはエヴェヌマンや仏政府の変化などで短命に終わり、行政シェフの専門組織として本格的制度化が確立したのは、独立運動の末に結ばれた 1988 年のマティニョン合意からである。当合意では、「慣習圏」地図で見るように主要な言語的・文化的違いに基づき行政的に 8 つの慣習圏（aire coutumier）が設けられ、圏内の慣習地区カウンシルからの代表で構成される各慣習圏カウンシル（conseil coutumier）と、その慣習圏カウシルからの代表で構成される領域慣習諮問カウンシル（Conseil Consultative Coutumier du Territoire）（以下、CCT）が創設された。CCT は、慣習的慣行によって指名される 3 年任期の議長を有し[3]、カナクの慣習的事柄に関してプロヴァンス議会でなされた草案や提案について助言を求められる（JORF 1988ab: Art. 60-62）。それゆえ、CCT は、ネーション・レヴェルで慣習的権利に発言権を持つこと

第 5 章　伝統の発明としての慣習

になったが、勧告、諮問機関で、その「consultative」を嫌ってか、省略してCCTと通常称していた。その特別地位（現在の慣習地位）や慣習地に関した事柄――土地、開発、社会、文化、司法と制度の6つの分野で、歓迎の権利やクラン組織、人と土地の関係、祖先や慣習的口承などを含めた課題――に取り組んできたという（CCT 1997: 13-15; 1998a: 15）。

　CCTのオフィスは、かつてはヌメアの街中にあったが、郊外のヌーヴィルに移り、その敷地には慣習のシンボルとしての伝統的なカーズが建てられている。CCTの慣習当局者たちによれば、各トリビュには慣習的に選ばれた行政上の首長で構成される長老（クラン首長）会議があり、トリビュから首長は各慣習地区カウンシル（合計57）に出席し、そこで慣習的に指名された首長が属する慣習圏カウンシルに出席する[4]。たとえば、ハランチュー（Xârâcùù）慣習圏では、約50人の首長たちが議論し決定を行うが、慣習に従うのでパロールで合意に達するのは容易だと語った。また、CCT議長はグランド・テールの5つの慣習地域から持ち回りで選ばれ、これには「ロイヤルティ諸島の首長たちが、議長はグランド・テールの首長たちが常に就くべきだと表明したからである。これは慣習で、慣習ではこのようになる。パロールでこのようになる」と、禅問答的な答えであった（CCT関係者 15/10/98）。カウンシラーの選出に当たって合意に達するのは、前節で見てきたように容易でないが、日本社会に似た内部事情を秘匿する建前でもあろう。しかし、主島グランド・テールとロイヤルティ諸島とはライバル関係もあるのに、なぜ、均等な持ち回りの議長職に口諸島のシェフが就かなかったのであろうか。推測するに、伝統的に首長の権威が強く階層化された口諸島においては、慣習的シェフが強い権限をすでに有しているので、新たに権威を裏付ける行政的慣習当局の権限を必要としないのかもしれない。それゆえ、リフ島会議のグラン・シェフのグループでの討議ではカウンシル設立に関心が向かなかったのかもしれない。いずれにしても、投票や多数決によらずなにごとも慣習的やり方でCCTは運営されている。事実、その機関誌によれば、CCTの価値観は委員の連帯と統一にあり、全ての意見や決定は合意によってなされるとある。ネーション・レヴェルに節合された西欧的行政システムの中で、内部的に実際に機能しているのはカナクの慣習システムであるが、こうした二重性の中でその連帯、統一が必ずしもうまく機能しているわけでもない。

　1998年のCCT内部で起きたエヴェヌマンはそうした事例を示している。第

第 2 部　共同体の語り

1 部で見たアタイ首長の反乱が起きたラ・フォア地域で土地返還要求を行った大首長（Kawa）は、その地籍図を作成し、失地を回復し名を馳せ、すなわち名誉を獲得した。1998 年 CCT 議長となったが、公金を浪費し、その資金運営をめぐる職権濫用で、CCT 慣習当局者のいわば内部クーデターによって、カナク的に言えば同盟的な合意によって、3 年の任期半ばで議長職を解かれ、同じ慣習圏出身のシェフが残りの任期、議長に就いた。当時、CCT カウンシラーたちは、「彼は終わった……彼は慣習のためではなく、お金のために働いた。ゆえに、我々は新たな議長を選んだのだ」と語っている（CCT 関係者 15/10/98）。しかし、ことは終わっていなかった。慣習圏会議が 10 月 24 日、ラ・フォアのコミューンにあるトリビュで開かれることになり、その会議へ参加した筆者もヌメアから CCT メンバーの車で向かったが、そこへ向かう道路に入ると、大首長とその家族による道路封鎖が待っていた。彼はその任期が終わっていないことを理由に辞職を拒んでいた中で解任され、自らの威信を傷つけられたと憤怒し、このような直接行動に及んだと言えよう。憲兵も交えた 1 時間ばかりの押し問答の末、結局道路封鎖は解かれず、一行は引き返すことを余儀なくされ、近隣のコミューン（ブールーパリ）の集会所で会議を開くことになった。このため大幅に遅れて始まった集会では、15 人のカウンシラーが出席し、教育やカナク言語などの議題が討議されたが、なんと言っても最大のトピックはこの内部問題であり、彼を弾劾するコミュニケとしての手紙をメディアに送ることが会議で決まり署名された。しかし、その会議に出席し、その夜帰宅途中、彼の慣習地域を通ったカウンシラーたちは待ち伏せに遭い、襲撃され重傷を負い、グラン・シェフは逮捕され投獄された。襲撃したのは、彼のクランではなく息子であり、そのクランの中には彼に反対の者もいたという。

　このエヴェヌマンに関して、ワポトロは、「カナク文化では彼は集団の代表であるが、物事を決めるのは集団であり、グループの名の下にひとりでその権限を濫用したゆえ、CCT カウンシラーは彼に反対し始めた。もし、彼が他のカウンシラーと協議し、カナクの規則に従って合意に達していれば、そのようなすげ替えは起こらなかっただろう。議長の交代は伝統的な行為である……カナク社会では、人を完全には弾劾しないゆえに、彼の返り咲きを支持したカウンシラーもいた」(9/11/98)。良い意味でも悪い意味でもこうした寛容性は、日本社会にも見られるが、実際、2005 年に上院を訪れると、彼は上院副議長として返り咲いていたのである。彼は、職権濫用において西欧的権限を、その返

第 5 章　伝統の発明としての慣習

り咲きにおいて慣習的寛容性を流用したとも言えよう。いずれにしても西欧システムと慣習システムの節合において、慣習当局はこの二重性を有効的に使い分けているようにも見える。彼の場合、前章で見た人類学的シェフ像の中の好戦的タイプに分類されるかもしれないが、ダグラスは前述のリフ島会議を主催したグラン・シェフは、しゃべらず集会ではウィスキーを飲み続け、終始意識もうろうとした状態であったとも記している（Douglas 1998b: 96）。筆者は沈黙を守る寡黙なシェフにも、またよく語るスポークスマン的シェフにも会ったが、首長の人格は個人的資質や倫理観によろうが、この二重のシステムの中で、「真」のシェフはますます神秘化されていこう。

　それでは次のヌメア合意に至る交渉の中で、いかなる慣習当局機関が構想されていたのであろうか。UC の 1997 年の 11 月（Bondé-Ouégoa）の会議の報告には、慣習当局と CES、経済社会カウンシルからの代表、あるいは慣習当局とその他の公共分野からの代表で構成される FLNKS 憲法草案をほぼ踏襲した上院案が提示されており（UC 1997: Annexe 1 － Projet Cadre du FLNKS VI）、カナク政党 FCCI も、また RPCR もこのような幅広い代表での構成を提案している。しかしながら、1997 年 6 月の CCT の機関誌には、FLNKS の最大の優先事項のひとつは、議会とは独立して働く立法機関としての慣習上院の設立であるという FLNKS 議長の R. ワミッタンの手紙が掲載されている（CCT 1997: 11）。ワミッタンは自身の慣習地区でのグラン・シェフでもあるが、この上院から慣習上院への変化には、CCT による FLNKS への働きかけがあったと想像できよう。結果として、ヌメア合意では CCT から継承された慣習上院（Sénat coutumier）が出現した。

2) 慣習上院の設立

　ヌメア合意の（1.2）「慣習法とその組織（Droit et structures coutumières）」では、(1.2.5) 慣習上院の設立、(1.2.2) 慣習圏の役割と空間的組織の明確化、(1.2.3) 慣習当局の合法性としての地位規定とその登録などが挙げられ、慣習制度としての組織化が促進されている。すなわち CCT は慣習上院（Sénat coutumier）（以下、上院）として格上げされ、前合意で設けられた 8 つの各慣習圏カウンシルは各地域の要として、両者とも諮問にとどまることに変わりはないが、行政シェフの権限が強化された。「慣習的権利の守護人」として、ネーション・レヴェ

ルでその語る権威が認められると同時に、行政組織に組み込まれることによってその権威は規制されたのである。上院は 16 人の議員から成り、制度上のトップ機関として、ニューカレドニア政府、議会、州議会の長から、関係する「国の法（loi du Pays）」の法案や提案に関して伝達される。すなわち、国のアイデンティティ・シンボルから、慣習身分や慣習地、慣習的制度や機関、全ての慣習的事柄に関してのプロジェクトや議案・法案、つまるところ、カナク・アイデンティティ[5]に関係するあらゆる案件に対して、上院として討議し、自身の草案を作成し決議できるが、それに対する最終的発言権は有していない。上院を通過した法案は議会によって考慮されるが、法案に対する優先権は常に議会にあり、もし議会で上院が裁決した法案が通過しなければ、上院は議会を通過した法案を検討し、上院がこの法案を 1 カ月以内に承認しない場合は、議会の法案が国の法となる（JONC 1999: Article 142）。この意味において、諮問機関としての意見にとどまり、上院の権限は限られている。

　そのため、ヌメア合意に基づくニューカレドニア基本法が作成されつつあった 1998 年 8 月にコエ・カラ（Kowé Kara）で行われた慣習カウンシル会議では、慣習当局は上院が単なる諮問機関として機能するならば、上院は民俗博物館のようなものになってしまう懸念を表明し、慣習関係についての決定機関になることを求めていた。その報告書によれば、議会は単に公共生活の物質的側面である経済開発のみに関心を持っているので、首長や長老で構成された上院は議会のチェック機関として働くことが必要である。慣習と現代政治の間の同盟が支配と被支配の関係にならぬよう、上院は議会と同等に処遇されるべきである。慣習関係だけではなく全ての国の法案について上院で討議できるよう、慣習的規則に反するような法案を上院が修正できるよう、上院は議決権を持つべきことを要求していた。また、上院議員定数 16 は再検討されるべきで、慣習圏カウンシルは州議会と同列のレヴェルに置かれるべきであり、首長国はニューカレドニアの法律によって承認されるべきであるということを主張していた（CCT 1998b: Atelier 4）。つまるところ、上院としてはネーション・レヴェルの議会と同等の立法権を要求したと言えよう。

　こうした CCT の要求は、とりわけ隣国フィジーと比較され、人々に警戒心を呼び起こした。土地台帳に取り組むために、土地保有形態を調査しに CCT メンバーが親善訪問したフィジーでは（CCT 1997: 54-59）、1987 年 2 回にわたる軍事クーデター後、フィジー人の完全優位性が確立され、大首長会議がフィ

第 5 章　伝統の発明としての慣習

ジー人の権益と伝統擁護の代弁機関として、上院に代表を送り、大統領の任命や国の政治レヴェルで大きな権限を獲得した[6]。それゆえ、あるカルドシュは、CCT は拒否権を要求し、メラネシア人が全ての土地を所有し、慣習的首長が権力を振るっているフィジーのような国になることを欲していると危惧した（14/10/98）。一方、LKS の幹部は、上院は慣習とトリビュ・レヴェルの権限にとどまるべきであり、フィジーのシステムとちょっと類似しているが、ニューカレドニアの状況や植民地化の歴史は異なるので、フィジーのようにはならないだろうとした（22/10/98）[7]。上院の限定的権限からも、後者の見解は的を射ているが、カナクの政治家たちは、慣習当局の権限はネーション・レヴェルにおける議会のコントロール下に置きたいというのが本音と言えよう。独立派の R. ワミッタンは、「上院は全ての面におけるカナクの利害の守り人である……しかしながら、決定するのは議会であり、上院はその意見を提出する。これが民主的システムである」とし（19/10/98）、反独立派のルーコットは、上院は CCT と同じであり、ただ名前が変わっただけだ。それは常に諮問機関であり、その権限は変わらないと強調した（5/11/98）。ここには、カナクの「慣習的権利の守護人」を標榜する上院と議会との対立が見える。慣習当局は、現代政治システムを利用しつつ、その中で権限を確立するために、議会との均衡を求めたが、矛盾は、シェフたちの合意によって物事を全て慣習的に決定する上院が、彼らが呼ぶところの西欧的政治システムの議会での議決権あるいは拒否権を要求していることにあろう。慣習と現代政治の 2 つのシステムが交差する政治的・文化的コンタクト・ゾーンの中で、慣習当局者は、両者のシステムを都合よく流用しているとも言えよう。

　ヌメア合意（1.2.2）では行政単位のコミューンは、空間組織（organisation spatial）としての慣習圏の境界を配慮することなどが盛り込まれ、これにはコミューンの境界と慣習圏のそれとのズレもあろうが、空間的組織として言及されるシェフリの存在の明確化を示唆している。上院によれば、「カナクの国（pays kanak）」として言及される各慣習圏（言語・文化圏）は、複数のシェフリの上に成り立っており、これらの 8 つの慣習国の上に、上院はその代表として成立しているとしている（14/9/2005）。トリビュ・レヴェルでの空間組織としての行政的シェフリを基盤として、その代表から成る慣習圏カウンシルの役割を、ところによってはトリビュ数など事情の異なる明確化しにくい慣習地区よりも強化したと言えよう。上院は 8 つの慣習圏カウンシルから各 2 名が慣習的合意

によって指名され、議長、第 1、第 2 副議長、スポークスマンなどで構成され、議員の任期は、議会同様 5 年（初回は 6 年）であるが、慣習的に指名される上院議長の任期は 1 年（8 〜 8 月）で、CCT とは異なり、議長はロイヤルティ諸島を含め 8 慣習圏の持ち回りで、各慣習圏 2 名の代表者のうち 1 名が議長となる。初代議長オート・マ・ワープ出身者から、ポストは基本的には 8 年ごとに各慣習圏をひと回りし、第 1 副議長は議長へ、第 2 副議長は第 1 副議長へというように順送りになっているようで、職権濫用防止の意味でも慣習的平等性を開示したのかもしれない。ある上院関係者によれば、上院は慣習カウンシルの「ピラミッドのトップに載せられた帽子のようなもの」（14/9/2005）として、行政組織構図のトップとして、8 慣習圏を表象する帽子が代わる代わる上院議長の頭に被されることになる。

　一方、慣習圏カウンシルは、各トリビュのクラン首長カウンシル（conseil de chefs de clan）から選ばれたトリビュの首長（chef de la tribu）で構成され、任期は一般的に 3 年であるが、伝統的な首長国としてのシェフリが各グラン・シェフの権限の下にあるロイヤルティ諸島の場合は、慣習地区カウンシルから選出される。いずれにしても、地域ごとの慣習規則について明らかにし、解釈する権限を有している。トリビュのシェフから、慣習地区、慣習圏カウンシルのカウンシラー、そして上院議員まで、行政システムに組み込まれた慣習機関は[8]、どのレヴェルにおいても、あくまで選挙によらず合意によって、それぞれの慣例に従って選ばれる。上院の司法担当官のダルメラックは、「カウンシラーは選ぶのではなく、順番に従って合意するのだ。それは階層的なやり方ではなく水平的に各レヴェルの集会で合意があり、合意がカウンシルを導いていく」と語っている（14/9/2005）。しかし、合意に至る決定の前にはすでに根回し的な合意ができていることや、合意の後に論争や口論が続いていることも認めている。

　こうした閉ざされた選出方法に対する批判もあってか、普通選挙によるシェフ選出案もあった。上院議員と慣習圏カウンシラーの第 2 期の 2005 年の入れ替えに当たって、基本法の条項で、両者は各慣習圏から「国の法」によって決められた選挙人によって選ぶことができるとされている（JONC: Articles 137, 149）。そのため、慣習身分のカナク市民選挙人による 1 人 1 票の普通選挙か（慣習圏カウンシルの代表数は各慣習圏の住民数に応じた割合）、または慣習地位のカナク市民で構成されるクランあるいはその家族がそれぞれのトリビュのカ

ウンシルの合意に基づき代表を選出し、地区カウンシル、慣習圏カウンシル、上院へとこれまでの慣習的慣行に従って行うかをめぐって当時のラヴニール・アンサンブルの女性首班テムロー政権の下で草案が作成されたようだ。しかしながら、選挙あるいは慣習的慣行を規定した「国の法」を成立させることについての関係資料を見ると、テムロー、上院、司法、行政間のやり取りによって、結局、司法解釈から「国の法」は必要としないという判断が下された（RSC 2005）[9]。慣習に従うことが慣習であるとする慣習当局者にとって選挙はもちろん慣例に反するとして反対であったが、女性や成人に達した若者も参加する選挙が実現されていれば、シェフの合意というヴェールの下で閉ざされた過程によらず、開かれた慣習という民主化が実現したかもしれない。1人1票という選挙による公共圏としての選出方法は、これまでのクランを単位とした集団に基づく親密圏としてのそれぞれの慣習的やり方を一律化することになるが、行政的シェフがこれまで男性しか選出されてこなかったことを考えれば、女性慣習当局者の道も開かれよう。

3) 慣習的リーダーシップ

　それではヌメア合意から15年近くを経て、上院は現代政治と慣習の間のインターフェイスとして、その慣習的リーダーシップにおいて成果を上げることができたのであろうか。1998年のヌメア合意調印後、あるカレドニア人は、議会は上院の同意なしに決定することは難しいだろうとし、上院はカナクが文化変容と混血化の中で溺れてしまわないための解決策であり、もしカナクが慣習を実践することを継続し、クランに基づいたカナク社会の構造を失わないならば、カナクはそのアイデンティティを保持するだろうと語っている（Chivot 27/10/98）。しかし、上院によれば、これまで多くの提案を（政府や議会に）してきたが、それらは否決されるか無視されてきたと述べている（14/9/2005）。上院はカナクのクランの代表者から構成されているので、議会は上院の意見を無視することは難しいため、上院は議会が採用するテクストに影響を与えることができる。しかし法案に対する優先権は常に議会にあり、諮問機関である上院は、行政的コントロールを受けて予算などに対して決定権を持っていないため、自由裁量による実行は簡単にはいかないと言えよう。

　実際の事例を、初の慣習上の「国の法」である民事面における慣習的口頭協

議調書の法制化から見てみると、上院は2001年から2005年にかけてこの法案を検討、提出したが、上院の法案と政府・行政側からの法案のすり合わせとして、両者の関係者と代表者による合同委員会において法案審議が数度にわたって開かれた。筆者が入手したその議事録（CLRAC 2005: Rapport No. 028, 029）を読むと、上院の主張が受け入れられた場合もあったが、全般的にはその意向を尊重しつつ討議を重ねた上で、政府案が修正を経て「慣習的行為に関する法（LP-AC）」として2007年に成立している。この法に関しては次章の「慣習の法化」で見るが、従来から慣習当局者の指名、とりわけトリビュのシェフの指名に関しては合意したというPV・ド・パラブル（慣習的口頭協議記録）が必要であったが、本法によって慣習的行為としての公証書が必要となる。その上で、指名された者を上院が議決として採用し、上院議員や慣習圏カウンシラーはこうしたシェフの中から選ばれ、それを政府が任命することになる。また同法では、クラン首長（chef de clan）、トリビュ首長（chef de la tribu）（1名）、大首長（grand chef）、クラン首長カウンシル長を慣習当局者（autorités coutumières）として定義し、これらの慣習当局者はそれぞれの慣習圏カウンシルに登録されるとしている（LP-AC: Article 2）。しかし上院側は、慣習当局者の各レベルでの具体名を回避して、単に慣習当局者という包括的用語で記すことを望んでいた（CLRAC 2005a: 4）。これには、明確性を求める法に対する慣習の曖昧性もあろうが、慣習当局者を選出できないトリビュが多いという慣習内部の事情にあろう。たとえば、33のトリビュと5つの慣習地区で構成されているウアイルー（Houailou）では、マティニョン合意時の1989年ではトリビュのシェフ（petitit chef）は19人で、慣習地区では1人のグラン・シェフしかいなかったが（Naepels 1998: 277）、ヌメア合意時の1998年では、前者は15人に、後者はゼロに減じている（ITSEE: 1998）。公的な任命を受け職務と給与を手にし、シェフとしての権限と威信を得る行政的ポストは、それだけ魅力的で競合的であるので、前節で見たように合意に達する選出が難しく、空席が多くなると言えよう。

慣習的シェフがこうしたサラリーを受ける行政的シェフを兼ねることは可能であるが、1990年代のCCTと2000年代の上院を比較すると、世俗的世界の政治的・文化的知識＝力を有した者の行政的シェフの選出が進んでいるように見える。独立運動以前からの古参政治家で、引退後慣習上院議長（2005）となった者（G. Paita）や、カナク文化開発庁（ADCK）の元長官やカナク口承遺産

第 5 章　伝統の発明としての慣習

プロジェクトの元コーディネーターや、労組出身者もいる。後者では USTKE の元闘士でその後労働党結成（2007）により副党首となった G. マンダウエ（Georges Mandaoué）が、アンジュー＝アロ慣習圏の上院議員（1999、2005 〜 09）、上院議長（2001 〜 02）を務め、労働党と FLNKS、UC の連合によって、マルタン政府の閣僚として慣習・上院関係及び労働・雇用関係を担当した（2011 〜 13）。USTKE の「工場もトリビュも同じ闘争」のスローガンを借りれば、組合も慣習も同じ闘争として、彼は異なった主義と原理が働く両者の間を節合しながら、労働者とオトクトーヌの権利を図っていると言えよう。また、慣習は長老の知恵による支配を伝統としてきたが、元老を意味するラテン語の「sénatus」から派生した上院の議員年齢は、上院によれば（14/9/2005）70 代後半から 40 代後半で、これまで一番若い上院議長は 40 歳（2001 〜 02 年）で若返ってもいる。この意味で、上院は政治世界と慣習世界の相互乗り入れと若返りによって、ネーションとエスニシティ・レヴェルの政治的・文化的知識＝力を取り入れながら、社会的・経済的・政治的・法的・文化的にトータルな慣習の維持と発展を試みていると言えよう。

　上院関係者によれば、上院は 1999 年の創立以来、慣習的事柄の再定義や連携のために、シェフリとクランを再建、復権するという大きな仕事をしてきたという（14/9/2005）。シェフリについては前章ですでに見たが、この復権は慣習内部での紛争を増大しているようにも見える。実際、2011 年の報道によれば、前節で見たヤテのトリビュの紛争のみならず、主島のウアイルーやポネリウーアン、イル＝デ＝パンやマレ島、リフ島のトリビュで慣習的紛争が頻発していることを伝えている（*NC* 10/6/2011）。多くがシェフの指名か土地をめぐる問題に起因し、トリビュの秩序への国家の介入は微妙な問題でもあり、ヤテのトリビュ（Unia）では 2011 年 2 月、高等弁務官から付託された上院が、当トリビュの属するデュベア＝カポーネ（Djubéa-Kaponé）慣習圏とともに仲介役として解決に当たったが収拾できず、6 月に上院と慣習圏は国家、政府、南プロヴァンス、地元のヤテ市庁、憲兵の代表たちとともに、慣習的紛争への介入が遅きに失しない原則を作るため協議し、慣習的事柄を担当する政府閣僚のマンダウエの提言によって、公共の当局者の代表が当トリビュの代表と会うことが決められたという（*NC* 10/6/2011）。換言すれば、慣習当局者自身が紛争の当事者となり得る可能性の中で、閉ざされた親密圏の中で解決するよりも、公共的中立の立場に立つ外部の第三者機関に付託したほうが中立性を保てるとも言えよ

第 2 部　共同体の語り

う。

　合意で約束された慣習的事柄に関連して上院が取り組んでいる課題は、クランの慣習地の土地台帳登録から次章で見るカナク慣習法典の編成（Code Cvil kanak）、薬草などの伝統的知識、教育やカナク言語を含めた文化保存、トリビュの保健衛生から経済社会開発まで多々ある（Sénat coutumier 2007: 16-25）。上院は、カナク文化のアイデンティティのシンボルとして、その慣習の保護や発展を担っているが、文化保存に関しては、たとえば、ヤムイモの品種の多様性の保存や文化的価値としての活性化やカナク言語アカデミーの設立、あるいはチバウ文化センターとの協力による口承や地名の文化遺産としての保存に慣習圏カウンシルとともに成果を上げている。こうした文化的分野では、共通の文化的アイデンティティのために「慣習では皆一緒」という意味で連帯し、対立を生じないため、取り組みやすいと言えよう。しかし、クランやシェフリで衝突を引き起こしやすい慣習地に関する土地台帳や、次章で見る曖昧多様な慣習規則の法典化などの政治的・法的問題には慣習内部の壁が立ちはだかると言えよう。

　毎年、上院、8 慣習国（慣習圏）、及びシェフリの代表が合同で一堂に会する、シェフの間の直接参加討議による「カナクの国の会議（congres de pays kanak）」が開かれ、上院によれば 2005 年 1 月に上院のあるヌーヴィルで開催された大会では、シェフリから 280 人の代表が集まったという。前述の慣習当局者を直接選挙あるいは慣習的慣行で選ぶかの問題や、慣習と女性についての問題などが取り上げられたようだが、結局両者とも実現には至っていない。ウアンブイは、上院はクランとともに物事を変えるために政治に影響できるが、もし上院が異なったコミュニティや国全体に対して、明確なヴィジョンや行動プランを持たないならば、政府によって提案された役割を演じる危険性があると警告している（26/10/98）。共通の運命としての市民社会において、女性や若者を慣習内部にいかに取り込み、他者のコミュニティといかにかかわっていくかは、慣習に新たな発想を取り入れ、そのヴィジョンを構想する上で重要である。しかし、上院はカナク社会内部の問題や紛争に揺さぶられ、課せられた問題とその権限維持に取り組むことに手一杯で、慣習の未来について考える余裕はあまりないように見える。

　この意味でマオリの共同体レヴェルにおける親密圏がいかに運営されているか、イウィ（部族）におけるリーダーシップを参照してみよう。第 1 部で見た

第 5 章　伝統の発明としての慣習

　マオリの権利回復後、すなわちクラウンと結ばれたセツルメント後のコミュニティの行政的リーダーとなっているのは、民主的に選出された信託理事会である。信託理事会自体は 1955 年「マオリ信託理事会法（Maori Trust Boards ACT 1955）」によって制定されたが、クラウンとの交渉で権利回復し結ばれたセツルメント後のイウィは、議会承認されたセツルメントで決められた法的規則に則って信託理事会によって運営され、年間報告書（annual report）の作成義務もある。1989 年、労働党政府は、政府が統治し法を作る権利を有し、イウィは法の下で彼らの資源をコントロールするためのイウィとして組織化する権利があり、全てのニュージーランド人は法の下に平等であるなどとする「条約の原則」を導くガイドラインを示している（Te Ara PT）。それゆえ、マオリの中には、コミュニティとしての自治権（autonomy）は限られ、規則を変えるためにはまた法的に議会に戻らなければならないから、自由な自決権はないという声もある（2/2014）。先述した上院創出に当たっての CCT による権限拡大の主張にも重なってくる。一方、信託理事会のメンバーは、一般的にそのイウィに帰属し、指名を受けて立候補し、成人登録したイウィの成員による選挙で民主的に選ばれる。この背後には合意形成もあろうが、第 1 部で見たオークランド近郊のイウィ（NWO）の理事会の場合[10]、現在 10 名の受託者（trustees）で構成され、そのうち 7 人が女性である。その他のコミュニティでも女性が過半数を占めている理事会は多い。いずれにしても、信託理事会はその「セツルメント・パッケージ」や資産に対する決定や責任、義務を受益者としての住民に負っている。NWO の理事会決定における原則として最初に掲げられているのが「ランガティラタンガ」としてのリーダーシップである（NWOa:12-13, 24）。ランガティラタンガについては第 1 部で見たが、マオリの共同体レヴェルにおける信託理事会のランガティラタンガは、カナクのトリビュにおけるクラン・カウンシルの行政的シェフの権限として、慣習圏カウンシルや慣習上院のそれは、「ティノ・ランガティラタンガ（重要な首長的権限）」にも相当しよう。一方、共同体の親密圏における公開の選挙によって選出され、女性の多くが信託受託者として活躍するマオリの近代的リーダーは、閉ざされた親密圏の中で合意を基に選出過程が明らかにされず、女性を欠いたカナクの行政的シェフとしてのリーダーとは違いがある。

　マオリの共同体の発展と将来はこうした近代的リーダーシップの裁量や決定にかかっているが、「ランガティラ（rangatira）」としての伝統的チーフは、植

第 2 部　共同体の語り

民地化による失地とともにそのマナを失い、またパケハも含めさまざまな系譜が混じり合った結果、誰がチーフであるかは論争が多いようだ。これに代わって、しばしば言及されるのが長老としての「カウマトゥア（Kaumatua）」である。NWO の信託理事会にも、理事会から慣習的知識を有すると承認され指名された、いわば長老カウンシルのような組織（Taumata Kaumatua）が、ハプ（下位部族）のマナの保護や「ティカンガ（慣習）」などの文化・伝統面で理事会に助言する機関として組織されている（NWOa: 18）。マラエで行われる慣習的行事などの場で表に出るのは、こうした長老たちで、理事会は彼らの意見を伺ったり、あるいは受けたりする。こうした近代的リーダーと伝統的リーダーの間で、ときに意見を異にする場合もあるようだ。共同体の社会的・経済的発展を目指す中で、ティカンガを継承していくカイティアキ（守護人）の意思表示の実践として、慣習的知識＝力としてのマナを有する長老が果たす役割は、カナクのクランの長老にも通じてこよう。以上見てきたように、選挙で選出された信託理事会の運営によるリーダーシップや、第 1 部の「慣習地」で見たように共有的社会資本主義と経済開発による利益誘導型を合わせた法人組織としても捉えられるマオリの共同体のあり方は、カナクの慣習的リーダーシップや共同体のあり方を問い、その未来を考える上で参考になろう。

注
1) 報道によれば、2010 年のトリビュの人口は約 600 〜 800 人で、クランは 14 を数えるとしている（NC 3/5/2011）。
2) 慣習的集いや宴会あるいは日常生活においても、ビールに限らないが、一般的にカナク男性の飲酒癖や飲酒量ははなはだしく、そうした泥酔行為から「ビール瓶の慣習」と呼ばれると思われる。
3) CCT は議長以外に 2 名の副議長を含んだ 8 名から成るカウンシル局、常設委員会として設けられた 16 名から成る拡大事務局、及び総事務局長と行政面での任務を担当する代表者などで構成されている（CCT 1997: 13）。
4) シェフは慣習に従って指名された後、ヌメア合意までは、その任命は仏高等弁務官によって行われていた。
5) カナクの先住民としての権利を公的に認めた 1998 年のヌメア合意、第 1 項のカナク・アイデンティティ（1. L'Identité kanak）は、(1.1.) 慣習的地位、(1.2.) 慣習法と慣習組織、(1.2.1.) 慣習的口頭協議記録（PV de palarble coutumier）の法制化、(1.2.2.) 慣習圏の役割と空間的組織の明確化、(1.2.3.) 慣習当局の合法性を保証するための承認の仕方、その地位の規定と登録、(1.2.4.) 慣習当局の刑事的調停の役割、(1.2.5.) 慣習上院の設立、及び (1.3.) カナク文化遺産、(1.4.) 土地、(1.5.) 国のシンボルである（JORF 1998; GF 1998ab）。

6) フィジーでは、1987年のクーデター後、民主化への回復も図られたが、2000年5月に民間のフィジー人クーデターが、さらに2006年12月に軍事クーデターが再び起こり、これまで都合4回にわたるクーデターでフィジーは民主化から遠のいている。
7) カナク独立派の政治家たちはフィジーの2000年のクーデターを弾劾し、ジョレディエは「民主的に選ばれた政府のみが認められるべきである」とし、ワミッタンは「メラネシア人ナショナリストたちの要求は考慮されなければならないが、それは民主的枠組みの中においてである」(*NC* 24, 25/8/2000) としている。
8) いずれも、議長と副議長、事務局長と副事務局長、会計係と副会計係などで構成される。
9) これについては、筆者がある議員関係者から得たその草案、法案、関係資料、書簡などに基づく (RSC 2005)。
10) NWO信託理事会は、信託ポスト・セツルメント管理体 (Trust Post Settlement Governance Entity) として2013年に再発足した。

第2部　共同体の語り

第6章

現代アリーナの中の先住民性

　地球温暖化による異常気象や震災による終末論まで渦巻く不穏な世界にあって、現代アリーナの中の先住民性をいかに読んだらよいのであろうか。先住民の生活様式として慣習が繰り返し続けられることであるならば、それが大きな変動にさらされていることは間違いない。一方、その慣習が先住民性を表象しているならば、慣習的権利と密接に結びついた先住民性の問題は、現代アリーナにおいて人類学的・考古学的であるよりも、むしろ政治的・法的・経済的・生態環境的であり、国際的性格を帯びている。先住民性は、歴史的には植民地化の文脈の中で行政府や入植者によって、既存のローカルな占有者を野蛮な土着の民として客体化、分類化することによって表象されてきた。しかし今日では、それを逆説的に領有し、国際的に認められた先住民として、それぞれの先住民性や権利を定義し表象しているのは彼ら自身である。実際、『先住民主義の起源（*The Origins of Indigenism*）』の著者、ニーゼンによれば、「先住民」という言葉は、法的分類や分析的概念のみならず、アイデンティティの表現であるとし、「先住民主義」の際立った特徴のひとつは、エスノナショナリズムとは異なり、国際的なネットワークの中に依拠していることだとしている（Niezen 2003: 3, 9）。換言すれば、今日、先住民性なるものは、国家的な枠組みを乗り越え、国際的な法や権利を取り入れながら、「グローカル化」の中でその権利の拡大を主張、展開している。他方、共同体とネーション、文化との節合において、先住民的なるもの、慣習的なるものは、ネーション・レヴェルの法的な枠組みの中に組み込まれ、慣習法としてその権利は保護されると同時に規制を受けている。一方、先住民性や慣習が集団を基盤とし単位とする中で、慣習の中の個別化による個人としての意識や行動も進んでいる。

　こうした問題意識を念頭に、ここでは、まず「グローカル化する先住民権」としての空間圏における鉱山開発を中心に環境権と経済権、次に「法化する慣習」において慣習的諸権利の法的制度化が意味するところを民事、刑事面で分

第 6 章　現代アリーナの中の先住民性

析し、最後に「慣習の中の個人」で個の概念や女性、若者の動向を探っていく。

1.　グローカル化する先住民権

　今日、先住民性の問題はその権利要求と密接に結びつき、「先住民主義（indigenism）」の運動として言及される国際的な文脈から、先住民性は国家、地域を超えて、戦略的・状況的にネーション内部のローカルな文脈へ直接取り込まれている。オセアニアも例外ではなく、ニューカレドニアでは、共同体レヴェルにおいて、カナクは積極的に国際的先住民権を「生の空間圏」に取り込み、環境権や経済権に対する要求を展開している。ここでは、まず①国際先住民権と生の空間圏に関して先住民の権利獲得のプロセスを国連や国際会議の宣言からフォローし、先住民的権利の「グローカル化」を探る。次に②鉱山開発をめぐる先住民の環境権と経済権の問題に関して、ゴロの鉱山開発プロジェクトをめぐる先住民権としての鉱山闘争、鉱山シェフリの先住民権とネーション・レヴェルにおける先住民権とのパラドックス、コニアンボ・プロジェクトにおける共同体レヴェルのミクロ経済開発を考察していく。最後に、③環境とのかかわりから海に関する先住民権としての海浜権やユネスコ世界遺産登録との関係で、環境の守り人としての先住民の主張を、ニュージーランドのマオリの例も参照しながら検討していく。

1）国際先住民権と生の空間圏
　国際的に認められた先住民権は、第 1 部で見たように 1960 年の 国連による「植民地独立付与宣言（UN Resolution 1514）」によって、「民族自決の権利」が認められ、脱植民地化の潮流を作った歴史に遡ることができよう。ニューカレドニアでは、脱植民地化運動において FLNKS 憲章はこの独立宣言に依拠し、オトクトーヌとしての生得的権利として主権をはじめとした諸権利の回復要求を国際的に認められた先住民権として主張したと言えよう。独立という目標を勝ち得るためにネーション・レヴェルにおける政治指導者によって出現した先住民権の領有であり、これは伝統的な土地所有者単位であるクランを基にした共同体レヴェルに節合されてきた。すでにパケハ（白人）によって英国から独

立を遂げていたニュージーランドでは、ワイタンギ審判所判事のデューリーが、法と正義の基本原則としてワイタンギ条約を、国連の「独立付与宣言」の先駆けとして、マオリの先住民権の基盤としている（Durie. 1989: 2-3）。

　こうした独立への民族自決の権利とは別に、先住民の人権という文脈での国際的動きは、国連の公開サイトから資料を見ていくと、1970年に最初に国連の「社会経済理事会（Economic and Scial Council）」所属の「人権委員会（Commission on Human Rights）」の下部組織である「少数民族の差別防止と保護に関する下部委員会（Sub-Commission on Prevention of Discrimination and Protection of Minorities）」で、先住民に対する差別に関する問題についての検討の必要性が取り上げられてからである。この下部委員会の勧告によって、1982年「社会経済理事会」で「先住民に関する作業部会（Working Group on Indigenous Populations）」を発足させることが決議され、以来、この作業部会にはオセアニアからもアボリジニやマオリを含め各国の先住民組織などがオブザーバーとして参加し、先住民の権利に対する宣言の草案作りや、国際先住民年の最初の10年（1995〜2004年）のために働いてきた（UNIPD）。また、2000年には世界から先住民自身の問題とその声を発するために「先住民問題常設フォーラム（Permanent Forum on Indigenous Issues）」が、国連の「社会経済理事会」の助言機関として設けられた。国連によれば、国際先住民年の最初の10年常設フォーラムのピーク時において5大陸70カ国以上から3億の人々より成る少なくとも5000の先住民グループが集まり、彼らは自分たちを「ネーション」として考えているが、しばしば政府を通してその声すら届かず、多くの先住民文化は消滅の淵に立って危ういバランスをとっていると報告している（UNIPB）。しかし、先住民のスケールは、人口が100にも満たないアマゾンのインディオから、約10万のカナクや65万のマオリなど、幅広く多様であり、先住民を国際的に定義することは難しい。

　実際、この「先住民問題常設フォーラム」事務局によって作成された「先住民の概念（The Concept of Indigenous People）」に関する見解を明示した文書（2004年1月）よれば、先住民問題に関する国連の30年間の歴史において、またこの問題にかかわってきたILOの歴史において、先住民の定義に多くの議論がなされてきたが、国連の先住民定義として採択されたものはなく、1997年の第15回セッションにおいて、国連の「先住民に関する作業部会」は、国際的に先住民を定義することは可能ではなく、先住民の権利に関する草案の採択に

第 6 章　現代アリーナの中の先住民性

関して定義は必要ないとの結論に達したという。「先住民権利宣言」の草案の 8 条は、「先住民とは、先住民として自らを同一化し、それを認められる権利を含めて、彼らの際立ったアイデンティティと特徴を維持し発展するための集団的・個人的権利を有する」としている。ただし、先住民の差別問題を研究してきた J. R. M. コーボ（Jose R. Martinez Cobo）による「先住民コミュニティ、ピープル及びネーション」の基本的概念を最も取り上げられる引用として掲げている。このコーボの概念では、その領土において、植民地化以前からの歴史的継続性を有し、支配的集団ではないこと、先祖の地とエスニック・アイデンティティを存続するピープルとして未来に継承する基盤を有し、先祖の地の占有、共通の祖先、文化や生活様式などの特殊な顕示、言語、国あるいは世界の一定地域における居住などを、歴史的継続性の要因として挙げている。個人としては、自己同一化する先住民グループに属する人であり、先住民コミュニティは、外部の介入なしに誰が属しているかを決める権利を有し、先住民自身が、何が、誰が先住民であるかを定義する権利を有しているものであるとしている（UNCIP）。この「誰が先住民であるか」という不定義の背景には、先住民組織も各国政府代表も普遍的な公式定義を創出することに反対であるからでもあろうが、先住民性の定義は先住民の権利と深くかかわってくるゆえ、文脈や状況に応じて変わり、そのアイデンティティもプロセスにおいて変化していく。先住民としての自己同一化は、先住民自身が決める権利、すなわち自己決定権を有するものとしたと言えよう。いずれにしてもカナクもマオリもアボリジニも、上記の先住民コミュニティのコーボの概念的枠組みに適合すると言えよう。

　一方、第 2 回（2005 〜 14 年）の国際先住民年の 10 年の中で、その草案作りから決議に至るまで四半世紀かかった「国連先住民の権利に関する宣言」（以下、「先住民権利宣言」）あるいは UNDRIP（United Nations Declaration on the Rights of Indigenous Peoples）は、2007 年国連総会でようやく決議された（Resolution 61/295）[1]。この 46 条から成る UNDRIP は、主権、土地、文化から経済発展、個人の市民としての人権まで、先住民の権利を繰り返し網羅している。環境面に関する権利では、「先住民は、伝統的に所有、占有、使用してきた土地、領土、水、海岸地域やその他の資源と、際立った精神的関係を維持し強化するための権利と、未来の世代に対する責任を保持するための権利」を有し（25 条）、国家は先住民の「法、伝統、慣習、土地所有形態」を認め（27 条）、先住民は、「環境の保存と保護に対する権利を有する」（29 条）としている

(UNDRIP)。ここからも「環境の守り人」としての先住民性が表象されてくるのがわかる。

　この「先住民権利宣言」における環境権（29条）は、リオデジャネイロの地球サミット「環境と開発に関する宣言（Declaration on Environment and Development）」とその協議事項21（Agenda 21）や、ロンドン宣言（London declaration on Mining, September 20, 2001）に準拠していよう。1992年に採択されたリオの宣言文の原則22では、先住民はその伝統的な知識から、環境の管理と持続する発展を遂げることにおいて重要な役割を担っていることを認め、国家は彼らのアイデンティティ、文化、利益を認め支援し、持続可能な開発の達成に効果的に参加できるようにするべきとしている。また、2001年5月、鉱山開発によって影響を被った世界各地のコミュニティの代表がロンドンに集まった会議において採択されたロンドン宣言では、鉱山会社は過去、現在にわたって鉱山開発が与えた損害に対して、公共的基金によらず汚染を除去しなければならず、その行為に対して倫理的・法的・財政的に責任を有し、先住民の地表及び地下の権利、影響を受ける全てのコミュニティ、及び彼らが受け入れることのできないプロジェクトに対する拒否権は、尊重されなければならないとしている（UN 1992; UNA21, LD）。

　地球環境に対する世界的関心や懸念の高まりの中で、このような「先住民権利宣言」や国際的宣言に裏打ちされた権利を根拠として、先住民は自らの権利として領有、回収できるものを参照していると言えよう。その結果、先住民権は今日、国際的に定義された規範として国家を超え、ローカルな文脈に節合されているのである。しかしながら、「環境」という言葉は、先住民の言語にも、カナクの言語にも存在せず、カナクは、それに対応する言葉として、所与の場所に存在している――生物から無生物、人間から祖先あるいは死者、土地、海、山、川、湖から文化、言語まで――全てを含めた「生の空間圏（espace de vie)」という言葉で言及している（*Mwà Véé* No.63, 2009）。その場所に存在する人間をはじめ全てを含めた意味では、環境よりも、生態環境としてのエコロジーを意味しよう。一般的に先住民である人々がいかにその「先住民性」を認識しているかは、ほとんどの場合、土地、あるいは所与の場所が基底となっているが、カナクの先住民性の確固たる基盤も、それぞれの集団に関係した特定の場所と結びついた土地にある。しかし、より包括的な意味では、その生の空間という茫漠としてボーダレスな領域に関係し、これは彼らの周囲の空間にお

いて関係性の網の目で、その存在を把握するトータルな認識論的あり方を示唆していよう。共同体レヴェルにおいて、彼らはこれらの場所の「生の空間圏」に、オトクトーヌとして先祖のルーツ・ルートから自身の権利を有していると主張している。しかし、筆者は2000年代の調査以外に、1990年代の調査ではカナクの空間圏に対する権利や環境権の主張を余り聞いた覚えがないので、土地に対する権利から空間圏における歴史的遺産としての鉱物をはじめ、全ての自然資源に対するオトクトーヌとしての集団的権利は、近年の傾向としての要求とも言え、これは国際的な先住民権の「グローカル化」でもあろう。

　新造語「グローカリゼーション」は、前川がその著『グローカリゼーションの人類学』(2004)で、文化と経済開発の関係で使っているが、もともと経済分野で日本企業がその工場の海外移転などに伴って、企業の国際的にはグローバル化を、同時に各地域においては、その国に合うようにローカル化を並行的に進めて現地化するという日本企業の海外戦略として創出された言葉である。グローバリゼーションとローカリゼーションが同時進行する形で、資本主義市場経済のグローバリゼーションの中でも、文化的差異は減少するどころか、新たに生産され、グローバル化がそれぞれの地でローカル化と結びついて、新たなローカル文化の展開を促しているという意味で使われている。視座を転換すれば、グローカル化は、先住民性のルートからのルーツ化でもある。ここでの意味は、国際的な先住民の権利の規範が、グローバル化あるいは国際化されるとともに、国家を超えて所与の場所に取り込まれ、地元の先住民のニーズに合わせて再文脈化、すなわちローカル化されていく意味で「グローカル化」として使っている。こうしたことを念頭に置いて、以下で、カナクの共同体レヴェルでの「生の空間圏」における先住民権の「グローカル化」を、環境的権利と経済的権利とのかかわりから見ていこう。

2）鉱山開発をめぐる環境権と経済権

a．先住民権としての鉱山闘争

　ニューカレドニアでは、19世紀の後半からニッケルの発見とともに始まった採掘によって、グランド・テールでは300から500とも言われる鉱山採掘場が1世紀以上にわたってそのまま放置され、周囲の生態系を破壊し、環境を汚

第2部　共同体の語り

染してきた。これには、植民地化以来、地下資源や鉱山採掘権はフランスに属し、国家がその特権において享受してきたからでもあり、環境規制はほとんど存在しないに等しかったとも言える。一方、ヌメア合意に基づき鉱山の権限に関する規則とその実施権限は、フランスから各プロヴァンスに移譲し、第1部で見たように北プロヴァンスのコニアンボ（Koniambo）のニッケル精錬所建設と、南プロヴァンスのゴロの化学工場建設という2大鉱山プロジェクトが進展中である。後者においては、ゴロを含む南部のヤテのコミューンはニッケル、コバルトを多く含むラテライトの地層が広がり、筆者が1991年ヤテに行ったとき、ゴロには行けなかったが一面紅色の台地に驚かされた。ゴロには約600万トンのニッケル鉱石が埋蔵されていると推定され、1960～70年代にゴロの鉱山発掘に参加していたカナダの企業 Inco が、このゴロの地層を1991年フランスの国有会社 BRGM（société de l'état francais）からただ同然に近い額（1トン当たり51 CFP）で獲得し、ゴロの工場建設を発表した。1999年にニッケル、コバルトを抽出する湿式冶金法の化学工場のためのパイロット・プラントが建設され、2000～01年から工場建設がフランス政府の部分的援助を得て始まった。2002年、ヤテのプローニ（Prony）湾に近い地層の鉱脈を当時南プロヴァンス議会議長であったラフルールが Inco へ無料で譲渡し、採掘許可を与えたが、ラフルールの支配する RPCR 政権下で、環境対策は等閑に付され、住民へ情報を開示せず、何千ヘクタールに及ぶ森林が破壊され、川は汚染され、とりわけ運河の下に埋められる巨大管の建設や港の建設が環境に大きなインパクトを与えることが問題となった（Comité Rhéébu Nùù: 2003: 3-8; *Mwà Véé* No.63: 5; Horovitz 2004: 302-305; Angleviel 2003: 160-162）。

　こうした環境破壊に対して住民が立ち上がり、抗議活動のために、ローカル・レヴェルでゴロの鉱山と関係するヤテ（Yate）のクランとシェフリによって設立されたのが「レブ・ヌー委員会（Comité Rhéébu Nùù 国の眼の意）」である。レブ・ヌーは、2001年にゴロのグラン・シェフ、故 C. アティティ（Charles Attiti）の提案によって生まれた。レブ・ヌーによれば、1997～99年にかけて、パイロット・プラントの計画が、2000～01年の間クランとシェフリ・レヴェルで、ゴロとヤテのシェフリ側とモン＝ドールのシェフリとヤテの中のクランとの間に亀裂を生んだためであるという。両者は独立派対反独立派の中で、属する GDPL でグループをそれぞれ形成して対立したため、アティティは対立するヤテの両者のシェフリやシェフたちをひとつにまとめるために委員会の設

第 6 章　現代アリーナの中の先住民性

立を提案したという。その結果2001年、環境問題と住民間の亀裂の修復、及び開発への地元住民の参与を前提にした企業との交渉を求めて、R. マプーを会長に R. アティティ（Robert Atiti）を副会長にレブ・ヌーを立ち上げ、ヤテの政治的に対立する RPCR、FLNKS、FCCI の議員も参加した。委員会はその連帯と統一を強固にするための慣習を行った。2002年4月から6月にかけて慣習的道程を通って、デュベア＝カポーネ（Djubéa-Kapouné）慣習圏のシェフリを「藁（paille）」が回り、7月にその他の慣習圏からの代表も招き、ゴロの先祖の聖なる場所であるグエヒ山（Gué hi）に「禁忌の木（bois tabou）」としての彫像のトーテム・ポールが立てられた。ここには、カナクの慣習的やり方がシンボル的に表象されている。「藁」は、受け取ることによって同意と参加という同盟的受諾を意味する伝統的メッセージの伝達手段と思われ、写真ではトーテム・ポールに各シェフが「藁」をそれぞれ巻いており、同盟の証としたのであろう。「禁忌の木」は、カナクにとってなんらかの脅威を感じたときのタブーとともに、慣習的協議が必要なことを呼びかけることを意味し、解決や合意に至らない場合、そこにとどまるという（Rhéébu Nùù 2003: 9-31）。このトーテム・ポールは、レブ・ヌーの機関紙に繰り返し強調されており（Rhéébu Nùù 2005ab）、2008年にも Inco による環境への影響が心配される化学工場の巨大管をハバナ（Havanah）運河の下に埋めることに反対して、再び「禁忌の木」が植えられている。慣習としての「禁忌の木」を立てることは、環境破壊によって彼らの「生の空間圏」における存在が危険にさらされることをストップし、同時に、鉱山採掘に対するその経済的権利を要求するために、企業と企業寄りの反独立派で占められる南プロヴァンスの行政府に対して対話と交渉を求める意味があると言えよう。つまりは、こうした文化的・政治的にシンボル的意味を担っている慣習的行為によって、オトクトーヌとしての存在のあり方を示したと言えよう。

　こうしたレブ・ヌーの闘争や、鉱山はクランやシェフリの文化的空間圏に常に存在してきたという主張に呼応して、上院の慣習当局は、「カナキー（ヌーヴェル＝カレドニ）の空間と自然遺産の権利に関するカナク・オトクトーヌ・ピープル2002年8月23日宣言」（以下、上院宣言）で、カナク・アイデンティティの権利回復を認めたヌメア合意前文を掲げて声明文を出した。それによれば、上院と慣習圏カウンシルはヌメア合意の精神に基づき、オトクトーヌの集団的権利回復の義務を担っているとしており、ヌメア合意はここからも、マオリに

第 2 部　共同体の語り

とってのワイタンギ条約に相当するオトクトーヌにとっての権利基盤となったと言えよう。その 13 カ条から成る宣言文では、カナクはオトクトーヌとして未来の世代に自然遺産を引き渡す責任があり、土壌、地下、土地、海洋、自然空間はカナクの歴史的遺産を構成しているとして、大規模開発における環境の保全などを掲げている（Sénat coutumier 2002ab）。

　この声明文を「カナク・ピープルの憲章」として、2005 年、CAUGERN という「カナキー＝ヌーヴェル＝カレドニの自然資源の運営に関するオトクトーヌ・カウンシル」が、自然資源の中でも鉱物資源に対するクランとシェフリの権利を要求するカウンシルとして創立された。こうした先住民カウンシルは 1995 年に慣習当局者たちによって設立された CNDPA という「オトクトーヌのピープルの権利のためのナショナル・カウシル」に先例を見ることができる。CNDPA が主権というオトクトーヌの政治的権利としての独立を目的としたのに対して、10 年後に設立された CAUGERN はオトクトーヌの経済的・環境的権利を主眼とした独立にあると言え、2 つのオトクトーヌ・カウンシルは、慣習当局にとっての政治的・経済的・環境的主張の両輪となったと言えよう。

　レブ・ヌー、上院の宣言、CAUGERN は、先述した国際的な先住民の権利宣言や、リオから京都、ヨハネスバーグの地球サミットの環境会議、南太平洋地域の自然保護に関するアピア協定（1976）やヌメア協定（1986）、鉱山開発に関するロンドン宣言（2001）などを掲げ、国際的採択決議や先住民権の基準に準拠して、生態的・経済的・社会的に持続可能な開発、自然保護や自然資源と土地に関するオトクトーヌの主権や、利益の公平な共有を訴えている。こうした先住民権のグローカル化において、3 者は鉱山会社に対して、これまでの環境破壊に対する損害賠償としてコミュニティの福祉や若者の教育に使うための①カナク遺産基金の創立、資源開発に対する②慣習当局やシェフリの許可や事前の同意、③古い鉱山跡や森林伐採の修復の 3 つを共通して要求している[2]
（Rhéébu Nùù 2003: 3; Sénat coutumier 2002; CAUGERN 2006ab）。ここからも、鉱山開発による環境へのインパクトを被りながら恩恵や賠償を受けることのなかったオトクトーヌとして、国際的に認知された環境や自然資源に対する先住民権をローカルな文脈に読み替え、「生の空間圏」に対する権利を訴えていることがわかる。

　一方、鉱山開発に対するオトクトーヌとしての戦略は、国際的な場においても実践されていった。リオ +10 として言及される 2002 年のヨハネスバーグの

第 6 章　現代アリーナの中の先住民性

地球サミット会議に出席するカレドニア人 NGO「コライユ・ヴィヴァン（Corail Vivant 生きているサンゴ）」の会長に、CNDPA は上院の宣言文とゴロのプロニ鉱脈の開発阻止のアピールを委託している。2003 年には R. マプーやマンダウエ等のレブ・ヌーや上院関係者の代表団が、鉱山会社本社のあるカナダを訪れ、Inco 側の経営者や理事会役員とゴロの化学工場プロジェクトに関して交渉し、またカナダ政府関係者や環境専門家グループ、NGO 環境団体「鉱山ウオッチ（mining watch）」や先住民族イヌイットのリーダーたちと会見している（Rhéébu Nùù 2003: 35-39）。レブ・ヌーの R. マプーは 2006 年、フィジーで行われた国連の第 2 回国際先住民年の太平洋セミナーで、「植民地独立付与宣言」から「国際先住民権利宣言」、1989 年の先住民の人々の文化、慣習や就労の権利を差別化することを禁じた ILO 協定 N.169（Convention N.169）、リオ宣言からオセアニアの地域協定まで網羅しながら、こうした先住民に関する国際的原則や支援は、多国籍企業やグローバル化との闘いに心強く、カナクは、アボリジニ、マオリ、アメリカ・インディアンなどの先住民の困難な闘いと一体化するものであると演説している（R. Mapou, 2006: 3）。彼は、またニューカレドニアのニッケルに深くかかわってきた日本へも、国際環境 NGO「FoE Japan」の招きで 2007 年に来日し、東京で主催されたセミナーでゴロのプロジェクトについて講演しており（http://www.foejapan.org/aid/）、日本の新聞にもゴロ・プロジェクトの環境や生態系への影響についての記事が掲載されている（朝日 21/11/2007; 2010 n.d.）。こうしたことからも、カナクが鉱山開発における環境へのインパクトやオトクトーヌとしての経済的権利獲得のために、鉱山会社と交渉するのに必要な知識＝力を取得し、国際的な支援ネットワークを構築していったことがわかる。

　積極的な国際活動や鉱山会社との交渉、工場封鎖などの実力行使による闘争を繰り広げ、レブ・ヌーはその環境的・経済的権利を勝ち取るための行動方針として、2003 年に鉱山会社との交渉の継続や遺産基金、地元のカナクの利益を図る会社の設立などを含めた 13 にわたる勧告を採択している。この結果、経済面と環境面からゴロの鉱山プロジェクトにかかわるため、ヤテの GDPL による持ち株会社 SCP Xhénu が組織された。SCP Xhénu は、2003 年 9 月に地元の企業参加型の「SAS ゴロ鉱山会社（SAS Goro Mines）」を設立し（Comité Rhéébu Nùù 2003: 41-42, 45）、R. アティティを社長として現在 70 のローカル企業が加わっている。ゴロ鉱山の南部工場プロジェクトの企業はカナダの企業

第 2 部　共同体の語り

Inco から、Inco を買収したブラジルの鉱山会社 CVRD の下で 2010 年にブラジルの多国籍企業 Vale-Imco による Vale Nouvelle-Calédonie となったが、レブ・ヌーと企業側との間の交渉が合意に至って、2008 年 9 月に契約書が調印された。

　この結果、レブ・ヌー、上院の宣言、CAUGERN の 3 つの要求のうち、環境への賠償金として構想されていた①のカナクの遺産基金は、「南部地域の持続的発展のための Vale Nouvelle-Calédonie 企業基金」3) として設立された。基金名は企業名にすり替えられたが、教育、環境保護、ローカルな経済開発の活動など、社会的・経済的発展のためさまざまな分野で使われる意味で、当初の目的は果たされたと言えよう。最初の 5 年間に約 6 億 4000 万円が供出され、その後年間約 1 億 6000 万円が 25 年間拠出されていくという。また、資源開発に対する②の慣習当局の認可に関しては、2009 年には 15 人の慣習当局と企業基金から拠出される 8 人の独立した立場の技術専門家より成る、企業を環境面で監視する CCCE（環境慣習助言委員会）が設立され、チェック機関の役割を果たすという。一方、③の鉱山採掘によって破壊された跡の修復や造林に関しては、2011 年にデュベア＝カポーネ慣習圏カウンシルとレブ・ヌー及び会社側の代表から成る委員会が作られ、南部の鉱山跡の植林も含めて、6 年間約 24 億円の資金が充てられることになったという（*NC* 20/5/2003; 27/9/2008; 13/8/2011）。つまるところ、彼らの要求は形を変えながらも、ローカルな先住民としての権利を一定限度獲得したと言えよう。

　以上のような鉱山闘争の結果、地元のオトクトーヌと企業側との合意が成立して、2010 年から Vale Nouvelle-Calédonie の化学工場はその生産をスタートしている。国際先住民権や宣言などを拠り所とした闘争には、オトクトーヌの「生の空間圏」に対する環境的権利と鉱山に対する経済的権利という二重の目的と主張があり、環境と経済は戦略的にも密接にかかわっていると言えよう。企業との合意には、USOEUNC、USTKE、SLUA などの組合代表者も合意に署名し、SLUA のストリテール（Streeter）によれば、カナクは地方ではトリビュにとどまって、町に出てくる手段を欠いているが、工場ができれば多くの雇用が創出され、居住しながら働け、工場がカナクの人材育成となり、管理職への進出を促していくとして、南プロヴァンス及び後述の北プロヴァンスの工場プロジェクトを支持している（4/9/2007）。

　ゴロの鉱山闘争は国際先住民権を拠り所とし、多国籍企業との交渉、国際的支援やアピールを求めた外交的アプローチ、環境アセスメントの要求や訴訟な

どの行政へのアプローチ、工場敷地封鎖などの実力行使による動員的アプローチなど、独立闘争の戦略や戦術にも準じる闘争戦略が展開された。一方、独立闘争が政治指導者によるネーション・レヴェルの先住民の生得的権利としての自決権の要求であったのに対し、鉱山闘争は共同体レヴェルにおける慣習当局関係者が中心となって展開している先住民主義の運動として、ローカルな先住民の資源や環境に対する先住民権の要求という違いがある。ここには自然遺産として環境の保護に対するオトクトーヌとしての責任と権利、開発参与への経済権利に対する慣習当局の権威と発言権を高める意図もあろう。他方、独立運動に集結したのはカナクであったのに対して、「生の空間圏」はそこに生きる全ての存在としての生態系であり、カレドニア人環境NGO「コライユ・ヴィヴァン」や労働組合との共闘、地元のカレドニア人とともにした抗議行動からも、異なったコミュニティを超えて環境権は共有されていると言えよう。しかし、上院議員をはじめ主島、ロ諸島のグラン・シェフやプティ・シェフが署名している上院の宣言文は、資源に対するオトクトーヌ自身の権利に終始し、カナキー＝ヌーヴェル＝カレドニとしての他者との共有、すなわち、その他のカレドニア市民との、彼らが常日頃カナクの文化的価値観として強調する共有の精神は、残念ながら見えてこないのである。

b.　先住民性のパラドックス

　このゴロ・プロジェクトにおけるレブ・ヌーの代表として活躍してきたR. マプーは次のように語っている。鉱山問題は、ティオでもクアウアでもカナラでも、100年間全て破壊してきたことだ。鉱山がある山と関係するシェフリにとって、鉱山開発は大きなトラウマとなっており、それによって大きなインパクトを受けるシェフリの利害が考慮されなければならないのに、問題はそれがまったく考慮されてこなかったことだ。CAUGERNはこの国の富の一部として、所与のシェフリのための権利を他のシェフリや国に対して要求している。オトクトーヌの権利を考慮しなければ、ハワイのような国になってしまう。化学工場建設では、環境面での3回目の修正プロジェクトを会社側に求めていると語っている（22/8/2007）。

　彼のディスコースには、鉱山の資源開発によって、オトクトーヌの「生の空間圏」が脅かされてきたことに対する怒りと、「生の空間圏」を守るための環境保護の規制と要求、同時に、その資源開発によって、自分たちの生活を豊か

第 2 部　共同体の語り

にすることへの利益配分の要求が表出している。筆者が 1998 年の現地調査で会見した当時、彼は、RPCR とパートナーを組んでいた FCCI 党首であったが、その後ラフルールや FCCI と意見を異にして FCCI を去り、南プロヴァンスの慣習当局たちと関係を結び、2007 年に再会したときは、自身のシェフリがゴロ鉱山のあるヤテにあるため、レブ・ヌーの初代会長を務めた後、その事務局長として、また CAUGERN の事務局長、上院の官房室長として、政治の世界から慣習世界に転身していた。鉱山会社と南プロヴァンス行政に対して、環境に配慮した地元のシェフリ参加型の開発を交渉するには、元ヤテの行政市長や政治家を経験し慣習当局のトップである上院に身を置き、2 つの世界を往来してきた彼は適任者と言えよう。

　彼は、また開発について語るのはいいが、その後どうするかだ。鉱山は開発のための良い戦略なのだろうか。持続的な開発のために、全てを鉱山開発に注ぐのではなく、過去の過ちから学ばなければいけないとも語って、ニッケルを経済開発の中心とした独立派の戦略に疑問を呈している（21/8/2007）。「カナク経済社会開発」で見たように、FCCI 党首として当時、彼は効率的、迅速な経済開発を優先すべきと主張していたが、政治家から慣習当局側へのポジションの転位と、この 10 年間の開発がもたらしてきた地球環境の悪化というグローバルな文脈の中で、開発に対するディスコースに変化が見える。しかし、彼は変化していないと言っており、共同体レヴェルにおけるカナクの社会経済発展という意味では、彼の目的に変わりはないということであろうか。知識＝力関係のゲームにおいて、彼のディスコースが支える「真実の体制」は、ネーションのレヴェルから共同体レヴェルの生産的ネットワークに転換したことを明かしているが、両者のレヴェルは節合され、脱節合されることを次の彼のディスコースは明らかにしている。「今日、政治と慣習の間で合意はない。政治はこの問題（鉱山開発）に関して論議したくないのだ。鉱山開発の決定や環境へのインパクトに対して、単に行政や技術者や政治家だけでなく、「鉱山シェフリ（Chefferies minières）が参与しなければならないのだ」（22/8/2007）。

　2007 年の現地調査時、メディアを賑わせていたこの「鉱山シェフリ」という用語が鉱山と関係するシェフリを指すことは明らかであるが、これが意味するところは曖昧である。所与の山を聖地とするクランのテリトリーが、鉱脈を抱く山の地下資源に対して彼らの慣習的権利が鉱山採掘権に及ぶことを意味するのか、鉱山採掘によって彼らの権利は過去及び未来にわたる環境と生態系の

第 6 章　現代アリーナの中の先住民性

破壊に対する補償、賠償権を意味するのか、あるいは豊富な鉱山資源を有するPNGで見られるように、鉱山会社に対するいわゆるロイヤルティとしての鉱山使用権、使用料を意味するのか、その文脈によって多様に解釈できる。ゴロの場合、ロイヤルティを求めていたとされるが、R. マプーによれば、それは前述の遺産基金であるという（22/8/2007）。この意味でも近年の先住民主義はエスノナショナリズムを喚起するよりも、オトクトーヌの中のローカルなオトクトーヌとしての経済的権益を喚起していると言えよう。

　北プロヴァンスの議会議長で、同プロヴァンス行政の長でもある PALIKA の党首ネアウティンは、この「鉱山シェフリ」という言葉を嫌い、次のように批判している。CAUGERN に言及しながら、この新造語を作った人々は、問題となっているシェフリがそこに定着した土地の（鉱物資源を有する）質の代償として金銭的、あるいは財政的な慣習的権利を有しているかのようなことを決めたが、鉱物資源は、カナク文化や慣習においてその場所との関係から特別な性格を持ったことは伝統的になく、カナクの慣習地位に関係する特別な権利とはまったく関係ないと強調している（Le Pays No.10, 8/2006:17）。2007 年彼に、この「鉱山シェフリ」に関して聞くと、地下資源の富は国全体の発展のために役に立てなければいけない。もし彼らの権利のためだけに益するならば、それは西欧的資本主義システムと同じである。独立はカナク独立だけを意味するものではなく、我々はともに国の発展を進めることにした。カナク・アイデンティティ、カナク文化、地下資源は、国のために価値化できる（6/9/2007）。ここには、慣習当局とカナク政治家との間に離齬がある。前者には、これまで鉱山シェフリは被害者であるのに、その賠償もされず、開発から益を得ることもなく、政治家は経済開発のみ推進することを求めて、環境を等閑にし、犠牲となってきた地元のオトクトーヌの慣習的権利を無視しているという批判があろう。後者には、慣習当局はシェフリの利益のみに立って、独立という目的やカナク全体、国全体に立って考えておらず、「鉱山シェフリ」にしか権利としての見返りがないならば、そこには、「カナクが社会を生きる」という意味での「共有」の精神は失われてしまうという批判があろう。

　ネアウティンは、また、カナクは脱植民地化の中で独立を要求していることは、国連に認められており、国連の先住民の条件は独立国の中での少数民族の権利であり、そのテクストの全てを取り入れて、オトクトーヌの権利を要求するのは賢くない。いかなる状況の中で、権利を価値化しようとしているかを理

解するべきであるとも語っている（*Le Pays* No.10, 8/2006:17）。カナキーあるいはニューカレドニアの独立への願いは、慣習当局者と独立派政治家との両者に共通している希求であるが、ネアウティンの目指すところは、第1部で見たように、カナク社会主義的な共有を理念的ツールとして、鉱山開発を基盤にネオコロニアルな社会経済システムからの脱却を図るために、国の建設を進めていくことにある。ここには、国連の「誰が先住民であるか」という定義の不能性の中で、「独立付与宣言」に依拠した主権を主張するエスニシティ・レヴェルでの先住民性と、「先住民権利宣言」などによる経済的・環境的権利を主張するコミュニティ・レヴェルでの先住民性とのパラドックスが見える。コーボが示唆したように、先住民コミュニティは、「何が、誰が先住民であるかを定義する権利を含める」ものとすれば、共同体レヴェルにおいては、オトクトーヌの中のオトクトーヌとして自らを「鉱山シェフリ」と定義しているわけで、共同体レヴェルとネーション・レヴェルにおける眼差しの違いが表出している。先住民性がどのように表されるかは、誰がいついかなる状況の下で顕示するかによって、その意味するところは異なり、ネーション・レヴェルにおける先住民としてのカナクと、共同体レヴェルにおけるローカルな所与のコミュニティの先住民という二重性の中で、両者は絡み合い節合されているのである。このことは、先住民主義が所与の文脈の中で、その権利要求と結びつき、ネーションを超えてローカルな文脈へ直接取り込まれ、出現することを明かしている。

c. 共同体のミクロ経済開発

　それでは、ネアウティンが「コニアンボのプロジェクトは皆のためのニッケルの価値化である」（6/9/2007）と述べている北プロヴァンスのニッケル精錬工場の建設は、地元の「鉱山シェフリ」においていかなる反応を引き起こしたのであろうか。2007年、コニアンボ鉱山会社KNSでカナク・コミュニティとの関係を担当する責任者によれば、コニアンボ・プロジェクトはゴロとは異なるとしている。北プロヴァンスの政策は、鉱脈のあるコニアンボ鉱山の土地所有者であるクランの権利は認めるが、賠償やロイヤルティは認めず、鉱山関連会社の設立によって彼らが鉱山開発に参加し、雇用を創出して働くことができるようにすることにあるという。コニアンボ鉱脈は伝統的にコネ一帯のクランが土地所有者であるが、会社はこれらの15以上のクランや家族の伝統的権利を認めた。また鉱山シェフリではないが、工場建設によって影響を受けるクラ

ンや海岸沿いの漁師などのクランの権利も認め、ウンジョー（Oujiot）のトリビュの女性の伝統的なカニ漁に対しては、彼女らの希望からマングローブへのアクセス道路を造って継続できるようにした。それゆえ、我々は地元のカナクと問題はないと語っている（J. Naouna 12/9/2007）。

　こうしたゴロとの違いの背景には、第 1 部で見たように、ベルシー合意によってコニアンボの権利を SLN から得た北プロヴァンス傘下の鉱山業を中枢として運営する SMSP によって、そのニッケル精錬工場の建設が進められたことにある。すなわち、2005 年創立された合弁会社の KNS、コニアンボ・ニッケル SAS（Konianmbo Nickel SAS）[4]は、SMSP が 51％、そのパートナーであるスイスの多国籍企業 Xstrata（2014 年現在は Glencore）[5]が 49％ の株を保有し、その理事会も両者の均等な割合で構成されている。これに対して、ゴロでは Vale Nouvelle-Calédonie が 74％、日本から参加している住友・三井グループ（SUMIC）が 21％ 出資し、残りは北・南・ロ諸島プロヴァンスの 3 プロヴァンスが合同参加して設立されたカレドニア南部鉱山出資会社の SPMSC 所有である。SPMSC は、その株の保有率を現在の 5％ から、将来的には 10％、20％ へ増大していくことを目指しているようだが、こうした多国籍企業の株主が大半を占めているゴロとは異なり、コニアンボでは、運営方針を決める権限に違いがあると言えよう。コニアンボでも、地元の鉱山シェフリから保証金の要求はあったようだが、当初の計画段階において KNS は、住民側と大々的なクチュームを行い、話し合いを重ね、住民参加とローカルな中小企業などの鉱山関連会社を設立することによって、カナクの経済的自立と地域的均衡を図るという会社側の説得が、地元住民の賛同を得たと言えよう。

　こうした KNS のグループを形成する地元住民が参加する中間会社となっているのが、SCP（Société Civil de Participation）と言えよう。SCP は、慣習当局者の下で、GDPL を基盤に資本金や分担金を持ち寄り、コニアンボ鉱山プロジェクトに関連する会社を設立したり、他の会社に投資したりする民間参入会社である。コニアンボ・プロジェクトは西海岸の VKP と呼ばれる開発整備地域のヴォーからコネ、プーワンブーに至る 3 つのコミューンに関係するが、筆者が訪れた 2007 年当時では、SCP は 4 つあり、①ヴォーの海沿いの地域のひとつの慣習地区から成る SCP、②コニアンボ鉱脈の土地所有者の複数のクランで構成された SCP、③コネの 2 つの慣習地区より成る SCP、④ 3 つのコミューンの中で設立されたローカルな小さな鉱山関連会社──2 つの保安会社が鉱山採

第 2 部　共同体の語り

掘場と工場敷地の警備を、他にトラックやブルドーザーなどを扱う 2、3 の運輸会社——である。つまり、当プロジェクトの鉱脈と関係したり、工場建設によって影響を受けるトリビュやコミュニティの人々が参加したグループによる持ち株会社である[6]。

　この中で、トリビュ Q の当時のシェフは、彼の属する③のコネの SCP について次のように説明している。トリビュ Q の住民は北部工場に OK した。鉱脈について、我々は SMSP と話し合い、鉱脈と交換することに合意した。コネのコミューンには 2 つの慣習地区 B（Baco）と P（Poindah）があって、ひとつの SCP を構成し、それに我々は GDPL として参加している。B 慣習地区には 4 つのトリビュがあり、これらのシェフリの中にはコニアンボ鉱脈の周囲の土地所有者のようなクランもいる。我々の GDPL は、1988 年以降土地返還要求をして、一定の土地を回復したもので、クラン・ベースで、4 つのクランがおり、したがって 4 つの GDPL を会社組織にできる。P 慣習地区では、たとえば、トリビュ R の場合、その GDPL はトリビュ・ベースで、GDPL の土地はそのリザーヴの隣にある。SCP は KNS と北部工場（Usine de nord）の関係で作られた。KNS は、ゴロで作られたような会社を作ることができないかと地区の慣習当局に来て提案したので、それで OK し SCP ができた（12/9/2007）。

　このゴロで作られたような会社というのは、前述のヤテの GDPL を通して設立された SCP Xhénu と推測されるので、SCP は、ゴロやコニアンボのような大規模な鉱山プロジェクトに地元住民が参加するべく、GDPL を基本単位に設立される会社と言えよう。第 1 部で見たように、GDPL は、返還された土地をカナクが共同体レヴェルで経済開発を進めることを目的として創出されたカナクの地方特別法集団である。SMSP の中心となった PDG で、経済専門家の故 R. ピジョー（Raphaël Pidjot）は、ピトワゼによれば、カナクはミクロ経済プロジェクトに向いていると考えていたという。それゆえ、慣習と政治と経済を関係させたネットワーク作りが重要であるとして、コミュニティ・グループを代表する慣習当局者の主導の下で年金基金に準えたカナク運営会社を設立し、各集団が小さな株主を形成する構想を描いていたという（Pitoiset 2002: 41）。具体的には、小口株主である各 GDPL において、それを代表するシェフ、あるいはクランの代表によってその属するグループから任命された成員が SCP の運営にかかわっていく。SCP は、新たな企業に参入したり、投資したり、あるいは会社を設立して、これらの利益から上がる配当金を各 GDPL あるいは

クランの代表に再分配する（Grochain, Poithily 2011: 12, 22）。GDPL あるいはクランのシェフは、自身のグループの配当金をその成員に再配分、あるいはグループ内でそれをどのように活用するかを裁量できよう。鉱山開発の影響を受ける人々が、ロイヤルティや賠償金を得る代わりに、SCP を通して鉱山開発の経済システムに参加することは、市場経済の仕組みを学びながら、KNS 鉱山事業に末端組織としての発言権を得ることもでき、事業の透明性も保たれよう。こうしたローカルな小さな株主としての資本参加が、共同体レヴェルの経済的自立を高めていけば、ピジョー構想は慣習、政治、経済をネットワークする知識＝力となろう。

　実際、2008 年には冶金工場建設が進むヴァヴートで、小規模ローカル会社が約 300 参加した「SAS ヴァヴート・コニアンボ（Vavouto Koniambo）」が組織された。このことは、ゴロで 2003 年に結成された前述の「SAS ゴロ鉱山会社（SAS Goro Mines）」のように、共同体レヴェルでカナクが経営する会社の設立が増大していることを示唆していよう。報道によれば、「SAS ゴロ鉱山会社」は Vale 会社との唯一の交渉会社として、前述した「Vale Nouvelle-Calédonie 企業基金」の契約期間の延長を要求したり、アイルランドの会社との合弁企業（Roadbridge-SAS Goro Mines）を設立している。この合弁によって整地事業など事業運営を拡大し、大規模な整地ができる若者の技術者の養成を目指している。2006 年から 9 年の間、「SAS ゴロ鉱山会社」からは株主への利益配当として、約 4 億円が地元の 4 つの GDPL へ、3.4 億円がその他の会社へ配当されたという。こうした配当によって、子どもたちの教育や慣習婚の準備などは容易になり、工場に働きに行ったり、運送会社を経営したり、生活は以前よりずっと容易になったという。しかし、「以前は、トリビュは平和の港であったが、現在ではちょっと異なる」。人々の間に小さな格差、経済的変動による緊張がときに走る。「SAS ゴロ鉱山会社」社長の R. アティティによれば、「家は藁からトタンに変わり、ヤムイモ畑は小さくなり、釣りに行く船は少なくなり、教会は空っぽになり、コミュニティの仕事には人々が集まらなくなり……伝統的構造に侵入したお金は個人的システムに属する」と語っている（*NC* 17/1/2012; 15/3/2012; 14/5/2012）。

　つまるところ、ゴロもコニアンボにおいても、共同体レヴェルの GDPL を主体とした民間参入会社として鉱山開発の経済構造の中に組み入れられた結果、人々の市場経済活動は進み、物質的生活や教育は向上しつつある。その一方で、

第2部　共同体の語り

市場経済への参加とそこから得る現金収入は、共同体の利益圏における共有の精神よりも、むしろ所与のクランや家族あるいは個人の私的利益圏を重視する傾向を増大させ、共同体のあり方や人々の生活スタイルに変化が生じている。もたらされた利益によって人々の欲望が刺激され、慣習当局者の主導の下で、ミクロ・プロジェクトへの積極的な事業投資と、共同体の「利益圏」としての拡充が図られているとも言えよう。他方、「先住民性のパラドックス」の中で、共同体レヴェルでカナクの人材育成や技術的能力の向上が民族・地域間の均衡と国造りへとつながっていけば、カナクが「戦いの道具として経済的ツールを使い、責任ある地位と独立を達成するために経済の不可欠な一部となる」（Tjibaou 1996: 280; 2005: 265）というチバウの夢の実現に向かっていこう。

3）海浜権と環境の守り人

　一方、鉱物資源を有しないロ諸島プロヴァンスの共同体レヴェルで、鉱山権に代わるのが海浜権の問題である。ニューカレドニアでは海の所有に関しては、フランス本国や海外領に適用される普通法の下での権利と伝統的なカナクの慣習法に基づく権利の二重性が存在し、この意味では「鉱山シェフリ」の問題とも重なり、ともに空間圏としてこれらの権利を文化的にいかに解釈するかにある。違いは、前者が地下に眠っていた資源として、ネアウティンが言うように伝統的にはカナクの文化の中で言及されておらず、植民地化以前に地中のニッケルの存在が認識されていなかったとすれば、目の前に広がる海は、それ以前から土地に対する慣習権と同様、明確に認識され使用され、所有され、あるいは共有されてきた。なぜなら、カナクの文化的概念では、そのトータルな関係性の認識論において海岸と土地は連続した「生の空間圏」の中にあり、切り離されず一体であるからだ。

　北プロヴァンスでフィールドワークを行ってきたT-プレストンによれば、カナクの言語には海の領域（territoire maritime）という言葉はなく、海、川、森、山は同じ土地の一部として位置づけられ、海ではバリア・リーフまでがその慣習的土地領域と見なされるという。土地の主、それに迎え入れられた者にとって、リーフはその土地の延長上の境界を限定するが、満潮、干潮のゾーンとはまったく関係なく、ときに自然が織り成すマングローブや砂や岩礁といったものが各クランの土地領域となる。小島、環礁の中の干潮によって現れた岩礁は、

第 6 章　現代アリーナの中の先住民性

土地の主にもよるが、しばしば土地の主のトーテムの家、すなわちそのクランの祖先の霊の住みかとして禁忌され、こうした場所で魚釣りをする場合などはその許可を必要とする。かつては、浜辺を専有するクランのみが海やその産物へアクセスでき、猟に行く谷間のクランとの間で交易によって関係を活性化してもいたという。いずれにしても、海岸、沿岸ははっきりと所有され、分割され、どこでも漁をできるわけではないが、クランやシェフリの成員は礁湖で水浴びしたり、属する慣習圏の中で漁ができる（Teulières-Preston 2000: 130, 134, 136）。

　カナク社会における迎え入れる者と入れられる者との間のように、一般的に先住民社会における集団的所有は排他的権利を意味しないが、現代アリーナの所有権の文脈でそれが解釈されると、空間圏に対する集団的権利は、それが海中、海底であろうと、ネーション・レヴェルにおける公共圏の領域や公共のアクセスとぶつかり問題となる。この問題に関してマオリを参照してみよう。北島中央部のタウポー湖から緑色濃くとうとうと流れ、オークランド南部のタスマン海に注ぐ全長 425 キロのワイカト川の流域は国内最大の資源エネルギー源となってきたが、産業化によって汚染されてきた。1980 年代末（1987 年）からキンギタンガ（マオリ国王）を有するワイカト＝タイヌイ（Waikato-Tainui）の連合部族集団は、クラウンに没収された土地返還を要求し、1995 年に国有地の返還や賠償金（1 億 5000 万 NZ ドル）、クラウンの謝罪などセツルメント・パッケージとしての和解に至った（OTS W1）。しかし、流域の複数のイウィは河川領域に対する慣習的権利の回復を要求し、政府との交渉を通して 2009 年に至ったそのセツルメントは、川はクラウンとの共同運営として、先祖が同じカヌー船団（waka）でやって来た同盟連合グループのワイカト＝タイヌイの信託理事会に託された。これは、彼らの川の所有権を認めたものではないが、流域のイウィに先祖の地としての環境を守る「カイティアキ」として、ワイカト川に対する慣習的権利を認めたものと言えよう。換言すれば、共同運営はワイタンギ条約のパートナーシップに基づいた政府やローカル・カウンシルとの権限の共有と言えよう。政府基金と彼らの自然環境に対する伝統的知識をもって、ワイカト＝タイヌイは環境汚染から川の修復とその流域住民の健康を守るための活動を試みている（OTS W2, Environment Waikato, Waikato）。

　一方、マオリがワカによって複数にわたるポリネシア人の民族移動の波でアオテアロアに定着したように、土地の人は海の人でもあり、その漁業権に対し

401

ては、漁獲量の割り当てや漁業会社の設立（Aotearoa Fisheries Limited）などに関して最終的なセツルメントとして「マオリ漁業法2004（Maori Fisheries Act 2004）」が成立した（Te Ara MF）。他方、1977年、ニュージーランド南島北部の8つのイウィ（Ngati Apa）がムール貝の養殖に関する権利として、前浜と海底に関する慣習的所有権を主張し、2003年の控訴審では高等裁判所の判定を覆して、彼らの慣習的資格を認める判決を下し、海岸は公有領域（public domain）にとどまるべきだと考える反対派との間に論争を巻き起こした。この結果、公有領域と公共アクセスの優先権を認めた「前浜と海底法2004（Forshore and Seabead Act 2004）」が成立したが、ワイタンギ審判はこれをワイタンギ条約の侵犯と見なしている（Te Ara FS; 内藤 2005: 125-129; Wikipedia FS.）。この問題に関してはさまざまなマオリ・グループが国連の人種差別撤廃（CERD）委員会に訴え、委員会は調査の結果、ニュージーランド政府にマオリとの対話の必要性を勧告したが、前浜と海底の問題は未だ論争中である[7]。

　以上のことからも、マオリにとって慣習的所有権の概念は空間圏の中に水面下の岸部から海底、川底に至ることや、環境の守り人として海や川あるいは森林のリハビリや環境保全に対する責任、政府基金の援助、またNGOや国際機関への働きかけなど、先住民権のグローカル化はカナクと共通している。一方、エコツーリズムが盛んなNZは環境保全の先進国でもあり、美しい自然と核や原子力発電からもクリーンな国としてのイメージの下で、マオリのみならずパケハも自然環境から生態系の保護活動に熱心である。近年の深海油田探索（deep sea oil drilling）では、マオリと連帯するパケハのグループが政府への抗議デモや集会を行い、また日本の捕鯨に対しては、オーストラリアとともに、グリーンピースなどが激しい抗議活動を展開している。国としての環境保護の法整備も早くから進み、環境省を設立した「環境法1986（Environment Act 1986）」、自然、歴史的資源に関する「保護法（Conservation Act 1987）」、持続可能な資源運営を目的とした「資源運営法1991（Resource Management Act 1991）」は、「ワイタンギ条約の原則」に考慮することを謳っており（Te Ara PT; Wikipedia EL）、環境の守り人として表象されるマオリが担う権利と役割の承認とも言えよう。

　ニューカレドニアでは、公共の海浜に関する権限は、ヌメア合意に基づき、鉱山権と同じくフランスからプロヴァンスに移譲されたが（3.1.1）、その1999年の基本法46条では、プロヴァンスは、関係する慣習カウンシルと協議し、カナクの慣習的使用を考慮しながら必要な措置をとることができるとしている。

第 6 章　現代アリーナの中の先住民性

これに対して、慣習当局はその権限が、プロヴァンス行政府との協議や助言にとどまるのではなく、プロヴァンスやコミューンと同じ権限——漁業や海洋資源の探索あるいは泳ぎや観光などに対する慣習的規則の実施——を要求した。とりわけ、ロ諸島では海域の運営権は先祖からの権限として、前浜ではなく海岸からバリア・リーフまでの権限をシェフリに返還することを要求している（LKS 1996; CCT 1998b）。しかし、2002 年に成立した「ニューカレドニアとプロヴァンスの公共の海域に関する国の法」では、「前浜」は 81.20 メートルとして定義され（4 条）、海辺への足でのアクセスは、安全、国の防衛、環境保護、慣習的使用のために、特別措置を必要とすることが認められる正当な理由を除いて自由で（3 条）、前浜ではリザーヴの慣習的慣例に基づく享受は慣習地に対する権利として無料であるが、公共の目的あるいは私的使用において引き渡されることが許可されたものは使用料を払う（80 条）となっている（LP-PM）。つまるところ、伝統的に存在してきたカナクの海浜に対する慣習的権利とその使用は原則として認められるが、実行権を有するのは慣習当局ではなくプロヴァンス行政府であり、関係する慣習圏カウンシルとの協議は勧告にとどまる意味で、海浜や慣習的権利はニュージーランドのマオリと似たような状況にあると言えよう。

　環境への関心が高まる中で、ニューカレドニアの礁湖をユネスコの世界遺産に登録しようとする動きは、カレドニア人の環境団体 NGO「コライユ・ヴィヴァン」から始まったが、2007 年、この登録活動に従事していた南プロヴァンス環境委員会（Commission d'environement）委員長のオーレンによれば、ニューカレドニアの礁湖と呼ばれる 6 つの景観地区はリーフの生態系の多様性に富んでおり、その生態系はオーストラリア沖のグレイト・バリア・リーフのようなものだけではなく、地区はマングローブや礁湖、リーフを持った海岸から始まる連続した景観を成しているという。ニューカレドニアはリーフの生態系の多様性において第 3 のホットスポットとして、世界遺産へのアクセスは、国際的注目を集めることができる意味できわめて重要であると語っている（28/8/2007）。この 6 つの環礁[8]は世界の 3 大広大リーフ体系のひとつとして、翌年世界自然遺産のリストに登録されたが、これは鉱山開発や企業に対して、遺産基準を遵守しなければならないという道具的手段ともなる。実際、マンダウエによれば、「コライユ・ヴィヴァン」とともに、この世界遺産登録を推進したのは上院であり、当時、政治家は環境分野に関心を持っていなかった。環

403

境保護という規制がなければ、鉱山開発はどんどん増大していく。世界遺産への登録は国の公的権力に法的規制をかける力となろう。登録によって規制を進化させようというのが我々の戦略であると語っている（*Mwà Véé* No.63, 2009: 17）。

　世界遺産認定の判断の基準のひとつは自然の美しさにある。しかし、ウヴェア島のリーフの登録のために働いたあるカナク女性によれば、カナクの判断基準のあり方は意味にあり、彼らを取り巻く動物、植物、自然全般を評価する基準があり、カナクの口承や伝説は、自然との関係性を維持し、土地のクランと海のクランとの交流などを物語っているという。カナクにとっての「生の空間圏」は文化の空間圏でもあるゆえ、オーレンによれば、上院の議員たちは、「コライユ・ヴィヴァン」によって準備された書類を見せられたとき、なぜ、文化面を入れないのかと要求したという。文書に挿入するにはすでに手遅れだったので、運営計画の枠組みの中で文化面は考慮されることになるとしている（ibid.: 28, 33）。ここからも、環境と文化を一体化したトータルなカナクの認識のあり方が示されているが、ニュージーランドにおいても、地元のマオリにとって先祖との関係で聖なる山々であるトンガリロ国立公園は、自然遺産としてではなく 1993 年、ユネスコの最初の文化景観として世界遺産に登録されている。

　いずれにしても、カナク慣習当局による戦略は、空間圏における環境の守り人としての慣習的権利を、世界遺産登録という国際的文脈の中でグローカル化する機会を与えたと言えよう[9]。その結果、2008 年に登録されたとき、ウヴェアのシェフリは、ロ諸島プロヴァンスが、基本法や「国の法」に基づき、公共の海洋領域の慣習的使用を考慮した特別な措置をとることができるとして、そのウヴェア島の世界遺産地区に関して「ウヴェアとボータン＝ボープレの海洋とリーフの生物文化遺産の共同運営のための共同宣言」[10]を採択した。その前文では、慣習当局は、海洋遺産の保存、保護、運営において、次の世代のために無傷で手渡すことができるように、相互的なパートナーシップを相互的承認の中で果たし、環境の守り人としてのシェフリとプロヴァンス行政との共同運営を主張している（*Mwà Véé* No.63, 2009: 29-31）。R. マプーは、オトクトーヌの権利を認めることは、気候、温暖化、環境問題に対して、この惑星を救うために我々ができる小さな貢献である。カレドニア人に知ってもらいたいのは、我々の権利を認めることによって、「ギャルド－フ（garde-feu）」を置くことに

なると語っている（21/8/2007）。マンダウエも、自然と非物質的な関係を有しているカナクは、神聖さ、伝統や慣習に結びついた禁則などを守ることができる。カナクは環境のエキスパートであり、科学的エキスパートと同じように、環境をより良く運営するために、コミュニティの役に立つことができると主張している（ibid.: 20, 21）。「ギャルド＝フ」とは火除けを意味するが、「ギャルド＝フ」も「環境のエキスパート」も、国際的な先住民宣言や協定に見られる環境の「守り人」としたカナクの位置づけであり、この概念はカナクのディスコースの中に文脈化されていると言えよう。しかし、後者の「環境のエキスパート」という自負は、本来の「環境の守り人」としての先住民性の認識から逸脱しているように聞こえる。先住民性が、自然との深い融即関係の中で、チバウの言うように人は主人ではなく、世界を成している一部として（Tjibaou 1981: 88-89）、他の生きているもののように生きていることにあるならば、自然に対するそうした謙虚さや畏怖の念が感じられず、西欧的ディスコースのように聞こえてくるからだ。それゆえ、ディスコースと現実の実践行動は必ずしも一致せずズレがある。実際、ゴロのプロジェクトにレブ・ヌーが工場封鎖などの実力行使に出たとき、トラックなど多くのものが破壊され、数百万ドルの被害を出し、またゴロの入江にはプラスチックや缶が周囲に捨てられ、カナクの若者が、漁が禁じられているカメを取って鍋で料理し、それを食していたシーンがテレビでも映されたという話を筆者は聞いた。あらゆる生物、無生物がその空間圏の中で関係性の網の目に存在しているというカナクの伝統的なヴィジョンと知識は、環境保護に貢献することができるが、その空間圏を自ら穢していくならば、環境の守り人としてのディスコースの主体は成立しなくなる。

　一方、鉱山開発が進む中で、環境保護の法整備は遅れていた。ヌメア合意に基づいたその基本法（JONC 1999）の39条では、鉱山権限の移譲において、合意第1期（1999〜2004年）の2004年までに鉱山開発計画や環境保護に関する規制などの政治的政策を明らかにすることを謳っているが、ラフルール支配のRPCRと同盟したFCCIとの連合政権下で、環境法規や鉱山規制、鉱山政策の透明化は進展しなかった。こうした懸案事項を進めることが可能となったのは、ラヴニールと独立派FLNKSの連合政権下であった合意第2期（2004〜09年）である。2007年、南プロヴァンス環境委員会のオーレンによれば、かつては文化と環境はひとつの委員会であったが、2004年の政権交代によって両者を分離し、レブ・ヌーや慣習当局、トリビュの人々を招き、環境的インパ

第 2 部　共同体の語り

クトについて調査したという。環境はカナクだけの問題ではなく、カレドニア人の環境団体も存在する。ニューカレドニアは鉱山跡を再生するためにすでに何百万フランのお金をつぎ込んだが、これはもうすぐ終わる。なぜなら、採掘するならば、可能な限り元へ戻すためのリハビリもしなければならない法律が、もうすぐ採択されるからだと語っている（28/8/2007）。

　この結果、鉱山関係においては、2009 年 4 月に「鉱山規則に関する国の法（LP-MI）」や「鉱山規則（CM-R）」、12 月に「鉱山法規（CM-L）」が採択された。一方、環境面ではフランス国家の「ICPE（環境保護のための分類別設置）」からニューカレドニアに適用される環境法規（CE-L）が 2008 年 6 月に、またローカルな環境権限として同年 12 月に北プロヴァンス議会で（CE-PN）、翌年 3 月に南プロヴァンス議会で（CE-PS）、自然遺産の保護や自然資源の運営、環境汚染の防止などに関してそれぞれの法規が決議された[11]。この結果、環境的権限はネーション・レヴェルとプロヴァンス・レヴェルの間で共有されるとともに分けられたと言えよう。鉱山と環境に関する法規則はいずれも膨大で、かつ互いに密接にかかわり合っているが、鉱山法規では採掘許可から、環境に対するインパクトやリハビリ、賠償、違反に対する罰則などを網羅し、全ての鉱山探索、採掘は、コミューンの市長、ADRAF 長官、慣習当局者から慣習圏及び慣習地区カウンシルの長、州行政府の環境長、鉱山採掘夫の代表、鉱山会社社長で構成される「コミューンの鉱山委員会（Commission minière communale）」の意見の下におかれ（CM-L1: Article Lp. 112-16, 112-17）、鉱山開発に対する資源・環境の守り人としての慣習当局の権限が認められたと言えよう。

　こうした法整備がなる中で、地元住民と企業の間に協定が結ばれ、ゴロもコニアンボもその鉱山企業のサイトに行けば、地元コミュニティとの関係やその経済的還元と発展、環境保護と植林などのリハビリテーションをはじめとしたプログラムや持続的経済開発を強調した項目がずらり目白押しである。今や国際的に鉱山開発は、一定の国際基準に見合った雇用、環境、リハビリ・プランという 3 条件を、企業が満たしていなければならないことが前提となっている。しかし、工場の建設が終わり、2015 年から生産が開始される予定のコニアンボのニッケル精錬工場は、ゴロのような化学工場ではないが、2008 年にその大規模な港湾設備の建設が海洋の環境に影響を与えることが明るみに出て人々の厳しい批判を受け、懸念や警戒感を呼び起こした（NC 6/8/2008）。他方、ゴ

ロでは 2009 年に硫化酸化化合物が誤って排出され、環境汚染につながる危険性のある事故を起こした（Acid Plant Database 7/4/2009）が、企業側は南プロヴァンス行政府にただちに報告しなかったという。開発が環境に与える影響から無傷であることなどあり得るはずもなく、いったん大事故が起きれば「生の空間圏」を元の姿に戻すことは不可能になる。ニッケルの山々を抱き、サンゴ礁のバリア・リーフの海に囲まれたニューカレドニアの生態系と自然環境は、きわめて微妙なバランスの上に成り立っている。

　ニューカレドニアでは、ルブリックによれば、釣りは男性のみに許された権利であり、クランの漁師の資格は、海洋の生物を捕獲するのに必要な知識と魔術を身に付けていることにあり、実践的な技術はこの魔術の力しだいであるが、女性は伝統的には浜辺で魚や甲殻類、貝類などを採集する資格があるのみという（Leblic 1989: 110, 112）。2006 年、古い鉱山町のティオの海岸で海辺を 1 匹の犬と籠を背負って歩いて来るひとりのカナク女性に出会った。彼女は彼方にある海辺に面した海のクランが住むトリビュから、長い長い帯状の前浜を伝って浜辺の貝類などを採集しながら、3 時間かけて足でここまでやって来たという。男性の漁師が魔術を使うならば、そうした術の外にある女性は「漁犬」ワンちゃんとともに、広大な海から吹いてくる潮風の中でひとり、とても自由に見えた。しかし、赤茶けたティオの海は、筆者の目には汚染されているように見えた。経済発展と環境保全という二律背反的な命題が詰まった重い籠を背負わされ、開発のインパクトという荒波に立ち向かわなければならない現代の先住民性が表象する「環境の守り人」は、未来に向かっていかに歩んでいくのであろうか……

2. 法化する慣習

　法的行為としての慣習をいかに考えたらよいのであろうか。法人類学では、全ての社会は法を有するという前提に立っており、また法に共通する原則は、正義の探求であり、社会的秩序と集団的安全の維持などにあるという（Wickliffe: 1）。しかしながら、何をもって正義、公正とするか、その社会的掟としての慣習はその規則や文化的価値観によっても異なってこよう。したがって、その正義を果たすための実践のあり方も異なり、ニューカレドニアの

第 2 部　共同体の語り

カナクであれ、あるいはニュージーランドのマオリであれ、オーストラリアのアボリジニであれ、近代的な法概念に基づいた普通法（common law）と先住民の慣習を基盤とする慣習法との相違は大きい。

　フランス語「ドロワ（droit）」は、紛らわしいことに「法」と「権利」をともに意味するが、このこと自体、両者が密接に結びついていることを示唆している。両者の不可分性の中で、カナクの慣習的権利はフランス国家による法によって規定されてきたゆえ、ダグラスは、「実際の慣習と慣習法の間の緊張はあったし、これからも続くだろう」とコメントしている（Douglas 1985b: 64）。しかし、「慣習」とその「権利」に「法」が結びついた「慣習法（droit coutumier)」という言葉は、きわめて曖昧で誰が定義するかによっても異なる。カナクにとって慣習法とは、慣習に関連したフランス法ではなく、彼ら自身の口承によって伝えられてきた伝統的規則を意味するので、先述したようにチバウも、慣習をクランや家族間の関係を統括する法や制度的体系として言及している（Tjibaou 1996: 202; 2005: 179）。もともと、慣習がトータルな社会・経済・政治・法・文化体系を包括することにおいて、カナクにとって慣習法とは法的行為としての慣習を意味すると言えよう。一方、慣習がトータルなものであることを考えれば、慣習規則は民事、刑事などの区別のない全体的な規則である。独立闘争における FLNKS のカナキー憲法草案（1987）の司法の権限（Titre V le Pouvoir judiciaire: Article 50-53）に関する条項では、国家の司法は慣習的裁定を考慮しながら、法によって定義されるやり方に従うとあり、司法の二重性の原則や異なった裁判権による法的行為としての慣習の裁定を示唆している（50 条）。

　ここで、マオリの慣習法を参照してみれば、マオリ語でティカンガ・マオリ（tikanga Maori）として言及される慣習法の源は、カナク同様さまざまな口承史の中にあり、マオリを律する規則や価値観の母体としての集成である。第 1 部で見たように、植民地開始時に結ばれたワイタンギ条約を根拠に、マオリは土地や資源などの所有権の回復要求をイウィやハプ・レヴェルで展開してきたが、ワイタンギ審判などによって認められ、セツルメントで法制化された慣習的権利に関する規則を含み、その慣習法はこうした政治的展開とともに複雑に編み上げられ、先住民の権利に関するさまざまな法律がティカンガ・マオリ（マオリ慣習法）として認識され、膨大な数に上ると言われる（NZLC: 1-5）。ワイタンギ審判の判事デューリーによれば、慣習は有限な法として提示されるが、

第6章　現代アリーナの中の先住民性

実際には慣習的政策はダイナミックで変化に対応し、基本的な原則や信心に固執しながら変化するとしている（NZLC: 1-7）。こうした例を参考に、ここでは慣習法を、広義には植民地時代から現在に至るまで、先住民の権利の保護と同時に規制の対象として国家の枠組みの中で法化されたものと、また先住民の人々によって口承され、その属する共同体を律してきた慣習的規則から成る両者を含むものとして定義する。狭義にはカナクの認識に従った後者の法的行為としての慣習として定義したい。また普通法と慣習法との関係において、ニューカレドニアで最終的に優先するのは普通法であることも念頭に置く必要がある。

　マオリの慣習法がワイタンギ条約によって裏付けられた権利と密接にかかわりながら編成されていったのに対して、カナクの場合その権利の回復を公的に認めたヌメア合意を基に、慣習の法化が進捗している意味でも、合意は同条約に相当するものとも言えよう。カナクの慣習的な権利や事柄に関する法的保護や整備を約束しているヌメア合意の「慣習法と慣習組織（Droit et structures coutumières）」(1.2)では、民事面における通称PV・ド・パラブルと呼ばれる慣習的口頭協議調書（procès-verbal de palabre）を法として再定義する（1.2.1）ことや、慣習当局者による社会的予防や刑事的調停の役割が認められること（1.2.4）を約束している。それゆえ、法律に関しては素人の筆者であるが、慣習的権利の守護人でもある慣習当局者の権限との関係から、以下の問題を考察していこう。まず、①民事面において、2007年1月「国の法」となった「慣習的行為に関する法（LP-AC）」において「慣習的行為」となったPV・ド・パラブルを分析した後、「真正な行為」としてPV・ド・パラブルを必要とする慣習民事地位（以下、慣習地位）と慣習的所有権に関して、その問題点や「真正な行為」が意味するところを探っていく。次に②慣習的刑事調停における問題を、これまで伝統的に行われてきた慣習的な和解や制裁、また普通法の裁判に取り入れられた慣習陪席者制度などから検討する。最後に法的行為としての慣習において上院が取り組む③慣習法としてのカナク民事法典化や慣習的裁判権について探っていく。

1)「慣習的行為に関する法」

　「パラブル（palabre）」とは辞書を引くと、先住民による長談義となっており、植民地における先住民の長々とした意味不明の談義といった植民地的眼差しが

感じられる。アフリカでは村の共同体の慣習的口頭討議や、また慣習的審判への訴えとしても理解され、ニューカレドニアにおいても慣習的意味での「パラブル」とは、問題や争いなどの解決のために当事者のクランや家族で編制された人々が、首長の主導の下で集会を開き協議し最終的な決定を下すことにある。つまり、口承社会における慣習的口頭協議から生まれる裁定と言えよう。伝統的にこうしたパラブルは合意を旨とし、当事者のクラン間の均衡をとりながら、その関係を断ち切るのではなく結ぶことに留意し、最終的にグラン・シェフが下したパロールは決定として人々が守らなければならない慣習的規則や約束事として、新たな取り決めがそれに取って代わるまで尊重されなければならないという意味を持っているという（Vendegou: 155-156）。

　一方、こうした慣習的パラブルを記録としてとったのがパラブルの調書で、通称PV・ド・パラブル（PVde palabre）とも呼ばれている。これはカナクの遺産の相続や配分が慣習的慣行で決められるという重要性に鑑み、パラブルを記録として残す必要性から生まれたものであるが、1962年にニューカレドニアの議会で審議され、相続と所有についての証明書の確立、次いで、PV・ド・パラブルを作成することが採択された（Bensa, Salomon 2003: 17）。以来、これまでそれを作成する役目は監督役人（syndic officier）としての憲兵によって書き起こされてきた。いわば、日本の警察で警察官が調書をとることにも相似するが、人々の間の合意を記録することが目的であり、その記録する様式や形式は地域によって違いもあり、シェフあるいはグラン・シェフがPV・ド・パラブルに署名していない場合もあり、不正確な慣習的形式や手続きという批判があった。慣習戸籍役所所長のL. ワミッタンによれば、マレ島、ウヴェア島ではシェフリが全ての決定の中心であるため、全てシェフを通さなければならない。一方、ヌメアでは人々がいない場合が多いので、シェフリにまで届き戻ってくるのにかなり複雑で、結論に至るまで長い手間がかかり、PV・ド・パラブルの作成に時間がかかるという（*Mwà Véé* No.41, 2003: 8）。本法ではフランス語での作成に変わりはないが、これまでの憲兵――そのほとんどがヨーロッパ系――に代わって、各慣習圏内にあってその言語を理解でき、慣習的資格を有するカナク公証人（officier public coutumier）制度を設け、法的拘束力として全体的な統一性と公正証書作成の規則や規範が定められた。

　また、PV・ド・パラブルは当事者間にとられた決定の書き起こしであり、情報、資料としての価値はあっても、そこに法的価値を持たない記録であるこ

とが、クランやトリビュのシェフリで行われた決定の不安定要因となっていた。ヌメア合意に基づくニューカレドニア基本法（1999）では、先住民として認められる社会的地位として慣習地位を有する者とそれに帰属している慣習地や財産は、慣習あるいは慣習法の下で管轄される（JONC 1999: Article 7, 18）としている。「慣習的行為に関する法」（以下、慣習的行為法）は、この意味において法的効力を与えることが、「国の法」としての施行の主要な目的であったと言えよう。当法案作成に当たっては政府・行政側、上院側がそれぞれ取り組んできたが、両者の合同審議委員会の数年にわたる討議結果、上院案に優先する政府修正案が議会を通過した。これにより、PV・ド・パラブルは、法的な慣習的行為（actes coutumiers）としての枠組みの中で[12]、公証人が作成する公正証書として再定義された。パラブルの開催は自由であるが、従来通り慣習当局者の下で行われる。すなわち、8つの各慣習圏カウンシルに登録されたクラン首長，トリビュ首長、あるいは大首長、もしくはこれらの首長を欠いている場合はクラン首長カウンシル長（Article 2）によって開かれ、「慣習的行為」は、慣習地位あるいは慣習的所有に対してなされたとき、「真正な行為（acte authentique）」としての資格を有すると明記されている（LP-AC: Article 3）。

　この「真正な行為」という用語は意味深長であるが、法案の合同審議委員会議事録（CLRAC 2005ab）では、上院側は全てのPV・ド・パラブル、すなわち、慣習当局の下で行われる全ての慣習的行為は真正な行為であると主張していた（ibid. 2005a: 4）。これには、慣習当局者の権威を法的真正さで裏書きしたいこともあろうが、本来、民事・刑事の区別のない慣習的調停や決定において、普通法では後述の刑事面に当たる軽犯罪に対する懲罰的制裁も「真正な行為」として認められることを意図していたのかもしれない。上院は真正な行為とそうでない行為との違いに対して、該当しない分野の具体的なリストを要求したが、行政・政府側は法的効力を必要とするものとしないものとの差であるとして、真正な行為に該当する分野をすでに定義しているので、むしろ明記しないことが柔軟な余地を残すとして明示しなかった（ibid. 2005a: 4-5）。ここで「真正な行為」に該当するリストには、すなわち慣習的公証人によって作成されるPV・ド・パラブルの公正証書が必要となるのは、慣習地位では慣習当局者（シェフ）の任命、孤児の後見人、養子縁組、名前や姓の改名、また慣習的所有権に関するものでは慣習地の使用や開発、死亡に際しての財産、家や車などの相続などが挙げられる（SECC）。しかし、ヌメア合意によって、法的地位も土地も

同一の「慣習」という言葉で名称上統一され、「法」と「権利」は密接に結びついているので、両者の慣習地位と慣習地（リザーヴ地、GDPL 地、ADRAF 在庫地）や慣習的所有権は複雑に絡み合っている。

　同リストの中で、最も問題や紛争が多いのが、第 1 部で検証した慣習地と前章で見たシェフの任命であるが、慣習地に関しては、これまでその権利は慣習的なやり方に従うため、親密圏の共同体においては、普通地位であっても、慣習的義務を果たし、帰属するクランや下位グループの系譜から所与の土地に対する慣習的権利を有していれば、トリビュでの居場所、土地の権利や使用にはそれほど影響されず認められてきた。「慣習的行為法」の第 4 条でも、慣習的行為の作成を要求する者に関しては慣習地位にある者とは定義されておらず、また「慣習地」で見たように GDPL の成員の大勢は慣習地位の者とされるが、普通地位の者も成員となることは不可能ではない。しかし、2007 年の調査で筆者が会ったシェフやカナクの中には、ヌメア合意によって慣習地に対する権利は、慣習地位の者でしか権利がないと断定するシェフや、普通地位であると PV・ド・パラブルを作成できないので、慣習地にアクセスする権利がないとするカナクもいた（9/2007）。ヌメア合意では、慣習地内にある財産の相続は、慣習規則に従って処理されるとあり（1.1）、問題はこの慣習規則云々を慣習当局がその権限においていかに判断するかにある。上記のシェフのように慣習地位を絶対視すれば、それを有しない、あるいは選択してない者の権利に影響が出てこよう。実際、カナク判事のトロリュは、経済開発による土地の商品的価値によって人々の精神は商的になり、法的地位がクランの親子関係よりも優先的な方向になり得る危険性を示唆している（*Mwà Véé* No.41, 2003: 16）。ネスリーヌも開発の目的で普通地位のカナクに土地を付与し、PV・ド・パラブルを作成する際、慣習地位のカナクとの間で問題となることを懸念している（ibid.: 27）。PV・ド・パラブルには慣習当局の承認が必要であるため、本来土地に対する権限を有していない行政的首長の意向によっては、普通地位のカナクが不利に扱われたり、相続やその配分において直接の遺族ではなく、慣習の名の下に他の相続人を利する可能性もあり得よう。一方、慣習地の土地境界や分割に合意した PV・ド・パラブルの作成はこれまで少ないが、所与の者の間で分割することを、関係者、クランのシェフや慣習当局者出席の下で取り決め、公正証書として作成すれば「真正な行為」として法的効力を有することになる。本法によって、相続の意味でも慣習地の土地分割が増大するならば、その結果と

第 6 章　現代アリーナの中の先住民性

しての紛争が増大することになるのか、あるいは土地所有の固定化によってトラブルは少なくなるのであろうか。いずれにしても、パロールからエクリチュール（écriture）への転写は、資産としての土地所有における保障を人々に与えることを意味しよう。

　しかし、一般のカナクは慣習地位と普通地位との法的相違については通常認識しておらず、家族が亡くなった際の財産の継承や名前の変更など法律上の手続きが必要となって知る場合が多く、土地や財産相続などの慣習的所有権に関しての問題や紛争は多い。たとえば、兄はカナク女性と弟はヨーロッパ系女性と結婚して、前者の子は慣習的地位を有し、後者の子（混血児）はこれまで自動的に普通身分になっていたが、両者の子どもたちは慣習に従えば同等に扱われるはずであるが、前者の法的地位の子に有利に働き差別が生じる可能性がある。土地や財産は父方家族から継承されるので、異種婚の場合父親がカナクであれば、ヌメア合意後はこのような問題を考慮して子ども（混血児）に慣習地位を選択することが可能となり、もしその子（混血児）が普通地位に変わりたければ、成人する段階で自ら変えることを申請できる。また、カナクの母親との間で非カナクの父親が不詳で認知がない子ども（混血児）の場合、母方の家族の名前が子どもに与えられるとカナクとして慣習地位を得て、クランやトリビュでの決定に参加でき、法的にも慣習的にも配慮されるが、逆に非カナクの父親が認知している子ども（混血児）の場合は、土地や相続に関する討議に参加できないことになる。土地は伝統的にも男子を欠いている場合、女子が相続できるとされるが、筆者は、親族の男性に土地を取られて訴訟した女性のケースや、ヌメアで父親所有の家が父亡き後、母方のオジに取られたというようなことも聞いたことがある。後者のこうした慣習地の外で不動産や私的財産を町で購入、所有するカナクが増大する中で、リザーヴ外にある個人資産の相続に関しては、1980年普通法の下で直接当人家族が相続できるようにするか——この場合は一般の公正証書に署名——あるいはこれまでのような慣習的身分の慣行に従った相続を行うか——この場合はPV・ド・パラブルとしての公正証書が必要——カナクは購入時に選択できるようになった（*Mwà Véé* No.41, 2003: 30-32, 8）。

　慣習地の経済開発においては、トリビュの居住者あるいは外部の開発業者などによる建設や開発プロジェクトのために慣習地の一定の土地区画を活用する場合[13]、公正証書を作成する上で、クランの当該土地権利保持者、隣接する

413

クラン、及び首長あるいは大首長か、両者が不在の場合はトリビュのクラン首長カウンシル長の身元証明と署名を必要とする（LP-AC Article 8）。審議委員会議事録によれば、慣習当局者が開発プロモーターに慣習地でのプロジェクトを行うことの許可を与え、普通法の下で契約が結ばれ、その慣習地に関連する所有者とPV・ド・パラブルを行い公正証書が作成される。この後、契約をめぐって人々の間で紛糾した場合、最初の訴えとしては、自らの権利をこうした慣習的行為によって侵害されたと考える当事者が、決定を下した慣習当局者に対してパラブルを修正するように訴え、慣習的再討議が行われることになるという。賃貸できるGDPL地は、慣習地として慣習的財産に帰属するため、普通法の下で業者と結ばれた契約よりも、「真正な行為」としての公正証書であるPV・ド・パラブルが優先することになるからである。一方、シェフは今日では慣習地における経済的発展を認可する権限を有する者として、人々から見なされているという（CLRAC 2005a: 6-7）。前節で見たように、慣習当局の下でのミクロ経済開発プロジェクトが進む中で、「真正な行為」として選ばれるはずのシェフがトリビュの開発権限と結びついているならば、慣習地の人々の生活を守り、豊かにするための能力か、その地位に就くことによって金銭的報酬を得ることの魅力か、あるいはその両方に結びつけられているのかもしれない。いずれにしても、彼らの承認なしには開発許可は下りないゆえ、業者との癒着も想像できよう。土地紛争とシェフの力関係による紛争が関係するケースは多い。慣習当局の調停には、トリビュの首長カウンシルが特定のクランの要求を支持する場合もあり、また時間もかかり、その権限の行使の仕方にも問題があると言えよう。その結果、各クランは慣習当局の調停に不満を抱き、人々はその慣習的裁定にもはや従順ではない。

　慣習地位に関しては、PV・ド・パラブルとしての公正証書を必要とする名前の変更や養子縁組も問題が多い。前者では、ピピティによれば、「土地の主」の地位が高まっている中で、慣習当局者は外から迎え入れられ定着したクランによる名前の不当な取得に対して慣習的承認を主張し、迎え入れられたクランを追放する手段となるのではないかという懸念があるという。2000年の慣習戸籍において85件の改名と、98件の地位変更があり、特定のクランに属している父祖名の変更が増大すると予測される。地名と父祖名は互いに交換可能で改名は土地の権利資格に関係するゆえ、土地返還要求の意味で多くの非カナクを不安にさせているという（Pipiti 2003: 206）。後者の養子縁組の場合、ベンサ

第6章　現代アリーナの中の先住民性

とサロモンによれば、性犯罪の犠牲者になる未婚の娘から生まれる子どもの数が増大しており、生まれた子どもが母方の兄弟の養子となって虐待されるケースや、また養子縁組で、母親が低い階層出身のため虐待されて子どもが犠牲となるケースもあるという。養子は人類学者によって慣習的あり方として理想化されているが、ときに両親と子どもとの間でうまくいかず、きわめて複雑な実践であるという（Besa, Salomon 2003: 89-90）。養子はオセアニアで広く見られる慣習的慣行であるが、その縁組みが法的に結ばれなければ、子どもの権利を保障する上で問題が生じてくる。これをマオリに例をとれば、属するコミュニティにおいて成員として登録する際に、慣習的な養子は系譜を証明する上で問題となり、登録が承認されないことにもなる（2/2014）。結果として、カナクも同様、土地を含めた受益者としての権利が認められないことになる。

　それゆえ、慣習的行為としての公正証書は、閉じられた親密圏で起こるこうした諸々の問題を内包して、慣習当局者の認可の下で作成される「真正な行為」であるが、前章で見てきたようにシェフの指名そのものにも問題が多い。指名の合意に達する過程において、シェフを選べず不在のトリビュも多いが、たとえ合意に達しても紛争は続いていく。「カナクのトリビュとシェフリ」で見たトリビュU（Unia）のシェフ選出をめぐる紛争では、そのデュベア＝カポーネ慣習圏は前グラン・シェフのBクランの息子B2がシェフに就くことを支持し、慣習圏はヌメアの行政に関する訴訟を扱う行政裁判所にAクランの新グラン・シェフに選出されたA2就任の無効を訴えた。しかし、当シェフの指名はその慣習地区の指名であり、PV・ド・パラブルが確立され、上院議長によって承認されており、慣習圏は諮問機関の役割なので、その反対は考慮の対象とはならないとして棄却されたという（NC 13, 27/4/2012）。換言すれば、「慣習的行為」としての当シェフの指名は「真正な行為」として法的真正さを得たが、ここからもわかるように、「真正な行為」としての公正証書は、合意の上で作成されたとしても、紛争から訴訟への道が予想される、"危うい行為"とも言えよう。一方、慣習的行為にシェフの認可が不可欠であるということは、この危うい「真正な行為」がいったい何を意味するのかという疑問も生じる。パラブルでの決定によって、公正証書作成の要請は慣習当局者を通して慣習的公証人に申請されるが（LP-AC: Article 5）、民事法の中で「真正な行為」とは慣習的公証人の行為あるいは公証人によって確立された行為に相当し、公証人の介入を必要とする。つまり、PV・ド・パラブルが公正証書としての「法的真正さ」に足り

415

得るかどうかの判断は、慣習的権威の名の下にあるシェフではなく、法の名の下で宣誓し、公正証書を作成する慣習的公証人のチェックに委ねられるのである[14]。

一方、「真正な行為」としての公正証書に対して訴訟を起こす場合は、当事者が属する慣習圏カウンシルに訴えを起こす。この慣習圏カウンシルにおける和解の試みが成功しなかった場合、カウンシルは紛争に対して裁可を下すことができるが（ibid. Articles 21-28）、その裁可にも失敗した場合、初めて、最終段階としての普通法裁判への控訴が可能となる（ibid. Article 29）。しかし、この司法裁判へ訴訟する者は当該の「真正な行為」は偽であり、誤りを犯しているという証拠を示さなければならず、また真正であるはずの行為が捏造された行為と証明された場合は、刑法の規定条項に従って犯した者は罰せられることになる（ibid. Article 30）。「真正な行為」はシェフの選出を含めた慣習地位や慣習地などの慣習的所有権の民事面に限定されたが、これらの事柄は常に訴訟の対象となってきたという事実がある。捏造として訴訟の対象になりやすい「真正な行為」は、普通法の下での刑事事件となり得るため、それだけ「真正さ」の持つ意味は重く、「慣習的行為」の中で「真正な行為」とは、偽ってはならない「法的真正さ」を最も要求される行為である。したがって、本法で求められているのは「法的真正さ」、すなわち、法に照らして慣習的行為が真正であるかどうかという判断であり、この意味で、慣習的行為に対してシェフに求められるのは、これまでの人類学的な文化的真正さではなく、法的真正さにあると言えよう。

2）慣習的刑事調停

一方、刑事面において慣習当局者に、ヌメア合意（1.2.4.）で約束されているのが「社会的予防（prévention sociale）」や「刑事的調停の役割（médiation pénal）」である。その役割は、ニューカレドニアの刑事訴訟を規定する法的規則の条項の中で明記されることになっているが、共和国における刑事法の一体性からも問題が多い。社会的予防が具体的に何を指すのか明瞭でないが、暴力や犯罪などを事前に防ぐために取り締まる権限と理解できよう[15]。ニューカレドニアの慣習法を研究してきた法人類学者のラファルグは、慣習当局には「部族的警察（police tribale）」のような役割と「処罰的」権限がこれまで暗黙に容

認されてきた（Lafargue 2010: 171）としており、またCCTも、慣習警察（police coutumière）はシェフリによっては存在するところとしないところがあるが、全ての慣習圏において広げられるべきであり、グランド・シェフリの秩序維持のために慣習警察の権限を要求していた（CCT 1998b: Atelier Justice 1）。つまりは、土着民体制の下で生まれたトリビュや慣習地区の安全や保安を所轄する慣習警察の復活と、事件が起きた場合、その当事者の間に立って慣習的調停として、制裁を科す「発明された伝統」としての刑事的権限と言えよう。一方、カナク唯一の第1審判事であるトロリュは、普通法の下での裁判に持ち込まれなければ、トリビュの長老カウンシル（conseil des anciens）で慣習的裁定として罰金や罰による判断が下され慣習的和解がもたらされるが、これはフランスによって受け入れられてきたと語っている（10/9/96）。こうした慣習的裁定に関して、ラファルグがその著（Lafargue 2010）で取り上げているケースを引用しながら、以下で、これまでの慣習的裁定のあり方や、その法的行為としての普通法の裁判への取り込みなどから、この問題が意味するところを探っていこう。

　1994年、北プロヴァンスのコネのトリビュXで起きた姦通事件では、Aの妻を寝取った男Bが、Aとそのクランの成員により慣習的制裁と称してリンチされ亡くなった。このトリビュでは、長老（クラン）カウンシルの月に1回開催される集会で、罪を犯した者に対して慣習的制裁を加えることを決め、重い罪を犯した者が受ける制裁や、犠牲となった家族は犯した者の裸の手を打つことができることまでを決議していた。しかし、Aはカウンシルの集会での裁定を待つことなく、ある晩、そのクランの戦士が上げた雄叫びを合図に、Aやクランの男女がBを襲い何度も殴打したあげく、1晩彼を裸のまま置き去りにした。翌日彼は病院に運ばれたが亡くなった。この結果、普通法の刑事裁判では、殺された被害者Bに対してAが加害者として告訴され刑罰が科された。判事は制裁の誤謬あるいは慣習的制裁の適用のいきすぎという見解を示した。しかし、トリビュXからは、司法の介入、加害者の投獄とその妻が拘束されず自由であること、犠牲者家族の相続のPV・ド・パラブルに関して当トリビュの慣習当局ではなく、慣習地区のグラン・シェフが介入したことに対する抗議があったという。さらに、当事件に関係するクラン間の慣習的和解では、リンチ死したBのクラン、及びAの妻Cのクランが攻撃者であるAのクランに許しを求める慣習をそれぞれ行った。かつては姦通した妻は夫を愚弄した者とし

て死の制裁を受けたという（ibid.: 168-170, 178）。

　AによるBのリンチ事件から、Aは長老カウンシルを無視、あるいはカウンシルの慣習当局が黙認したかが推察できるが、いずれにしても長老カウンシルの合議的決議に人々が必ずしも従属しないことを示唆している。財産相続のPVド・パラブルはおそらくトリビュの慣習当局に任せると、Bの遺族の相続が難しくなったからかもしれない。慣習的赦し（pardon coutumier）ではリンチ死したBは犠牲者とは見なされず、制裁を加えたAとその属する家族やクランが名誉を傷つけられた集団として、BとCが属する集団が名誉を傷つけたグループとして定義され、賠償や謝罪としての慣習をBとCのグループがそれぞれAの集団に行い、当事者が帰属する集団間の関係を修復する慣習的和解が行われたと言えよう。

　当事件において、法的裁断と慣習的解決法では、犠牲者の定義や個人あるいは集団としての責任を問うかにおいて対極的であるが、ここで慣習的裁定に関するベンサとサロモンの分析を参照してみよう。クランの長子やシェフ、クラン首長カウンシルやトリビュのシェフによって開催される慣習的裁定においては、目的は社会的秩序を回復するためにいかに問題を取り除くかにある。それゆえ、普通裁判における制裁を要求する検察側と決定を下す判事側のような区別はなく、被疑者は攻撃したと推測され、犯したことに対する責任や与えた損害は必ずしも考慮されない。言葉の上での攻撃、肉体的襲撃、あるいは性的襲撃であったとしても、それはクランや家族あるいはシェフリといった社会的集団に損害を与えたと考えられ、慣習的制裁は、しばしば個人的責任と切り離される。普通法の下で区別される犠牲者と犯罪者は、慣習においてはともに過ちに対して責任があり、被害者においてはその先祖が攻撃者を通して現れたと考えられている。それゆえ、犠牲者はめったに支持されず、負け犬あるいは敗北者として見られ、加害者と被害者の権利に同等の原則はなく、社会的地位や性別、年齢によっても異なり、慣習から排除される低い地位の者は、慣習当局者やクランの利益や意向に従うことを余儀なくされる。慣習においては強者が勝利者であり、犠牲者は自然災害や戦争の被害者のように食される運命に陥った敗者側と同一化され、犠牲者の概念は存在せず、悪さがなされた人々として解釈されるという（Bensa, Salomon 2003: 6, 20-22）。

　ここからは、共有や分配、互助の精神で表象されるカナク社会主義的な慣習に対して、強者や勝利者の力学が支配する慣習が見える。普通法と慣習による

審判での過程や判断基準の違いは、とりわけ個人と集団の間で大きい。ワポトロは、カナクの裁断は、集団の均衡を危うくしない限りにおいて個人を尊重するが、西欧の法律はたとえ集団の均衡を危うくしても個人を保護することを優先すると見ている（16/10/98）。R. マプーは、「普通法は慣習的判断をとらないことが問題だ……（フランスの）人権は共同体にとってたったひとりの人間の権利に対するものだ」とコメントしている（14/9/2005）。ここからは、カナクにとって集団としての人権が個人の人権を凌駕し、普通法の下での個人の権利と責任の重視に対して、慣習的裁定における個人に対する集団の権利と責任の優先がわかる。これに対して、ギアールは、犠牲者は伝統的に個人として存在し、集団的重要性は社会学者の幻想的な発明であるとしている（Guiart 2003: 48）。何をもって、ベンサとサロモンが見なすように「犠牲者の概念は存在せず」とするかは議論の余地があるが、犠牲者が個人として存在することは、慣習的合意を想定するために犠牲者の地位と権利を定義する（Lafargue 2010: 178）ことからも明らかである。また、地位によってその権利が異なってくるならば、慣習的に低い地位の者、とりわけ女性の場合、被害者の権利は軽んじられることになる。それを次のケースで見てみよう。

　1999年、リフ島のトリビュYで少女が幼馴染みの少年にレイプされた事件で、少年の両親は少女の母親に慣習的謝罪としてわずか1000〜2000 CFP（円で約同額）を渡し、少年の父親は、少女のオジに2人を罰するように要求した。オジは慣習的制裁として2人の背中をそれぞれ棒で5回打ち、再び会ってはならないとした。この後、裁判所は犠牲者の少女が13歳以下で責任がないのに打擲された上、リフ島から追放され、両者に対する慣習的処罰が不公平であるとして、法的平等性に鑑み少年に3年の収監を科した。ラファルグによれば、慣習的裁断ではその振る舞いから、地位を下げ、軽蔑され、クランの慣習的庇護を失って社会からのけ者になった者は、レイプの犠牲者とは定義されず、集団の利益が阻害されない限り、犠牲者が受けた攻撃は社会的非難を呼ばないという（Lafargue ibid.: 172, 178）。おそらく、少女は普段の振る舞いや行動から犠牲者として認識されず、犯した少年と同列化され制裁されたのかもしれない。

　しかしながら、慣習的に女性の地位が低く、男性の特権と掌中にある裁定においては、暴力やレイプによる被害者の権利は全般的に軽んじられる。法学者のアニエルは、トリビュにおいて若い娘を待ち伏せして集団でレイプしたりすることはしばしばあり、少年たちのセックスの通過儀礼としての様相を持って

第 2 部　共同体の語り

いるとも指摘している。とりわけ、過度の飲酒が行われる結婚の宴などでは、女性に対する性的暴行や暴力は飲んで酔っ払っていたという弁解で差し引かれる。長老会議の聴聞では、こうした罪を犯した者は、犠牲者の同意の上とか言って、事の重大性は矮小化される。犯した側と犠牲者側の家族やクランの間の和解では、たいてい前者の結婚の約束で終わるという。レイプや未成年に対する猥褻、強姦は重罪裁判の 75% から 80% を占めているという（Agniel 2008: 92-93）。結局のところ、女性に対する性的虐待や暴力は慣習的裁きにおいて明らかにされず、犠牲者が裁判に訴え出るには、家族や共同体からの排除も覚悟しなければならず容易なことではない。そうしたことから加害者男性が刑事法廷での訴訟や刑罰を免れることによって、慣習が女性への暴力やレイプに寛容な土壌ともなる。

　一方、間違いを犯した者のクランが犠牲者のクランに赦しを求める「慣習的和解」は、カナク社会においてしばしば行われてきた。近年最大のものは、第 1 部で見た 2004 年におけるチバウとイエウェネ・イエウェネの 2 人の政治家を 1989 年にウヴェア島で暗殺したジュベリ・ウエアのクランとの間の和解である。暗殺から 15 年という歳月を経て行われた慣習的赦しを求めた和解の一連の過程では、仲介として間に立った宗教的グループも含め大規模なスケールに及び、2004 年にチバウとイエウェネ・イエウェネ及びジュベリの家族、教会（カトリック、プロテスタント）、チバウの警護を担当していたカナクの警察責任者で構成された和解委員会が公に設立された。チバウの息子によれば、ジュベリの家族からの申し出により、その準備は 2001 年から始まり、なぜ彼らの父親が殺されたかという疑問に対する回答を、一堂に会した集会でジュベリの兄弟に求めたという。それに関する説明を得た上で、慣習的赦しを受け入れる、全てのメンバーが参加した和解はチバウのティアンダニートのトリビュで 1 日、イエウェネ・イエウェネのマレ島で 1 日、ジュベリのトリビュ、ゴサナで 1 日行われた。ジュベリの家族だけではなく、ゴサナのトリビュの全員がまずティアンダニートに来て、彼らは 1 週間イヤンゲーヌに滞在し、翌週はマレ島のイエウェネ・イエウェネのところへ赴き、それから 1 週間後、関係者の家族全員がウヴェア島のゴサナに赴いた（E. Tjibaou 30/8/2007）。

　この慣習的和解の道程を記録したフィルムは、ヌメアのチバウ文化センターの図書館に保存されているが、それでは、ジュベリが彼らの父親の暗殺に至った理由は明らかになったのであろうか。E. チバウはわからないという。なぜ

なら、あの日、ジュベリはたったひとりで、兄弟にも、妻にもなにも語らず、彼の頭の中に起こったことやその心理は誰にもわからず、説明されたのは当時の状況と何が起こったかであった。すなわち、ウヴェアの若者がゴサナの洞窟で人質をとって立て籠もった間、ジュベリやゴサナの人々は拷問などを受けたこと、仏軍兵士の人々に対する暴力的な行動や、19人の殺害されたカナクの若者の遺体がヘリコプターから宙吊りにされた網の中に入れられて、人々に見せしめのためウヴェア島の上空を飛んだことなどの状況が説明された。その結果、理解できたのは、ウヴェアの人々が精神的に大きなショックを受け、ジュベリはウヴェアの悲劇を受け入れることができず、暗殺の行為に及んだことであったという。また、和解の慣習を行うとき、まず語り伝え、議論しなければならないが、クチューム（慣習的贈与交換）が行われている間は、赦しはまだ受け入れられていないが、クチューム後は認められ、人々は問題が解消されクラン間の関係が回復されたことを、公に示さなければいけないという。慣習的和解後、彼はウヴェア島に来るとウエア家に泊まり、先週も滞在したがもはや問題はなく、両家の関係は現在では確立されたと考えている（30/8/2007）。しかし、彼が自らを納得させるのに、多くの心理的反芻と時間を要したことは容易に推察できよう。このように和解のプロセスでは、加害者のクランが赦しと象徴的な賠償を犠牲者個人ではなく被害者が属しているグループのクランに表明しに行き、もし和解が成立しない場合は復讐の権利が適用できる。3家族の心に深い傷を残した当事件において、慣習的和解は幼かった子どもたちが成長し理解できるようになるのを待って行われた。換言すれば、慣習的和解は、次世代における復讐のサイクルを避ける意味でも、社会的関係と秩序を回復するための政治的解決であり、ヌメア合意で言及された社会的予防と調停にも相当すると言えよう。

　一方、普通法の下で市民であると同時に慣習地位を保持したカナクは民事的二重性を有するが、ラファルグによれば、共和国の法制度の下では人権に対する原則を放棄しなければ[16]、刑事面における二重性を認めることはできないという刑事法の一体性がある。このことは、前述のレイプ事件の少年のように慣習的当局による制裁と普通法の裁判による2度にわたる制裁を受ける可能性があるとともに、刑事裁判で「慣習的制裁」が違法と判断されれば、それを科した当局者が罰せられるケースを見ることにもなる。1999年、リフ島のあるトリビュで、2人の女性がカルト宗教（Témoins de Jehovah）の儀式へ参加し、

第 2 部　共同体の語り

慣習的仕事や儀礼に参加することを拒否したため、トリビュの慣習当局は村の秩序を乱すものとして追放を命じた。2 人は去ることを拒否して慣習当局のパラブルの決定に挑戦し続けたので、トリビュでの決定遵守のため、慣習的制裁の対象となり、2 人に鞭打ち刑を科した。しかし女性たちが刑事裁判へ持ち込み、裁判では人権宣言の 10 条などにより[17]、何人も宗教的信心を理由に脅かされず、慣習当局によって追放されることはできないとした。さらに、刑事法の一体性から慣習当局が罰としての制裁を慣習身分のカナクであっても科す権限は認められないとして、慣習当局者には執行猶予付き禁固刑が下されたが、ヌメアの軽犯罪裁判所では 1993 ～ 2009 年の間、いずれも制裁を科した慣習当局は弾劾されているという（Lafargue 2010: 144, 146-147, 157, 159, 162-163）。

　ここには、トリビュの集団としての慣習やその裁定よりも、自ら信ずる宗教に従う権利を優先するカナク女性の個人化が見える。この宗教的セクトの事件をほのめかしながら、上院で司法関係を担当しているダルメラックは、刑事面でのシェフの権限が認められないことは問題であるとして、次のように語っている。「たとえばトリビュで車の事故があった場合、皆と同じように市民としての取り扱いになるが、トリビュに宗教的セクトが入り込むとすると、シェフがそのセクトを取り払わなければいけない。宗教セクトに入った人を打ち、トリビュから追い出さなければならないが、これはトリビュの慣習法を守るためであるのに、共和国の法の下ではシェフにこの権限を認めず、そうしたシェフが罰せられる。あるいは若者が大麻をトリビュで植えて、憲兵にとがめられた場合、慣習では棒で打たれるが、懲らしめられることによってもはや彼に罪はなくなる」（14/9/2005）。

　このカナクの慣習的制裁としての棒打ち、あるいは鞭打ちは肉体への罰を与えることで、フーコーの身体が新たな規律的社会制度の場となる『規律と罰』（Foucault 1977; Hall 2001: 78）を想起させるが、ギアールによれば、鞭はヨーロッパ人によって持ち込まれたという。鞭打ちは伝統的な懲罰としては存在せず、行政的シェフによって最初グランド・テールで次にロ諸島に広がっていったとしている（Guiart 2003: 13）。植民地化以前から、各クランや各シェフリにおいて口承によるそれぞれの慣習的規則に従って、禁を犯した者に対する慣習的制裁はクランの長子（aînés）によって加えられてきたので、罰としての棒などによる打擲（ちょうちゃく）は伝統的にも行われてきたと言えよう。しかし、植民地化において矯正的な権限の行使として認められ、人々は反対や不満は表明できず従わ

第 6 章　現代アリーナの中の先住民性

なくてはならなかった。ネスリーヌによれば若者に対する鞭打ちは、半ば儀礼的な性格を持ち、締め出すことなくその過ちを罰し、集団の結束という配慮の中で行われるという（Mwà Véé No.41, 2003: 28）。しかし、カナク判事のトロリュによれば、現在ではこうした慣習的制裁を受けるよりも、人々は牢に入ることを好むという（ibid.: 18）。そのため、ダルメラックもシェフリにおいて、罰として打擲する懲罰権をシェフに与えるのは悪く受け取られるので、たとえば、1 回目は 2 万 8000 フランの罰金……3 回目はトリビュから 1 年間追放されるといったやり方で解決できると語っている（14/9/2005）。

　集団の中での個人としての人権意識や自我が増大していけば、人は肉体的懲罰よりも普通法で適用されるような罰金的制裁を好む。しかしながら、こうした現代的な制裁方法に変えることで、慣習当局者の調停的権限や矯正的権限はうまく機能していくのであろうか。トロリュによれば、慣習当局に訴えてもいつ裁決が下されるかわからず、問題解決に対する慣習当局の能力に人々は懐疑的であり、また裁決がなされたとしても抗議は続き、慣習制度の弱体化によって慣習当局は、決定力を人々に及ぼすことができないという（Mwà Véé No.41, 2003: 14）。こうした慣習当局の影響力の低下は、トリビュやシェフリにおける共同体内部の関係性の絆の緩みとも並行している。ラファルグも、現在では仲たがいをしたクランを和解させ一緒にすることよりも、引き起こされた損害の値を罰として支払わせることを求めるほうが重要になっていると指摘している（Lafargue 2010: 179）。

　1960 年代から慣習当局の権限が低下し、トリビュでの犯罪が増大する中で、人々は普通法の裁判に訴えるようになったが（Bensa, Salomon 2003: 14-15）、このことは慣習内でそれまで処理されていた犯罪行為が司法の下で明るみに出されるとともに、人々が慣習的裁定に従順でなくなったことを明かしている。そうした中で、普通法の民事裁判においてカナクの慣習的判断を、裁判の中に取り込み、あるいは同化しようという試みとして、1982 年の行政命令（Ordonnance No.82-877 du 15 octobre 1982）によって、慣習陪席者（assesseurs coutumiers）制度が設けられた。その第 1 条では、慣習当局は特別地位の市民の間の和解的調停権限を与えられているとして、その裁定を認めた上で、2 条で当事者双方が同地位を有するカナク市民のケースにおいて、どちらか一方の側が第 1 審裁判に直接訴えることができるようにしたものである。この裁判（以下、慣習陪席民事裁判）では、25 歳以上の特別地位のカナクで、当事者の慣

習について知識を有する者が、慣習陪席者として判事の補佐役を慣習に配慮しながら務める制度である（Lafargue 2010 annexe 3: 401-403）。しかしながら、この制度に対しては、慣習当局者は異口同音に批判的である。ネスリーヌは、誰もが陪席者の欠席を嘆くが、陪席者制度は伝統的に存在せず、カナクに課せられたことが問題点だとしている（*Mwà Véé* No.41, 2003: 28）。CCTは、陪席者が慣習当局によってしばしば無視されることに鑑み、その指名は彼らのコントロール下に置かれるべきであるとして（CCT 1998b: Atelier Justice 1）、慣習当局者が陪席者を選択する権限を主張している[18]。ダルメラックも「我々上院は、シェフなしの陪席者によって補助された裁判が、まったく機能してこなかったのを知っている」としている（14/9/2005）。つまるところ、慣習当局者の権威は陪席者によって奪われ、陪席者はその仕返しなどを恐れてしばしば欠席し、反対の判断が下された場合、慣習当局者の面子はつぶされることになる。慣習陪席民事裁判が、司法と慣習の仲介としてうまく機能を果たし切れないことが窺える。

他方、第1審裁判所がヌメア以外に、コネとリフに地域裁判所として設けられた1989年、刑事裁判でも市民陪席制度が設けられた。しかし、民事とは異なり、陪席者は慣習地位や普通地位の区別なく、また民族に関係なくコミューン選挙区（communes）の有権者から選ばれ、判事との合議や決定に参加するが、地域によってカナク陪席者の割合は異なるため、リフ島ではカナクだけなのに対して、ヌメアでは白人が多く、慣習規則は考慮されず、カナクにとってはいわゆる「白人の正義（justice de Blancs）」のイメージを与えている（Lafargue 2010: 175-176, 404-408）。それゆえ、CCTは、刑事裁判で市民陪席者以外に、処罰の適用において、慣習弁護人や慣習当局の参与が必要であると主張している（CCT 1998: 21）。

しかし、地域裁判所の設立は地方のカナクを普通法の下での裁判に持ち込むことをより容易にしたため、より多くのカナクがこの「白人の正義」の裁判に訴えるようになった（Bensa, Salmon 2003: 15）。報道によれば、とりわけ女性の被害者が多く、これには女性運動や性的暴行に対するSOSの会（Association SOS Violences sexuelles）の支援によって、女性犠牲者が慣習的決定に抗議し、裁判に訴え、損害賠償を求めるようになったからでその件数は増大している（*NC* 8/3/2011）。しかしながら、アニエルによれば、フランスの破毀院（日本の最高裁にあたる）は2005年、2007年の意見書で、慣習地位の者に関係した

刑事事件においては、その損害賠償は上記の慣習陪席民事裁判に従うとした。しかし、これは、陪席者が賠償要求に対して調停しない傾向にあるので、カナク犠牲者にとっての後退と見られ、また慣習地位の犠牲者と普通地位の犠牲者との間を差別化することにもなるとしている（Agniel 2008: 94）。実際、2005年に強姦された50代のカナク女性が裁判に訴え、強姦者は刑事事件として懲役刑に処せられたが、その賠償請求に関しては、2007年に慣習陪席民事裁判に送られた。しかし、審判の開廷が何度も延期され、犠牲者は数回にわたる延期の結果諦めたと2011年に報道されている（*NC* 8/3/2011）。結局、男性優位の慣習的裁定と同じように、慣習陪席民事裁判も、犠牲者である女性の助けにはならないことを示していよう。

3）法的行為としての慣習

　こうした慣習陪席民事裁判がうまく機能しない中で、上院の前身であったCCTは、まず民事面で、最終的には刑事面で管轄できる慣習裁判権（juridiction coutumière）が制度化される必要があるとしている（CCT 1998: 21）。それでは、その前提としてヌメア合意で言及している慣習的刑事調停は認められるのであろうか。ラファルグは、刑事調停は検察のコントロールの下でしか行うことができず、刑事訴訟の共和国法規に適応したやり方で行うことで、ある特別な刑事法を認知するものではないと言っている（Lafaruge 2010: 176）。他方、カナク判事のトロリュによれば、こうした慣習的刑事調停を成立させるには、検察官が軽犯罪事件などにおいて慣習的仲介者を指名し、仲介者は犠牲者と罪を犯した者を会わせて、その過ちに対する償いを提案する。両者がこれに合意すればその関係書類を検察官に渡し、検察官がそれを了承、認定すれば、普通法の下での裁判に持ち込む必要はなくなり、また慣習当局者に刑事面での権限をさほど付与せずに済むという（*Mwà Véé* No.41, 2003: 19）。換言すれば、慣習的仲介者による裁定や制裁案は検察官の管轄下に置かれることによって、刑事面での一体性の原則と慣習当局が調停者として刑事面で果たす役割が認められると言えよう。

　一方、前章で見てきたように、トリビュあるいはシェフリにおいて慣習的紛争は頻発し、増大している。こうした文脈の中で、R. マプーは、ある司法の場で、国家は土着民体制の時代から、トリビュの秩序を慣習当局に押し付けて

第 2 部　共同体の語り

きたが、慣習当局は、もはや公的な権威や司法や公共の秩序を保つ権限を有していない。憲兵はトリビュの介入には用心深く、その秩序を保つ手段がなく、慣習における公共の秩序を保つ意味で、法を進展させなければならないと訴えている（*NC* 17/6/2011）。すなわち、刑事面における慣習的警察やシェフの刑事的調停権や制裁権の進捗の要求であるが、シェフの指名など紛争を考えれば、シェフやシェフリ側が反対派を取り締まるために慣習警察や刑事的権限を行使する可能性もあり得よう。いずれにしても、法的行為としての慣習において、CCT 同様、上院が最終的に望んでいる慣習的調停のあり方は、刑事であれ民事であれ、慣習的調停権としての審判所の設立にある。ダルメラックも「ローカルに裁断を下せないことが問題である……プロの司法官と慣習によって認められた慣習司法官で構成された裁判所を創設するしかない」と主張している（14/9/2005）。こうした慣習審判所の設立であれ、慣習的刑事調停が法的に認められるためには、これまでの口承による慣習的規則の法規化、すなわち慣習法として成文化することが必要となる。それゆえ、上院はカナク慣習規則の成文化というカナク民事法典（le Code civil Kanak）作成プロジェクトを進めており（Sénat coutumier 2007: 18）、R．マプーも、慣習法典（code coutumier）が成文化されれば、刑事面における慣習的司法制度は可能となろうとしている（22/8/2007）。

　実際、ヌメア合意調印後の 1988 年、CCT はこのプロジェクトに関して、次のような抱負を語っていた。「フランス国家は我々の慣習法（droit coutumier）を認識しなければならない……各クランの中で先祖から世代にわたって年寄りや祖父から今日まで口承で伝えられてきたゆえに、慣習規則は存在する」。彼らによれば、慣習規則は各クランの役割が機能する仕方によって異なるが、所有に関する主要な原則において共通点はある。しかしクランに属する秘密やタブーがあるので、全てを書くことはできないが、カナク社会のやり方を規定している原則を書き出し、法典化しなければならないと語っている（15/10/98）。伝統的な慣習規則は、クランによって所有され、それは各クランの役割、たとえば土地の主ならば土地所有のあり方など、クランが有する機能の仕方によって異なるということであろう。そうした多様性の中で、法典化するとは、カナク社会を律している主要な慣習的原則について取り組み、共通して見られる口承的規則を条文化することを意味しよう。慣習が社会・政治・文化・経済及び法を含めたトータルなものであることを考えれば、カナク慣習法典は民法や刑

法といった境界のない全体的な慣習規則ともなろう。合法性を得れば、先住民の慣習的権利を保護すると同時に規制する慣習法として、国家の法的枠組みの中に取り込まれることになろう。口承からテクストとしての成文化は、カナクが"神聖"とする先祖のパロールから法的"真正"さへの転化であり、前者から後者への変化は世俗化でもある。成文化は共通の原則を作るために、曖昧で多義的なクランの規則を、還元化することを意味しよう。

　こうした中で、2007年の報道によれば、リフ島のデフ（Drehu）慣習語圏において、12年かけて138条の慣習法典としての起草案が——慣習警察、デフの社会的組織、リフの知識、慣習的教育、慣習区の首長権、個人に対する尊敬、税、慣習的審判などについて——作成されたことを伝えている（NC 16/2/2007）。その内容を見ることができないので詳細はわからないが、あまり植民地化の影響を受けなかった当慣習圏は、伝統的シェフリやシェフの権限が維持されてきたので、他の慣習圏よりも草案の作成に取り組みやすかったのかもしれない。こうして起草されたそれぞれの慣習規則を体系化し条文化したものが練り上げられて、各慣習圏の慣習法典として成立するのか、あるいは最終的にカナク社会でひとつの慣習法典として編纂されるのかはわからないが、マオリを参照するならば、地域や部族によって異なる多くの成文法（statute）が存在するので、前者のレヴェルで各慣習圏の規則として編纂されるのならば、カナク社会において8つの異なった慣習法典が出現することになろう。

　民法（droit civil）は、ヌメア合意（3.1.2.）によって第2期（2000〜2009年）からの移譲権限であったが、第3任期（2009〜2014年）の2012年2月に「民法、戸籍に関する規則、商法の分野における国家権限のNCへの移譲に関する法（LP-DC）」が成立した。この結果、ニューカレドニアは議会で民法を修正でき、各慣習圏カウンシルによって編纂される慣習規則が公的に承認されれば、カナク民事法典となろう。しかし、カウンシルの作業には多くの年月がかかる上、異なった法典化がオトクトーヌの慣習法的基盤としての一体性を表象しない懸念や、慣習的判断と異なる普通法の支配と優先に対する慣習当局の不満が鬱積していたと言えよう[19]。こうした状況の中で、「法的多様性と均衡」を求めて上院は、慣習の法典化に選択採用できるものとして、「カナク文明の価値観と基本的原則の共通の基盤」というサブタイトルの「カナク・ピープルの憲章（Charte du Peuple kanak）」を2014年4月に発表した[20]（L'Eveil Calédonien 25/4/2014; JONC 2013: 6119; Sénat coutumier 2013: 12-17; 2014 ab）。

第 2 部　共同体の語り

　憲章は 1 章 18 項「カナク文明の基本的価値観」、2 章 88 項「カナク文明の全般的原則」、3 章 9 項「カナク・ピープルの自決権の行使の原則」の 115 項より成っている[21]。1 章の価値観では血、名前、先祖とパロール、土地とのつながりから慣習的和解まで、2 章の原則ではクランやシェフの定義から土地・自然資源・空間圏に対する慣習的権利や慣習当局による紛争の解決までが列挙され、全体を通して重複も多い。ここからも、内容的には文化人類学者がこれまで論じてきたことや、本書で考察してきたことに重なってくることがわかる。換言すれば、先住民の権利を視座に据えた憲章は、慣習当局による自民族誌的表象の権利回復とも言え、当局公認のカナク社会の規範として共同体レヴェルにおけるクランやシェフリの権利の根拠として主張したり、あるいは文化ソースとして参照、言及したりすることも可能であろう。憲章のうち、2 章の原則が慣習の法典化に選択、取り込める主体であろうが、その 2 節から抜き書きしてみよう。56 項「カナク社会は家父長制社会である。その社会制度は男性に基礎を置いた権利、力、責任の継承によって機能する」、57 項「あるクランの長子が女性である場合には、このクランが困難に遭遇した際、その長子がそのクランの保障の決定要素となる。女性たちは別のクランの中で仕えることになっている」、58 項「個人の権利は集団（家族／クラン）の共同の権利の中で表現される。個人が社会の中で一人前になれるのは、その個人が家族とクランの中で認められるからである」、71 項「慣習によって結ばれたカップルに別離が生じても、とりわけ子どもがいる場合には、これらクラン間で締結された婚姻関係を白紙に戻すことはできない」（Sénat coutumier 2014b）。

　これらはある意味、既知の事柄でもあるが、慣習当局の伝統的価値観の下で、こうした具体的表現で「原則」として改めて提示されると、筆者としては戸惑いを禁じ得ない。結局、慣習的権限が男性慣習当局者の掌中にある限り、慣習的刑事調停が認められ、あるいは慣習的審判所が実現されれば、普通法の下で可能となってきた離婚や女性への性的暴力や家庭内暴力などの訴訟はより困難になるかもしれない。あるいは新たなネット犯罪などに対して、伝統的慣習規則は対処できるのであろうか、カナクが個人化していく中で、慣習法の下での一律化は好ましいことなのであろうか。次節で見るような現代アリーナにおけるカナク社会の変化に鑑みるならば、憲章の原則が言及する集団の権利の中で表現される個人の権利として、正しく上院の主張する「協調的・均衡的な法的多様性」（Sénat coutumier 2014b）を求めて、慣習地位のカナクが普通法の下で

の審判も選択できる権利が保障されることが望ましく思える。

　3章の「カナク・ピープルの自決権の行使」は、カナクの生得的権利や国際的な先住民権に言及しながら、カナク社会あるいは共同体レヴェルのシェフリやクランにおける自決権の行使などが言明されている。これは、マオリの部族レヴェルにおける自決権としての「ランガティラタンガ」の主張にも重なってくる。実際、宣言に至るプロセスを記した中で、憲章はマオリのワイタンギ条約にも相当するが、本質的な相違はそれ自体でオトクトーヌの権利や文化的価値を保障するところにあるとしている（Sénat coutumier 2014a）。しかし権利は法と不可分であり、法典化や慣習法としての合法性を得るには公的承認としての他者の眼差しを必要とするゆえ、これ自体でオトクトーヌの権利を保障するとは言えない。いずれにしても、「憲章」という言葉自体、独立運動時代の「FLNKS憲章」や、また前節で見た上院宣言文（2002）を想起させ、まさにグローカル化する先住民主義がネーション・レヴェルよりも共同体レヴェルで活発であることを示唆していよう。憲章の「前文」や後書きでは、ヌメア合意やNC議会による満場一致の「国際先住民宣言」の採択（2012）を強調しながら、「共通の運命の中の共通のアイデンティティという目的」は、非オトクトーヌである他の市民に対してカナク・アイデンティティの特性の基盤としての原則と価値観を明示することによって、新たな対話や交渉への道を開くといった旨が記されている[22]。ここからも、憲章が、国家やカレドニア社会に対するオトクトーヌの権利の主張であることがわかる。

　仏語「ドロワ」が「権利」と「法」をともに意味することができるように、慣習の法典化の共通の基盤として慣習当局によって編まれた憲章は、両者が密接に結びついていることを証明している。一方、憲章は凍結したものではないとしており、冒頭で見たティカンガ・マオリ（マオリ慣習法）のように原則や信心に固執しつつ、慣習地位をはじめヌメア合意で認められた先住民的権利を取り込みながら、「法的行為としての慣習」が、新たな伝統の発明となることを憲章は明かしている。

3. 慣習の中の個人

　先に見たように、チャタジーは共同体のレトリックは反個人主義であるとし

て（Chatterjee 1993）、また前節で見たように、個人に対する集団の権利の優位性の中で、慣習なるものが集団としての生活様式の総体を表すならば、慣習の中の個人はいかに表象され、解釈されるのであろうか。それを、まず共同体の「パーソン」としてのディスコースから考察していく。次に、そうした慣習の周縁に置かれてきた女性と若者の変化や問題を探っていく。

1)「パーソン」と個人

「カナク社会は共同体の社会であり、私はトリビュでは、そのグループの一員である。どういうことかというと、たとえば、掌に一握の砂を取ったとしよう。その1粒を取ったとしても、なんの役にも立たないが、1塊りであれば、人はそれをなにか有益なことに、たとえば、家を建てる材料のひとつにするとかできる。そのように、私自身は私の属するクランにおいて、共同体の砂の1粒にすぎないのである」と、当時ADCK（カナク文化発展庁）の初代カナク所長であったO. トーニャは個としてのカナクを「砂の1粒」で表象した（8/10/97）。この砂の1粒というメタファーは、個人は吹けば飛ぶようなはかない存在であり、無力であるのに対して、共同体では1塊となって、他の砂粒とともに結束し、その存在を共有することによって、力を獲得し、コンクリートを組成したり、なんらかのことを成し遂げることができると、集団の中の存在としての個人、換言すれば、共同体のレトリックとしてクランという親族集団の絆の重要性が主張されている。

それでは「砂の1粒」としての実存を、レーナルトが『ド・カモ』で論じている個別化（individuation）と交感（communion）という2つの要素から分析してみよう。レーナルトは、カナクの人としてのあり方を形容するのに、個別化される以前の神話的心性としての「ペルソナージュ（personnage 人物、役割）」、さらに進化論的に、個別化と交感の間を行く人格としての「パーソン（personne 人）」を、西欧における「個人（individu）」の対極の概念として用いている。彼によれば、メラネシア人の人格（personne）は2つの要素から構成され、ひとつは個別化によって切り離すことができる、非社会的な肉体であり、物理的な存在としての人間である。もうひとつは、「他者であり続ける」ところのもので、融即（participation）、社会性（socialité）、交感（communion）、その他の人格的で無形の価値の全てを意味するものとしている。カナクの人格とは、こ

第 6 章　現代アリーナの中の先住民性

の個別化と交感という 2 つの要素の間の関係性の表出、個別化され、世俗化された交感的関係そのものであり、「人格は、その中に個別化と交感に与る二者の一体性を保持している」(1971: 270-271; 1979: 168-169; 1990: 292)。メラネシア人の個としての意識は、レーナルトの時代から確実に変化しているが、「他者であり続ける」ということは、個人の境界、自己と他者との境が曖昧で浸透性があり、他者に対して包括的であることを意味しよう。つまるところ、現代における一握の砂の 1 粒としての実存は、贈与交換に見る社会参加や人間交流において、自己と他者が切り離されながら互いに関係し合う交換や交感にあると見なすことができよう。

　「砂の 1 粒」に加えて、O. トーニャは共同体のイメージを、温室というメタファーで飾った。「温室の中では、花や植物は皆一緒に生きている。一木一草だけで生きているような花はない。もし、西欧的な見解に立って、個人というものを考えるならば、いや、カナク社会には個人は存在しないと言えるだろう。というのも、ここでは皆、ひとりで生きているのではなく、一緒に生きているからである。たとえ、他の花よりも先に花を咲かせたり、他の植物よりも早く枯れたりする草花はあっても、温室では、皆一緒に呼吸し、熱を放出して生きているのである」(8/10/97)。この生き生きと緑の生い茂った温室のメタファーは、共同体の生活から放出されるエネルギーの下で、一緒に生きることの豊かさ、温かさや楽しさを彷彿とさせる。ただ、長くいると温室の中の空気はむっとしてきて、そこにいるのは息苦しくもなってくるが……。この温室のディスコースは、レーナルトが、個別化と交感という 2 つの要素に言及しているところで、カナクを人として「プレニチュード（plenitude）」あるいは「横溢」であると述べていることにも通じよう。レーナルトによれば、カナクは、多かれ少なかれ、外部の要素と無限に同化することを通して、自己を豊かにすることができ、「そしてこの人格をとおして、われわれは人間が一個の全体でないことを発見する」のである。つまり、「全体は、定義された有限の諸要素の総計以外では決してないが、人間は人格であることにおいて、ひとつの横溢なのである」（レーナルト 1990: 292）。こうしたレーナルトのプレニチュードは、アイデンティティを、自己の内部に他者を取り入れながら豊かにし成長していくプロセスとしても、また先に見たストラザーンのメラネシア人は単独としての自己の内部に社会的小宇宙を抱えているという見方にも相通じる（Strathern 1988: 13）。温室のメタファーは、その中の木々や草花の関係のように、共同体

第 2 部　共同体の語り

の生活の中で、個別化と交感という 2 つの要素の関係性を保持することが、カナクの人として充足することを意味し、アンダーソンの言葉を借りれば、「共同のコミュニオンのイメージ」（Anderson 1991: 6）としてのディスコースと言えよう。

　このような他者とともにあることの一体性は、集団の一員としてその調和を乱さず、他者と協調し、「空気を読む」ことが盛んな日本では、伝統的にも「一心同体」とか、「あ・うんの呼吸」とかいった表現があるが、温室の空気が息苦しいなら、これらの日本的表現は息が詰まるかもしれない。こうした行動様式は、P. ブルデューの「ハビトゥス（habitus）」の概念からも説明できよう。ベントレーによれば、我々の行動様式は、習慣的にそして、大部分は無意識に所与の社会的・文化的環境の中で日常的生活を繰り返していくことによって獲得される。「ハビトゥス」の構造は過去によって条件づけられ、現在の振る舞いや認識によって構造化されていく。人生や環境における変化は、この「ハビトゥス」の構造に変化をもたらすが、これは、個人のみならず、同じ行動様式を共有している集団や社会的グループにおいても見られるとしている（Bentely, 1987: 29）。他者とともにあることについて O. トーニャが話しているとき、彼は、「ヌメアの通りを見てごらん、ひとりで歩いているカナクはいないから」と言った（8/10/97）。ひとりで歩いているカナクを街中で見かけることはあるので誇張でもあるが、「ハビトゥス」の理論に従えば、それは共同体の慣習の中で習慣的、無意識的に繰り返された結果、獲得された行動様式として、首都の街中でも同様に振る舞う結果として見ることもできよう。ただし、トリビュでも、彼らが必ずしも、いつも一緒にいるとは限らないことも付け加えておく必要がある。もし、ひとりになりたければ、たとえば、ひとりで魚釣りや畑に行くとかするのである。また、このことはカナクが個性を有していないということを意味するわけではまったくない。それどころか、彼らは、外見からも話していても、各人、個性的に見える。これにはおそらく人間として大地に根差しているからであろうが、他者との共有、交感は、個としての他者との画一性を意味するものではなく、無個性な人間を作り出すこととは異なる。とまれ、他者とともにあるという行動様式が集団に構造化されていくならば、同様にトリビュから離れて、慣習から遠ざかり、ヌメアの町で個としての生活が繰り返されていくならば、出自としての集団から脱構築されつつ、他者から脱交感していくこともあり得よう。ルーツ・ルートとしての大地から引き抜かれた個は、自己

第6章　現代アリーナの中の先住民性

としての確立なしには、空間の中に浮遊しやすいからである。

　先に見たように、レーナルトは、カナクは個として自覚していないと言っているが、このことに、完全に同意すると言った O. トーニャは、「共同体においては、個人（individu）の概念は存在しない。あるのは、共同体の概念であり、個人という言葉は、それにはふさわしくない。私が個人でないと言うとき、私はカナク社会におけるパーソン（personne）である」と語った（15/10/97）。彼のディスコースは、「個人」と「パーソン」という用語の使い分けからも、個別化される以前の「ペルソナージュ」から、個別化と交感の間の「パーソン」、西欧的概念の「個人」というレーナルトの進化論的分類を想起させる。カナクのエリートは『ド・カモ』を読んでいるか、そうでなくてもよく知っているので後に確認したところ、彼は読んだことはなく、自身のディスコースは自らの考えから発生したものだと語った（6/12/2004）。それでは、O. トーニャの語りにおいて、「パーソン」と「個人」はいかに概念化されているのであろうか。彼によれば、共同体の「パーソン」であるということは、自身が属するクランとともにあらねばならないということにあるという。たとえば、彼がなにかをなすとき、ひとりではせず他の皆と一緒にするのである（15/10/97）。それに対して、「個人とは、西欧社会に存在しているものである。ひとりで生き、コミュニティとのつながりを持たず、彼のしたいことをし、法や政府に対しては義務を負っているが、彼が属しているコミュニティに対しては責務を有していない。彼はひとりで生きている人である」（8/10/97）という孤独な個になる。カナク社会における「パーソン」が「個人」とは同等でなく、個人の概念は存在しないとする共同体のディスコースは、個人とは、他者と明確な境界を有した自立した存在として概念化されてきた西欧の伝統的な個人主義に対するカウンター・ディスコースでもあることがわかる。しかし、筆者自身の欧米社会での経験からすれば、現実の世界でこうした理論上の理想的モデルに出会ったことはない。確かにカナクや日本人と比べると、個としての意識や自立性はかなり高いが、ごく普通の欧米人は、家族やコミュニティに対する愛着や絆を求めており、こうしたヨーロッパ人に対する表象を聞いたら反発するであろう。ちょうどカルドシュが、カナクの共同体においては「個人的自由はまったくない」と表象するのと同じである。換言すれば、O. トーニャのディスコースは、逆オリエンタリズムでもあるが、西欧文化とカナク文化との差異を強調する意味では、戦略的オリエンタリズムでもある。

第 2 部　共同体の語り

　筆者がカナク社会あるいは他のオセアニア地域で人々と一緒に過ごしたとき、「個人」という言葉が嫌われ、敬遠されていることを感じた。その理由は、チャタジーや O. トーニャの言うように、共同体の概念にはふさわしくないからでもあり、同時に家族やそのコミュニティから切り離され、社会的関係から逸脱した他者との関係を築くことができない人、究極的には反社会的人物として見なされる可能性もあるからであろう。とまれ、「個人」に対する概念は「個人主義」と結びついて、利己主義やエゴイズムと同等化され、カナクの言語にも「個人」に相当する言葉はない。「個人主義」を社会よりも個人を優先するドグマ的姿勢として定義しているコーヘンは、「個別性（individuality）」を思想的に中立な用語としている。「個別性」は、「個人主義」とは異なり、個々に備わっている「人格の固有性、特性（a property of selfhood）」として、彼は「個人としての特殊性の認識（perception of an individual's distinctiveness）」として定義している（Cohen 1994: 168）。「個人」が「個人主義」を連想させるため、共同体のディスコースにふさわしくないならば、各個人にそれぞれ備わった人格や性格としての「個別性」という言葉は、共同体における「個人」と入れ替えることができるのであろうか。

　レーナルトのカナクが個としての意識を持っていないという見解に対して、O. トーニャのように同意する者も中にはいたが、しない者のほうが多かった。なぜなら、子どもが生まれると名前を与えられ、成長すれば耕す畑や、妻や夫を、またスポークスマンなどの役割を与えられるため、社会的機能の意味で個人として認識できるからである。ベンサと A. ゴロミドは個人的に耕す畑を与えられることは、誰もが自律的になることを可能にしているとしている（Bensa, A. Goromido 1997: 91）。ワポトロは、兄弟の間で長子と末子など明確な区別があるので、個人は存在するが、個人主義は存在せず、カナクは常に個人に対して集団を優先するとしている（20/10/98）。さらに、口承史の文脈の中で、個人ではなく「個別性」という言葉で個人の存在に言及する者もいた。ADCK の文化長官であったカサレルは、「我々は、どの個人がより勝っていたかわかる。個別性は常に存在していた……歴史において強い個性を持った人物は、常に集団の中で支配的な役割を演じている」（6/10/97）。一方、ウアンブイは個人の概念は近年の所産であり、その概念は、以前は存在していなかったとして、「口承される話には、ヒローの物語などに個別性を見ることができ、集団から抜きん出た人物や、自分自身になりきろうとして、集団から排除された人物などが

第 6 章　現代アリーナの中の先住民性

見られる。しかし、彼らは、今日のようには、個人としての自覚はなかったと思う」と語っている（10/11/97）。西欧的な意味における個人としての意識はなかったとしても、個別性という意味での個人は確かに存在し、概念的にも共同体に受け入れられているということがわかる。彼らのディスコースは、デュルケムが、傑出した首長の地位は、社会を支配するとともに、社会のあらゆる動きに従うことを強いられない、という意味において彼に個性を与えることになるという見解にもほぼ一致する。しかし、デュルケムの「首長は社会的集団から離脱した最初の個人的人格である」という「集団からの離脱」には（デュルケム 1989 上巻：320）、第 4 章でも見たように、彼を支える集団なしには首長としての意味を成さないので、引っかかる。チバウは、「カナクは個人ではなく、関係性の核である」（Tjibaou 1996: 201; 2005: 178）として、個人を所与の関係性の結び目として見ている。それゆえ、ある集団の関係性から逸脱して、他の集団のそれの結節点となって首長になることはできても、首長とはあくまで所与の集団としての長であろう。

　O. トーニャのディスコースに戻るならば、「西欧社会における個人の概念は、自由に関係している……その自由の違いは、西欧社会においては、法的規則が社会全体に課せられるが、我々の自由は、所与の共同体社会における文化に従っているのである」。「カナク社会では、私は慣習の下で生きている社会の中で自由であると言い、したがって私は、内部的に自由であるが、自由に対する概念は、（西欧のそれとは）同じではない」（15/10/97）。「自由は監督下にある。つまり慣習を実践し、一緒に働かなければならない」と語っている（8/10/97）。ここから解釈するに、「個人」と「パーソン」の違いは、自由と権利という概念に帰結しよう。つまり、西欧的カレドニア社会で万人に等しく課せられるフランスの法律に従っている限り、その他の個人と同等の権利を有し、個人の自由として他者とは異なった反対を表明できる。一方、カナク社会においては、個人の権利に対する集団的権利の優先の中で、共同体の慣習規則を侵さない限り、慣習の中のパーソンとして自由であるが、慣例でない個人的振る舞いは問題となる。

　しかし、このことは個人のレヴェルで 2 つの社会を行き来することを阻むものではない。実際、O. トーニャは、カナク社会においては個人ではなく、パーソンであると言ったとき、「しかし、私は西欧社会にいるときは個人である」（15/10/97）と付け加えている。彼は、モダン社会とカナク社会の相違につい

て語ったとき、自身を例にとり、一方の手で、自分の顔を2つに分けながら、次のように語っている。「私は2人の人間である。半分は、このようにトリビュにあり、もうひとつの半分は、モダン社会の全ての面に興味を持っている。互いなしに、私は生きることはできない……私が、夜、家に戻ると、もうひとつの半分がもう半分に取って代わり、私はトリビュの男となり、（クランのシェフに従う）私が、朝家を出てオフィスに来ると、もうひとつの半分が機能する。2人の人間が機能する。両方、それぞれにユニークなのだ」(8/10/97)。彼のディスコースは、今日の状況におけるアイデンティティの二重性を表象していよう。ほとんどのカナクは多かれ少なかれ、こうした2つの世界を往来しているわけであるが、彼のようにうまく、カナク社会における「パーソン」と西欧社会における「個人」という2つの役割を果たしきれるかどうかは、各人の能力や状況によっても異なる。問題は個人としてカレドニア社会において要求されることが、パーソンとしてカナク社会において要求されることと一致しないことにあろう。「問題は、共同体社会において人が反対するときである。人が個人として反対するのは共同体ではできないのだ。個人に付随した自由の概念は、カナク社会には適合しない……今日、いかにそれが機能しているかはきわめて複雑である」(15/10/97)と彼は語っている。

デュルケムは、メタ的な意味での個人意識と集合意識／共通意識との結合関係において、共通意識は諸個人の内にしか実現されないが諸世代を互いに結びつける。他方、個人的人格意識が重要性を獲得するためには、個人意識が共通意識よりも増大し、その束縛から解放されることが必要であるとしている（デュルケム 1989: 140-141, 276）。この集合意識としての共通意識と個人意識の間の問題は、トーニャの言う共同体からの拘束と個人の自由との葛藤にあるが、それでは、カナクはこうした問題に対していかに向き合っているのであろうか。

先に、デュルケムに言及してカナク社会においては機械的連帯が働き、個人としては自身のアイデンティティを持っていないと語っていたワトロンは、レーナルトのカナクは個人としての自覚がないという見解に同意しながらも、「しかしカナクの中には、ある種の個人主義的な傾向や変化が見られ、自己を自由に主張しようとする意志も感じられる」と語る。彼によれば、ヌメアで働く会社員や公務員の中には、クランとの関係ではなく、仕事との関係において個人的な責任を重視し、自己主張する者もおり、その給与を自分の家族のためにだけ使おうとしたり、休日には彼ら自身の計画を立てたりしようとしている

が、多くの者は慣習との縁を切っていないという。「私はちょうど良い均衡を探すために、問題の中に妥協点を見出す必要に迫られている。個人の生活に対して慣習の拘束があまりにも大きくならないようにする一方、個人の過度の自由がクランや慣習を損ねないようにすることは、今日的問題で難しい課題である」(21/10/97)。慣習において重要なことは、その席へ顔を出すことであるが、トリビュから離れて生活したり、働いたりしている人々は、仕事と慣習との間に優先順位をつけ、結婚や通夜、ヤムイモの収穫祭など主要な慣習には出席するように心がける。実際、筆者はこうした慣習的出来事で、会見がしばしばキャンセルされるのを経験したが、できない場合は、家族のメンバーが全体を代表して出席するというようにやり繰りしているようだ。たとえばあるカナクの場合、3人の兄弟がいるが、一番下はウヴェア島のトリビュに、2番目は本島グランド・テールの東海岸、ウアイルーの町に、彼自身はヌメアに住んでいる。もしウヴェアで彼のクランの結婚式があった場合、弟が彼ら家族を代表して出席し、他の2人は現金などを送金する。またヌメアであった場合は、彼が出席するというように、慣習に実際に出席しなくても参加したことになる。日本人が親戚付き合いでやるように、こうした家族間でのいわば代行的業務によるやり繰りは、なにも今日に限らず伝統的にも行われているという。一方、ド・カモ高校のカレドニアン教師のシヴォは、カナクの若者は今や個人として教育され、高校でそうした個としてのパーソナリティはとりわけ競争などで見られるが、控えめで従順、内気な生徒もおり、カナクがどのようなバランスをとっているのかわからないと語っている (10/10/97)。

　以上のディスコースからも、カナクが慣習的拘束と個人としての自由と権利の間でディレンマに置かれていることがわかるが、集団や共同体の利害や関係を阻害しない限りにおいて、慣習の中の「パーソン」は、個人的自由や関心事において個人として振る舞い行動できる自由な余地があると言えよう。個としての意識はその権利や自由の概念から切り離せないが、カナクは前述のデュルケムの集合意識としての共通意識から自らを解放するよりも、増大する個人的人格意識と世代を通して培われてきた共通意識との均衡を図ろうとしていると言えよう。それでは、「現代アリーナ」において、慣習の中の「パーソン」として、また個人として、女性や若者はいかなる行動や権利を主張しつつあるのであろうか。

第 2 部　共同体の語り

2）女　　性

　前節で見た憲章にカナク社会は男性を基盤とした家父長制を原則とする（Sénat coutumier 2014b: 17）とあったように、伝統的にカナク女性たちは、日々の生活においては男性たちとその役割を分担しながらも、慣習の公の場においては自ら発言する権利を実践することは封印され、慣習に準じてきたと言えよう。そうした彼女たちが、社会的に自らの声を上げた最初の女性運動が、「微笑みのメラネシアン村（Souriant village mélanésien）」であった。初代 UC のカナク党首の妻である S. ピジョー（Scolastic Pidjot）によって 1972 年に創立され、「メラネシア 2000 フェスティヴァル」（1975）を開催する原動力ともなった女性組織である。会はアルコール中毒によって蝕まれていくカナク社会の状況を改善するため、カナク女性に家族やトリビュの衛生管理、子どもの教育の向上などを呼びかける活動を展開し、各地に広がっていった。この「微笑みのメラネシアン村」のメンバーとなったカナク女性は、その頃を振り返って、夫は家を空けて妻が外に出ることに反対であったが、彼女の義母であった S. ピジョーは、女性は片隅にいるのではなく、人々と語り、前へ出なければいけないと語ったという（*Mwà Véé* 2005: 39）。彼女は、慣習の中で隠れた「パーソン」から、女性として語る権利を有した「パーソン」への旅立ちを促されたと言えよう。

　カナク女性が、個人としての力量と裁量でもって、それぞれの分野でパイオニアとして慣習の外へとルートを切り開いていったのは、第 1 部で見たように、ゴロデやウネイといった活動家による 1970 年代の解放運動においてであった。ゴロデは、フランスで文学を学び、1975 年、フィジーの太平洋非核会議、国連の脱植民地化委員会でニューカレドニアの植民地問題を請願した後、メキシコでの世界女性会議に出席して女性問題を訴えた（1/12/2004）。初のカナク女性政治家として、また初のカナク女性作家として活躍してきた。ウネイは、1995 年の北京の国連世界女性会議（UN world conference on women）のため、94 年にナンディー（フィジー）でオセアニアの非自治地域からの先住民女性の会議を組織したり（Omomo Melen Pacific 1995: 2）、カナク兄弟とともに声を上げることが重要として 1983 年、女性グループ GFKEL（搾取されているカナク女性闘争グループ）を立ち上げ、FLNKS に参加してフェミニストとなった。彼女によれば、年寄りは慣習には女性の居場所があるというが、多くの女性はその地位に満足しておらず、集団主義は男性には合うが、女性は男性の慣習的決定のための犠牲になっているとしている（18/10/97）。ここには、共同体内

部において男性優位の慣習が女性の個人としての権利を阻害していることに対するカナク・フェミニストの眼差しがあるが、両者の国際的場での発言は、フランスと男性の支配という植民地的差別に対する、人間として女性としてカナクの解放を訴えた二重の脱植民地化闘争を明かしている。他方、リフ島から勉学のため主島に 11 歳で来て、OPT の公務員となり、男性の支配的な組合の世界に身を投じたストリテールは、1980 年、USOENC に公務員セクターを立ち上げ、92 年に SLUA の初の女性組合委員長となった。男たちは、女性、とりわけカナク女性が組合を指揮することを望まず、組合の世界では男が力を誇示し、ロックアウトをするが、彼女は（会社側と）対話を行うとしてその違いを強調している（4/9/2007）。男性の「力」の行使に対して、知識＝力としてのディスコースによる交渉によって労働組合のあり方に、新たな視座と方法論を持ち込んだ女性組合闘士の姿が見える。

　「現代アリーナ」においては、1988 年のマティニョン合意から始まった「400人規模の管理職（400 cadres）」養成、中等教育の義務化や「太平洋フランス大学」の設立といった社会経済開発は、カナク女性のあり方にも影響を与えずにはおかなかった。サロモンとハメリンによれば、1990 年代、若いカナク女性にとって高等教育や給与職に就くことが可能となり、同時に避妊や合法的中絶ができるようになった。その結果、家族において子どもの出生率が減少し、結婚する者も減少した。女性の家庭内での仕事や出産、男性の肉体的暴力によるマッチョな力の支配が価値化されなくなったという。彼らの調査によれば、今や、8 人に 1 人のカナク女性は、暴力にさらされる危険性がより少ない他のコミュニティの男性とカップルになっており、94% のカナク女性は、強姦の隠蔽やその無処罰を拒絶し、強姦について語ることに同意している。93% のカナク女性は、男性が女性を叩くのは受け入れられないとし、酩酊による強姦は弁解にならないとしている。また、女性は夫と意見が異なっても、76% が公共の場でその意見を表明する権利を有しているとしている。女性が暴力から身を守るために、実家に帰ったり（長兄が許せば）、暴力を振るわれたら夫に打ち返したりしているとの報告もある（Salomon, Hamelin 2007: 290-291）。こうした変化からも、合意の時代におけるカナクの権利回復は、女性が自らの権利と自由を手に入れることを可能にし、男性への従属意識からの解放とパーソンとしての自立を促していったことがわかる。

　カナク女性の状況は家族や属するクラン、地域によっても異なるが、1990

第 2 部　共同体の語り

年代後半の現地調査で、筆者が知り合った地方のトリビュに住むカナクの女性の多くは、子どもはいても結婚せず独身である場合が多く、「400 人規模の管理職」養成プログラムでフランスに研修にも行った南プロヴァンスの市庁に勤務する 30 代のあるカナク女性は、トリビュにひとり息子と住むいわゆるシングルマザーである。息子の父親であるカナク男性と一緒に生活していたが、飲んで酔っ払うと彼女に対して家庭内暴力を振るうので耐えられず別れたという。彼女はカナクとしての意識が強く、カナク独立を支持しているが、もう一度男性と一緒に住むならば、今度はカナクではない男性を選ぶという。彼女の従姉妹のひとりは小学校の先生として、ひとりはスクールバスの運転手として働き、ともに子どもはいるが結婚せず、両親の家に一緒に住んでおり、3 人は異口同音に、「もし結婚したら、女性は男性の奴隷になるよ！」と笑っていた（1996）。カナク男性の飲酒と家庭内暴力はとりわけグランド・テールの女性にとって深刻な問題であるが、ロイヤルティ諸島では、ある女性によれば、ここでは男性はグランド・テールよりもやさしいが、リフ島ではシェフの権威が強いので、その命によって、男性は 25 歳になると結婚しなければならないという（1997）。マレ島では、「まだ結婚したくないのに、もう少ししたら両親が慣習的にアレンジした相手と結婚しなければならない」と、結婚を強いられている少女が憂鬱な顔をして語った（1996）。一方、ウヴェア島のある 3 人姉妹の場合、5〜6 人の子どもたちがいて、どの子が誰の子か見分けはつかなかったが、親元で畑を耕しながら子どもたちと暮らし、皆結婚はしていない。そのうちのひとりによれば、結婚を拒否しているわけではないがしないほうが自由でいいという（1997）。これには、先の憲章が、「クラン間で締結された婚姻関係を白紙に戻すことはできない」としているように、離婚ができない理由もあろうが、憲章が「女性たちは（結婚して）別のクランの中で仕える」としている原則（Sénat coutumier 2014b: 56, 57 項）に対して、現実にはそうしない女性が増大しているという矛盾が見える。筆者が会った女性たちは、男性を力とする支配から精神的・経済的に自立することを望んでいるように見えた。シェフリのクラン首長会議など慣習当局によって処理されてきたレイプなどの被害を普通法の裁判に訴える女性は、地方より町に住む女性に多いが、「個人」としての行動は、クランやシェフリといった集団や慣習の中に居場所を求める男性よりも、先んじていると言えよう。また男性の飲酒に関しては、あるカルドシュ女性によれば、カルドシュ男性も同じで、飲酒はカナクのみならずカレドニア社会全体の

第 6 章　現代アリーナの中の先住民性

大きな問題であるとしている。

　この意味では、マオリ社会においても男性の優位性、男女の役割分担、女性が公の場で語ることのタブー、女性に対するドメスティック・バイオレンス、シングルマザーなど、伝統的に置かれてきた立場は共通して見える。しかし、ポリネシア社会における女性の地位は全般的にメラネシア社会よりも高い。植民地化の始まった 19 世紀半ば、ワイタンギ条約に署名した女性たち、アングロ（英）－マオリ戦争で勇敢に戦い名を馳せた女性、難破した男性たちを海難救助した女性、ロトルアの地熱地帯で初の観光ガイドとして働いた女性、英宣教師に伴われたマオリ英国訪問団に加わり、滞在中にヴィクトリア女王を名付け親として子どもを出産した女性など、伝統的にもマオリ女性の強さには定評がある。とりわけ、土地回復運動における活躍には注目すべきものがある。1930 年代から土地問題やマオリ女性の福祉のために政治的に活動していた W. クーパー（Whina Cooper）は、1975 年 80 歳になろうという身で、北島のマオリ・ランドマーチを率いた。E. リカード（Eva Rickard）は、第 2 次大戦中に NZ 政府によって軍事空港として没収され、返還されることなくパケハのゴルフ場となった北島西海岸の祖先の土地を、1970 年代に占拠、回復し、さらに女性の権利回復運動や政治的なマナ・マオリ運動を率いた。あるマオリ女性は「我々は強くならざるを得ないのだ」と言っていたが（2/2014）、これには、ポリネシア語の「マナ」がシンボル的にも大きな意味を持つマオリ社会において、女性に対してもその文化的価値観の実践を促してきたからかもしれない。

　一方、合意の時代における女性の変化は、カレドニア政界へのカナク女性の進出にも表れている。1998 年、議会議長の官房長官は、モダンなパンツスーツもオセアニア全般で幅広く普及している伝統的な宣教師ドレスも良く似合う若いカナク女性であった。彼女の祖父は牧師で、父親は英語の教師で、家庭では常に子どもたちが勉強に励むように育てられたという。1986 年にソルボンヌ大学に留学して、コミュニケーションとジャーナリズムを専攻し、その後、パリで上院議員であったルーコットの下で働いた。仕事は面白く、RPCR のシラクの活動家として多くを学んだが、彼が領域議会で働くように頼んだため、10 年の後に帰国、これまで男性が占めていた官房長職に就いた。彼女によれば、カナク社会で多くしゃべる女性は良く見られず、フランスへ行く前は人前で語ることを恐れていた。しかし、フランスでは黙っていると理解されないので、話すことを強いられたという。その結果、帰ってきたとき、話すのをやめなかっ

たが、今ではいつ語るべきか、黙るべきかがわかるようになった。かつては、フランスの生活様式や仏語風アクセントに自ら適応したが、メラネシア人としてのアイデンティティを失くしたとは思わないし、それまで以上にメラネシア文化に近づきたかったという。フランスへのルートは彼女をカナク文化へのルーツに再節合したわけであるが、当初は元の環境に適応することの難しさがあったという。政界で働くことに父親は反対したが、今では家族全員が支えてくれ、男性訪問者にも官房長として、女性として、個人として尊敬され、よりうまくやっていける。ルーコットに同意しない場合は、私はノンと言う。今や、女性を政治や国の決定に参加するためにプッシュしようという精神的変革があるが、「慣習はそうではない。しかし、いつの日かそうなるだろう」(Waheo 5/11/98)。

　この政治的「プッシュ」は、ヌメア合意後の選挙（1999年5月）でUCからラジオ・ジドーのジャーナリストのN. ワイヤ（2013年12月没）を、ゴロデに次いでカナク女性政治家としての初当選に導いた。こうした女性の政治参加への新たな流れは、各政党の選挙立候補者は男女同じ割合で占められなければならないというフランス法（2000）が、海外のフランス領へも適用されることによって、2004年5月の選挙で実現した。これに反対する男性議員もいたが[23]、47%の議会議員が一気呵成に女性となり、世界で一番早く女性が選挙権（1893）、さらに被選挙権（1919）を獲得したニュージーランド（NZ）を数の上で凌駕した。NZで初のマオリ女性議員が誕生したのは1949年で、その数は限られているが、1996年以来労働党政権下で大臣などを経た後、2004年に離党してマオリ党（Maori Party）を創立したベテランの女性政治家タリアナ・テュリ（Tariana Turi）もそのひとりである。一方、2000年代にはパケハの女性首相や女性総督が排出されており、NCでも2004年、ラヴニール・アンサンブルのカレドニアン党首テムローによって初の女性内閣が実現した。ゴロデは、その副首班として、文化・女性・市民権問題を担当し、女性の社会条件の改善に努めた。当時、彼女は政府における自らのポジションはカナク女性の大きなステップとして、またカナクであろうとなかろうと、女性は国の長として責任をとれること、政治が男性だけの役割ではないことを示すことによって、国が変わり得る希望を表明していた（1, 8/12/2004; 14/9/2007）。このテムロー女性内閣の出現には、SLUA組合委員長のストリテールも加担した。彼女によれば、カナクの政党は他の政党に対して数の上で優位に立てないので、政治へ

の変化を進めるために、テムローと働き、多くの組合員がラヴニールに投票して、ラフルールが再び南プロヴァンスの行政の長となるのを阻止したと語っている（4/9/2007）。それゆえ、彼女は組合活動と政治は一緒にすべきではないとしているが、ときに戦略的に労組の力を利用して、政治に変化の風をもたらしているとも言えよう。

　この2004年、大学で文化地域言語（Langue et culture régionale）を学び、出身地リフ島の言語デフ（Derhu）を教える中等教育の教師であったH. イエカエも、テムローに要請されて、ラヴニールの南プロヴァンス議会議員となり、そこから分派したカレドニ・アンサンブルからヌメア合意の第3期には、教育・自然・経済資源・環境担当の閣僚となった。当初、カナクとして反独立派に入党することや家族のこともあり、政界入りの決断は容易ではなかったという。夫の協力と支持が絶対に欠かせないので相談すると、初めは「それで何が稼げるのか」とか「好きなようにすればいい」という態度であったが、「この国には不平等や不正義があり、社会を変えたいのだ」と夫を説得し、最後には「助ける用意がある」という同意を取り付けた。彼女は、フランスから独立したマダガスカルのテレビ番組で古くからの入植移民の老女が、独立したマダガスカル市民としてのパスポートを死ぬ前に手に入れることを望みながら拒絶され、「自分はマダガスカル人としてしか感じず、遠いフランスとはなんの関係もない」と言っている場面を筆者に語った。ここからは、「私はカナクだ、独立派だ」「私はカナクじゃない、独立派ではない」と主張し合っていては、市民権意識は進まないとする彼女が、互いをパートナーとする市民としてともにネーション・ビルディングに参加しようと、カレドニア人に向かって語りかける姿が浮かぶ。政治的独立云々よりも、カナク・アイデンティティに関して変化と開かれた精神が必要であると考えてきた彼女は、エスニックなボーダーを越えてカレドニア人に働きかける新世代のカナク女性政治家と言えよう（11/9/2006; 22/8/2007）。

　こうした政治的・民族的違いを超えて女性の横断的な連帯を図る試みは、1983年にベカロッシ（Marie-claire Beccalossi）によって、女性の社会的活動をサポートするために作られた女性カウンシル（Conseil des femmes）があるが、当時のエヴェヌマンによってその活動は低迷した。しかし現在では、非政府組織のニューカレドニア女性カウンシル（Conseil des femmes de Nouvelle Calédonie）が、各コミュニティの女性協会を統合し連帯している。2005年の

調査時、その女性カウンシルのヌメア支部の会に同席した折のメモには、「公共圏におけるカナク女性」「慣習上院における女性議席」「カナク女性は慣習当局に認められていない」「カナク・アイデンティティの中には女性の場がない」「慣習はカナクの若者の問題を解決していない」などが取り上げられるべきテーマとして記録されている。女性上院議員の創出によって、女性を慣習領域にプッシュし、その語る権利を確保しようとする動きである。女性が公の場で語ることは慣習にないためか、慣習当局者の集会では、女性の姿を見ることはほとんどない。筆者の経験ではある集会でひとりの女性が出席していたことがあったが、一言もしゃべらずまた紹介すらされなかった。上院への女性議席は、デュベア＝カポーネ慣習圏カウンシルでは、慣習当局者たちの間で議論されたが、上院で反対されたようだ（*Mwà Véé* No.48, 2005: 40）。

　上院にこの件について聞くと、なにも女人禁制ではないとして、19世紀のイル＝デ＝パン島の有名な女王オルテンスを挙げて、彼女はクランのシェフの長子であり、それぞれの慣習に従っている。行政には多くの女性がすでに働いており、上院が女性に閉じられているわけではなく、女性が慣習に従えば、女性の慣習上院議員は禁じられているわけではないという（14/9/2005）。行政で働いている女性は秘書が多い。また、慣習に従えば、憲章の原則でも明らかなように、男性の権限を基盤とする家父長的なクランの代表として、女性が上院議員に就くことは非現実的で、上院のディスコースは、男性が慣習を最後の聖域として守ろうとしているかのようにも聞こえる。それゆえ、ゴロデは、女性が慣習的事柄について語らないという現在の状況はおかしく、上院は博物館のような過去のものになる。これまでは女性と男性の空間は別々で慣習は線を引いていたが、一定の事柄についてともに語ることができる共通の空間を見つけなければならないとしている（*Mwà Véé* ibid.: 24）。慣習という空間の場で女性がその一翼を担うことは、「現代アリーナ」において慣習が発展していくためにきわめて重要なことである。非慣習的世界におけるカナク女性の個人としての活躍や発言力の増大が、慣習当局に慣習内部の変革と民主化を迫っているように見える。

3）若　　者

　1990年代以来、カナク女性の意識や社会進出において、あるカナク男性が

第 6 章　現代アリーナの中の先住民性

言うように、「一昔前には考えられない」ような変化があるとすれば、若者の間でもそのフロンティアにいるのが少女たちであることは間違いない。高校の教師は異口同音に、少女たちは少年よりも勉強し、その動機づけも強いという。カナクのド・カモ高校のカナク教師ウアンブイによれば、男子はトリビュに居場所があり、学校教育は慣習の外にあり、たとえトリビュに住むよりもヌメアのほうがより魅力的に感じても、学校へ通う必要性を感じないという（12/9/96）。同高校の校長でもあるN.クルトヴィッチによれば、少女たちはより自由であり、もし学校で良い結果を残せないならば、結婚して男たちや両親に頼らなければならなくなるので、仕事を得るために、自立するために一生懸命勉強するという（13/9/96）。上院のマプーも、男性は外で働き、女性は家にいるというのがこれまで普通であったが、今日女性は非常に良い仕事の口を得て、職業的進出で遅れているのはむしろ男子であると語っている（14/9/2005）。女子高生のアンヌ・マリーは、「今日、カナクは自分自身を西欧文化との関係で定義しようとしている……私はカルドシュ、ニ＝ヴァヌアツ、メトロポリタンや他のコミュニティからの友達がおり、（他者に対して）開かれており、世界中の人々と友達になりたい」と語っている（2/10/97）。つまるところ、慣習の中に居場所を求められない女子は、男子より自由に慣習の外に羽ばたいて、個人として自立し、異なったコミュニティや文化的ボーダーを越えることができるのかもしれない。

　これに対して、慣習の中での「パーソン」としてその居場所を見つけようとする男子にとって、慣習の外で自立する動機づけは弱まるか、あるいはどっちつかずの中途半端な状況に陥ることにもなる。トリビュにおいては、慣習はとりわけ上位のランクの家系の男性に占められ、若者は女性同様慣習から通常除外され、職もなく結果として、先に見たようにシェフリの紛争などにおいてコマンドとしてその不満の解消として暴れることにもなる。筆者のトリビュの経験では、家の中で夜中までテレビを大きな音でつけっぱなしにしたり、深夜に車の中で音楽をかけて騒いだりと、静かなトリビュで眠れないこともあったが、大人はそれを止める気配はなかった。一方、カナクの3分の1が都市に居住していると言われている。フレイスによれば、グラン・ヌメアのカナク人口は1983年の1万7775人から1989年には2万1073人に上り、その増大のうち4分の3はヌメアで生まれた者である。こうした第2世代の若者の中にはトリビュの生活を知らず、出身の起源を知らず、一方、排除の経験や抗議の意味から、

第 2 部　共同体の語り

白人の価値観や行動様式に同化するわけではなく、その都市周縁地域の空間に「土地の外の文化（culture hors sol）」としての新たな文化を出現させているという（Freyss 1995: 288, 290, 313）。都市は人々の接触と交流、摩擦や刺激を生むコンタクト・ゾーンでもあり、慣習とも、白人文化とも異なったカナクの若者のサブカルチャーが、その都市空間で形成されてもいこう。ヌメアへの移住が多いリフ島など、その出身地域のコミュニティはあるが、出自としての親族集団との絆を断たれていけば、若者は、カレドニア社会からも差別化され、不確実な生活環境と誘惑の多い都市空間の中で暴走して非行にも走る。筆者がヌメア郊外で夜開かれるカナク音楽のコンサートに行こうとしたら、あの辺は、夜は若者が暴れて危ないから、やめたほうがいいと言われたこともあった。一方、グローバル化の中で急速な変化を受けているカナク社会において、トリビュであれ、都市であれ、学校教育で時間を割かれ慣習を学ぶことができず、フランス式学校教育にもうまく適合していけず、自らの居場所を求めあぐねているのが共通した現代のカナクの若者像と言えるかもしれない。他方、ソーシャル・ネットワークなどの波及によって、ネット空間へその居場所を見つけてもいこう。

　この意味ではマオリの都市化は歴史的に早く、カナク以上に進んでいるが、そうしたアーバン・マオリ・グループに対するコミュニティの中心となっているのが集会場としてのマラエである。マオリからポリネシア人、その他アジア系など社会的・経済的低所得者層が集まっているオークランド近郊の東にあるグレン・インズ（Gleen Innes）地区のマラエは、伝統的なマオリ建築様式とは異なったシンプルな作りの集会場であった。当マラエの中心となっているイウィはタイヌイであるが、その特徴は、マオリ語と英語やマオリ文化を子どもたちに教え、出身コミュニティがどこであろうと歓迎し、マオリ以外に他の全てのコミュニティに対してオープンなことにあるという。パケハやマオリ、その他の学校教師のグループが参加した1泊の研修プログラムでは、最初にマオリの長老が、愛や友情の大切さを子どもたちに伝授することの重要性を、成人男性が系譜、ワカ、マラエなどの文化を、そしてマラエの女性マネージャーが当マラエの原則としての禁酒、禁煙、野卑な言葉の禁止などについて語っていた（2/2014）。その目的とするところによって、いろいろなタイプのマラエがあるようだが、社会問題に対して相談に乗っている当マラエのオフィスの壁には、アルコールやドラッグなどに対して慣習的なやり方によるカウンセリング

のポスターが貼ってある。カナクのコミュニティにも集会場はあるが、マオリにとって大きな意味を有するマラエに相当するようなものとは言えず、こうした社会福祉的集会場は、都会化したカナクの若者が抱える問題に対して参考となろう。

　一方、カナク社会における若者の非行、暴力、強姦、麻薬、失業、自殺などが増大する中で、前述の女性カウンシルのメモにもあったように、慣習当局がこうした若者の問題を解決していないという批判がある。これに対して、上院は2010年6月にようやく腰を上げ、対策をとるため第1回「カナク若者会議（Congrès de Jeunesse Kanak）」をパイタのトリビュで行った。さらにその会議の提言を受けて、2012年5月には、第2回の会議をリフで開催し、8慣習圏から前者は1000人近くが、後者は400人のカナクの若者が一堂に会した。都会の若者は、非行の汚名を若者に着せることよりも、その原因を突き止め解決することを願い、トリビュの若者は慣習当局が人々や治安、財産などに関していかなる権限を有するのか、慣習警察は依然として機能しているのかなどの疑問を呈した。若者の提言として、町やトリビュで若者を支えるために話を聞く場所や議論する場、彼らに伝統的知識やそのノウハウを教えたり、ヤムイモ、タロイモなどを植える慣習学校の建設、カナク若者カウンシル（conseil de la jeunesse kanak）の設立、異なったトリビュや慣習圏、異なったコミュニティの若者との間の文化的交流や関係の連携などが挙げられている（Le Cri du Cagou; NC 21/5/12）。

　カナクの若者の失業率は、2008年の調査によれば、他のコミュニティに比べても38%と高く、これに対してポリネシア人21%、ヨーロッパ人9%、フランス本国人7%、その他19%である。上院の若者の意識調査によれば、「今日カナクであることは何を意味するか」の質問に対して、59.8%が「慣習を知ること」、24.2%が「その土地を耕す術を知ること」、3.1%が「この国において独立のために戦うこと」、0.6%が「なにも意味しない」と答えている。また、「慣習は常にカナク社会の中でその地位を占めているか」という質問に対しては、58.2%が肯定している（NC ibid.）。慣習や土地の耕作への興味は、学校教育などでそれを習得する機会が失われていることを明かしているが、興味深いのは、慣習を知らない若者が増大する一方、自らの文化的アイデンティティとして慣習を学ぼうとする関心が増大していることである。これに対して、かつて見られた独立への政治的闘争に対する関心は急速にしぼんでいると言えよう。前節

第 2 部　共同体の語り

で見た憲章は、個人が社会の中で一人前になれるのは、その個人が家族とクランの中で認められるからである（Sénat coutumier 2014b: 58 項）としている。しかし、「カナク若者会議」は、彼らが不満と不幸の只中にあり、慣習の中に自らが認められる居場所を見つけたいというメッセージを発しているように見える。これまで見てきたように、カナクの経済開発や市場への参入が進む中で、共同体のあり方が変わり慣習の中のパーソンの個人化も進んでいる。そうした「現代アリーナ」において「砂の 1 粒」としての若者は、自らのアイデンティティを探しあぐねて、社会参加や社会交換を通して、「一握の砂」としての個別化と交感を求めていると言えるかもしれない。さ迷える若者の慣習への回帰は、共同体の中で新しい形で共有できる関係性の必要性を明かしている。このことは現代世界に共通した今日の若者の姿とも重なってこよう。カサレルは、今やカナクの若者の中には複数の言語を話し、異なった環境を生きる者もおり、そのアイデンティティへの言及も変わっているが、フランス語を話す人になってもフランス人にはならず、「カナクになる」と語っている（6/10/97）。問題は、若者が「パーソン」として「個人」として、いかなる「カナクになる」かということにあろう。この意味で、慣習当局者が今日取り組まなければならない最大の課題が、慣習の未来を担うカナクの若者にあることは間違いない。

　個別化と交感という 2 つの要素をともに保持できるとき、人として満ち足りるというレーナルトのプレニチュードにおいて、「現代アリーナ」の中のカナクは共同体の「パーソン」と「個人」の間を揺れ動きながら、いかに他者とかかわり個別化し交感していくかを模索していると言えよう。人として横溢であること、それは我々誰もが望むところであるが……。

注
1）編纂結果としての宣言（Resolution 61/295）は、その前文と 46 条から成り、重複も多い。国連総会では日本も含め 144 カ国が賛成投票したが、内に先住民を抱える米国、カナダ、オーストラリア、及びニュージーランドは反対票を投じ、11 カ国が棄権した。
2）CAUGERN は、利益の公平な共有としてニッケル企業の採掘、生産に課せられる税金からオトクトーヌ遺産基金（fonds patrimoine autochtone）を創設し、一般的レヴェルとローカル・レヴェルにおいて、環境活動、自然資源の開発研究、カナク文化遺産の保護活動、若者の教育・育成活動に使用することを提案している（CAUGERN 2006a: 4）。
3）Fondation d'entreprise Vale Nouvelle-Calédonie pour le développement durable du Grand Sud.
4）SAS は、Société par Action Simplifiée の略語で、フランスの商法典で定義された株主間の

第 6 章　現代アリーナの中の先住民性

　　自由な協定による会社組織と思われるが、詳しくは、以下の Wikipédia を参照されたい。
　　<http://fr.wikipedia.org/wiki/Soci%C3%A9t%C3%A9_par_actions_simplifi%C3%A9e>
5) コニアンボ・ニッケル SAS（Konianmbo Nickel SAS）のホーム・ページでは、2013 年現在で、Xstrata は Glencore Xstrata となり、2014 年 11 月現在では Glencore となっている。
6) 2007 年当時、SCP 全体の運営は北プロヴァンスの州都コネのプロヴァンス行政カウンシル（conseil d'administration）のドで行われ、各 SCP から 2 名のシェフが当カウンシルに合計 8 名参加しているようだ。
7) 2008 年に北島のイースト岬においては、前浜と海底に関して、地元の部族イウィ（Ngāti Porou）と政府との間で、慣習的権利及び公共のアクセスがともに保護され、認められるという初の合意が成立した（Wikipedia FS）。
8) 6 つの地区は、南グラン・ラグーン（Grand lagon Sud）、西海岸ゾーン（Zone côtière Ouest）、北海岸ゾーン（Zone côtieère Nord）、北グラン・ラグーン（Grand lagon Nord）、ウヴェア／ボータン＝ボープレ（Ouvéa/Beautemps-Beaupré）、アントルカストー・リーフ（Récifs d'Entrecasteaux）である。
9) ユネスコによれば、南太平洋諸島は、リストの中で挙げられる世界遺産の中でも、最も少ない地域のひとつでもあるが、環境に対する地域協定などによって世界遺産登録への南太平洋諸国の関心が高まり、現在ではソロモン諸島や、2008 年には PNG、ヴァヌアツとニューカレドニアで 3 つの遺産が登録され、南太平洋諸国の多くが現在では世界遺産協定を批准している（http://whc.unesco.org/）。
10) Déclaration commune pour la cogestion du patrimoine bio-culturel marin et récifal d'Ouvéa et de Beauatemps-Beaupré.
11) プロヴァンスの環境法規は、(1) コミューン（市町村）の権限、(2) 自然遺産の保護、(3) 自然資源の運営、(4) 環境汚染の防止とその危険性や障害の 4 部（Livre）で構成され、北プロヴァンスの場合 (3) に自然遺産の価値化が付加されている（CE-PN、CE-PS）。
12) 「慣習的行為法」の第 1 条では、カナクの慣習的慣行に従って生まれた慣習的決定としてのパラブルは、慣習的行為の枠組みの中で書き起こすことができるとしている（LP-AC）。
13) 土地活用は、慣習地における居住住宅や公共施設（集会場、図書館）の建設から電化、電信、水道設備、農業、経済、観光プロジェクトなどの経済開発である（SECC: 10）。
14) 協議結果の決定によって、慣習的公正証書の作成が公証人に申請されると、公証人は、申請内容が「真正な行為」に相当するかどうかを吟味し、申請が受け付けられれば、関係当事者や慣習当局者出席の下、慣習的行為としての公正証書作成の手続きを行う（LP-AC: Articles 5-6）。
15) 「社会的予防（prévention sociale）」は、英語版のヌメア合意では「社会的悪の予防（prevention of social ills）」となっている。
16) 1789 年の人権宣言の 7 条では、いかなる者も、法律が定めた形式に従ってでなければ、訴追、逮捕、拘禁されたり、また 8 条では処罰されることはないとしている（『事典　現代のフランス』: 564）。
17) 1789 年の人権宣言の 10 条では、「いかなる者も、その意見について、それが宗教的なものであっても、その表明が法律によって定められる公の秩序を乱さない限り、不安を持たないようにされなければならない」としている（『事典　現代のフランス』: 565）。
18) ベンサとサロモンによれば、ヌメア合意後、こうした慣習陪席者の指名に関しては、検察、シェフリと上院の間の非公式な折衝で決められているとしている（Bensa, Salomon 2003: 18）。
19) 民法の NC 移譲によって、あるカナクによれば、慣習法が普通法に、現在の普通法が慣習法になって、フランス法が補足的な法になることは将来可能であり、マイヨット（仏海外領）では何年かかかったが、現在は先住民の慣習法が民法として普通法となっているとしている（8/2007）。これが実現されれば、まさしく歴史的逆説として、慣習法が普通法に

449

第 2 部　共同体の語り

　　優先することになる。
20）上院は、2011 〜 12 年「カナクの価値観の共通の基盤（SCVK: Socle Commun des Valeurs Kanak）」を書くことに着手し、2012 〜 13 年「カナクの国の会議」やニューカレドニアのシェフリを 3 隻の船で回りながら、各地の集会で議論を重ね、「カナク文明の価値観と基本的原則の共通の基盤（Socle Commun des Valeurs et Principes Fondamentaux de la Civilisation Kanak）」の体系を練り上げていった。2014 年 4 月には海外や地元の法律家を招いたシンポジウムを経て、4 月 25 〜 26 日にかけて大々的なクチュームを伴った儀式が Kowe-Kara で行われ、8 慣習圏の首長たちは、ヌメア合意最終任期の 5 月のプロヴァンス選挙を前に、4 月 26 日に憲章に調印し、宣言した。
21）「カナク文明の基本的価値観（Valeurs fondamentales〔sic〕de la Civilization kanak）」は、生命としての血、母方オジ、名前、先祖とパロール、土地とのつながり、系譜や慣習的ディスコース、慣習的道程、集団への帰属、慣習との絆、人としての尊厳、慣習的シンボルとしてのヤムイモ、タロイモ、調和、尊敬、連帯、共有、歓迎、慣習的和解、合意など、「カナク文明の全般的原則（Principe generaux de la Civilization kanak）」は、土地・自然資源・空間圏の権利、社会的組織としてのクランやシェフリ、男女の役割分担、集団の権利の中の個人の権利、環境に配慮した持続的開発、伝統的知識、言語と文化、カナク間の紛争の慣習当局による解決、その他のピープルとの関係における主権者オトクトーヌの非オトクトーヌに対する「歓迎の権利」の行使などが言明されている（Sénat coutumier 2014b）。「カナク・ピープルの自決権の行使（Exercice du Droit à l'Autodétermination du Peuple kanak）」は本文を参照されたい。
22）憲章は、慣習上院のサイトで 2014 年 6 月にダウンロードしたときは、1 〜 3 章から成る憲章以外に、ヌメア合意に至るまでのカナクの歴史を述べた「メモワール」、合意や国際先住民宣言などに依拠しながらカナク・アイデンティティの特殊性を主張した「前文」、及び後書きの「上院の公式メッセージ」より成っていた。10 月に再見したサイトでは、「前文」や憲章の内容自体に変わりないが、1 章から 3 章まで条項として通し番号が付けられ、後書きは「上院のパロール」へ、また「カナク・ピープル憲章の宣言」が付加されていた。「メッセージ」と「パロール」の大半は同一だが、修正、加筆されてもいる。たとえば、前者で「憲章は人々に約束したように凍結したものではなく、それを生きさせることを提案する」（Sénat coutumier 2014a）は、後者で「慣習が社会とともに進化するように、憲章は凍結したものではない」となっている（Sénat coutumier 2014b）。
23）当時ルーコット議員はフランス法の適用に反対して修正しようとフランスに行ったが、女性たちは彼に「諦めなければならない」と言ったという（Gorodé 1/12/2004）。

第3部
文化の語り

第3部　文化の語り

　第1部の「ネーションの語り」が主権を有するあるいは共有するものとしての想像上の政治的共同体を形成し、第2部の「共同体の語り」が親密圏としての社会・経済・政治・法・文化、全てを含めたトータルな慣習をその原初的領域において共有するものとして想像されるのならば、想像上の文化共同体を表象する「文化の語り」をいかに解釈したらよいのであろうか。
　この点で、オセアニアの文化的アイデンティティの概念を論じている『*Cultural Identity and Ethnicity in the Pacific*（太平洋における文化的アイデンティティと民族性）』（1990）を参照してみるならば、著者のひとりであるリーバーは、コミュニティ・アイデンティティは人のあり方についてのコミュニティの概念を意味し、このような概念が人々の分類のあり方を示しているので、文化的アイデンティティ、すなわち民族的アイデンティティについての例示となるとしている（Lieber 1990: 71, 74）。同様に、他の著者もローカルなコミュニティ・アイデンティティと文化的アイデンティティの間に不連続は見てはいないようである。換言すれば、後者は前者からの「連続体」（Linnekin, Poyer 1990a: 9）として見なしているわけであるが、共同体の概念をその文化的アイデンティティ、すなわち近年に入って出現した民族的次元におけるアイデンティティに直接当てはめることには問題があろう。クランや親族集団の絆や関係性に基づいたコミュニティ・アイデンティティに対して、民族的アイデンティティは分類的画定であるという構造的な相違があるからである。この不連続性ゆえに、後者は前者からの連続体としてではなく、両者は節合されていると言えよう。この節合において民族的アイデンティティは、カルフーンの言葉を借りれば、「ローカル・コミュニティのアナロジー」となって、「想像的に構築された文化的アイデンティティ」（Calhoun 1991: 107）の主体的ポジションへとディスコースの実践の中で鎖がかけられると言えよう。ニューカレドニアにおけるカナク・アイデンティティも、こうした「語られる主体」としての「我々」を生み出す政治的指導者や文化的リーダーのディスコースの実践によって、その文化的言説が構築されてきたと言えよう。
　一方、カナクは、この国を起源とするピープル、すなわち、土地と結びついた土着の人々を意味するオトクトーヌ（autochtone）として自らを定義し、そ

れ以外の人々は移民としての民族を意味するエトゥニ（ethnie）としてその違いを強調し、オトクトーヌとしての文化的権利の回復要求を主張してきた。エスニシティは多分に曖昧、多義的であり、文化的のみならず政治的・経済的にも顕在化する。しかしながら、文化をその基本的属性とするならば、エスニシティは共同体の成員が共有する文化によって括られ、特徴づけられ、意味づけられる文化共同体のパラダイムを形成しよう。カナクは、その複数主義的傾向からも、伝統的にその間の違いを強調するが、こうした相違に対するこだわりは、文化共同体のパラダイムにおいては、他のエスニック・コミュニティとの差異へと、ディスコースは認識論的にシフトするのである。この意味で、「文化の語り」は、きわめて政治的な意味を担い、「共同体の語り」を文化的ルーツとして、「ネーションの語り」と政治的ルートで結ばれているのである。

　こうしたことを念頭に置いて、この第3部「文化の語り」では、「歴史的闘争の場としての文化」における権利回復要求としての文化的アイデンティティの探求、他者との接触領域としての「コンタクト・ゾーン」における人種的・文化的異種混淆の意味するところ、及び合意の時代における権利回復としての「現代アリーナの中の文化」を考察していく。

第 3 部　文化の語り

第 7 章
歴史的闘争の場としての文化

　クリフォードは、植民地化によって窮状に陥った文化、すなわち「窮状としての文化（culture as a "predicament"）」を「闘争の歴史的場所（historical site of struggle）」として言及しているが（Clifford 1998: 370）、この視座に立てば、フランスに植民地化されたニューカレドニアのカナク脱植民地化運動における文化闘争は「闘争の歴史的場所」としてふさわしいモデルと言えよう。実際、彼は『文化の窮状』の中で、レーナルトに関する伝記（Clifford 1980; 1992a）の出版の準備中に、ニューイングランドのマシュピーのインディアン土地所有権訴訟の裁判を傍聴して、ニューカレドニアのメラネシア人のアイデンティティとは、古代からの残存ではなく、政治的に係争の対象となり歴史的には未完であり、現在進行しつつある過程として理解するようになったと語っている（Clifford 1988: 7-9; 2003: 19-21）。マシュピー・インディアンのアイデンティティとカナクの問題が、過酷な植民地支配を生き抜いてきた彼らの伝統と近代を縫合した文化的戦略のあり方として、彼の中で収斂していったと言えよう。
　こうした文化的生存へのあり方からクリフォードが言及する「出現の語り」は（ibid.: 14-17; 29-31）、まさしく筆者がニューカレドニアで人々のディスコースから、文化を消え去るものとしてではなく、新しく発生する語りとして実感してきたことである。ここでは、「歴史的闘争の場としての文化」を、「出現の語り」としての「私とは誰であるか」、その「私とは誰であるか」を具現化した「メラネシア 2000」フェスティヴァルからたどり、最後にエスニシティ・レヴェルにおける文化共同体としてカナクの「文化的アイデンティティ」を複眼的に見ていく。

第 7 章　歴史的闘争の場としての文化

1．私とは誰であるか

　第 1 部で見たように、ニューカレドニアの脱植民地化闘争で繰り返し主張されてきたのがカナク・アイデンティティの回復要求（revendication de l'identité kanak）であり、ネーション・レヴェルでそのアイデンティティの基盤となる文化に対する権利回復要求は 1960 年代末のカナク解放運動の最初の火蓋を切った。以下で、この文化闘争において、カナクがその文化的アイデンティティをいかに探求し、次に文化共同体としてカナク文化をいかに概念化しているかを探っていく。

1）文化闘争

　ハワイ語で人を意味する「カナカ」から派生し、フランスの植民地下でフランス語化された蔑称「カナック」を、プライドをもって自らのアイデンティティとしたのは、1968 年のパリ 5 月革命（événements de mai）でメラネシア人とカレドニア人留学生たちの共闘によって組織された AJCP、パリ・カレドニアン青年連合代表のマレ島大首長の息子ネスリーヌであった。彼は、アルジェリア戦争が終わった 1962 年から 72 年にかけて留学生活を送ったフランスで、多様な文化を背負った人々と接触し、植民地主義について語るアフリカやラテン・アメリカの学生などと議論したという。「彼らは多くのことを我々にもたらし、誰もが自分の文化に対して主張する権利を有していることを会得した」と語っている。また彼が、「カナク文化（culture kanake）」という言葉を初めて耳にしたのは、留学中に、メラネシア人文化協会 ACM（Association culturelle mélanésienne）が、ニューカレドニアで「カナク文化」について語り始め、多くの物議を醸したことを聞いたときであったという（23/8/96; 7/9/96; 6/9/2005）。ACM は、メラネシア人の教育関係者たちによって 1966 ～ 67 年頃に作られた協会で、カナク文化や言語が消滅してしまうのではないかという危機感を抱いて、文化的活動を展開したという（Naisseline 1994: 2）。それまで「カナク文化」について語る者などいない植民地的状況にあったニューカレドニアで、たとえ非政治的な活動であっても ACM が語り始めたことはカナクの文化意識を呼び覚ますことを意味し、フランス当局やカレドニア人などの懸念を引き起こした。この意味において、カナク文化の復興を目指したグループはすでに存在してい

第 3 部　文化の語り

た。違いは 5 月革命による当時最先端の知識＝力のネットワークの中で、自らの文化について反芻し、そこで習得した近代的植民地解放運動をニューカレドニアに持ち込んだことにある。すなわち、文化をアイデンティティと結びつけて、政治闘争化し、植民地化によって踏みにじられてきたカナク文化の窮状を、歴史的闘争の場に転じたのである。

　ネスリーヌは 5 月革命の翌年、ニューカレドニアへ夏季休暇で一時帰省すると、カナクの政治グループ、「フラール・ルージュ（Foulards rouges 赤いスカーフ）」を立ち上げ、闘争を行動に移していった。1969 年 9 月 2 日、彼は植民地体制を糾弾した冊子を作り配布したかどで逮捕されたが、その冊子は 2000 部あり、ロイヤルティ諸島のデフ語（リフ島）、ネンゴネ語（マレ島）とフランス語で書かれ、当時禁じられていたカナク言語で初めて印刷されたものであった。彼は、マレ島から到着したヌメアの空港で多くの憲兵に迎えられた当時の様子を、VIP になったような気がしたとユーモアを交えて、「私は当時、カナクであることを誇りに思った」と語っている（23/8/96）。1 年後に発行されたフラール・ルージュの機関紙『レヴェイユ・カナック（Réveil Canaque カナックの目覚め）』の創刊号は、この事件の法廷でのフランス人人権弁護士の弁論を含め、当事件を特集して、政治的な表現の自由は仏憲法で保障されており、意見を書くことで誰も訴追されることはないと主張している（No.1, 10/9/70: 3）。冊子はカナク言語で表現することによって、その禁じられた封印を破り、植民地支配の威圧に対する抵抗を顕示し、文化的権利回復要求の第一声として、カナクの表現の自由に対する権利を主張したと言えよう。

　ネスリーヌは、パリでの AJCP の機関紙『ル・カナック　自由な人間（Le Canaque: Homme Libre）』の第 1 号で、「カナック」を彼らの闘争のシンボルとして掲げ、カレドニア人との共闘からも、異なったエスニック・コミュニティを超えて、政治的・経済的・社会的な植民地化から「自由な人間」という意味で表象していた（No.1, 2/69: 7, 10）。しかし、『レヴェイユ・カナック』の創刊号では、「9 月 2 日の出来事は闘争におけるカナックの結束を示した……植民地化された人々は、もはやマレ人、リフ人、ウアイルー人、カナラ人ではなく、彼らはカナックである」（No.1, 10/9/70: 5-6）と、ニューカレドニアの全ての先住民をカナックとする主張が展開されている。ここには、普遍的な人間としての自由と尊厳の象徴から、細分化した社会を構成するメラネシア人連帯のシンボルへの「カナック」の転換が見られる。同号には「カナック覚醒運動

第 7 章　歴史的闘争の場としての文化

（mouvement de réveil canaque）」や「カナック覚醒の歴史（histoire d'un réveil canaque）」などの言葉が表記され、文字通り「カナックの目覚め」として、人々に「カナック」としての意識とプライドを喚起している（ibid.: 5）。これには、クランを単位に細分化されたカナク社会で互いの違いを主張する地域的アイデンティティからも、カナクとしての一体性を強調する必要があったと言えよう。また、ネスリーヌと共闘したカレドニア人シヴォによれば、フランスではカナクの若者は他のカレドニア人の若者と同じ可能性を持っていたが、当時のニューカレドニアでは、カナクに付随するものは全て価値がないと見なされていたという（27/10/98）。植民地主義と人種差別が浸透していたカレドニア社会において、先住民としての自由と尊厳を回復するべく、同号には、共和国の「我々の文明があなた方のものだ」という押し付けに対して、「自由な人間の大いなる調和の中に我々の居場所を見つけるために闘う」とある。この目的のため「カナックの人格（personalité canaque）」を白人宣教師（レーナルト）が示した「カナック性の神秘（mystère de la canakitude）」から探求することが示唆されている（ibid.: 1）。

　71 年に発行された同機関紙 7 号は、次の段階を示している。「1969 年 9 月 2 日は……人々に人間としての尊厳が踏みつけられてきたことへの意識をもたらし、『真正なカナックの人格（personalité canaque authentique）』への探求を目指そうという考えが生まれた」（No.7, 27/4/71: 25）と記している。「カナック」という「語る主体」になったことで、自ら「真正な人格」をそこに吹き込むことができる自由を手にしたことを意味しよう。何をもって真正とするかの議論は別にして、「神秘さ」から「真正さ」への変化は、彼らが本物と見なすカナクの人格探求において、「真正さ」が時代の解釈を通して創造されていくことを示している。こうして、真正なカナクの人格を探求する試み、換言すれば、カナク・アイデンティティのヴィジョンを構想する試みが始まったと言えよう。その模索は、同機関紙 10 号に掲載されているレーナルトのカナクの人格に関する著書『ド・カモ』についての批評記事から見ることができる。記事はレーナルトの進化論的見方を植民地主義と結びつけ、このフランス人宣教師兼人類学者を、未開の精神は進化した精神に到達する以前の必然的段階であるとしたレヴィ・ブリュルの思考の虜になっていると厳しく批判している。未開の概念は、価値観の多様性と平等における文化の独自性を否定し、文明人対非文明人として優劣化しているとも主張している。しかしながら、こうした認識的枠組

第 3 部　文化の語り

みを西欧の自民族中心主義の偏見として批判する一方で、記事は、レーナルトが分析したカナクの人格に関して、「彼がカナク文化の独自性を初めて示した人物として、またカナクに内在する豊かさを示した」として、レーナルトの仕事を評価してもいる。結論では、記事はカナクのやり方でカナク魂を把握するように求め、レーナルトが著書の中でカナクの文化的価値観として描いた「交換と参加」を通して、カナクと西欧文化の間の新しい相互関係を見出すよう結んでいる（No.10, 14/7/71: 7, 8.）。彼らの真正なカナクの人格あるいは、カナクらしさの探求とは、異なった価値観を有する西欧文化とその他者に、支配ではなく対等な文化を有した者としての交換と関係を模索することでもあったと言えよう。実は、ネスリーヌに最初に出会った 1996 年、『ド・カモ』をまだ読んでいなかった筆者に、このカナクの文化的アイデンティティ模索のソース源ともなった本を読むことを勧めたのは、彼自身であった。

　1975 年、彼は、解放運動で共闘したカレドニア人同志カイヤールの発行する新聞『レ・カレドニアン（*Les calédoniens*）』とのインタヴューで、次のように文化闘争を振り返っている。1969 年以来、「私とは誰であるか（Qui suis-je?）」という問いを考え続けてきたが、それは、文化的アイデンティティに関係する全てであり、その答えにはまだ到達していない。「あらゆる回復要求（植民地化からの）は、それがどのようなものであれ、アフリカであれ、どこであれ、文化に基づいている。とりわけ、それは、ひとつのピープルをその他のピープルと異なったものにしている価値観を認めることを要求する闘争から始まっている」（*Les Calédoniens* No.23, 10-16/6/75: 3）。彼の「私とは誰であるか」の答えが、異なった文化的価値観を前提にした文化的アイデンティティにあり、文化の回復とは、文化相対主義に基づいた考え方にあることがわかる。この自らのアイデンティティを問いかける基本的命題は、社会的場に向かってカナク自らが「語る主体」として呼びかける「我々」の構築である。換言すれば、植民地化の中で、メラネシア人を非合理的、遅れた他者として客体化し、その人権や文化を否定してきたフランス植民地側の「語る主体」に対する客体の反乱である。「その答えにはまだ到達していない」とは、カナク・アイデンティティとしての主体性を構築していくプロセスにあるからであろう。

　「私とは誰であるか」というアイデンティティの探求は、西欧的概念では個人としての主体性を喚起するものであるが、そこから発して、「私はカナクである」「カナクとは誰であるか」「カナクのアイデンティティとは何であるか」

第 7 章　歴史的闘争の場としての文化

「何がカナクのアイデンティティを作っているのか」「文化がカナクを作っている」「何がカナクの文化的価値観を成しているか」「カナクの文化的アイデンティティとは何であるか」等々、集団としての「我々」の主体性を存在論的に問いかけながら、文化を基盤にしたアイデンティティを表象していくことができる。この文化を共有するものとしての想像上の文化共同体としての言説の構築は、共同体レヴェルの祖先の土地と節合されて、「土着性のパラダイム」において両者の権利回復となって主張される。実際、主島グランド・テール出身の若者がフラール・ルージュから分離して、土地の回復要求を目指して結成した「グループ1878」の創設者のひとりであるポワグーヌは、「文化は土地の上に築かれる……それは、カナクがクランとその先祖を共にする正確な地で実践されなければならない。真の文化は土地と一体化している」と語っている（27/10/98）。文化を復興させるためには、その土壌である土地をまず回復しなければならず、土地と文化の回復要求は「土着性のパラダイム」の中で、主権を有するネーションとしてのカナク・アイデンティティ回復要求としてワン・セットになっているのである。「私とは誰であるか」との問いかけは、個として集団としての自由と尊厳、自らの権利に対する自覚を人々に促し、自己実現を推し量る。カナクの若きエリートであるネスリーヌやその他のリーダーは、近代国家の規範の中で考えられる人々の権利について、人権宣言の国フランスで完全に修得し、その知識＝力をもって何が真実として捉えられるかという「真実の体制」を、ディスコースの実践を通して出現させたと言えよう。それゆえ、そのアイデンティティの探求は文化的権利のみならず、この国のピープルとしての主権をはじめとしたその他の権利、すなわち、第 1 部で見たようにカナク・アイデンティティの回復要求へとつながっていったのは、当然の帰結であった。

　フラール・ルージュは、植民地化によって劣等なものとして蔑まされてきたカナク文化の価値観を回復すべく、闘争を展開していった。しかし「交換と参加」によるカナク文化と西欧文化の対等な相互関係という当初の模索は、彼らの探求が進むにつれて、カナクの価値観は西欧の価値観との間で 2 分化され、本質化されていった。たとえば、機関紙では、人間関係や自然と人間との関係について、調和的関係としてカナク文化の特殊性を、拡大主義、搾取的関係としての西欧のブルジョア文化を対極化して描いている（*Réveil Canaque* No. Spécial, 1/72: 21）。こうしたエッセンシャリズムは、「カナック的に（canaque-

第3部　文化の語り

ment)」(ibid. No.10, 7/71)、「カナック主義(Canaquisme)」(No.12, 11/71)、あるいはCをKに変えた「カナック性(Kanakitude)」(ibid. No.17, 5/72)といった造語にも見出される。たとえば、植民地化の始まった9月24日を「カナクの喪(deuil kanak)と宣言した記事には「カナク的」を「西欧的(occidentalement)」との対比で使いながら、西欧の植民地システムは、「カナクであるということ(Kanakité)」の生き方とは相容れないと記している(ibid.No.38: 4, 5)。カレドニア人同志との連帯の呼びかけは続いていくが、「カナック」「カナク」はニューカレドニアを起源とするピープルとして、必然的にその語り口を他者と差異化する民族的志向に変化させていったと言えよう。

　フラール・ルージュの機関紙を調べていくと、「カナック」はフランス語綴りの「Canaque」からオセアニア言語の綴りの「Kanak」に、1974年の36号(ibid. 7/74)以降変わっている。ヨーロッパ系カレドニア人作家のN. クルトヴィッチによれば、ニューカレドニアでは、CのかわりにKを書くことでその言葉は活性化し、基本的な意味は変わらなくても、その言葉が意味するところのアクションがいっそう力強くなるという(23/7/97)。実際、筆者も現地調査においてCをKに換えた落書きをしばしば目にしている。とりわけ解放運動のときには、学生たちはスペルをKへと変換し、フラール・ルージュの活動家であったトロンガジョは「我々のところではKを多く使う」としている。彼によれば、カナックの綴りは最初、冒頭のCがKへ換わり「Kanaque」へ、さらに末尾のQUEもKに換えて、現在の「Kanak」になったという(4/11/97)。この政治的な意味で付加価値が付いた「K」は、当時彼が発刊したジャーナルにも見ることができる。そのタイトル「Le Kolöinisé」は、明らかに「le colonisé」で、植民地化を強調した掛け詞であり、また「Kolöinisé(コロイニゼ)」はマレ島のネンゴネ語(Nengone)で、"なんてまあ、かわいそうな私"というような意味があり、「おお、なんてこった！　植民地化されてしまったかわいそうな私」といった意味に捉えることもできる。ジャーナルには、「Le Kolöinisé は自由な脱植民地化したカレドニアを目指して、毎月発行される」とも記載されている(Le Kolöinisé No.Spécial, 27/7/74: 5)。

　このトロンガジョが見せてくれたジャーナルの同号には、高校生で解放運動に参加し、「フラール・ルージュ」の活動家となり、混血のため「グループ1878」やヨーロッパ系若者の「UJC」のメンバーにもなって3者の間を往来したバイイの「私は混血(Je suis un métissé)」という歌が紹介されている(ibid.: 5)。

バイイは混血であることがトラウマでもあったが、当時それを歌にしたので掲載したと、トロンガジョはちょっと早口に節を付けて筆者に歌ってくれた（4/11/97）。その歌詞の一部は、「……私の肌は白でも、黒でもない。それは愛が染めた色合い。人は私が混血だという。でも、私にとって、その意味は、自由！　自由！　自由！……」とリフレインする。聞こえてくるその心の叫びは、混血であることが若者に葛藤を生み出すと同時に自由への闘いの力の源泉となっていることを伝えている。バイイはインドネシア人の母親と、カナクとヨーロッパ人の混血の父親との間に生まれ、父親がリフ島のカナクの母方家族で育ったため、インドネシア文化よりもよりカナク文化の下で育った。彼は当時のことを振り返って、「私が、16か17歳で理解したのは、私の父の問題、すなわちカナクとしての問題が解決されなければ、私は決して自由にはなれないということであり……次に、私の父親が（白人や世界に対して）解放されなければ、私の母親もまた解放されないということであった」という。その後ワリス人女性と結婚した彼は、今日では、彼のアイデンティティを「カナクの未来」、すなわちカナキー独立におけるネーションとしてのアイデンティティとすることに、なんら違和感はないと語っている（2/11/98）。当時の彼にとっては、植民地的状況から父方のカナクの出自としての血筋が解放されなければ、移民としての母方のインドネシア人の出自も歓迎されず、プライドをもって自由に生きていくことはできず、彼が高校生で活動家となったのも、カナクの解放が彼の自由への第一歩となると考えたからであろう。

　「Kanak」としての綴りは、カナク独立派連合のFLNKSによって公式には1984年に決められたが、カナクにとって、「Canaque」から「Kanak」への変換は、その政治闘争の中で「カナク」を自らのアイデンティティとして領有したことを意味する。表象としてのカナク化は脱フランス語化であり、それは脱植民地化を意味する。第1部でも見たようにパリ5月革命後、侮蔑語を肯定することによって、植民地化からの解放を求めて「自由な人間」として始まった「カナック」は、解放運動から続く独立運動の中で、「カナク」としての政治的負荷を担いコード化されてきた。すなわち先住民としての名称よりも、その起源の言葉である「人」を意味する「カナカ」として、真の人間になるための脱植民地化要求としての象徴的意味を担ってきた。それゆえ、記号としての「カナク」は、権利回復要求としてのカナク・アイデンティティの扉を開ける鍵となって、脱植民地化への道を開いていったと言えよう。

第 3 部　文化の語り

　パリ 5 月革命を体験したカナク留学生が、祖国で革新的イデオロギーを取り入れた先住民のアイデンティティ回復運動を展開していったように、この "革命" の嵐は 1970 年代当時若者の反体制運動として、アメリカの公民権やブラックパワー、ヴェトナム反戦運動などと相まって世界中に波及していった。こうした動きと連動して、国連の先住民権問題への関心の中で、オーストラリアのアボリジニやニュージーランドのマオリにおいてもその復権運動が高まっていった。後者では、都市化したマオリによる「ンガ・タマトア（Nga Tamatoa）」運動において、その中心となったのは西欧教育を受け、何が真実として捉えられるかという「真実の体制」を明らかにする歯車となったマオリの若き知識人たちである。彼らは西欧の英語教育と同化政策の中でそれまで習得してきた西欧的思考や、パケハの価値観、その経済開発を批判して、マオリの文化的価値観に回帰し、「マオリタンガ（Maoritanga マオリのやり方）」、すなわちマオリ・アイデンティティの探求を始め、土地回復運動やマオリ語教育、伝統儀礼の復活や伝統知識を習得するマオリ・スクールの設立など、マオリ文化の復権運動を展開していった。あるマオリ女性活動家は、西欧教育の結果、「我々は白人のシステムについて認識し、非常にシニカルになった」と述べている（BBC 1984: 10）。パケハ文化を修得し、マオリ文化と西欧文化との力関係やマオリ社会のジェンダーについて批判的に再考するマオリ女性の姿は、二重の植民地主義と闘わねばならなかったカナク女性に重なってくる。

　また、パケハのアカデミック世界を捨て、マオリのコミュニティに戻って農夫となった男性は、次のように語っている。「マオリの人々は私の意見によればこの国の他のどの人種よりもうまく適合している。なぜなら我々は単にバイリンガル、バイカルチュラルであり、ヨーロッパ人を見て、彼が私に話すとき、私は彼の心を読むことができるが、彼は私の心を読むことはできない。というのも、今回はこのやり方で、他の機会では他のやり方で考えるからである。これを私は政治的理由のために使うことができる意味で、我々はこの国で最も機敏な人である」（BBC 1984: 8）。このディスコースは、両言語をマスターした人としての自信の中で、パケハとマオリの論理で両文化的に思考することができ、それを知識＝力関係のゲームの中で政治的に利用することができるとする、カナクと共通する主張である。フランスで学んだカナクのエリートが、西欧文化を修得する中で、ルーツとしてのアイデンティティと権利回復を追求していったように、文化と政治の節合を明かしているが、この文化の道具的志向や

第 7 章　歴史的闘争の場としての文化

価値的志向については後述する。

　マオリが自身の文化へ回帰していったように、解放運動におけるカナク・アイデンティティの模索は、その追求が進むにつれて、集団としての他者との境界を鮮明化してきた。しかし、このことは、伝統的に複数的傾向が顕著なカナク社会が、ひとつのピープルとして結束したことを意味しないし、当時の世界的出来事やイデオロギーの潮流を取り込み、ヨーロッパ系同志と共闘しながら、他者との節合においてその闘争を展開してきたことを忘れるべきではないだろう。

2）文化的概念

　この歴史的闘争の場としてのカナクの文化的アイデンティティの探求は、次節で見るように、1975 年にメラネシア 2000 フェスティヴァルを組織したチバウに引き継がれたが、カナク文化の回復要求が、文化共同体としてのパラダイムの中で政治闘争から出現した所産であるならば、その闘争の中でカナク文化はいかに概念化され表象されたのであろうか。

　文化もアイデンティティも、もともとカナク言語にはなく、一般のカナクに彼らの文化についてフランス語で聞けば、カナクのライフ・スタイルの総称と言える慣習を意味する「クチューム（coutume）」に帰結する。第 2 部で見たように、クチュームは、カナク社会のあり方をトータルに表象したアルケミー的用語でもあり、これに対する差別的眼差しは現在も残っている。実際オーストラリアで、ニューカレドニアから来たヨーロッパ系カレドニア人留学生に、筆者が「カナク文化」と言うやいなや、「彼らに文化があるのか？」と侮蔑の眼差しを向けられた（1997）。それゆえ、カナクの中にはクチュームを白人がもたらした差別用語として嫌い、「文化」を強調する者も多い。ワポトロも、クチュームという言葉は好きではない。これは白人が、文化を有していないという意味で我々について語る言葉であるが、我々は文化を有しているとし、それに相当するカナクの言葉として、出身のリフ島のデフ（Drehu）語で「ゲンノジ（qennöj）」を挙げた。「ゲンノジ」とは、人々のあり方や生き方、世界の把握の仕方から、言語や振る舞い、行動様式、慣習のやり方などを意味するという（16/10/98）。ここには、人間関係のみならず生物や自然界とのつながりによる関係性の網の目で、世界のあり方を把握するというオセアニア全体に見ら

れる世界観、つまり文化的認識のあり方としての慣習が表象されている。いずれにしても、カナクが主張するのは、文化相対主義としての対等性であり、ゴロデは一方が他方を支配しなければならない文化はない。あらゆる文化、文明はその価値を有し、我々の文化はフランスのそれと同等であると語っている（14/9/2007）。

　それでは、文化を最初に歴史的闘争の場としたネスリーヌは、いかに定義したのであろうか。1982年にニューカレドニア領域議会で、彼が当時の独立派連合組織FI（独立戦線）の文化定義として披露したスピーチを参照してみよう。フランスで社会学を学んだネスリーヌは、文化と人種は切り離して考えることが重要であると言いながら、次のように述べている。「文化とは人種集団ではなく、ある人間集団の価値観の総体であり、これらの価値観は獲得され、共有され、世代から世代へと伝えられていく。カナクの文化概念は、第一に宇宙観から思考様式、宗教、慣習、神話、土地との関係概念、次に物理的創造物からテクノロジー、生産様式、交換体系、最後に、社会的制度から、首長国、クランやその下位グループ（サブクラン）、道義的・法的原理などまで、集団が作ったあらゆる創造物を意味している。この意味で、カナクの定義は、知的・芸術的なものを意味する西欧の文化的概念とは異なっている」（Naisseline 1982）。

　「文化と人種は切り離して考えることが重要」というのは、文化共同体のパラダイムの中での人種的混血化という歴史があるからであろう。彼は、上記の演説の中で、肌が白い人や混血の人々の間で、カナクと同じ文化や価値観を共有している人々がいると述べ、ロ諸島のリフ島のあるトリビュでは、ブロンドの髪や青い目の、人種の意味では異なる人々がカナクであると称しているという例を挙げている（Naisseline 1982）。植民地時代から混血化は進んでいたが、正式の結婚を通したものは少ないため、多くの混血児は、母方のカナク社会でカナクとして、肌の色などに関係なく、その育った文化集団に帰属してきた。しかしながら、次章で見るように、歴史的には混血児の存在は掻き消され、とりわけ独立運動の時代には、混血児に言及することはタブーであった。換言すれば、混血児は文化共同体としてのエスニシティのパラダイムの中では、その位置づけを持たず枠外なため、文化と人種は同等とならず、ネスリーヌが両者を切り離すことを肝要とした理由もここにあると言えるが、これについては次章で見ていく。

　いずれにしても、カナク・エリートによるこの総体的範疇としての文化概念

第 7 章　歴史的闘争の場としての文化

は、古典的人類学の定義を彷彿させる。19世紀後半の人類学者の父と呼ばれるタイラーは、その著書『原始文化』の中で「文化または文明とは、知識・信仰・芸術・法律・習俗、その他社会の一員としての人の得る能力と習慣とを含む複雑な全体である」と定義している（タイラー 1962: 1）。この社会の成員としての人間によって獲得されたあらゆる能力や習慣の複合総体としての文化的定義は、彼が文明と文化を同等に扱っていることにも起因していようが、こうした定義は、以後文化に対する人類学の捉え方、解釈として受け入れられてきた。それゆえ、C. ギアツは『文化の解釈学』の中で、タイラーの定義に準じたC. クラックホーンの「人々の生活様式全体」から「歴史の沈殿物」まで、包括的・凝縮的文化定義（Kluckhohn 1949: 17-44）に言及しながら、なんでもありの折衷主義として、すなわち、文化の中身があまりにもありすぎて、捉える核となるものを欠き、方向性が捉えられないとして批判した。他方、文化の分析とは法則を求める構造主義人類学のレヴィ＝ストロースが分析したような実験科学ではなく、文化は読み取るべき重要な意味や情報が満載した記号的・象徴的意味を探求するテクストであるとした（Geertz 1973: 4-5）。

　ネスリーヌの左記の演説を「（政治家の）プロパガンダは聞きたくない」と言ったある人類学者もいたが、筆者にとっては分析対象としてきわめて興味深い。なぜなら、価値観から技術、社会制度まであらゆる創造を含むという彼の文化的定義は、たとえアナクロニスティックな人類学的定義に類するも、カナクにとって文化とは意味を有する記号的体系であることを明かしているからである。つまり、カナクの生き方の総体としての顕示は、狭義での「知的・芸術的なものを意味する西欧の文化的概念」との対比のみならず、その盛りだくさんの中身から、まさしくギアツが主張するように読み取るべき重要な意味や情報が満載した、法則を割り出すよりも、再解釈することが可能な象徴体系のテクストとなるからである。

　ネスリーヌは、慣習を文化的複合総体の一部として言及しているが、文化は「ある人間集団の価値観の総体であり、これらの価値観は獲得され、共有され、世代から世代へと伝えられていく」として、集団としての文化的価値観に彼がカナク・アイデンティティの特性を置いているのがわかる。実際、ほとんどのカナクも、たとえその文化的価値観と現実との間にギャップがあろうとも——カナク自身もそれを否定していないが——パロール、年寄りへの尊敬、自然環境の尊重、クランや家族、共同体の分かち合いや連帯の精神などを価値観とし

て挙げ、文化はカナクの価値観を表すものとして理解されているようだ。しかし、マックス・ウェバー（1972）の人間の社会的行為の動機づけとしての理念的追求と物質的追求に鑑みれば、文化を前者の追求のための価値観から位置づけるか、あるいは後者のための道具的手段として捉えるかの2つの視座がある。前者の理念的追求のモデルとして、T. パーソンズは、ウェバー（1989）のプロテスタンティズムの世俗内禁欲は、人間の役割とは地上に神の王国を築くための神の意志の道具に他ならない（パーソンズ 1985: 210）として、価値的志向を道具的手段で捉えている。この2人から深い影響を受けたC. ギアツは、「人間は自分自身が紡ぎ出した意味の蜘蛛の巣（webs of significance）に引っかかっている動物」（1973: 5）と形容している。これを借りれば、カナク文化という「意味の蜘蛛の巣」を紡いでいるカナクは、その文化的価値体系に意味づけられ、支えられていると同時にそうした文化的認識によって制約されている蜘蛛でもある。カナクの文化的価値観を世代から世代へと紡いでいる蜘蛛の糸は、同時に、異なった「意味の蜘蛛の巣」が紡がれているカレドニア多民族社会における支配的な西欧文化との相違を顕示する上で戦略的な糸も紡いでいる。この意味で、共同体レヴェルにおいて社会・経済・政治・法・文化までトータルな体系としてカナクの社会生活や行動様式を支え、規範としている蜘蛛の巣としてのクチュームは、エスニシティ・レヴェルにおける文化共同体の象徴的な価値体系でもある。「クチューム」は、その多義的な便宜性からも、一般のカナクの間で重宝な用語として活用され、共同体レヴェルにおいて実践される一方、それが表象するパロールから、社会的関係の交流や蓄積、富の再分配、互酬性、共有、合意、さらに力や威信まで、文化共同体の価値観を具現化する文化的シンボルとなってきた。また、慣習が他のメラネシア諸国で「カスタム（kastom）」として政治化されているように、FLNKSは、その憲法草案の前文で、「慣習は我々の基本的な文化価値を表しており、社会生活の基盤を成している」（FLNKS 1987）と表明し、オリエンタリスト的表象であったクチュームを逆に領有して、カナクの文化的価値を顕示している。この意味で、文化共同体としてのクチュームの実践は文化的行為としての慣習でもあり、カナクの文化概念は、文化モードと慣習モードが節合されていると言えよう。

一方、理念的追求からの価値的志向の視座からは、人々が文化を目的達成のための技術としていかに使っているかは説明できないとする社会学者のスインドラーは、文化現象としての習慣やスタイルといった文化的に作り上げられた

第 7 章　歴史的闘争の場としての文化

技術（culturally-shaped skills）、広義には行動の戦略（strategy for action）は、人々が目的達成のために振る舞う行動パターンをより良く見ることができるとしている。文化をシンボル、ストーリー、儀式や世界観などの道具が詰まった道具箱として、人々は道具箱からツールを取り出し、所与の行動の戦略を組み立てると分析している（Swindler 1986: 273-275, 281）。この社会的行為の因果関係において、物質的追求からの道具的志向の視座に立った文化分析に鑑みれば、たとえば、先祖の土地とのつながりを明らかにするパロールとしてのカナクの口承は、土地返還要求という目的においてその行動の戦略を組み立てるために、文化的道具箱から取り出される重要なツールとなる。しかし、第 9 章で見るように、口承は先祖の聖なるパロールとして価値化されてもいる。一方、異文化、他者の文化を修得することは、自文化のための道具的手段ともなる。E. チバウによれば、いったんなにかを流用してうまくいけば、「我々はこれやあれを使うという。我々の世界の概念では道具を使うことと同じように言及される」としている（30/8/2007）。カナクは、他者の文化的要素をマスターすることを自文化の価値を高めるための道具的手段とし、自身の文化的価値観を他者の文化との差異化において道具的手段とし、文化に価値的志向や道具的志向をさまざまに見出してきた。諸々の問題を解決するために、文化という道具箱から所与のツールを取り出し組み合わせ、行動戦略を立ててきたと言えよう。この意味でも、ウェーバーの人間の社会的行為の動機づけとしての理念的追求と物質的追求には親和性がある。文化という「意味の蜘蛛の巣」は、古い糸に新しい糸がより合わされて、更新されていくという意味で、まさしく再解釈が可能な、意味や情報が満載した記号的体系と言えよう。

　ニューカレドニアでは、アイデンティティとはカナクのみならず他のカレドニア人も、エスニック・コミュニティの生活のあり方、行動様式を表すものと解釈されている。この意味でも、クチュームは自他共に認められるカナクの文化的行為として、慣習モードは文化モードに節合され、エスニシティとしての文化共同体に回収されたと言えよう。詰まるところ、脱植民地化運動における歴史的闘争の場としての文化闘争は、植民地化の結果、窮状にあった文化を再興するために、カテゴリカルなエスニシティとしての「文化共同体」を、構造的には異なるクランを基盤とした原初的領域としての「共同体」に節合し、カナク・アイデンティティをその慣習的価値観で土着的に文化顕示し、他のエスニック集団との差異を表象してきたと言えよう。

2. メラネシア 2000 フェスティヴァル

　解放運動は、西欧的概念のアイデンティティを取り込むことによって、カナク文化の再想像、すなわち、カナク文化共同体としてのアイデンティティ探求の道を開き、歴史的闘争の場としての文化闘争をスタートさせた。しかし当初、革命的なリーダーとして登場し、「私とは誰であるか」の問いから発して、カナク・アイデンティティを模索していったネスリーヌは、マレ島の大首長となって以降、その関心が首長を基盤とした伝統的なアイデンティティを維持するために、共同体内部に向かって保守的志向になっていった。それに対し、歴史的闘争の場としてのカナクの文化的アイデンティティの探求は、後に独立運動の指導者となった故ジャン・マリ・チバウに引き継がれたと言えよう。チバウは、首都ヌメアで 1975 年 9 月、メラネシア 2000（Mélanésia 2000）文化フェスティヴァルを組織し、そこでカナクの文化的アイデンティティを具現化することによって、「私とは誰であるか」という問いに対する答えを内外に向かって示したのである。ここでは、チバウの人としてのあり方とメラネシア 2000 がいかに開催されたかを探った後、「カナケ―歴史の象徴」劇におけるその是非をめぐる議論を通して、この文化フェスティヴァルがカナク・アイデンティティに与えた意義と、その文化的権利回復の結果を見ていく。

1）チバウとフェスティヴァル

　1936 年、東海岸のイヤンゲーヌの深い山の谷間、ティアンダニートのトリビュに生まれたチバウは、カレドニア社会全体を見据えることのできるスケールの大きな構想を持った人物としてしばしば言及され、このヴィジョンの中で彼の闘いは、他者との関係において外に向かって志向されてきた。チバウの父親は、マリスト派のカナクで最初の助祭となった人物で、チバウを宣教師に託し、宣教師は 1945 年に 9 歳の彼をカナラの神学校に預けた。20 年後彼は神父となってヌメア大聖堂の聖職に就いたが、カトリックが当時のカナクの貧窮した社会の助けとならないことに失望し、フランスに渡ってその答えを見出すべく社会学と人類学を学んだ。1970 年、父の死によってニューカレドニアに戻ると翌年聖職を去り、社会文化発展のためのメラネシア人グループ（Groupement mélanesien pour le développement social et culturel）を形成した。フランス留学はネ

第 7 章　歴史的闘争の場としての文化

スリーヌなど解放運動のカナク・リーダーと重なるが、違いは神学校教育のために故郷から引き離され、カナク社会の中で多感な少年期を過ごすことができなかったことにあろう。その結果、ルノルマンによれば、彼は自らのカナク言語を身に付けることができず、カナク文化をフランス語とフランスでの教育を通して学ばなければならないという苦難を経験し、彼にとって「文化とは言語とネーション」であり、「独立とは交渉を通して獲得するもの」であったという（9/9/97）。雄弁術はメラネシアのビッグマンの資質でもあるが、ここには、フランス語教育を通して培われたパロールに秀でたそのディスコース・スキルが彼をして交渉への自信を深めさせ、ミッテランをして「チバウの言葉は言葉よりも遠く届く」と言わしめたと言えよう。

　一方、息子の E. チバウは、当時公共の学校がなかったので、チバウは教育を受けるためには教会を通さねばならなかったし、キリスト教も社会学や人類学を学んだのも西欧的ヴィジョンを理解するための手段であったと見ている。彼が覚えている父親は、ヤムイモを植えたり、その畑を耕したり、魚を釣ったりすることが大好きで、おかしな話をして、冗談を言う普通の男であったという。彼は、カナクが白人入植者とは一緒に食べたりすることはできず、後ろに控え、車では荷台に乗らなければならなかったなど人種差別について語り、土地と人間と彼らが捧げた闘争に敬意を払う人であったとも語っている（30/8/2007）。この自然と融即したエトス（精神風土）の中で「大地の人」としてのチバウはよく知られているが、こうした側面は、彼がヨーロッパ人からの人種差別と偏見の中で身に付けた西欧文化に通じた知識人としての側面と表裏している。後者に関して、オーストラリア人ジャーナリストでチバウと親しかったフレーザは、彼の故郷のイヤンゲーヌでのミサに出席して、彼女がニューカレドニアで聞いた中でも最も美しい声で歌い、その自宅で音楽を書いたり、小さな楽しみとしてピアノを弾くことが好きな彼を発見している（Fraser 2005: xxvii）。

　このことは、彼が異なった文化と知識、視座の間をシフト、あるいは転換できる間文化性を身に付けた「パロールの人」であったことを示している。ピアノを弾く趣味は——それをチバウは神学校で学んだに違いないが——彼が西欧文化を我が物とした側面と、後述のカナク・ポップ・ミュージックで見るように、好きな音楽をカナク独立という目的のための政治的な道具的手段としたそのプラグマティックな面を伝えている。筆者が 1986 年エヴェヌマンの時代に

第 3 部　文化の語り

会ったときに受けた不機嫌なチバウの印象と、こうしたチバウ像を重ね合わせると、政治家としての複雑な内面が見える。キリスト教が基底を成している西欧的思考を、政治目的を遂げるための交渉における実利的な手段とし、カナク文化を人類学的視座から客体化し、内部の眼差しから主体化して、政治的・文化的ディスコースの中に再文脈化して、「真実の体制」を支える生産的ネットワークの中でその知識＝力を起動させていった「戦略の人」であったと言えよう。彼の異なった文化的スペクトルが、異なったコミュニティとの共存を含め、カナクの文化的アイデンティティの未来を広い展望から構想することを可能にし、対話による交渉を通した独立の道を模索させたと言えよう。

　メラネシア 2000 は、9 月 3 日から 7 日にわたって開催され、約 2000 人のカナクが参加し、5 万の観衆が見物に訪れた（Tjibaou 1978: 5）。フェスティヴァルはそのアイディアから開催理由、協力関係に至るまで異種混淆の様相を呈している。その開催の起源は、第 2 部で触れた「微笑みのメラネシアン村」というカナク社会の状況を改善するため創設された女性グループの活動に発している。この活動は各地に広がり、その集会や行事での意見交換などを通してカナクの交流が図られた結果、グループはチバウにフェスティヴァルを開催することを発案したという。しかしながら、実現されたフェスティヴァルはグループの当初の思惑を超え、フランス本国から来たミソット（Philippe Missotte）の助言によって、彼をオーガナイザーとして、ヨーロッパ人の技術とフランスのこれまでになかった 5000 万 CFP（約 5000 万円）という資金援助による大々的なイヴェントへと発展した。その結果、チバウが当時入党した UC においても党首ピジョーの支持を除いては、いわば、アンクル・トムのプロジェクトとして笑われたという（Tjibaou 1995: 110-111; 1996: 262; 2005: 244）。

　このため、ネスリーヌも「我々を表現するために誰か助けてくれる人が必要だという印象を再度人々に与える」と、メラネシア 2000 開催を批判した（Les Calédoniens No.23, 10-16/7/75: 7）。しかしながら、チバウは、外部からの技術的支援は避けられず、フランスからの資金援助に関しても[1]、たとえその目的がカナクのそれと異なっていたとしても、利用できるものは利用すべきという考えであった。カナクが身に付けているもの、たとえばマヌ（布）や時計をとってみても、カナクは現在という時間を生きているわけであるから、こうした外部の援助に頼るからといって、カナクの文化的真正さが問題になるのは馬鹿げていると考えていた（Tjibaou 1995: 113-115）。ここには、チバウの柔軟性と現

実を見据えた側面が表出している。チバウは現代的文脈において、文化が外部要素との節合において再構築され、そうした文化的ダイナミズムによってその生存が確保されることを、フェスティヴァルを通して実証したと言えよう。メラネシア 2000 はこの意味で、「伝統の発明」あるいは「発明の伝統」でもあった。メラネシア 2000 の出し物は、カナクのダンスや歌の実演から、創作劇「カナケ」の上演、伝統的工芸品から農産物の出品展示会まで及び、まさしくカナクの人々の生き方の総体としての文化を顕示したプログラムであった。

　しかし、こうした一大イヴェントとしてカナク文化を表象するやり方に反対するカナクの声は、とりわけ、解放運動グループの間で顕著であった。「グループ 1878」は「カナクの人々への裏切りであり、先祖の慣習の殺戮である」と厳しい言葉で非難した（*Les Calédoniens* No.4: 12-13）。このグループとその政党 PALIKA のリーダであったポワグーヌも当時を思い返して、解放運動におけるグループ 1878 の主要な目的は土地の回復以外に、メラネシア 2000 の開催と 1853 年のフランス併合記念日の 9 月 24 日の祭りに反対してカナクを動員することにあり、「我々は自分たちの文化の扱われ方に同意できなかった……それは文化の売春であると考えた」（5/10/ 97; 27/10/98）と語っている。フランス在住のカナク留学生もフェスティヴァルに反対していたが、そのひとりで、当時モンペリエで法律を勉強していた判事トロリュは、「我々はメラネシア 2000 によってカナクの文化的覚醒が乗っ取られてしまうのではないかと反対した。カナク文化が民俗的なフォークロアのようなものに変わってしまうことを非常に恐れていた。文化とは我々が現在一緒に生きているものであって、誰かに委ねられるものではないからだ」（*Mwà Véé* No.10, 1995: 49）と述べている。一方、解放運動でカナクと共闘したカレドニア人のシヴォは次のように振り返っている。「問題は私の友人たち、つまり私が当時一緒にいたネスリーヌやカナク急進派の若いメラネシア人たちにあった……カナクの彫刻が置いてあって、誰かが『見ろよ、ここに「売却」とあるぜ。慣習を売りに出しているのだ』と言った。それは単に冗談であったが、私は、フェスティヴァルを内心評価していたので困惑した」。しかし、「注意しなければいけない」という友人たちが一方にいて、カナク同志との連帯でディレンマに陥った彼は、評価するかしないかはカナクが決めることだと思ったという。また、テレビやラジオはカナク文化に対する偏見と差別の中で、カナク言語で決して放送しなかったし、カナクのダンスや歌もそれまで映さなかったと当時の状況に言及している（27/10/98）。

第 3 部　文化の語り

　こうした状況からも、解放運動のカナク活動家は、カナクの土着文化が、外部からの技術・資金援助によって政治の表舞台でカナク以外の人々やフランスによってショーのように操られ、展示物として他者の視線にさらされ、値踏みされ、その尊厳を失い、博物館に陳列された過去の遺物のように扱われることを恐れたと言えよう。一方、カレドニア人観察者としてチバウの政治的意図を理解したシヴォのように、このフェスティヴァルに興味を抱き、評価したカレドニア人はきわめて少なかった。実際、チバウによれば、フェスティヴァルに来たのはカナクや本国フランス人でカルドシュは来ず、カルドシュはフェスティヴァルに対して「また島民の見世物か」という反応を示し、彼は傷ついたという (Tjibaou 1996: 262; 2005: 244)。

　また、チバウ個人のフェスティヴァルへのかかわり方への批判の声もある。フェスティヴァルの仕事にかかわったギアールによれば、彼はいつも現場にはおらず、他の者が代わりにやらなければならなかったという。彼のやったことは車を買って、それをカトリックの若者に与え、地方に送ったが、彼らは酒を飲んで酔っ払い、また一からやり直さなければならなかったという (13/9/2005)。換言すれば、チバウは生来的にアイディアを創出し、ディスコースによる交渉の人であって、カナクの闘士マチョロのような実践における行動の人ではなかったとも言えよう。フェスティヴァルは「お金を得たチバウがトラックを提供し、1週間公の場でカナクにダンスをさせるため、ブルス（地方）から人々を集めヌメアに連れ去ってしまった」(Poigoune 27/10/98) という印象も与えた。1965年以来、毎年、グランド・テール東海岸のウアイルーで、キリスト教の四旬節の祭りを開催してきたプロテスタント・スクール連盟のカナク所長ワポトロによれば、多くのカナクや移民のポリネシア人であるタヒチ人がこの祭りにやって来たが、フランス人はわずかしか来なかったという。チバウがメラネシア 2000 をヌメアで開催すると彼に言ったとき、カナクが住んでいるブルスで開催されるべきだと主張した。しかし、チバウは「もし、彼らが我々のところへ来ないならば、我々が彼らの場所に行って開催しようではないか」と言い、意見を異にしたという (20/10/98)。メラネシア 2000 に先立って、地域的フェスティヴァルが 2 月から 8 月にかけて、ロ諸島とグランド・テールの地方の 8 カ所で行われたが、チバウは、解放運動において若き活動家が辺鄙なブルスのトリビュに自ら出向き、カナクの政治的・文化的意識を啓発していった草の根的方法とは異なったアプローチを提示したと言えよう。

第 7 章　歴史的闘争の場としての文化

　一方、「微笑みのメラネシアン村」のメンバーであったカナク女性は、チバウのカナク文化再生の熱意に共感して、フェスティヴァルに参加し、後述の「カナケ」劇の中で植民地化のフランス尖兵としてのマリオネットを演じた。彼女によれば、各地から集い参加した多くのカナクと交流し、一緒にダンスを振り付けたり働いた結果、互いをより良く理解することができ、カナクとしての統一と伝統を再発見したすばらしい経験であったという（7/11/98）。彼女の感想は、フェスティヴァルがまとまりを欠いたカナク社会に、オトクトーヌとしての一体性と文化に対する誇り、カナクとしてのアイデンティティ意識を喚起したことを示唆している。この意味でも、フェスティヴァルが目指していた今日的カナク文化のあり方やカナクとしてのアイデンティティの再発見という目的（Tjibaou 1996: 32-33; 2005: 4-5）は遂げられたと言えよう。以上のことからも、チバウの戦略は、西欧の援助を利用して、地方から大々的に民衆を動員し、首都ヌメアで人々の注目を集め、カナク文化を内外に顕示することにあった。ここからも、カナクにその文化的アイデンティティ意識を植え付け、カレドニア人やフランスに対してオトクトーヌとしてのカナクの存在を認めさせようという狙いが読み取れる。この点で、チバウの展望はカナク・カレドニア社会全体を見据えた戦略であった。

2）「カナケ」から「カナク」へ

　なかでも、チバウのカナク文化の再生とそのアイデンティティの確立に対する政治戦略は、フェスティヴァル最大のイヴェントである「カナケ―歴史の象徴」という劇に表れている。チバウとJ・イエカエ（Jacques Iékawé）によってその枠組みが作られ、異なった地域から集まったカナク男性や「微笑みのメラネシアン村」メンバーの女性たちによって演じられたその劇は、カナク民族の原型を具現化したと言えよう。すなわち、グランド・テール中部のパイチン語（Paicî）地域のクランの共通の先祖である「テエ・カナケ（Teê Kanaké）」[2)]を主人公として登場させることによって、「私とは誰であるか」に対する答えを出したのである。ポワンディミエからコネに至る地域のクランの創始者であるこのローカルな神話的ヒーローは、カナケとカナクの発音の近似性からも、元祖カナク・ピープルのイメージにマッチし、「ローカル・コミュニティのアナロジー」として「想像的に構築された文化的アイデンティティ」（Calhoun

1991: 107）を実質的に肉付けることができる。カナケを舞台に登場させたのはチバウのアイディアであったと聞いているが、彼は、共同体レヴェルの原初的領域にあったローカルな神話を、近代という首都ヌメアの舞台に回収したと言えよう。すなわち、慣習モードをエスニシティとしての文化モードに節合し、土着性としての「カナケ」を通して、カナク・アイデンティティをネーション・レヴェルで顕示したのである。チバウが、シンボル、ストーリー、儀式や世界観などのツールが詰まった文化という道具箱から神話を取り出して、起源を有するピープルとしての正統性を確立するために、文化を道具的手段とした意味においては、価値観から捉えたネスリーヌとは対照的であるが、両者の道具的志向も価値的志向も、カナクの文化的アイデンティティの確立という目的においては入れ子になっているのである。

　神話の再想像としての「カナケ—歴史の象徴」は、カナクの土着文化における世界観を描いた「ブエナンド（Boénando ヤムイモの供宴）」の第1場面、植民地支配下で起きたカナクの窮状を表象した「征服」の第2場面、カナクと白人との和解を象徴した「ヤムイモの分配（partage des igames）」の第3場面の3場で構成されている。第1場面では、雷、雌鶏、鮫、風、トカゲ、クニ（果実の一種）、蛇のトーテムを起源とするクランが現れる。カナクの贈与交換における最重要品目のヤムイモを捧げる儀式や、通夜、戦闘ダンスなどが展開した後、長子でチーフとして迎えられる主人公のカナケ、その母方オジ、女性などが舞台に登場し、パロールを披露し、一同「ピルー（pilou）」と呼ばれる次章で言及する供宴のダンスを踊り、カナクの伝統的な社会的・文化的あり方が演じられる。第2場面では、巨大なマリオネットの扮装で兵士、探検家、貿易業者、宣教師が登場し、キリスト教化、カナケの反乱、強制労働、アルコール、カナク女性の売春などの歴史的出来事から植民地支配が表象される。第3場面は、カナクと白人の間の憎しみと怨恨のカタルシスという未来を暗示して終わる。この中で、最も論争の的となった最終場面をシナリオから追ってみよう。舞台で、儀礼の主が呼びかける。「我々の現在は闇の中を歩く盲目の男のようである。誰が我々の過去を覚えているだろうか？」。カナケが応じて、「白人よ、私が話しているのはあなたである。なぜならあなたの手の中で我々の過去は破壊された……あなたは言う、彼らは人間ではないと……あなたは、我々以上に、人間の名にふさわしい、真の人間として考慮されるに値するのか？」。白人は答える。「誰が真の人間なのか、カナケよ、過去について泣く者か、未来を準

第7章　歴史的闘争の場としての文化

備する者か……我々の周囲の水は静まっており、悲しみを宥め、怒りを静めるブエナンドの平和なリズムをもう一度鳴り響かせてほしい。我々が求めているのは、あなた方に主人としてではなく、招かれた兄弟として歓迎されることだ」。白人が贈り物を渡すとカナケは交換にヤムイモを贈り、告げる。「ここに我々の未来へとつながる道がある。その道の真ん中には『喪の木（arbre du deuil）』であるカロティ（karoti）が立っており、誰もそこを通ることは禁じられている……誰もがその心から不和の木を根こそぎにしますように」。それを引き抜くと、カナケは「祖先は水中に『喪の木』を投げ入れたが、我々はそれを火中に投げ入れよう……そして憎しみが燃え、未来への道程が開かれ、全ての人々に我々が開く円陣が兄弟のようなものとなるように」と語り、終わる（*Mwà Véé* No.10, 1995: 8-17; Missotte, 1995: 88-92）。

　「喪の木」は第 2 部で見た「禁忌の木（bois tabous）」と同じく、タブーと対話を同時に呼びかけるカナク文化のシンボル的な意味を有するものと言えよう。この最終シーンはカナクから白人への政治的メッセージを含んだ両者の和解を示唆したものとして、夢想的であると批判された。シナリオから判断するに、カナケが不和の木である「喪の木」を火に投げ入れる行為は、カナク・アイデンティティ回復への戦いを示す決意として解釈できよう。カナクは植民地化によって奪われた人間としての尊厳や諸権利を回復することなしに、歴史的遺恨として心奥深く残るルサンチマンを単に水に洗い流して、白人が言うように忘れ去ってしまうことはできない。この意味で、火はフェスティヴァル後に燃え上がっていったカナク独立運動をまさしく象徴的に告げている。独立運動の結果、この火中に投じられた遺恨が燃え尽きたのは、カナクがカレドニア人や反独立派、フランスと和解し、その諸権利が承認された合意の時代と言えよう。「未来への道程……兄弟のようなものとなるように」という最後のセリフは、現在のヌメア合意における「共通の運命の中の市民社会」としてのパートナーシップを想起させる。

　この意味でも、第 3 場は予兆的であるが、チバウのフェスティヴァル開催の当初の動機は、カナク文化とヨーロッパ文化とのダイアローグの欠如が、互いの紛争や破壊に導くのではないかという懸念から出たもので、目的は相互のコミュニケーションを確立することにあったという（Tjibaou 1996: 31）。チバウは当時、他のコミュニティとのダイアローグを求めて、ヨーロッパ文化とメラネシア文化の両者で構成されたカレドニア文化プロフィール 2000 を最初構想

第 3 部　文化の語り

していたという。彼は文化的特殊性と普遍性との間に横たわる矛盾を感じており、その点からも、カナクが人間性における文化的豊かさにいかに貢献できるかということを考えていた（ibid.: 24）。ここには、彼の中のカナク文化と西欧文化とのバイカルチャー的側面が彼をして、両者の間にコミュニケーションの橋をかけることを促したと言えよう。こうしたチバウの試みは、第 1 章の「カナクの植民地化」で見た『アタイから独立へ』の著者で同じカトリック神父アポリネールの苦悩と希望に共通するカナク知識人のディレンマが見える。

　しかしながら、この共生を実現するためには、まずカナクが自分たちの文化に誇りを持ち、カナクの今日的文化やその財を検証し、カナク・アイデンティティを構築することが必要であると痛感し（ibid.: 32-33）、メラネシア 2000 の開催となったという。事実、フェスティヴァルの後、チバウは 2、3 人のカレドニア人と一緒に、1984 年にカレドニア 2000 を開催する準備をしようとした。メラネシア 2000 の仕事に携わり、後に仏国営ラジオ・テレビ海外放送 RFO で最初のカナク記者となった J. カイエ（Josephe Caihé）によれば、フェスティヴァルの目的はカレドニア 2000 であったが、それに対する強い反対に遭って、その目的を断念せざるを得なかったという（*Mwà Véé* No.10, 1995: 55）。その開催を阻んだ理由は必ずしも明らかではないが、開催はヨーロッパ系住人が流刑囚の子孫であることを認識せざるを得なくなるからであったという（Tjibaou 1996: 290）。いずれにしても、それが予定された 1984 年は独立運動が高まり、一連の流血騒動がカレドニア社会を揺るがした年と重なり、実現することは可能ではなかったろう。

　フェスティヴァルはチバウが意図したカレドニア社会のダイアローグに当時成功することはなかったが、それが果たした意義については、今日ほとんどの人々が認めている。ポワグーヌは、チバウはカレドニア社会の未来のために闘い、カナク社会とその文化の認知に寄与したと語っている（27/10/ 98）。ネスリーヌも、「フラール・ルージュが発行したジャーナル『レヴェイユ・カナック』は、カナクの間のディスコースで閉じられていたが、チバウはメラネシア 2000 をカナクと白人との間のディスコースにしようとした」と述べている（23/8/96）。ラヴァロワは、フェスティヴァルは文化的・民俗的イヴェントではなく、政治的ジェスチャーであるとして「メラネシア 2000 は文化的イヴェントが政治的闘争に、とりわけ脱植民地化の過程に貢献できることを示した良い実証である」とコメントしている（Lavallois 1995: 125, 127）。ワポトロも、

第 7 章　歴史的闘争の場としての文化

今では、彼のやったことは政治的な意味で正しかった。もし地方でやっていたら、ヨーロッパ人は来なかった。ヌメアでの開催によって、より大きなすばらしいフェスティヴァルになった。我々が現在ある状況へ導いたのは、メラネシア 2000 であったと語っている（20/10/98）。O. トーニャはメラネシア 2000 には参加しなかったが、カナクをして、自分たちの文化の重要性を気づかせ、カナクがこの国のオリジナルな人々であるという概念を形成したカナク文化の最初のデモンストレーションであると述べている（8/10/97）。

　彼らの発言は、この文化フェスティヴァルが脱植民地化運動に政治的に大きな影響を与えたことを明示している。メラネシア 2000 は、それまでカレドニア社会で軽蔑され、メデイアにも紹介されることのなかったカナク文化を公共圏において公開することによって、「私とは誰であるか」を内外の人々に顕示し、細分化したカナク社会に文化共同体としての一体性と、オトクトーヌとしての自信と連帯を与えたと言えよう。フェスティヴァルは、ルーツとしての「カナケ」からルートとしての「カナク」を節合したことによって、国のオリジナルな人としてのカナク・アイデンティティを表象し、独立運動に強い動機づけを与えた。歴史的闘争の場としての文化はネーション・レヴェルにおける政治闘争の場に節合され、ナンヴィル＝レ＝ロッシュ円卓会議（1983）では、メラネシア人文明の平等性が初めて認められ、カナク文化は独立に対する生得的権利を有するオトクトーヌのアイデンティティとして、FLNKS 憲章（1984）はその文化的発展を追求するための必要な手段を要求している。

　独立運動を経て結ばれたマティニョン合意（1988）では、メラネシア人は彼らの文化的アイデンティティに対する権利を主張する資格があるとして、カナク文化回復問題に取り組む ADCK（カナク文化発展庁）が創設された。この ADCK の発足とともに、チバウの未来志向のヴィジョンは、それを実行に移す才覚と実利主義的柔軟性を備え、独立運動においてラジオ・ジドーを開設した実務派の O. トーニャに引き継がれた。フランスに留学したネスリーヌやチバウと違って、独学で今日の地位を築き、カナクとしての誇りを強調するトーニャは、和解の時代における ADCK の初代長官として未来のアイデンティティを探求するためのカナク文化的顕示を担ったのである。ADCK の主要な使命はフランス政府の資金援助によるチバウ文化センターの創立にあり、その建設は 1995 年から始まった。センターは社会主義が終焉し、グローバル化による資本主義市場経済が席捲する中で、マティニョン合意終了の 98 年にヌメア合

意発足を飾るべく、合意調印前日の5月4日にオープンした。ヌメア合意では植民地化がカナク文化を否定し、そのアイデンティティを剥奪したことを認め（前文3）、カナクの有形無形の文化遺産に関して——聖地に当たる伝統的場所の名前の回復から、植民地化によって海外へ流出した民族誌的オブジェの帰還、カナク言語アカデミーの創設、カナク文化発展のためのアーティスト養成、チバウ文化センターの創立まで——フランスの援助と協力の下で、その文化的権利を約束している（1.3.1.-1.3.5.）。ここにカナクの歴史的闘争の場としての文化的アイデンティティ回復要求はその成果を見たと言えよう。カナク文化発展のために公共圏における中心拠点となったこのチバウ文化センターとその活動については、第9章の「現代アリーナの中の文化」で見ていく。

3. 文化的アイデンティティ

「私とは誰であるか」から始まり、メラネシア2000フェスティヴァルを通してエスニシティ・レヴェルで出現したカナク・アイデンティティは、それではいかに解釈できるのであろうか。慣習がその主要な実質的・実践的シンボルを担っていることは間違いないが、文化的行為としての慣習はすでに見てきたので、ここでは、文化共同体としてのカナク・アイデンティティを、その単一性と複数性、宗教的アイデンティティとしてのキリスト教、及び法的アイデンティティとしての慣習（特別）地位から探っていこう。

1）単一性と複数性

1997年当時、ADCKの文化長官であったE.カサレルは、「アイデンティティは近代的概念であり、流動的で……人々は文化とほとんど同義的に使っている。なぜなら、文化は人々にとって、根絶やしにされないためのものであるからだ」と述べている（6/10/97）。アイデンティティが文化と同義的であるならば、根絶やしにされないためにも人は文化なしには人たり得ず、文化はカナクがカナクたり得るために同一化するアイデンティティと言えよう。それゆえ、植民地化による圧制の下で窮状に陥った文化の再生がなければ、カナクの「人」としての回復はあり得ず、ADCK長官のO.トーニャは次のように語っている。「カ

第 7 章　歴史的闘争の場としての文化

ナク・アイデンティティには、文化的アイデンティティと政治的アイデンティティという 2 つの展開があるが……カナク文化の存在が認められないならば、カナク・アイデンティティの回復要求やカナキー国としての独立に対する政治的要求はあり得ない。そのような回復要求の源となっているのは文化である」（8/10/97）。ここからも、カナク・アイデンティティが文化的言説と政治的言説に節合されていることがわかるが、後者においては、「ネーションの語り」で見てきたようにカナクの間に独立派と反独立派との分岐や対立がある。政治的アイデンティティに一体性がない以上、前者において、単一の文化的アイデンティティが表象されなければ、主権を有するネーションとしての「想像の共同体」の意味は失われてしまう。そのため、文化はカナクにとっての共通分母として、文化共同体としての一体性を保持するために、トーニャが強調するように「カナク・アイデンティティは唯一無二である」として顕示されることにもなる（8/10/97）。

　一方、カサレルは、メラネシア人、フランス人などとの関係で、人々は単一のカナク・アイデンティティを語るがその中には多くのものが入っており、単独であるが、多様性があると語っている（6/10/97）。その多様性の最大のものは、次ページの「言語」地図で見るように 28 余りに及ぶ土着言語である。西はマダガスカルから東はイースター島まで及ぶオーストロネシア語族の中で、ニューカレドニアの言語は、800 の言語を有するパプアニューギニアをはじめとした多言語地域のメラネシア言語に属している。行政的な言語・文化圏として 8 つの慣習圏で構成されているニューカレドニアにおいて、その土着言語は、グランド・テール 6 つ、ロイヤルティ諸島（以下、ロ諸島）1 つのグループに分類されるが、その間の音声学上、文法上の差異は大きい。加えて、ワリス・エ・フトゥナからポリネシア人の移住があったウヴェア島では、島の南端と北端でメラネシア言語とは異なるポリネシア言語が話されている。2004 年ではカナク言語の話者は総計 6 万 2648 人で、主要言語は、ロ諸島におけるリフ島のデフ語（drehu、1 万 3249 話者）とマレ島のネンゴネ語（nengone、7958）、及び主島のパイチン語（paicî、6056）である（ISEE-TEC 2006）[3]。グランド・テールの 4 大言語はパイチン語、アンジュー語（ajië）、ハランチュー語（xârâcùù）、チェムヒン語（cèmuhî）と、全て中央地域で話され、ウヴェア島にはイアアイ語（iaai）とポリネシア言語のファガ・ウヴェア語（faga Uvea）があり、さらに 11 の方言とフランス語との混成言語であるクレオール語とし

第 3 部　文化の語り

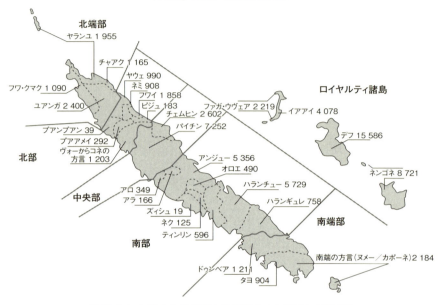

2009 年における土着言語と各言語の 14 歳以上の話者数

てタヨ（tayo）もある。

　このタヨに関しては、筆者が、グランド・テール東海岸から宣教師によって連れて来られた人々が住むヌメア郊外のトリビュに滞在中、年配の人々が談笑するのが聞こえ、耳を澄ますと重い訛りのあるフランス語にも土着言語にも聞こえ、なにやらひどくミステリアスに響いた。後で言語学者に聞くと、おそらく仏語とカナク言語とのクレオール化したタヨであろうという。現在ではあまり話されていないようで、その後耳にすることはなかった。デフ語を除いて 1 万にも及ばないこうした土着の少数言語に対して、一番支配的な言語が公用語としてのフランス語であることは言うまでもない。アンダーソンによれば、言語の重要性は、それが想像の共同体を生み出し、特別な連帯を構築することにあるが、国民国家が圧倒的規範となっている世界においては、ネーションは言語的共同体なしに今や想像され得るとしている（Anderson 1991: 133, 135）。これに鑑みれば、カナクの場合、言語的空間圏における多様性はそれぞれの文化的アイデンティティを生み出し、むしろ特別な連帯を表象してきたのは植民地

第 7 章　歴史的闘争の場としての文化

言語と言えよう。フランス語は土着のエリートをして近代国家の概念と、フランスに対してオトクトーヌとしての権利回復要求を交渉するための知識＝力の取得を可能にした。フランス語はむしろ母語でない外国語であるために、共通の言語的ツールとして、カナクの複数的性格を単独のカナク・アイデンティティとして創出し、想像された共同体として仏語でフランスやカレドニア人に対して主張することを、技術的に可能にし、心理的にも容易にしたのかもしれない。

　一方、地域的差異の最大のものは、これまで言及してきたようにグランド・テールとポリネシア文化の影響を受けたロ諸島にある。神話や慣習的スピーチの実践では、パロールを述べる役割は、両者ともにスポークスマンであるが、主島ではクランの名前のリストを連祷形式で唱え、ロ諸島ではクランの起源などのディスコースを語る。慣習婚においては、前者ではクラン間の同盟の証として交換される貝貨が重要であるが、後者は現金で、婚姻での家族間関係や所帯道具の目録のやり方も異なるという（Houmbouy 12/9/2005）。キリスト教が歓迎されたロ諸島では、貝貨が邪教とされて代わりに現金が歓迎され、キリスト教が歓迎されなかった主島では、貝貨が神聖な伝統として残ったのかもしれない。また、主島とロ諸島では人々は同じようには混じり合わないとか、主島は政治的志向が顕著であるが、ロ諸島は文化的志向なので独立派も反独立派も一緒になって談笑するとかいう。しかし、大首長の伝統的権威が強くシェフと臣下に階層化したロ諸島では、近代政治としての権限と慣習としての伝統的権力はときに対立することにもなり得る。一方、日本人の同質的志向性とは逆に、違いを好むカナクの志向性が、その相違を大きくさせているようにも見える。

　実際カサレルは、「我々カナクの間では、ちょっとしたものでも、相違を好み、統一を求めて奮闘するより、多様性を好む」としている。彼自身、故郷のウアイルーから北へ 20 キロも行くと、違いを感じるという（6/10/97）。ウアンブイも、ロ諸島ではマレ島の人々は、リフ島のデフ（言語・慣習圏）の人々との違いを際立たせてネンゴネ（言語・慣習圏）としてのアイデンティティを主張するが、リフ島とマレ島の間にある人口数百の極小のティガ島（Tiga、住民約 150 人、約 10 平方キロ）の人々でさえも、他の出身者に対して、ティガ島民としてのアイデンティティとプライドを誇示するとしている（3/11/97）。一方、マティニョン合意以前には考えられなかったことであるが、1997 年、RFO のテレビでカナク・アイデンティティに関する番組が放送され、エスニック・アイデンティティとして扱いながら、確か冒頭の字幕でカナク・アイデンティティ

を "identités" と複数表記していたような記憶がある。カナクのトリビュなどを紹介していたが、フランス人あるいはカレドニア人の番組制作者が皮肉を込めて、こうしたカナク間の相違に対するこだわりや対立を記したのかもしれない。

　いずれにしても、文化を共有する想像上の文化共同体におけるアイデンティティは、第2部の「共同体の語り」で見た土着的アイデンティティをルーツとして、その原初的領域における細分化したクランに節合されている。カナクの間の相違や対立のルーツは、この慣習的空間圏における内在的要素であるクランに基づいた集団的個人主義とも言える志向に帰し、その居住集団のトリビュにおいては、すでに見てきたように紛争や対立が絶えない。エッシェンブルナーによれば、カナク社会は伝統的になににも増して、政治的志向の社会であり、その内部には常に相殺システムが働き、均衡を求め続ける社会であるという。それがこの社会の主要な活動であり、カナクの中には、カナク・アイデンティティの単一性の主張のために、これを拒否する者がおり、クランなどの共同体社会は自律的で、統制を受けることに抵抗があり、単独のカナク・アイデンティティにコントロールされることになれば、同意しないだろうとも語っている（23/10/97）。カナクの複数的傾向は、ひとつの支配的な力を見たくないので、戦略を組み立て、政治的均衡を図ろうとするその志向性に帰すため、この志向性は安定よりも往々にして不安定をもたらし、カナクの連帯に障害を来たすことにもなる。内部の分裂を外にさらすのは、日本文化同様、カナク文化では無作法とされるが、たとえ連帯に支障が出ようとも、カナク社会のダイナミズムを創出しているのはこの複数性にあろう。なぜならば、この複数主義が均衡を求めてカナク社会に働きかけるからである。

　しかし、複数性も単数性も、我々がカナク・アイデンティティをいかに見るかという問題でもあり、それを、カサレルは次のようにコメントしている。「カナク・アイデンティティについて考えるならば、それに統一を求めない。私は、常に一緒にできる要素を見つけようと試みるが、同時に違いを常に主張する。というのも違いこそが文化を豊かにするからだ……私にとっては、それは単に尺度の問題であり……拡大鏡で見るか見ないか、もし我々が顕微鏡で見るならば、それは明らかに違ってくるだろう。常に同じ現実であるが、どの視点をとるかによって見る結果は違ってくる……私の場合は、カナク・アイデンティティをひとつとしながら、その多様性を強調する」（6/10/97）。ストラザーンの分析を借りれば、異なった内面を押し殺してひとりの人間が個人化されるように、

第 7 章　歴史的闘争の場としての文化

グループとしてあるいはひとつのセットとして概念化された人々の統一体は、その間の違いを押し殺すことによって達成できよう（Strathern 1988: 12-14）。カナク・アイデンティティが、このようにして内部の複数性を消し、他の民族コミュニティや他者に対して一元的に相対化されるならば、O.トーニャが言うように「カナク社会の内部は細部にわたれば相違があるが、そうした違いは似たようなもので、同じ慣習である」（8/10/97）。結果として、文化共同体は慣習を共有するオトクトーヌとして、人々の世界観は共通し、同じような文化的価値観を共有しているので、政治的に対立していても慣習では皆一緒と強調され、その他のコミュニティに対して単独のアイデンティティとして主張されることになる。

　それゆえ、カナクの相違に対するこだわりは、植民地化という歴史的文脈の中で出現したエスニシティとしての文化共同体のパラダイムにおいては、トーニャのディスコースに見られるように、「人々の間の相違を決めるのは、肌や目の色の違いではない。違いを作るのは文化的な振る舞いである。我々の文化がカナクのアイデンティティなのである」（15/10/97）と、他のエスニック・コミュニティとの差異へと転化される。このことは、多民族社会の中でアイデンティティを保持していくためには、文化的差異が必須であることを示唆している。しかしながら、カナクの文化領域と他者の領域が接する界面下で外部と節合し、その要素を内なるシステムに文脈化してきた他文化との異種混淆的側面は、文化共同体のパラダイムの中では、次章で見るように混血児同様表出されないため、土着的文化顕示は、必ずしも「真正さ」の意味での土着性の主張にはならない。しかし複数化したカナク社会をオトクトーヌとしてまとめ、単独のカナク・アイデンティティとして他のエスニック・コミュニティのそれと差異化して表象するには、文化共同体のパラダイムは有効であると言えよう。

2）宗教的アイデンティティとしてのキリスト教

　それでは、宗教圏においてその他のカレドニア人と共有されている外部的要素としてのキリスト教はカナク・アイデンティティの一部として象徴できるのであろうか。「カナクの植民地化」で見たように、グランド・テールでは、宣教師は植民地化の先兵として、キリスト教と植民地化は手を携えてやって来たと見られているのに対して、ロイヤルティ諸島では、首長たちはその権力を強

化するために宣教師を彼らの間のパワーゲームに流用し、キリスト教を積極的に導入した。こうした両者における違いは、人々のキリスト教に対する反応にも一致する。

　植民地支配が比較的穏やかであったプロテスタントの多いロ諸島のマレ島出身の政治家ネスリーヌは、キリスト教をカナク・アイデンティティのシンボルとして挙げている。リフ島出身のオナココは、「キリスト教は人々を一緒にしたので、それ以来、人々は自分たちの共通のアイデンティティを求めて、自らを定義しようと試みてきた。宗教は新しいアイデンティティの形成を可能にしたが、カナク・アイデンティティにとっての必須条件ではない」とも語っている（23/10/97）。一方、多くの土地を譲渡させられ過酷な統治を受けたグランド・テールでは、ある主婦は、「カナク・アイデンティティは、キリスト教によって踏みにじられた」と言い、とりわけ教会は、イエスの教えに反しており、カナク文化をないがしろにしたと批判している（25/9/97）。O. トーニャは、「私はキリスト教徒だが、それは宗教的信仰を持っているからだ。しかし、このことは私がカナクであるという事実とはまったく関係がない。キリスト教の理念はカナク社会の構造をねじ曲げ、カナクから真の人間性を奪い、他の世界観と信仰様式を強制したという点で、社会的に害をもたらした。我々は、神という名の下で、さらに人間という名の下で、知的な意味で植民地化されてしまったのだ」（8/10/97）と厳しく批判している。

　実際、カナクのプロテスタント牧師のフナンガンは、「宗教のことについて話すと、カナクの約20%は反発する」と述べている（Hnangan 1988: 222）。また、現在でも、先祖の霊を崇拝する異教徒（païens）とされるカナクは、少ないが存在する。ルノルマンは、非キリスト教徒のカナクはおそらく10〜20家族ぐらいで、カナラ、サラメア、ラ・フォア、ウアイルーに1〜2クランがいるだろうと推定しているが（3/10/97）、これらは全てグランド・テールである。「ロ諸島では、キリスト教は慣習の一部であるが、グランド・テールでは、植民地化と同義である」（Eschenbrenner 23/10/97）という言葉に象徴されるように、カナクのキリスト教に対する歴史認識の相違が、宗教的言説に対するズレを生み出していると言えよう。宗教的功罪は、カナクをしてキリスト教への帰依と反発をもたらし、全てのカナクがキリスト教徒になったわけではなく、キリスト教をカナク・アイデンティティの一部とすることには異論、反論がある。この意味で、アイデンティティや差異は、ムアーも言っているように、分類的な

第 7 章　歴史的闘争の場としての文化

グループ分けよりも、それぞれの歴史による同一化と差異化のプロセスにあると言えよう（Moore 1994: 1-2）。

　一方、カトリックとプロテスタントの違いは、改宗的プロセスにも重なり、カナク文化に対して異なったアプローチをとってきた。牧師を父に持つリフ島出身のワポトロによれば、プロテスタントは、一夫多妻やクラン間の戦争などをやめさせたりしたが、慣習を破らないように努め、カナクの社会構造を変えようとはしなかった。それに対して、カトリックはフランス軍隊とやって来て、たとえばリフ島においてはヤムイモの儀式を首長国で行う代わりに教会で行うなどした（20/10/98）。しかし、カトリックは慣習的ルートを無視して、あるカナクの言葉を借りれば、「利用できる人は、誰でも利用した」ため、グランド・テールにおいてはカナク社会の位階制を強化することはなかったという。一方、キリスト教が果たしたカナク社会への肯定的面に関しては、ワポトロは、両者はともに学校を創設したという点で教育への寄与を挙げている（20/10/98）。元牧師の高校教師であるウアンブイは、教会はアルファベットを導入しただけではなく、人々の権利についての意識を与えたことにも大いに貢献したとしている（26/10/98）。実際、カトリックとプロテスタントは、第 1 章の「夜明け」で見たように、UICALO と AICLF というそれぞれの政治組織を設立して、カナクの文化的特殊性を強調し、集団としての慣習的権利についての意識を促した。両者の間の競合は地域的・政党的違いに絡み合ってきたが、キリスト教がカナクの政治に密接に関係、影響してきたことを考えるならば、キリスト教とカナク文化との節合は、戦略としての政治的連合でもある。オナココも、ロ諸島において、首長はその首長国の人々しか集結できなかったが、キリスト教は異なった場所から人々を呼び寄せたとしており（23/10/97）、キリスト教の動員力に政治的な着目をしている。

　それでは、トーニャの言う「神という名の下で人間という名の下で」、カナクが植民地化されたならば、彼らはキリスト教をその文化システムにいかに取り入れることができたのであろうか。元神父のチバウは、カナクの系譜や、神話、パロールは旧約聖書のそれと同じような筋書きであることをしばしば指摘し、また新約聖書でもカナクと基本的に共通する要素として、言葉「パロール」を挙げている。それゆえ、聖書を使用することに抵抗はなく、聖書は西欧の人々にとっての遺産であっても、彼らに属しているだけのものでもなく、キリスト教はカナク的に実践されていると語っている（Tjibaou 1996: 104, 183, 303;

第 3 部　文化の語り

2005: 76, 157-158, 289)。レーナルトも、カナクは神話を通して宗教的リアリティを認知するが、そのリアリティに身を託すのは、白人のもたらす文化や福音であれ、存在の顕現としての「パロール」にあるとしている（Leenhardt 1971: 308; 1979: 194; 1990: 336）。換言すれば、旧約聖書に登場するユダヤ人の祖先のルーツ・ルートとしての物語が、カナクの口承（パロール）による祖先の神話的系譜に相似的であるため、聖書を彼らの神話的シナリオに読み替えやすかったのかもしれない。それゆえ、カナクはキリスト教の教えや価値観をそのまま受け入れたわけではなく、カナクの世界観の中に、聖書の言葉を文脈化し、存在の顕現としてのパロールによってキリスト教に帰依していったとも言えよう。

　一方、西欧における初期キリスト教徒の 1 対 1 の神との対話は、「神との関係における個人」として（Dumont 1983: 43; 1986: 30）、西欧社会で個としての自覚を育み、やがて個人の自由やその権利に対する意識を促すに至った。しかしチバウは、ユダヤ＝キリスト教的世界観は、人間は肉体と魂を持った「個人」であるという信条を吹き込んだ。地上における節約と物質的・個人的成功が個人としての救済を導くとしたカルバン主義は、資本主義に影響を与え、キリスト教を普及させ、カナクから土地を取り上げ、植民地化を導いたとして、個人主義を批判している（Tjibaou 1996: 206; 2005: 182-183）。人間が肉体を持った「個人」というのは、第 2 部で見たようにカナクが宗教的リアリティとして取得したのは精神ではなく身体であるということを想起させ（Leenhardt 1971: 263; 1979: 164; 1990: 284）、結局、カナクは魂の救済としてキリスト教を受け入れたわけではないと言えよう。しかし、カナク社会において、西欧の個人主義的価値観とは異なるが、クランを軸に集団的個人主義と言える面も有している。チバウのカナクが戦いの道具として経済的ツールを使い、経済の不可欠な一部となる（Tjibaou 1996: 280; 2005: 265）という夢の実現は、カナクの経済開発や個人化が進む中で、共同体の集団的個人主義や資本主義的個人主義の増大を意味することになるのだろうか。

　彼の息子 E. チバウは、我々はキリスト教を受け入れなければならなかったし、教会で祈り、ミサを行い儀式に従うが、重要なのは先祖である。キリスト教においてはイエスだが、慣習においては先祖の文化である。カトリックではキリストの聖体拝領を行い、身を清めるが、我々が最初の収穫のヤムイモを食するのも同じである。なぜならそれは先祖の身体を象徴するからであり、我々

第 7 章　歴史的闘争の場としての文化

の祖先は生きて世界の一部となり、あらゆる霊は自然界において循環している。西欧システムはユダヤ＝キリスト教のヴィジョンに基づいており、キリスト教はその西欧システムを理解するための道具であると考える（30/8/2007）。ここには、神としてのイエスよりも祖先の霊との親密な交感が表れている。キリスト教徒になることはキリスト教的道理と同一化することを意味せず、むしろカナク文化とユダヤ＝キリスト教西欧文化との比較化や、両者を相対化することを可能にする結果、異文化理解を道具的手段として自らの文化を価値化することができる。この意味で、カナクは、キリスト教を流用できるところを流用していったと言えよう。

　ここでマオリのキリスト教化を比較してみよう。西欧との接触が増大していった 1830 年代からヨーロッパ人が持ち込んだ銃による部族戦争や疫病の増大、土地の譲渡化などによって、人口的にも衰退していく中で、マオリは宣教師の説くキリスト教に救済を求め改宗していった。一方、アングロ・マオリ戦争の 1860 年代からまた 1920 年代にかけて、キリスト教千年王国的なマオリ預言者が救済者として出現し、マオリ文化とキリスト教を習合したリンガトゥ教やラタナ教など独自のマオリ・キリスト教を創出した。国を追われて出国したイスラエルの民と彼らを導いた預言者モーゼの旧約聖書の出エジプト記が、マオリを大々的に失地させていったクラウンやパケハに対する土着主義的抵抗運動という文脈にも重なり、両者の教会は現在も存続している。筆者が、「開けてびっくり玉手箱」的面白さに出会ったのは、2006 年に訪れたニュージーランド北島、ロトルア湖に臨むオヒネムツ（Ohinemutu）のセントフェイス英国国教会（St. Faith's Anglican Church）である。そのテューダー様式の西欧的外観から一歩中に入ると、マオリ模様のステンドグラス、マオリ彫刻の腰掛け、マオリ織物と彫刻で装飾された壁から、首長の家を思わせるチャペルまで、マオリの文化的象徴に満たされている[4]。圧巻は、チャペルの大きなガラス絵窓に描かれた、あたかも背後の湖面を渡ってこの地にやって来た首長の羽毛ケープをまとったマオリ・キリスト像で、ここにはキリスト教をものの見事にマオリ化した情熱が見える。ワイタンギ条約によって植民地化にまがりなりにも同意したマオリは、汎神論的神々を有するそのポリネシア文化の中で、古代イスラエル人のシナリオへの読み替えから、イエスを超越的存在として我が物としたのかもしれない。

　カナクもマオリも先祖に同一化し、外部の文化や知識を内部の文化システム

第 3 部　文化の語り

に積極的に文脈化しようとする戦略的文化本質主義は共通している。しかし、ニューカレドニアでは、マオリ・キリスト教やマオリ文化で表象された教会に匹敵するようなものに出会ったことはなく、筆者が感じたのは、むしろキリスト教に対するカナクの醒めた眼差しである。カナクは条約なしで植民地化され、主島では植民地化の先兵となったキリスト教を強制され、ロ諸島では宗教はチーフのパワーに政治的に利用された。そうした植民地化の歴史的文脈の中で、宗教的にはキリスト教徒であっても、カナクが精神的に同一化できるのはイエスの神ではなく、文化的に崇める先祖の霊とも言えよう。実際、カナク牧師のフナンガンも、カナクの聖マリアに対する信仰と鮫のトーテムに対するそれとでは、その間に大した差はないと見ており、カナクは祖先やそのトーテムと、神やキリスト以上に結びついていると見ている（Hnangan 1988: 223）。ベンサも、トリビュにおける人々の日常生活において、カトリックやプロテスタントの宗教的観念の影を見ることはできないが、キリスト教の祭りや集会や制度といったことになると、観念的なもの以上に、重要な位置を占めていると観察している（Bensa 1990: 28）。本島のグランド・テールやロ諸島のトリビュでの筆者自身の経験を振り返るならば、日曜日になるとある人は教会のミサに行ったり、信仰心の厚い年寄りの女性などにめぐり合ったり、また、若者の中には既成の教会よりも、福音派に関心を持っている姿を見かけたこともあった。しかし、宗教的志向よりも政治的志向の強いカナクが内的にどれだけキリスト教化されているかは疑問があり、むしろ生まれた子どもの洗礼式や後述のキリスト教婚などの儀礼的な慣習化に強い印象を受けた。前者では母方のオジをはじめとして多くの親族が教会に集まり、式後家で贈与交換を行い、その後宴会が 2 日間にわたって続いた。それゆえ、キリスト教はカナクの生活の中に儀礼的にカスタマイズされ、精神面よりもむしろ慣習面で実践的に活用されているように見える。

　ド・カモ高校のヨーロッパ系教師であるシヴォは、ロ諸島の政党 LKS の集会の経験を引き合いに出しながら、慣習とキリスト教はカナクの政治の中に完全に取り込まれていると考えている。「カナクにおけるキリスト教と慣習的規範の共生は、ヨーロッパ人にとっては驚きだ。我々には、どの部分が実際に本来のカナクのものであるか判断しかねる。たとえば、政治的集会では、常に慣習とお祈りがあり、聖職者が常に出席しており、慣習当局者もいる」。また、カナク社会ではヨーロッパ人社会とは異なり、誰がどのクランに、どの教会に、

第 7 章　歴史的闘争の場としての文化

どの政党に属しているかが知られ、オープンに語られるという（10/10/97）。これは、個人のプライバシーに重きを置くヨーロッパ系社会に対してカナクの社会性、社交性の重要性を物語ってもいよう。LKS はキリスト教をアイデンティティに挙げたネスリーヌの党でもあるので、他の政党はわからないが、上院で新しく選出された議長が、祈りの「アーメン」とともにそのスピーチを始めているのをネットで見たこともある。いずれにしても、キリスト教は慣習とともにカナク現代政治の中に再文脈化され、政治と慣習とキリスト教は三位一体として節合されてもいる。

　言い換えれば、キリスト教は、慣習や政党のようにその宗教的ネットワークをカナク社会に確立しているゆえ、社会的行き詰まりや対立に対して、調停役として登場して、打開を図る政治的役割をこれまで果たしてきた。これは、第 1 部で見たマティニョン合意へ導いたフランス政府の対話使節団の中に含まれていた宗教関係者や、1996 年のロ諸島プロヴァンス政府の人事異動をめぐる USTKE の長期ストライキ、第 2 部の「共同体の語り」で見た 2004 年のチバウ暗殺に対する慣習的和解委員会を構成した教会（カトリック、プロテスタント）関係者からも見ることができる。ストライキにおいては、ロ州政府首長のネスリーヌと USTKE 委員長の L. K. ユルゲイは、かつては解放運動のフラール・ルージュで一緒であったが、両者ともにプロテスタントである。ワポトロによれば、政府も労働監督局も警察も解決できなかったこの長期ストライキに介入したのは教会であったという。ネスリーヌと L. K. ユルゲイを教会のオフィスに呼び、公共サービスをこのまま停止しておくことはできず、ストをやめ和解しなければならないとして、合意のプロトコルを作り、両者の和解に漕ぎ着けたという（12/11/98）。こうした解決の難しい行き詰まった問題に対して、カナク社会における第三者的倫理機関として、教会は、共同体レヴェルにおける慣習当局者による慣習的和解や調停に相似した役割を担っているとも言えよう。

　しかし、FLNKS 憲法草案（1987）では、カナキーは、「民主主義的・非宗教的・社会主義的共和国」と定義され（前文第 1 条）、社会主義的世俗主義のためか、あるいは神という名の下で植民地化されたカナクを精神的に脱植民地化するためか、オセアニア島諸国のキリスト教を掲げた憲法と比較すると世俗的ネーションとして表象されている。歴史的闘争の場としての文化的言説において、慣習は土着的文化顕示として具現化され、文化的価値観として公的に言明されているが、その慣習的空間圏において儀礼的にカスタマイズされているキ

リスト教は、カナクの文化的アイデンティティにおける公的宗教としては表象されていないのである。

3）法的アイデンティティとしての特別（慣習）地位

　ヌメア合意によって名称上、特別民事地位から慣習民事地位（以下、特別地位、慣習地位）に変更された法的地位については、これまですでに第1部、第2部で詳述してきたが、この法的アイデンティティは、エスニシティとしての文化共同体のパラダイムにおいて、いかなる意味を持っているのであろうか。ネアウティンによれば、慣習地位は慣習地だけに結びついているわけではなく、カナク言語や文化の中でのカナクの人としての承認でもあるとしている（6/9/2007）。それでは、「カナクの人としての承認」に、この法的地位を必要とするのであろうか。

　ヌメア合意の1年前の1997年にあるトリビュに住むカナクの主婦に「どのような人をカナクと見なすか」と尋ねると、「トリビュに住み、特別地位を有している人」との即答を得た。しかし、「それでは、トリビュに住まず特別地位を有していないメラネシア人は、カナクではないのか」と尋ねると、彼女の家族に言及しながら異なった答えが返ってきた。それによれば、彼女の兄弟姉妹のうち、兄と妹はそれぞれ白人と、またもうひとりの妹は、ニ＝ヴァヌアツと結婚し、いずれも特別地位を保持しているが、トリビュには住んでいない。しかし白人と結婚した妹はクチュームに参加せず、家族とはほとんどコンタクトがないので、「彼女はもはやカナクじゃない」が、他の兄妹はクチュームに参加しているので「カナクである」という（24/9/97）。一見すると、彼女のカナクの定義に対する2つの答えは矛盾しているようにも見える。すなわち、最初の答えでは、土地と結びついた先住民としての法的地位及びリザーヴでの居住が、カナクの人として承認されているが、2度目の答えは、トリビュに住んでいようといまいと、カナク以外の人間と結婚しようとしまいと、慣習の中のパーソンとしてクチュームを実践していることがカナクの人として承認されているからである。しかし、この2つの答えは、ヌメアのカナクのド・カモ高校生たちから聞いた答えと重なってくる。彼らの答えもまた土地と結びついた「ニューカレドニアに起源する人」と、慣習、生活様式、言語などとつながった「固有の文化を持っている人」という、「土着性」と「文化的アイデンティティ」

第 7 章　歴史的闘争の場としての文化

の 2 通りに収斂されていたからである（2/10/97）。これは、政治的言説と文化的言説の分岐であるが、前者にあっても法的地位に言及した生徒がいなかったのは、普段認識していないからであろう。慣習的行動に従い、慣習的役割や義務を果たせば家族やクランの成員として認められ、土地を含めた慣習的諸権利を行使できる意味で、これまでは「カナクの人としての承認」に地位を通常は必要としなかったと言えよう。

　一方、筆者は、カナクが有する土地の権利を認めるこの特別（慣習）地位は、他のカレドニア人に対する差別であるとするヨーロッパ系カレドニア人に 1990 年代に出会ったこともあり、むしろ、この法的地位はカナクよりもカルドシュなどによって意識され、差別的権利として主張されることもある。しかし、この地位が、植民地化による市民の権利を有しない差別的な土着民的地位から由来し、第 2 次大戦後に市民権を得て特別地位に変わったことを考えるならば、これは歴史的逆説における歴史認識の欠如でもある。結果として、この法的地位は、他のエスニック・コミュニティの人々にとっても、オトクトーヌとしてのカナクの土地や慣習的諸権利を、土着性のパラダイムに結合して認識させる枠組みともなる。また、「カナクの人としての承認」を保証する意味では、文化共同体のパラダイムの中でカナクの言語や慣習文化を支える法的アイデンティティとも言えよう。この意味において、慣習婚、キリスト教婚、市民婚の 3 つをカスタマイズしたカナクの婚姻の儀は、カナクにとって慣習的・宗教的・法的に、その地位を改めて認識し確認する場とも言えよう。

　1990 年代の調査時においては結婚式に参加する機会がなかったが、2006 年 9 月北プロヴァンスの東海岸の山中の伝統的なトリビュで行われた 4 兄弟の合同結婚式に参加する機会を得たので、そのときの 3 つの儀式から、このことを探ってみよう。4 兄弟の父親と花嫁側の母親とは兄姉妹関係にあり、兄弟のクランと花嫁側の 2 つのクランの間で同盟関係としてこれまで婚姻の交換が行われてきた。それゆえ、花嫁、花婿たちは交叉イトコ関係にあるが、各カップルは恋愛で、それぞれ子どもがすでにおり、4 兄弟の結婚が同時に行われたのは便宜上や費用節約もあろうが、それだけいっそうクランの関係性の伝統的結びつきを大々的に顕示するものと言えよう。花婿側と花嫁側の集団を区別するために、人々はだいたい同じような色柄のマヌやシャツを身に付けて、午前中に花婿側の親族集団が花嫁側のところにやって来て贈与交換が行われ、母方のオジによるパロールを聞いている間、人々はうつむき、合いの手のような掛け声

491

慣習婚におけるオジのスピーチ

雨夜の贈与交換

をときに入れる。贈与交換では「カナクのクチューム」で見たように若者たちが順番に貝貨をそれぞれの鞘から出して披露し並べていく。その後、ローカルな言語で書かれた歌詞が掲げられ、人々は合唱していたが、残念ながら筆者にはその意味はわからなかった。その午後、花嫁側の親族集団が花婿側のところへ出向いたが、生憎土砂降りの雨となりテントを張る準備などのために、バス停の中で歌を歌うなどしながら待つこと3時間余り、雨夜のテントの中で贈与交換が行われた。

第 7 章　歴史的闘争の場としての文化

市民婚（テーブルの上に赤い家族手帳）

カトリックのキリスト教婚

　翌朝は、カラリと晴れ上がった青空の下で花婿側のトリビュに集まってきた人々は、最も重要な儀式である慣習婚が終わったためか、昨日の真剣な顔つきとは異なり、花嫁も他の参加者も着飾り、皆リラックスしてうれしそうに見える。午前中行われた市民婚は、普通は市庁で手続きを行うが、市長と秘書が山中のトリビュに出向して始まり、市長は、夫は家族の長で、妻は家事や子どもの養育などの役割に責任を有し、結婚は家族を長きにわたって存続させる義務があり、2つの家族とクランの同盟であることなどをスピーチした。市民婚に

第 3 部　文化の語り

披露宴におけるケーキカット

おけるこうした市長のスピーチが行われたのは、おそらく地方であり、彼もカナクであったためと思われるが、結婚には花嫁、花婿側のシェフの許可が必要であり、テーブルには慣習戸籍の赤い家族手帳が4組置かれ、証人を含め婚姻の届け出用紙に順に署名していった。

　その後は、仮の祭壇が設けられたテントの中で、教会からやって来た年老いたフランス人神父によって2組のカップルのカトリック婚が行われ、ギターを抱えたコーラス・グループによって聖歌が歌われた。残りの2組は、ペンテコステ派の教師による式であったが、祭壇はまったくなく聖書のみで、神父に比べるとぐっと若く、そのスピーチは力強く雄弁で、彼は啓示を受けてペンテコステ派になったという。トリビュのカナクのほとんどはカトリックであるが、こうした宗派に引かれるのは若者が多く、カトリック神父による儀式とペンテコステ教師によるパロールは、カナクが重んじる儀礼や文化的価値観と重なり、キリスト教師と人々は互いにこれらの面に結節点を見出しているのかもしれない。宗教婚の後は披露宴で大きなウェディング・ケーキに4組のカップルがそろってナイフを入れ、シャンペンを開け、食事後、車でクラックションを鳴らしながら列をなしてトリビュを1周、その後も、深夜までダンスなど宴が続いていった。

　カナクは、他のカレドニア人とは異なった特別戸籍に登録されるので、その市民婚の場においては、ヌメア合意後の現在では、慣習民事戸籍（état civil des citoyens de statut coutumier）[5]の赤い家族手帳を交付される。慣習戸籍の権限

第 7 章　歴史的闘争の場としての文化

は 2000 年 1 月にニューカレドニアに移譲され、戸籍の登録には父、母、子どもの名前、トリビュや慣習地区が記載される。「慣習的慣例に従った結婚によって結びつくことを届け出る」と書かれた婚姻用紙からも、普通法の市民戸籍の婚姻届出とは違うことがわかる。つまるところ、カナクは 3 つの婚姻の儀において、慣習圏における土着の人として、宗教圏におけるキリスト教徒として、公共圏における慣習的市民として、歴史的通過儀礼を行っているとも解釈できよう。

　慣習戸籍役所所長の L. ワミッタンによれば、カナクは歴史的理由からアイデンティティの回復要求達成として、この法的地位と慣習地にきわめて愛着しており、変えたいと思っている者はほとんどおらず、普通法の規則の中でよりも慣習規則の中で自己を認識しているとしている（Mwà Véé No.41, 2003: 9）。実際、結婚後、仮に離婚となった場合でも、慣習戸籍での届け出用紙では、離婚とは言わず「結婚解消（dissolution）の証書を作成することを懇請する」と記載されており、クラン間の同盟関係の解消を示唆している。しかし、結婚同様、花嫁、花婿側のクランのシェフの合意を必要とするため、難しく往々にして慣習地位のカナク女性が離婚を望む場合、普通地位に変更して普通法の調停裁判に訴えてきたことに鑑みるならば、文化共同体における法的地位は、個人の権利を保護すると同時に、ときに拘束する枠組みともなる。

　ヌメア合意後、第 1 部で見たように、普通地位との異種婚においては、それぞれの民事的地位に変わりはなく、自動的に普通地位となる子どもも 21 歳以上になれば慣習地位に変更できるようになった。しかし、ウアンブイは異種婚において、文化様式の異なるヨーロッパ人や、ポリネシア人のクランの様式はカナクのそれとも異なり、ヨーロッパ系大家族の例外を除いては、クラン関係を結ぶ儀式はなく、非カナクとの異種婚は、クランの概念や女性の交換においてたどられる慣習的道程を修正するだろうと語っている（3/12/2004）。一方、シヴォは、人類学者たちは、あたかも慣習的アイデンティティがカナクの全てのアイデンティティを決めているかのように、彼がどの場所のどのクランから来たかと説明するが、クラン以外にも、宗教的要素、政治的要素、職業的要素と、今日のカナクの個人的アイデンティティは複数化していると述べている（27/10/98）。クランの同盟関係を結ぶ慣習婚のない異種婚の増大や、個人的アイデンティティの多層化は、文化共同体の法的境界を乗り越えていく個人としてのカナクの増大を意味していよう。他方、カナクの法的地位と土地が「慣

習」という言葉で統一されたことは、第2部で見たように、慣習地位と先住民としての慣習的諸権利との一体性から、この法的地位を有しない、あるいは選択しない者がその権利において差別化される恐れもある。このことは、文化共同体のパラダイムの中で「カナクの人としての承認」が保証されないことを意味することにもなると言えよう。

　いずれにしても、慣習を共有する文化共同体として、単一性や複数性、慣習化されたキリスト教や法的地位を有したカナクの文化的アイデンティティは、歴史的闘争の場においてその権利回復要求と密接に関係し合い、オトクトーヌとしての土着的文化顕示によって他のコミュニティと差異化してきた。しかし、ヌメア合意後、カナクの慣習的権利の回復が認められ、他のコミュニティとの接触が増大する中で、土着的文化顕示としてのカナク・アイデンティティの表象が、いかに変わりつつあるかは「現代アリーナの中の文化」で見ていこう。

注

1) メラネシア2000フェスティヴァルの開催は、当時の高等弁務官（Gabriel Eriau）の支持を得て、財政的援助が供与された。
2) 「テエ・カナケ」については、詳しくは（Guiart 1963: 143-151）を参照されたい。
3) 1980年代においては、話者数はグランド・テールの4大言語ではパイチン語（4650人）、アンジュー語（3000人）、ハランチュー語（2938人）、チェムヒン語（2100人）で、ロイヤルティ諸島では、リフ島のデフ語（7000人）、マレ島のネンゴネ語（3700人）、ウヴェア島のイアアイ語（1500人）、ファガ・ウヴェア語（1000人）となっている（Rivierre 1985: 1689-1690）。
4) ロトルアではマオリは1830年代にキリスト教化され、36年に建てられた最初の教会が、マオリ部族戦争で85年に壊された後、テューダー様式の教会が1914～18年に建設され、さらに1965～67年に拡張されて、現在の教会になったという。北島イースト・ケープのティキティキ（Tikitiki）には、同じように内部がマオリ文化で装飾されている聖メアリー教会（St. Mary's Church）がある。
5) カナクは、ヌメア合意以前は、特別民事地位市民戸籍（état civil des citoyens de statut civil particulier）に登録されていた。

第8章

コンタクト・ゾーン

　カナクは、歴史的闘争の場におけるエスニシティとしての文化共同体において他者とのコミュニティと境界化し、差異化した文化的アイデンティティを主張し、その文化的権利回復を要求してきた。一方、その他のオセアニアの島々同様、植民地化以来、支配的なヨーロッパ文化との歴史的接触領域において人種的にも文化的にも、古谷の言葉を借りれば「異種混淆の近代」(古谷 2001)を生きてきた。「アイデンティティ」が境界化と分類化を意味すれば、「異種混淆」はそれを脱境界化、脱分類化していくわけで、「コンタクト・ゾーン (contact zone)」においてこうした矛盾をいかに捉えたらよいであろうか。

　プラットは「コンタクト・ゾーン」を、植民地化によって地理的・歴史的に離れていた人々が接触し、継続的関係を確立した植民地的遭遇空間として言及している。そこにおいては弾圧、不平等、対立や紛争が介在するが、植民者と被植民者の間に、一時的な両者の存在関係を引き起こし、それぞれの軌道が交差するゾーンとしている (Pratt 1992: 6, 7)。この意味で、コンタクト・ゾーンは不均衡な力関係の下でも分離や隔離だけではなく、摩擦や接触が試みられる空間であり、問題はそこで彼女が指摘するように、主体間の関係がいかに成立しているかにあろう。一方、西洋的近代化言説にもまたポストモダンな言説にも批判的な古谷は、人類学が避けてきたあるいは排除してきた、ローカルな人々が現実として生きてきた「異種混淆の近代」を認識することを目的とした著書の中で、「コンタクト・ゾーンは、単に複数の文化が遭遇する場面を指すのではない……文化が争点となる界面、文化的差異が構築される界面、文化的差異によって形成される界面」(古谷 2001: 12, 15) として対抗的に捉えている。プラットは人々が交差するゾーンとしているのに対して、古谷は人々を文化に置き換えているが、人の介入なしに文化がひとり歩きして遭遇、接触するわけではない。「界面」は2つの異なった相が接触する化学用語でもあるが、異なった文化の人々あるいは集団が文化的差異としての界面を作り出すわけで、「界

第 3 部　文化の語り

「コンタクト・ゾーン」図

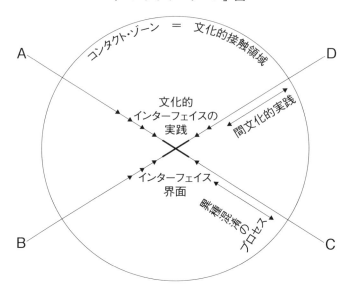

面」はコンピューター用語でもある英・仏語の「インターフェイス (interface)」にも相当する。異なった境界を連結、接続するコネクター、あるいは境界面、境界領域を意味するこの「インターフェイス」を、ニューカレドニアの作家、詩人のN.クルトヴィッチは、古谷の「界面」と同じように、コンタクト・ゾーンとほとんど同義的に用いている。彼は「インターフェイス」を、人々が異文化と接触、遭遇し、文化的に耕作する場として、そこから対立や友情、交流や創造力が生まれるスペースとして捉え、こうした「文化的インターフェイスの実践 (pratique de l'interface culturelle)」を提唱している (Kurtovitch, N. 2000, 2001 n.d.)。

　以上の3者の考察から、いかにその主体間の関係の成立を読むかにおいて、「コンタクト・ゾーン」図は、異なったA、B、C、D文化の個人あるいはグループが接触してその軌道が交差し、「インターフェイスの実践」を行うことによって、接点(接触)で得た異文化的要素を自らの中に、あるいは集団内の文化システムに再文脈化して加工処理し、結果として他者との文化的差異としての「界面」が創出され存続することを表している。「加工処理」については次節で言及するが、この意味で、境界化と分類化を意味する「アイデンティティ」と脱

第 8 章　コンタクト・ゾーン

境界化と脱分類化の「異種混淆」の矛盾において、コンタクト・ゾーンにおける「インターフェイス的実践」は、両者を互いに関係づけ、異なった主体間の関係性を成立させることができよう。それぞれの軌道における矢印の本数の違いは、個人あるいは集団の不均衡な力関係の下での接触とその影響力を示し、図中の「間文化的実践」「異種混淆のプロセス」などについては、また後述する。

　以上を踏まえた上で、以下で、植民地化による歴史的接触領域から現在の「コンタクト・ゾーン」において生み出されてきた「混血児の表象と間文化性」、音楽の世界における「インターフェイスの実践」から生まれた「ポップ・ミュージック」、及びカナクとその他者が構成する「異種混淆の中の多文化社会」において、カレドニア人のコミュニティや日系人、その他のコミュニティも含めたアイデンティティの模索、最後に異種混淆のレトリックを通して、人種的・文化的異種混淆の意味するところを探っていく。

1. 混血児の表象と間文化性

　「黒いカナクもいれば、白いカナクもいる……メティス（métis 混血）という言葉は生物学的な説明に適している……メティスは、一方の文化に属していなければ他方の文化に属している……ここに 2 つの椅子があるとするなら、その間に椅子はないのだ。我々はどちらか一方の椅子に座らなければならない」と、O. トーニャはニューカレドニア多民族社会において、重要なのは肌の色の違いではなく、文化の違いであると強調している（15/10/97）。

　人種的に混血化が進んだ社会でメティスが文化的範疇に属することは、カナクがしばしば強調することであるが、当時彼が ADCK の長官職にあったことを考えれば、その主張は当然とも言えよう。この彼のディスコースについては後述するが、以下で、まずニューカレドニアにおける混血の歴史とエスニシティについて検証した後、文化共同体のパラダイムの下で、人々はメティスをいかに表象、解釈しているか、さらに混血児とその間文化性の可能性を探っていく。

1）混血の歴史とエスニシティ

　メティスとはラテン語の混合を意味する「mixtus」から派生したフランス語

第 3 部　文化の語り

であるが、純粋の反対の雑種にとれば侮蔑的な意を含んでいよう。古代ポリネシアのサモア人やトンガ人、また 18 世紀のロイヤルティ諸島（以下、ロ諸島）のウヴェア島におけるワリス人による移住まで、カナク社会におけるメティスの歴史は古くから存在するが、いったん定住すると土地の人として同化していった。しかし、19 世紀の流刑囚植民地（1863 〜 97 年）として始まった植民地化において流入した移民との混血化は、かつてのポリネシア人のカナク化とは文脈を異にする。刑期を終え自由の身となった元流刑囚や、1890 年代の自由移民の奨励によって入植したヨーロッパ系男性に対して、その女性移民の数は当初圧倒的に不足していたため、テリエによれば、ヨーロッパ人男性はヌメアではオーストラリアやニュージーランドで女性を探し、地方では、カナク女性あるいはヴァヌアツから労働貿易で到来した女性を得たという（Terrier 2004: 67）。人種的・文明的優越性に裏打ちされていたフランスが植民地化したニューカレドニアにおいて、メラネシア人との間に生まれたメティスをどのように見なしたかは想像に難くない。カナク女性を妻にしたヨーロッパ系男性は、カナク化あるいは野蛮化したと見られたという（Angleviel 2004: 20）。フランスの植民地政府は、異人種間の結びつきは植民地の風紀を乱し、混血児の存在が植民地発展の足枷となることを懸念したという（Terrier 2004: 68-69）。

　しかしながら、この問題は放置されることによって結果的には解消されていった。なぜなら、フランスはメラネシア人の居住集団をトリビュとして 1868 年に認定すると、翌年リザーヴを設けてメラネシア人は隔離されたからである。さらに、メラネシア人に対する同化政策の失敗もあって、1887 年には土着民法を設けて、フランス市民とは差別化した土着的地位をカナクに課し、リザーヴに禁足したからである。その結果、一般的にはヨーロッパ人社会で育つ混血児に対してはカレドニア人としての普通地位が、メラネシア人社会で育つ混血児に対しては土着民的地位が与えられることによって、法的・社会的に混血児の存在と問題は霧散したからである[1]。こうした状況の下で、カナク女性とヨーロッパ人男性との間のメティスは——その多くが庶子であったが——メラネシア人保留区で母方の家族の下でカナクとして育てられるか、あるいは父方のヨーロッパ人家族の下でカルドシュとして育てられていったため、ワポトロは、「カナクは混血ということについて語らず……人はメティスにならずに、カナクかカルドシュになる」と語っている（9/11/98）。このようなニューカレドニアにおける植民地的状況が、メティスをエスニシティと文化のパラダ

イムの中で不可視化し、人種的混淆は文化的に読み替えられたのである。

　こうした背景には、先に見てきたようなカナク社会における外国人歓迎の慣習もある。とりわけ、白人の場合、富や力をもたらすものとして歓迎され、カナクのトリビュに住み着いた貿易業者やビーチコウマー（流れ者）もいた。たとえば、19世紀にロ諸島に流れ着いたビーチコウマーは、シェフリに歓迎され、土着化し、1840年から60年にかけて混血児が生まれたが、そうしたビーチコウマーの数は少なくとも37の名前に上るという（Angleviel 1993: 9）。ウアンブイによれば、白人はカナクにとって重要で、強者で、財に長け、常に傲慢と見なされてきたので、メラネシア人の生活スタイルを採用すれば、白人文化からカナク文化への移行を意味する（3/11/97）。これは、ヨーロッパ人の眼差しから言えば土着化、あるいはカナク化であるが、カナクの眼差しからは白人がカナク文化を身に付けることになり、カナク文化の存在を認める行為ともなる。一方、ワドラワーヌによれば、肌の色による差別はカナク文化には不在で、メティスは血縁関係において社会的価値あるものとして尊重され、今日、生物学的混血化から派生した家族は系譜の中に統合され、特別な紛争でも起こらない限り、異論はめったにないと言っている（Wadrawane 2004: 31）。こうしたことからも、カナク社会においてはメティスは差別されることなく、むしろ歓迎されてきたとも言えよう。さらに第2部の「共同体の語り」で見たように文化的には生命やエネルギーを象徴する血は、父方、母方の両者の血ではなく、一方的に母方ファミリーから、とりわけ母の兄弟であるオジから与えられるとされることからも、混血児をクランの成員として文化共同体のパラダイムの中に同化しやすくしたとも考えられよう。

　他方、ヨーロッパ人社会のメティスは、アングレヴィエルによれば、成長すると、近隣のカナクを批判したり、カナクの慣習を拒否したりすることによって、カルドシュとしての帰属を証明しなければならなかったり、また混血の血が家系に混じっていることは秘密にされた（Angleviel 2004: 20-21）。20世紀に入ると、移民女性の不足も解消し、カナクとの混血児の誕生は減少していったが、第1次大戦から第2次大戦にかけては、ニッケル鉱山の開発に伴って19世紀末から流入した日本人を含めたアジア系移民とヨーロッパ系入植者との間にいわゆるユーラシアンが、また大戦後も移民の流入は止まらず、新たな混血児が生まれていった。

　こうした中で、脱植民地化運動の中で出現したカナク・アイデンティティは

第 3 部　文化の語り

文化共同体として意味づけられたパラダイムに基づき表象されてきた結果、とりわけ独立運動が激化した 1980 年代後半、ほとんどがカナクである独立派と多くが非カナクで占められた反独立派という政治的二極分化の中で、メティスに言及することはタブーであった。エスニシティと文化という切り離し難い関係の中で、人々のディスコースの中にこのパラダイムは浸透し、メティスはパラダイムの枠内で不可視化されてきた。一方、出自としての血筋のつながりにおいてメティスが可視化されると、文化的のみならず、政治的・経済的文脈においてアイデンティティ・ポリティックスを形成する。「チバウ」は、その発音が日本人名にも似ているので、彼には日本人の血が入っているという噂を何回か聞いたことがあったが、息子の E. チバウによれば、これは事実ではなく陰謀的な流布で、混血の血はむしろエマニュエルの母方家系にあり、ポリネシア人やヨーロッパ人が混じっているという（30/8/2007）。カナク指導者としてのアイデンティティの正統性の根拠を揺るがせようとする政治目的で、反独立派に流布されたと言えよう。また、法的にカナクは異種婚で生まれた子どもは自動的に普通地位となってきたが、「慣習の法化」で見たようにヌメア合意によって「慣習地位」が選択できるようになったため、メティスは父親がカナクであれば、その父方血縁関係による慣習的土地の権利に法的保障を経済的な意味でも得たと言えよう。この意味で、カナク以上に歴史的にきわめて人種的混血化が進んでいるマオリの場合、パケハとして同一化していた者が、マオリの復権運動や土地回復要求の中で、マオリとしての意識の高まりや土地の権利や補償金などの経済的権利から、国勢調査でマオリとして自己申告する割合が増大した[2]。第 1 部で見たように成人に達すると、帰属するイウィ・コミュニティの成員として系譜を証明し登録することになっており、自己のアイデンティティは、カナク同様、混血云々よりも——人々はそれについても決して忘れていないが——属するイウィにある。

　ニューカレドニアでは、脱植民地化闘争を経て、カレドニア社会の和解が進んだ合意の時代においては、トリビュでも町でも人々はカナクやヨーロッパ人、あるいはアジア人や太平洋島嶼民との混血であることを隠そうとはしなくなった。たとえば、ネスリーヌは、母方にはアイルランド人の血が、彼の妻には日本人の血が混ざっており、2007 年彼に代わってグラン・シェフとなった息子はカルドシュと結婚していると語っている（6/9/2005）。現実に、カレドニア社会で人種的になんらかの形で混血化していない者のほうが少ないとも言える

が、この意味では、まさにカナクであれ、カレドニアンであれ、またマオリであれ、人種的な「異種混淆の近代」を生きてきたと言えよう。しかし、同じフランス植民地となった仏領ポリネシアでタヒチ人との混血児が一種の社会的階層を形成している状況とも異なる[3]。植民地化の歴史を通して現在に至る人種的混血は、メティスがタブーでなくなった現在も、エスニシティを通すと不可視化される。

2) メティスの表象

　それでは今日カナク社会では、メティスはどのように処遇されているのであろうか。筆者は、グランド・テール南部のあるトリビュで、独身のカナク女性で、その母方オジの家族から彼女の養子となった混血の少年と親しくなったことがあった。外観的に青い目、金髪の白人に見える少年は、その女性の家族の成員として、筆者の前で「ぼくはカナクだよ！（Je suis kanak!）」と何度も主張しながら、同じ年頃の仲の良い従兄弟の少年と一緒に元気に遊び回っていた。また、同じ両親から生まれた混血の兄弟で、一方はカナク家族の中で、他方はヨーロッパ人家族の中で育ったため、それぞれカナク、ヨーロッパ人としてのアイデンティティを主張しているケースもあった。しかしながら、このことは、肌の色の違いを無視することを意味するものでもなく、また人々が線引きする民族的境界は文化だけにあるものでもない。カナクであれ、カレドニアンであれ、「ノワール（noir 黒）」や「ブラン（blanc 白）」という用語を、カナクとヨーロッパ人との識別的意味で、人々はごく日常的に気軽に使っており、人々の違いを決めるひとつとして、現実には一番目につく肌の色の違いが意識されているということを意味している。実際、「ノワール」「カナキー（カナクの国）のノワール」としてカナクを定義したカナクの高校生や男性もいた。ヨーロッパ系のある高校生も、民族の違いを決めるのは、第一に身体、第二に文化であると言い、彼らは黒いが我々は白いという点で異なると語る者もいた。しかしながら、たとえば、グランド・テール北東部のカナクとカルドシュの土地争いに関するテレビ・ニュースで、両者の当事者たちが映し出されたとき、どちらがカナクかカルドシュなのか外見から判断できず、後でこれらのカルドシュがメティスであるとわかった。肌の色の違いや人種による身体的特徴は、人々の間で文化よりも識別しやすいものであるが、このケースや前述の少年の例のよう

第 3 部　文化の語り

に、必ずしもエスニシティを識別する主要な基準とはなり得ないこともわかる。

　冒頭の O. トーニャのディスコースに関していえば、カナク・アイデンティティを主張するためには他者との境界を文化的・政治的に線引きしなければならず、法的な意味でメティスとしての社会的地位は存在せず、文化共同体のパラダイムの下でメティスの「席」はなく、いずれかのエスニック・コミュニティに収容されることになる。一方、彼がそのディスコースの中でも言っているように生物学的・人種的にはメティスとして存在する。筆者が話した混血児のほとんどが、カナクであれカレドニアンであれ、メティスであることを意識していると語った事実は、ともに父方、母方のルーツが彼らにとって重要であることを示唆している。実際、スイス人と結婚し、その間に 4 人の息子たちがいるあるカナク男性によれば、子どもたちは皆、混血であることを意識しており、そのうち 3 人の息子はカナクとして認識しているが、末の息子はときにカナク、ときにスイス人やフランス人であると言い、彼にとって「カナク」という言葉だけで、自身のことを言い尽くすにはあまりに還元的だと考えているようだという（3/11/97）。

　1996 年、シラク政権は自己申告によるエスニック・コミュニティ別の人口調査を中止したが、これには市民としての平等の概念の主張もあろうが、フランスや海外県・海外領などにおける複雑なエスニシティの問題を避けたい意味もあったろう。1996 年までのニューカレドニアの調査では、あなたは次のどのコミュニティ「1. ヨーロッパ人、2. インドネシア人、3. メラネシア人、4. ニ＝ヴァヌアツ人、5. タヒチ人、6. ヴェトナム人、7. ワリス人フトゥナ人、8. その他のアジア人、9. その他」に帰属していますか、という質問項目の中から 1 つを選ぶものであったが、メティスの場合、1 ～ 8 以外のコミュニティを意味する 9 番目の「その他」を選択する者もいた。換言すれば、自己をひとつの集団に託してその全てを表すことができないということは、心理的な意味において彼らの心が満たされないことを表していよう。10 年余りに及ぶ中断後、2009 年にコミュニティ別の自己申告が再開されたとき、複数選択が可能となり、混血以外のカナクは 44.3％、ヨーロッパ人は 33.9％、ワリス人フトゥナ人は 10.4％ の割合を示している。これに対して 1996 年、パート・カナクは 44.1％、パート・ヨーロッパ人は 33.9％、パート・ワリス人フトゥナ人は 9％であったと報告されている（ISEE 2011）。一説には、人種的に人々の 70％ がなんらかの形で混血化しているとも言われ（LDHCNC 6/9/2006）、この数字に

第 8 章　コンタクト・ゾーン

異議を唱える人もいようが、混血の割合が 2 分の 1 であっても、たとえ何分の 1 であっても、自身の中に異なった人種的・文化的ルーツとしての血を意識せざるを得ないならばメティスと言えよう。この意味で、メティスとは定義の問題ではなく、意識の問題でもあり、それは両親のルーツに帰する自らの起源を、いかに認識するかの問題と言えよう。メティスにとってひとつの文化共同体を選択することは、もう一方のルーツを消し去ることを意味せず、自己の表象を全うする権利の喪失と言えよう。

　それでは、メティスの居場所をインターフェイスに求めることはできないのだろうか。このことを探るために、カナクが異種混淆をいかに解釈するかを、「血（sang）」に関するディスコースから考察していこう。第 2 部の「共同体の語り」における先住民性のルーツ・ルートで見たように、クランを基盤としたカナク社会において、「血」は伝統的なアイデンティティを構成する上で重要な要素であるが、ウアンブイはカナク・アイデンティティについて語る中で、次のようなディスコースを展開した。「血は伝統的に重要であり、クランを結びつけているのがこの血である……混血は血に価値があることを我々に思い起こさせる。それは、カナクから来た血だけではないからだ。血を通して彼らもまたカナクである。というのは、カナクの血がカナクではない血の中に流れるからだ」（3/11/97）。ここには、血がクランの同盟関係をなす重要な要素であるというカナクの文化的認識が表出しているが、このディスコースを聞いたある西欧の研究者は、混血が血の価値を喚起するというのは、血は母方のオジから与えられるとされていることから、西欧的言説に彼が影響されたものではないかと疑問を呈した。そのため、カナクは文化的に血の混淆の概念がないということを、翌年ニューカレドニアで人々に再確認してみたが、皆、一様に存在しないと答えた。ウアンブイ自身も、「混血の血が流れていても、慣習的に重要なのは常に母方のオジである。血の混合については考えない。ある意味では混血は存在しないに等しい……カナクは生物学的原則に従って定義しない」（30/10/98）と、前言と矛盾するようにも聞こえるディスコースを述べた。

　それでは、彼の「混血が血の価値を喚起する」というディスコースは西欧的言説の影響を受けたものなのであろうか。彼はパリで（1962 ～ 71 年）神学を勉強した元牧師で、その後再びフランスで教育と哲学を勉強し、当時カナク学生を対象にしたド・カモ高校で哲学を教えていた。この彼の経歴を聞けば、人は彼が西欧的思考に完全に染まった人間と思うかもしれない。しかし、「我々

は物事を学びフランス語で語る……しかし、なぜ、我々が考え、語る全てがフランスからのコピーでなければならないのか」(30/10/98) と反駁した後、次のように説明した。「カナクの概念では、混合や、交換や同盟は重要な概念である。というのも、それは、一種の富を意味するからで、価値を付加する。他のクランと同盟をなすことや、他の血と同盟をなすことは、価値や富を高めるからだ」(30/10/98)。彼は、具体的な例として、外部から「外国人」をチーフとして迎える慣習や、植民地化以前の戦争で敵将を食した風習を挙げたが、前者は「外国人」の知識を得て内部の問題の解決を図り、後者は、体内に敵の能力を取り入れ、吸収してより強くなるという目的がある。ここからも、他者と関係を結ぶことや異なったものを内に取り込むことを、カナクが自身や社会、文化を豊かにすることとして捉えていることがわかり、このことは混淆を肯定することを意味しよう。「混血は血の価値を喚起する」についてはさらに後述するので、ここでは彼のディスコースが西欧的言説ではなく、カナクの文化的言説にあったことにとどめる。

　また、たとえ、カナクが生物学的に考えないとしても、このことは、彼らが、生物学的に伝統的知識を持っていないということを意味しない。たとえば、ポワグーヌは筆者に、ヤムイモを絶やさないためには、他の場所から異なった種を持ってきて植え付けなければいけないことを、祖父母や両親から子どもの頃何度も言われたという。これは、クランも同じで「人は自然に逆らっては生きていけないのだ」と語っている (27/10/98)。自然の中で生存していく上で、カナクは慣習的にも農作や婚姻において、異なった栽培種や血を導入することに積極的な考えを有していたと言えよう。このことからも、血の混淆という考えが文化的に不在であるからといって、それに対する生物学的認識が欠けていることを意味しないことがわかる。先に見たように、父系制のカナク社会において、子どもの血の所有者と見なされているオジの大きな権限が、クランの同盟を意味する婚姻関係の中で、父方ファミリーに対する母方ファミリーの均衡をとっていることを見れば、なぜ、血の混淆という概念がカナク社会に文化的に不在であるかということにも納得がいこう。ワポトロは、「そのこと(血の混淆)については、我々は知っているが、それを言ってはならないため、口に出しては言わないのだ」と語っており (9/11/98)、口にすれば自らの文化的概念を否定することになるからであろう。

　それでは、カナクは混淆をいかに解釈しているのだろうか。ワポトロによれ

ば、「カナクのやり方というのは、メトリーズ（maîtrise マスター）を求めていくことにある。カナクは、いったん、マスターしてしまうと、混淆ではなく、流用した（appropier）結果生じるものを語る。混淆は、外から来た中身のわからないなにかであるが、メトリーズとは、なにかを自分自身の文化にするために、人々が流用することをいうのである。あるものを我がものとすることを選ぶのである」(9/11/98) という。つまり、外部の人がシンクレティックとして見ている異種混淆の概念ではなく、異質の外部要素を取得して自己のものとしてしまう流用 (appropriation) の概念でことを読み替えているわけである。ここには、外部に適応するのではなく、外部的要素を内部システムに適応させるという内部的視座から見た土着の人々のイニシアティヴが見て取れる。この意味で「メトリーズ」とは、いかに異質の文化要素を内部の文化システムにうまく再文脈化していくかという加工処理のプロセスであり、その結果、いったん支配、制御したものは、自身の財産として外部的要素は内部の文化要素の一部となったことを意味するわけで、日本の和魂洋才の概念に通じる。とりわけ植民地化以来侵入してきたキリスト教などさまざまな要素を、カナクは、その伝統的知恵であるメトリーズの概念によって加工処理に挑戦してきたと言え、これは、越境する外部に対して、政治的・文化的生存を図るためのカナクの戦略とも言えよう。このことからも、異なった血はメトリーズを通して富となるので、ウアンブイがなぜ「混血の血に価値がある」と言ったかも理解できよう。

　メティスがメトリーズの概念を通して文化共同体のパラダイムの中に回収されるならば、それではメティスとしての居場所はないのであろうか。ウアンブイのディスコースを検証していくと、先述の「混血が血の価値を喚起する」とは別の機会に、彼は次のように語っていたことがわかった。「メティスは血がメラネシア人とカルドシュを結ぶことができるということを明らかに証明している。このことは、生物学的・知的・文化的面からも良いことだ……カナク・アイデンティティにとって『血』は『文化』よりも重要な要素であると考える……なぜなら、それは関係を統合するからである……それは人々が見つけるに至るものであり、それがわかったとき、人は安堵する……血は人々の起源を語る」(10/11/97)。ゆえに、彼のディスコースは、共同体レヴェルで自らの出自を発見する起源に導くルーツとして、エスニシティ・レヴェルでカナクと非カナクの間を結ぶ関係性のルートとして、ネーション・レヴェルで政治的に文化至上主義になりがちなカナク・アイデンティティ――すなわち、文化共同体の

第3部　文化の語り

パラダイムに基づいたディスコース——に対する批判として「血」を表象していると言えよう。ここからも、「語られる主体」としての「血」が、共同体、エスニシティ、ネーションのレヴェルで節合され、カナク・アイデンティティが構造化されていることがわかる。

　実際、ワポトロは、筆者が前述の西欧的言説の影響について尋ねたとき、それを即否定した後で、「カナク文化では血の混合ではなく、常に関係性から考える……我々の関係を作っているものは何か。私はあなたの妹と結婚しているから、我々は家族となる」と語っている（9/11/98）。結局、カナクの混血に対する認識を解く鍵は、「混淆」ではなく「関係性」にあり、血はルーツとルートの節合において関係性のネットワークを紡ぐのである。この意味において、両親の異なった人種的・文化的ルーツはメティスという子どもへのルートを通して結ばれ、関係づけられていると言えよう。また、メティスが両親の異なった要素を継承することができるならば、このことは個人のレヴェルのみならず、ウアンブイが語っているようにコミュニティに生物学的・知的・文化的に豊かな資源をもたらし、さらに血がメティスを通して異なったコミュニティの間の同盟関係を結ぶことができれば、この多民族社会の共存に貢献できる。以上のことからも、「混血は血の価値を喚起する」と言え、メティスは異なった文化境界を節合するインターフェイスのアクターとして、あるいは異なったコミュニティのコネクターとしても見ることができよう。したがって、分類化された文化共同体のパラダイムの中でメティスに席はないというディスコースは、必ずしもメティスをインターフェイスに位置づけることを否定するものとはならないと言えよう。

3）混血と間文化性

　歴史的に父方か母方のどちらかの文化共同体のパラダイムへ帰属してきたメティスを、文化的境界を結ぶインターフェイスとして位置づけることが可能ならば、彼らはコンタクト・ゾーンにおいていかに異なった文化領域を越境するのであろうか。当時、ADCKの文化担当官であったカサレルのディスコースから探ってみよう。彼の父親は1950年代にフランスへ勉学のために送られたカナクのひとりで、そこでフランス人女性と出会い結婚した。これは当時としては非常にまれなケースであったが、その長男に生まれたカサレルはフランス

第 8 章　コンタクト・ゾーン

語の子守歌を後にカナク言語を修得して言語学者となった母から、カナクの子守歌を祖母から聞いて育ったという。彼は、自分がカナクに見え、カナクであることをより自然に感じ、カナクとしてのアイデンティティを選択しているが、個人的なアイデンティティと集団的なアイデンティティは別であり、自らがメティスであるということをはっきりと自覚しているという。また、2つの文化を対立的には見ておらず、カナクと西欧的な考え方の均衡をとるように努めているが、自分自身の中で矛盾は感じず、「自分にとって、ひとつの文化からもう一方の文化へと移行するのは容易で、ごく自然なことである」と語っている（12/9/97）。彼は文化共同体のパラダイムの枠内では父方ファミリーのアイデンティティに帰属しているが、両親が両文化的に育てたため母方の文化にもシフトでき、2つの文化をメトリーズしている彼は、バイカルチャーな存在である。こうしたメティスについて、ワポトロも、「2つの文化を受け継ぐ若者が出現している。両親が子どもたちをバイカルチュラルにうまく教育すると、子どもたちは文化的に豊かになる。とういのも彼らは両親の間のインターカルチュラル（interculturel 間文化的）であるからだ……これは新しい現象である」（9/11/98）と語っている。

　ここでバイカルチャーあるいは間文化的存在として筆者が出会った混血のマオリ女性のケースを参照してみよう（2/2014）。マオリの母とスコットランド人を父に有するあるバイリンガルでバイカルチュラルのマオリ女性によれば、両者の文化は彼女にとって、間文化的なシフトよりも補完的（complementary）であるという。つまり、母方マオリ文化と父方ヨーロッパ文化の両者が互いに足りない部分を補完し合って彼女の文化を形成し、人間として満たされるということであろう。しかし、アイデンティティとしてはマオリであり、またその下には、母方のタイヌイ部族としてのアイデンティティ意識も窺える。一方、マオリの父と英国人の母との間で生まれた混血のマオリの父を有し、ヨーロッパ人の母を有するマオリ女性は、父の母である祖母に育てられ英語教育を受けたのでマオリ語はうまくないが、父と父方家族からマオリ文化を修得し、マオリとしてイウィのコミュニティに帰属している。彼女の思考は、間文化的シフトもある程度あるが、むしろ選択であるという。すなわち、所与のことに関してマオリ文化で考えたほうが、あるいはパケハ文化で考えたほうがうまくいくかどうか、そのときの文脈や状況によってどちらかの文化へとシフトするようだ。一方、人種的に混血化しているが、マオリのコミュニティで育ち、クラス

第 3 部　文化の語り

ではパケハの中で唯一のマオリ学生として競合的な高等教育を受けたあるマオリのエリート女性は、バイカルチュラルにシフトする感覚に同意している。それぞれの個人的に育った環境や考え方によって、間文化性をどのように捉えるかは違うが、カナクもマオリも間文化的に自己を豊かにし、異なったコミュニティに橋をかけていることは共通して見える。

　以上見てきたことから、ギアツの「意味の蜘蛛の巣」（Geertz 1973: 5）を流用して間文化性を考えれば、AとBという両文化的な「意味の蜘蛛の巣」の中で育ったスパイダーマン／ウーマンは、Aという蜘蛛の巣からBの蜘蛛の巣へと乗り移ることができるが、そこでAあるいはBの「蜘蛛の巣」の文化体系の中で意味づけられ、その文化的価値観や認識によって支えられるとともに、その行動様式や思考様式を制約されることにもなる。換言すれば、ひとつの言語からもうひとつの言語へ言語認識システムのスイッチをバイリンガルにあるいはマルチリンガルにも切り替えられるように、間文化性とは、その文化的思考や認識をシフトして、自らをひとつの文化的システムからもうひとつの文化システムに委ねることを意味しよう。実際、カサレルは後述の「混血と文化」会議で、「私は、混血であることを常に大きな豊かさとして感じてきたが、その豊かさは2つの文化へアクセスできるようにした両親から授かったものであり、私にとって混血であることは状態を意味するよりも……むしろダイナミックな空間を意味する」と、パネラーとして語っていた（6/9/2006）。これは、両親の異なった文化領域へ相互的に越境することであり、コンタクト・ゾーンとしての空間の中で自らインターフェイス的実践を行うダイナミズムを意味しよう。したがって、冒頭のコンタクト・ゾーン図における「間文化的実践」は、たとえば、Dの文化集団に属するが、Bの文化も身に付けているバイカルチャーな個人が、BとDの間を文化的に往来できることを意味する。バイカルチュラルに育てられた彼／彼女は、異なった「意味の蜘蛛の巣」の思考や行動様式を理解し、両者の相違を認識できるとともに、両者を戦略的に使える存在ともなる。カサレルの場合、ADCKの長官としてカナク社会の文化発展のみならず、カレドニア多民族社会の文化的未来についても、インターカルチュラルに考えることができると言えよう。アルドイノは、メティスは二重、複数な存在であり、「メティサージュ（métissage 異種混淆）」とは両親の文化の合成（synthèse）でも融合でもなく、どちらかの一方でもない第3世代を意味すると語っている（Ardonoi 1999: 7; Leblic 2004: 38）。文化共同体のパラダイムでは、メティス

第 8 章　コンタクト・ゾーン

は両親 A、B のどちらかを選択する第 2 世代になるが、両親の文化をシフトできる間文化的メティスは、A の第 2 世代にも B の第 2 世代にもなることができる意味で、C という第 3 世代ともなり、その二重性からも混血児を意味する英語の「ハーフ」や仏語の「ドゥミ」は適切とは言えない。

　しかしながらインターフェイスのアクターは、なにもメティスである必要はない。文化共同体のパラダイムは、コンタクト・ゾーンにおいて個人が境界を個々に越境することを必ずしも阻止、排除してはいないからである。先述したように、O. トーニャはメティスの椅子はなく、どちらか一方の椅子に座らなければいけないと言っているが、椅子を替えることができないとは決して言っていないのである。それどころか、第 2 部「慣習の中の個人」で見た彼のディスコースにあったように (8/10/97)、個人の競争原理が働くカレドニア社会のヌメアの ADCK のモダンなオフィスでは、長官として人々を主導し、彼の住いがあるトリビュでは慣習の中でシェフに従う男として、日々その主体的なポジションを変換し、座る椅子を替えているのである。人はひとつの文化共同体に帰属した状態であっても、その領域を個人的に越境し、異なった文化集団の間を行き来し、異なった「意味の蜘蛛の巣」に乗り移ることは可能である。メティスであろうとなかろうと、外国語をマスターすればある程度のバイリンガルになることができるように、異文化を修得して異なった生活や価値観に合わせたり、ある程度のバイカルチャーな存在として、それらを多層的に内在化できる。しかし、ワポトロは、若者が文化的ボーダーを越えて、バイカルチュラルになっていく一方、2 つの文化の間で彼自身をどのように位置づけてよいかわからなくなるともコメントしている (9/11/98)。カナクの若者にとって「現代アリーナ」を生きるとは、カナク文化と支配的な西欧文化との間で、ルーツとしてのカナク文化に閉じこもるか、自身のルーツ・ルートを見失って中途半端になるか、あるいは葛藤しながらそのルートを切り開いて間文化的になっていくかの闘いとも言えよう。

　混血においても、現実にはカサレルのようにインターカルチュラルに育てられる恵まれたケースは限られている。南プロヴァンスでは、2009 年に混血児であることを示す複数コミュニティを選択した者の割合は 9.7% を示している (ISEE 2011)。こうした状況の中で、2006 年 9 月にヌメアで開催された「混血と文化 (Métissage et culture)」会議では、カナクからヨーロッパ系、アジア系、太平洋島嶼民まで異なった人種の血をさまざまに受け継ぐメティスが参加した。

その会議から浮上したのは、自己のアイデンティティに対する内面の葛藤であった。それは、ヨーロッパ人の父親とカナクの母親を持つ女性からの「自らがどこから来たかという人間としての根源的な欲求に対して、カナクとヨーロッパ文化との間で選択を迫られる重い問題」というディスコースに象徴されていた。この心理的負荷は、個人としての問題意識の差のみならず、どの文化共同体へ帰属しているかでも違いがあると言えよう。前述のように、歴史的に混血児が歓迎されてきたカナク社会においては、カナクとしての文化共同体の「意味の蜘蛛の巣」に支えられ、制約され、集団への帰属意識は個としての意識を凌駕し、混血であることを意識していても、共同体の成員として受け入れられる。それに対して、家系に流れるカナクの血が伏せられてきたカレドニア社会において、とりわけ、カレドニア人の大半が住むヌメアは、ヨーロッパ文化の「意味の蜘蛛の巣」に支配され、多様な民族と文化が交錯するコンタクト・ゾーンでもある。人々の生活は都市化された町中で、多かれ少なかれ共同体から切り離され、個としてのアイデンティティを意識すると言えよう。それだけにいっそう、前述の女性のように、混血としての帰属意識に悩み、一方のルーツだけを選択することに、個人として自己を全うできない虚しさや罪の意識を感じるのかもしれない。こうした問題に対して「混血と文化」会議では、両親がその民族的ルーツや文化的価値を子どもたちに説明し、文化的実践や異文化の受け入れなど親の果たすべき責任が語られていた。西欧の文化的支配とカナク文化への偏見が消え去らない中で、自らの異なったルーツの豊かさを間文化的に享受できるよりも、その間で引き裂かれ葛藤することになるとも言えよう。

　しかしながら、このような会議が催されたこと自体、これまでのカレドニア社会では考えられないことであろう。「混血と文化」会議は、ヌメア合意による「共通の運命」の中で市民権会議を度々開催してきたLDH-NC（ニューカレドニアの人権と市民連盟）が組織したものであるが、その会長であるポワグーヌはメティスであることに不幸を感じている人々がおり、このことに対して政治面で闘っていかなければならないと述べている。政治面で闘うことが市民としてのメティスの人権を考えることならば、メティスの声を発し、混血の概念を肯定的なものとしてその誇りを促し、新たな眼差しを向けようとする試みと言えよう。カレドニア多民族社会の和解に伴って異なった文化的境界への働きかけが進む中、LDH-NCの会議開催理由は、メティスは異なった文化に対する

第 8 章　コンタクト・ゾーン

知識を相互理解に貢献できるのに、文化レヴェルでは現れないということにある（LDHC-NC 6/9/2006）。文化共同体のパラダイムの中で不可視化されてきた混血児を、コンタクト・ゾーンにおいて異なった文化境界とエスニック・コミュニティをつなぎ、豊かさをもたらすインターフェイスとして表象する試みとも言えよう。つまるところ、そこに市民としてのメティスの人権が全うできる余地があるのかもしれない。

2．ポップ・ミュージック

　文化的異種混淆は、生物学的混淆を意味する混血児のように誕生するわけではない。コンタクト・ゾーンにおいて異文化と接触した人が、インターフェイス的実践を通して、そこから新しい視点やアイディア、インスピレーションを得て、自らの文化的領域に新たな種をまいて耕作していくことによって、新たな作品が生まれてくると言えよう。音楽は文化的異種混淆の意味ではフュージョンしやすいものであるが、なかでもポップ・ミュージックのコンタクト・ゾーンにおけるインターフェイスの実践は盛んである。ここでは、カナクの伝統音楽について見た後、歴史的闘争の場としての文化においてカナク・アイデンティティを表象するポップ・カルチャーとして、カナクの若者の間に生まれた「ミュージック・カネカ（musique Kanéka）」に関して、その誕生と歴史的背景を探り、エスニシティと文化のパラダイムの中でカネカ音楽がいかに位置づけられ、そのハイブリッド性がいかに表象されているかなどを考察する。

1）伝統音楽
　カナクの伝統音楽は、贈与交換などの儀礼や戦争における戦意高揚目的などのために、社会的行事や出来事の中で奏されるダンス音楽に言及される。その代表的なものは、主島グランド・テールで見られるようなピルーピルー（pilou-pilou）と一般的に呼ばれている贈与交換などの宴で行われる輪になって踊るダンス音楽である。こうした踊りは参加することに意味があることからも、鑑賞する対象としての「音楽」ではなかったと言えよう。そのダンス音楽はほとんどリズム音楽とも言え、レーナルトによれば、「ピルーピルー」という語の

起源は不詳であるが、繰り返されるリズムを示唆し、何枚かの樹皮を互いに打ち付けたときに聞こえるモノトーンな音から派生したという。最初に定着したヨーロッパ人が、その反復やリズム、それに合わせたダンスなどの音を夜の闇から聞いて、カナクの祝祭やダンスを意味するものになったという。カナクはヨーロッパ人に対してはこのピルーという表現を用いているが、彼ら自身の間では、食の饗応を意味するブエナンド（boenando）というような用語を用い、「ピルー」は慰撫の儀式を意味するとしている（Leenhardt 1930, 1980: 143）。

　こうしたカナクの伝統音楽を研究したアマンによれば、ダンスを伴ったその「ピルー」のリズムは、一般的に音楽で意味するテンポ的構造を有する拍子が刻むリズムとは異なり、リズミックな短いモティーフの1続きの連なりから成っているもので、このモティーフ的リズムはグランド・テールやロ諸島内部でも地域によって異なる。伝統楽器には、樹皮でできた二等辺三角形の入れ物に葉っぱや草、ココナツの殻の繊維などを詰めた1対の拍子木の振動打楽器や、竹管で地面を踏み鳴らす打楽器、細長い割れ目を持った竹製や木製の長円太鼓などがある。こうした打楽器が出すリズム音と、さらに、踊り手あるいは楽器奏者がこれらのパーカッションに合わせてシューシュー音（chuintements）やヒューヒュー音（sifflements）の掛け声を発し、またしばしば2つのグループに分けられて、楽器の音とテンポ的な関係が重なり合って複雑で豊かな響きを出す。こうしたリズム音を伴奏にした歌、たとえばグランド・テール中央部と北部で見られるような「アエアエ（aé-aé）」は、地域によって異なったヴァージョンがある。共通の起源は水に由来し、歌い手は父親などからその技術を受け継ぎ、2人が同時にあるいは交代で歌う2部編成で、夜の間ずっと歌い続けられるという。植民地時代に土着民法（1887）によってカナクがリザーヴに禁足されピルーピルーが実演できなくなった間、その継承は途絶えたが、第2次大戦後土着民法が廃止されると復活した。一方、キリスト教化による西欧音楽の導入は、プロテスタント（ロ諸島）やカトリック（グランド・テール）のキリスト教聖歌や賛美歌のコーラスから始まり、なかでもよく知られているのはプロテスタントの「タペラス（taperas）」と呼ばれる多声的合唱である（Ammann 1997; Mwà Véé No.2, 1993: 10-11; No.17, 1997: 26-33）。

　しかし、伝統的ダンス音楽などのピルーピルーは、今日では慣習として実践されるよりも、伝統文化として演じられると言えよう。写真に見るグランド・テールのダンスも、2006年9月にヌメアのチバウ文化センターで開催された「カ

グランド・テールのダンス（チバウ文化センター）

ナク文化遺産の日（journées du patrimoine kanaku）」の催しで、南プロヴァンス東海岸のトリビュ、ボランディ（Borendi）の若者や子どもたちが、彼らに伝わるカヌーのダンスを訪れた人々の前で樹皮の束を手に振りながら披露されたものだ。換言すれば、文化的伝承として子どもたちに教えられ、あるいは観光用に新たに振り付けられ、舞台用にモダン化されて、文化保存や鑑賞の対象となっていると言えよう。これに対して、ポピュラー音楽は、第2次大戦から戦後にかけてアメリカ駐留軍兵士がもたらしたフォーク、スイング、ジャズ、カントリー・ウェスタンなどに始まり、カナクもギターやウクレレの楽器に親しむようになっていった。1970年代以降は、フォーク・ソング、タヒチ音楽、ソウル、ブルース、ファンク、ロック、レゲエなどがカナクの若者を魅了し、カナクの生活の中に浸透していった。その音楽的異種混淆は、伝統的太鼓やドラム缶を叩き、聖歌を歌い、ピルーピルーに代わるポップ・ミュージックでダンスに興じる人々の婚姻の儀にも見られる。一方、ジョルダンは、外国から入るポピュラー・カルチャーが都市の若者から村へ広がっていくのは、それが文化的に中立的で、何者かに属するような文化ではないからだとしている。そのため、村人は脅威ととらず、この外見上の中立性ゆえに国全体に普及し、「新たに共有した意味やシンボル、表象を幅広い範囲に届けること」を可能にし、「民族的境界」を乗り越えることができるとしている（Jourdan 1995: 143）[4]。しか

し、ポピュラー文化はその「外見的中立性」ゆえに、人々の間に幅広く普及し、人気を得るのであろうか。なかんずく、文化に「中立性」など問えるのであろうか。まず、このことを1980年代半ばのカナクの伝統的ダンス音楽のリズムと外部のさまざまな音楽とフュージョンしたミュージック・カネカの出現から見ていこう。

2) ミュージック・カネカ

　ミュージック・カネカの多くはレゲエに似ているが、現在では多くのカネカ・ミュージック・グループが存在し、独自の曲を作り、それぞれのカナク言語やフランス語で歌ってきた。C. ヴァントゥーム（Christophe Ventoume）は、そうした人気ミュージシャンのひとりで、ヌメアのリフ島出身のコミュニティで育ち、都市で生まれたトリビュ・クラン（Tribu urbaine clan）を意味する合成語のバンド「トリバンクラン（Tribanklan）」を1986年に結成し、数々のカネカのフュージョン音楽を作詞、作曲してきた。彼によれば、1970年代の末頃から、カナクのミュージック・バンドが結成されるようになったが、カネカ音楽が芽吹いたのは、ニューカレドニアで開かれる予定であった1984年の太平洋芸術祭に参加しようと、その準備のためにカナク音楽家たちが集まった1980年代初めであるという。この芸術祭はカナク独立運動がしだいに激化していく中で結局実現されずに終わってしまったが、カナクの闘争を歌った音楽を演奏しようと当時意気込んでいた彼らは、ドラム、キーボードやエレキなどを使って、グランド・テールの「ピルー」や「アエアエ」、ロ諸島のダンス音楽、「チャップ（Tchap）」など各地域に見られるカナク・ダンス独自の伝統的リズム演奏を試みたという。彼は、実際に、足で床を叩いてそのリズムと、声を出してグランド・テールの「タッタッタッタッタッ」のリズム、「ピルー」の「シュ、シュー、シュ、シュー」音、リフ島やそれに似たマレ島の「タッタラッタ、タッタラッタ」のリズム、「チュチュチュー、チュチュチュー」音などを筆者に披露して、そのリズムや差異を興味深く示してくれた。カネカという名称は、こうしたカナクのミュージシャンたちが主島東海岸のカナラ（Canala）で再び集まった1986年に、チバウが1975年に主催したメラネシア2000で登場させたカナクの神話的ヒーロー「テ・カナケ」から名付けられたものである（3/9/2007）。政治的意識の高まりの中でカナク独自のリズム音楽を彼らのアイデンティティと

して、外部の音楽と節合していこうとする試みから、オリジナルなカネカ音楽が出現し、カナクのポピュラー・ミュージックとして発展してきたと言えよう。

　ここからも、ミュージック・カネカは政治的企画の下で出現した音楽ではないが、その誕生は当時の政治的状況と関係を持っていたことがわかる。チバウと同じグランド・テールのイヤンゲーヌ出身のグループ「ブワンジェプ（Bwanjep、ネミ〔némi〕言語でパーカッションの意）」の創始者である G. カルーンバット・テイン（Gilbert Kaloonbat Téin）によれば、メラネシア 2000 を組織したチバウは、「我々は独立のためにたくさんの木を植え、多くの歌を作らなければならない」と、カナク音楽の創造や録音を奨励し、チバウとは音楽と政治についてよく話したという。彼は、1984 年の「カナキー国暫定政府樹立」のときにチバウが作り、その声明文の中で朗読した詩、「カナキー、私の国よ（Kanaky Mon Pays）」に曲を付けて、1985 年「ブワンジェプ」の最初のカセット・テープとして吹き込んだ（Mwà Véé No.2, 1993: 12-14）。「カナキー」に関する 3 つの曲を含んだ「ブワンジェプ」、2 枚組み CD アルバム（2007）を聞くと、前述したカナクの伝統音楽の掛け声や樹皮を使ったり、その独特のリズムから、ミュージック・カネカの音色が色濃く出ている。興味深いのは、チバウの「カナキー、私の国よ……聖なる地から出自した主権を有し誇り高い人々は、永遠の先祖とつながれて、眼差しを未来に向けて、主権の自由を世界に向かって、歴史に向かって宣言するために、同じ運命によって集まった……」という詩が、決して仏国歌の「ラ・マルセイエーズ」のような雄々しい愛国的響きになっていないことだ。「カナキー、私の国よ」は、カナク独自のリズミック・モティーフの繰り返しの中で、土着的景観の中から湧いてくる懐かしい故郷のような、むしろ控え目で素朴な歌となって聞こえてくるのである。

　いずれにしても、ミュージック・カネカは、カナク言語や仏語で歌われ、カナク・アイデンティティ、植民地化やカナキー、独立などの政治的・社会的メッセージを託して、その伝統的リズミックなモティーフとともにカナク音楽の特殊性を顕示している。この意味において「中立性」を問うこと自体意味はなく、むしろ、独立運動の時代にはその政治的アピールゆえに、ジョルダンの言葉を借りれば「新たに共有した意味やシンボル、表象を幅広い範囲に届くこと」を可能にし、カナクの人々の心をつかみ、カナクのポップ・ミュージックとして確立されたと言えよう。しかしながら、政治的には独立を支持しても音楽的には西欧のロックのほうが好きというカナクの若者にも出会ったし、同じカナク

第3部　文化の語り

といっても各人の好みも異なる。
　一方、それが「中立性」を欠いたミュージックだからといって、その発信が異なった文化領域で受信されないということはない。1990年代の調査では、あるヨーロッパ系の中学生と高校生の兄弟は、初めてカネカ音楽を聞いたときは、その特有のリズムのため奇妙に感じたが、カネカのミュージック・テープを持っていると語っている。カネカ音楽のハイブリッドな側面がカレドニア人若者の興味を引いたと言えよう。また、これからフランスの大学へ進学する彼らの姉は、「私は、カネカ音楽をフランスに持っていく。我々は全ての異なった文化の要素から成ったカレドニア文化の只中におり、フランスでは同じ国に住むカナクやヨーロッパ人であるという前に、ニューカレドニアから来た人間なのだ」と語っている（17/9/97）。ミュージック・カネカが誕生して10年を経た当時、カネカがニューカレドニアのポピュラー音楽のひとつとして、カナク以外の人々にも認められていることは、ネーション・レヴェルでのカレドニア社会にも文化的に帰属していることを意味する。フランス語とロ諸島の言語で作詞しているヴァントゥームは、ブラン（白人）に訴えかけるためにもフランス語で歌うことは重要だとしている。彼のバンド、トリバンクランはフランスや国際的な音楽ステージにも立ってそのメッセージを発信しており、異なった文化境界を音楽で節合していると言えよう。つまるところ、ポピュラー文化が異なった文化的ボーダーを越えて人々に受け入れられるのは、「中立性」云々ではなく、政治的・民族的境界を越えて、人々を引きつけるなんらかの魅力を有しているからであり、要は面白いものは面白く、良いものは良いからであろう。
　さらに、その誕生から20年を経た2000年代の調査では、新たなカネカ音楽グループの誕生や、異なった音楽ジャンルとのフュージョンも進んでいる。それでは、カネカは何をもってカナク音楽と言えるのであろうか。ヴァントゥームにとって、最初のカネカとは、すなわち伝統と外部要素がハイブリッドした音楽は、プロテスタントの教会で歌われる聖歌の「タペラス」であるとして、ドレミファの音符から始まるその出だし、「ドドドラソラドソファファミミドド……」を歌ってくれた。リフ島のトリビュでは、男も女も小さいときから死ぬまで歌い続け、教会で聞くそのコーラスはすばらしいという。タペラスは、多声的なヴォーカルを持った伝統的なロ諸島の歌と外部のプロテスタントの聖歌が、この場合リズムではなくヴォーカル・ハーモニーのコーラスとして誕生

したもので、西欧の教会音楽を伝統的な歌の技術でもって高度に「メトリーズ」したものであるという。彼は、「カネカ音楽は、あらゆるジャンルの音楽を好きなようにミックスできる。カネカというとき、それは混淆を意味しているということを認識しなければいけない」と強調している。しかし、カナクは、レゲエを発祥の地であるジャマイカのそれのようには演奏できない。たとえばロ諸島のリズム「チャップ」のようにしだいに高揚していく戦士のリズムで演奏すると語っている。ここに外部の音楽要素がカナク文化システムの中で探求される意味があろう。すなわち、カナクの音楽的認識によって学習され、カナクのリズム感の中で加工処理、メトリーズされて、ジャマイカ・レゲエとは異なったカネカ・レゲエを創出したと言えよう。フランスで歴史地理を勉強していた学生時代、マイルス・デヴィスのコンサートに行き、目を開かれ水平線が広がったというヴァントゥームは、カナクの戦士のリズムや戦士のダンス、ジャズ音楽とのリズミックなミックスを探求しているという。実際、トリバンクランのCD「グルーヴィング（Groov'hning）」（2006）を聞くと、カナクの伝統的ダンス音楽要素の掛け声の挿入からレゲエ調、オセアニア調、ラップ調、ときにジャズ調にもフュージョンしているようにも聞こえ、リズミックな変化があり興味深い。彼によれば、現在のところカネカは、レゲエとのフュージョンが大半を占めているが、ロックやジャズ、クラッシックとのフュージョンを生み出すことも可能であるという。カナクの特徴であるリズム音楽と異なり、クラッシックはメロディーが主体なので、これまで西洋音楽のコンセルヴァトワールは白人のみであったが、2000年代からはカナク学生も入学しているという。我々の仕事は、カネカ・ジャズ、カネカ・ロック、カネカ・クラッシックと言える音楽ジャンルに到達することであるが、まだそこまでいっていないという。彼は、ひとつの点から円を描きながら、「カネカとはカナキー（Kanaky）、ここで生まれ、ここに戻る。この1周はこの惑星を意味している」と語っている（3/9/2007）。彼の音楽的コスモスは、文化的ボーダーを自由に越えて世界に飛翔し、再びルーツであるカナクの伝統的音楽に戻って来るわけである。そのコンタクト・ゾーンにおいて、他者の音楽や異なったジャンルとインターフェイスの実践を行うことによって、フュージョンを試みながら、カネカ・ミュージックとしてのアイデンティティの水平線を広げていると言えよう。

　ミュージック・カネカの発展を目指して、2004年から毎年チバウ文化センターで音楽フェスティヴァル「ンガン・ジラ（Ngan Jila）」をはじめ、コンサー

第 3 部　文化の語り

トなどがしばしば開催されてきたが、カネカ音楽誕生から 20 年を記念した 2006 年 6 月には「混血の音（Métis'sons）」と銘打った音楽の出会いを求めることを目的とした北、口諸島、南プロヴァンスを代表する 3 つのグループによる 3 夜連続コンサートがセンターで開催された。北（Péwadédu）、口諸島プロヴァンス（Béthela）は、既存のグループやそれを元にしたグループであるが、南プロヴァンスにおいては、このために新たなグループ（Tàà-vùù-re nàà vu-re）が結成された。この「混血の音」のタイトル自体が異なった音楽とのフュージョンを暗示しているが、このグループ自体、多民族化している南プロヴァンスやヌメアを背景にミュージシャンの編成もカナク、アジア系、ヨーロッパ系などの混血児を含んでいる。この連続コンサートについては、筆者はニューカレドニアにいなかったので言及できないが[5]、インドネシア系ミュージシャンの J. オーダン（Jimmy Oedin）は、当グループの結成と若いメンバーが持ち込んだそれぞれの未完の作品を、楽曲として一緒に練り上げながら完成していくという難しい責任を ADCK から任された（Mwà Véé No.53, 2006）。

　オーダンは 1930 年代にインドネシアから移住した父と 1950 年代にワリス・エ・フトゥナから来た母との間に生まれたが、ヌメアのインドネシア人のコミュニティで育った。彼の父親は趣味でインドネシア（スンダ）の楽器で「クチャペ」と呼ばれる琴のように床に置く弦楽器を弾き、インドネシア・コミュニティの祭りや結婚などの機会に音楽グループと演奏し、それを小さいときからよく聞いていたという。彼の最初の音楽の原点はインドネシア音楽であったが、1972 年、16 歳の高校生のときにインドネシア人の友人に誘われて若者の間ではやりの音楽バンドを作り、歌うようになり、後にギターも弾くようになったという。当時、ニューカレドニアでは、文化は交差しているが、他のコミュニティとは交じり合わず、若者はカルドシュ、カナク、タヒチアンとそれぞれの音楽グループを作っていたという。また、フランス文化やフランス語の影響力はきわめて強く、白人がカナクにダンスを求めたとき、それは誇るべきものとしてではなく恥ずべきものとして示すためであったという。フランスはその支配的文化の下で他のコミュニティの文化的実践を弱めて、各コミュニティを仏文化へのミメティスム（模倣）や同化、統合させる政策を進めていた。しかし彼はいろいろなジャンルの音楽を聞き、なかでも最も大きな影響を受け引かれたのが、アフリカから奴隷として連れて来られたアメリカ黒人の苦しみと希望を歌ったブルースであった。このブルースとの出合いから、当時のニューカレ

##　第 8 章　コンタクト・ゾーン

ドニア社会における不正義やコミュニティの経済的・社会的問題、カナクの人々の要求を理解するようになったという。1970年代半ばにギターを売ってフランスに行き、そこでお金に困って軍隊に志願し、技術的研修を受けて、帰国後、冷凍技師として働きながら音楽を続けた。1983年から自ら音楽を創作し始めたオーダンは、カナクの友人音楽家から音楽フェスティヴァルを組織することを頼まれ、1990年にポワンディミエやモン＝ドールで開催し、その催しは現在も続いている。目的は若者にカネカ音楽の未来について考え、刺激を与えることだという。しかしカナクではないので、その伝統的リズムにインスピレーションを受けても会得したわけではなく、彼らを強く支持しているが、アーティストは常に自由であるべきなので、アーティストとしてとどまっているという。全ての音楽に対してオープンであるという彼は、ブルース以外に、カントリー、フォーク、ソウルやファンク、ラテンなど多く聞き、それらを少しずつ取り入れながら曲作りをしてきたが、アコースティック音楽なのでバンドは作っていない。これまでカナクや、タヒチ人、フィジー人、モロッコ人と共演しアルバムを作ったが、こうしたアルバムのプロモーション時にグループを結成するが、ニューカレドニアは小さいのでツアーが終わればバンドは必要なくなると語っている（1/9/2007）

　ここからも、1970年代の解放運動においてフランスの支配的文化や同化政策に対して、歴史的闘争の場として文化闘争が始まったことや、音楽が政治的意味で人々に語りかける意味の大きさがわかる。ニューカレドニアではプロのミュージシャンとして生きていくには、市場が小さく経済的に困難であるが、一方、音楽プロダクション会社に属することがないことは、アーティスト個人としての自由を維持でき、異なった音楽に心を開き、多様な音楽を聞くことによって、その音楽的感性を磨いていくこともできよう。音楽が他者の音楽的要素とフュージョンすることが可能であるという意味において、ヴァントゥームもオーダンも、ミュージシャンにとって越えてはならない音楽的ボーダーは存在しないことがわかる。オーダンの曲を聞く機会は残念ながら逸したが、音楽的インターフェイスの実践がアーティストの創造力を刺激し、カナクの広くはカレドニア社会の音楽的未来を開いていこう。

　しかしながら、こうした文化的異種混淆は、文化的継承と表裏一体でもある。先述のカネカの政治的かかわりを語ったカルーンバット・テインは、カネカは新しい音楽ではなく、「ピルー」から派生したピルー音楽の現代版であると、

その文化的伝統の継承性を強調している（*Mwà Véé* No.2, 1993: 14）。実際、カナクの伝統的音楽の中には、「アエアエ」のような発声技術が難しく、歌うことのできる老人が少なくなっている中で、失われつつあるカナクの伝統的音楽要素を現代音楽の中に再現した意味は大きい。1998年のヌメア合意の調印に当たっては、CCT（領域慣習諮問カウンシル）は、カナク文化遺産の保存を主張した際、他の伝統文化とともにカネカ音楽の創造性を保護するよう訴えていた（CCT 1998b: Atelier 3）。この意味で、カネカ音楽は、そのハイブリッド性にもかかわらず、カナク慣習当局からはカナク文化としての「真正さ」を獲得し、その文化共同体の中に回収されたと言えよう。また、カナクはその文化的シンボルについて聞かれると、カーズ（草葺き小屋）といった伝統的なシンボルを挙げることが多いが[6]、現代ポピュラー音楽にもかかわらず、ミュージック・カネカをカナク文化のシンボルとして挙げる者もいる。ハイブリッドであることは視座を転換すれば、文化的継承性を有していることであり、この両者を合わせ持ったカネカ音楽は、カナクの文化的アイデンティティの今日的あり方を表象していると言えよう。しかし、カネカ音楽は、これまでのカナク音楽の中に存在しなかったものであり、ジャマイカ・レゲエとカナク伝統音楽の合体でもなく、そのどちらとも異なったカナク・ポップスの出現として、カナク社会のみならずカレドニア社会に音楽的多様性を生んだと言えよう。このことは、異種混淆が支配的文化の下で同化される危険性がある一方、他者の文化的要素を内部に取り入れることは、文化的ダイナミズムを引き起こし、豊かさをもたらすことを示唆している。

　解放運動時代に芽生え、独立運動を通して人気を確立したミュージック・カネカは、カナキー国独立のための政治的意識を喚起するメッセージが多かった。しかし、ヌメア合意に基づいた現在の和解の時代には、市民権を歌ったものや、また愛をテーマにしたものも多い。市民権についての番組を放送してきたカナクのラジオ局ジドーから、2006年「カレドニ＝カナキーのアイデンティティをともに要求するのはうれしい（On est content de revendiquer ensemble l'identité de Calédonie-Kanaky）」という市民権賛歌をしばしば耳にしたが、この歌は9月24日の「市民の日」のために2005年に作曲されたという。まさしく「歌は世につれ」変化していくように、「共通の運命の中の市民社会」に「カレドニ＝カナキー」のネーション意識を、歌を通して喚起していると言えよう。この意味で、時代は変わっても、ニューカレドニアにおいてミュージック・カネカ

が、なんらかの政治的・文化的なメッセージを伝えることにおいて、音楽が政治目的のための道具的手段になり得ることを示唆している。

　実際、音楽家の役割は社会的メッセージを、歌を通して伝えることにあるというヴァントゥームは、今必要なのはネーションをともに建設するための問題意識を、若者に促すメッセージであると考えている。彼の前述のCD「グルーヴィング」に収められたオセアニア調からラップ調、ラッガ（レゲエ・ラップ）調まで変化する「ジグザグ（Zigzag）」という曲は、「誰が、私が本当に何者であるかを知っているのか。誰が私の系譜を知り尽くしているのか……私はジグザグ進み、決して真直ぐではない、私は迷い、逃げ出し、道をスタートする」と歌っている。その詞から、現代を生きるカナクの若者の葛藤を内省的に喚起する政治的・社会的なメッセージが伝わってくる。また、彼は、ヌメア郊外のリヴィエール・サレ（Rivière Sallé）で演奏ホールや録音設備を有するミュージック・キャフェ「ル・ムーヴ（Le Mouv'）」を運営している。「ル・ムーヴ」は、ヌメア市や南プロヴァンスなどから援助を受けた多目的音楽施設で、子どもたちや若者に音楽教室を開き、コンサートなどを開催している。土地や慣習文化からデラシネとなったカナクの都市化した若者が住むこの街では失業、貧困差別などの問題を抱え、その行き場のない不満から暴力や乱闘事件も見られる。ヴァントゥームによれば、若者が夜になるとたむろするカヴァ・バーが4、5件あり[7]、ヤムイモさえ見たこともない若者も多いという。カナクの伝統音楽を聞く機会もなく、そうした音楽学校の設立も必要であるが、一方、ラジオ・ジドーはカネカ音楽とレゲエしか流さず、ひとつの声だけで他の音楽を聞く選択がないという。また、ジャマイカから国際的な音楽グループが来ると、カネカ・コンサートより何倍も高くても、本場のレゲエ・コンサートのほうに若者は多く集まるとも語っている（3/9/2007）。オーダンもまた、若いミュージシャンはコミュニティ内部で、またヌメアのような都市で他のコミュニティとの対立や難しさを意識し、複雑さを抱えており、市民権プロジェクトに向かって、ともに一緒になるための道程は長いだろうと考えている（1/9/2007）。こうした現代のカナクの若者が抱える問題に、ヴァントゥームもオーダンも、アーティストは国の建設のためにその音楽を通して、若者に考える機会を与える社会的使命があると考えている。音楽の発展のためには、多様な音楽を聞いてその感性やテクニックを磨くとともに、ルーツとしての伝統音楽の中に入ってその独自性を探求し、カネカ音楽としてのアイデンティティを表出しなければならな

い。グローバルな音楽市場における競合の中で、ミュージック・カネカの真価
やポップ・ミュージックとしての時代性が問われていく中で、コンタクト・ゾー
ンにおけるインターフェイスの実践が必要と言えよう。

　「共通の運命」の中でグローバル化を生きる若者に、音楽が持つパワーを通
して力と勇気を与えようとしているこの2人のミュージシャンのように、美し
い声で歌い、ピアノを弾いたチバウは、「音楽の力」を信じていたに違いない。
パロールと音楽は、ジグザグしながら出合い、ポリフォニー的意味を奏でる。「パ
ロールの人」は「音楽の人」でもあった……

3. 異種混淆の中の多文化社会

　これまで見てきたように、カナクは人種的異種混淆を、外国人歓迎の概念や
他者との関係性を結ぶ概念、またメトリーズの概念によってエスニシティとし
ての文化共同体のパラダイムの中に回収してきた。一方、支配的なヨーロッパ
文化との接触において「異種混淆の近代」を生きながら、不均衡な力関係の下
でその文化的差異を対抗的にも界面に表象してきた。しかし、このことは個の
レヴェルにおいてアクターが異なった境界を越境したり節合したりすることを
阻止するものではなく、ミュージック・カネカで見たように異文化とのインター
フェイスの実践は、コンタクト・ゾーンにおいて盛んである。一方、文化的混
淆は人種的混淆と次元を異にするにもかかわらず、植民地化は移住者としての
新たな民族と必然的にその文化を運んで来るため、歴史的文脈の中で両者は互
いに分かち難く結びついてきた。

　それでは、こうした異種混淆の中の多文化社会において、カナク（2009年
40％、1996年44.1％）以外の60％弱を占めるその他のコミュニティは、その
文化的アイデンティティをいかに表象しているのであろうか。住民全体を総称
する広義での「カレドニアン」は、通常は非カナクやカナク文化に帰属しない
混血の人々を指すが、主に7つのエスニック・コミュニティより成るカレドニ
ア社会の中で、クランを単位として細分化したカナク社会を別にすれば、カレ
ドニア人の政治的・文化的・経済的な中枢であるヨーロッパ系コミュニティが
占める存在とその知識＝力のネットワークとしての影響力が大きいことは言う
までもない。ここでは、まずヨーロッパ系コミュニティにおけるカルドシュ・

第 8 章　コンタクト・ゾーン

アイデンティティの表象と、ニッケル鉱山移民としてカナクやカレドニア人と混血化した日系コミュニティを考察し、次にその他のオセアニアやアジア系などのコミュニティを概括し、最後にカレドニアン・アイデンティティを包括的に表象したレトリックから、多文化社会のコンタクト・ゾーンにおける異種混淆の意味を探っていく。

1）ヨーロッパ系コミュニティ

　ヨーロッパ系コミュニティ（2009 年 29%、1996 年 34.1%）は、文化的にはこの地に根を下ろし、後述のようにオセアニア化したカルドシュから、前者を数の上では凌駕しつつ、フランス文化と同一化している近年移住したメトロポリタンまで幅広いが、それでは、植民地化において入植した者は、歴史的にどのようなアイデンティティを形成したのであろうか。入植者の主島の西海岸のコネやヴォーを例に、彼らの植民地的アイデンティティについて論じているメルルによれば、入植者コミュニティの間には、カレドニア社会の中で長い間、流刑囚と自由移民という明確な差別と区分があり、コネやヴォーは自由移民が、隣接のプーワンブーは流刑囚の入植と分けられていたという。1880 年から 88 年、コネに入植した自由移民の彼らの子孫によれば、「当時まったくなにもなかった」地を開拓しなければならず、その約 50 家族のうち、28 家族が村を去り、ヴォーも同じような状況であったという。しかし、鉱山開発が始まると、労働者への供給からその農産物が売れるようになり、労働力としてジャワ人が働き、土着民法の下でカナクはコーヒーなどの収穫時にこうした入植者のために強制的に働かされた結果、コネやヴォーでは自由移民たちは 10 年間のうちに農園や牧場主などの地主や経営者となっていった。その結果、住民たちは開拓者としての誇りに裏打ちされた自身の世界を築き上げ、流刑囚の子孫に対しては自由移民としての「潔白な起源」を、カナクに対しては、「野蛮」に対する「文明」を誇り、子どもたちはトリビュへ決して遊びには行かなかった。カナクのタロイモ畑は彼らには馴染みがなく、その世界は不可解なまま、彼らの文明化された世界を野蛮化、カナク化から防御するために、たとえ、混血化して肌の色が黒くても、文化が白人であることが、彼らのアイデンティティとなり、カナク社会に対する無関心が存続していった。植民地化で形成されたこうしたコミュニティは、少なくとも第 2 次大戦までは維持されていたという（Merle 1993）。

第3部　文化の語り

　ここからも、カルドシュは入植者の間でも差異化してそれぞれ別個の世界を形成し、カナクとの接触を拒み、フランスとも外の世界からも孤立し、彼ら自身が築き上げた殻の中に閉じこもっていたと言えよう。この意味で、「カルドシュ」としての創成は、ニューカレドニアの「土着的景観」の中に移植された「運ばれた風景」から再構築された入植者社会の出現と言えよう。それゆえ、チバウは、多くの入植者は、その文化的環境以外の世界を知らず、彼がフランスで勉強したような機会を持たず、牧場などの世界しか知らないことに同情を示している（Tjibaou 1996: 289; 2005: 274）。また、フレーザーによれば、チバウは、フランスからは祖国に戻ることを拒絶され、メトロポリタン（本国人）を拒絶するようにカナクを拒絶し、土着のアイデンティティを軽蔑しながら、ニューカレドニアの地でそのアイデンティティを作り出そうと求めてきた、文化的アイデンティティを欠いた歴史の犠牲者として、カルドシュを気の毒に思っていたという（Fraser 2005: xxvii-xxviii）。現在では、彼らの子孫は、こうしたブルス・タイプのカルドシュと、一方ブルス（地方）からヌメアに移り定着した都会型カルドシュの2つのタイプに分けられるが、典型的なカルドシュとは、銃や家畜と一緒にブルスで暮らす牧場主や農場経営者などのブルサール（田舎者）に表象される。「我々はブルスの男たち、常に家畜とともにある……」と、ニューカレドニアのカントリー・ミュージックでも歌われている。いずれにしても、「カルドシュ」は怠け者、二流の者といった軽蔑の意から流刑囚の子孫として公にしたくない暗部まで、かつての「カナック」がそうであったように否定的なイメージを伴ってきた。

　それゆえ、カルドシュ・アイデンティティを主張するメルムー（Mermoud）は、「カルドシュはカナクのようにここで生まれ、ブルスやヌメアで何代にもわたって生きてきた。カルドシュというとき、それは低い階層や勤勉でない凡庸な人間を意味し、以前は侮蔑用語であったが、我々は、カナックからカナクへの変化のように、この言葉の主としてその権利を要求する……今や、この言葉は蔑称ではなく、カルドシュであることは喜ぶべきことだ……カルドシュ・アイデンティティはカナク・アイデンティティに対する反応なのだ」（30/9/97）と主張している。彼は、また「ヌメア合意の前文では、カナク文化がニューカレドニアの主要な文化とされていることは明らかで、我々はカルドシュや、オセアニア人、アジア人としてのアイデンティティを守らなければならないのだ」（14/10/98）とも語っている。カナク・アイデンティティの回復要求を対

第 8 章　コンタクト・ゾーン

抗的に応用し、その権利回復を認めたヌメア合意によって、カルドシュのアイデンティティがカナクのそれに伏せられてしまうのではないかという懸念が読み取れる。ここからも、アイデンティティとは他者との対抗意識や抑圧を通して出現するものでもあり、カナク・アイデンティティの回復要求が、カレドニア人全般に大きな影響を与え、カルドシュとしての存在意識を促したことがわかる。しかし、「カナク」と「カルドシュ」が起源としては同じように侮蔑用語であったとしても、前者は植民地支配という力関係の中で人種差別的に使われていたため、カナクから見ると、「カルドシュ・アイデンティティの主張は、（カナクが）カナクという言葉を勝ち取ったことへの報復」としても映るのである。

　メルムーは、新たな肯定的カルドシュ・アイデンティティの出現として、次のような出来事を挙げている。1978 年のブーライユの見本市から始まり、カルドシュ祭りが例年催されるようになり、81 年にはブーライユの修復された元流刑囚監獄でアムステルダム収蔵品からのカルドシュに関する資料やその国外追放の歴史が成功裏に展示された。84 年にはカルドシュの漫画家ベルジュ（Bernard Berge）がブルスの牧場主カルドシュを主人公に漫画化したシリーズ『*La Brousse en Folie*（熱いブルス）』が刊行され、人気コミックとなった。しかし、85 年には仏政府特使として派遣されたカナク寄りのピサニに対して、カルドシュは街に出て抗議の声を上げ、カルドシュとしてのアイデンティティ意識が促された。翌年カルドシュ入植者の生活史を展示したブーライユの博物館が開館された（30/9/97; Mermoud 1994: 164-172）。彼が言及している出来事から表象されるカルドシュ・アイデンティティは、その他のカレドニア人や仏本国から来たメトロポリタンの新移民とは異なる、カレドニア社会に歴史的に根付いた開拓者としてのカルドシュ・アイデンティティと言えよう。メルムーは、またカルドシュの精神風土を次のように表象している。「カルドシュの気風は、本国からやって来たフランス人（メトロポリタン）のゾレイユ（Zoreil）ともカナクとも違う。ゾレイユはパリジャンのようにクラシック音楽を好み、服装などにこだわるが、カルドシュは太平洋人であり、我々は太平洋流儀である。日本料理やヴェトナム料理やカナクの薬草などを取り入れているし、言葉もフランス語とは少々異なっている」（30/9/97）。一方、ピエールは、1969 年 17 歳のときにフランスから家族と移住し、オーストラリアに 2 年ほど滞在した後、ニューカレドニアへ家族とともに移り住んで以来、ヌメアに 30 年にわたって住んでいる。かつてのフランスでの兵役において、カナクの若い兵士と

第 3 部　文化の語り

仲の良い友達となり、ニューカレドニアに帰還後も、イル＝デ＝パン島にある友の住むトリビュにしばしば逗留したこともあり、カナクの友人も多い。彼によれば、ブルスのカナクとカルドシュはかなり似たような生活を送り、「白人はカナクのように野畑を耕し、狩猟や釣りに出かける。ブルスで友人を訪れるときは、両者とも贈り物を持参する……カルドシュが魚やカニなどをとれば、それをお裾分けして、カナクのように分かち合って交換する。カルドシュの場合は義務ではないし、贈与に伴う口上もないけれど……」(1/11/98)。

　2 人が語るカナク文化やその他のエスニック文化を取り入れたオセアニア化したライフ・スタイルは、ベルジュの漫画『熱いブルス』シリーズに登場するシャツ、短パン、サンダル履きで、トタン屋根の家に住む主人公のそれとも一致している。その 1977 年版『*Creeks et chuchotemônts*（入り江とざわめき）』[8]の登場人物紹介欄では、牧場を営むマルセルは「猟の一撃、釣りの一撃、浮かれの一撃、怒鳴りの一撃」としてブルサールの気質を、カナクのデデは、「カナク、オトクトーヌ、アンディジェーン、メラネシアン、カナク、カレドニアン」として、ヴェトナム系のタタンは「あらゆるものを売っている店」を経営する「メイド・イン・アジア」として表象されている。この 3 人組に加えて、メトロポリタンのジョワンヴィル（Joinville 都市参加者の意と思われる）も、「全ての学位を有し、なんにでもかかわりたがるメトロポ役人（造語の Métroponctionnaire）」として、またそれぞれの子どもたちや妻、友人たちまで、エスニックな文化的特徴で風刺的にステレオタイプ化されている。この版には「カルドシュ」か「カレドニアン」か、「ゾレイユ（聞き耳を立てる人）」か「メトロポリタン」か「フランス人」かの呼称をめぐって、カナック（Canaqu）が綴りの上で K 化してカナク（kanak）として権利回復したので、Caldoche は Kaldoche、Calédonien は Kalédonien という綴り方の論争シーンも描かれている（Berge 1997: 6, 37）。和解の時代のマティニョン合意末期に出版されたこのコミックでは、マルセルはデデと一緒に猟や釣りに行ったり、ブルスの太平洋的生活が 2 人、3 人あるいは 4 人組の友情と交流で戯画化されている。トリビュは登場せず、茅葺きのデデの家がトリビュなのかカルドシュの村にあるのか定かでない。現実には、ブルスのカナクのほとんどはトリビュに住み、トリビュとその外にあるカルドシュの村とは距離的・物理的に分離し、近隣の町中での両者の接触はあっても、トリビュにおいてそれを見た記憶は筆者にはない。

　一方、カレドニア人のシヴォによればカルドシュは、社会性に関してはカナ

クとは対照的で、個人主義的・非社交的、帰属するキリスト教会や政党も表には出さないとしている（10/10/97）。N. クルトヴィッチは、「カルドシュは変容してしまったので、もはやフランスとの間にアイデンティティを共有できず、カナク文化は存在しているが、カルドシュは自身の文化を模索している」とコメントしている（13/9/96）。ここには、先のブルサール風の開拓者イメージとは異なった、都会風の個人化し、不確定なイメージのカルドシュが浮かぶ。カルドシュは、その大半が反独立を支持してきた意味ではほぼ同一化されるが、社会的にはカレドニア政治経済を支配している少数の財閥エリート層や本国からのメトロポリタンからプティ・ブランと呼ばれる低所得者層まで階層化している。政治的にもアルジェリアからのヨーロッパ系移民で急進的右翼のピエ＝ノワールから独立を支持する少数派のリベラルなカレドニア人まで、カナク同様、内部的に一体ではない。「カレドのようなもの」といった侮蔑的な意を含んでいる「カルドシュ」という言葉を嫌って、とりわけ、都会型の教育を受けた進歩的な者や、混血児はカレドニアン・アイデンティティを主張している。1998年にダンベアで開かれた例年の多民族フェスティヴァルでは、「ヴィラージュ・カレドニアン（カレドニア人村）」に異なったコミュニティから多くの出店があったが、メルムーによれば、カルドシュ・ハウスとカレドニアン・ハウスが別々に出店したという。これは、カルドシュ・アイデンティティを主張する者と、前者と一緒になるのを嫌った者に分かれた結果であるとしている（14/10/98）。

　それゆえ、「カルドシュ」と「カレドニアン」の用語は競合的でもあり、その意味を問いながら、アイデンティティを模索している『今日カルドシュであること（*Être Caldoche Aujourd'hui*）』の中で、バルボンソンは、カルドシュ・アイデンティティは明日のカレドニアンになるためのひとつのステップにすぎないとしている。今日のフランス領においてカルドシュに固執することは、明日のカナキーにおいてカルドシュにとどまることを受け入れることであり、カレドニアンにはならないことであるからだという。「カルドシュ」を「カレドニアン」より下位に位置づけている彼は、「カレドニアン」という言葉が異なったコミュニティを統合する意味において、「カレドニアン」としての「国」の建設に望みを託している（Barbançon: 53-57）。しかしながら、カレドニアンは包括的な用語であり、ヨーロッパ移住者の子孫としてのアイデンティティを明示しているわけでないので、この地で代々生きてきた証としてのカルドシュ・

第 3 部　文化の語り

アイデンティティを主張するディスコースが出現した理由もあると言えよう。しかし、カルドシュ・アイデンティティは、文化的には慣習を基盤として、脱植民地化運動の中で闘い抜かれ、ヌメア合意によって公に先住民のアイデンティティとして確立された、カナク・アイデンティティのような歴史化された言説ではない。「カルドシュ」がヨーロッパ系コミュニティのアイデンティティとして確立されるかは、「カレドニアン」との関係もあり不確実であるが、2000 年代の調査において筆者は、カルドシュ・アイデンティティが人々に以前より受け入れられていると感じた。

　1930 年以前に渡ってきたヨーロッパ人やその他のカレドニア人開拓者子孫を会員とした「ピオニエ」の会報誌には、カナク社会ではクランや家族におけるエネ（長子）とカーデ（末子）が双対として言及されることから、ファースト・ピープルとしてのカナクをピープル・エネ（peuple aîné）として、それに対する開拓者子孫をピープル・カーデ（peuple cadet）として、互いの相互的関係を認め合う儀式を ADCK で執り行ってはどうかといったあるカルドシュの提案も掲載されている（Pionniers No.12, 2006: 4）。カナクに次いでこの地にルーツを築いた土着化した兄弟として、互いの存在を認め合うパートナーとしての結縁の儀礼である。これは、ニュージーランドのパケハ画家 L. ホール（Lester Hall）がある雑誌のインタヴューの中で、「タンガタ・フェヌアは、我々が人間として本質的に土地の一部であるということを意味する普遍的な概念である」というディスコースを想起させる（Hall a）。画家もまた NZ に根付いた土地の人として、マオリとのパートナーシップを求めながら、パケハのアイデンティティを模索しつつ、そのブランド名を「ナティ・パケハ（Ngati Pakeha パケハ部族）」として作品を発表しているからである。カルドシュの前述の提案からは、和解から対話と理解を進めようとするカナクに対する明らかな姿勢の変化とともに、新たに流入する新移民やメトロポリタンとは異なる歴史化した開拓者としてのアイデンティティの模索が見える。実際、これまで流刑囚あるいはカナクの血が流れていることは隠されてきたが、近年では血筋の上でも混じり合い、もはやその区別は実質的意味を失っているように見え、人々はそのことに触れるようにもなっている。

　和解の時代に出現したラヴニール・アンサンブル議員のオーレンは、カレドニア人あるいはカルドシュであろうとかまわないと言い、その家系に自由移民と流刑囚の両者の血が流れていることもオープンに語っている。彼女のニュー

第 8 章　コンタクト・ゾーン

カレドニアにおける祖は、白人移民の中で最も古く、植民地化以前の 1843 年にヌメアに近いヌー（Nou）島（現在のヌーヴィル）にやって来た英国商人 J. パッドン（James Paddon）にある。彼はビャクダンやナマコ取引で富を築いたが、オーレンの父方のルーツはこの自由移民で、イギリスからヴァヌアツを経て、ニ＝ヴァヌアツの妻を伴って来たという。当初ポール＝ド＝フランス（Port-de-France）と呼ばれていたヌメアに仏植民地政府が置かれると、代わりに彼は西海岸パイタの土地を、それを開拓する入植者を連れて来る条件で譲渡された。オーストラリアのシドニーからドイツ人家族らが入植者として呼び寄せられて、パイタに小さな村が築かれ、現在パイタはヌメア近郊の町として発展している。その博物館には、筆者は機会を逸したが、このパッドン家の歴史や生活が展示されている。オーレンはこのパッドンとドイツ系入植者（Ohlen）の子孫であり、その一族が一堂に会する催しがあったとき、大勢の家族が集まったが、彼女が知らない人々も多いという。一族の中には混血児や日系もいるが、カナクはおらずほとんど白人であるという。一方、母方のルーツは、フランスからこの地に送られてきた流刑囚で、5 年の刑を終えても祖国に戻れずここで家族を成した者であり、また父方にもコルシカ島で復讐の罪から流刑され、ティエバギの鉱山などで働き、後にラ・フォア市の助役になった者がいる。古くからのカレドニア人家族には、自由移民と流刑囚の両者、またカナクの血が流れているが、長い間タブー視され公言されることはなかったと語っている（6/9/2007）。

このようなルーツを持った彼女にとって、「人はフランスについて語るが、私がフランスを発見したのは 1978 年に留学した 18 歳のときであり、私の子どもはこの地で 7 世代目を迎え、フランスやヨーロッパからの絆は弱まり、カナクが我々の地と言うとき、その眼差しは異なっていても、私もまた私の地と言う……それゆえナンヴィル＝レ＝ロッシュで、歴史的理由からカレドニア人もこの地における合法性が認められたとき、私は恭順と多くの喜びをもって迎えた。この地との絆、他者との絆は私にとって重要である」（6/9/2007）。ヨーロッパの地からこの太平洋のニューカレドニアにルートを伸ばし、ここにルーツを張った彼女の一族の語りは、カナクのルーツからルートを拡散してきたクランの旅程を想起させる。両者のたどってきた歴史的ルートは異なるが、カレドニアの地との絆に対する彼女の強い想いは、カナクの祖先の地に対する原初的愛着にも相当しよう。彼女は、カナク・アイデンティティ闘争は、カレドニア人にも自らのルーツと家族の歴史に対して心を開くことを可能にしたと語ってい

第 3 部　文化の語り

る。カルドシュあるいはヨーロッパ系コミュニティのアイデンティティも、現在から過去へ遡るルートを通して過去を見つめ直すことによって、未来へのルートが開かれていくと言えよう。

2）日系コミュニティ

　それでは、日本をルーツとする日系移民の子孫はこの地でいかなるルートをたどり、どのようなアイデンティティを模索してきたのであろうか。1868 年、明治維新の開始とともに始まった日本人の海外移民は、1941 年まで延べ 77 万人余に及ぶが、ハワイ（23 万人余）を除けば南北アメリカと東南アジアが主流でその他のオセアニアの中ではニューカレドニアが一番多い。その理由は第 1 部でも見たようにニッケル鉱山にある。鉱山労働者を必要としていた SLN 社から日本政府への要請を受けて、1892 年に熊本県から約 600 人の男性が 5 年契約の労働者として渡航したのが最初である。しかし現地での労働状況が過酷であったため、中途帰国者が相次ぎ渡航禁止となったが、労働条件の改善があったとして日本の民間移民会社の要請で 1900 年に再開された。その結果、5000 人を超える日本移民が、西日本の沖縄、九州、広島などから、その大半は 1910 年代にニューカレドニアに渡っていった（石川 2008；朽木 2006）。1911 年の日仏の通商協定により日本人労働者は、鉱山での契約労働終了後、ヨーロッパ人と同じように自由移民の地位を手にし、商売、菜園などの農業、洋服の仕立て屋、理髪店、鍛冶屋などの職に従事していった。日本人は「その仕事ぶり、規律正しさ、節度ある態度」で、カレドニア社会で評価され一目置かれる存在となり、ヨーロッパ系住民は日本人の成功に対して懸念を抱いた者もいたという。また、こうした移民とは別に、鉱業会社や貿易商社などの関係者、駐在員、領事関係者などが日本人の妻子とヌメアを中心に居住してもいた（パロンボ 2006: 29-30）。日本から鉱業会社駐在員として派遣された小林も、1939 年から 1 年ほど日本資本のル・フェール社（Scociété le Fer）のヌメア本社に勤務した。彼によれば、ゴロ鉱山では 500 人のインドネシア人移民と契約し、その監督や技術工として、鉱山契約労働者として来島した日本移民 50 人を雇っていたという（小林 1977: 12-13）。実際、インドネシア系ミュージシャン、オーダンの父親も、1938 年、20 歳でインドネシアから来てゴロの日本鉱山会社で、インドネシア人、ヴェトナム人、中国人などとともに鉱夫として働いて

いたという。父親は、日本人はニッケルを山からいかに時間や労働力をかけず効率的に運搬船まで運ぶかなど技術に長け、日本人責任者とのコミュニケーションの必要性から日本語を学び、船にニッケル鉱石を積んだ後は、生活をともにする中で彼らと文化的にも交流したと、オーダンに思い出を語っていたという（1/9/2007）。こうした日本移民のほとんどは鉱山労働の出稼ぎの単身赴任の男性で、日本女性の移民は、1905 年に家族呼せなどの 60 人の女性が渡航したケースを除いては許可されなかった。その結果、小林は、1939 年には主島の在留邦人 1195 人のうち男性が 1144 人を占め、1933 年には日本女性の妻帯者は 36 人、ヨーロッパ人との結婚・同棲 50 人、アジア人あるいはメラネシア人とのそれは 107 人と記している（小林 1977: 214-215）。アジア人とメラネシア人との内訳は不詳であるが、この数字からも日系 2 世のほとんどが、日本人男性と、ヨーロッパ系、アジア系のインドネシア人やヴェトナム人、あるいはカナク女性との間に生まれた混血児であったことがわかる。

　しかし、戦前、日系 1 世が苦労の末に築き上げてきたその暮らしは、1941 年 12 月の日本の真珠湾攻撃による太平洋戦争の勃発でついえ去った。枢軸国の敵性外国人として日本人は一斉に検挙、拘留され、家も土地もその他の財産も全て没収され、オーストラリアの収容所に合計 1090 名の日本人が 4 回にわたって送られ、終戦後日本に強制送還された。日本人以外の配偶者と混血児は、ニューカレドニアに置き去りにされ、家族が待つ地に再び戻ることができた者は、当時の困難な状況などからきわめて少なかった。日本人夫婦の間に生まれた者 51 人（16％）に対して、ヨーロッパ人との混血児は 122 人（38.3％）、アジア人あるいはメラネシア人との混血児は 145 人（45.5％）を数えたが、1939 年には日本人 1195 人のうち、フランスに帰化して国籍を得た者は 24 人（2％）にすぎなかった。没収された彼らの財産は、終戦後の 1952 年に調印された日仏平和条約によって、日本の戦後賠償として日本の鉱山会社が有していた鉱区を含めフランスへ譲渡された。農業地、店舗、居住家屋などは、後でニューカレドニアへ払い下げられ、農業地や没収地は、当時土地が不足していたカナクのトリビュやヨーロッパ人入植者へ分与された（パロンボ 2006: 30, 39）。

　日本人父親の強制送還と財産没収は、残った家族や日系混血児の生活を窮地に陥れた。とりわけ、第 2 次大戦後の 1946 年に土着民法が廃止されるまで、不平等な土着民的地位がカナク及びアジア系移民に課せられてきた中で、日系混血児は歴史から取り残された。小林も戦後 1976 年にニューカレドニアを再

第 3 部　文化の語り

訪したとき、メラネシア人との混血の日系 2 世に東海岸で遭遇したことが、戦前の契約移民の歴史についての記録を本として残すことになったと書いている（小林 1977: 11）。カナクの上院で慣習法を担当しているダルメラックも、こうした日系 3 世である。彼が呼ぶところの「ニッポ＝カナク（nippo-kanak）」は、外国人身分と市民権のない土着民的地位の間に置かれた。さらに日本人の父親が認知されない多くの「ニッポ＝カナク」や、数は少ないが「ニッポ＝インドネシアン」「ニッポ＝ヴェトナミヤン」「ニッポ＝インディアン（インド人）」などは、フランス人でも日本人でも土着民でもなく、社会的に最下層に落とされ、人種差別や虐待を受けてきたという（ダルメラック 2006: 51）。彼の場合、母方クランの系譜上の彼の曾祖母の父は 1878 年のアタイの反乱に加担して亡くなったカナクで、ブーライユの岬からポワイヤ川（Poya）流域（アンジュー語圏）にその首長国シェフリを築いていた。反乱でただひとり生き残った曾祖母は、母方家族に引き取られ、カナクと結婚し彼の祖母が生まれた。彼女は年老いた日系 1 世の移民男性（祖父）と結婚し、彼の母を生んだが産後死亡した。祖父は大戦で仏軍に駆り立てられ日本に強制送還されたため、彼の母は祖母の家に引き取られた。その家の長老は反乱後追放されポワイヤ川流域に定住したグラン・シェフの末裔で、彼は後継となる男子がいなかったこのグラン・シェフの養子になったと語っている（14/9/2005）。ダルメラックは文化人類学や文学への関心から作家を志し、彼自身の日系 3 世としての出自との関係で、社会的に疎外された混血児の窮状をいくつかの小説にしてきた[9]。彼によれば、多くの日系混血児や孤児は必死に生き、粘り強く耐え、カナク社会においては、養子縁組や結婚を通して、その共同体の中に同化、系譜的序列や慣習地を得て統合され、現在では教育、職業、知的分野でその力を発揮しているとしている（ダルメラック 2006: 52）。

　一方、筆者にとってのニッポ＝カレドニアンとの最初の出会いは 1986 年に会った、ヨーロッパ系カレドニア人を母に有し、日本人とインドネシア人の混血女性を妻にした当時日本名誉総領事のアンドレ中川であった。彼はヌメアの自宅で、セピア色に染まった白黒写真のアルバムをめくりながら次のようなことを追想している。熊本県出身の父親は 1910 年代初めにティオの鉱山で働き、契約労働の後に自由移民として農業をした後、ヌメアに来てタクシー運転手や商売に従事していたが、戦争になると 61 歳で、オーストラリアの収容所に送られ、そこから日本に強制送還された。軍の兵役に 1 年就いた彼は、1963 年

第 8 章　コンタクト・ゾーン

に父親を熊本に迎えに行ったが、ニューカレドニアへ戻ることなく日本で亡くなったという。日系子孫は 3000 〜 4000 人を数え、他人種とは良い関係にあると語っていた（8/18/86）。1990 年代の調査では、両親とも九州出身の日本人でヌメアに住む歯科医のニッポ＝カレドニア人にも出会った。両親は彼の小さいときにともに亡くなり、最初メラネシア人女性に育てられた後、ヨーロッパ系のカップル――女性は日本人との混血――の家庭に引き取られたため、彼もフランス人女性との間に生まれた 3 人の子どもも皆カレドニア人としてのアイデンティティを主張していた。彼はカナクの友人もおり、独立は避けられないと前向きであったが、それに十分な準備が伴っていることを願っていると語っていた（17/9/97）。また、フランス人女性と結婚した日本人移民で第 2 次大戦中日本に強制送還された祖父を母方に有するカルドシュ女性とも知己になった。日系混血児の彼女の母は成長するとカルドシュと結婚したため、彼女は日本文化を知ることなくカルドシュ文化の中で育ったが、祖父を通じて日本人の血が流れていることを意識し、日本人に親しみを感じていた。

　慣習の中でカナクとして生きる日系の子孫と、西欧文化の中でカレドニア人として生きる子孫との間では、そのライフ・スタイルや文化的相違は明らかに異なり、ニッポ＝カナクもニッポ＝カレドニアンもその文化的アイデンティティを決めているのは、ラマルク学派の後天的に獲得され育った家庭環境によることがわかる。両者とも、日本文化や日本語を実践し伝える存在の不在によって、家族の担い手となった母親や養子に入ったカナクの慣習、あるいはヨーロッパ人やアジア系の母方文化の中で、カナク社会やカレドニア人社会への同化というルートをたどってきた。父への追慕とともにその血に流れる日系の意識はあっても、戦争を引き起こした加害者の血でもあり、沈黙のルートにならざるを得なかったと言えよう。

　もともと「平和を愛する人」を意味するラテン語「pacificus」から派生した太平洋（Pacific Ocean）とその島々を、日本軍と米、豪、ニュージーランド連合軍による激しい戦場と化した太平洋戦争は、オセアニア島嶼国の人々にとっては、「我々の戦争ではなく彼らの戦争（It's not our war but their war）」であった。今もポリネシアのハワイから、ミクロネシア、メラネシアの島々、オーストラリアまで、日本軍が残した戦争の爪跡として――日系移民が飛び下りた断崖から、日本兵玉砕の洞窟、ジャングルの中の特攻機の残骸、海辺の錆びた戦車、沖で魚礁となった戦艦、青い海の底に沈む特攻機、各国の戦争博物館の展示品、

第 3 部　文化の語り

太平洋戦争を体験した島民の苦労話まで——筆者はオセアニアの地を旅する度にその傷跡を目にし耳にしてきた。ニューカレドニアではニッケル資源の存在と日本軍に対する警戒から、米軍が大々的に駐留したため日本軍の来襲はなく、幸いにして戦場にはならなかったが、日系 2 世たちの中には仏軍の兵役に就いた者もいた。父親から財産まで失った戦争の犠牲者でもある彼らが、沈黙を破って初めて「ニューカレドニア日系友の会（L'Amicale japonaise de Nouvelle-Calédonien）」を組織したのは、戦後 20 年を経た 1966 年である。マティニョン合意時代の 1992 年には日系移民 100 周年記念行事が、ヌメア合意の 2006 年には「私たちの亡き父（Feu nos pères）」と題した日系移民展がチバウ文化センターで開催された。後者は肖像写真や遺品などの展示とともに、残された家族の映像記録が日本人映像作家（津田睦美）によって作成されたものである。この地における日系人のルート・ルーツとしての埋もれた歴史と記憶が掘り起こされることによって、過去の痛みと追憶が人々に共有されたと言えよう[10]。2007 年には沖縄県人会が東海岸のポワンディミエで発足し、現在ニューカレドニアで日本人の血筋を引く者は、一説では 8000 人に上るとされている（石川：91）。

　日系人は筆者の研究対象ではなかったが、振り返ると、ニューカレドニアのさまざまな地でニッポ＝カナクあるいはニッポ＝カレドニアンの 2 世から 3 世、4 世に出会ってきた。日系人が眠る地は、ヌメア郊外からコネ、鉱山町のティオをはじめとして各地に散在し、ニューカレドニア本島の西海岸から東海岸まで及ぶ彼らのルートは拡散している。2000 年代の調査では、コネでスーパーに入ると、ヨーロッパ系の女主人に自分は日本人との混血であると自己紹介されたり、東海岸のブルスの山奥の慣習婚でジャポネと紹介されたカナク男性に出会ったり、カナクに「ナカムラ……」と次々日本人名を挙げられては、「知っているか」と尋ねられたり、妻は日本人との混血とカナクに言われたりもした。

　大戦から半世紀を経た和解の時代において、カナク社会とカレドニア社会という別々のルートをたどった日系移民の子孫たちが、両者のルートを節合して 2 つの社会に橋をかけることができるかもしれない。日本人であることがわかると、ニューカレドニアの人々からとりわけ親しさや、やさしさをもって接遇されてきたように思える。知らないうちに筆者は彼らの存在から恩恵を受けてきたのかもしれない。

第 8 章　コンタクト・ゾーン

ティオの日系移民の墓地

3）その他のコミュニティ

　オセアニア出身のコミュニティは、フランス海外領土のワリス・エ・フトゥナからのワリス人フトゥナ人（総称してワリス人）（2009 年 8.7%、1996 年 9.0%）、独立派と反独立派の対立がある仏海外領から 2000 年に POM（海外邦）として自治権を拡大した仏領ポリネシアからのタヒチ人（2009 年 2.0%、1996 年 2.6%）などのポリネシア人、また 1980 年、英・仏から独立したヴァヌアツからのメラネシア人のニ＝ヴァヌアツ（2009 年 0.9%、1996 年 1.1%）などの太平洋諸島民（2009 年 11.6%、1996 年 12.7%）で構成されている。彼らのほとんどは、第 2 次大戦後に移住してきた者であるが、ニ＝ヴァヌアツの場合、英仏共同管理下にあった近隣のニュー・ヘブリデスから約 1 万 4000 人のメラネシア人が 1865 年から 1925 年にかけて移住し、そのうちの大多数は 1900 年以前に到来している（Denoon 1997: 229）。ニ＝ヴァヌアツとはメラネシア人文化を、またポリネシア人のタヒチ人やワリス人とも同じオセアニア文化を共有し、筆者の知っているカナクにはこれらと結婚している者もいる。しかし、ニューカレドニアに働き口を求めて移住し、政治的に反独立派に与する者は多く、とりわけ、独立運動の中で反独立派 RPCR の傭兵として働いたワリス人とカナクとの関

第 3 部　文化の語り

係は複雑である。その移住は、1950 年代初頭から始まりアメリカ軍に雇用されたり、ヤテのダム建設に労働者として従事してきた。1956 年には人口の 1.8%、69 年には 6.2% を占め（Dornoy 1984: 51）、熱心なカトリック信者であるためその増加率は大きい。ヨーロッパ人に次ぐ人口を占め、経済資源に乏しい小さな故国の人口の 2 倍を超えている。RDO（オセアニア民主連合）のある活動家で 1975 年に移住した者によれば、ワリス人は経済的・文化的・社会的に周縁化されてきた意味ではカナクと同じであるという。しかし、カナクは仕事がなければトリビュに帰れるが、彼らにその選択はなく、この違いが両者の政治的行動の違いとなって、ワリス人はエサに釣られて RPCR に投票する「家畜」とまで侮蔑的に見なされてきた。しかし、マティニョン合意後の 1989 年、家畜のままであってはならず、人間として存在しなければいけないという反省から UO（オセアニア連合）が生まれたが、結局 RPCR と同盟した結果、1994 年に UO から分離してカナクと同盟する RDO を創出した。市民としての平等と連帯に立ったワリス人としての存在と、お金のためではなく人間としての尊厳を確認したという（10/10/97）。ここからも、エヴェヌマンによるカナクとの対立と紛争という過去に目を向けることによって、自らのアイデンティティや尊厳の回復を図ろうとしていることがわかる。

　アジア系（2009 年 2.5%、1996 年 4.3%）では日系人以外に、大戦以前にニッケル鉱山契約労働者としてやって来たインドネシア人（2009 年 1.6%、1996 年 2.5%）やヴェトナム人（2009 年 1.0%、1996 年 1.4%）、中国人などがいる。中国人は最初 SLN で働いていたが、ヴェトナム人は 1891 年に約 760 人がクーリーとして到着し、1920 年以降はニッケル産業の拡大に伴って増大し、ピーク時には 6500 人に達したが、第 2 次大戦前には、ニッケル産業の危機にあって 4000 人まで減少した。インドネシアからのジャワ島出身者は、コーヒー農園や鉱山で働くために到来し、1896 年から 1911 年にかけて約 1200 人が移住し、そのピーク時の 1939 年には 9000 人に達したが、第 2 次大戦後は減少し、1950 年代には 5000 人を数えた（Connell 1987: 98-99）。現在のアジア系移民の多くは彼らの子孫であるが、近年移住した中国人やヴェトナム人もいる。インドネシア人やヴェトナム人はカレドニア社会に同化し、商店やレストランの経営、商工業関係などの中間層を占めている。ヌメアのインドネシア人のコミュニティに育ったオーダンによれば、父親はゴロの日本鉱山会社で働いた後、大戦後はヌメアで小さな園芸業を営んだという。ヌメアには多数派のジャワ島出身

者、ジャカルタ出身者とスンダ出身者のインドネシア人コミュニティがあり、父親はスンダ出身で、オーダンはジャワ語とスンダ語を習った。ここで生まれ育ったインドネシア人は、殺菌効果のあるアロマ・オイルとして使われるニューカレドニア原産の薬用植物である「ニアウリ（niaouli）と呼ばれている」と語っている（1/9/2007）。ヴェトナム系で近年最も有名な人物は、第1部で言及したSMSPのP. D. G.のA. ダン取締役会長兼社長であろう。事故死したカナクのR. ピジョーに代わって北プロヴァンスの鉱山事業を担っている意味において、その占める地位と役割は大きい。SMSPのホームページに載っている彼のメッセージには、カレドニア人、とりわけカナクの人々は国の中枢セクターの活動を管理する能力があるばかりでなく、鉱山活動を中心にその周りに社会的多様化のプロセスをいかに導いていくかを知っている。彼らは自らの会社を率いる企業家となろうというコメントが載っている。自らの会社とは、鉱山プロジェクトにおける共同体レヴェルのカナク持ち株中間会社などのことであろうが、ここにはヴェトナム人という移民の立場からカナクの人々を立てる彼の配慮が窺える。筆者は、ヌメアで週末やランチタイムに店を閉じるカレドニア人の店とは異なり、朝から晩まで休日なしにフルタイムで開いているヴェトナム人の小さな個人商店を都合よく利用したが、比較的近年にやって来た1世代目の移住者らしく、戦後の日本人を思わせる働き振りだった。

　この他にも、1879年にパリ・コミューンの政治犯とともに流刑されたアラブ人の子孫（推定で約2000人）のコミュニティもあり、彼らが開拓した主島西岸ブーライユ（Bourail）のナサディウ（Nassadiou）にはモスクやアラブ人墓地があり、ブーライユの市長で政治家となったT. アイファ（Taïeb Aïfa）もそうした子孫のひとりである。イスラム教徒は本来同じ教徒との結婚を旨とするが、混血化は進んでおり、筆者もイスラム教徒のアラブ人子孫と結婚しているカナク女性に出会ったこともある。近年の世界的なイスラムの動きに呼応してか、それまで信心深くなかった夫が宗教活動に熱心になったと、懸念を示していた。モスクはヌメアにも建てられ、近年移住したイスラム教徒の数も増し、ラマダンも行われているが、ニューカレドニアのイスラム教徒の大半は、インドネシア人であることを念頭に置く必要がある。一方、フランス本国や仏海外領・海外県、EU諸国などから移民の流入は止まらず、西インド諸島のフランス海外県マルティニック（Martinique）やグアドループ（Guadeloupe）、旧フランス領出身のアフリカ系移民も近年増大している。ヌメアのあるヨーロッパ系

第 3 部　文化の語り

高校生は、親しい友人としてアフリカ人、カリブ諸島のアンティル（Antilles）人からオランダ人まで挙げていた（1997）。ヌメアの入植者が多く住む文字通りのヴァレ・デ・コロン（Vallée des colons）と呼ばれる居住地域のあるカルドシュによれば、このアパートでは、隣人はノワールだし、お向かいはカルドシュ、上の階にはゾレイユもヴァヌアツからのブランもおり、我々はここにとどまる他はないのだと語っている（1998）。

　民族的にモザイク化した首都ヌメアは、人種的・文化的コンタクト・ゾーンとして人々の接触の機会はブルスよりも格段に多く、西欧文化の支配という不均衡な力関係の下で、ライフ・スタイルや文化的実践が摩擦と理解を通して体験し得る空間的接触領域でもある。新たな移民が入れば新たな混血児が生まれることになり、まさしくアングルヴィエルの言うように、「過去から現在にわたってかかわってきた生物学的混血は至るところに現存し」（Angleviel 2004: 19）、この意味では、彼の監修の下に出版された『La Nouvelle-Calédonie: Terre de métisssages（ニューカレドニア　混血の大地）』という題名はまさにふさわしい。しかし、「メティス」から派生した混血、異種混淆を意味する「メティサージュ（métisssage）」という言葉は曲者で注意が必要である。生物学的・文化的異種混淆をともに意味することができるが、異なる人種が交わってもその結果として異種混淆の文化が、メティスのように生まれるわけではないからである。

4）異種混淆のレトリック

　それでは、こうしたモザイク化した多文化社会を包括したカレドニア人としてのアイデンティティはいかに表象されているのだろうか。父方にヨーロッパ人とメラネシア人を、母方に 1985 年に到着したヴェトナム人とインドネシア人という 4 つの異なった血筋とカナク親族を有し、ヴェトナム人とインドネシア人の活動にも参加しているという RPCR のカレドニア人政治家のブリオーは、ヨーロッパ系コミュニティで育った。ヌメア合意によって「共通の運命の市民社会」を形成することになったカレドニア社会において、彼が考えるカレドニアン・アイデンティティの独自性とはその多文化的側面にあり、それは皆のものであり、「これら固有のアイデンティティから相通ずる全てを結合したものから、このカレドニアン・アイデンティティが作られるのだ……カレドニア文化は、混血文化（culture métissée）である。実際、真のカレドニアン・ア

第 8 章　コンタクト・ゾーン

イデンティティはメティスとなろう。カレドニアはブラジルのようにメティサージュの国である……太平洋の中でもユニークだ」(12/11/98)。彼のディスコースは、ブラジルを引き合いに、メティスとメティサージュをカレドニアのアイデンティティのシンボルとして表象し、次元を異にする人種的混血と文化的異種混淆を同一化して、前者を後者に読み替えているように聞こえる。

　ニューカレドニアではカレドニア人であろうとカナクであろうと、ブラジルはよく引き合いに出される異種混淆のシンボルとなっているが、古谷によれば、「メスティサヘ」や「混血の文化」というメタファーに繰り返し訴えてきたラテン・アメリカのナショナリズムにとって、異種混淆性は使い古されたディスコースであるという。こうした権力関係を含んだ非対称的なものである異種混淆を美化するレトリックを、彼は「異種混淆の美学」あるいはハイブリッド性の美学として、あらゆるものを脱政治化する機能を果たすと批判している（古谷 2001: 16, 146）。ヌメア合意はその他の移民であるカレドニア人も植民地化の犠牲者であったことに触れているが、たとえ同じフランスの植民地支配下に生きてきたとしても、カナクとカレドニア人の経験は文脈を異にし、同等ではない。ブラジルをネーション・モデルに、異種混淆をカレドニア社会の人々の文化的属性として位置づけるレトリックは、支配的力関係の下で生じる不均衡な関係をハイブリッド美学の中で不可視化し、植民地支配の歴史を脱力化する働きがある。それゆえ、前述の「混血の大地（Terre de métisssages）」という題名もまた文化的混血の大地もほのめかすことのできるレトリックともなり得よう。人種的に混血化した大地は、文化的にはエスニシティの「文化共同体」にパラダイム化された大地であり、両者は同等ではない。生物学的な人種的混淆を文化的混淆に転化して同一視すると、異種混淆の奸計にはまり、文化的相違は不可視化され、支配的文化の中で生じる不均衡な異種混淆が意味するところのものをうやむやにし、いかに主体間の関係が成立してきたかを見過ごすことになる。

　ヌメア合意が結ばれた 1998 年、テレビではコミュニティ間の相互理解を増大するためか、文化的アイデンティティに関する番組が登場し、多文化主義を強調しながら、「国造り」のためにカレドニアン・アイデンティティをメディアは模索しているように見えた。そうした文脈の中で、カレドニア文学の出現を特集したテレビ番組のインタヴュー・シリーズが放送されていた。1980 年代に出現したカレドニア文学はこれまで、N. クルトヴィッチのようなヨーロッ

パ系作家のみならず、ゴロデやダルメラックなどのカナク作家を輩出してきた。南太平洋のフランス語圏文学の実情に関してはダルメラック（2008）を参照されたいが、彼によれば、フランス語圏の文学は、島国的な固有の風土、普遍性よりもローカルな特殊性や独自性、限られた読者層といった規模の小ささなどから、作家として独立してやっていくのは困難で自費出版とならざるを得ないという。実際、3人とも糧を得ているのは創作活動以外の分野であり、クルトヴィッチはカナクのド・カモ高校の校長であり、ゴロデは女性政治家として、ボルドー大学で法学を学んだダルメラックは上院で法関係を担当しており、文化的創作活動は経済的・政治的関係にもかかわってくる。そうした制約された状況の中で、ダルメラックによればカレドニア文学は1990年代に飛躍的に発展したという。この文学的開花は、紛争の時代に閉ざされていたエスニック・コミュニティの境界が他者に開かれたことにより、和解の時代において文化的インターフェイスの実践として創作活動が活発化した結果と言えよう。作家たちがカレドニア文学において取り組むテーマは草莽の中にあるが、作家にとって、どのコミュニティに属していようが、フランス語でその文化や社会を文学として表現する行為は、複雑な意味を担っていよう。ひとつは、それがフランスの支配的文化や文学の歴史的影響力の下にあり、とりわけ言語は文化の基盤であるゆえ、フランス語で書くという行為は、カレドニア文学としての独自性と自立性の意味においても、普遍性を標榜するフランス文化に対するローカル性の挑戦でもある。一方、これまで見てきたカレドニア多民族・多文化社会は、他者との関係を描くことなしに、真のカレドニア文学として書くという行為が成立し得ないことを明かしている。しかし他者との関係とその歴史的痛みやつながりを作家が表現するのはその創造力によってであり、クルトヴィッチは表現する行為は中立的な行為ではあり得ないと語っている（N. Kurtovitch 2000: 1; 2001: 2）。そうした中で、彼は安易な異種混淆に対する懸念を表明しているのである。

　サラエボのイスラム教徒であるボスニア人を父に、フランス人とドイツ人との混血のカレドニア人を母に、ヌメアで生まれたN. クルトヴィッチは、「カメレオンの誘惑と文化的異種混淆（Tentation caméléon et métissage culturel）」の中で、共通の運命としての統一への夢の中で、「文化的に混淆することが、国の将来にとっての唯一の文化的希望」であるかのようなディスコースが主張されているが、文化統合の必要性を急ぐことは、変態することで他者を欺くカメレ

第 8 章　コンタクト・ゾーン

オンの誘惑にはまることであるという（ibid. 2000: 5, 3; 2001: 6）。本当の自分が誰なのかわからなくなる「異種混淆の美学」にはまることでもあろうが、彼は、カレドニア社会のカメレオン的「姿を変える」風潮は支配文化のイノベーションを加速することであり、このことは各コミュニティの文化の違いや歩調を無視して、かつての植民地支配よりも悪いネオコロニズム的文化支配を生み出すことになると考えている（ibid. 2001: 9; n.d.: 3）。アイデンティティは他者を必要とするが、文化的異種混淆が支配的文化への同質化のプロセスを生んでいくならば、それは他者性の喪失であり、このことは均質化の中で、自らのアイデンティティの喪失を促していく。支配的文化との異種混淆は文化的多様性が失われていく危険性があるので、クルトヴィッチはこうした風潮に対して、「用心、目を光らせる」という言葉を使って、警告を放っていると言えよう。

　しかしながら彼は、異種混淆そのものを否定しているわけではなく、そうすることはむしろ馬鹿げていると考えているが、文化的異種混淆は生物学的異種混淆とは逆に達成できるものではなく、永続的な再創造でしかないとして、先に見たように「文化的インターフェイスの実践」を主張している。彼にとってインターフェイスとは、創造者、あらゆる分野のアーティストにとって文化的接触や遭遇を実践する場であり、対立、友情、愛、拒否を経験するスペースであり、なんでも自由に書き込める白紙のページであり、交流と独創力を高める場である（ibid. 2000: 3, 4; 2001: 7, 8; n.d.: 2-3）。異なった文化やアイデンティティが交差するコンタクト・ゾーンとしてのインターフェイスにおいて、彼はカレドニア多民族社会の過去と現在の交錯や他者との関係性などを追求してきたと言えよう。この意味において、インターフェイスは作家のインスピレーションの源泉であり、その実践はカレドニア文学としての創造力や独自性のために重要である。インターフェイスをこうした活発なスペースとして見なす視点は、カサレルがメティスであることを間文化的に両親の領域を行き来するダイナミックな空間として捉えている見方にも相通じている。それゆえ、ミュージック・カネカであれ、カレドニア文学であれ、先に見たコンタクト・ゾーン図における「異種混淆のプロセス」とは、たとえば、AとCの文化集団に属する個人あるいは集団が互いに接触し、インターフェイスの実践を通して、互いの文化要素を自らの文化システムであるAとCへ導入し、加工処理し、新たな差異を形成する再創造への終わりなきプロセスとして捉えられ、この意味で「インターフェイスの実践」は、アイデンティティや文化的相違、多様性を消去し

ないために、「異種混淆の美学」に対する対抗概念として捉えることができる。異種混淆の中の多文化社会において、ハイブリッド美学の下では文化的異種混淆は人種的異種混淆と同一化され、不均衡な力関係の下で支配的文化に同化され、文化的差異が不可視化される危険性がある。しかし、異なった文化が接する「界面」としてのインターフェイスは、境界化と分類化の「アイデンティティ」と、脱境界化と脱分類化の「異種混淆」の両者を互いに関係づけることができる。この意味で、文化的接触領域としてのコンタクト・ゾーンにおいて、異種混淆のプロセスが均質化への一様な文化ではなく、多様性と創造性に富んだ文化を生み出していくためにも、異なった主体間の関係性を成立させる「インターフェイスの実践」が重要と言えよう。

　支配的文化の下での異種混淆を脅威と見なすカナクがいるように、カルドシュにおいてもカナク・アイデンティティやその文化的復権によって、その他のカレドニア人の文化やアイデンティティが周縁化されていくのではないかと懸念する者もいる。前述のブリオーのディスコースは、カナク文化とそのアイデンティティに対するカウンター・ディスコースとして読み取ることもでき、彼も各コミュニティは自身のアイデンティティと文化を育むべきだと考えている。しかし、「真のカレドニアン・アイデンティティはメティスとなろう。カレドニアはブラジルのようにメティサージュの国である」とする異種混淆の「運命共同体」的な文化的ディスコースにおいて、「メティサージュ」というメタファーは政治的狡知性を帯びている。エスニシティ・レヴェルで「紛争の中の多民族社会」を経た「異種混淆の中の多文化社会」は、政治的ルートによって「共通の運命の中の市民社会」にネーション・レヴェルで節合されているからである。ゆえに、「異種混淆」同様、安易に「多文化主義」を標榜することは、変態することで他者を欺くカメレオンの誘惑にはまる政治的危うさを孕んでいる。西欧文化の支配的力関係が歴史的に形成してきた社会構造の中で、互いの文化を実際に学び理解し認め合うことがなければ、モザイク化した文化的寄せ木細工を表象する多文化社会のレトリックにすぎなくなるからである。それゆえ、「異種混淆の中の多文化社会」は複雑難解である。

第 8 章　コンタクト・ゾーン

注
1) 植民地下での混血児に対する法的処遇については Coquelet（2004）を参照されたい。
2) 1991 年以来、土地補償という経済的問題からもマオリは土地保有者として帰属する「イウィ（部族）」名まで記載することになっている（内藤：394-395）。
3) 仏領ポリネシアの混血については Saura（2004）、Leblic（2004: 35）を参照されたいが、ニューカレドニアとは違い、ハーフに相当するドゥミ（demi）が用いられているようである。
4) ジョルダンはソロモン諸島をケース・スタディとして、ポピュラー（大衆）文化は「誰の文化でもなく……一般的な名称」（Philibert 1990）という言葉を引用している。
5) これについては、*Mwà Véé* No.53, 2006 を参照されたい。
6) カナクは、文化的シンボルとして、カーズや、その天辺に付ける矢形の彫り物、トーテム、ヤムイモ、モミの木、ココヤシ、顕示台の斧などの伝統的なものを挙げることが多い。
7) カヴァはコショウ科の根を粉末にして作る麻酔成分の入った鎮静効果を有するオセアニアの伝統的飲料で、ポリネシアやミクロネシア、メラネシアのフィジーやヴァヌアツで儀礼的に用いられてきた。ニューカレドニアには伝統的には存在しないが、現在ではいわゆるカヴァ・バーがオセアニア各地で見られる。飲みすぎると中毒になり、皮膚の潰瘍などを引き起こす。
8) "chuchotemônts" の綴りは正しくは "chuchotements" で、わざと綴りをその訛り音に合わせて変えていると思われる。
9) 日系混血児を扱ったダルメラックの小説には、『*Les Sentiers de l'espoir*（希望の小道）』（2003）や『*L'Île Monde*（世界島）』（2004）がある。
10) 日系移民展はコネを含め地方 3 箇所で開催され、翌年、横浜をはじめ彼らの故郷や日本各地でも公開された。

第3部　文化の語り

第9章

現代アリーナの中の文化

　新自由主義市場経済や瞬時の情報伝達による格差拡大と競合主義が増大するグローバリゼーションに節合された現代アリーナにおいて、先住民のエスニシティとしての文化は、いかなる方向性を示しているのであろうか。脱植民地化運動における文化的権利回復要求という歴史的闘争の場を経て、ポストコロニアルなネーション意識の形成という新たな使命を帯びたカナク・アイデンティティにおいて、その文化的アリーナは再編されたと言えよう。前者がクチュームを主軸とした親密圏における土着的文化顕示であるならば、後者においては、公共圏におけるナショナル・カルチャーの文化的言説を担いだしているように見える。このナショナル・カルチャーとしての新たな文化的顕示を展開する舞台となっているのが、カナクの文化的復権を公に認めたヌメア合意（1.3.）とともにオープンした、今は亡き闘争リーダーの名前を冠し、その妻 M.-C. チバウ（Marie-Claude Tjibaou）を理事長に配したチバウ文化センター（Centre culturel Jean-Marie Tjibaou）である。
　ミュージアムを考察対象のひとつとしてきたクリフォードは、芸術と科学の間、審美的なものと人類学的なものの間の境界は、固定しているわけではなく、近年、人類学博物館と美術館の間には相互浸透の傾向があると指摘している（Clifford 1988: 228; 2003: 289）。この意味でセンターはまさしく、親密圏における共同体の慣習なるものが意味する民族誌的文化遺産の展示から市民的公共圏におけるミュージアムとしての現代アート展示、さまざまな文化との接触と交流をもたらすコンタクト・ゾーンの空間領域として、カナク文化発展のために、未来へ向かって過去との間に橋をかけながら、カナク・アイデンティティを再想像していくモダン・アリーナと言えよう。
　以下で、ADCK（カナク文化発展庁）の活動を通して見える「チバウ文化センター」の現代文化アリーナとしてのあり方、センターが力を注いでいるカナク文化遺産としての「口承の遺産」プロジェクト、及び「現代アート」の開発

第 9 章　現代アリーナの中の文化

を目指したプロジェクトから、モダン・アリーナにおける再編されたカナク文化の意味するところを探っていく。

1. チバウ文化センター

　チバウ文化センターは、カナクの文化的アイデンティティ回復の結果を最も有形に、そして文化が歴史的闘争の場であることを最も象徴的に証明していよう。センターの小高い丘の上に立つチバウ像は、その眼下にある太平洋を眺望しながら、彼の有名な言葉を人々に語りかけているようにも見える。「伝統に戻ることは神話である。繰り返し明言するが、それは神話である。それができた人は誰もいない。アイデンティティに対する探求とモデルは私の前にあるのであって背後にあるのではない。それは永遠に続く再公式化である……我々のアイデンティティは我々の前にある」(Tjibaou 1985: 1601)。カナク・アイデンティティが、ネスリーヌによる「私とは誰であるか」の問いかけから始まったとするならば、チバウのアイデンティティの問いかけは、「我々はどこに向かおうとしているのか」という未来のルートへの問いかけと言えよう。「永遠に続く再公式化」として「アイデンティティは我々の前にある」とは、アイデンティティが常にプロセスを意味していることでもあり、未完成の建築の場としての概観を呈したセンターは、カナク・アイデンティティの未来をいかに再公式化していくかの場でもある。以下で、センターを通したカナク文化の新たな志向性としての文化顕示と境界への働きかけを見ていく。

1）モダン・アリーナに見る文化顕示

　ヌメア北東のティナ半島にあるこのモダンで壮観な文化センターは、著名な建築家レンゾー・ピアノの設計によるもので、海を見晴らす丘の上に建っている。帆船の帆のようにそびえ立つ建築は、ピアノがカナクの伝統的住い、カーズ（case 小屋）からインスピレーションを受けたものだ。すなわち、カナクの村で見かけるカーズの骨組みが建てられている光景を、ピアノはカナク建築の原理的特徴として捉え、未完成形の建築の場としての概観を持ったセンターを意識し、また自然との密接なかかわりを有したカナク文化を尊重して、風や光

第 3 部　文化の語り

チバウ文化センター

がふんだんに取り入れられるように設計した。8 ヘクタールの敷地内にあるセンターは、3 つのヴィラージュで構成され、風を自動調整する開閉式のメタル・ウッドの薄板で覆われた帆船形の 10 のカーズから成っている（ADCK 1998: 6-7, 20）。センターのプロジェクトに深くかかわってきた仏人類学者のベンサによれば、ピアノは対称と反転をもって、太平洋と西洋を一緒にし、その結果センターがコピーすることなくカナクの世界を表象するように設計したという。このことは、あるカナクの老人をして、「それは我々ではないけれど、我々でもある」と言わしめたという（Bensa 2000c: 165）。「我々ではないけれど、我々でもある」ということは、センターがカナク・アイデンティティの未来への想像を秘めていることを意味しよう。

　マティニョン合意の最終年、センター建設の陣頭指揮に当たってきた O. トーニャは、その完成図を前に次のように述べている。「センターは、文化的グローバリゼーションがまだ到達していない、我々の現代的環境の中でカナク文化とアイデンティティを解釈している……建物と建築はそうしたメッセージを放っている。ここでの我々の仕事は、過去に従事しながら、現実に対応し、明日の始まりを見ることにある……センターは伝統と近代の間の 2 つのコミュニケー

第 9 章　現代アリーナの中の文化

ションを発展させることにあり、その意義を過去のルーツと未来の始まりに置いている」(8/10/97)。彼のディスコースは、センターが現在を通して過去から未来へとカナクの文化的ルーツとルートを節合することによって、伝統と近代をパラレルな視点で対話させようとしていることを示唆していよう。クリフォードや太田が論じているように、現在から過去へ遡るルートは、未来へのルートを開くことに通じ、「人は常に過去と未来の両方を見ている」のである。この意味で、センターはカナク文化の「未来になりつつある現在」を示唆していると言えよう（Clifford 2003: 112-114; 2004: 158-160）。

　センターは、歴史的文化遺産、現存する伝統、現代美術をテーマとして、カナクを含めたオセアニアの民族誌的オブジェから現代アート作品までを収集展示し、文化的総合拠点としての活動の場でもある。ヌメア合意（1.3.2）では、フランスやその他の海外へ流出したカナクの文化的オブジェの返還とこうした有形の文化遺産の保護を謳っているが、展示室の最初の「ブエナンド・カーズ（Case Bwénaado 慣習的集いの家）」は、ヨーロッパの博物館などに所蔵されているカナクの民族誌的コレクションを数年間借り受け、定期的に迎え入れる部屋である。カナクの伝統的なグリーン・ストーン聖体顕示斧、通夜のマスクや貝貨などが、貸借ではあるが植民地化から歴史的帰還を遂げてカナクの文化遺産として陳列されている。民族誌的展示室として「伝統的なるもの」を通して、文化的現在が過去と邂逅する場と言えよう。次の展示室「ジヌ・カーズ（Case Jinu エスプリの家）」では、圧倒するようにそそり立つ巨大なオセアニアの作品群がスポットライトを浴びて異彩を放っている。ニューカレドニアをはじめ、パプアニューギニア、イリアン・ジャヤ、ヴァヌアツ、オーストラリア、ニュージーランドから収集されたこれらの祭儀的な彫刻は、一見民族誌的アートにも見えるが、前者の「ブエナンド・カーズ」とは異なり、センターのオープニングに合わせてそれぞれの地域に発注され、作成されたセンター所蔵のコレクションである。各地域の彫刻家がそれぞれのローカルな伝統的彫刻を現代に再現することによって、共通する死者と生者との関係的世界観を具象化した霊的祭儀場としてのオセアニアを象徴している（ADCK 2001: 70, 72, 75）。

　しかしながら、センターはこうした「伝統的なるもの」の収集を、過去のサルベージとしてではなく、文化的ルネッサンスを喚起する未来への回収として捉えているようだ。なぜなら、「ベレタラ・ホール（Salle Bérétara 鑑賞する意）」と名付けられた次の展示室におけるオセアニア現代美術の展示に、ハイライト

第 3 部　文化の語り

が当たっているのは明らかだからである。これは、ベンサによれば、ADCK が過去への新たな再評価と同時に、現在の世界に積極的にかかわっていきたいという意思表示からでもある（Bensa 2002: 295）。その現代アート展示室では、カナクの作品を含めオセアニア各地から収集したモダン・アートの作品が展示され、いわば美術館的役割を果たしている。現代アートについてはここでは省略するが、その展示品は全てセンターが収集、買い取ったもので 1 年くらいのサイクルで替わり、展示が変わると作品は地下の巨大倉庫に収納される。この収集は、オセアニアやフランス、世界の美術館との交流や展示品の交換や貸し出しに役立つであろう。この他にその時々に特集を組む特別展示室や、チバウに関しての足跡や歴史を展示した部屋、劇場、視聴覚ライブラリー（Médiathèque）、ADCK のオフィスも言うまでもなくセンター内にある。

　センター屋外には、カナクの文化的メッセージが至るところで放たれている。自生植物が茂る 1 キロに及ぶ「カナクの道（Chemin kanak）」は、メラネシア 2000 に登場したカナケ、すなわちカナクの祖先の原型として神話を示唆する道であり、5 つの庭園を通して、自然と融即したカナクの宇宙観を表象している。この道では、また、カナクを主人公に、カナクの人としての誕生から死までを、カナク舞踊団が演じるカナク野外劇も催されている。ムワカと呼ばれる慣習区域（Aire Mwakaa）には、グランド・テール南部・北部とロ諸島プロヴァンスからそれぞれ 3 つの伝統的なカーズが建てられ、重要な慣習的空間としてカナク文化の歓迎の精神を表象している。ここではセンターがあるティナ半島の慣習的土地保有者とセンター関係者がセンターを建てることに同意する贈与交換を行った。野外の 2 つのステージでは、コンサートやダンス、劇などの公演が、カナクをはじめ、他のコミュニティやオセアニア、世界各地域から集った人々によって行われ、集団、個人のレヴェルで文化的インターフェイスが実践されるコンタクト・ゾーンの舞台となる。以上の点からも、ミュージアム的機能から視聴覚ライブラリー、屋内・野外劇場まで備えたセンターは、総合文化センターでもあるが、伝統と近代、カナク世界と外部世界を交差させ、それらの文化的節合を通してカナク・アイデンティティの文化的未来を創造する場を提供していると言えよう。この意味において、脱植民地化運動における文化闘争は、この現代アリーナにおいて明らかに再編され、新たな文化的顕示を示している。

　センターの完成は、メラネシア 2000 以来最大のカナクの文化的イヴェント

第9章　現代アリーナの中の文化

であったが、オープニング当時、センターに対する人々の反応はフェスティヴァル同様、賛否両論が見られた。あるカルドシュは、「文化センターは文明だ」と形容したが、そこにはカナクが手にした文化的権利を特権として見るやっかみ的な心理と、このような文明的建造物はカナク文化ではないという侮蔑的な視線が見える。解放運動の闘士であったポワグースは、「センターは美しいが、カナクがその中で居心地良いかどうかはわからない」（27/10/98）と語っている。これは一般のカナクにとっては馴染みのないポストモダンな建築様式、センターの展示を鑑賞するのにかかる費用や[1]、オセアニアからの現代アート収集品に比して、限られたカナクの伝統的工芸品などが、カナクにとっての居心地の悪さの一因でもあろう。「微笑みのメラネシアン村」のメンバーでメラネシア2000に参加したカナク女性は、センターにオープニング当時足を踏み入れていなかった。彼女は「メラネシア2000が終了したとき、我々はチバウとカナクのフェスティヴァルや結婚式などの慣習的行事を行うための歓迎センターを建てることについて議論した。他のコミュニティはそうした慣習行事を行うための独自の会館を持っているからだ……新しいセンターでは、我々はそうした行事を行う機会がない……もしチバウが生きていたら、彼は異なったヴィジョンを持っていたから、センターは違ったものとなっていただろう」と語っている（7/11/98）。換言すれば、マオリのマラエに相当するようなコミュニティのシンボルとしての集会場を期待していたと言えよう。それゆえ、センターが一般のカナクのために慣習的に利用できるサービスや機能を有せず、コミュニティの役には立たないという不満を表明している。ワポトロも、各慣習地域が小さくてもそれぞれの文化センターを建て、その文化的アイデンティティと生活のあり方を表現し、互いに関係し合えるように各地の工芸品を巡回させ、交流することを願っていた。彼は、ひとつの大きなセンターがフランスのヴィジョンの下に、彼らのショーケースとして建てられたが、センターが全般的にカナク文化を展示していることには評価できるとコメントしている（20/10/98）。つまるところ、カナクが感じる違和感は、センターがコミュニティと密接な関係を持った慣習的場としての親密圏ではなく公共圏の場として、多様性とローカル性を表象する慣習よりも、ネーション・レヴェルに収束させられた文化を表象していることにあろう。

　ヌメア合意では、フランスはカナク文化をアート研修コースとメディアを通して開発し、高め、その著作権を保護すること、チバウ文化センターがカナク

第 3 部　文化の語り

文化発展のために必要な技術的援助と資金を長期的に提供すること、文化遺産に関係する全ては、ニューカレドニアと合意を結ぶことなどを、約束している（ヌメア合意：1.3.4, 1.3.5）。この合意に基づき、資金面ではセンターの建設費を供与しているフランスは年間運営費の半分を負担し、残りの運営費はニューカレドニア政府と 3 プロヴァンスの州政府が出資し、文化発展政策はこれらの財政上のスポンサーとの間の合意に基づき、理事会も M.-C. チバウ理事長の下にカナク慣習当局の上院、3 プロヴァンス政府及びフランス政府からの代表者で構成されている（ADCK 1998: 26）[2]。理事会メンバーとなった慣習当局は、フランスの伝統的外交政策である「フランス文化の普及（rayonnement de la culture française）」という言葉を流用して、センターから「カナク文化を地元で、地域的に、国際的に普及すること」を主張していた（CCT 1998b: Atelier 3）。しかしながら、フランスが、センターの最大のスポンサーであることは明らかであり、センターをオセアニアの一大文化センターにしようとするフランス"文化帝国主義"の匂いもする。また、オセアニア各地から収集された伝統的作品やセンターによる数々の現代美術収集品からも、オセアニア・アートのパトロンとしてのフランスが想起される。あるカナクは「カナク文化について語っているのは本国フランス人だ」と皮肉ったが、これには発足当初本国から派遣されたフランス人がそのレイアウトからセンターの方向づけまでを指揮していることにもあった[3]。

　1990 年代のオープニング当時、学童の見学ツアーを除くと、一般のカナク訪問者は少なく、多くは外国からの観光客で占められていた。そのスケールとモダン様式から、センターはオセアニアにおける記念碑的建造物として、カナクやオセアニア文化との出会いの場として観光客を引き寄せていた。それゆえ、カレドニア人のシヴォは、センターは観光のための記念碑であり、観光用のスポットとして、パリのルーブル美術館のように文化を国産品として売っていると語った（27/10/98）。ここには、メラネシア 2000 フェスティヴァルで見た批判にもあったが、観光客に展示される文化産業としてのセンターの表象がある。しかしながら、ヌメアを訪れる一般の観光客は、これまでの青い海と白い砂浜から、その観光対象を広げて、先住民カナクの存在やその文化や歴史を知る機会ともなろう。いずれにしても、センターはヌメアの観光スポットとして、その「ブティック」は T シャツからアート作品、ADCK の季刊誌『ムワ・ヴェエ（*Mwà Véé*）』、カナク文化・歴史に関する本まで、文化商品としての土産品

を揃え、経済的にニューカレドニアの文化産業、観光産業へ貢献していよう。言い換えれば、文化の商品化において主体となるのは、文化の担い手であるエスニシティではなく、鑑賞したり、購入したりする個人や団体の消費者であり、彼らがその商品価値を評価すると言えよう。

　以上のことからも、センターが表象するカナク文化の復権は、共同体レヴェルで一般のカナクが慣れ親しんだものとは異なった公共圏におけるモダン空間の場として具現化された。しかし、たとえチバウが生きていたとしても、次に見るように彼の文化に対する未来志向の実利主義的ヴィジョンは、センターをして一般のカナクが望んだ親密圏としての慣習的場にはならなかったと言えよう。

2）境界への働きかけ

　筆者は開設から10周年を迎えた2000年代、外国人観光客や学童といった訪問者だけでなく、地方のカナクが一度は訪れるカナクにとっての文化的メッカのようなものになっているセンターと再会した。フランス本国から派遣されたスタッフは、当初文化センター運営上のノウハウに必要な知識の習得と現地スタッフを訓練するためであったが、全てローカルな在住者に取って代わり、カナク・スタッフの数も雇用者の約半数以上に増大していた[4]。2006年には、引退したO.トーニャの後を引き継いで、カサレルがADCKの新長官に就任した。カナクとフランス人女性の間に生まれ、フランスで民族学を学びフランス人女性と結婚、ヌメア博物館の館長を務めた後、ADCKの文化担当官としてカナク文化発展政策の責任を任されてきたカサレルは、その育った環境、キャリアや経験からも、コンタクト・ゾーンとしての新たな文化顕示のあり方を進めるのに適任と言えよう。

　O.トーニャと12年にわたって一緒に働いてきた彼は、その間、文化政策の展望と責任を任されてきたので、ADCK＝チバウ文化センター（以下、ADCK＝センター）の文化政策に変わりはないとして、2つの目的を挙げた。ひとつは有形の意味で未来を見据えた現代芸術の展示であり、アーティストの交換によって、カナク・アートをプロモートすることで、もうひとつは、無形の意味で過去に目を向けたカナク遺産で、異なったカナク言語から過去の口承を収集し、記録として残すことであるという。カナクの文化的現在を、過去と未来に

第 3 部　文化の語り

節合したこの 2 つのプロジェクトに関しては次節と 3 節で見るので、ADCK ＝センターをコンタクト・ゾーンとするインターフェイスの実践に関して、カサレルが語った他のコミュニティの境界への働きかけをここで見ていこう。カサレルは、ニューカレドニアでカナク文化が基本的な伝統的文化として人々に理解されることが必要であり、センターの目的はカナク文化に焦点を当てているが、「同時にカレドニアの全ての文化ともともにやっていきたい。なぜなら子どもたちの代では我々がやってきたようなやり方では生きていかないからだ……それゆえ、文化について問いかけることは重要なのだ……」（30/8/2006）と語っている。

　つまるところ、脱植民地化運動における歴史的闘争の場として先住民性の境界を明確にしたこれまでの文化的顕示から、コンタクト・ゾーンにおける主体間の関係の成立として、他のエスニック・コミュニティの文化との共存のあり方をセンターが模索、志向していることを示唆していよう。これは、チバウがメラネシア 2000 で果たせなかった、他のコミュニティとのダイアローグを求めたカレドニア文化プロフィール 2000 の構想にも帰すことができよう。クリフォードによれば、チバウは文化センターの場所を「敵対的な入植者の町、ヌメア」に置くことを構想していたが、それは、チバウが「文化的・政治的アイデンティティは常に境界に働きかける」（Clifford 2001: 471）と見ていたからだとしている。このことはメラネシア 2000 のヌメア開催を彷彿させるが、ヨーロッパ系を主体に多民族のカレドニア人が居住し、政治的・経済的中枢である首都ヌメアを文化的アリーナにすることによって得られる、他者との接触という実利的効果をチバウは予想していたと言えよう。

　センターの境界への働きかけに関しては、オープニング以前から関心を抱いていた人々もいる。そのオープニング・フェスティヴァルで、自らの作品『Le Sentier（小道）』を上演したカレドニア人作家の N. クルットヴィッチは、「センターで使われている言語、表現形式は世界中を通して理解可能であり、コミュニケーションの増大に役に立つだろう」とコメントしている（10/9/97）。オナココは、白人、タヒチ人、ヴェトナム人たちは文化的に周縁化されてしまわないためにも、センターに彼らの居場所を見つけなければならず、センターはカナクと他者の文化との出会いの場所であり、カナク・アイデンティティ自体も結果として変わっていくだろうとしていた（23/10/97）。また、ウアンブイは、センターがカナクだけではなく、他のコミュニティやオセアニアの人々に開か

第 9 章　現代アリーナの中の文化

れていると、人々が信じることが重要だと考えていた (30/10/98)。これらのディスコースは、カナクの文化的界面がカレドニア多文化社会の中で、また世界の中で、その文化的未来のために異なった文化と接触し、切磋琢磨する必要性と、この面でセンターが果たす役割への期待感を示している。

　カレドニア社会における異なったコミュニティとのダイアローグは、センターの具体的な催し物を通して行われている。なかでも、論争の的となってきたような過去の歴史を、写真などを使って展示をしてきた。たとえば、2005年には1870年代のパリ・コミューン（パリ革命政府）に参加したため政治犯としてこの地に流刑された人々の歴史的展示が、その子孫の協力の下で開催された。前述のカレドニア2000フェスティヴァルが幻となったのは、流刑囚の子孫であることが明らかになることをヨーロッパ人が嫌い反対したことにも要因があった。ヌメア合意では流刑囚を含めた入植者たちも植民地化の犠牲者であり、ニューカレドニアの開拓に寄与したことに言及している。彼らのこの国における合法性が公的に認められたことによって、ヌメア合意後、ヨーロッパ系カレドニア人の意識も少しずつ変化し、前章で見たように現在では流刑囚の子孫であったことを認める人々も増えている。2006年にはすでに見たように、日本人映像研究者の調査協力を得て、日本人移民展が開催され、その他のコミュニティに関しても、類似の展示が考えられている。

　こうした展示を通したセンターの他者への働きかけは歴史的必然でもある。カサレルは、「我々の歴史は小さいが多くの問題を抱えており、写真や歴史を通して、たとえば日本を通してカナクとカルドシュの間をつなげ、同様なことをフランスとインドネシアとの間でもできる。なぜなら多くの人々が多くの場所からこの地へやって来たが、その過去は断ち切られてきた。これまで関係し合わなかったコミュニティの間をつなげ、過去を展示を通して見つめ、いかに人間として生き、そこに何がありどんな決定があったかを見ることができる。そうした過去のストーリーを、それが悪いものであっても、良いものであっても、知らねばならない……移民とたとえ個人的に関係がないとしてもニューカレドニアの歴史の一部であり、コミュニティをつなぐものとして、誰の父親がなぜ、どのような状況で、たとえば、沖縄からやって来たかを我々は理解する必要がある……人々がなぜここにやって来て、ここに住む正当性を有しているか、この国に対してなにか言うことができるのは喜ばしいことだ」と語っている（30/8/2006）。タブーとして葬り去られた過去や忘却の歴史を掘り起こし、

あるいは論争の対象となってきた歴史に新たな光を当てることは、「紛争の中の多民族社会」を経験したカレドニア社会を再想像することである。換言すれば、エスニシティ・レヴェルにおける「異種混淆の多文化社会」の歴史的あり方を問いながら、異なったコミュニティ間の主体的関係を探求し、ネーション・レヴェルの「共通の運命の中の市民社会」の未来へとつなげていくことでもある。

　一方、クリフォードによれば、チバウは太平洋を文化的交流と同盟の場というヴィジョンから考えていたという（Clifford 2001: 471）。このことは他のオセアニア隣国とのインターフェイスの実践と言えよう。この意味で、センターがニュージーランドのマオリ・アーティストに依頼し、現代アート展示室の前に設置したメラネシア、ミクロネシア、ポリネシアを象徴する3つの巨大な壺は、オセアニアの中のネシア（島々）としてのニューカレドニアの位置づけを象徴していよう。1984年にニューカレドニアで開かれる予定であった4年に1回開催される太平洋芸術祭は、独立運動のためキャンセルされたが、2000年にヌメアで実現され、他のオセアニア諸国との同盟関係を、文化交流を通して構築しようとする試みであった。ここには、大西洋にある遠いフランスとの歴史的関係に対して、ニューカレドニアがオセアニアの一員であり、独立運動を経て和解の時代にあることを人々に再確認してほしいという意図もある。芸術祭の主催者であるADCKが選んだテーマは、「昨日のパロール、今日のパロール、明日のパロール（Paroles d'hier, paroles d'aujourd'hui, paroles de demain）」である。このテーマに関して、O.トーニャは「人は常に探求の途中にある。人は今日を生きている。現実を見なければいけない。人は今日を語る。我々の社会は他者との接触によって変わっていく」（6/12/2004）と語っている。人々が文化的現在において解釈し発するメッセージは、オセアニアの歴史的現在を過去と未来へつなげていくと言えよう。芸術祭はヌメア以外にも同時に北プロヴァンスのコネ、ポワンディミエ、ロ諸島プロヴァンスのリフ島でも開催され、北プロヴァンス作成のヴィデオは、オセアニア諸国から集った人々と歓迎側のコネのカナクとの間で贈与・パロールの交換や交流風景を映していた。これを、古いモノクロ・フィルムによるメラネシア2000（1975）の映像記録に節合すれば、フェスティヴァルで各地域から集結したカナクが交換・交流し、自らを主体として具現化していったカナク・アイデンティティの四半世紀の軌跡が映る。文化的交流を通して太平洋に同盟のルートを開こうとしたチバウのヴィジョンは、

第 9 章　現代アリーナの中の文化

芸術祭において人々の接触というインターフェイスの実践を通して個々に実現されていたと言えよう。こうした相互交流が互いの違いや共通性の認識を通して、人々の関係をローカル・レヴェルで草の根的に編み込んでいこう。一方、ネーション・レヴェルで、センターはオセアニアの文化境界への働きかけを、博物館や美術館との交流や協定を通して行ってきた。2011 年にはメラネシアの同胞諸国とのメラネシア・アート・フェスティヴァルをニューカレドニアで開催し[5]、広大な海にカナクの文化的コンタクト・ゾーンを広げていると言えよう。

　大首長の息子で学生運動の闘士であったネスリーヌから始まったカナクの文化的アイデンティティの模索は、元カトリック聖職者で独立運動の指導者となったチバウによって肉付けされ、彼の文化的未来への構想は、元労働組合闘士であった ADCK の初代長官 O. トーニャによって実行に移された。センターは、文化的グローバリゼーションがまだ達していない中での現代的なカナク文化とアイデンティティを表現しているとした彼を、10 年後、引き継いだカサレルは当時、次のように語っている。「我々は過去に戻りたくはない。現在に挑戦している。グローバリゼーションの中で世界の影響を受け、国際企業が到来し、強くなければ、我々を保持してはいけない。そうした状況の中で文化は良い基盤となる。我々の文化に強い信頼を抱いていれば、変化しつつもそれに対応することができよう。たとえ、変化の流れに逆らうことができなくても、いかなる方向に行きたいかを決めることができよう……私は、カナク文化の知識と重要性をプロモートしているが、同時にカナクのためだけではなく、遺産を再考し未来に向かって想像力を高めようと活動している」(30/8/2006)。2011 年、センターは口承収集チーム責任者であったカルドシュの女性を妻に持つ若きチバウの息子エマニュエルに託された。彼は、当時、口承で収集した伝統的知識や儀礼が今日のカナクの認識とはもはや一致しないことを認めながら、センターは、そうした変化を記録し、伝えるためにあるが、「古い伝統があまりに狭くなった場合、ヤドカリが成長し続けるために貝殻を替えるように、これをもっと広範な伝統と取り替える必要があると、私なら言おう」としている (*Mwà Véé* No.74/75, 2011: 27)。カナクとしてのローカル性を強調するトーニャから間文化的視座を持ったカサレルへ、さらにチバウのプラグマティズムをしっかりと受け継いだその息子へと、センターは、時代が必要とするに適った文化リーダーを選出してきたとも言えよう。押し寄せるグローバリゼーションと急速な変化の中で、文化的現在へ挑戦しなければ未来への道は開かれず、カ

ナク・アイデンティティが新たな文化的言説を担い出していることがわかる。これは、トーニャの次の言葉に象徴されている。「カナク社会には多くの変異がある。私は、私のやり方で表現するが、子どもたちは他のやり方でやるだろう……各世代はカナク・アイデンティティを過去に従ってではなく、現実に従って進化させ……いかにアイデンティティが発展するかは、いかに我々が現在を担い、手段を講じるかにある」(8/10/97)。文化というバトンを次の世代に手渡す意味からも、センターにはニューカレドニアの文化的未来を探求していくアリーナとしての使命が課せられていよう。この意味において、モダン・アリーナとしての文化もまた歴史的闘争の場に他ならないことを明かしている。

　以上見てきたことからも、脱植民地化運動とともにエスニシティとしての文化共同体のパラダイムの中で、慣習的モードとエスニシティ・モードとの節合において出現したカナク文化は、センターをその文化的拠点としてネーション・モードにおけるモダン・アリーナとしての文化顕示に再編されたと言えよう。換言すれば、センターは、ネーションとしての想像上の政治的共同体というパラダイムにおいて試みられているナショナル・カルチャーとしての文化顕示とも言えよう。しかし、このことはローカル性を包摂する慣習やエスニシティとしての文化共同体のパラダイムの否定を意味するものではまったくない。境界に働きかけながら、その差異を保持し、他文化と共存していくことが、文化を強靭で豊かなものにしていこう。グローバル化の中で、カナクは他文化との接触を通してその文化的"グローカル化"を実践しつつ、文化的現在としてのカナク・アイデンティティを表象していこう。

　ピアノが未完成形の場として設計したセンターの帆船形をした外観は、そうしたカナク・アイデンティティの探求をほのめかしているように見える。往路、それはあたかも海の彼方から水平線を破ってきたかのように出現し、帰路、振り返ると、未知の海に船出する帆船のように遠ざかっていく……。

2. 口承の遺産

　カナク文化遺産には伝統的彫刻のような有形なものから、ダンスのような無形なものまで挙げられるが、無形財として最も重要なものは口承社会のパロール（言葉）を通してカナクのルーツ・ルートとその世界観を伝える口承の遺産

であろう。有形的な意味で伝統的彫刻などに起源を置く次節の「現代アート」が、チバウ文化センターの現代アート展示室で具象化された作品としてスポットライトを浴び、人々の注目を引きながら鑑賞されるならば、無形的な意味での口承の収集記録は、センターの書庫に人目を避けてひっそりと収められているかもしれない。しかし無形の口承を収集し、パロールからエクリチュール（écriture 文字表記）へと書き写し、カナク文化遺産として保存することは、現在を通して口承社会の過去を未来へと回収するための重要な民族誌的作業である。ここでは、まずカナクにとってのパロールと口承の伝統の重要性を見た後、ADCK＝センターによる口承の遺産としての収集記録プロジェクトがいかに行われているかを検証し、最後にパロールとエクリチュールとの関係や口承における土着言語の問題に関して、マオリも参照しながら考察していこう。

1）パロールと口承

　レーナルトによれば、カナクはウアイルーの「ノ（no）」という言葉や、リフ島の「エウェク（ewekë）」という言葉に対して、フランス語の「パロール」を訳語として当てたが、彼らにとって「パロール」とは単なる言葉を意味するだけではなく、行為、思惟を意味している。本質的な要素は行為そのものにあり、口に出して言うことは付随的要素である。言葉は存在ないしは存在者の顕現として、思惟は行動、身振りによって開示される。助言を与える長老は「言葉の籠」となり、ある男の振る舞いや考え方が父親を想わせれば、「彼は父親の言葉をまきつけている」となる。「持続する言葉」は世代を通して循環し、交換による婚姻を通して往来し、集団の成員の社会的行動を構築する（Leenhardt 1947, 71: 212-226; 1979: 127-136; 1990: 219-237）。この意味において、パロールはカナクの考えから行動まで、あり方そのものを意味し、「持続する言葉」としての口承は、カナク社会の基本的単位であるクランの伝統的メッセージとも言えよう。文字を持たない口承社会において、話し言葉であるパロールは文字社会に比べて重要な意味を担い、とりわけ、その神話的起源や派生した場所、たどった旅程や同盟関係を物語るクランの口承は、世代間の契約の総体として、クランの成員の行動を規定し支えていると言えよう。

　たとえば、グランド・テール中央部で話されているアンジュー（ajië）語（2009年、5300話者）の伝統的口承としての慣習的スピーチ、「ヴィヴァー（vivaa

語る、ディスコースの意)」を調査したオジェ=グインドによれば、所与のパロールは、特定のクランに属し、メンバーに体系的に引き継がれ、その伝統的テクストは複雑で、誕生、結婚、通夜などの儀式で贈与交換とともに披露される。特別なリズムを有し、詩的で隠喩に満ち、呪術的効果やクラン間の同盟を高め、人々にとっての文化的誇りである。口承の技術は年長者から息子のひとりあるいは孫に伝承され、かつてはカーズの中で継承者である若者が年寄りの周りに集まり、儀礼的にその訓練を受けた。現代では、公のオーディションで記憶やその語る能力が認められると、儀式の中で彼が代表するクランの名の下に弁士としてパロールを語る。弁士は、生者と死者の世界に人間と霊との間に語りかけ、美学的・イデオロギー的な価値を表象し、エリートとして尊敬されるという (Ogier-Guindo 2007: 311-315)。

ここからも、口承文化は記憶力と語る技術によって、神聖なる先祖の言葉が話者の声を通して再現される、先祖の霊とのコミュニケーションと言えよう。その結果、慣習的スピーチにおいて語り始めると、「祖先がそこにいる (Les vieux sont là)」「祖先の霊は常に私とともにいる (Les esprits des vieux sont toujours avec moi)」(*Mwà Véé* No.40: 37, 41) というように、カナクが知覚するのは、こうした先祖のパロールとエスプリ (精神) が彼らの現前において活動していると認識するからであろう。あるいは話者のパロールが先祖の霊を呼び起こすということにおいて、パロールと行動は互いに、口承世界の汎時間性を成立させていると言えよう。カナクはキリスト教徒となったが、「始めに言葉があり、言葉は神と共にあり、言葉は神であった」(新約聖書 John 1.1) の"神"を"先祖"に置き換えれば、「始めに言葉があり、言葉は先祖と共にあり、言葉は先祖であった」となる。カナクにとって祖先が発したパロールは、"神"の言葉よりも神聖な言葉として存在し、祖先の霊と結びつくと言えよう。

一方、口承が記憶を通して伝えられるという意味において、口承は決して固定したものではない。人々は全てを記憶することはできないので、次の世代へ伝承されていく過程で、自己のクランの有利なように変えられ、利害対立の源ともなる。伝統的口承としての慣習的ディスコースは、クランの発生した地名、過去から現在にわたる居住地と結びついたクランが所有する名前を暗誦しながらクランの系譜や歴史を語る (Pillon 1992; Ogier-Guindo 2007)。すでに見てきたように、クランが所有する名前は地名と重なり合い、相互交換が可能であるため、クランの序列化の中で、より高い地位、あるいはクラン創始者の発生場

所のような由緒ある名前を獲得するために、儀礼的ディスコースにおいてその地位の序列を戦略的に変えることは可能である。とりわけ、植民地化やキリスト教化、フランス語の導入は口承を次世代に伝えていくのに大きな影響を及ぼした。オジェ＝グインドによれば、前述の「ヴィヴァー」において、植民地化の強制移動や戸籍の導入はローカルな系譜に大きな影響を与え、フランス語の綴りによって人々の名前や場所の名前は変化し、ときに父の名前がそのクランの名前になるなどしたという。結果として、系譜の連続性の問題を棚上げしながら、新しい文脈に適合できるように、慣習的ディスコースは、しばしば簡略化されたパロールに形式化されたという（Ogier-Guindo 2007: 318）。

　こうした結果、口承は変形されたり失われたりしながらも、その伝統は残った。しかしながら、今日、その伝統が危機に瀕していることは間違いない。なぜなら、カナクのそれぞれの土着言語で語られ、継承される口承において、そのストーリーを語ることができる口承者の多くが年をとり、母語を話すことのできる若者が急減しているからである。その結果、次世代に継承していくことが困難となり、多くの伝承が消滅していくことは時間の問題となっている。

2）口承プロジェクト

　こうした状況の中で、ADCK＝センターの口承プロジェクトはパロールからエクリチュールへ写し換えることによって、口承をカナクの文化資源として保存し、継承していこうとしている。口承の記録化、収集、及び解釈は、これまで民俗学者、人類学者など、主としてフランスの研究機関の専門家によってなされてきた。センターの仕事とヌメア博物館のアーカイブの長を一時期兼任していたこともあるADCKの長官カサレルは、「しかし、今やそうではない……我々はこの仕事をするために人類学者に来てもらうのではなく、人々を村で訓練し、我々自身で文化資源を収集し、記録するという作業に取り組んでいる」（30/8/2006）と語った。すなわち、フランスの人類学者による研究対象としての民族誌的収集によらず、カナク自身の手で収集し、カナク言語による伝統的口承知識の収蔵というプロジェクトである。換言すれば、カナクの手による口承の記録化によって、口承文化の表象権を回復しようというものでもある。

　2002年に口承の収集について各慣習圏カウンシルをパートナーとした協力関係が成立し、プロジェクトがスタートし、2005年にはフランスで口承の民

話学を研究していたチバウの息子である E. チバウが呼び戻され、コーディネーターで編成されたチームの責任者となった。出身地域のオート・マ・ワープ（Hoot Ma Waap）と記されたロゴ・シャツを身に付けた彼は、子どもの頃年寄りから聞いたイヤンゲーヌに伝わるカナクの説話をユーモラスな語り口で披露してくれた。大コウモリと 1 羽の鳥が 1 軒のカーズを作ることを決め、柱の木やカーズを覆うものなどを切り出すが、仕事を途中で抜け出した鳥は空を飛び回り、大コウモリはカーズを作り続けた。そのうち、棟矢（Flèche faîtière）が小屋の天辺に立ち、小屋ができたのを見た鳥は、風が吹き、雨も降り始めた空から舞い降り、カーズの中に入ろうとするが小屋の門が見当たらない。「大コウモリよ、門を開けてよ。私は外にいるので寒いよ」と叫んだ。大コウモリは小屋の中で火を起こしながら、「私が木を切っている間、どこにいたのかね」と尋ねた。しかし鳥はもはや答えることもできず外で寒さのため死んだ。大コウモリは、木に止まるときは頭を下に身体を上にして逆に止まるので、カーズの門を下に作らず上に作ったため、鳥は見つけることができなかったのである。彼によれば、年寄りは、カナクとヨーロッパ人が互いのヴィジョンを理解しようとしなければ、この鳥のようになってしまうと諭したという。我々はフランスから、その歴史や革命を学んだが、彼らは慣習を学ばず、支配システムの下で我々を理解しようとはせず、認識を互いに転換しなければならないのに、あなたは異なるから我々に適合しなければいけないと要求する。世界のヴィジョンは単一ではなく、それぞれのメガネをかけており、ここには西欧文明と並行した文明があるのだと語っている（30/8/2007）。支配的文化システムあるいは日本のようなモノカルチャー的システムの下にいると、異なった文化システムの認識へ転換を図ることが難しいが、ここには説話を通してカナク文化と西欧文化を二項対立的ではなく、パラレルに捉えるオセアニア的眼差しが見える。

　このような教訓的な説話は、他のオセアニアや西欧、日本の寓話にも見られるが、ストーリー性や面白さゆえに、子どもたちへ伝承しやすい。実際、E. チバウの口承文化への興味は、子ども時代に亡き父が彼に語ってくれた説話からであるという。チバウは 1982 年から 84 年まで領域政府評議会議長をしていたときに、ADCK の前身であるカナク文化・科学技術事務局（Office culturel, scientifique et technique kanak）（以下、文化オフィス）を設立し、1983 年からカナク文化遺産の仕事としてカナクによる口承の記録化に、年寄りたちとともに取り組んだという。しかしながら、独立運動の激化の中で、文化オフィスが

第 9 章　現代アリーナの中の文化

反独立派によって放火され、収集記録のほとんどは破壊され、反独立派の新たな政府評議会によってオフィスも閉鎖されてしまった（30/8/2007）。カナクの手による口承の記録化の最初の試みは挫折してしまったが、伝承の文化財としての保存が、脱植民地化におけるカナク・アイデンティティ闘争以来の長い間の懸案事項であったことがわかる。それゆえ、1988 年のマティニョン合意で ADCK が設立されると、口承の収集が公的に認められその計画が始まり、文化センターが 1998 年にオープンすると、その最重要プロジェクトとなった。チバウ出身地のイヤンゲーヌの文化センターは 2001 年からその地域的な取り組みを始めており、口承を単に保存するという目的だけではなく、民話や伝説を収集し、それをシリーズで掲載して学校に送ったり、その展示会を開いたりして、伝承を各地に広めることを行っている（*Mwà Véé* No.50, 2005: 42-43）。

　カナクの言語地域に基づいた 8 つの慣習圏地域の中で、ウヴェア島を除く口諸島のリフとネンゴネの 2 つの慣習圏では 2007 年調査当時プロジェクトは開始されていなかったが[6]、各慣習圏カウンシルとの協力がなければ、ニューカレドニア全体に及ぶ規模でのプロジェクトを展開していくことは困難であったろう。E. チバウによれば、カウンシルがテーマや場所を選び、どれが重要で、どれを保存すべきかを決め、誰がこのトリビュで働くことができるか決め、コレクターが養成される。現在コレクターはベレップ島からイル＝デ＝パン島まで、その数はおそらく 70 人に上り、フィルムにも撮り、その収集の記録は、レポートとして約 700 ページくらいになるだろう（30/8/2007）。

　口承のプロジェクトはこうした慣習的ネットワークを通して進められ、トリビュ・レヴェルで、各クランのチーフたちがクラン内で口承されてきた知識を伝達できる年寄りを見つけて、口承をその土着言語で収集記録できる者がトリビュのコレクターとして指名されると言えよう。プロジェクトは ADCK ＝センターの下で運営されているが、テーマややり方に関しては、それぞれの裁量で進められているという意味で、カナクのローカルな慣習流儀に任される。プロジェクトの実施に当たって、ADCK ＝センターと口承のコレクターとの間を仲介、調整するために各慣習圏地域を担当する出身地域のコーディネーターが任命され、収集の準備や現地のコレクターをサポートする役割を担う。コレクターはセンターでの一定期間の研修を受けた後、それぞれのトリビュで口承者と信頼関係を築き上げながら、インタヴューを行い、口承を録音し、それぞれの言語に書き起こす作業に従事する。コーディネーターは担当地域のコレク

ターが書き起こしたものを、パソコン入力して各言語地域の記録を編成し、アーカイブとして口承知識を収蔵する。両者ともその任務終了時には伝統的知識と口承という文化資源の有識者として、地域の文化的情報源となることが期待されている。

　口承の収集の対象は、説話、神話、伝説からクランの歴史やその系譜、逸話、慣習や儀礼で使われるパロール、伝統的知識や実用的なノウハウ、戦争や植民地史などに関する歴史的出来事や伝統音楽「アエアエ」や「タペラス」の詠唱や楽器まで多義にわたる[7]（*Mwà Véé* No.50, 2005: 6）。しかしながら、ある種の口承、クランの内部で秘密裏に継承されてきた、たとえば呪術のようなものは、口承者がそのことに触れたとしても、その詳細について明らかにされることは難しいであろう。口承者の情報源に対する秘匿性を保護するために、コレクターと口承者との間には、いわば、インフォームド・コンセントに相当するようなものとして、アーカイブの公開に関しては、①口承者の死後60年を経て公開されるものから、②指名された者のみ参照できる規制的公開、③許可を得て参照できるもの、④公開されるがコピーは許可が必要なもの、⑤公開、コピーも自由なものまで、5段階の規制が設けられる（ibid.: 8）。口承者の意思やその口承内容によって、公開条件は異なろうが、カナクの手でアーカイブを管理し、文化遺産として保持しようとする意図が窺える。

　コレクターとコーディネーターには現地のカナク言語の知識が必須であるのは言うまでもない。発足時からこのプロジェクトに参加してきたコーディネーターのP. モアサディの場合は、主島南東部のハランチュー（Xârâcùù）慣習圏の言語地域出身で、当初、口承の記録化や収集も兼任してその方法論を模索しながらコレクターのネットワークを組織し、プロジェクトの推進役を果たしてきた。当慣習圏には、主要言語のハランチュー以外に、ハランギュレ（Xârâgurè）、ハメア（hamèa）、ハヴェア（havéa）、ティンリン（tîrî）という複数の少数言語が存在している。モアサディは父方のハランチューと母方のハメアをしゃべり、さらにハランギュレとハヴェア語を理解できる。この地域には古くからの鉱山町ティオがあり、そこではハランチューとハランギュレが言語的に混淆していく問題があり、ハランギュレはハランチューに同化されてしまう危険性がある。その他の少数言語をしゃべれる若者はほとんどいなくなり、とりわけハヴェアは消滅の危機にあるため、ハヴェア語の伝統的知識やディスコースを収集して、その用語集を作成することが緊急の課題でもあるという

(Moasadi 5/9/2006; *Mwà Véé* No.50, ibid.: 15)。センターの書庫に並んだたくさんの収集記録は口承の書き起こしという一連の仕事が、大変な時間と手間を要する作業であることを物語っている。

カナクの 30 近くを数える土着言語において、キリスト教宣教師がその布教活動のために聖書の翻訳を通して綴り方を記してきたアンジュー、デフ、イアアイ、ネンゴネ、パイチン語などの主要言語を除くと、その他の大部分の言語、とりわけ少数言語のほとんどは定まったアルファベット綴りがない。そのため、コーディネーターは綴りを定める語彙集を作成しなければならず、必要ならば言語学者の助けを借りて、従うべき規則を作成し、コレクターは所与の言語綴りを学ばなければならない。北プロヴァンスにあるパイチン＝チェムヒン（Paichî-Cèmuhî）言語地域を担当しているコーディネーターの S. ゴロミドは、パイチン語の口承の語り部として名高い父（Antoine Goromido）を有し、ポワンディミエでの映画フェスティヴァルを主催するなど映像記録収集に関心があるようだ。彼はパイチン語とチェムヒン語を話し、この言語地域の少数言語ハエケ語（Haeke）を理解できる。彼の担当地域のコレクターのひとりである A. ポアディは、ハエケ語を話すトリビュの出身で 2006 年から口承収集の仕事を始めた。ゴロミドに同行して北プロヴァンスの州都コネで会った際には、彼が 2007 年から収集したカナクの伝統的カーズを葺くカヤの作り方、イニャム（ヤムイモ）畑の畝の間の畦の作り方、月暦などについての収集記録をゴロミドに手渡していた。ゴロミドは、その内容やポアディが暫定的に綴ったハエケ語の発音や綴りに関してフランス語で確認していたが、ハエケ語のスペルはまだ確立されておらず、ポアディは、その綴り方については後で ADCK で検討されるだろうと語っていた（Goromido; Poady 12/9/2007）。

口承者は、とりわけ慣習的ディスコースにおいては長老の男性が、またコレクターには中年のあるいは若い男性が多い。ナエペルスは、カナク社会においては知識の社会化は不平等であり、説話や歌、子守歌などを除くと、起源の語り、慣習的儀礼のディスコースから伝統的に女性は除外されてきたとしている（*Mwà Véé* No.40, 2003: 14）。しかし女性の間だけに伝えられるものもあり、東海岸のトリビュ、プティ・ボランディ出身のジョルジェットは女性の間でのみ伝承されてきた植物に関する伝統的知識の口承者である。数少ない口承の女性コレクターとなったその娘によれば、一定の知識は主として女性の間だけで占有的に伝承されてきたが、その知識は過小評価されたり、一般的に認識されて

こなかったという（ibid. No.50, 2005: 24）。2006 年の調査時、モアサディは口承の収集作業を、古い鉱山町ティオから狭く入り組んだ海岸線上の遠隔地にあるトリビュのグラン・ボランディ（Grand Borendy）や、そこからさらに海を船で行くか歩いてしか行き着けないプティ・ボランディ（Petit Borendy）で行っていた。彼によればティオでは植民地化と鉱山開発によってクランの口承の知識の大部分は失われてしまったが、地理的に困難な場所にある両ボランディではその口承や少数言語のハラングュレ語は植民地化からの影響を免れてきた。ボランディでは全てのクランは漁師で、クランの歴史、系譜、儀礼、歌、ダンス、カヌー製造のための慣習的ディスコースから、ヤムイモ、果実やマングローブ、フルーツ・バスケットの作り方まで、収集する口承が多く残っているという（5/9/2006）。しかし、ジョルジェットに会いに、モアサディに同行すると、向かった先はティオであった（6/9/2006）。ボランディの子どもたちはティオで教育を受けており、彼女は孫たちが学校から帰ってくるのを待っていた。フランス語で授業を受ける子どもたちが母語である土着言語を習得できないことは、両トリビュに残された口承が衰退していくことが目に見える。モアサディは、母の口承の知識を収集するためのレコーダーを娘が不在のため彼女に預けたが、その録音収集作業を通して、母の知識は娘へと伝授されていく。ジョルジェットは家にストックされたさまざまな植物を、薬草や染料としていかに使うかを筆者に説明してくれたが、それは文化センターで開催された「カナク文化遺産の日」（2006 年 9 月）の催しで、ボランディの人々が、その伝統的ダンスや口承を訪れた人々の前で披露したときの彼女の語り口を思い起こさせた。その日、ボランディからやって来た男たちの間で、唯一の女性として、彼女は植物に対する豊富な知識で人々の関心を引き寄せながら、フランス語でマングローブに関する多様な使途をエネルギッシュに説明していた。口承の遺産プロジェクトは、カナクの伝統知識を収蔵するためだけでなく、それを活用するために、開示できるものはこの公共圏としての文化アリーナで公開し、その知識を人々と共有することにもあると言えよう。

　一方、クランにとって最も関心がある口承における共通のテーマは、前述したように土地との関係において父祖名と結びついた地名にあろう。元地形測量技師のシャトゥリエによれば、「場所の名前の命名は人間と同じくらい古い活動である」ために、「地名、それは我々の歴史、我々の地理、我々の土地台帳、我々の物語、我々の神話と伝説、我々の移動、我々の個人とクランのアイデンティ

ティ」であると、あるカナクをして言わしめたという。こうした重要性からも、地名の収集は文化オフィスが 1982 年にチバウの下で創立されると、ニューカレドニアの地形測量局が地名学の調査に着手した。しかし、土着言語は多彩で発音も異なり、綴りも決まっていないので言語学者の助けが必要で、地図上の綴りは再度修正され、測量局は現在 1 万 8000 以上の地名を所蔵しているという（Chatelier 2007: 296, 297, 300, 302）。土着言語で伝承される地名の収集自体、口承社会の古文書収蔵であることを物語っていよう。

　ヌメア合意（1.3.1）ではカナクの場所の名前を調査し、伝統的に聖なる場所とされるところを確認し、歴史的遺跡に関して適用される規則に従ってこれらの場所は法的に保護されるとしている。それゆえ、北プロヴァンスでは 2002 年にその収集が始まり、2007 年においてコネではすでに収集された地名は道路やトリビュの標識に標記されている。口承の遺産プロジェクトで、コレクターのポアディが収集作業を始めたとき、最初に取り組んだのもこの地名であり、彼のトリビュの年寄りたちから父祖名と関係した地名に関して 20 余りを記録したという（12/9/2007）。南プロヴァンスではヌメア合意第 1 期（1999 〜 2004 年）では RPCR の反対で進まなかったが、第 2 期の 2005 年にその地名を特定することが ADCK ＝センターに依頼されている。

　一方、地名がクランの歴史的・文化的証言としてその場所を価値化し評価を高めるならば、クランの転地や移動、とりわけ植民地化によって引き起こされた強制移住によって奪われた土地の返還要求において、口承は重要な証言を提供する。「土地は地形を意味するのではなく、土地所有者の系譜を意味する」（Wapotro 16/10/98）ゆえ、系譜を朗誦する口承は、カナクの土地回復要求のツールとなり、口承はパロールにおいて実践される"慣習的土地台帳"とも言えよう。この"慣習的土地台帳"としての口承が所与の土地保有者であることを証明し、当局によって公的に承認され"紙面"に移し替えられれば、クランの系譜とそのつながりにおける土地の権利は"真正化"される。経済開発に関連した土地の権利をめぐってはとりわけ競合の場となり、北プロヴァンスのコニアンボ鉱山プロジェクトや南プロヴァンスのゴロ鉱山プロジェクトでは、多くのクランが鉱山地に対する権利を主張している。コニアンボ鉱山プロジェクトの影響をまともに被るトリビュに住むコレクターのポアディは、「先祖の霊が住む山や森は神聖なのに、ニッケルは全てそれらを破壊してしまった」と嘆いていた（12/9/2007）。ルーツとしての先祖の霊が宿る土地が掘り返されていくな

第 3 部　文化の語り

らば、口承はカナクにとっての世俗的欲望における道具として、聖なる世界から世俗的世界へとルート化する道標ともなり得よう。

3) パロールとエクリチュール

　口承が次世代に継承していくことが困難であるという危機の中で、それではパロールからエクリチュールへの変換は、いかなる意味を持つのだろうか。先述したように、口承の民族誌的収集や解釈は、これまで人類学者などによって行われてきたが、オジェ＝グインドによれば、出版された本などは口承の「真正さ」を明かすものと見なされ、書かれたものの有効性を通して土地の権利への正当化がなされ、コレクターはこうした対立の主要な道具立てに使われるともいう（Ogier-Guindo 2007: 317）。これは、たとえばアボリジニやマオリの土地をめぐって人類学者が巻き込まれてきたように、他のオセアニアやその他の先住民の口承社会においても見られ、パロールからエクリチュールというテクスト化は、動かぬ証拠としての固定化、真正化の手段ともなる。一方、彼女によれば、ニューカレドニアでは 20 世紀初頭以来、多くの語り手や口承者によって、その口承がノートに書き写され、個々の家族の中で保存されてもきたとしている（ibid.: 319）。カナク自身がエクリチュールとして残すことによって、口承という継承による未来の危機を回避しようと試みてきたとも言える。しかし口承が実践的にパロールとして繰り返されることによって、その可塑性が創出されてきたことにあるならば、エクリチュールとして転写された口承が唯一のものとして正当化され、その解釈が固定化されれば、口承の伝統はその特性である柔軟性を失うことにもなる。

　それゆえ、口承の遺産プロジェクトにおいては、口承の記憶を収集することは単一のパロールを書き記すことではなく、異なったヴァージョンを、たとえ同一の歴史において矛盾するものであっても、一緒に収集することが仕事であるとしている。口承の伝統は常に複数であり、たとえば戦争に関しても、勝利者側か敗者側かでもその記憶の仕方は異なる。この意味においても、当プロジェクトにおけるコレクターやコーディネーターによる、オーラル・テクストの書き起こしは単純ではない。収集者が言語に精通していなければならないことは言うまでもなく、口承者の語り口を尊重し、とりわけ名称や異名、親族関係の呼称などに注意を払いながら、ローカルな歴史的・社会的・文化的文脈の中で

分析する能力や誠実性が求められる。テクストの多義性を解釈し、正確さを記すためにも、口承者の検閲を何回か経て、最終的にアーカイブに納められるという（*Mwà Véé* No.50, 2005: 9）。

　収集記録の中には、カナク言語からフランス語に訳されているものも目にしたが、口承の記録をフランス語に翻訳することは当プロジェクトの対象となっていない。モアサディは、収集記録をフランス語に翻訳すると、地域的・言語的多様性を保持するために、何が書かれるべきかを決めなければいけないし、ひとつに編纂してしまうと、単なる混成として、過去の遺物として、もはや伝統ではなくなってしまうという（5/9/2006）。カナクの管理の下で、その土着言語で書き起こすことが、口承の伝統性と多様性を保持していく道であるならば、カナク言語の生存は必須であるが、カナクの38％がもはや自身の母語を話せないと報告されている（Chatelier 2007: 303）。カナク言語をフランス語とともに教育及び文化言語として認めたヌメア合意（1.3.3）では、学校のカリキュラムやメディアでカナク言語が占める場が増大することを謳い、カナク言語に関する学術研究や大学の言語教育、その初等・中等教育のための言語教師育成を奨励している[8]。また、口承同様、これまで外部の言語学者の研究に任されてきた土着言語の研究機関として、同合意（1.3.3）に基づきカナク言語アカデミー（Académie des Langues Kanak: ALK）が2007年に設立された。アカデミーは各慣習圏の慣習当局によって指名されたカナク話者で、ローカル言語で書き記すことのできる言語文化を身に付けた者が、所与の言語の慣用の規則化や普及を目指している。

　母語として土着言語を習得するために最も主要な期間とされる幼児教育・初等教育では、北プロヴァンスの学校ではフランス語に次いで、たとえば、パイチン語地域ではパイチン語が第2言語として教えられている。リフ島出身でその言語デフを教えていた南プロヴァンス議会議員のイエカエによれば、地方のコミューンでは、ローカルな地域言語を選ぶが、ヌメアでは、ロ諸島からの移住者が多いので、リフのデフとマレのネンゴネ語が小学校で望めば選択できる。南プロヴァンスでは14の学校で約700人の子どもたちが勉強し、その中にはワリス人やヨーロッパ人の子どももいるという（11/9/2006）。実際、筆者がヌメアにあるそうした学校のひとつを訪れると、先生の指導の下でグループ学習している子どもたちの元気な声が教室中に反響していた（4/9/2007）。しかし問題は、土着言語を教える資格を有した教員の絶対数の不足にある。コネのあ

る小学校の男性教員によれば、話せてもグラマーや、綴りなどを説明できないので教えられないという（12/9/2007）。また教授法の技術や教材も不足しており、加えて多言語少数派言語であることも障害となって、子どもたちにとって習得機会は限られていると言えよう。結果として、バイリンガル教育はカナクにとって望ましい目標であるが、母語も仏語の習得も中途半端な不完全なものに終わってしまう。さらに、仏語の習得のほうが子どもたちの将来にとってより役に立つという観点から、両親が母語を話すことができても、筆者の経験では家庭で子どもたちに対して土着言語で話しかけているのを見たことはほとんどなかった。南プロヴァンスの土着言語の中でも少数言語で、ラ・フォア地域で話されるティンリン（Tîrî）語を研究した大角によれば、1983年当時500から600人いたとされる話者は、現在では250人足らずで、プティ・クリ（Petit Couli）とグラン・クリ（Grand Couli）の2つのトリビュの住人が大半であるという。同言語が話せるインフォーマントは年寄りが中心であり、フランス語に加え、隣接の多数派言語であるハランチュー語やアンジュー語に押され、ティンリン語は不安定化しているという（大角 2003: 183, 192）。実際、筆者は、トリビュの女性たちからティンリン語の言葉をいくつか教えてもらったことがあったが、彼女たちの会話は仏語であり、ティンリン語は聞けばわかるが話せないと言い、日本の言語研究者を「我々がしゃべれない言語をマスターしてすごい」とも言っていた（8/2006）。

　ここでポリネシア言語であるマオリ語を参照すれば、ワイタンギ条約2条の「土地や森林、漁業やその他の財産」は、マオリ語版では「土地や村、全ての貴重な財」として、英語の「その他の財産（other properties）」は、「貴重な財」を意味する「タオンガ（Taonga）」となっている。ワイタンギ審判員を務めたマオリ人類学者のH. カウハルによれば、マオリ言語に関するワイタンギ審判への付託では、「タオンガ」とは「部族集団の土地領域、物質的な先祖伝来の家宝から聖なる場所、先祖からの口承的知識、系譜などの非物質的なあらゆる次元にわたる宝（treasures）」を意味するとしている（Kawharu n.d.）。カナクのクラン同様、マオリは、こうした部族の「タオンガ」をマオリ語の口承で伝えてきたことがわかる。無形文化財タオンガの基盤であるマオリ言語は、1970年代には衰退の危機にあった。しかし、70年代後半のマオリの文化的自決権を求める復権運動の中で、マオリ語やその文化復興の熱は高まり、80年代にはマオリ語を幼児から教える「コハンガ・レオ（Kohanga Reo、文字通りには

第 9 章　現代アリーナの中の文化

言葉の巣）」や、マオリの慣習「ティカンガ」やその価値観を基盤として、マオリ語でマオリ文化教育を実践する「クラ・カウパパ・マオリ（Kura Kaupapa Maori）」学校が創立されていった。労働党政府のバイカルチュラル、バイリンガル政策によって、マオリ語は 1987 年の「マオリ言語法（Maori Language ACT 1987）」で公用語として承認され、「クラ・カウパパ・マオリ」は 89 年の「教育法（Education Act 1989）」により、教育大臣の認可の下で学校として認められるようになった（Barret: 6; Wikipedia LR, KM）。現在、マオリ言語の復活には目覚ましいものがある。一方、話者は若者か高齢者に片寄るため、習得する機会のなかった谷間の世代の中にはマオリ語を話せないことへのプレッシャーを感じるという者もいる。ユニークな言語としてマオリ語を勉強するパケハの若者もおり、都市マラエでの教師研修プログラムでは、パケハ教師がマオリ語での自己紹介を懸命に試みていた。90 年代に創設されたマオリ・テレビでは、マオリ語ニュース（英語字幕）、マオリ語学習やマオリ文化番組が放送され、現在では一般の放送局（英語）でもパケハのニュース・キャスターが、マオリ語「キオラ（Kia Ora こんにちは）」のあいさつで始めている。マオリ・テレビは、宮崎駿の『もののけ姫』など、その内容からマオリの文化的価値観に合ったものが放送され、パケハによれば他のチャンネルと比べて内容的に健全で質が良いという（1,2/2014）。マオリ語復権はエスニシティ・レヴェルの文化共同体としてのマオリ文化の権利回復でもあり、政治的・文化的に影響力を及ぼすメディアを通して、先住民「マオリ」としての文化的アイデンティティ意識を深める役割を果たしていると言えよう。

　こうしたマオリ言語と比較すると、カナク言語が有する障害は大きい。ニューカレドニアでは、カナクの放送局は、ラジオ・ジドーだけで、その TV 開設のニュースは聞いておらず、テレビやラジオでカナク言語を取り上げた番組やレッスン番組などの放送を視聴した記憶はなく、メディアはフランス語に独占されている。一方、マオリ語は、方言的違いはあってもひとつの言語として、ワイタンギ条約のマオリ語版でも見るように、エクリチュールとしても宣教師によって早くから文字化され確立されている。これに対して、カナク言語は 28 余りの異なった少数派言語である。かつては自身の言語に加えて周辺の 2、3 の土着言語を話すことができたカナクが、仏語の支配と教育によって自身の言語を喪失しつつあることを考えるならば、主要な土着言語がマオリ語のように公的に幼児から教えられ、使用され継承されていくことが可能となる積極的

保護政策が必要と言えよう。少数派言語においては、その表記としての綴りや語彙集を作り、口承のエクリチュールへの転写によって保存を図ることが現実的と言えよう。パロールとエクリチュールは相互的に関係し合い、口承がエクリチュールにおいて、その口頭性という本質的部分が失われてしまうのは避けられないが、祖先伝来のカナクのさまざまな伝統的知識やノウハウ、メッセージを継承することができる。未来の世代のカナク人類学者は"オリジナルな"あるいは"真正な"ソースとして、土着言語辞書を用いながら、エクリチュールから彼らの先祖の世界やその口承を読み解き、再解釈して表象していくことができよう。また、リズム、言い回しのスタイルといった暗唱技術が地元の学校で教えられれば、そのエクリチュールを通して口承を再現したり、インスピレーション・ソースとして小説や演劇を創作することも可能であろう。ワポトロは、カナク文化へのフランス語の貢献を否定できないが、カナクはカナクであり続けるとしている（9/11/98）。文化が再想像され再形成されるプロセスであるならば、集団としての文化が変化することは、その文化の担い手である人々が変化することでもあり、またその逆でもある。両者の関係はいわばバレエのパ・ドゥ・ドゥ（pas de deux）を踊るように、「フランス語を話す人」としてのカナクとカナク文化へのアイデンテイは続いていこう。問題はいかなるカナク文化を再想像していくかであり、この意味で、口承のアーカイブ創設は、過去の救済ではなく、文化的現在を通して過去に遡り未来へとルートをつなぐことを意味しよう。

　伝統的に口承文化の社会における子どもたちにとって、カナクであれマオリであれ、一般的に書くということは不得手でもあるが、口承（oralité）からエクリチュールへの変化の中で、ADCK＝センターは両者をパラレルに捉え、オーラル言語はエクリチュールによって後退するのではなく、互いの間に橋をかけることによって両者は強化されると考えている（*Mwà Véé* No.18, 1997: 19; 1998）。この意味では、カナクのドゥンベア語（Drubéa）で「言葉の家」あるいは「言葉の包み」を意味するADCK発行の季刊誌『ムワ・ヴェエ（*Mwà Véé*）』は、文化的現在におけるフランス語のパロールで、カナク文化を内外の人々に発信するという広報活動や、異なった文化境界への働きかけという文化的戦略を担ってもいる。カナク社会の文化、口承、伝統的アートやダンス、ポップスやモダン・アート、オトクトーヌとしての歴史、社会、土地や経済問題など、そのテーマは伝統から現代まで幅広く、1993年の発刊以来、毎号特集を

組んでいる。毎号のテーマは、ADCK長官、編集者と主だったスタッフとのミーティングで討議、決定され、その第1号からニューカレドニア在住のフランス人ジャーナリストであるG. デル・リオを編集者としている。彼自身がカナクや、ときにカレドニア人へインタヴューして、質問し、あるいは同行して録音したものを書き起こし、質問と応答形式で掲載している（Del Rio 23/8/2007）。換言すれば、内部のカナク自身の「語る行為」と外部の他者による「聞く行為」としての相互作用から生まれる記事であり、筆者も本書でそのディスコースを引用している。この意味で、『ムワ・ヴェエ』は、人々がカナク文化を文化的現在においていかに解釈し、表象するかの今日的メッセージとも言えよう。同誌が長く続いていけば、人々のディスコースは時代的証言となって、カナクの新たな文化的言説を形成していくかもしれない。口承の遺産プロジェクトも『ムワ・ヴェエ』も、エクリチュールとして残る意味においては同じであるが、前者は固有の土着言語で集団的に代々口承されてきたクラン・メンバーによる伝統的知識のアーカイヴである。後者は、共通のフランス語で個人的に民族誌的現在として表象されるカナク文化に関するディスコースの収蔵と言えよう。

　口承の遺産プロジェクトにおいて、収蔵された口承の閲覧が先述のようにいかに規制されていようと、あるいは土着言語を理解できる者がいかに限られてこようとも、アーカイブの創設は個々のクランや家族へ集団的に帰属していたカナクの口承が公共の遺産となることを意味している。口承の知識は関係性の網の目の中で閉じられた親密圏としての共同体から、開かれた公共圏へと一歩踏みだしたと言えよう。このプロジェクトがアーカイブとして成立するまでには、10年の歳月を要するだろうと言われているが、いかに伝統を保存するかは、いかに文化を発展させるかの問題に他ならない。それゆえ、この現代アリーナとしての文化センターにおいて、これまで慣習の中で実践されてきたカナクの口承の伝統は、ネーション・モードの保護の下で文化的遺産として更新されたが、この遺産をどのように活用するかは、未来の世代に託されていよう。

3. 現代アート

　「現代アート（art contemporain）」をいかに解釈したらよいのであろうか。ベンサは、「現代アート」とは、あらゆるアート作品を比較することに慣れた専

門家によって位置づけられた審美的基準に従って評価される脱領域化されたアートとして、西欧美術家は「現代アートは普遍的である」としているが、マオリであれカナクであれ、この普遍化には同意していないとしている（Bensa 2002: 302）。文化的に脱領域化されたアートして、西欧が支配的な美術世界の審美的基準によって現代アートを普遍的とするならば、それは西欧が歴史的に構築してきた審美的パラダイムに他ならないだろう。なぜなら、西洋は植民地で発見した、クリフォードの言葉を借りれば「部族的なるオブジェ（objects）」を、「世界を収集しようとする西洋近代の倦むことのない欲望」とそのヘゲモニックな力関係の下で、収集することに励んできたからである。彼は、「プリミティヴ」アートと称される部族的なるものがピカソなどに影響を与えたモダニズムと文化人類学が誕生した20世紀以来、西欧はオブジェをコンテクスト化し、他者性を領有あるいは救済し、「部族的なるものとモダンなるものの親縁性」という自らのイメージに合わせて、非西洋の芸術を作り上げてきたと考察している（Clifford 1988: 189-214; 2003: 245-272）。これに鑑みれば、「現代アートは普遍的である」というのは、世界の民族誌的アートから現代アートまで、西欧の支配的な審美眼によって普遍化された芸術的言説と言えよう。しかしもともと、鑑賞の対象としてのアートの概念のなかったオセアニアの人々にとって、民族誌的アートから現代アートまで、彼らの「鑑識眼」は自身の「文化的認識眼」によるのであって、西欧の審美眼とは異なる。一方、現代アートにおいてアートが「現代」を語るというものならば、現代的なるものへの挑戦は、伝統的なるものと未来的なるものへの挑戦でもあり、伝統的なるものを現代的なるものとして表現することは、そのメッセージを未来に向かっていかに発するかということにもなろう。

　他方、サルトルが言うように「実存は本質に先行する」（Sartre 1970: 17）ということを考えれば、作品としてのアート・オブジェ（objet）はモノとしての実存となり、その本質に先行しよう。換言すれば、民族誌なるものであれ、部族的なるものであれ、これらが有する文化的本質を超えて、あるいはその他のアートなるものであれ、実存としてのオブジェはモノとしての自由を獲得する。ベンサの言葉を借りれば、「モノであること（thingness）」は根本的にその自由を意味する。いかなる解釈も、オブジェとしての沈黙の物質性を汲み尽くすことはない（Bensa 2002: 309）。アーティストの自由が表現の自由にあるならば、その芸術的創造としての実存はモノとしての自由を意味し、沈黙のオブジェを

鑑賞する者にとっての自由となる。以上のようなことを念頭に置いて、ここでは「作品」「オブジェ」「モノ」あるいは「もの」を、著者としての表現の自由が赴くところに任せ、解釈しながら、カナクの現代アートが意味するところを、まず ADCK＝センターのアート・プロジェクトについて探った後、カナクの彫刻に焦点を合わせて、伝統的なるものと現代的なるもの、民族誌的なるものとアートなるものなどについて考えていく。

1）アート・プロジェクト

　カナクの現代アートは 1990 年代に始まったばかりであり、86 年、コウェカラ（Ko We Kara）で当時の文化オフィスによって主催された展覧会が最初のものである。それゆえ、98 年のチバウ文化センターのオープニングにおいては、ベレタラの現代アート展示室のカナク作品は、他のオセアニアの多くの作品の中で気がつかないほど少なく埋もれていた。しかしながら、2005～06 年にかけてはカナク・アート作品を特集した展示が開催され、同展示室の空間が狭いくらい、彫刻や絵画など興味深い作品が並び、その現代アートの発展振りには目を見張るものがある。とりわけ、彫刻は目を引いた。実際、ADCK 長官であった O. トーニャは、彼のオフィスの隅に置かれていたカナク小屋の伝統的彫刻の門を指して「これは過去のコピーだ」と言いながら、センターではアーティストに現在の生活に対応した新しい様式を奨励し、現代における生をいかに見るか、たとえばエイズについて、あるいは贈与交換のヤムイモやマヌーについての現代的解釈を、芸術家の才に要求していると語っている（6/12/2004）。つまり、伝統的なるものの現代アートへの回収である。

　現代アートの開発に力を注いできた ADCK＝センターは、定期的にセンター滞在プログラムと不定期な海外滞在プログラムを行っている。前者ではセンター内のアトリエでカナク・アーティストたちが研修やワークショップに参加して技を磨き、そこで作成された作品の展示会が行われる。また後者では、これまでニュージーランドやフランスにアーティストを送ったり、アーティストの交換を通して海外で作品を制作し、展示してきた。センターの現代アート・プロジェクトは、現代アーティストを育成して、その技量的質を高め、アーティストの交流や異文化アートとの接触によって新たな芸術的息吹に触れることにある。これによってカナク現代アートの競合的力をつけて価値を高め、発展さ

第3部　文化の語り

せようというものである。この意味からもカナクの現代アートへの挑戦は、慣習的モードとしての民族誌的文化からネーション・モードにおけるナショナル・カルチャーとしての発展を目指した戦略とも言えよう。

　一方、これまでのカナクの文化概念になかった芸術分野へのカナクの進出は、文化をネーション・モードの経済戦略の中に取り込むことを意味していよう。カナクの現代アート作品が広報され、国内海外で展示され、売買の対象となる意味では、グローバリゼーションにおけるアート市場への参入でもある。プラグマティックなチバウは、この点で先見の明を有していたと言えよう。マティニョン合意後の1988年、彼は「我々は文化を通して、我々の国のアイデンティティを肯定するために、ナショナリズムを進展しなければならない……市場経済の中で競争を排除するのは文化である。もし我々が西欧のコピーだけをするならば、我々は負けることになる」と語っている（Tjibaou 1996: 296）。チバウのディスコースから、カナク文化を高めて、その文化的アイデンティティを顕示することによってナショナリズムを高揚し、国際市場での競争力をつけるという経済戦略が見える。脱植民地化運動における政治戦略の中で慣習に表象される文化的価値観は、文化共同体のパラダイムの中で他者と差異化する土着的文化顕示としての道具的手段ともなってきた。しかしアート市場の参入においては、その価値を決めるのは文化的価値観ではなく文化的商品としての価値である。すなわち、市場ではメディアを通した消費者の好みや審美的志向性によってモノとしての作品の価値が値踏みされる。鑑賞の対象となるアート・オブジェは市場やオークションにかけられ、一般のアート愛好家や収集家から専門家のアート・ディーラーや美術館のキューレイターまで、その審美的基準から現代的傾向、アートとしての流行によって、市場的価値は決められる。この意味において、再編された文化アリーナにおけるカナクの現代アート・プロジェクトは、美術品として価値化される現代アート市場へ節合されていると言えよう。

　センターが開かれる以前から現在に至るまで、センターの展示コレクションとしてオセアニア・アート作品の収集をはじめ、カナク現代アートの開発やそのプロモーションに海外を飛び回ってきたカサレルによれば、オセアニアでは伝統的にオセアニア的であるものに価値を置くが、現代的なものは評価されないとしている。彼は、「太平洋において人々はときに文化に対して静的な見方を持ち、伝統や起源に回帰したがっている人々もいるが、これはまったく馬鹿げておりそんなことはできない」と語っている（8/9/2005; 30/8/2006）。このカ

第9章　現代アリーナの中の文化

サレルの見解に必ずしも同意できないのは、フィジーの首都スバの南太平洋大学のキャンパスに1997年、そこで社会学を教え、作家でもあった故ハウオファ（Epeli Hau'ofa）によって設立されたオセアニア文化アート・センター（Oceanic Centre for Culture and Art）のような現代アートを創造するセンターがあるからだ。このセンターにはダンスや音楽部門などもあるが、絵画部について研究している渡辺によれば、フィジーでは、このセンター以外にもヨーロッパ人講師による西洋絵画の専門学校、アートFIT（Fiji institute of Technology）があるが、前者の特色は、フィジーをはじめオセアニア各地から集まったアマチュアからアーティストまでが、このセンターをホームとして、互いに模倣したり、学んだりしながら、集団的な仕事として現代アートに取り組むことにあるという。ハウオファの意図は、オセアニアの価値観の下に芸術を統合し、島嶼性を超えた地域性としての新たな文化形態を創造する試みにあり、創作活動においては、互酬性、共同性、内外コミュニティに対する開放性、指導よりも観察、参加によって技を伝えることにあるという。絵画部は「大きな新しい波」という意味でのレッド・ウェーブ（Red Wave）と称され、流派のように認識され、展覧会も行われ、すばらしい作品はセンターが購入してその所蔵コレクションともなる。しかし、センターの最大の特徴は集団性にあり、それぞれの創作中の絵に他の者の手が入って、加筆、修正されたり、モティーフやスタイルが共有されたりする。しかし、アーティストたちはある段階に至ると、「自分の絵」を模索し、他の者との差異化を追求し、集団性と個人としての画家の創作に対する思いとの間でズレや問題が生じるという（渡辺 2007: 163-182）。

　芸術が究極的には個人としての人間の創造力によって生み出されるものであるならば、こうしたアーティストたちの葛藤が生じてくるのは自然なことと言えるが、カリキュラムに従った西欧的アート・スクールの教育ではなく、アーティストのコミュニオンを形成した集団の成員として、オセアニアの「共有」という文化的価値観を基にした太平洋的アプローチと言えよう。しかし集団制作そのものは、ヨーロッパの美術史においても、弟子を動員して描いた教会のフレスコ画にも見られるゆえ、アートの創作は個人、集団、いずれのレヴェルでも世界各地で行われてきたとも言えよう。ただ、オセアニアの現代アートの開発に従事している2つのセンターを比較するならば、集団的あるいは個人的アプローチをとるかでは、ADCK＝センターは後者と言えよう。アーティスト個人に対する賞を設けたり、コ・ネヴァ（Ko Névâ）のような展覧会を主催

第 3 部　文化の語り

したり、センターあるいは海外滞在によるアーティスト招請プログラムで、個々のアーティストの技量を高めることに重点を置いているからである。カサレルによれば、チバウ・センターはハウオファとそのオセアニア・センターとも関係を保ち、ともに働いているが、他の国々は全般的に伝統的なものにより価値を置いてきたという（8/9/2005）。そうしたオセアニアの中で、カナクのこの分野への先駆けは、現代アートを普遍的とする西欧の芸術的言説の中で、カナク・アイデンティティとしての現代アートの表象権を自ら確立する狙いがあるとも言えよう。

　この意味でマオリ・アートを比較するならば、伝統的彫刻に関しては、その工芸技術を学ぶマオリ・アート工芸専門学校、NZMACI（New Zealand Māori Arts and Crafts Institute）が 1967 年ロトルアに設立され、現在では地熱地帯めぐりやマオリ文化パフォーマンスのテーマ・パークのような広大なマオリ文化センター「Te Puia」の中にある。その入口付近にある彫刻スクールで観光客を引きつけながら、鑿を使って 1 本の木から伝統的彫刻を彫り上げていくマオリの若者の姿は、日本の伝統工芸において親方から学ぶ徒弟を想起させる。一方、その彫像や紋様、パターンが独自性として確立されている伝統的重みの中で、そこから抜け出た革新がなかなか難しいようにも見える。現代アートを創作するマオリ・アーティストも出現しているが、むしろマオリの伝統的・文化的なるものを積極的に流用し、現代アートとして再想像しているのはパケハのアーティストであるかもしれない。パケハのマオリ文化への関心は早くからあり、19 世紀後半から 20 世紀初頭にかけては画家（Gotfried Lindouer など）が写真を基にして描いたマオリ首長やマオリ女性の肖像画は、精緻な入れ墨をした人物の特徴やマナを民族誌的に伝えていて興味深い[9]。マオリ・テレビではこうした肖像画の子孫たちが画家への感謝とともに、彼らの先祖について口承から語る「筆の背後に（Behind the Brush）」シリーズが 2014 年に放送されていた。植民地時代から現代に至って、先住民の自然文化的価値観に影響を受けたパケハが生み出す現代アート作品は、マオリの部族的シンボルであるグリーンストーン・ペンダントなどの装身具から、NZ やオセアニアの景観がモダンなフォームに再創造されたガラス工芸品や諸々のアート・オブジェにまでわたっている。先述したパケハ画家の L. ホール（Lester Hall）は、キャプテン・クックをはじめ歴史的人物を諧謔的に表現したイラスト的肖像画シリーズを発表し、なかでも「クイニー（Queenie 俗語で女工）」と題した肖像画は、若き日のエ

リザベス女王が王冠の代わりに頭にマオリのシンボルである2つの羽飾りと羽ケープを身に付けたもので、画家のブランド名「パケハ部族」と「アオテアロアの地（Aotearoaland）」が記されている（Hall b）。エスプリの効いた画像からは、ワイタンギ条約を通したマオリとクラウンの関係が、蜜月的にもパケハの羨みにも読み取ることができる。

　このように、アートであることが自由であることを意味するならば、カナクにおいてもセンターからの支援を受けずに、その傘の外で自由な創作活動を望むアーティストがいても不思議ではない。重要なことは、個人であれ、集団のレヴェルであれ、他者との接触や交流を通して、技能や表現力を内に取り込み、自らの独自性をアーティストとしていかに達成していくかにあろう。アートの世界では、メティサージュは豊かになることとして認識されているという（Chassard 2004: 200）。このことは、クルトヴィッチの異種混淆を終わりなきゴールと見る視座に立てば、コンタクト・ゾーンにおけるアーティストによるインターフェイスの実践は、それが美術であれ音楽であれ、他者やその作品から刺激やヒントを受けて、インスピレーションを吹き込みながら独創的な作品を創造していくことにあろう。

2）伝統的なるものと現代的なるもの

　一方、異文化との接触のみならず、カナク文化における伝統的なるものと現代的なるものとのインターフェイスの実践なしに、カナク現代アートについて語ることはできないだろう。カナクの民族誌的アートで伝統的なるものの代表は彫刻であるが、カナク社会には伝統的なカーズの木彫りをする匠、すなわち彫刻の主（maître de la sculpture）が存在し、植民地化によって一時中断させられたが、その技や職は息子に代々伝えられてきた。グラン・シェフのグランド・カーズの茅葺きの円錐状の屋根の頂に立つ戦士を意味するシンボル的棟矢（flèche faîtière）や、クランの後見役の番人としてその門を縁取る門柱（chambranle）という主要な2つの伝統的彫刻をはじめ、家の支柱や柱の木彫りなどにその伝統的技を見ることができる。

　ボエネ（Boéné）は、こうした家系に生まれたカナク現代アート彫刻家のひとりで、祖父がトリビュの伝統的彫刻に携わっていたため、子どものときからナイフと鋏を持って、そのまねをして遊んでいたという。本格的に彫刻を始め

カーズの棟矢

カーズの門柱

たのは30歳になってからで、20年間独学でやってきたが、2000年以前はむしろ伝統的な様式に則っていたという。「私は自然や祖父たちから勉強し、当時彫刻について多少の技術は持っていた……現代的なものと伝統的なものの2つを混ぜているが、現代的なテクニックやテーマは頭の中に閃いていた」（8/9/2005）という。

フランスのロシュフォール（Rochefort）での海外滞在プログラムに参加したボエネも、センターでの展示会を終えこれからロシュフォールに派遣されるラ・フォア出身の同じ伝統的系譜を有する現代アート彫刻家のポワウイ（Poiwi）も、「我々の基盤は伝統的なものにある」と主張し、そのテーマは自然への尊敬、パロール、ヤムイモ、トーテムのようなカナク文化に関係しているという（8/9/2005）。ここからもカナク現代アートの表象が伝統的なるもの、慣習的なるものを継承していることがわかる。それを断ち切ることは過去から未来へのルートを喪失し、カナク・アイデンティティのレゾン・デートルを失うことでもある。あるカナク・アーティストの言葉を借りるならば、「もし過去の基盤が断ち切られるならば、幹や根を持たない単なる木の枝になってしまう」（*Mwà Véé* No.28, 2000: 16）からであり、カナクの現代彫刻はその伝統的なるもののルーツから滋養を吸収していると言えよう。

その伝統的なるものを進化させるのは新しい道具や材料である。かつては、

第9章　現代アリーナの中の文化

ボエネの展覧会

道具が限られていたので、伝統的なデザインに終始していたが、現在では、彼らの手に入るようになった新しい道具のお陰で、木以外にも石やガラス、プラスチックなど新しい素材や材料を使い、新たな様式やテクニックが生まれてくる。ボエネとポワウイが制作した作品は約30を数え、1日約2、3時間は彫刻に向かうが、狩りに行ったり、魚釣りに行ったりして、8時間労働のように彫刻だけに没頭することはないという。彫刻についてのアイディアは、彼らが自然や夢の中にいるときに湧き、そのスケッチをして、森や海や山など至るところに行って、それにふさわしい素材を見つけるという（8/9/2005）。

　2005年にセンターで開催されていたボエネの作品展では、「歴史の根」と題した大きな木の彫刻のオブジェから始まり、「人生の道」「海の男」「夜の刻」「自然を生む女」「生の最後の息の最初」「カヌー」「津波」「空気の泡」「パロールを運ぶ風」「悲嘆の叫び」「イニャム（ヤムイモ）」など、自然や生、伝統などに関したテーマがモダンなフォルムとテクニックで表現されていた。ここには、伝統的な彫刻の様式とは一変した、技と創造力の飛躍がある。一方、展示会のタイトルである「語る木（Le bois qui parle）」からも、彼が森で見つけたそれぞれの木のフォルムを生かして、まさしく木に語らせていることがわかる。あるカナク・アーティストの言葉で言えば、「破片に穴が空いていたら、それをそのまま残す。私にとって、それは意味があるからだ」（*Mwà Véé* No.28, 2000:

17) ということになる。この意味では、様式やテクニックが進化しても、彼らの創造力は自然と融即的な関係を保ったカナクの精神風土の中で生まれると言えよう。

「他者の富への羨み」

ヌメア近郊のトリビュに住む、ボエネの住まいは、樹上の小屋まで付いた大きなバニヤンやニヤオリの木々が緑滴たり、その広い庭には屋根と柱だけの小さなアトリエがある。そこには、センターの国内滞在プログラムや前述の海外プログラムを経験した彼がフランスなどから持ち帰った道具が、所狭しと置かれている。庭にはユーモラスで卑猥な男女の性器を象（かたど）った木彫りのベンチなど彼の作品が点在し、古びた伝統的なカーズにかかった錠を開けると、壁にはチバウの写真とフランス憲兵に暗殺された独立運動闘士のマチョロの写真が、柱には彼が青年の頃彫ったものが残されていた。家の中には伝統的な彫刻から近年の現代アート作品まで置かれていたが、なかで異色なものは、展覧会場に展示されていた洗練された作品とはまったく異なる様相を呈した「他者の富への羨み（l'envie du bien de l'auture）」という名の最新作である。カナクの嫉妬をテーマにしたという、この海のジュゴンの骨を角に付けたギョロッとしたひとつ眼と、その下で鮫の歯を付けた目を剥いているひとつ眼が絡み合った特異な形相をした作品を、彼は「門柱が棟矢の場所に取って代わって、上になりたいという嫉妬心を表現している」（1/9/2006）と語っている。ボエネがカナク文化の象徴的テーマではなく、人間にとって不滅で普遍的な嫉妬をテーマにしたのは、実のところ、彼の作品がアート市場で売れ、海外へ出かけたりするようになって、その名声や富に対する人々の妬みをかったことにあるらしい。カナク自身が「カナクは嫉妬深い」と言うのをしばしば耳にしたが、察するに、それに悩まされた複雑な胸中から、この「他者の富への羨み」という怪奇なイメージが夢に現れ、この作品を生んだのかもしれない。門柱が上の棟矢に取って代わっていないのは、「あるべきものはあるべき場所

第 9 章　現代アリーナの中の文化

へ、男性は男性の、女性は女性の役割がある」（1/9/2006）とする彼の伝統的思考の表れと言えよう。伝統的彫刻の棟矢や門柱を奇抜なスタイルで現代的な欲望に回収しても、その意味と役割は変わらないということであろう。

　文字で伝えることのできない口承社会において、カーズの伝統彫刻はオセアニアに見るピクチャーボード（板に描いた絵）のように、先祖のパロールを伝え、その機能と意味を思い起こすシンボルとしての生きている慣習であり、民族誌的アートを意味するわけではない。言葉はカナクにとって、インスピレーション、啓示、活動の原動力と見ているレーナルトによれば、彫刻師は言葉を自分の中に感じなければ仕事をせず、呪術師と同じで、我々が芸術、技術と考えるものを彼らは言葉と考えるとしている（1947, 71: 233; 1979: 141-142; 1990: 246-247）。実際、ボエネにとって、彫刻することは祈りのようなもので、祖先の霊に導かれながら、自身と作品との間の交感においてひとりきりで働かなければならないという（*Mwà Véé* No.28, 2000: 35）。この意味では、「他者の富への羨み」が放っているパロールは、伝統的なるものと現代的なるものとの複雑な絡み合いの中で、カナクの現代的欲望の霊的顕示として具現化されたのかもしれない。しかし、明らかに審美的ではなく挑発的である。

　2000 年にコ・ネヴァ（Ko Névâ）賞を取った彫刻家ワイア（Ito Waia）によれば、作品から審美性が表れるかどうかは、その創造のプロセスしだいという。なぜならカナク・アーティストにとっての重要性は彫刻する行為にあり、完成する作品の外観にはないからだ。ただし、このことが彼らの「美」に対する愛を否定するものではないと語っている（ibid.: 24）。また、ワイアは、「植物にその概念と生命の意味を与えることは重要である。人は意味を創るために創造する。意味、それは均衡であり、その均衡とは意味を引き起こす論理である」としている（ibid.: 24）。ここからも、カナクにとって文化とはまさしく意味をなす象徴体系として、アートにおけるイメージとしての表象は記号的意味を生み出し、鑑賞は作品との間にさまざまな意味を交換するプロセスともなる。カナクにとっての「均衡」の概念の重要性は先に見たが、彼らの創造性にとって鍵となるものが、制作における意味づけにあるならば、ボエネは「上にあるべき棟矢と下にあるべき門柱」という 2 つの伝統的モティーフを使って、現代的なる欲望に均衡を求めていたのかもしれない。カナク・アーティストにとって重要なのが、審美的表現よりも彫刻する行為にあるならば、その彫刻の過程において、伝統的なるものと現代的なるものが、危うい均衡ゲームの罠にはまっ

て動きがとれず、もがき合っているうちにシュールな作品となったのかもしれない。しかし、ひとつの支配的な力を嫌うカナクの均衡への志向性が、安定より往々にして不安定を生み出してきたように、伝統的なるものと現代的なるものの葛藤において、この作品は前者が後者をなんとか抑えつけているようにも鑑賞できるのである。

　カナクの彫刻は長い間伝統的なものであったし、現在も伝統的制作に終始している彫刻家は多い。しかし、若者はとりわけ、モダンなものに興味があるため、伝統と現代を混淆したアート作品を生み出す傾向にある。カナク彫刻家の数は、現在約 100 人余りを数え、少ないが女性彫刻家も生まれている。女性の場合は伝統的彫刻家ではないため、全員 2000 年にヌメアで創立されたアート・スクール (École d'art) で学んだ現代作家である。このスクールで学び、女性アーティスト協会 (Djinu Owa) の創立者のひとりでもある画家のブーケ (Yvette Bouquet) は、カナク社会の女性たちにとってアートで自分自身を表現するためのタブーは存在していないという (ibid.: 25)。伝統的なるものは男性にとってと同じくらい、女性の想像力にとってもインスピレーションの源泉であるが、男性アーティストが伝統的なるものや慣習領域へより固執しているように見えるならば、女性は現代的文脈の中で表現することにより自由を感じているようにも見える。

　カナク文化の未来に関して、ボエネとポワウイはルネッサンスがあり、現代的な作品の後で、伝統的な局面を保つ作品も生まれるという。伝統的な要素を残す道は多様であるが、現代彫刻は、伝統的な概念で制作する代わりに、新しい概念で制作することであると語っている (8/9/2005)。この新しい概念が革新的な様式、スタイルと技術で文化的現在における意味を表現するものであるならば、現代的文脈において伝統的なるものを、あるいは伝統的文脈において現代的なるものを表現することは、慣習領域に属している民族誌的なるものから現代アートなるものを創作することを意味しよう。

3) 民族誌的なるものとアートなるもの

　クリフォードによれば、非西洋のモノは、モダニズムと文化人類学が誕生する 20 世紀以前は、「古代の物、エキゾティックな珍品、東洋趣味の物、古代人の遺物などとして選別されていた」という (Clifford 1988: 200; 2003: 255)。こ

第 9 章　現代アリーナの中の文化

の意味では、ADCK＝センターが交流協定を結んだフランスのロシュフォールには、航海者たちが持ち帰ったオセアニアのエキゾティックな珍品や異国情緒溢れた日本を含む東洋の物が戦利品として集まっていたであろう。なぜなら、筆者は訪れたことはないが、ブルターニュ地方にあるこのロシュフォールは17〜19世紀にフランスの中でも最も賑やかな軍港のひとつとして栄え、18世紀にはブーゲンヴィルなどがオセアニア"発見"の大航海に出発した。19世紀には若き海軍士官として太平洋を周航し、訪れたタヒチや日本などを舞台に小説を書いたピエール・ロティ（Pierre Loti）[10]の生家も残る古い地方都市だからである。2005年の交流派遣プログラムに関するセンターでの記者会見の席上で、センターを訪問中のフランスのキューレイターはロシュフォールのアートと歴史ミュージアム（Musée d'Art et Histoire de Rochefort）について次のように説明している。そのコレクションは、一般的な幅広い展示品（絵画から民族誌的なオブジェまで）から成り、オセアニアの展示品は古いものからそれほど歴史的でないものまで、その中でカナクのものは、19世紀の棟矢と仮面、竹版画が各々2つずつある。しかし、これらについての起源や情報はなく、古いミュージアムではオセアニアの歴史的オブジェのコレクションとして混合していた。しかし、ここ3年余り、新館のために改築中で2006年のオープンに合わせて、過去の展示から新たな展示のやり方に変えたい。それゆえ、過去の証言のオブジェとして、同時にカナク文化の過去のあり方を表象し、また回復された今日のカナク文化の作品とともに、新ミュージアムにおいていかにミュージアムとしての展示をすべきか、センターとディスコースを交わしている（8/9/2005）。

　19世紀後半に創立されたロシュフォールのミュージアムでは、オセアニアの民族誌的なるものは、プリミティヴ・アートなるものや民族誌的なるものよりも、歴史的には不詳なエキゾティック・オブジェとして展示されていたのかもしれない。ミュージアムは、新館の展示のためにセンターにカナク社会に関する適切なヴィジョンを表象するためのテクストやイメージ作り、またオセアニアの現代アートの収集やパプアニューギニアの現代アート展示（2007）の開催に協力を依頼している。いわゆるミュジオグラフィーと言われるコレクションの分類や陳列方法、管理技術に対して、ロシュフォールが新たな展示方法として「カナクの眼差し」を取り込もうとしている姿勢が見える。こうした背景には、美術愛好家でもあるシラク前首相の音頭の下で2006年に創立された、

第 3 部　文化の語り

パリの「ケ・ブランリ・ミュージアム（Musée du Quai Branly）」を契機として、フランスが誇る「文化大国」としてのミュジオグラフィーの検討を地方のミュージアムが始めていることにあるのかもしれない。しかし「ケ・ブランリ」に関しては、クリフォードが、「訪問者は、収集の大地を、明確な区別のない繁茂した群葉の中でアフリカから、アメリカ、オセアニア、アジアまで暗い水族館的ライトの下で探検することになる」と批判しているので（Clifford 2007: 10）、それを参照していただきたい。

　ロシュフォールのミュージアムには、交流協定により 2004 年に彫刻家で画家でもある若い現代アーティストのトモ（Steve Thomo）が、2005 年は 2 人のフランス人キューレイターとの交換プログラムで、ボエネとポワウイが美術館に 1 カ月滞在し、3 人がそれぞれカナクの前述のオブジェ（棟矢、仮面、竹版画）の 2 組のうちのひとつについて再解釈し、民族誌的なるものを今日のカナク現代アートとして創作している。植民地化の歴史の中でカナクの伝統的彫像やその他の部族的なるものの多くは慣習的空間から引き剥がされ、フランスなど海外に持ち去られていった。フランスのミュージアムという異空間の中でかつての慣習的オブジェと対面することは、カナクにとっていかなることを意味するのだろう。ボエネは、昔のカナクの作品にホールで出会ったとき、それらは歴史を語りかけ、悲しく見えたが感動したと述べている（8/9/2005）。一方、ポワウイは、（会ったら）過去に遡って、（彫刻することで）未来に手渡したいと語っている（8/9/2005）。カサレルは、アーティスト派遣の目的は、こうしたカナク遺産に今日の創造力で再び光を当てることにあるとしている（8/9/2005）。このことは、伝統的なるものと現代的なるものの眼差しを通して、カナク社会の過去と未来に現在から橋をかけるものと言えよう。ミュージアムのサイトには[11]、新設の「カナク・ルーム（Salle culture kanak）」で 3 人のアーティストたちが創作した 2 つの彫刻と 1 枚の大きな絵画が、それまでの民族誌的なるモノとともに展示されている写真が掲載されているが、残念ながらこれらのオブジェを具体的に詳細まで見極めることはできない。しかし、アーティストたちはカナクの「文化的認識眼」を通して、民族誌的オブジェとなったモノが語りかける沈黙の歴史とメッセージに対して、対話しながら意味づけ、文化的現在としての解釈を作品に表現していったに違いない。フランスの地方美術館の空間の中で、過去と未来が文化的現在を通して交差する「カナク・ルーム」の創出は、民族誌的なるものとアートなるものに対するカナクの表象権の

第9章　現代アリーナの中の文化

カナクの仮面

回復とも言えよう。

　クリフォードによれば、モダニズムと文化人類学が誕生した1900年以来、芸術と人類学はプリミティヴ・アートあるいは民族誌的標本として表象する権利をめぐって互いに競い合い、追認し合ってきた。「芸術」という時を越えて鑑賞する審美的な鑑賞のプロセス、あるいは真正の「伝統的」世界を構築するプロセスの中で、部族文化と部族芸術家の具体的で創造的な実存は抑圧されてきた。しかし審美的なものと人類学的なものの間の境界は永遠に固定しているわけではなく、近年美術館と人類学博物館との間には相互浸透の兆しが見られるとしている（Clifford 1988: 198-200, 228; 2003: 255-257, 289）。ここからも、収集されたモノがいかに分類され、位置づけられ、展示されるか、ミュジオグラフィーによって、その表象としての意味が変わってくることがわかる。他方、伝統的オブジェが、シンボリックな目的であれ、実用目的であれ、共同体の空間の中で「生きた慣習」としての意味を放つものであるならば、美術館あるいは博物館の空間の中で、「時を超えた芸術」としての審美的眼差しであれ、あるいは「真正なる伝統」を持った民族誌的眼差しであれ、オブジェとして表象されることは、いずれにしてもクリフォードが言うように、部族文化とそのアーティストの「具体的で創造的な実存は抑圧されてきた」（ibid. 1988: 200; 2003: 257）ことを意味するかもしれない。しかし、オブジェとしての実存は、かつて内在していた慣習としての本質に先行し、モノとしての自由を獲得する。その創造的実存は時空を超えて、沈黙のオブジェとして鑑賞者の嗜好や主観に委ねられる。個人的鑑賞のプロセスにおいて、作品との内なる対話からいかなる意味を汲み取るか、モノとしての自由は鑑賞者としての自由を意味する。それゆえ、「抑圧された創造的な実存」も、見る者の想像力によっては解放されることができるだろう。

　チバウ文化センターの「ブエナンド・カーズ（慣習的集いの家）」と名付け

られた部屋には、モノとしての自由を得た海外から帰還した民族誌的なオブジェがスッポトライトを浴びてカナクの文化的歴史遺産として展示され、個々の鑑賞者の眼差しに訴えかける。E. チバウに会ったとき、そのヘアスタイル——いくつもの束に編まれて重たそうだが、ユニークでモダンに見える——について彼に尋ねると、「センターに展示してあるマスクを見なかった？」と言われ、「ブエナンド・カーズ」の展示品のひとつである大きな仮面を思い出したのである。そのマスクに付けられている多くの束に編まれたヴォリュームある長く黒い顎鬚を、彼は過去のサルベージとしてではなく、文化的現在における自身のヘア・スタイルとしてアレンジ採用したのである。民族誌的なるものを現代的ファッションなるものに読み替え、カナクのアイデンティティとして回収したと言えよう。それゆえ、モノとしての「創造的な実存」は、鑑賞する者によっては抑圧から解放されると言えよう。

「トカゲ男」(L'Homme-lézard)

　一方、「ベレタラ」展示室のミュージアム的空間の中では、鑑賞されることを対象とした現代アート作品が展示されている。2000年代、筆者はここで、リフ島出身のD. ボーン（Dick Bone）によって創作された忘れ難い「トカゲ男」の彫像に再会した。この「トカゲ男」に初めて出合ったのは、1990年代にヌメア郊外のヌーヴィルの古い建物の中にあったADCKのオフィスの一室であった。他に誰もおらず他になにも置かれていない部屋で彫像に気づいたとき、板張りの床に響く靴音とともに、筆者はこの漆黒の木製の彫像の前に釘付けとなった。そのとき、なぜかわからないが、昔パリで過ごした若き日々にロダンの美術館を訪れて見た彼の彫刻が一瞬、頭をかすめた。しかし2人の彫刻家の間になんら共通点はない。ボーンはボエネやポワウイのように独学でその現代彫刻の技を身に付けたと聞いている。作品は、右半身は人間、左半身はトカゲの鱗で覆われ、トカゲの尾を持った男とそのトーテム、すなわち祖先とするトカゲとの合体であり、カナクの伝統的なテーマであることは疑いようもない。現代アートのテクニックを「メトリーズ（マスター）」した彼の才能と創造力は、

第 9 章　現代アリーナの中の文化

男とトーテムの合体の中で、神話領域にあるトーテムとの融即関係をアート的現在に甦らせて親密な交感を表現し、この磨き上げられた彫像に男のトーテム魂を宿らせていた。彼によれば、多くのデッサンを楽しみで描いてきたことから始まった彫刻は、頭の中にあるイメージをまずデッサンに描き、空間の中にそれを位置づける。なぜなら彼にとって重要なことは、彫刻が空間の中で占めるヴォリュームを極めることで、テクニックは後から来る。インスピレーションの源は夢にあり、昔の人々から返ってくる響きとこれからやって来る世代の視線を考えながら彫像するという（*Mwà Véé* No.28, 2000: 7）。彫刻家にとってのデッサンの重要性、アイディアの源としての夢、テーマとしてのカナク文化や先祖とのつながりなど、ボエネやポワウイのディスコースと重なるが、彼が強調している彫像と空間との関係、彫像が空間に占める量感の重要性は、第2部で見たレーナルトによる彫刻家の三次元の技術的発見云々を想起させて興味深い（Leenhardt 1947, 71: 281; 1979: 176-177; 1990: 305）。

　彫刻を見た瞬間、筆者を捉え感動させたのは、そうした空間におけるパワフルな表現力にあったに違いない。しかし、彫像としての実存が、それが意味する文化的本質に先行するならば、芸術としての本質はどこにあるのだろう。その本質が、オブジェが語る沈黙のパロールをして、時空と文化的境界を越え、人を内部の深淵なところで捉え、揺さぶり、解放させることができることにあるならば、カナク文化と西欧文化を表象する「トカゲ男」とロダンの彫像を筆者の中で一瞬邂逅させたのは、「いかなる解釈も汲み尽くすことのない」そのパワーにあったのかもしれない。

　芸術的創造が深遠な意味で、究極的に人間としての自由と解放を意味するものならば、現代アートの開発は、グローバリゼーションなるものへの挑戦やナショナル・カルチャーなるものへの投資以上に、カナクの文化的未来を導く人間として真の脱植民地化を意味するのかもしれない。

注
1) 野外や庭、視聴覚ライブラリーなどは無料であるが、入場料やレストラン、土産店などでは、一般のカナクにとって値段は高い。
2) センター建設にかかった経費は 3 億 2000 万仏フラン（約 64 億円）で、開設当初の年間運営費は 3500 万仏フラン（約 6 億 4000 万円）が計上されている（ADCK 1998: 28）。

第 3 部　文化の語り

3）センター開設当初、53 人のスタッフのうち、ニューカレドニアからはカナク 26 人とヨーロッパ系 7 人、フランス本国から 15 人、オセアニア島嶼国から 4 人とオーストラリアから 1 人であった（ADCK 1998: 26）。フランス人スタッフは、文化センターを軌道に乗せるため専門の知識を必要としていたためで、3 年契約でローカル・スタッフを訓練していったが、その数は段階的に減少していったという（Kasarherou 30/8/2006）。
4）2006 年で、68 人のフルタイム雇用者と約 90 人のパートタイマーがいる（Kasarherou 30/8/2006）。また、年間予算は、2007 年には 9 億 2600 万パシフィック・フラン（CFP）（約 9 億 2600 万円）で年々増大している。
5）フェスティヴァル（quatrième Festival des arts mélanésiens）は「メラネシア槍の穂先グループ（MSG）」の諸国の間で 4 年に 1 回開かれているもので、MSG については、第 3 章の注 13 を参照されたい。
6）2007 年ウヴェア島では、収集は ADCK ＝センターとイアアイ慣習圏カウンシルをパートナーとして行われていたが、リフとマレ島では行われていない。その理由は不明であるが、推察するに言語的にデフ語とネンゴネ語が話されている両島では、口承の次世代への継承は、グランド・テールほど差し迫った問題とならず、また、階層化された両島のチーフの権限は強いので、その口承が社会的に記録され開示されることを望まないことにもよるのかもしれない。
7）ADCK ＝センターは、口承の収集を音、楽器音楽、歌、公式な説話や神話、非公式な証言や系譜、公式なディスコース、非公式なパロールなどの 7 つのジャンルに分けている。
8）1990 年代以来、中等、高等学校教育においては、カナク主要言語のカリキュラムが設けられている（ISEE-TEC 2006）。
9）マオリのこうした肖像画はオークランド・アート・ギャラリーやワイタンギのヴィジター・センターでも見ることができる。
10）ロティの小説には、タヒチを舞台にした『ロティの結婚（*Le Mariage de Loti*）』（1880）や日本を舞台にした『お菊さん（*Madame Chrysanthème*）』（1887）などがある。
11）Musée d'Art et Histoire de Rochefort のサイト <http://alienor.org/musees/index.php?/fre/La-liste-des-villes/Rochefort/Musee-d-Art-et-Histoire-de-Rochefort-Hotel-Hebre-de-Saint-Clement>。

終　章

変奏の語り

　これまで筆者は、「カナク・アイデンティティの語り」を、ニューカレドニアの植民地化から現在のヌメア合意時代まで、政治的共同体としての「ネーションの語り」、原初的領域としての「共同体の語り」、文化共同体としての「文化の語り」の3層から考察し、共時的に3つの語りの節合総体として表象してきた。「カナク・アイデンティティの語り」は筆者とニューカレドニアの人々との間で交換された「語る行為」と「聞く行為」の相互的作用を通して、主として1990年代と2000年代の後半の現地調査で収集された人々のディスコースを書き起こしたテクストを基盤として編成しているが、この時代変化の差異が、所与の歴史的文脈における時代的証言として、共時的な「節合の語り」を通時的な「変奏の語り」として見ることを可能にしている。ニューカレドニアの脱植民地化闘争はカナク独立運動と同義的に見られているが、筆者は、人々のディスコースから植民地化によって否定されてきたピープルとしてのカナク・アイデンティティの回復要求という権利回復闘争の視座から捉えてきた。ネーション・レヴェルで政治的に出現した主権、土地、経済社会、文化の権利回復要求において、主権はカナク主権から共有的主権へ、土地は返還要求から慣習地へ、社会主義要求は経済社会開発へ、文化は歴史的闘争の場からチバウ文化センターへ変奏され、これらの権利回復と密接にかかわる先住民性は、ルートを開くことによって、ルートからルーツへと遡行してきた。それゆえ、通時的な縦糸と共時的な横糸によって編み込まれた結論としての「変奏の語り」では、これらの諸権利、及びその回復要求の基盤としての先住民権を主題としてマオリとの比較も含め、カナクがこれらの権利をその文化システムの中でいかに再文脈化し、勝ち取るために再想像していったかを概要する。また、共時的方法論としてのアイデンティティとディスコースの関係において、これらの主題が3つの語りの中でいかに節合され、歴史的ルートを経た現在、そのモティーフが表象においていかに変奏されているかなどを総括したい。これによって、「カ

ナク・アイデンティティの語り」において、何が真実として捉えられているかという「真実の体制」を支えるアイデンティティの言説が織り成す知識＝力を今一度確認していこう。

＊　＊　＊

「変奏の語り」としての終曲の演奏形式は三重奏を六重奏に変えて、プレスティッシモでジグザグ迷奏していく「セクステット（sextet）風変奏曲」ということになろうか。

1. カナク主権から共有的主権へ

「ネーションの語り」において、1853年にニューカレドニア（NC）がフランスに併合されて以来、カナクは流刑囚や入植者の導入とともに土地を強制的に収用され、反乱を武力的に制圧され、土着民体制の下に置かれた。過酷な植民地支配は彼らから人間としての尊厳を奪い、「カナク・アイデンティティの権利回復要求」の根拠を形成した。第2次大戦後、差別的な土着民的地位を解かれたカナクは、市民権と選挙権を得て、キリスト教政治組織や政党UCの設立によって、1953年に初めてカナクの代表議員がカレドニア近代政治に参加した。西欧のエージェントによって伝えられた普遍的権利と特殊性としての慣習的権利はその政治文化の中に再文脈化され、「カナクの夜明け」は外部世界との節合によって、権利回復要求への準備段階として明けていったと言えよう。それから15年余りを経て1969年のカナク解放運動から始まった脱植民地化運動において、パリ5月革命を体験したメラネシア人やカレドニア人学生との共闘によるヨーロッパ人同志との「カレドニア・ネーション」の構想は芽生えたが挫折し、政党政治において「カナク独立」を目指した独立運動は1975年に始まった。1970年代にメラネシア同胞諸国が次々と独立していく中で、フランスやその他のエスニック・コミュニティなどの多数派の反対によって取り残されたカナクにとって、独立闘争は、フランスに対するカナク・アイデンティティの回復要求を求める挑戦と抵抗の歴史であり、知識＝力の闘いと言えよう。

主権を有する想像上の政治的共同体として「カナキー」というネーションを探求する中で、独立派、反独立派とフランスの3者によるナンヴィル＝レ＝ロッ

シュの円卓会議（1983）で、カナクは初めて独立に対する生得的権利を有していることが認められた。同時に独立派が少数派という動かしがたい事実の中で、その他のエスニック・コミュニティによる自決権の承認と、1人1票の住民投票による自決権の行使という課題を背負わされた。この命題を乗り越えるため、カナクは「共同体の語り」と節合して、その文化システムの中に主権を再文脈化した。すなわち、この土地に起源を持つファースト・ピープルとしての生得的権利は、先祖から受け継いだ遺産として、土地から地下、空、海に至る NC を管轄する権限を有するという主権者としての解釈である。主権はカナクのみに属し、その自決権行使を生得的権利としての集団的権利として訴えることを戦略とし、主権者としての「カナク」は、そのパートナーを選ぶ権利としての「非カナク歓迎」の行使権を有すると主張した。この行使権は、共同体における土地の主の伝統的な「外国人歓迎」の概念と節合されている。すなわち、迎え入れた者と迎え入れられた者との間の相互互恵的な関係の「歓迎の契約」であり、「ネーションの語り」においては、カナキーにおけるカナク・ピープルの権利の行使として、非カナクの受け入れは、カナク独立に同意する者をカナク国民の一員として歓迎することを意味している。この意味でも、主権を有する想像上の政治的共同体としての「ネーションの語り」は、ルーツとしての「共同体の語り」に節合されているのである。

　カナクのネーション探求において、ヨーロッパ人同志との共闘による解放運動のカレドニア・ネーションからスタートした独立要求は、カナク・カレドニアへ、カナキーへと変わり、あらゆるナショナリズムが他者に対して排他的になるように、カナク・ナショナリズムは他者との境界を鮮明に引いた。独立派はカナクで占められ、ほとんどのエスニック・コミュニティは反独立派に与したため、エスニシティ・レヴェルでの対立ともなって、ニューカレドニアは政治的に二極分化した。1980年代半ば独立闘争の激化はエヴェヌマンと呼ばれる流血の事件を引き起こし、「紛争の中の多民族社会」となっていった。カナク・アイデンティティの言説において、移民である非カナクは、政治的に自決権を有しないエスニック・グループとして表象され、「カナク」は土地と結びついた先住民としての文化共同体とネーションとしての政治的共同体の両者に鎖をかけることのできる「ピープル」として存在論的に主張される。換言すれば、ディスコースの中で、「主体」としてのカナクは異なった次元に節合され、まさしくフーコーの言うように主体は拡散し、不連続となることを明かし、政治的・

文化的な節合総体として出現したカナク・アイデンティティの言説は、「共同体の語り」からルート化されているのである。

　独立運動から1988年のピース・プランと呼ばれるマティニョン合意による和解の時代を経て、1998年、独立派、反独立派とフランスとの間で結ばれたヌメア合意が住民投票で認められた。合意では、カナク・アイデンティティの権利回復要求が承認され、フランスからNCへの段階的な権限の移譲という不可逆的プロセスを通して政治的権限を両者の間で共有していくことになった。この共有的主権は、チバウの「パートナーを選ぶ権利と相互依存を交渉する権限」として、主権を従来の至上権としてではなく、共存や共生を先取りしたポストモダンな主権の概念を想起させる。ヌメア合意によるフランスとNCの間の共有的主権によるパートナーシップは、「紛争の中の多民族社会」から「共通の運命の中の市民社会」を生きることになったカナクとカレドニア人との間のパートナーシップによる共有的主権でもある。なぜなら、ヌメア合意においてカナクの権利回復の承認は、NCに生きる他者の権利の承認でもあるからだ。すなわち、カナキー独立においては、カナクのみに主権があり、パートナーを選ぶ権利として非カナク歓迎の行使権をカナクは有するとしていたが、ヌメア合意におけるNC「市民権」によって、法的に普通法と異なった慣習地位を有するカナク市民と、その他のカレドニア市民という市民的パートナーシップにおける主権の共有に変奏されたのである。最終的に独立に至るか否かは、フランスからの権限移行プロセスの最終段階（2014〜18年）で住民投票に託されている。ネーションとしての独立を意味する完全な主権への道は、フランスから1度脱節合した後、新たな連合協定を結ぶことによって、連合国家としてフランスと再節合することを意味する。他者からの独立と他者への依存は、相互依存の視座に立てば二律背反ではなく、「共同体の語り」におけるカナクの個別化と他者との交換や交感による相互補完的関係にも相当する。カナクが国民国家のパラダイムに基づく主権を、彼らの文化的・政治的知識＝力のネットワークを通して他者との関係において再想像した意味において、ネーションの探求は、カナクが他者といかにかかわるかというパートナーシップの模索に他ならないことを明かしていよう。つまるところ、「現代アリーナ」において「ネーションの語り」は主権を共有する想像上の政治的共同体として変奏されたが、こうしたパートナシップによる共有的主権の概念は、領有権争いが多い領土問題などを考える上でも示唆に富もう。

終章　変奏の語り

　一方、カナクはネーション・レヴェルで、その慣習政治と近代政治を節合し、その政治文化にある慣習的技術と価値観を近代政治に再文脈化してきた。なかでもその成果を子や孫の代に見る伝統的な長期戦略に、ネーション探求のプロセスは支えられてきた。解放運動によるカナク脱植民地化運動が始まった1969年から、ヌメア合意が始まった1998年まで数えれば約30年、ヌメア合意終了に至るまで約半世紀、まさしくこの長期戦略の中でカナク・アイデンティティ闘争は、少しずつ前進し闘い抜かれてきた。政治的リーダーは、とりわけフランスに対して、カナク・アイデンティティの回復要求という目的のために、その交渉を知識＝力関係のゲームとして維持、戦略的に断絶したり、再開してきたと言えよう。フランスは、左右を問わずその根底には独立に対する否定的姿勢が見えるが、その漸進的棚上げから後進的阻止まで、国家の政策転換に呼応して、カナク独立派は柔剛の時宜を得た戦略的メカニズムを展開してきた。フーコーの言うように力関係と闘いの戦略の間には、相関的な親和性と永遠に続く結合、逆転がある。ヌメア合意の終了に向かいつつある現在をポストコロニアルへの移行期と見るならば、この長期にわたる戦略において、独立という錨が下ろされるか否か、あるいは3度目の合意となるかは不確実性の掌中にある。

2. 土地返還要求から慣習地へ

　カナクは植民地化の中で、多くの土地を略奪され、さらに強制移住によって土地との関係を分断され、フランスが設けた居住集団としてのトリビュとリザーヴの中に禁足された。しかし、第2次大戦後市民権を得た後、カナクのほとんどは差別的な土着民的地位から派生した特別地位を保持したため、植民地化において彼らを封じ込めていたトリビュやリザーヴは譲渡できない安住の地となった。彼らを差別化していた地位は土地を含めた慣習的権利を保障する歴史的パラドックスとなり、脱植民地化運動において土地返還要求はカナクの国を構成する祖国の地として、権利回復闘争の中心となったのである。活動家は入植者の土地を占拠し、慣習的土地所有者のクランを基盤とした潜在的ネーションを成す人々の間に、先祖と土地との関係における土着性の意識を植え付け、カナク・ナショナリズムをイデオロギーとしてよりも動員的・実利的に実

595

践していった。

　この意味で、カナク・ナショナリズムはネーションと共同体レヴェルを節合し、「土地」は「ピープル」にとって先住民性のルーツとルートを成す最大の根拠としての「土着性のパラダイム」を構築した。「オトクトーヌ（土地に起源を有するピープル）」としての特別地位は、カナクの共同体内部において普通地位に変更したカナクを伝統的な土地の権利から排除することを意味するわけではないが、「土地の人」としての所有権の正当性を保障し、普通地位のその他のカレドニア人を歓迎する権利や、「カナキー」を創出する上での法的基盤を成した。土地回復のディスコースは、クランの人格の回復としての神話的モードと国の基盤や経済開発としての合理的モードを節合し、「ピープル」はネーションとしての政治的共同体、エスニシティとしての文化共同体、原初的領域としての共同体にシフトできるゆえ、「土着性のパラダイム」は重箱的構造である。それゆえ、ネーション・レヴェルでカナク・ナショナリズムを勃興させ、エスニシティ・レヴェルでカルドシュとの間で対立を生み、共同体レヴェルで返却された土地の分与をめぐる紛争の種をカナクの間にまいてきた。クランが有する名前との関係、カナクの可動性からもカナクと土地との関係は固定せず、流動的・複層的であり、土地所有権は複雑化し曖昧である。口承に基づく土地返還要求が当局から認可されればその真正さを獲得するが、その結果としての土地返還は、ネーションとしての集合体から解体された個々のクランの慣習的土地の権利に帰するため、カナクの間で紛争を巻き起こしながら、再び共同体に内在するモードに回収されるのである。

　ヌメア合意では、カナクのアイデンティティは、クランとその名前との関係から土地の上に刻まれているという伝統的な概念を認め、リザーヴ地、土地回復要求の結果返還された土地所有者グループGDPL地、土地紛争が解決せず未返却の在庫地を「慣習地」として規定し、特別地位は慣習地位として名称上変更され慣習地との一体性を付与した。さらに、口承という不確実性から脱して、カナクの慣習的土地権の安定と保障を図り、ネーションとしての経済開発へつなげていくための土地台帳プロジェクトを展開している。台帳の作成は、所有権や境界を法的明確性で線引きするため、「共同体の語り」においてはカナクの間の利害や力関係の対立と紛争を増大させ、「文化の語り」においては象徴的意味のテクストとしての再解釈の余地や慣習的流動性、曖昧性といった特性を失わせることにもなるかもしれない。土地台帳への登記は、文化的「真

正さ」よりも法的・行政的「真正さ」への変奏であり、閉じられた親密な利益圏としての共同体の土地所有が、ネーション・レヴェルの開かれた公共圏において開示されることを示唆している。一方、リザーヴ地と異なり GDPL 地は、経済目的のために土地を賃貸してその利益をグループで配分することなどができる意味で、カナクの資本として経済開発に投資し、開発への参与を促すツールとなるものである。土地に関するディスコースは、祖先との聖なるつながりを意味する精神的土壌から「土地は金なり」という経済的土壌へ、祖先の遺産から経済開発を進めるための資産を担いだしているとも言えよう。土地が回復要求という使命から「国の建設」のための経済発展という使命を担いだしたことにおいて、土地の上に築かれたカナク・アイデンティティの表象は変奏されたと言えよう。

以上のことからも、「ピープル」と「土地」の関係は、ネーション、共同体、エスニシティのレヴェルと節合されて互いに影響し合いながら、再構築されてきたと言えよう。「現代アリーナ」において展開する経済開発の中で、土地の商品的価値化による新たな資産的概念、ヌメア合意による慣習地位と慣習地との一体性の下で土地に対する法的地位による差別化の可能性がある。さらに、国際的な先住民的権利の「グローカル化」の中で、土地に対する権利は「生の空間圏」に拡大し、資産としてのニッケルをはじめとした自然資源に対する「オトクトーヌ」の集団的権利として、カナクと土地との関係はさまざまな文脈の中で出現し、問われ主張されている。オトクトーヌ、土地に結びついた人としての先住民的権利の追求は、「土着性のパラダイム」の中でルート・ルーツを脱節合、再節合しながら先住民性の再構築を続けていると言えよう。

3. 社会主義要求から経済社会開発へ

「ネーションの語り」における脱植民地化運動において、独立とは「カナク社会主義独立（IKS）」を意味し、社会主義は闘争戦略として、社会的・経済的な正義を要求する権利としての政治的原則となった。このオセアニアではほとんど見られないイデオロギーが、独立運動の基軸となった背景には、植民地宗主国フランスからもたらされた共産主義に始まる社会主義の系譜と土着のカナク社会主義の特性にあると言えよう。第 2 次大戦後フランスのエージェント

によって吹き込まれた社会主義は、解放運動においてパリ5月革命の洗礼を受けた学生たちが取り込んだ当時最先端の左翼思想へ更新され、資本主義や植民地主義の対抗概念としてカナク社会主義独立が表象されたと言えよう。こうした外部から導入された西欧的社会主義に節合されたのが、共同体レヴェルにおけるルーツとしての伝統的な「カナク社会主義」と言えよう。カナクにとって利己主義と同等の個人主義の対極にある概念が、共同体の成員としての共有の精神であり、土着の経済活動としての贈与交換を通してもたらされる富の再分配と連帯は、カナクの伝統的社会主義精神の実践ともなる。一方、フランスからニューカレドニアへの社会主義の系譜の中で伴侶としてやって来た労働組合は、その同盟関係における社会的戦線として実践活動の場を提供した。労働者の権利拡大要求は、資本主義の搾取に反対し、カレドニア社会の富の公正な分配を要求するカナクの権利拡大と符合する。しかし、カナク社会主義が根差している慣習においては、西欧の「人権」の概念に基づく社会主義的平等の概念は存在しないゆえ、労働者とオトクトーヌとしての連帯はときに相克する。この平等の概念に代わるのが、集団間のパートナーとの相互的贈与交換関係や、クランの役割や各人の使命を果たすことによって他者との関係性の釣り合いをとるという「均衡」の概念と言えよう。こうした文化的価値観に基づくカナク社会主義は、ネーション・レヴェルにおいてカレドニア社会に蓄積される富に対して、カナクへの再分配を要求する政治戦略として採用され、エスニシティ・レヴェルにおいてはカナクの共有や連帯の価値観がカレドニア社会の個人主義的資本主義に対するカウンター・ディスコースとなったと言えよう。クチューム（慣習）としての贈与交換は、「社会的交換としての語り」でもあるゆえ、人々の間の交流、同盟関係は社会的資本として蓄積され、投資される。この意味で、慣習的な社会主義は社会参加を通して文字通り社会的にならざるを得ない社会主義でもあり、利益の恩恵を人々とともに与る意味では実利的社会主義にも転化できるのである。

　しかし、「ネーションの語り」と「共同体の語り」との節合において表象された「カナク社会主義独立」は、世界的な社会主義崩壊の中で、カナクの経済開発と経済力獲得を通して独立に導くという戦略的転換を見た。その結果、マティニョン合意からヌメア合意に至る現在まで、カナクの経済的能力と国造りの運営能力を増大し、主権獲得の道にリンクするという経済的ルートを走行中である。しかし、民族的・地域的な経済格差の是正と開発促進のためフランス

から注がれる多大な援助によって、コロニアル経済システムはネオコロニアル経済システムへ、社会主義的志向は援助主義的志向へ取って代わり、カナクの自助努力を促進するよりも、フランスへの依存という悪しきサイクルが持続している。一方、国の建設には経済的に「資本の語り」を必要とするが、仏援助と並んで、これを担っているのが鉱山資源であり、ニッケル産業はそのカギを握る経済基盤として、プロヴァンス・レヴェルのマクロ・プロジェクトにおいて多国籍企業が環境問題を抱えながら、持続可能な開発の名の下で事業展開を開始している。他方、共同体レヴェルにおいては、経済的に周縁化されていたカナクが「経済の不可欠な一部」となるため、地元のオトクトーヌが参加したミクロ・プロジェクトが鉱山開発の経済構造の中に組み入れられ、「ネーションの語り」におけるカナク「経済社会開発」は、「共同体の語り」に実践的に節合されている。

　財の蓄積とその実績主義によって原初的資本主義社会とも、共有や気前の良さによって原初的共産主義社会とも言われるメラネシアの伝統的社会において、社会主義の崩壊後、前者が優勢に見えるが、カナクの社会資本の概念が、その益を共有しなければならないとすれば、両者の志向は対立ではなく補完関係にある。それゆえ、市場経済で生み出される財を贈与交換における伝統的市場交換システムにおいて、分配し消費するという、資本主義的システムを経済的行為としてのクチュームの中で読み替えることが続けられている。換言すれば、共同体レヴェルの親密圏にあるカナク的社会主義は、ネーション・レヴェルの公共圏において理念的に表象されながら、実利主義的に市場経済システムを乗り継ぎ、両者のレヴェルを節合していると言えよう。いずれにしても、「現代アリーナ」におけるネーション・ビルディングの重要な戦略はこの経済社会開発にあり、カナクが市場経済への参加によって経済的ツールをマスターしていけば、カナク的「資本の語り」における「自らの足で立つ人」として、慣習、政治、経済をネットワークしていこう。それは民族・地域間の格差是正や国の建設への必要な知識＝力を身に付けていく長い迂回ルートである。

4. 歴史的闘争の場からチバウ文化センターへ

　フランス植民地化は、外部から人々、動植物から、文化、知識、技術、言葉

に至る多くの「運ばれた風景」をニューカレドニアに移植していった結果、先住民社会とその人々の心に土着的景観を再構築しつつ、「カナクの創成」を出現せしめた。ハワイ先住民の言葉で人を意味する「カナカ」からもたらされ、フランス語化した蔑称的な「カナック」は、メラネシア人をエスニシティとしての未開の民に分類、客体化し、その人格を踏みにじり文化を弾圧していった。それゆえ、「文化の語り」において、人は文化なしには人たり得ないならば、土地の上に築かれた文化の根をねじ曲げられた「カナック」が、「私とは誰であるか」という存在論的問いかけから発して、他の権利回復に先駆け文化を「歴史的闘争の場」にしていったのは当然の帰結であったと言えよう。「私とは誰であるか」という存在論は、若者たちのフランスへのルートから始まり、1968年のパリ5月革命において出現した命題である。当時の知的刺激に満ちた文化的接触領域おいてメラネシア人留学生たちはカレドニア人学生と共闘しながら、その最先端の知識＝力を取り込み、自らのルーツに戻って、「文化共同体」としてのカナク・アイデンティティの探求を始めた。彼らは「カナック」として肯定することによって語られる客体から、自ら語る主体へと転換し、さらに、政治的負荷を担った「カナク」として語義的に脱植民地化することによって、そのアイデンティティとしての言説を構築しようとしたのである。1975年のメラネシア2000フェスティヴァルは、この「私とは誰であるか」に対して、カナク民族の原型としてローカルな神話的ヒーロー「カナケ」を主人公として登場させ、この国を起源とするピープルとしての実体を土着的に顕示したと言えよう。換言すれば、フェスティヴァルは、慣習モードから「ローカル・コミュニティのアナロジー」として神話を回収して、オトクトーヌとしての文化的アイデンティティをネーション・レヴェルの公共圏で具現化した。それによってカナクに自信と連帯を与え、独立運動の幕を開けたのである。この意味でも「文化の語り」は、カナク・アイデンティティの権利回復に向かって、政治的にルート化され「ネーションの語り」へと節合されている。

　こうした土着的文化顕示から見えるカナクの文化共同体としてのパラダイムには、文化モードと慣習モードが内部で節合された2層構造が見える。文化モードでは、エスニシティ・レヴェルにおいて出現したオトクトーヌとして単一の文化的アイデンティティが存在論的に顕示され、その特別（慣習）民事地位は、他のエスニック・コミュニティから線引きしパラダイムを支える法的枠組みとなった。一方、慣習モードにおいては、カナク文化の実体として、文化的行為

としてのクチュームが表象され、言語的・文化的・地域的多様性が主張され、複数性を内包している。植民地化においてオリエンタリスト的表象であった慣習は、他者の眼差しを内に取り込み反転させることによって、文化モードで顕示されたと言えよう。換言すれば、エスニシティとしての文化を共有する想像上の文化共同体は、構造的に異なるクランに基づく共同体に節合され、「文化の語り」は「共同体の語り」をルーツとしているのである。両者のモードが相関し合うことによって、植民地化で窮状にあった文化の再興は、カナク・アイデンティティ回復要求としてネーション・レヴェルで回収されたと言えよう。カナク文化としての「意味の蜘蛛の巣」に支えられつつ、自らを再解釈しつつ、他者と差異化したオトクトーヌとしての文化的権利を、カナクは交渉していった。

　一方、植民地化以来、カナクは支配的なヨーロッパ文化との接触において「異種混淆の近代」を生きてきた。接触領域における人種的混淆において、混血児の多くは母方の家族の元でカナクとして、あるいは父方のヨーロッパ人家族によってカルドシュとして育てられ、エスニシティ・レヴェルの文化共同体に回収されてきた。換言すれば、人種的混淆は当時の歴史的文脈の中で文化的に読み替えられてきたのである。他方、カナクはそのコンタクト・ゾーンにおいて、外部要素を内部の文化体系の中に再文脈化し、クチュームにおける贈与品目からキリスト教まで、文化的に「加工処理」し、カナク化してきた。カナクのほとんどは植民地化と手を携えてやって来たカトリックか、あるいはプロテスタントになったが、カナクが精神的に同一化するのはキリストの神より先祖の霊と言え、キリスト教はカナクの生活の中に儀礼的にカスタマイズされ、西欧文明を理解する上での道具的手段ともなってきた。慣習婚、キリスト教婚、市民婚をカスタマイズしたカナクの婚姻の儀は、慣習圏における土着の人、宗教圏におけるキリスト教徒、公共圏における慣習的市民の象徴として、カナク文化共同体の歴史的通過儀礼にも見える。一方、独立運動の中で誕生したカナクのポピュラー音楽、「ミュージック・カネカ」は、カナクの伝統的リズム音楽とレゲエなどの他者の音楽と「インターフェイスの実践」を行うことによって創造されてきた。カネカ音楽のハイブリッド性は文化的継承性を有していることでもあり、カネカは、カナク文化の今日的あり方を表象しているとも言えよう。

　カナク文化の復権は、マティニョン合意で創設されたADCK（カナク文化発展庁）、及びヌメア合意で幕開けしたチバウ文化センターによって展開され

ている。文化的アイデンティティ闘争の結果を最も有形に、そして文化が「歴史的闘争の場」であることを最も象徴的に示しているセンターは、伝統と近代、カナク世界と外部世界との節合を通してカナク・アイデンティティの文化的未来を創造するモダン・アリーナと言えよう。センターでは親密圏における共同体の民族誌的文化遺産の収蔵から市民的公共圏におけるミュージアムとしての現代アート展示、コンタクト・ゾーンとしてのさまざまな文化との接触と交流が行われている。ここにおいて脱植民地化運動における慣習モードの土着的文化顕示は、ナショナル・カルチャーとしての文化顕示に新たに再編されたと言えよう。ADCK＝センターの活動で最も重要なものは、無形的な意味での口承社会のパロール（言葉）を通してカナクのルーツ・ルートとその世界観を伝える口承の遺産プロジェクトである。口承の危機の中で、それを収集し、パロールからエクリチュールへと土着言語で記録、カナク文化遺産として保存することは、現在から過去を未来へと回収するための重要な民族誌的作業である。カナクの手によるカナク言語における伝統的口承知識の収蔵は、表象する権利を外部の手から回復するものでもあるが、関係性の網の目の中で閉じられた親密圏としての共同体から、ネーション・モードの保護の下で公共圏における公開へと一歩踏みだしと言えよう。一方、有形な意味では、慣習領域に属していた民族誌的なるものから現代アートなるものへの開発プロジェクトが進んでいる。脱植民地化の政治戦略における慣習的モードとしての民族誌的文化の表象から、ポストコロニアルなネーション・モードの経済的戦略の中で、鑑賞の対象となるカナク現代アート作品を美術市場に節合し、その競合の中で価値化していこうというものである。モダンなフォルムと技術で現代アートを生み出すことは、文化的現在において伝統的なるものと現代的なるものをパラレル的視点で節合し、未来へ向かって回収することでもある。芸術的創造が人間の自由と解放を意味するならば、現代アートの開発は、カナク文化の未来へ向かって人間としての真の脱植民地化を表現することになるかもしれない。

　一方、異種混淆のモザイク化した多文化社会において、「文化の語り」は「ネーションの語り」に節合され、文化と政治は密接に関係し合っているゆえ、政治的文脈で主張される多民族社会の文化的異種混淆のレトリックには注意が必要である。人種的混淆と文化的混淆は次元を異にするが、「異種混淆のレトリック」において、後者が前者に読み替えられ、両者が同一化され、支配的な西欧の「意味の蜘蛛の巣」の下で文化的差異を不可視化される危険性がある。この

終章　変奏の語り

意味で、コンタクト・ゾーンにおける境界化と分類化の「アイデンティティ」と、脱境界化と脱分類化の「異種混淆」を関係づけ、異なった主体としての関係性を成立させる「インターフェイスの実践」は、「異種混淆の美学」の対抗概念として捉えられよう。「文化の語り」における「異種混淆の中の多文化社会」と「ネーションの語り」における「共通の運命の中の市民社会」という新たな節合の中で、これまで文化共同体のパラダイムの中で不可視化されてきた混血児が、異なった文化境界とコミュニティをつなぎ、豊かさをもたらすインターフェイスとして表象されるならば、そこに市民としての彼らの人権が全うできよう。

　ADCK＝センターによるコンタクト・ゾーンにおける「境界への働きかけ」は、ニューカレドニアの過去の歴史を再考し、「紛争の中の多民族社会」を経験したコミュニティ間の和解を進め、「共通の運命」の中で「異種混淆の中の多文化社会」を生きるカレドニア市民としての主体間の関係性を再構築する試みと言えよう。カナク・アイデンティティの回復闘争は、ニューカレドニアのモザイク化した多民族・多文化社会のその他のエスニック・コミュニティにも、自身の文化とそのアイデンティティの模索に影響を与えた。それゆえ、カナク・アイデンティティのディスコースが、合意の時代において権利回復という使命から、「国の建設」という使命に変奏されつつあることを考えれば、市民社会というコンタクト・ゾーンは、コミュニティや個人が接触を通して、文化的理解や認識を深める社会的交換の場となる。換言すれば、混血であろうとなかろうと、市民が個のレヴェルにおいて他の文化共同体へ越境し、間文化的に異なった文化システムの「意味の蜘蛛の巣」にシフトすることは可能なのである。

　ニューカレドニアを国として表象する名前と旗は決まっていないが、国歌は、「ともに結ばれ、兄弟になろう」と歌い、標語は「言葉の大地＝共有の大地」を呼びかけている。互いの境界を閉ざした紛争の時代から、境界を開いた和解の時代へ、さらに共通の運命の中のパートナーとして対話の時代へと進む中で、パロールと大地の共有を通して、いかなる兄弟関係が結ばれていくかは、永遠に未完の異種混淆のプロセスの中で他者のアイデンティティといかに共存しながら差異化していくかにもよろう。この意味でも、ネーション・レヴェルで「共通の運命の中の市民社会」に節合された「異種混淆の中の多文化社会」において、文化的多様性をいかに継承していくかが、「現代アリーナ」における知識＝力としての創造性とヴィジョンを生み出し、未来へのパワーとなろう。異文

化は違いがあるからこそ面白いのである。

5. 先住民性のルートからルーツへ

　これまで見てきたように、「ネーションの語り」「文化の語り」において、カナクは主権、土地、経済、文化の権利回復要求を、ニューカレドニアに起源を有する人としてのアイデンティティの回復要求として行ってきたが、その根拠は先住民性にあり、この意味でも、カナク・アイデンティティは先住民性のルーツ・ルートに節合されている。換言すれば、カナク・アイデンティティの言説において、何が真実として捉えられているかという「真実の体制」の支柱となっているのが「先住民性」と言えよう。

　「先住民性」を織り成す「共同体」の語りにおいて、その認識論は自然と人間との融即的関係から、自然界、人間界まで関係性の網の目で捉えるトータルなものの見方を示している。自己は集団の成員として位置づけられる関係的な主体として、その土着的アイデンティティは、他者と明確な境界を有した個として捉えられてきた西欧のアイデンティティとは異なる。土着的アイデンティティの構成要素としてのルーツは、原初的な内部領域として想像される共同体のレヴェルにおける先祖をともにする父系出自集団としてのクラン、そのクランが保持している名前とそれに結びついた土地としての場所にある。一方、共同体におけるルートの重要性は、関係性を結ぶものとして、婚姻などによる交換・同盟関係によってその知識＝力のネットワークを一族の力関係の縮図として、母方のオジから流れる血による同盟の慣習的ルートにある。クランの系譜をルーツ・ルートとして紡ぎながら、その慣習的道程を口承によって子孫に伝えてきたと言えよう。人々の扇の要としてのシェフ（首長）は、土地の主から「外国人歓迎」の概念という契約の下で、居住地で起きている問題などの解決のためにシェフとして迎え入れられる慣習がある。しかし居住集団としてのトリビュとリザーヴを認定した植民地政府は、シェフにこれまでになかった行政的権限を付与し、慣習的シェフと行政的シェフ、慣習的シェフリ（首長国）と行政的シェフリ（首長組織）の二重構造を生み出した。一方、シェフも新たな権限を自らの権力としていった意味で、それまでの原初的領域としての土着的景観は、「伝統の発明としての慣習」に塗り替えられていったと言えよう。仏

語「シェフ」は、伝統的な意味でのクランの慣習的シェフと行政的首長としてのシェフを二重に意味することができるが、行政的権限を付与された「シェフ」の世俗化によって、神聖さを帯びた「真のシェフ」はますます神話化されながら、閉ざされた親密圏としての共同体は維持されてきたと言えよう。

クチューム、慣習は、植民地化でもたらされたカナクの生活様式を表象する言葉であるが、その本質が集団的行為としての関係性にあるのならば、慣習はカナクの共同体レヴェルにおけるクラン間の社会的行為を具体的に表象する場を提供する。そこにおいて、クチュームはパロールを伴った贈与交換から、その市場交換における贈与品の再分配としての経済的行為、グループの関係を動かす政治的行為、共同体を律するものとしての法的行為、人々の振る舞いと価値観を表象する文化的行為まで網羅する。カナクの社会・経済・政治・法・文化体系を包括する多義的便宜性からも、カナクはこのアルケミー的用語を領有したと言えよう。先住民としてのアイデンティティはこの慣習を共有する想像上の共同体にあり、その慣習的諸権利は先住民的権利となって、「ネーションの語り」と「文化の語り」へルート化され、また両者のルーツとして節合されているのである。

脱植民地化運動を通した権利回復の中で、カナク社会集団の基盤としてのクランやトリビュあるいはシェフリをネーション・レヴェルに節合するために、シェフをカナクの「慣習的権利の守護人」とする行政組織の確立が必要となり、マティニョン、ヌメア両合意を通して慣習は制度化されていった。すなわち、トリビュのクラン（長老）・カウンシルから慣習地区カウンシル、さらにニューカレドニア全体で言語・文化圏に基づいた8つの慣習圏とその慣習圏カウンシル、トップにネーション・レヴェルでの諮問機関の慣習上院が設立された。これらの全てのレヴェルを通して、閉ざされた親密圏の中で合意の下に選出される慣習当局者は「伝統の発明としての慣習」における行政的要として、その役割と権限の回復が認められるとともに、ネーション・レヴェルの行政制度に組み込まれたのである。慣習当局者は、カナクの原初的領域としての共同体内部の再構築を行う人として、公共圏においてその権力が認められると同時に規制されたのである。

一方、伝統的規則として共同体を律する慣習の法化が進んでいる。ヌメア合意に基づき民事面において、慣習地位及びそれを有する者に帰属している慣習地や財産などの慣習的所有権に関しては、2007年「慣習的行為に関する法」

で慣習的公証人の作成による公正証書として法的効力を付与され、この慣習法の下で保護され規制されることになった。「真正な行為」としての「慣習的行為」における公正証書の作成にはシェフの認可が必要であり、慣習当局に求められているのは人類学的な文化的真正さではなく法的真正さである。しかし、「真正な行為」としての「慣習的行為」は、しばしば紛糾するシェフの指名も含め、たとえ合意の上で作成されたとしても、紛争から控訴への道が予想される危うい行為でもある。他方、刑事面では、ヌメア合意で慣習当局者による刑事調停の役割などを認めることが約束されている。慣習的刑事調停の権限は土着民体制においてシェフに与えられた共同体内部の秩序維持のために人々に対する懲罰行為を含めた権限から派生し、慣習的制裁の行使を含めた「発明された伝統」としてのシェフの刑事的権限の回復でもある。しかし、普通法の下での裁判と慣習的裁定では、前者が個人に対する権利や義務、責任や保護を基礎に置いているのに対して、後者は集団間の関係性に重きを置いたところにあり、個人としての罪の責任や犠牲者の被害を問うよりも、社会的集団間の壊された関係性を修復することが問題となる。慣習はトータルなものであるため、民事、刑事などの区別は存在せず、トリビュ、シェフリ、あるいはクランという共同体社会全般にわたって権限を有したシェフが調停者となっていかに集団間をうまく収めるかを合議的に裁定する。判断基準が異なる法的正義と慣習的正義の中で、最終的に優先するのは普通法の下にある前者であるゆえ、慣習上院が最終的に望むのは裁判権としての慣習的審判所の設立にある。シェフの慣習的刑事調停が認められるためにも、各クランやシェフリの間で口承されてきた伝統的な慣習規則を民事法典化するプロジェクトが進められている。この法的行為としての慣習の成文化は、カナク社会の多様性と口承の曖昧性から還元化される慣習法としてのネーション・レヴェルへの節合と言えよう。しかし、人々の行政的慣習当局への従属が低下している現実との矛盾の中で、シェフの刑事調停の役割が合法性を獲得すれば、トリビュにおいて職もなく行き場のない若者による非行や暴力、女性に対する性的暴行の増大に対して、問題の根本的解決となるのであろうか。

　一方、集団が個人に優先する慣習の中で、共同体のディスコースにおける慣習の中の「パーソン」は砂の1粒として「個人」とは同等でないが、「パーソン」の個としての権利や自由への意識は増大している。慣習を知らない若者が増大している一方、男性優位の慣習の中でその周縁に置かれてきた女性は慣習の外

終章　変奏の語り

で語る権利を手にするようになったが、慣習当局者としての誕生はいまだない。慣習の法典化に選択採用できるものとして上院が作成した「カナク・ピープルの憲章」（2014）には、男性を基盤とした家父長制の下で、女性たちは別のクランで仕えるとして、男女の対等な関係への言及はない。こうした状況の中で、女性がその力を慣習の場で発揮するためにも、民主的選挙による慣習当局者の選出は起こり得るのであろうか。カナクが個人として集合意識と個人意識の間で揺れ動く中で、新たな伝統の発明としての慣習法は、現在から未来を見据えて、共同体内部を律することができるものになるのであろうか。共同体のあり方を歴史的に象徴してきたクランとその受け皿としての居住集団であるトリビュあるいはシェフリは、閉ざされた親密圏として維持されていくのであろうか。カナク社会の文化的アイデンティティとして慣習が保持されていくためには、開かれた親密圏として慣習当局が女性や若者、他のコミュニティからの異なった視座や新たな発想を取り入れていく必要があるのではないだろうか。

　古代の民族移動以来、先住民性は所与の場所に根付き、所与の場所を通ってルート化されてきたが、「現代アリーナ」における先住民的権利はネーションを超えて「グローカル化」されている。その権利は世界中の先住民の声やNGO機関の意見を取り入れながら、国際的認知を受けるようになった意味で、今日の先住民性は国際的空間領域に節合されている。「誰が先住民であるか」という定義が不可能な中で、先住民性がどのように表象されるかは、誰がいついかなる状況の下で顕示されるかによっても異なる。ニューカレドニアでは、鉱山開発によるインパクトを被りながら、恩恵を受けることのなかったローカルなオトクトーヌは、多国籍企業の鉱山開発が及ぼしてきた環境汚染に対する賠償、リハビリを求めて闘争を展開し、「鉱山シェフリ」としての権利を要求している。北プロヴァンスのコニアンボ・プロジェクトや南プロヴァンスのゴロ・プロジェクトでは、地元のシェフリやトリビュにおいて慣習当局の主導の下でGDPLを主体とした民間参入会社が設立され、積極的な事業投資や共同体の「利益圏」としての拡充が図られている。こうした共同体レヴェルでの開発が進んでいく中で、カナクの共同体のあり方は、マオリのそれに見るような、共有的社会資本主義と経済開発による利益誘導型を合わせた法人組織のようなものになっていくのであろうか。他方、国連の「先住民権利宣言」などに依拠してカナクを伝統的な「環境の守り人」として表象しながら、慣習当局は、「生の空間圏」における慣習的権利を主張している。カナクの文化的認識において

海岸と土地は連続した一体のものであるが、海浜に対する権利は公共のアクセスと絡み合う。慣習当局は、こうした海浜や世界遺産登録された海洋遺産などの運営に対して、ヌメア合意によってフランスから移譲された権限を有するプロヴァンスに対して、シェフリとのパワーの共有を求めている。「先住民権利宣言」は国家と先住民との間のいかなる合意も両者のパートナーシップの基盤を成すとあり、上院はカナク・アイデンティティの回復を認めたヌメア合意を根拠として、そのパートナーシップを果たすことを主張している。
　独立運動においては、先住民的権利に対する闘いは、カナク政治家によってネーション・レヴェルで、慣習的土地の権利を有するクランあるいはトリビュの共同体レヴェルに節合され出現したが、ヌメア合意によってカナクの権利回復が認められた「現代アリーナ」においては、共同体レヴェルにおける先住民主義の中で、慣習当局は戦略的に経済的権利と環境的権利を節合しながら、資源や環境につながったローカルな「生の空間圏」に対する集団的権利を展開している。ここには、1960年に国連の「独立付与宣言」に依拠した生得的権利として主権を要求したネーション・レヴェルでの先住民性と、国連の「先住民権利宣言」などに依拠してその先住民権を要求する2000年代に出現した共同体レヴェルでの先住民性とのパラドックスがある。換言すれば、ネーション・レヴェルで「国造り」を進める政治家のディスコースと、シェフリの「慣習的権利の守護人」としてのそれは、カナキーあるいはニューカレドニアの独立という目的では共通し節合されるが、ネーション・レヴェルにおける先住民的権利か、共同体レヴェルにおけるそれかによって、主体は不連続化し脱節合されるのである。経済的ツールを独立への闘い、あるいは属する集団のために使うかによって、「生の空間圏」は「生の利益圏」にも変換できるゆえ、経済的ツールをマスターしていくことは、カナクの生き方を変えていくだろう。オトクトーヌの「生の空間圏」として環境保護を訴える理念的追求と、その開発によってオトクトーヌの生活を豊かにすることへの物質的追求との間で絡み取られているのが、現代アリーナにおける先住民性とすれば、それは我々自身の姿に他ならない。
　こうした先住民的権利のグローカル化と普通法との関係において、どこまで彼らの権利は解釈上認められるのであろうか。その集団的権利は現代法における私有権あるいは公共権とどこまで和解できるのであろうか。慣習的権利と慣習地位が法的枠組みの中で結びつく中で、前者は後者の者に限定されていくの

終章　変奏の語り

であろうか。両者は市民としての個人の権利といかに関係し合っていくのであろうか。今日、先住民が個々に都市へ、海外へ流出、移住して彼らの居場所が拡散し多様化する中で、その親族集団との絆が喪失され個人化していくならば、慣習的権利の合法性はいかに存続、確保されるのだろうか。普通法の下での市民と慣習地位に基づく市民という2つのカテゴリーにおいて、先住民的権利は、共通の運命の中の市民的パートナーシップといかに共存、和解していくのであろうか。一方、空間としての環境は人々に共有され、全ての市民の権利にかかわってくるゆえ、ネーション・レヴェルでまたローカル・レヴェルで環境権におけるカナクと非カナク市民の連帯は進むのであろうか。他方、先進諸国が消費してきたエネルギーやその環境破壊の結果、オセアニアの島々は地球温暖化による海面の上昇という脅威の只中に置かれ、いくつかの島では移住計画が始まっている。現代の先住民性が表象する「環境の守り人」は、押し寄せるこの荒波に対していかなる先住民的力を発揮できるのであろうか。

　「部分的真実」としての「カナク・アイデンティティの語り」を補完する意味で、本書はマオリの先住民権利の回復を比較してきた。1970年代後半に始まった権利回復要求運動は、西欧文化を習得した若きマオリ知識人によって始まり、その文化的認識論や内部的視座はカナクと重なってくる。しかしながら、それぞれの異なった歴史的・政治的文脈において、その復権運動は自らのヴィジョンを探求する知識＝力の闘いのプロセスであることを明かしている。ニュージーランドの植民地化においてマオリの諸権利を承認したワイタンギ条約を根拠として、マオリの回復闘争は、各イウィ（部族）がそれぞれの土地や自然資源の返還要求を、ワイタンギ審判に訴え、結果としてクラウンと個別的に交渉し、条約に違反したクラウンからの謝罪と、同等の市民としての権利回復を求めた脱植民地化を展開してきた。クラウンへの主権譲渡を承認した条約において、市民的パートナーとしてのパケハの定住権の承認という相互的パートナーシップは、すでに独立したネーションとしてのマオリとその他の市民との主権の共有である。一方、土地返還や経済的権利、その他の資源に対する慣習的諸権利の回復は、共同体レヴェルにおけるイウィあるいはその部族的連合体において、クラウンとの交渉結果としての総体的セツルメント・パッケージに帰結し、クラウンからの経済的賠償金は返還不能な土地や経済的・資源的権利に対する承認でもある。各コミュニティは選挙で選出される信託理事会がその資産を資本として運営し、それぞれの社会的・経済的自立を目指していると

言えよう。共同体レヴェルの文化的是正は、それぞれのイウィのトータルな慣習のあり方の承認としてパッケージにも含まれるが、法的に承認された公用語としてのマオリ言語や文化を実践的に教育する学校の設立を通して、マオリは、エスニシティ・レヴェルにおける文化共同体としての権利やその価値観の回復を図ってきた。一方、「パケハ」に対して普通の人を意味する「マオリ」は、ネーション・レヴェルで「カナク」のように政治的に負荷された言葉とは異なり、「マオリ」としてのアイデンティティ意識は、イウィとしてのアイデンティティに表象されてくる。それゆえ、ニュージーランドのバイリンガル、バイカルチュラル政策の下で、マオリ・テレビ放送はマオリ言語の普及を推進しつつ、マオリとしてのアイデンティティ意識の形成を図っている。そのキャッチフレーズは、今や「マオリであることはカッコいい（it's cool to be Maori）」であり、マオリ・テレビはその文化的発展への権利を実践していよう。

　文化共同体としてのエスニシティ・レヴェルと政治的共同体としてのネーション・レヴェルを節合して、フランスに対する交渉を実践してきたカナクの権利回復との相違は、部族的首長が調印した条約を根拠として、マオリが共同体レヴェルの各部族とクラウンとの個別的な和解交渉を通してそれぞれの権利回復を進めることにある。しかし、両者の権利回復がネーション、共同体、エスニシティのレヴェルを節合して行われてきたことは共通している。一方、カナクとマオリの脱植民地化のプロセスの違いは、フランスあるいはクラウンと称される英国との植民地支配の違いに帰する。しかし、両国が植民地化した人々に与えた精神的苦痛と物質的損害に対して謝罪、補償し、その諸権利や人間の尊厳としての人権、アイデンティティの回復に対して歴史的責任者としての義務を負っていることにおいて変わりはない。脱植民地化のルートとしてのヌメア合意も、植民地化のルーツとしてのワイタンギ条約も、植民地化という過去から継承した負の遺産を歴史的現在において解消しつつ、カナクとフランス、マオリとクラウンを結ぶ新たなパートナーシップを紡いでいると言えよう。それは、カナクと非カナク、マオリと非マオリが合意や条約に基づいて、互いの権利を尊重するパートナーシップを織り成すことができる意味においても同じである。この意味で、「カナク・ピープルの憲章」は、慣習当局の眼差しによる伝統的価値観の下でのオトクトーヌの権利の主張であるが、非カナク市民とのパートナーシップやその権利への言及はない。「法」と「権利」が不可分な関係にある中で、ワイタンギ条約は現代に適用できる生きたドキュメントとし

て、その「条約の原則」から法と正義としての英知を引き出してきたと言えよう。「憲章」を未来的現在に生きるドキュメントとして法的正義と英知を引き出すためには、特殊性としての先住民権利と普遍性としての他者の権利を相対化する眼差しが必要であろう。自己の権利は他者のそれと相互的力関係にあるが、他者を顧みずに自己の権利のみ主張すれば、法的正義としての均衡は見えなくなる。互いの権利の尊重が、カナクとカレドニア人のパートナーシップを醸成し、まさしく憲章が主張するようにファースト・ピープルとしての権利への責任を果たし、カナク・アイデンティティをして共通の運命の中の未来をルート化していこう。

　いずれにしても、カナクもマオリも、現代的なるものと伝統なるものを節合しながら、その権利を交渉している意味において、先住民主義はルートからルーツに遡行している。オトクトーヌとしてのルートを開拓しながら、新たにそのルーツを移植している意味で、先住民性は昔から現代アリーナに至るまでルート・ルーツの節合体と言えよう。その知識＝力としてのネットワークは、今や経済や情報のグローバル化の中で、祖先の土地空間から国際的空間、インターネットのサイトまで広がっている。先住民性の未来を担うのは、現状に不満を抱き、慣習の中にその居場所を見つけたいというメッセージを発している一方、慣習の外に羽ばたこうとしている若者である。カナク・アイデンティティ闘争は、ルートが開かれないならばルーツへ戻る道もないことを明かしていよう。

6．アイデンティティ・ディスコース・表象・節合

　以上、通時的な目的としてのカナク・アイデンティティの権利回復要求とその結果を見てきたが——1968年のパリ5月革命から芽生えた解放運動から始まったカナク・アイデンティティの探求と文化闘争、オセアニアの島々の独立ラッシュの中で1970年代後半に高まっていった主権の回復要求、その独立運動の中でカナク・ナショナリズムを勃興させた土地返還要求と公正な富の分配を要求した社会主義要求、その社会主義と冷戦構造の崩壊が始まる中で結ばれた1988年のマティニョン合意による経済社会開発の推進、グローバル化が席巻する98年、ヌメア合意とともに文化的未来を志向したチバウ文化センターの開設、そして2000年代の環境破壊が進む中で国際的な「先住民権利宣言」

を取り込んだ空間圏における環境的・経済的諸権利の要求や、先住民主義など——これらの出来事におけるカナクの権利回復要求は、世界の動きと常に連動しながら、ネーション、エスニシティ、共同体のレヴェルで先住民としてのカナク・アイデンティティを表象してきた。

　共時的な方法論としてのアイデンティティとディスコースとの関係において、命題であるアイデンティティ回復としての語り、すなわち権利回復のための諸々のディスコースは、語るべきさまざまな客体を人々のディスコースに提供してきた。ディスコースを「語る主体」は、社会的場に向かって主体としてのカナクである「我々」に語り、呼びかけることを試みる実践と、「語られる主体」としての「我々」を構築する主体性を生み出すプロセスにうまく鎖をかけることのできる人、すなわち、政治・文化・慣習などの分野で特定のポジションを占め、仏語でディスコース・スキルを有する、「真実の体制」の機能に関係するカナク・リーダーとしてのエリート・知識人を主たる歯車としてきた。「我々」としてのアイデンティティの構築において、人々がディスコースの内にある、客体としての「語られる主体」に同一化するか否かは、ディスコースの表象がいかなる意味を構築していくかにもよるが、こうした自民族誌的な語りは、現実の世界の力関係の中でさまざまな戦略をもって効果的に応用されてきたと言えよう。ディスコースの実践は意味づけの実践として、カナク・アイデンティティをコード化するような用語、たとえば、revendication de l'identité kanak（カナク・アイデンティティ回復要求）、autochtone（土地に根差した先住民）、accueil des étrangers（外国人歓迎）、terre（土地）、coutume（慣習）といった「語られる主体」は、これまで見てきたように政治的・文化的・共同体的諸関係の中で位置づけられ、知識＝力関係のネットワークの中で一定の規則性が見られる概念をもって循環してきた。人々のディスコースの実践において、トピックとして、たとえば、「外国人歓迎」がその主体的ポジションを獲得すると、ディスコースの赴くところによって、政治・文化・共同体のいずれかのレヴェルで表象されたり、その間を乗り越え節合することによって意味や概念が編み出される。本書の「カナク・アイデンティティの語り」は、これらのレヴェルとその諸関係を、主権を有する、あるいは共有するネーションとしての想像上の政治的共同体、エスニシティとしての文化を共有する想像上の文化共同体、慣習を共有する原初的領域としての想像上の共同体という、3層の節合総体として考察したものである。しかし、3者を閉ざされた親密圏の共同体として見なす

ことはできても、これらは、血縁関係で結ばれた家族や親族集団レヴェルから、エスニシティ・レヴェル、ネーション・レヴェルとまったく異なった位相にある。それゆえディスコースにおいてこの間が一時的に節合されても、3つの共同体が構造的に内容的に一致することはあり得ない。しかし、ナショナリズムはネーションをひとつの大きな家族として、しばしば家族のメタファーとしての「愛」でこれらを結びつけ、家族の集合体と同等化する奸計に問題があると言えよう。

　一方、フーコーが、同一の言説編成を通して見られる諸規則は、時代を経て変化していくとしていたように、脱植民地化運動から現在の合意の時代におけるカナク・アイデンティティの言説における諸規則は、歴史的闘争を経て時代的変奏を遂げたことを示している。アイデンティティの表象は、アイデンティティの主体とそのディスコースの実践との成立関係にあるゆえ、諸規則のひとつとして、ネーション・レヴェルで、非カナク歓迎の権利を持ったカナクのみの主権が他者との共有的主権に変わったことは、カナク・アイデンティティを表象する上での変奏となる。しかし、このことは、たとえば「カナク・ピープルの憲章」が主張する主権者としてのオトクトーヌの共同体レヴェルにおける歓迎の権利の実践、あるいはエスニシティ・レヴェルでの文化共同体の価値観としての歓迎の概念に関するディスコースの実践を否定するものではまったくない。3つのレヴェルは脱節合されるからである。

　つまるところ、クリフォードが述べているように、節合は節目を暗示しており、節合されたものは取り外しできるゆえ、節合された総体としてのカナク・アイデンティティは、時を通して成長し続ける有機体モデルを想像することではなく、サイボーグのように取り外して別のものへ節合することができる（Clifford 2003: 88）。節合は戦略的な結節点でもあり、カナク・アイデンティティを、文化的に異なる文化共同体なるものへも、政治的にヌーヴェル＝カレドニ＝カナキーなるものへも、あるいはフランスとの連合なるものへも、新たな政治的・文化的・社会的な節合総体を想像することは可能である。ディスコースの実践において、アイデンティティの言説は閉じられておらず、主体の拡散によって表象され、永遠に未完のプロセスの中で、矛盾を孕みながら、これまでも、そしてこれからも不連続に変化していこう。各時代においてディスコースの実践が主体、客体を生み出し表象し、ディスコースの諸関係の体系において言説を編成するという意味において、言説編成は歴史的に織り成される特定の

主題に関する表象体系として捉えられよう。この意味で、「もの言える人々の短期的現象」に見えるディスコースも、編成され歴史化されれば言説となることを、本書は明かしていよう。
　「変奏の語り」はアイデンティティが常にプロセスを意味し、「カナック」から政治的にコード化された「カナク」への変換は、植民地化によってその人格を踏みにじられた人間としての尊厳の回復、すなわち「自らの足で立つ人」への権利回復の語りであることを明かしている。換言すれば、そのアイデンティティの主張は、弾圧や不平等な地位や状況に置かれてきた人々の対抗的手段としての政治的・文化的・社会的・経済的権利回復の叫びである。権利は力関係によって左右されるが、その回復が認められれば、声高にアイデンティティを強いて主張する必要性が減っていくことも示唆していよう。一方、アイデンティティは他者なくして可視化されず、弁証法的にも自己と他者から成っているが、2つの要素を対立的な二分法で捉えることは、対立が対立を生み出すように二律背反の罠に陥る。自立がなければ他者からの個別性はなく、共有がなければ他者との交感はない。したがって、アイデンティティは他者なくして語り得ず、権利の回復のみが人間としての人格の回復を全うするわけではないのだ。「カナク・アイデンティティの語り」の長い旅路の始まりにあった「カナカ」は、カナクのアンジュー語で「真の人間」を意味するレーナルトの本のタイトルともなった「ド・カモ」という言葉にも相当する。レーナルトは、人間らしさに満ち満ちていれば、カナクは「ド・カモ」と呼ばれると述べている。現在から過去へ遡り、未来へ道標を付けるカナクの権利回復の闘いは、自己と他者の分割と共有においてかかわり合い、そのアイデンティティの探求は、他者との関係における個別化と交換や交感を模索する人間としての「ド・カモ」の物語であることも明かしている。世界に蔓延するテロや軍事力による力の対決が、暴力と憎しみ、悲しみと恐れを人々に植え付け、復讐の連鎖と殺戮と破壊しかもたらさない中で、ニューカレドニアにおける「カナク・アイデンティティ」回復要求としての知識＝力の闘いが他者との対話と共有と、そして希望と国の建設をもたらしたならば、ここにこそ人々が誇りをもって世界に示すことのできる英知があろう。この意味で、比較対象としてのマオリとカナクに共通するのは、交渉を通した権利回復にあり、筆者が両者の比較に関心を抱いた点もここにある。
　異文化を表象する「語る主体」としての筆者は、これまで人々の自民族誌的

終章　変奏の語り

ディスコースを表象しながら、他者の世界を意味あるものにするために、「カナク・アイデンティティ」を、「ネーションの語り」「共同体の語り」「文化の語り」として表象してきた。この語る者としての民族誌的二重性の中で、筆者という「語る主体」は「民族誌的現在」としてのフィールドに再節合される。他者との交換のないフィールドワークがないならば、発見のないフィールドはない。その発見を、言語的多重性を通したテクスト行為として「語りのパラダイム」の中で客観的に実践していく中で、交換から生まれた他者との交感を、筆者の学問的両義性の中でときに主観的に実践してきた。「民族誌的詩学」を生み出そうとする実践は、聞き手としての読者が判断するところであるが、詩学のない民族誌は単調である。それゆえ、客観的実践と主観的実践に揺れる間主観的な「語る主体」として、他者についてのこの「書き続ける旅」を終わりたい。

　これまでの研究を振り返ると、学際的にボーダレスなアイデンティティという海を、人々のディスコースをコンパスとして、筆者は命題から命題へと19世紀から20世紀、21世紀に至る現代まで航海してきたようにも想える。しかし、人々から収集したディスコースをハイブリッドなテクスト行為を通して探りながら、他者の世界を意味あるものにするために、多声的な「語りのパラダイム」の中でカナク・アイデンティティの総体とした「節合の語り」はひとつの表象形態にすぎず、その全責任は筆者にある。その昔、広大な太平洋の海を天体や潮流をコンパスとして航海したオセアニアの祖先たちに比するつもりは毛頭ないが、筆者もようやく今に至って、島影の一部が見えてきたようにも思える。しかし、その表象は、夜空に瞬く無数の星々から形象される星座も、見る人の眼差し、場所や時間、季節や天候によって異なる星座が見えてくるように、フーコーとクリフォードの言葉を借りれば、何が真実として捉えられているかという「真実の体制」のほんの「部分的真実」にすぎないのである……

エピローグ

　ニューカレドニアの現地調査に赴く度に、筆者は、人々に「カナク・アイデンティティの語り」を本にまとめることを目的としていると常々語ってきた。退職前の残された時間との競争の中で研究の集大成として、本書を構想し、最終的にその筆を執ったのは 2011 年 7 月であったが、3 部構成の共時的方法論としての研究の集大成の執筆は、マオリとの比較も含め膨らんでいき、退職までに終えることはとうていかなわなかった。他者について書き続ける旅は予想以上の長い道程となり、ようやくここに錨を下ろすことになった。

　旅路の終わりにあって、これまでを振り返れば、その始まりに再会したフランスは、カナク・アイデンティティを通して筆者の中でニューカレドニアへのルートからルーツとしての内なるフランスへと再節合された。当初、植民地化した文化と植民地化された文化として対立的に位置づけていた両者は、互いの関係性が見えてくるにつれ、筆者の内部で対峙的ポジションから外れ、関係し合っていった。「人権の国」フランスで発見した「利己主義」に裏打ちされた「自由」、「差別」の上に成り立った「平等」、「自己への愛」と「他者への愛」の中で育まれる「友愛」は、カナク・アイデンティティに見た先住民権の追求や他者との個別化や交換・交感へつながり、M. ウェーバーの人間の社会的行為の動機づけとして、理念的追求と物質的追求は互いに関係し合っていることを明かしていた。カナクへのルートはまたニュージーランドのマオリへのルートにつながり、それは、若き日にフランスの後、1 年を過ごしたクラウンとしての英国にも通じていた。機内の窓から点在する羊の群れと牧場が迫るニュージーランドの景観を初めて目にしたとき、それはまさに英国からの「運ばれた風景」を筆者に想起させた。一方、ポストコロニアルの文脈の中で旧植民地の移民などによってパリやロンドンに形成されたコミュニティは、歴史的パラドックスによる「運ばれた風景」となって、植民地支配における責任と関係は新たな形で更新されていくことを明かしていた。カナク・アイデンティティに取り組むことは、自身のアイデンティティを問うことにもなり、筆者を日本文化へ再節合し、ルートから自らのルーツとしての日本文化へ遡らせた。太平洋を共有した両者の文化には自然との関係概念や、個人よりも集団に、女性よりも男性に

優位を置くなどの共通性とともに、違いもまた実感する。最も大きな相違は、植民地支配を受けそこから生じた権利回復の闘いと多民族・多文化社会の紛争を生き抜き、そのアイデンティティを交渉するためのディスコースを必要としてきた多様性志向のカナク社会と、植民地支配の責任をうやむやにし、自己と他者を相対化する眼差しを欠いて他者の痛みを共有せず、近隣諸国とのパートナーシップを確立できない同質性志向の日本社会にあると言えよう。筆者の内部でこれらのルートは互いに節合されたが、一体として統合されているわけではない。それは、ポイントを切り替えることによってつながるレールのようでもあり、そのポイントは乗り換え自由な駅のようでもある。

　日本で「天国に一番近い島」と呼ばれる島では、あの悲惨な事件の犠牲者の碑の近くの村で過ごした２つの夜の出来事が懐かしく思い出される。到着した最初の晩、月の光がこうこうと射す白い砂浜で、ひとりの娘と貝を見つけながら話していると、彼女はなぜかポツリと「ここに、またあなたがやって来る日のことを想う」と言った。しっかり者のおかみさんと寡黙な家長、娘や息子、元気な子どもたちの大家族がともに住む中で、筆者はカヤで葺かれたひとつの四角いカーズ（小屋）で３人の娘たちと昼寝をし、夜もそこで眠った。太陽の光と海からの風を巧みに調節する自然換気装置を備えているかのように、そのカーズは気持ち良く、娘たちの安らかな寝息の中で、いつもすぐに寝入ってしまうのだ。ある夜、家長がいないので聞くと、船で息子たちと魚を捕りに出かけたという。ラグーンの中で日中は網漁や、夜釣りであればライトを照らした潜水であろうが、一緒に行けなかった無念さの中で、待てど帰らぬ彼らを娘たちとカーズの中で待っていた。それが月夜の晩であったのか、天空の銀河から星が降る夜であったか覚えていないが、いつの間にか寝入ってしまい、小さな小舟に揺られて真っ暗な海に棹さす男の夜釣りを夢見ていた。「淳子できたよ」という声に目を覚まして行ってみると、釣られた魚はすでに正体不明のフライに仕上がり、お腹を空かせた子どもたちや家族と一緒にパクつくと、ジューッと香ばしくも新鮮な美味が口一杯に広がり幸せになった。あれから、あの浜辺に戻ることはなかったが、もし再び戻れる日がやって来るとしたら、私は浦島太郎になっているのだろうか……

　筆者にとって心残りなのは、ニューカレドニアで最も親しい２人の友人、カナク独立派肝っ玉母さんとカルドシュ反独立派働き者母さんを引き合わせることができていないことだ。政治的にまったく正反対の２人は、フィールドワ

クにおける最強の友人でもあった。バイタリティ溢れる性格を共有する2人は、助力を惜しまない親切で温かい協力者であり、筆者は調査の度に2人を引き合わせたいと願っていたが、そのチャンスはなぜかめぐって来なかった。今や、私自身の中にしっかりと根を下ろし移植された内なるニューカレドニアがプレニチュードに満たされる時が来るとしたら、この2人が握手するのを見るときであろう。それゆえ、私のニューカレドニアへの旅は未完のままである。

　アイデンティティの探求が、現実を直視しながら常に未来を見据えていたチバウのディスコースの呼びかけのように、我々の背後ではなく前にあるのならば、我々はいったいどこへ向かおうとしているのであろうか。経済開発と環境破壊が猛スピードで進行し、異常気象が渦巻く世界の中で、「環境の守り人」としてのポストコロニアル・ディスコースは、未来に向かっていかなる意味を紡いでいくのであろうか。人類の遥か遠い昔からルート・ルーツとしての移動と定住が繰り返されてきたことを考えれば、我々の祖先は皆、彼の地の先住民であったはずだ。それならば、「未来の祖先」が向かう宇宙へのルートは、人類に織り込み済みなのかもしれない。言葉が常に人とともにあるならば、未来のルートから先人たちの考古学的知層のルーツに鎖をかけ、意味を紡ぎ、深淵を探り、先住民性としての「環境の守り人」が「エントロピックな語り」とならぬ知識＝力を生み出し、ルート・ルーツを織り成すことを祈りたい……

＊　＊　＊

　本書は、東日本大震災後の無力感の中から筆を執ったものであるが、さまざまな出来事が続く中で、カナク・アイデンティティについてひたすら書き続けていくことは、これらの出来事を乗り越える力と勇気を筆者に与えてくれた。この意味でも、「カナク・アイデンティティ」という対象にめぐり合えた研究者としての幸せとその責任を果たせることに対してニューカレドニアの人々に、そしてその比較対象の場を与えてくれたニュージーランドの人々に、深い感謝と尊敬の念を捧げたい。最後に、これまでいろいろな形で手を差し伸べてくれた多くの人々と編集者の方々に心からの謝辞を送りたい。

2014年12月

江戸　淳子

文献一覧

仏語・英語文献

Acid Plant Database 2009. Goro Acid Spill Report 7/4/2009. <http://www.sulphuric-acid.com/sulphuric-acid-on-the-web/acid%20plants/Goro%20Nickel.htm>

ADCK (Agence de Développement de la Culture Kanak) 1998. Tjibaou cultural Center (press kit, English version). Nouméa.

ADCK 2001. *Voyage dans le Centre culturel Tjibaou*. Éditions Grain de Sable: Nouméa.

ADECAL (Angence de développement économique de Nouvelle Calédonie) 2000. Investir en Nouvelle-Calédonie. Nouméa.

ADRAF (Agence de Développement Rural et d'Aménagement Foncier) 1995. 1978-1995: 18 années de Réformes foncières en Nouvelle-Calédonie. Nouméa.

ADRAF 1996. Bilan des Accords de Matignon – l'Action de l'ADRAF en Matière foncière. Nouméa.

ADRAF 2005. Rapport d'Activité.

ADRAF 2008. Rapport d'Activité.

ADRAF 2010. Rapport d'Activité.

ADRAF Les Dossier: Enjeux et défis de l'aménagement des terres coutumières. <http://www.adraf.nc/> (2010)

ADRAF Le Coin des GDP: Comment fonctionne un GDPL? <http://www.adraf.nc/> (2010)

AFIKHM (Association pour la Fondation d'un Institut Kanak d'Histoire Moderne) n.d. (1983?). *Histoire du Pays Kanak. (Numéro spécial 894 de l'Avenir Calédonien)* Noumea: Édition IKS.

Agniel, Guy 2008. Statut coutumier kanak et jurisdiction de droit commun en Nouvelle-Calédonie. *Revue ASPECTS* 3: 81-96.

Aldrich, Robert 1993. *France and the South Pacific since 1940*. Honolulu, University of Hawaii Press.

Ammann, Raymond 1997. *Kanak dance and music*. ADCK.

Anderson, Benedict 1991. *Imagined Communities: Reflections on the Origin and Spread of Nationalism*, London, Verso.

Angleviel Frédéric Juillet 1993. Catalogue de l'exposition - Les Populations en Nouvelle-Calédonie au siècle dernier. Centre Territorial de Recherche et de documentation pédagogiques, Nouméa.

Angleviel, Frédéric (Coordonné) 1997. *101 Mots pour Comprendre l'Histoire de la Nouvelle-Calédonie*. Nouméa, Éditions Île de Lumière.

Angleviel, Frédéric 2003. Restoring the Economic Balance: The Nickel Stakes in New Caledonia. *The New Pacific Review - La Nouvelle Revue du Pacifique*. vol. 2. No.1: 137-154. Camberra, RSPAS, the Australian National University.

Angleviel, Frédéric 2004. Le métissage en Nouvelle-Calédonie. Réalité biologique et question culturelle; 2004. L'effacement du fait ethnique dans le Recensement général. *La Nouvelle-Calédonie Terre de métisssages* (dir.) Frédéric Angleviel. Paris, les Indes savantes: 13-25; 207-215.

Apollinaire, Anova-Ataba 1973. The New Caledonian Revolt in 1878 and its Consequences Today. *Pacific Perspective*. 1(2): 20-27.

Apollinaire, Anova-Ataba 1984. *D'Ataï à l'Indépendance*. Nouméa, Edipop.

Ardonoi, Jacques 1999 Pour un pluriel d'hétérogénéité. X-ALTA, 2/3, *Multiculturalisme*: 63-76. <http://members.lycos.fr/xalta/numero2/ardoino.html> (13/2/2008)

Barbançon, Louis-José 1994. Credo Calédonien, *Être Caldoche Ajujourd'hui*. Nouméa, Îl de Lumière:

53-57.
Barrett, Mark & Kim Connolly-Stone n.d.: The Treaty of Waitangi and Social Policy. <www.msd.govt.nz/.../spj11-treaty-of-waitangi.doc> (2014)
Bastide, Roger 1965. Conclusion d'un débat récent: La pensée obscure et confuse. *Le Monde Non-Chrétien:* July-Dec: 137-56.
Baudrillard, Jean 1988. Fatal Strategies, *Selected Writings*, (ed.) M. Poster. Cambridge, Polity Press.
BBC Video Library 1984. Maori - The New Dawn.
Bencivengo, Yann (dir.) 2002. *101 Mots pour Comprendre Les institutions de la Nouvelle-Calédonie.* Nouméa, Éditions Île de Lumière.
Bensa, Alban 1981. Clans Autochtones: situation pré-Coloniale, *Atlas de la Nouvelle Caledonie et Dépendances:* Planche 18. Paris, Office de la Recherche scientifique et Technique Outre-Mer.
Bensa, Alban, Jean-Calaude Rivierre, 1982. *Les Chemins de L'Alliance.* Paris, SELAF.
Bensa, Alban and Pierre Bourdieu, 1985. Quand les Canaques Prennent la Parole – Entretien avec Alban Bensa. *Actes de la Recherche en Sciences Sociales* 56: 69-83.
Bensa, Alban 1990. L'identité kanak: Questisons d'ethnologie. *Comprendre L'identité Kanak* 9-36, (eds) Bensa, Alban, J. M. Kohler, A. Saussol and Tissier. Arbresle, Centre Thomas More.
Bensa, Alban, Jean Freyss 1994. La société Kanak est-elle soluble dans l'argent? *Terrain* 23, Octobre 1994:11-26.
Bensa, Alban 1995. *Chroniques Kanak – l'ethnologie en marche.* Paris, Peuples Autochtones et Développement.
Bensa, Alban Antoine Goromido 1997. The Political order and corporal coercion in Kanak societies of the past (New Caledonia). *Oceania* 68(2): 84-106.
Bensa, Alban, Eric Wittersheim, 1998a. Jean Guiart and New Caledonia: a drama of misrepretation. *Journal of Pacific History* 33(2): 221-224.
Bensa, Alban, Eric Wittersheim 1998b. Nationalism and Interdependence: The Political Thought of Jean-Marie Tjibaou. *Contemporary Pacific*, 10(2): 369-390.
Bensa, Alban, 2000a, Le Chef kanak - les modèles et l'histoire. *En Pays kanak* (dir.)Bensa, Isabelle Leblic. Paris, Éditions de la Maison des sciences de l'homme: 9-48.
Bensa, Alban 2000b. The Impossible Hero, Chiefs and Leaders in Kanaky - New Caledonia 19th and 20th centuries. *The New Pacific Review - Pacific Identities.* 1-1: 145-167.
Bensa, Alban 2000c. *Ethnologie & Architecture: Le Centre Culturel Tjibaou.* Paris, Société Nouvelle Adam Biro.
Bensa, Alban 2002. Time, Objects and Identities – the Destiny of Kanak Art. *People and Things – Social Mediations in Oceania,* (eds.) Jeudy-Ballini, M. and B. Juillerat. Durham, North Carolina, Carolina Academic Press: 289-309.
Bensa, Alban, Christine Salomon 2003. Les Kanaks et l'institution judiciaire Nouvelle-Calédonie. Paris, EHESS.
Bensa, Alban, Antoine Goromido 2005. *Histoire d'une chefferie kanak - Le pays de Koohnê (Nouvelle Calédonie).* Paris, Éditions Karthala.
Bentley, G. Carter 1987. Ethnicity and Practice. *Comparative Studies in Society and History.* 29(1): 24-55.
Berge, Bernard 1997: *Creeks et chuchotemônts.* Nouméa, Éditions la Brousse en Folie.
Bloom, William 1990. *Personal identity, national identity and international relations.* Cambridge, Cambridge University Press.
Bouard, Séverine 2011. *Territoires, Temps, Sociétés et Développement.* Doctorat de l'Université Paul Valély.
Bouard, Séverine, Sourisseau, Jean-Michel 2010. Strategies des ménages kanak: hybridations entre

logiques marchandes et non marchandes. *Natures Sciences Scoiétés* 18: 266-275.
Bullard, Alice 1998a. Becoming Savage? The First Step toward Civilization and the Practices of Intransigence in New Caledonia. *History and Anthropology*. 10(4): 319-374.
Bullard, Alice 1998b. The Affective Subject and French Colonial Policy in New Caledonia. *History and Anthropology*. 10(4): 375-405.
Burk, François 1984. Introduction: L'Œuvre d'Apollinaire et le Mouvement de liberation kanak. *D'Ataï à l'Indépendance*. Nouméa, Edipop.
Calhoun, Craig 1991. Indirect Relationships and Imagined communities: Large-Scale Social Integration and the Transformation of Everyday Life. *Social Theory for a Changing Society*, (ed.) Bourdieu, Pierre and James S. Coleman. Boulder, Colorado, Westview Press.
Calhoun, Craig 1993. Nationalism and Ethnicity, *Annual Review of Sociology:* 211-239.
Calhoun, Craig (ed.) 1994. *Social Theory and the Politics of Identity*. Blackwell.
Calhoun, Craig 1995. *Critical Social Theory*. Blackwell.
CAUGERN 2006a. Assemblée Générale du 14 octobre à Kouaoua-Document de synthèse 150 délégués ont participés à l'A.G. venus de tout le pays.
CAUGERN 2006b. Le Projet Goro Nickel et le Développment Durable (Soirée Rencontre organisée par Le CAUGERN et les Associations environnementales-Auditorium de la CCI-le 29 août 2006 à 18h).
CCT (Conseil Consultatif Coutumier du Territoire) 1997 (June). *Revue du Conseil Coutumier Territorie de la Nouvelle-Calédonie*. Nouméa.
CCT 1998a (March). *Revue du Conseil Coutumier Territorie de la Nouvelle-Calédonie*. Nouméa.
CCT 1998b (August). Document de Reflexion de Kowé Kara du 17-18 et 19 Août 1998.
CE-L (Code de l'environnement – Partie Législative version applicable en Nouvelle-Calédonie Mise à jour le 27/06/2008). <Code_environnement_ PL_ChG_17-06-2008.pdf.>
CE-PN (Code de l'environnement de la Province nord. Assemblée du 24 Octobre 2008) <http://www.province-nord.nc/documents/deliberations/DDEE/Code%20Environnement.pdf>
CE-PS (Code de l'environnement de la Province sud. Mai 2009) <*Code*_environnement_Province_sud.pdf.>
Chanter, Alaine 1991. The Media and Politics in New Caledonia in the 1980s. *The Journal of the Pacific History* 26 (2): 313-329.
Chassard, Claudia 2004. Art et métissage, *La Nouvelle-Calédonie Terre de métisssages,* (ed) Frédéric Angleviel. Paris, les Indes savantes: 199-203.
Chatelier, Jean 2007. La révision toponymique (et cartographique) en Nouvelle-Calðonie (1983-1993), *Jouranal de la Société Océanistes* 125: 295-310.
Chatterjee, Partha 1990. A Response to Taylor's "Modes of Civil Society." *Public Culture* 3 (1): 119-132.
Chatterjee, Partha 1993. *The Nation and its Fragments – Colonial and Postcolonial Histories*. Princeton: Princeton University Press.
Chauchat, Mathias 2007. La citoyenneté calédonienne (LDH-NC Conférence-Débat 1/8/2007: Etre Citoyen en Nouvelle-Calédonie).
Chauchat, Mathias 2008. Cahiers du Conseil constitutionnel No. 23 (Dossier: La citoyenneté) février 2008. < http://www.conseil-constitutionnel.fr/conseil-constitutionnel/francais/nouveaux-cahiers-du-conseil/cahier-n-23/la-citoyennete-caledonienne.51809.html>
Chesneaux, Jean 1988. Kanak Political Culture and French Political Practice. *New Caledonia: Essays in Nationalism and Dependency*, (eds.) Spencer, Michael, Alan Ward, and John Connell. Queensland, University of Queensland Press: 56-80.
Clifford, James 1980. Fieldwork, Reciprocity, and the Making of Ethngraphic Texts: the Example of

Maurice Leenhardt. *Man* (N.S) 15: 518-532.
Clifford, James. 1986. Introduction: Partial Truths; On Ethnolographic Allegory. *Writing Culture* (eds) James Clifford and George E. Marcus. Berkeley: University of California Press: 1-26; 98-121.
Clifford, James. 1988. *The Predicament of Culture: Twentieth-Century Ethnography, Literature, and Art*. Cambridge, Harvard University Press.
Clifford, James. 1992a (1982). *Person and Myth: Maurice Leenhardt in the Melanesian World*. Durham and London, Duke University Press.
Clifford, James. 1992b. Traveling Cultures, *Cultural Studies* (eds.) L. Grossber, et al. London, Routledge: 96-113.
Clifford, James. 1994. Diasporas, *Cultural Anthropology* 9 (3): 302-338.
Clifford, James. 1997. *Routes: Travel and Translation in the Late Twentieth Century*. Cambridge, Massachusetts, Harvard University Press.
Clifford, James 1998. *Mixed Feelings*. Cosmopolitics (eds.) Pheng Cheah, Bruce Robbins. Minneapolis, University of Minnesota Press: 362-370.
Clifford, James. 2000. Taking Identity Politics seriously: "the Contradictory, Stony Ground...". *Without Guarantees: Essays in Honour of Stuart Hall*: 94-112. <http://humwww.ucsc.edu/~james_clifford/pages/wip.html> (17/7/2002)
Clifford, James. 2001. Indigenous Articulations. *Contemporary Pacific* 13 (2): 468-490.
Clifford, James 2003. *On the Edges of Anthropology*. Chicago, Prickly Paradigm.
Clifford, James 2004. Traditional Futures in *Questions of Tradition* (eds.) Mark Phillips and Gordon Chochet. University of Tronto Press: 1-32. <http://people.ucsc.edu/~jcliff/Clifford-traditional.futures.pdf>
Clifford, James Spring 2007. Quai Branly in Process. *October 120*. October Magazine, Ltd. and Massachusetts institute of Technology: 3-23. <http://people.ucsc.edu/~jcliff/Clifford-Quai%20Branly%20in%20Process.pdf>
CLRAC 2005. (Comission de la Législation et de la Réglementation relatives aux Affaires Coutumiers): Rapport No. 028 (21/10/2005, 2/12/2005), Rapport No. 029 (29/6/2005)
CM-L (Code minier de la Nouvelle-Calédonie – Partie législative. Mise à jour le 23/12/2009) <Code_minier_de_la_NC_PL_ChG.pdf>
CM-R (Code minier de la Nouvelle-Calédonie – Partie réglementaire. 28/4/2009) <http://www.dimenc.gouv.nc/portal/page/portal/dimenc/telechargements/tele_mines_et_carrieres/Code%20minier%20(partie%20reglementaire).pdf>
Cohen, Anthony P. 1994. *Self Consciousness: An Alternative Anthropology of Identity*. London, Routledge.
Congrès (Congrès de la Nouvelle-Calédonie-Les Textes fondamentaux) <http://www.congres.nc/les-textes-fondamentaux/>
  a. Loi du 23 juin 1956 dite Loi-cadre DEFFERRE. Loi N.56-619 du 23 juin 1956 autorisant le Gouvernement à mettre en œuvre les réformes et prendre les mesures propres à assurer l'évolution des territoires relevant du ministère de la France d'outre-mer (1).
  b. Loi du 21 décembre 1963 dite Loi JACQUINOT. Loi No.63-1246 du 21 décembre 1963 portant réorganisation du Conseil de gouvernement de la Nouvelle-Calédonie (1).
  c. Lois du 3 janvier 1969 dites Lois BILLOTTE: Loi No.69-4 du 3 janvier 1969 modifiant la réglementation minière en Nouvelle-Calédonie (1).
  d. Loi du 6 septembre 1984 dit statut LEMOINE. Loi No.84-821 du 6 septembre 1984 portant statut du territoire de la Nouvelle-Calédonie et dépendances (1).
Connell, John 1987. *New Caledonia or Kanaky? The Political History of a French Colony*. Canberra, Australian National University.

Connell, John 1988a. New Caledonia : The Matignon Accord and the Colonial Future, Riap Occasional Paper No.5. Sydney, University of Sydney.
Connell, John 1988b. Melanesian Nationalism. *New Caledonia: Essays in Nationalism and Dependency*, (eds.) Michael, Spencer, Alan Ward, and John Connell, 230-253. Queensland: University of Queensland Press.
Coquelet, Benoît 2004. Le régime juridique des métis en droit colonial. *La Nouvelle-Calédonie Terre de métisssages.* (dir.) Frédéric Angleviel. Paris, les Indes savantes: 183-197.
De Deckker, Paul (dir.) 1995. *Coutume Autochtone et Évolution du Droit dans le Pacifique Sud.* Paris, L'Harmattan.
Demmer, Christine 2010. Autochtonie, nickel et environment. Une nouvelle stratégie kanak. *La Nouvelle-Calédonie, vers un destin commun?* (dir.) Elsa Faugère et Isabelle Merle. Paris, Éditions Karthala: 131-142.
Denoon, Donald 1997. New Economic Orders: Land, Labour and Dependency. *The Cambridege History of the Pacific Islanders* (eds.) Denoon et al. Cambridge. Cambridge University Press: 218-252.
Devaux, Marianne 1997. *L'Organisation de la Nouvelle-Calédonie – Institutions et régime législatif.* Nouméa, Collection Université, C.D.P. Nouvelle-Calédonie.
Dornoy, Myrium 1984. *Politics in New Caledonia.* Sydney, Sydney University Press.
Douglas, Bronwen 1985. Reflections on Political Murder: New Caledonia 1984. *Arena* 70:21-26.
Douglas, Bronwen 1991. Winning and Losing? Reflections on the War of 1878-79 in New Caledonia. *Journal of Pacific History* 26(2): 213-233.
Douglas, Bronwen 1998a. Inventing Natives/Negotiating Local Identities: Postcolonial Readings of Colonial Texts on Island Melanesia. *Pacific Answers to Western Hegemony: Cultural Practices of Identity Construction* (ed.) Jürg Wassmann. Oxford, Berg: 67-96.
Douglas, Bronwen 1998b. *Across the Great Divide – Journeys in History and Anthropology.* Harwood academic publishers.
Dumont, Louis 1983. *Essais sur L'individualisme: Une perspective anthropologique sur l'idéologie moderne.* Éditions du Seuil.
Dumont, Louis 1986. *Essays on Individualism: Modern Ideology in Anthropological Perspective,* Chicago, University of Chicago Press.
Durie, Edward. 1989. Waitangi Day Address. <www.cid.org.nz/training/resources/waitangi_day_address.pdf>
Edo, Junko 2003a. Narratives of 'Kanak Identity' in New Caledonia - Its Concepts and History of Kanak Identity Struggle (Ph.D. Thesis/Australian National University).
Edo, Junko 2003b. From Independence to Interdependence: the Post-colonial Kanak Identity Struggle'. *The New Pacific Review-La Nouvelle Revue du Pacifique.* vol. 2. No.1: 137-154. Camberra, RSPAS, the Australian National University.
Edo, Junko 2007. The Melanesian Liberation Movement in New Caledonia – search for Kanak cultural identity in articulation with others. *Annales d'histoire calédoniennes* No.2. Paris, Indes savantes: 219-234.
Environment Waikato. <http://www.ew.govt.nz/policy-and-plans/Regional-Plan/Waikato-Regional-Plan/2-Matters-of-Significance-to-Maori/22-Iwi-in-the-Waikato-Region/223-Waikato-Tainui/>
Erikson, Erik H. 1968. *Identity: Youth and Crisis.* New York, W.W. Norton.
Erikson, Erik H. 1974. *Dimension of a New Identity: Jefferson lectures.* New York, W.W. Norton & Co., Inc.
Faberon, Jean-Yves, François Garde (dir.) 1999. *101 Mots pour Comprendre la mine en Nouvelle-Calédonie.* Nouméa, Éditions Île de Lumière.

Faivre, Jean-Paul 1950. Les origins de la colonisation française en Nouvelle-Calédonie, d'apreès un travail récent. *Journal de la Société des Océanistes* 6: 241-247.

FLNKS 1987 (Front de Libération Nationale kanak et Socialiste)-La Charte du FLNKS. Les Motions de Tous les Congres. Les Decisions du Grouvernement provisoire de Kanaky. Nouméa: Edipop.

FLNKS 19/1/1987. Projet de Constitution Nouméa.

Foster, Robert J. (ed.) 1995a. *Nation Making: emergent identities in postcolonial Melanesia.* Ann Arbor, University of Michigan Press.

Foucault, Michel. 1966 (2008). *Les mosts et les choses.* Gallimard.

Foucault, Michel. 1969. *L'archéologie du savoir.* Gallimard.

Foucault, Michel. 1971. *L'Ordre du Discours.* Gallimard.

Foucault, Michel. 1972a. *The Archaeology of Knowledge – and the Discourse on Language.* New York, Pantheon Books.

Foucault, Michel. 1972b. *Discipline and Punish - the Birth of the Prison.* Penguin Books.

Foucault, Michel. 1980. *Michel Foucault: Power/Knowledge - Selected Interviews and Other Writings 1972-1977.* (ed.) Gordon Colin. New York, Vintage Books.

Foucault, Michel. 1984. *The Foucault Reader.* (ed.) Rainbow, Paul. New York, Vintage Books.

Foucault, Michel. 1994a. *Ethics - Subjectivity and Truth.* (ed.) Rainbow, Paul. New York, The New York Press.

Foucault, Michel. 1994b. *Power.* (ed.) Faubion, James D. New York, The New York Press.

Foucault, Michel. 1994c. *Aesthetics, Method and Epistemology.* (ed.) Faubion, James D. New York, The New York Press.

Foucault, Michel. 1994d. *The Order of Things - An Archaeology of the Human Sciences.* New York, Vintage Books.

Fraser, Helen 1988. *New Caledonia; Anti-Colonialism in a Pacific Territory.* Canberra, Australian National University.

Fraser, Helen 2005. Translators' Introduction: Jean-Marie Tjibaou, Kanaky. Canberra, Pandanus Books: xxiv-xxxvi.

Freyss, Jean, Alban Bensa 1994. La société Kanak est-elle soluble dans l'argent? *Terrain* 23, Octobre 1994: 11-26.

Freyss, Jean 1995. Economie assistée et changement social en Novelle-Calédonie. Paris, Presses Universitaires de France (Collection IEDES-Tiers-monde).

Fried, Morton H. 1975. *The Notion of Tribe.* California, Cummings Publishing Company.

Furnivall, J.S. 1944. *Netherlands India – A Study of Plural Economy.* Cambridge University of Press.

Geertz, Clifford 1973. *The Interpretation of Cultures.* New York, Basic Books.

GF (Gouvernement français) 1988a. De la mission du dialogue aux accords de Matignon; les accords du 26 juin 1988. Paris.

GF 1988b. Les accords du 20 août sur l'avant projet de loi référendaire. Paris.

GF 1988c. Appendix: Agreement on the Future of New Caledonia Signed in Paris on 26 June 1988 Special New Caledonia: 37-39.

GF 1988d. Accords de Matignon-Oudinot-Texte intégral des accords intervenus, le 26 juin 1988, sur la Nouvelle-Calédonie. <http://www.mncparis.fr/uploads/accords-de-matignon_1.pdf>

GKF (Groupe des kanaks en France) 1985. Historique de la lutte du peuple kanak. *Les Temps Modernes* 464: 1718-1725.

GF1998 a. Accord sur la Nouvelle-Calédonie.

GF 1998 b. Press Release/Agreement on New Caledonia.

Gorodey, Déwé 1994. Kanak Women Speak (Interviewed by Ounei-Small, Susanna) *Omomo Melen Pacific* (Women from the non-self-governing territories and colonies of the Pacific Beijing August

1995): 32-37.
Gregory, Chris A. 1980. Gifts to Men and Fifts to God: Gift Exchange and Capital Accumulation in Contemporary Papua. *Man* (N.S.)15: 626-52.
Gregory, Chris A. 1982. *Gifts and Commodities*. London, Academic Press INC.
Griscelli, Paul 1994. L'Origine du Mot "Caldoche." *Être Caldoche Aujourd'hui*. Noumea, Îl de Lumière: 241.
Grochain, Sonia, David Poithily Juin 2011. Sous-traitance minière en Nouvelle-Calédonie Le projet Koniambo. Document de travail <<Gouvernance Minièere>> No.4/11. <http://orioai.univ-nc.nc/nuxeo/site/esupversions/62c878a1-f757-4ce5-9e2d-1f4afe00a5f5>
Grossberg, Lawrence 1996. Identity and Cultural Studies: Is that All There Is? *Questions of Cultural Identity* (eds.) Stuart Hall and Paul du Gay. London, SAGE Publications: 87-107.
Guenther, Mathias 2006. The Concept of indigeneity. *Social Anthropology*: 14(1): 17-32.
Guiart, Jean 1951. Forerunners of Melanesian Nationalism. *Oceania* 22: 81-90.
Guiart, Jean 1963. *Structure de la Chefferie en Mélanésie du Sud*, Travaux et Mémoires de l'Institut d'Ethnologie-LXVI. Paris, Institut d'Ethnologie.
Guiart, Jean 1985. Do Kamo, de Maurice Leenhardt, relu en 1986. *Journal de la Société Oceanistes* 80: 57-85.
Guiart, Jean 1997. A Drama of Ambiguity: Ouvéa 1988-89. *Journal of Pacific History* 32(1): 85-102.
Guiart, Jean. 2001. Comment: A Reply to Bensa and E. Wittersheim, 'Jean Guiart and New Caledonia: a drama of misrepresentation. *Journal of Pacific History* 36 (2): 247-249.
Guiart, Jean 2003. *Ça plait ou ça ne plait pas – Éléments de bibliographie critique: I-Nouvelle-Calédonie*. Nouméa, Le Rocher-à-la-Voile.
Hall, Lester a. Coming out of the White living room. *Stingray Magazine*. <http://www.lesterhall.com/images/pdfs/Lester_Hall_Article.pdf> (2014)
Hall, Lester b. Print Gallery. <http://www.lesterhall.com/kiwiana/>
Hall, Stuart 1996. Introduction – Who Needs 'Identity'? *Questions of Cultural Identity* (eds.) Stuart Hall and Paul du Gay. London, SAGE Publications: 1-17.
Hall, Stuart 1997a. Introduction; The Work of Representation. *Representation: Cultural Representations and Signifying Practices* (ed.) Stuart Hall. London, SAGE Publications: 1-12; 15-64.
Hall, Stuart 2001. Foucault: Power, Knowledge and Discourse. *Discourse Theory and Practice* (eds.) Margaret Wetherell, Stephanie Taylor and Simeon J. Yates. London, SAGE Publications: 72-81.
Handler, Richard 1984. On Sociocultural Discontinuity: Nationalism and Cultural Objectification in Quebec. *Current Antrhropology* 25(1): 55-71.
Hecter, Michael 1975. *Internal Colonialism: The Celtic Fringe in British National Development, 1536-1966*, London: Loutledge & Kegan Paul.
Henningham, Stephen 1992. *France and the South Pacific – A Contemporary History*. Honolulu: University of Hawaii Press.
Hnangan, Adrien 1988. Kanak Aspirations (interview). *New Caledonia: Essays in Nationalism and Dependency,* (ed.) Michael Spencer, Alan Ward, and John Connell. Queensland, University of Queensland Press: 219-229.
Hobsbawm, Eric 1983. Introduction: Inventing Traditions, *The Invention of Tradition* (eds) Hobsbawm, Eric and Terence Ranger. Cambridge, Cambridge University Press: 1-14.
Hollyman, K. J. 1959. Polynesian Influence in New Caledonia: The Linguistic Aspect, *Journal of the Pacific Society* 68: 357-388.
Horowitz, Leah S. 2004. Toward a Viable Independence? The Koniambo Project and the Political Economy of Mining in New Caledonia. *Contemporary Pacific* 16 (2): 287-319.
Howard, Alan 1990. Cultural Paradigms, History, and the Search for Identity in Oceania. *Cultural*

Identity and Ethnicity in the Pacific (eds.) Jocelyn Linnekin and Lin Poyer: 259-280. Honolulu: University of Hawaii Press.

Howe, K. R. 1977. *The Loyalty Islands: A History of Culture Contacts 1840-1900*. Honolulu, The University Press of Hawaii.

INSEE (Institut National de la Statisique et des Études Économiques) 1989. *Images de la population de la Nouvelle-Calédonie: Principaux résultats du recensement 1989*. Nouméa.

INSEE 1990. *Recensement de la Population 1989: L'Activité en Nouvelle-Calédonie*. Nouméa.

INSEE 1996. *Recensement de la Population de la Nouvelle-Calédonie. Principaux tableaux 1996*. Nouméa.

INSEE 1997. *Images de la Population de la Nouvelle-Calédonie: Principaux résultats du recensement 1996*. Nouméa.

ISEE (Institut de la Statisique et des Études Économiques) 2011. Synthèse N. 19. Recensement de la Population en Nouvelle-Calédonie-résultats 2009. < http://www.isee.nc/>

ISEE 2012. Tableaux de l'Économie Calédonienne. < http://www.isee.nc/>

ISEE-TEC édition 2006. 4-spécifités. <http://www.isee.nc/>

ITSEE (Institut Territorial de la Statisique et des Études Économiques) 1989a. *Recensement de la Population: Inventaire Tribal-Province Nord*. Nouméa.

ITSEE 1989b. *Recensement de la Population: Inventaire Tribal-Province Îles Loyauté*. Nouméa.

ITSEE 1989c. *Recensement de la Population: Inventaire Tribal-Province Sud*. Nouméa.

ITSEE 1989d. *Recensement de la Population: Inventaire Communal*. Nouméa.

ITSEE 1998a. *Panorama des Tribus: Province Nord*. Nouméa.

ITSEE 1998b. *Panorama des Tribus: Province Îles Loyauté*. Nouméa.

ITSEE 1998c. *Panorama des Tribus: Province Sud*. Nouméa.

JONC *(Journal Officiel de la Nouvelle-Calédonie)* 1986. 24 juillet 1986 :1004-1008. Loi N. 86-844 17 juillet 1986 relative à la Nouvelle-Calédonie (1).

JONC 1999. 24 mars 1999: 1182-1221. Loi Organique N.99-209 du 19 mars 1999 organique relative à la Nouvelle-Calédonie. Nouméa.

JONC 2010. 30 septembre 2010: 8264. Loi du pays n° 2010-11 du 9 septembre 2010 relative à trois signes identitaires de la Nouvelle-Calédonie.

JONC 2013: 6119. 1er août 2013. Sénat Coutumier.

JONCD *(Journal Officiel de la Nouvelle-Calédonie et Dépendances)* 1985. 26 août 1985: 1303-1306. Loi N.85-892 du 23 août 1985 sur l'évolution de la Nouvelle-Calédonie (1).

JONCD 1988: 175-188. 1 février 1988:175-188. Loi N.88-82 du 22 javier 1988 portant statut du territoire de la Nouvelle-Calédonie.

JORF 1985 *(Journal Officiel de la République Française)* 24 août 1985 : 9775-9778. Loi N. 85-892 du 23 août 1985 sur l'évolution de la Nouvelle-Calédonie (1).

JORF 1988a. 6 octobre 1988: 12568-12579. Lettre du Premier Ministre au Président de la République. /Projet de loi portant dispositions statutaires et prépratoires à l'autodétermination de la Nouvelle-calédonie en 1998.

JORF 1988b. 10 novembre 1988: 14087-14099. Loi N. 88-1028 du 9 novembre 1988 portant dispositions statutaires et préparatoires à l'autodétermination de la Nouvelle-Calédonie en 1998.

JORF 1998. 27 mai 1998: 8039-8044. Accord sur la Nouvelle-Calédonie signé à Nouméa le 5 mai 1998.

Jourdan, Christine 1995. Stepping-Stones to National consciousness: The Solomon Islands Case. *Nation Making: emergent identities in postcolonial Melanesia*, (ed.) Robert J. Foster. Ann Arbor, University of Michigan Press: 127-149.

Kanaky Online: chronologie historique. <http://altern.org/kanaky/histoire/histoire.htm> (19/5/99)

Kasarherou, Emmanuel 1989. Identité et dynamique sociale dans la société traditionnelle de Nouvelle-Calédonie. *Publications de l'Université Française du Pacifique* 1(2):17-20.
Kawharu, Hugh. n.d. The Kawharu Translation - Waitangi Tribunal. <http://www.justice.govt.nz/tribunals/waitangi-tribunal/treaty-of-waitangi/the-kawharu-translation>
Kawharu, Hugh. 1975. *Orakei: A Ngati Whatua Community.* NZCER (New Zealand Council for Educational Research) Wellington.
Kawharu, Margaret 2010. In Search of Remedies and Reciprocity: Negotiating a treaty Settlement between Ngati Whatua o Kaipara and the Crown (Thesis for MA, University of Auckland, July 2010).
Keesing, Roger M. 1982. Kastom in Melanesia: An Overview. *Mankind* 13(4): 297-301.
Keesing, Roger M. 1989. Creating the Past: Custom and Identity. *Contemporary Pacific* 1 (1/2): 19-42.
Kirch, Patrick V. (n.d.) Transported Landscapes - Hawaii: 32-35.
Kluckhohn, Clyde 1949. *Mirror for Man.* McGraw-Hill Book Company.
Koniambo Nickel SAS (CD/Power Point). Université Nouvelle-Calédonie: Projet Koniambo. Le 7 Septembre 2007. Partenariat SMSP-POSCO: Présentation au SLUA. Septembre 2006.
Kurtovitch, Ismet 1994: De la Réglementation du Travail Obligatoire Pendant la Seconde Guerre Mondiale. *Études Mélanésiennes* 29: 37-55.
Kurtovitch, Ismet 1997a: *Aux Origines du FLNKS: l'UICALO et l'AICLF (1946-1953).* Éditions Île de Lumière, Nouméa.
Kurtovitch, Ismet 1997b. Sortir de l'indigénat – Cinquantième anniversaire de l'abolition, du régime de l'indigénat en Nouvelle-Calédonie. *Société des Océanistes* 104:120-139.
Kurtovitch, Ismet 1998: L'éveil politique des Mélanésiens. *La Vie politique en Nouvelle-Calédonie (1940-1953)* (Thèse de Doctorat d'État, spécialité, histoire, Université Française du Pacifique, Centre de Nouméa): 240-317.
Kurtovitch, Nicolas 2000. Tentation Caméléon et métissage culturel. <http://www.nicolas-kurtovitch.net/>
Kurtovitch, Nicolas 2001. Chameleon Lure and Cultural Mixing. <http://www.nicolas-kurtovitch.net/>
Kurtovitch, Nicolas n.d. A propos de métissage...(présentation). <http://www.nicolas-kurtovitch.net/>
Lacan, Jacques 1977. *Écrits: A Selection.* London: Tavistock.
Lafargue, Régis 2010. *La coutume face à son destin: Réflexions sur la coutume judiciaire en Nouvelle-Calédonie et la résilience des orders juridiques infra-étatiques.* Paris, L.G.D.J-Lextenso édition.
Laplantine, François 1999. Le métissage, moment improbable d'une connaissance vibratoire. X-ALTA *Multiculturalisme* 2/3: 35-48. <http://members.lycos.fr/xalta/numero2/ardoino.html> (13/2/2008)
Larrain, Jorge 1994. *Ideology & Cultural Identity: Modernity and the Third World Presence.* Cambridge, Polity Press.
Latham, Linda 1975. Revolt Re-examined: the 1878 Insurrection in New Caledonia. *Journal of Pacific History* 10 (3/4): 48-63.
Lavallois, Michel 1995: Mélanésia 2000: Un festival très politique. *Journal de la société des Océanistes* 100-101: 125-127.
LD. London Declaration on Mining. Released for publication on September 20, 2001. <http://dte.gn.apc.org/CLdc.htm>
LDH-NC «Destin commun»: 15/6/2005, 20/7/2005, 28/10/2005. «Métissage et Culture»: 6/9/2006. «Etre Citoyen en Nouvelle-calédonie»: 1/8/2007.
Le Banian 1998. Nouvelle-Calédonie: négocier l'indépendence. No.16. 3/1998. <http://banian.citeweb.net/18htm> (29/3/2000)

Leblic, Isabelle 1989. Les clans pêcheurs en Nouvelle-Calédonie - Le cas de l'île des Pins. *Cah. Sci. Hum.* 25 (1-2): 109-123.

Leblic, Isabelle 2004. Métissage et parenté - Assililation de non-Kanaks dans le système des moitiés matrimoniales à Ponérihouen. *La Nouvelle-Calédonie Terre de métisssages*, (dir.) Frédéric Angleviel. Paris, les Indes savantes: 35-56.

Leblic Isabelle 2007. Kanak Identity, New Citizenship Building and Reconciliation. *Journal de la Société des Océanistes* 125. 2007-2: 271-282.

Le Cri du Cagou: 1er congrès de la jeunesse kanak1-5. <http://lecriducagou.org/?s=1er+congr%C3%A8s+de+la+jeunesse+kanak>

Leenhardt, Maurice 1980 (1930). *Notes d'Ethnologie Néo-Calédonienne.* Paris, Institut d'Éthnologie.

Leenhardt, Maurice 1971 (1947). *Do kamo: La personne et le mythe dans le monde mélanésien.* Paris, Editions Gallimard.

Leenhardt, Maurice 1952. Liberté religieuse et les jeunes Eglises, *Le Monde non-chrétien.* No.17: 53.

Leenhardt, Maurice 1979. *Do kamo: Person and Myth in the Melanesian World.* Chicago, University of Chicago Press.

Lenormand, Maurice 1953. L'Évolution Politique des Autochtones de la Nouvelle-Calédonie. *Journal de la Société des Océanistes* 9: 245-299.

L'Éveil Calédonien (Quotidien Autonomisateur) 25 avril 2014. Pourquoi un socle commun des valeurs Kanak: questions et réponses Par Raphaël Mapou. <http://leveilhebdo.wordpress.com/2014/04/25/pourquoi-un-socle-commun-des-valeurs-kanak-questions-et-reponses/>

Levinas, Emmanuel 1986. Le dialogue: conscience de soi et proximité du prochain. *De Dieu qui vient à l'idée.* Paris, J.Vrin: 211-230.

Lévi-Strauss, Claude 1962a. *Totemism.* London, Merlin Press.

Lévi-Strauss, Claude 1962b. *La Pensée Sauvage.* Paris, Librairie Plon.

Lévi-Strauss, Claude 1969 (1949). The Elementary structures of Kinship. Boston, Beacon Press.

LKS 1984. Rapport de Synthèse des Groupes de travail: Préparation du 3ème Congrès du LKS, à Nouméa 3-4-5 février 84.

LKS 1984? Différence et la Coutume et la Société de Consommation.

LKS 1985. Proposition de Dialogue.

LKS 1994a. De Tjibaou à Tjibaou ou de L'IKS aux Accords de Matignon.

LKS 1994b. Pour une Nouvelle Politique: Le problème des Valeur.

LKS 1994c. Un Peuple sans droit ni Parole.

LKS 1995. Une Totalité en Négation.

LKS 1996. Intervention du LKS au Conseil National pour les Droits du Peuple Autochtone.

Lieber, Michael D. 1990. Lamarckian Definitions of Identity on Kapingamarangi and Pohnpei. *Cultural Indentity and Ethnicity in the Pacific*, (eds.) Jocelyn Linnekin and Lin Poyer. Honolulu, University of Hawaii Press: 71-101.

Linnekin, Jocelyn, Lin Poyer 1990a. Introduction. *Cultural Identity and Ethnicity in the Pacific*, (eds.) Jocelyn Linnekin and Lin Poyer. Honolulu, University of Hawaii Press: 1-16.

Linnekin, Jocelyn 1990b. The Politics of Cultre in the Pacific. *Cultural Indentity and Ethnicity in the Pacific*, (eds.) Jocelyn Linnekin and Lin Poyer. Honolulu, University of Hawaii Press: 149-173.

Linnekin, Jocelyn 1992. On the Theory and Politics of Cultural Construction in the Pacific, *The Politics of Tradition in the Pacific.* Special issue, Oceania 62: 249-263.

LP-AC: Loi du pays n° 2006-15 janvier 2007 relative aux actes coutumiers. <www.juridoc.gouv.nc>

LP-DC: Loi du pays n° 2012-2 du 20 janvier 2012 relative au transfert à la Nouvelle-Calédonie des compétences de l'État en matière de droit civil, de règles concernant l'état civil et de droit commercial. <www.juridoc.gouv.nc>

LP-EM: Loi du pays n° 2010-9 du 27 juillet 2010 relative à la protection, à la promotion et au soutien de l'emploi local. <www.juridoc.gouv.nc>

LP-MI: Loi du pays n° 2009-6 du 16 avril 2009 relative au code minier de la Nouvelle-calédonie. <www.juridoc.gouv.nc>

LP-PM: Loi du pays n° 2001-17, 11 janvier 2002 sur le domaine public maritime de la Nouvelle-Calédonie et des provinces. <www.juridoc.gouv.nc>

Maclellan, Nic 2013. Politics heats up in New Caledonia Independence supporters and opponents gear up for next year's elections. *IB (Island Business)* February 2013. < http://www.islandsbusiness.com>

Maclellan, Nic 2014. New Caledonia elections reaffirm divisions Loyalist and independence parties face off. *IB* June 2014. <http://www.islandsbusiness.com>

Macpherson, C.B. 1962. *The Political Theory of Possessive Individualism: Hobbes to Locke.* Oxford, Carendon Press.

Māori Language Act 1987. <http://www.legislation.govt.nz/act/public/1987/0176/latest/DLM124116.html>

Mapou, Raphael 2006. Contributions aux travaux du Pacific Seminar on the implementation of the Second International Decade for the Eradication of Colonialism : Priorities for Action.

Mead, G. H. 1974. *Mind, Self, and Society.* Chicago, University of Chicago Press.

Merle, Isabelle 1993. Genèse d'une Identité Coloniale. L'émigration organisée vers la Nouvelle-Calédonie (1880-1892). *Genèses.* 13: 76-97.

Merle, Isabelle 2010. Du sujet à l'autochtone en passant par le citoyen. *La Nouvelle-Calédonie, vers un destin commun?* (dir.) Elsa Faugère et Isabelle Merle. Paris, Édions Karthla: 19-37.

Mermoud, Jean-Claude 1994. Quête Identitaire Caldoche, *Être Caldoche Aujourd'hui.* Noumea, Îl de Lumière: 161-178.

Mermoud, Jean-Claude 1998. La Culture Caldoche (document de communication).

Miningwatch Canada : New Caledonia, Indigenous Kanaks Take on Inco in New Caledonia, Xstrata Faces Growing Criticism over Koniambo Nickel Project in Kanaky-New Caledonia.<http://www.miningwatch.ca/en/home/country/international/ asiapacific/new-caledonia>

Missotte, Philippe 1995. Le Festival Mélanésia 2000 - septembre 1975: Activation et réactivation socio-culturelle canaque en Nouvelle-Calédonie. *Journal de la sociéte des Océanistes* 100-101: 59-100.

Moore, Harietta L. 1994. *A Passion for Difference: Essays in Anthropology and Gender.* Cambridge, Polity Press.

Muckle Adrian 2007. Tropes of (mis) understanding: imagining shared desties in New Caledonia, 1853-1998. *Journal de la Scoiété des Océanistes* 124: 105-118.

Naepels, Michel 1997. Il a tué les chefs et les homes: L'anthropologie, la colonisation et le changement social en Nouvelled-Calédonie. *TERRAIN* 28: 44-58.

Naepels, Michel 1998. *Histoires de terres Kanakes.* Paris, Éditions Belin.

Nair, Manjusha S. 2006. Defining Indigeneity - Situating Transnational Knowledge: World Society Focus Paper Series. <http://www.rci.rutgers.edu/~manjusha/>

Naisseline, Nidoish 1982. Culture et Race (Intervention de N. Naiseeline à l'Assemblée Territoriale). Nouméa.

Naisseline, Nidoish 1994, Culture et Développement (Texte de l'intervention lors de la table ronde de l'église évangélique du 9 au 12 mai 1994 à Quanono, Lifou). Nouméa.

Nancy, Jean-Luc 1992. A la Frontière, figures et Couleurs, Le Piège Tendu a la Régression. *Le Désir d'Europe.* Paris, Carrefour des Littératures Européennes: 41-50, 57-59.

Néaoutyine, Paul 2006. *L'Indépendance au Présent: Identité kanak et destin commun.* Paris, Éditions

Syllepse.
Néchéro-Joredié, Marie-Adèle 1988. A Kanak People's School (interview). *New Caledonia: Essays in Nationalism and Dependency*, (eds.) Michael Spencer, Alan Ward and Jhon Connel. Queensland, University of Queensland Press: 230-253.
Niezen, Ronald 2003. *The Origins of Indigenism*. University of California Press.
Ntumy, Michael A. 1989. The Constitutional System of New Caledonia under the Matignon Accord (Conference paper). University of Guam, December 1989.
NWK (Ngati Whatua Kaipara) 2013. The Great Good Fortune.
NWOa (Ngati Whatua Orakei) Trust 2012/13. Annual Report 'Enhancing Our Place.'
NWOb Whai Maia Limited 2012/13. Annual Report 'Increasing Our Value.'
NWOc Whai Rawa Limited 2012/13. Annual Report 'Enriching Our People.'
NWOd Maori trust Board. 2012. Annual Report.
NZHO (New Zealand History online): 1995 Waikato-Tainui sign Deed of Settlement with the Crown <http://www.nzhistory.net.nz/page/waikato-tainui-sign-deed-settlement-crown>
NZL (New Zealand Legislation) 1975. The Treaty of Waitangi Act 1975. <http://www.legislation.govt.nz/act/public/1975/0114/latest/DLM435368.html>
NZL 1986. State-Owned Enterprises Act 1986. <http://www.legislation.govt.nz/act/public/1986/0124/latest/DLM97377.html>
NZL 1987. Māori Language Act 1987. <http://www.legislation.govt.nz/act/public/1987/0176/latest/DLM124116.html>
NZLC (New Zealand Law Commission) 2001. Maori Custom and values in New Zealand Law, Wellington.
Ogier Guindo, Julia, 2007. Étude d'un genre cérémoniel de la tradition orale ajiè le *vivaa* (Nouvelle-Calédonie), *Jouranal de la Société Océanistes* 125: 311-320.
Omomo Melen Pacific 1995. Women from the non-self-governing territories and colonies of the Pacific, Beijing August 1995.
Orakei Act 1991. <www.legislation.govt.nz/act/.../096be8ed80a0aa0b.pdf>
Orakei Report 1987. Report of the Waitangi Tribunal on the Orakei Claim (Wai-9) Nov. 1987. <www.waitangitribunal.govt.nz>
OTS (Office of Treaty Settlements) NWO 1: Ngati Whatua Orakei Settlement Summary 2011. <http://nz01.terabyte.co.nz/ots/fb.asp?url=livearticle.asp?ArtID=1317259897>
OTS NWO 2: Deed of Settlement (Ngati Whatua Orakei and Nagati Whatua Orakei Trustee Limited and the Crown-Deed of Settlement of Historical Claims)5 Nov. 2011. <http://nz01.terabyte.co.nz/ots/DocumentLibrary%5CNgatiWhatuaOrakeiDOS.pdf>
OTS W1: Waikato Deed of Settlement 22 May 1995.<http://nz01.terabyte.co.nz/ots/DocumentLibrary/WaikatoTainuiDeedOfSettlement.pdf.>
OTS W2 (Deed of the Settlement in the Relation to the Waikato River 17 December 2009). <http://nz01.terabyte.co.nz/ots/DocumentLibrary/WaikatoRiverDeedofSettlement.pdf>
Ovington, Michael 1988. The Impact of the Dijoud Plan. *New Caledonia: Essays in Nationalism and Dependency*, (eds.) Michael Spencer, Alan Ward and Jhon Connel. Queensland, University of Queensland Press: 106-124.
Pillon, Patrick 1992. Listes déclamatoires (<viva>) et principles d'organisation sociale dans la vallée de la Kouaoua. *Jouranal de la Société Océanistes* 94: 81-101.
Pionniers 2006: Résurgence des problèmes fonciers sur la Grande-Terre.
Pipite, Jean 2003. Droit d'accueil et droit de l'endroit en pays kanak. *Journal de la société des Océanistes* 117: 203-212.
Pisani, Edgard 7/1/1985. 'Le plan Pisani' translated as 'The Pisani Proposal' by Connell 1987 Appendix

2: 451-459.
Pitoiset, Anne 2002. L'actionnariat poulaire en Province Nord de la Nouvelle-Calédonie - Société de profit dans une société de partage. (Diplôme d'Éttudes Approfondies, Université de la Nouvelle-Calédonie.)
Poédi, Gabriel 1997. Kanak. *101 Mots pour Comprendre l'Histoire de la Nouvelle-Calédonie*, (coordonée) Frédéric Angleviel. Nouméa, Éditions Île de Lumière: 117-118.
Pratt, Mary Louise 1986. Fieldwork in Common Places: *Writing Culture* (eds.) Clifford, James and George E. Marcus. Berkeley: University of California Press: 27-50.
Pratt, Mary Louise 1992. *Imperial Eyes - Travel writing and transculturation*. London, Routeledge.
Rhéébu Nùù 2003. La Parole de l'autochtone Kanak du Sud et de ses chefferie.
Rhéébu Nùù 2005a. Véé E Gué No.3 (Juin 2005).
Rhéébu Nùù 2005b. Véé E Gué No.4 (24 Septembre 2005).
Rivierre, Jean-Claude 1985. La colonisation et les langues. *Les Temps Modernes* 464:1688-1717.
Rollant, Alain 1989. *Tjibaou le Kanak*. Lyon, La Manufacture.
RSC 2005. Renouvellement du Sénat coutumier.
Said, Edward W. 1995 (1978). *Orientalism: western conceptions of the Orient*. London, Penguin Books.
Salomon, Christine & Hamelin, Christine 2007. Les femmes Kanak sont fatiguées de la violence des homme. *Journal de la Scoété des Océanistes* 125: 283-294.
Sand, Christophe 2012. Entre traditions orales, politique et destin commun, quell role aujourd'hui pour l'archéologie en pays kanak? *Mwà Véé* 77: 3-9.
Sartre, Jean-Paul 1970. *L'Existentialisme est un humanisme*. Paris, Des éditions Nagel.
Saura, Bruno 2004. Tahiti (Polynésie française) est métissée; mais est-elle métisse? *La Nouvelle-Calédonie Terre de métisssages*, (dir.) Frédéric Angleviel. Paris, les Indes savantes: 161-177.
Saussol, Alain 1979. *L'Heritage: Éssai sur le problème foncier mélanésien en Nouvelle-Calédonie*. Paris, La Socieété des Océanistes.
Saussol, Alain 1985. La terre et la confrontation des hommes en Nouvelle Calédonie. *Les Temps Modernes*. 464: 1612-1622.
Saussol, Alain 1987. New Caledonia: Colonization and reaction, *Land Tenure in the Pacific,* (ed.) Ron Crocombe. University of the South Pacific: 240-260.
SECC (Service de l'État-Civil Coutumier) 2002. Guide à l'usage des Citoyens de Statut civil coutumier.
Sénat: <L'Acceès à la Ressource>, Préambule aux Accords de Nouméa de 1998: Les Accords de Bercy du 1er février 1998. La défiscalisation des usines de traitement du nickel en Nouvelle Calédonie. <http://senat.fr/rap/r05-007/r05-0079.html> (20/2/2012)
Sénat coutumier 2002a. Déclaration solennelle du 23 août 2002 du people autochtone Kanak, sur son droit sur l'espace et le patrimoine naturel de la Kanaky (Nouvelle-Calédonie).
Sénat coutumier 2002b. (English version) Solemn declaration of August 23rd 2002 of Kanak Indigenous People asserting their right over the space and the natural heritage of Kanaky-New Caledonia.
Sénat coutumier 2007. Rapport d'Activité (Période Août 2005-avril 2007).
Sénat coutumier 2013. La Parole: No.18 août 2013. <http://www.senat-coutumier.nc/phocadownload/userupload/nos_publications/La_Parole_18.pdf.>
Sénat coutumier 2014a. Charte du Peuple Kanak: Un Document Historique et Fondateur. <http://www.senat-coutumier.nc/le-senat-coutumier/la-charte-du-peuple-kanak> (6/2014)
Sénat coutumier 2014b. Charte du Peuple Kanak. <http://www.senat- coutumier.nc/phocadownload/userupload/nos_publications/ charte_socle_commun_2014.pdf> (10/2014)

SLN n.d. 100 years of a company and an industry.
Smith, Anthony D. 1986. *The Ethnic Origins of Nations*. Blackwell.
Smith, Anthony D. 1991. *National Identity*. Penguin Books.
SMSP <http://www.smsp.nc/index.php?option=com_content&view=article&id=2&Itemid=37&lang=en>
Somers, Margaret R. and Gloria D. Gibson 1994. Reclaiming the Epistemological "Other": Narrative and the Social Constitution of Identity. *Social Theory and the Politics of Identity*, (ed.) Croig Calhoun. Blackwell: 37-99.
Strathern, Marilyn 1980. No nature, no culture: the Hagen case. *Nature, Culture and Gender*, (eds.) Carol P. MacCormack and Marilyn Strathern. Cambridge University Press: 174-222.
Strathern, Marilyn 1988. *The Gender of the Gift: Problems with Women and Problems with Society in Melanesia*. University of California Press.
Swindler, Ann 1986. Culture in Action: Symbols and Strategies. *American Sociological Review* 51 (April): 273-286.
Te Ara FS: Law of the foreshore and seabed. <http://www.teara.govt.nz/en/te-hi-ika-maori-fishing/page-6>
Te Ara MF: Te hī ika – Māori fishing: 1-7. <http://www.teara.govt.nz/en/te-hi-ika-maori-fishing/>
Te Ara MT: Te tāpoi Māori – Māori tourism: 1-4. <http://www.teara.govt.nz/en/te-tapoi-maori-maori-tourism>
Te Ara NT: The Ngai Tahu: 1-9. <http://www.teara.govt.nz/en/principles-of-the-treaty-of-waitangi-nga-matapono-o-te-tiriti/>
Te Ara PT: Principles of the Treaty of Waitangi: 1-5. <http://www.teara.govt.nz/en/principles-of-the-treaty-of-waitangi-nga-matapono-o-te-tiriti/>
TEMEUM (Terres et Mers Ultra Marines) Nouvelle-Calédonie: les codes de l'environnement des provinces Nord et Sud. <http://temeum.espaces-naturels.fr/node/125> (12/10/2009)
Terrier, Christiane 2004. Calédoniens ou Métis? *La Nouvelle-Calédonie Terre de métisssages*, (dir.) Frédéric Angleviel. Paris, les Indes savantes: 65-80.
Teulières-Preston, Marie-Hélène 2000. Le droit maritime kanak et ses transformations. *En Pays kanak*, (dir.) Alban Bensa et Isabelle Leblic. Paris, Éditions de la Maison des sciences de l'homme: 129-146.
The Treaty of Waitangi Act 1975. <http://www.legislation.govt.nz/act/public/1975/0114/latest/DLM435368.html>
Thomas, Nicholas 1992. Colonial conversions: Difference, Hierarchy, and History in Early Twentieth-Century Evangelical Propaganda. *Comparative Studies in Society and History* 34: 366-389.
Thompson, Virginia and Adloff, Richard 1971. *The French Pacific Islands: French Polynesia and New Caledonia*. University of California Press.
Tjibaou, Jean-Marie 1978. *Kanaké – the Melanesian Way*. Papeete: Les éditions du pacifique.
Tjibaou, Jean-Marie 1981. Etre Mélanésien Aujourd'hui. *L'Esprit* 57: 81-93.
Tjibaou, Jean-Marie 1985. Entretien avec Jean-Marie Tjibaou. *Les Temps Modernes* 464:1587-1601.
Tjibaou, Jean-Marie 1986. Le Fait Colonial. *Les Temps Modernes* 484: 62-76.
Tjibaou, Jean-Marie 1995. Le Point de vue de Jean-Marie Tjibaou, président et organisateur du festival. *Journal de la Société des Océanistes:* 100-101: 109-115.
Tjibaou, Jean-Marie 1996. *La Présence Kanak*. (eds.) Bensa Alban and Éric Wittersheim. Paris, Éditions Odile Jacobe.
Tjibaou, Jean-Marie 2005. *Jean-Marie Tjibaou: Kanaky* (French: *La Présence Kanak*) (trans.) Helen Fraser and Jean Trotter. Canberra, Pandanus Books.
TPK MP (Te Puni Kokiri, Ministry of Māori Development). Māori Potential Approach. <http://www.

tpk.govt.nz/en/about/mpa/>
TPK MF. The National Māori Flag. <http://www.tpk.govt.nz/en/a-matou-kaupapa/crown-iwi-hapu-whanau-maori-relations/the-national-maori-flag/>
UC (Union Calédonienne) Congrès 1957, 62, 63, 77, 80, 81: Microfiche (Australian National University)
UC 1991. *Réflexions sur les terres 1981-1991* (UC Congrès).
UC 1996. Projet Cadre de l'Union Calédonienne sur l'Avenir Politique et institutionnel de la Nouvelle-Calédonie – 27th Congrès de l'Union Calédonienne Wagap-Poindimié.
UC 1997. 28ème Congrès 7, 8, 9 et 10 Novembre 1997 – Bondé-Ouégoa – Document de Travail.
UC 1998a. Les Accords de Nouméa – 5 mai 1998.
UC 1998b. 29ème Congrès 30, 31 Octobre et 1er Novembre 1998 – Téné-Bourail – Document de Travail.
UN 1992. Report of the United Nations Conference on Environmnet and Development (Rio de Janeiro, 3-14 June 1992) Rio Declaration on Environment and Development. <http://www.un.org/documents/ga/conf151/aconf15126-1annex1.htm>
UNA 21: UN Department of Economic and Social Affairs: Division for Sustainable Development, Agenda 21. <http://www.un.org/esa/dsd/agenda21/res_agenda21_00.shtml>
UNCIP. The Concept of Indigenous Peoples. Department of Economic and Social Affairs. Division for Social Policy and Development. Secretariat of the Permanent Forum on Indigenous Issues (New York, 19-21 January 2004). <http://www.un.org/esa/socdev/unpfii/documents/workshop_data_background.doc>
UNDRIP. United Nations declaration on the rights of indigenous peoples. Adopted by General Assembly resolution 61/295 on 13 September 2007. <http://www.un.org/esa/socdev/unpfii/en/drip.html>
UNESCO World Heritage. Lagoons of New Caledonia, Reef Diversity and Associated. <Ecosystems: http://whc.unesco.org/>
UNESCO World Heritage. New Zealand, Tongariro National Park. <http://whc.unesco.org/>
UNESCO World Heritage. Pacific 2009 Programme. <http://whc.unesco.org/>
UNIPB. Indigenous people Backgrounder, First Meeting of Permanent Forum High Point of UN Decade. 12 May 2002. <http://www.un.org/rights/indigenous/backgrounder1.html>
UNIPD. Introduction / Procedural History/Documents. Audiovisual Library of International Law, United Nations Declaration on the Rights of Indigenous Peoples General Assembly Resolution 61/295 New York, 13 September. <http://untreaty.un.org/cod/avl/ha/ga_61-295/ga_61-295.html>
UN Resolution 1514: Declaration on the Granting of Independence to Colonial Countries and Peoples. Adopted by General Assembly resolution 1514 (XV) of 14 December 1960. <http://www.un.org/en/decolonization/declaration.shtml>
UN Resolution 2621. General Assembly-Twenty-fifth Session. Resolutions Adopted without Reference to a Main Committee. <http://daccess-dds-ny.un.org/doc/RESOLUTION/GEN/NR0/348/86/IMG/NR034886.pdf?OpenElement>
Vendegou, Régis. Palabres 2002. *101 Mots: Les institutions de la Nouvelle-Calédonie*, (dir.) Jean-Yveo Faberon et François Garde Éditions Île de Lumière: 155-156.
Vienne, Bernard 1985. Nouvelle-Calédonie 1985: La fin du Colonialisme? *Les Temps Modernes* 464: 1602-1611.
Vladyslav, Gérard 1998. L'identité fondée sur le lien à la terre: Les réponses à la revendication foncière kanak en Nouvelle-Calédonie (document de communication).
Waddell, Eric 2008. *Jean-Marie Tjibaou: Kanak witness to the World*. University of Hawai'i Press.
Wadrawane, Eddy. 2004 Métissage et culture du métissage en Nouvelle-calédonie. *La Nouvelle-*

Calédonie Terre de métisssages, (dir.) Frédéric Angleviel. Paris, les Indes savantes: 25-34.
Waikato a. Waikato River co-management. <http://www.waikatoregion.govt.nz/Community/Your-community/iwi/Waikato-River-co-management/>
Waikato b. Environment Waikato. <http://www.ew.govt.nz/policy-and-plans/Regional-Plan/Waikato-Regional-Plan/2-Matters-of-Significance-to-Maori/22-Iwi-in-the-Waikato-Region/223-Waikato-Tainui/>
Waipareira Report 1998. Te Whanau o Waipareira Report/WAI 414 Waitangi Tribunal Report. <https://forms.justice.govt.nz/>
Waitangi Tribunal F. Frequently Asked Questions. <http://www.justice.govt.nz/tribunals/waitangi-tribunal/about/ frequently-asked-questions>
Waitangi Tribunal M. Waitangi Tribunal Media Statement 8 September 2009. <http://www.justice.govt.nz/tribunals/waitangi-tribunal/documents/news-and-media/historical-claims-1-sept>
Waitangi Tribunal T. The Treaty of Waitangi. (English version) <http://www.justice.govt.nz/tribunals/waitangi-tribunal/treaty-of-waitangi/the-english-version-of-the-treaty-of-waitangi>. (Maori version) <http://www.justice.govt.nz/tribunals/waitangi-tribunal/treaty-of-waitangi/the-maori-version-of-the-treaty-of-waitangi>
Walker, Ranginui. 1990. *Ka Whawhai Tonu Matou-Struggle Without End*. Auckland, Penguin Books.
Wamytan, Rock 1997. Le Projet des Indépendantistes. *L'avenir statutaire de la Nouvelle-Calédonie*, (dir.) Jean-Yves Faberon. Paris, La Documentation française.
Wapotro, Billy 1994. Culture et Enseignement: Cahiers des Conférences de l'ADCK-No.1. Nouméa, ADCK.
Ward, Alan 1982. *Land and Politics in New Caledonia*. Canberra, Australian National University.
Washetine, Charle 1995. La démocratisation de l'Enseignement en Nouvelle-Calédonie: Cahiers des Conférences de l'ADCK-No.7. Nouméa, ADCK.
Wickliffe, Caren 2002. Access to Customary Law: New Zealand Issues - Visible Justice: Evolving Access to Law. Wellington.
Wikipédia CN: Citoyenneté néocalédonienne. <http://fr.wikipedia.org/wiki/Citoyennet%C3%A9_n%C3%A9ocal%C3%A9donienne>
Wikipedia EL: New Zealand environmental law. <http://en.wikipedia.org/wiki/New_Zealand_environmental_law>
Wikipedia FS. New Zealand foreshore and seabed controversy. <http://en.wikipedia.org/wiki/New_Zealand_foreshore_and_seabed_controversy>
Wikipedia KM. Kura Kaupapa Māori. <http://en.wikipedia.org/wiki/Kura_Kaupapa_M%C4%81ori>
Wikipedia LR. Māori language revival. <http://en.wikipedia.org/wiki/M%C4%81ori_language_revival>
Wikipedia ME. Māori electorates. <http://en.wikipedia.org/wiki/M%C4%81ori_electorates>
Wikipedia NP. New Zealand passport. <http://en.wikipedia.org/wiki/New_Zealand_passport>
Wikipedia NZ. New Zealand. <http://en.wikipedia.org/wiki/New_Zealand>
Wikipedia PN. Politics of New Zealand. <http://en.wikipedia.org/wiki/Politics_of_New_Zealand>
Wikipedia RN. Republicanism in New Zealand. <http://en.wikipedia.org/wiki/Republicanism_in_New_Zealand>
Zaretsky, Eli 1994. Identity Theory, Identity Politics: Psychoanalysis, Marxism, Post-Structuaralism. *Social Theory and the Politics of Identity*, (ed.) Craig Calhoun. Blackwell: 198-215

ジャーナル・政党機関誌など

Bwenando: FLNKS.

CCI (Comité de Coordination des Indépendantistes): FCCI.
CL (Construire Les Loyauté): Province des Îles Loyauté.
Kanak: PALIKA.
La Voix du Cagou.
L'Avenir Calédonien: UC.
Le Canaque Homme Libre: AJCP.
Le Kolonisé.
Le Monde.
Le Pays: Province Nord.
Les Calédoniens.
Libération - La Voix du Peuple: LKS.
Lundi Matin.
NC (Les Nouvelles calédoniennes). <http://www.lnc.nc/>
Mwà Véé: ADCK.
Nouvelles 1878: Groupe 1878.
PIM (Pacific Islands Monthly).
Pionniers (Pionniers de Nouvelle - Caledonie).
Réveil Canaque: Foulards Rouges.

辞書・事典類

Nouveau Petit Le Robert, 1995.
PIY (Pacific Island Yearbook), 1994.
LeTrèsor de la langue française, n.d.
The New Shorter Oxford English Dictionary, 1973.

日本語文献

青柳真智子編 2008『ニュージーランドを知るための63章』明石書店。
石川友紀 2008「オセアニアにおける日本人移民の歴史と実態―ニューカレドニア移民を中心に」『立命館言語文化研究』20 (1): 83-92 頁。
伊藤泰信 2005「『マオリ個別の知』の発言と伝達―知識社会学的視点から」『講座 世界の先住民族 ファースト・ピープルズの現在 9 オセアニア』前川啓治・棚橋訓編、明石書店：190-205 頁。
井上俊・上野千鶴子・大澤真幸・見田宗介・吉見俊哉編 1995『自我・主体・アイデンティティ』（岩波講座 現代社会学 2）岩波書店。
ウェーバー，マックス 1972『社会学の根本概念』清水幾太郎訳、岩波書店。
ウェーバー，マックス 1989『プロテスタンティズムの倫理と資本主義の精神』大塚久雄訳、岩波書店。
江戸淳子 1991「ニューカレドニア複合社会のマティニョン合意による連邦主義的解決法」『杏林大学外国語学部紀要』3: 99-128 頁。
江戸淳子 1992「ニューカレドニアにおけるカナク独立運動の基本原理」『国際学論集』29、上智大学国際関係研究所：1-23 頁。
江戸淳子 1994「ニューカレドニア脱植民地化の政治過程とその将来」『マタンギ・パシフィカ―太平洋島嶼国の政治・社会変動』アジア経済研究所：87-122 頁。
江戸淳子 1996「パプアニューギニアにみるアイデンティティの追求―ブーゲンヴィル紛争からの一考察」『国際政治』111、日本国際政治学会：144-163 頁。

江戸淳子 2002「ニューカレドニアのカナク・アイデンティティとその歴史」『立命館言語文化研究』14 (1)、立命館大学国際言語文化研究所：5-15 頁。

江戸淳子 2003「ニューカレドニア―共同体の語りにみるカナク・アイデンティティ」『オセアニアの国家統合と地域主義』(JCAS 連携研究報告 6) 国立民族博物館：95-119 頁。

江戸淳子 2005「ニューカレドニア　カナク『ピープル』としてのカナク・アイデンティティ復権運動」『講座　世界の先住民族　ファースト・ピープルズの現在 9　オセアニア』前川啓治・棚橋訓編、明石書店：190-205 頁。

江戸淳子 2008「ニューカレドニアにみるカナクの文化的アイデンティティの顕示―歴史的闘争の場からモダン・アリーナとしての文化」『先住民の文化顕示における土着性の主張と植民国家の変容』平成 17 年度、19 年度科学研究費補助金（基盤研究 B）研究成果報告書、九州大学。

江戸淳子 2010「ニューカレドニアとカナク―多民族社会のエスニシティとアイデンティティ」『朝倉世界地理講座 15　大地と人間の物語　オセアニア』熊谷圭知・片山一道編、朝倉書店：365-376 頁。

エリクソン，エリック・H. 1973『アイデンティティ―青年と危機』岩瀬庸理訳、金沢文庫。

大角翠 2003『少数言語を巡る 10 の旅』三省堂。

太田好信 1998『トランスポジションの思想』世界思想社。

太田好信 2001『民族誌的近代への介入―文化を語る権利は誰にあるのか』人文書院。

太田好信・浜本満編 2005『メイキング文化人類学』世界思想社。

太田好信 2008『亡霊としての歴史』人文書院。

朽木量 2006「日本からみたニューカレドニア移民」『Feu nos pères　ニューカレドニアの日系人』青幻舎：16-23 頁。

クリフォード，ジェイムズ 1996「序論―部分的真実」足羽与志子訳、「民族誌におけるアレゴリーについて」橋本和也訳『文化を書く』紀伊国屋書店：1-50, 183-226 頁。

クリフォード，ジェイムズ 2003『文化の窮状』太田好信・慶田勝彦・清水展・浜元満・古谷嘉章・星埜守之訳、人文書院。

小林忠雄 1980（1977）『ニューカレドニア島の日本人―契約移民の歴史』緑地社。

サイード，エドワード 1994（1986）『オリエンタリズム』今沢紀子訳、平凡社。

清水昭俊 2008「先住民、植民地支配、脱植民地化―国際連合先住民権利宣言と国際法」『国立民族博物館研究報告』32 (3): 307-503 頁。

タイラー，E. B. 1962（1871）『原始文化―神話・哲学・宗教・言語・芸能・風習に関する研究』比屋根安定訳、誠信書房。

ダルメラック，ダニー 2006「ニューカレドニアの『ニッポ・カナック』」『Feu nos pères　ニューカレドニアの日系人』青幻舎：49-52 頁。

ダルメラック，ダニー 2008「ニューカレドニアの現代文学―フランス文学におけるフランス語圏南太平洋諸島文学」『立命館言語文化研究』20 (1): 9-22 頁。

津田睦美 2006『Feu nos pères　ニューカレドニアの日系人』青幻舎。

鶴見和子 1989「内発的発展論の系譜」『内発的発展論』鶴見和子・川田侃編、東京大学出版会：43-64 頁。

デュルケム，エミール 1989『社会分業論』上・下巻、井伊源太郎訳、講談社。

富山一郎 1993「ミクロネシアの『日本人』―沖縄からの南洋移民をめぐって」『歴史評論』513: 54-65 頁。

内藤暁子 1991「マオリの復権運動について―タイヌイ、キンギタンガの事例から」『社会科学ジャーナル』30 (1)、国際基督教大学：107-130 頁。

内藤暁子 2004「ニュージーランドー『人種』からエスニック集団へ」『国勢調査の文化人類学―人種・民族分類の比較研究』青柳真智子編、古今書院：383-398 頁。

内藤暁子 2005「大地のマナの行方―マオリの土地権問題」『講座 世界の先住民族　ファース

ト・ピープルズの現在 9　オセアニア』前川啓治・棚橋訓編、明石書店：190-205 頁。
内藤暁子 2008「〈土地の人〉と〈条約の人〉―ニュージーランド「国民」形成におけるワイタンギ条約の意義」『文化人類学』73 (3): 380-389 頁。
中川理 2002「植民地状況における行為―モーリス・レーナルトの人格論の扱いをめぐって」『オセアニア・ポストコロニアル』春日直樹編、国際書院：193-234 頁。
中島敦 1993『光と風と夢』『中島敦全集 1』『環礁』『中島敦全集 2』筑摩書房。
中野進 1997『民族自決と人民自決―自決権の主体』(法律学講義シリーズ 19) 信山出版。
西野照太郎 1979『新・南方見聞録』朝日新聞社。
西平直 1996（1993）『エリクソンの人間学』東京大学出版会。
パーソンズ，タルコット 1985『社会構造とパーソナリティ』武田良三監訳、新泉社。
パロンボ，フィリップ 2006「ニューカレドニアの日本人―適応成功例として」「日本人財産の没収」『Feu nos pères　ニューカレドニアの日系人』青幻舎：26-31, 38-39 頁。
平松紘、申恵手、ジェラルド・P・マクリン 2000『ニュージーランド先住民―マオリの人権と文化』明石書店。
フーコー，ミッシェル 1974『言葉と物―人文科学の考古学』渡辺一民・佐々木明訳、新潮社。
フーコー，ミッシェル 1981a『知の考古学』中村雄二訳、河出書房新社。
フーコー，ミッシェル 1981b『言語表現の秩序』中村雄二訳、河出書房新社。
深山直子 2005「マオリ社会の都市化と都市マオリ集団の形成」『講座 世界の先住民族 ファースト・ピープルズの現在 9　オセアニア』前川啓治・棚橋訓編、明石書店：190-205 頁。
プラット，メアリー・ルイーズ 1996「共有された場を巡るフィールドワーク」多和田裕司訳『文化を書く』紀伊國屋書店：51-92 頁。
古谷嘉章 2001『異種混淆の近代と人類学―ラテンアメリカのコンタクト・ゾーンから』人文書院。
ポランニー，カール 1998『人間の経済 I・II』玉野井芳郎ほか訳、岩波書店。
前川啓治 2000『開発の人類学―文化接合から翻訳的適応へ』新曜社。
前川啓治 2004『グローカリゼーションの人類学―国際文化・開発・移民』新曜社。
ミード，G. H. 1995『精神、自我、社会』稲葉三千男・滝沢正樹・中野収訳、青木書店。
ムアヘッド，アラン 1966『運命の衝撃』村上啓夫訳、早川書房。
森村桂 1969『天国に一番近い島』角川書店。
安田隆子 2012「ニュージーランドの選挙制度に関する 2011 年国民投票」<http://dl.ndl.go.jp/view/download/digidepo_3493188_po_073603.pdf?contentNo=1>
吉岡政徳 2005『反・ポストコロニアル人類学―ポストコロニアルを生きるメラネシア』風響社。
レヴィ＝ストロース，クロード 1976『野生の思考』大橋保夫訳、みすず書房。
レヴィ＝ストロース，クロード 2001『悲しき熱帯 I・II』川田順造訳、中央公論社。
レーナルト，モーリス 1990『ド・カモ』坂井信三訳、せりか書房。
渡辺文 2007「オセアニア芸術が開く『オセアニア』―フィジー、オセアニア・センターの絵画制作を事例に」『コンタクト・ゾーン』1、京都大学人文科学研究所：161-183 頁。

辞書・事典類

『言語学辞典』1・2 巻 1989、3・4 巻 1992、三省堂。
『国際条約集』横田喜三郎・高橋雄一編、有斐閣、1990。
『事典　現代のフランス』新倉俊一ほか編、大修館、1985。
『社会学事典』見田宗介ほか編、弘文堂、1988。
『文化人類学事典』石川栄吉ほか編、弘文堂、1987。
『文化人類学事典』日本文化人類学会編、丸善出版、2009。

会見者リスト

　以下の会見者リストにおいて、その職業、地位などはインタヴュー当時のものである。なお、個人的発言に配慮し、本文中で名前を挙げていない場合もある。
　この他の一般の人々は、個人情報に鑑み、このリストにはまったく記載せず、本文では匿名とした。また、マオリの人々は、情報源を明らかにしないという前提からリストには一切記載していない。

Ajapumnya, André: カナク慣習戸籍役所スタッフ、Nouméa 28/8/2007、31/8/2007。
Angleviel, Frédéric: カレドニア人太平洋フランス大学（UFP）教授、Nouméa 20/8/96。
Bailly, Henri: カナク元解放運動活動家、Nouméa 2/11/98。
Boéné, Michel: カナク彫刻家、Nouméa 8/9/2005、Grand Nouméa 1/9/2006。
Briault, Jean-Calaude: カレドニア人 RPCR 議員、Nouméa 8/14/86、12/11/98。
Bur, Dominique: 仏高等弁務官、Nouméa 12/9/96、20/10/98。
Burck, François: カレドニア人 UC 党首、Nouméa 23/8/91、23/8/96、10/9/96、6/10/97、13/10/97。
Caihé, Josephe: カナク RFO ジャーナリスト、Nouméa 2/11/98。
Caillard, Jean-Paul: カレドニア人元解放運動活動家、医師、Nouméa 14/10/97。
CCT: 領域慣習諮問カウンシル関係者、Nouville 15/10/98、Boulouparis 24/10/98。
Chatelain, Pierre: ADRAF 仏スッタフ、Nouméa 6/9/2005、31/8/2006、27/8/2007。
Chivot, Max: カレドニア人元解放運動活動家、高校教師（Lycée Do Kamo）、Nouméa 10/10/97、27/10/98。
Christnacht, Alain: 仏（元）高等弁務官、Nouméa 26/8/91、Paris 5/7/2005。
Conseil des femmes de Nouvelle-Caledonie: ニューカレドニア女性カウンシル・ヌメア支部関係者、Nouméa 30/8/2005。
Cortot, Gérald: UC カレドニア人政治家、Nouméa 21/10/98、9/12/2004。
Dalmayrac, Dany: カナク作家、慣習上院法担当官、Nouville 14/9/2005。
Del Rio, Gerard: ADCK『Mwà Véé』仏編集長、Nouméa 23/8/2007。
Eschenbrenner, Jacques: カレドニア人中等学校教師（Collège de Havila）、Wé, Lifou 23/10/97。
Gorodey, Déwé: カナク女性政治家、PALIKA 議員、作家、Canberra 23/7/97、31/7/97、Nouméa 26/9/97、1/12/2004、14/9/2007。
Goromido, Samuel: カナク口承プロジェクト・コーディネーター、Koné 10-13/9/2007。
Guiart, Jean: 仏人類学者、Nouméa 13/9/2005、4/9/2006。
Honakoko, Antoine: カナク経済社会カウンシル委員、Nouméa 6/9/96、22/9/97、Wé, Lifou 23/10/97。
Houmbouy, Beniela: カナク高校教師（Lycée Do Kamo）、Nouméa 12/9/96、15/9/97、3/11/97、26/10/98、30/10/98、3/12/2004、12/9/2005。
Iekawe, Héléne: カナク女性政治家、Nouméa 11/9/2006、22/8/2007。
Kasarherou, Emmanuel: カナク ADCK 文化担当官、Nouméa 2/9/96、9/9/96、12/9/97、6/10/97、29/10/98、1/12/2004、ADCK 長官 30/8/2006。
Kurtovitch, Ismet: カレドニア人歴史家、Nouméa 17/9/97、2/11/98。
Kurtovitch, Nicolas: カレドニア人作家、詩人、高校校長（Lycée Do Kamo）、Nouméa 9/13/96、Canberra 23/7/97、Nouméa 10/9/97、31/7/97、31/8/2006。
Lenormand, Maurice: カレドニア人 UC 創立者、政治家、人類学者、Nouméa 3/9/96、9/9/97、

3/10/97。

Lepeu, Bernard: カナク UC 党首、Nouméa 28/10/98。
Lethezer, Régis: カレドニア人 UC スタッフ、Nouméa 12/8/86、10/9/96、3/10/97。
Loueckhote, Simon: カナク RPCR 上院議員、議会議長、Nouméa 12/9/96、5/11/98。
Mabru, Theiry: カレドニア人オトクトン関係役所所長（Bureau des affaires autochtones）、Nouméa 28/10/98。
Manuoholalo, Tino: ワリス人政治家、Nouméa 6/11/98。
Mapou, Louis: カナク ADRAF 局長、Nouméa 8/12/2004。
Mapou, Raphaël: カナク FCCI 党首、Nouméa 12/11/98、慣習上院官房長官、Nouméa 14/9/2005、21/8/2007、22/8/2007。
Martin, Regis: ADRAF 仏人スッタフ、Nouméa 31/8/2006。
Mermoud, Jean-Claude: カレドニア人過去証言協会会長、Nouméa 24/8/96、30/9/97、14/10/98。
Moasadi, Patrice: カナク口承プロジェクト・コーディネーター、Nouméa 5/9/2006、Thio 6/9/2006、Canala 13-14/9/2006。
Moleana, Atelemo: ワリス人 RDO 幹部、Nouméa 10/10/97。
Mussot, Christiane: カレドニア人元看護師、Nouméa 11/11/98。
Mussot, Gabriel: カレドニア人元労働組合リーダー、Nouméa 11/11/98。
Naisseline, Nidoish: カナク政治家、LKS 党首、Nouméa 23/8/96、1/10/97、Tadurem, Maré 7/9/96、Nouméa 6/9/2005。
Naouna, Jimmy: コニアンボ鉱山会社 KNS コミュニティ担当カナク責任者、Koné 12/9/2007。
Naouna, Pascal: カナク UC 党首、Nouméa 7/9/2005。
Neaoutyine, Paul: カナク政治家、PALIKA 党首、Nouméa 2/10/97、6/9/2007。
Nekiriai, Edmond: カナク政治家、Nouméa 24/8/96。
Nétéa, Calixte: カナク口承コレクター、Koné 11/9/2007。
Oedin, Jimmy: インドネシア人ミュージシャン、Nouméa 1/9/2007。
Ohlene, Isabelle : カレドニア人政治家 28/8/2007、6/9/2007。
Ounéï-Small, Susanna: カナク元解放運動女性活動家、Ouassadieu, Ouvéa 18/10/97。
Oye, Dominique: カナク口承コレクター、Poindimié 11/9/2007。
Paita, Gabriel: カナク元政治家、CCT カウンシラー、Nouméa 3/9/96。
Pitoiset, Anne: 仏人ジャーナリスト、Nouméa 8/9/2006。
Poady, Antoine: カナク口承プロジェクト・コレクター、Koné 12/9/2007。
Poigoune, Elie: カナク解放運動活動家、元 PALIKA 政治家、Nouméa 5/10/97、27/10/98、LDH-NC 会長 1/9/2005。
Poiwi, Jean Jacques: カナク彫刻家、Nouméa 8/9/2005。
Sagato, Iau: ワリス人カトリック聖職者、Nouméa 7/10/97。
Saihu, Dick: カナク LKS 幹部、Nouméa 2/10/97、22/10/98。
Sénat coutumier: 慣習上院関係者、Nouville 14/9/2005。
Streeter, Roseline: SLUA カナク女性労働組合議長、Nouméa 4/9/2007。
Tjibaou, Emmanuel: カナク ADCK 文化発展・遺産・研究部長、Nouméa 30/8/2007。
Tjibaou, Jean-Marie: カナク独立運動指導者、FLNKS 議長、Nouméa 8/14/86。
Togna, Eugene: カナク元 USEONC 幹部 Nouméa 7/9/2006。
Togna, Octave: ADCK 長官、Nouméa 8/10/97、15/10/97、29/10/98、6/12/2004。
Trimari, Jules: カナク元解放運動活動家、Nouméa 13/10/98。
Trolue, Fote: カナク判事、Nouméa 10/9/96、16/9/97。
Trongadjo, Williams: カナク元解放運動活動家、Nouméa 4/11/97。
Uregei, Yann Celene: カナク政治家、FULK 党首、Nouméa 22/8/96。
Ventoume, Christophe: カナク・ミュージシャン、Nouméa 3/9/2007。

Veyret, Jean-Louis: カレドニア人「ピオニエ」会長、Nouméa 11/9/2006。
Vladyslav, Gérald: 仏人 ADRAF 長官、Nouméa 15/10/97、14/10/98、22/10/98。
Wabealo, Gathelia: カナク首長、Baco 12/9/2007。
Waheo, Moria: カナク女性議会官房長官、Nouméa 5/11/98。
Waia, Nicole: カナク女性ジャーナリスト（Radio Jiido）、Nouméa 4/11/98。
Wamytan, Leon: カナク慣習戸籍役所所長、Nouméa 28/8/2007、31/8/2007。
Wamytan, Rock: カナク FLNKS 副議長、Nouméa 27/8/91、FLNKS 議長 21/8/96、9/10/97、9/10/98、10/11/98。
Wapotro, Billy: カナク・プロテスタント・スクール連盟所長、Nouméa 16/10/98、20/10/98、9/11/98、12/11/98、10/12/2004。
Watrone, Itraqualo: カナク高校教師（Lycée Polyvalent des Îles Loyauté）、Wé, Lifou 20/10/97。

略語一覧

ACM (Association Culturelle Mélanésienne): メラネシア人文化協会
ADCK (Agence de Développement de la Culture Kanak): カナク文化発展庁
ADIE (Association de Développement de Initiative Économique pour jardin): 菜園のための経済的主導の開発協会
ADRAF (Agence de Développement Rural et d'Aménagement Foncier): 地方開発と土地整備庁
AECF (Association des Étudiants Calédoniens en France): フランス・カレドニアン学生連合
AECM (Association des Étudiants Calédoniens à Mont-pellier): モンペリエ・カレドニアン学生連合
AICLF (Association des Indigènes Calédoniens et Loyaltiens Français): カレドニア先住民と仏ロイヤルティ諸島民協会
AJCP (Association des Jeunes Calédoniens de Paris): パリ・カレドニアン青年連合
CAUGERN (Conseil Autochtone sur la Gestion des Ressources Naturelles en Kanaky-Nouvelle-Calédonie): カナキー＝ヌーヴェル＝カレドニの自然資源の運営に関するオトクトーヌ・カウンシル
CCCE (Comité Consultatif Coutumier Environnemental): 環境慣習助言委員会
CCT (Conseil Consultatif Coutumier du Territoire): 領域慣習諮問カウンシル
CD (Calédonie Demain): カレドニ・ドゥマン
CES (Conseil Économique et Social): 経済社会カウンシル
CNDPA (Conseil National pour les Droits de Peuples Autochtones): オトクトン・ピープルの権利のためのナショナル・カウンシル
CPSIP (Comité de Pilotage des Signes Identitaires du Pays): 国のアイデンティティ・サイン検討・指針委員会
DOM (Département d'Outre-Mer): 海外県
EPK (École Populaire Kanak): カナク人民学校
FAN (Front Anti-Néocolonialiste): 反植民地主義戦線
FCCI (Fédération des Comités de Coordination des Indépendantistes): 独立派調整委員会連合
FI (Front Indépendantiste): 独立戦線
FLNKS (Front de Libération Nationale Kanak et Socialiste): カナク社会主義国民解放戦線
FN (Front National): 国民戦線
FNSC (Fédération pour une Nouvelle Société Calédonienne): カレドニア新社会連盟
FULK (Front Uni de Libération Kanak): カナク解放連合戦線
GDPL (Groupement de Droit Particulier Local): 地方特別法集団
GFKEL (Groupes des Femmes Kanakes Exploitées en Lutte): 搾取されているカナク女性闘争グループ
GIE (Groupement d'Intérêt Économique): 経済利益団体
ICAP (Institut Calédonien de Participation): 資本投資参加機関
ICPE (Installations Classées pour la Protection de l'Environnement): 環境保護のための分類別設置
IFPA (Institut de Formation des Personnels Administratifs): 行政職養成機関
IKS (Indépendance Kanak et Socialiste): カナク社会主義独立
JOC (Jeunesse Ouvrière Chrétienne): キリスト教労働者青年連盟
JUNC (Jeunesse Unie de la Nouvelle-Calédonie): UC ニューカレドニア青年連合
KNS (Konianmbo Nickel SAS): コニアンボ・ニッケル SAS

LDH-NC (Ligue des Droits de l'Homme et du citoyen de Nouvelle-Calédonie): ニューカレドニアの人権と市民連盟
LKS (Libération Kanak Socialiste): カナク社会主義解放
LMS (London Missionary Soceity): ロンドン伝道協会
MMP (Mixed Member Proportional): 小選挙区比例代表併用制
MSG (Melanesian Spearhead Group): メラネシア槍の穂先グループ
NORDIL (Société commune à la province Nord et à la province des Îles Loyauté): 北プロヴァンスとロイヤルティ諸島プロヴァンス共同会社
OAS (Organisation armée secrète): 秘密軍事組織
OCDL (Opération concertée de développement local): ローカル開発計画オペレーション
OGAF (Opérations groupées d'aménagement foncier): 土地整備グループ・オペレーション
OPAO (Parti Fédéral Kanak d'OPAO): オパオのカナク連合党
OPT (Office des Postes et des Télécommunications): 郵便テレコミュニケーション公社
ORSTOM (Office de la Recherche Scientifique et Technique d'Outre-Mer): 海外科学技術研究局
PALIKA (Parti de Libération Kanak): カナク解放党
PDG (Président-directeur général): 取締役会会長兼社長
POM (Pays d'Outre-Mer): 海外邦
PROMOSUD (Société de Financement et de Développement de la Province Sud): プロモシュド（南プロヴァンス融資開発会社）
PSC (Parti Socialiste Calédonien): カレドニア社会主義党
PSK (Parti Socialiste en Kanaky): カナキー社会党
RDO (Rassemblement Démocratique Oceanien): オセアニア民主連合
RFO (Radiodiffusion Télévision Française pour l'Outre-Mer): フランス海外ラジオ・テレビ放送局
RPCR (Rassemblement pour la Calédonie dans la République): カレドニア共和国集合
RPR (Rassemblement pour la République): （仏）共和国集合
RUMP (Rassemblement-UMP): ランプ（UMP集合）
SCP (Société Civil de Participation): 民間参入会社
SECC (Service de l'État Civil Coutumier): 慣習戸籍役所
SELEC (Syndicat Enseignant Laïque de l'Enseignement Catholique): カトリック教育非ミッション教員組合
SLN (Société le Nickel): ニッケル鉱山会社
SLUA (Syndicat Libre Unité Action): 統一行動自由労働組合
SMSP (Société Minéral Sud Pacifique): 南太平洋鉱山会社
SODIL (Société d'Investissment des îles Loyauté): ソディル（ロイヤルティ諸島投資会社）
SOFINOR (Société de Financement et d'Investissment de la Province Nord): ソフィノール（北プロヴァンス融資投資会社）
SPC (South Pacific Commission): 南太平洋委員会
SPC (Secretariat of the Pacific Community): 太平洋共同体
SPIE (Scoiété des Producteurs pour l'Importation et l'Exportation): 輸出入生産会社
SPMSC (Société de Participation Minière du Sud Calédonien): カレドニア南部鉱山出資会社
STCPI (Société Territoriale Calédoniene de Participation Industrielle): カレドニア産業投資会社
TOM (Territoire d'Outre-Mer): 海外領
UC (Union Calédonienne): ユニオン・カレドニアン
UICALO (Union des Indigènes Calédoniens, Amis de la Liberté dans l'Ordre): 法の下で自由を友とするカレドニア先住民協会
UJC (Union de Jeunesse Calédoniens): カレドニアン青年連合
UMNC (Union Multiracial de Nouvelle-Calédonie): ニューカレドニア多人種連合

UMP (Union pour Movement Populaire): （仏）国民運動連合
UNCT (Une Nouvelle-Calédonie pour Tous): 皆のためのニューカレドニア
UNI (Union Nationale pour l'Indépendance): 独立のための国民団結連合
UO (Union Océanienne): オセアニア連合
UPM (Union Progressiste Multi-racial): 多人種進歩主義連合
UPM (Union Progressiste Mélanésienne): メラネシア人進歩主義連合
USOENC (Union des Syndicats des Ouvriers et Employés de Nouvelle-Calédonie): ニューカレドニア労働者と職員組合
USTKE (Union des Syndicats des Travailleurs Kanaks et Exploités): カナクと搾取された勤労者連合組合

索　引

1) 項目の中で「A/B」は A あるいは B を、「A（C）」は A 及びその関連事項、別名、意味としての C を含む。ハイフンで「10-11」とページが続いている場合、必ずしも内容的につながっていることを意味しない。
2) マオリ関係の事項に関しては、「マオリ／ニュージーランド」の大項目から参照されたい。

【事　項】

A–U

ACM　455
ADCK　194, 223, 305, 477, 510-511, 546, 550, 553-554, 556-557, 562-563, 572-573, 575, 577, 585-586, 588, 590, 601-603
ADRAF　127, 139, 140, 145, 146, 193-194, 226-233, 235, 237-241, 290-291
AICLF　72-73, 74, 75, 96, 356, 485
AJCP　84-85, 86, 88, 455, 456
CAUGERN　390, 392, 393, 394-395, 448
CCT　50, 194, 338, 365, 368-373, 376, 380, 417, 424-426, 522
CES　248, 291, 371
CNDPA　390-391
EPK　124-125, 173-174
FCCI　203-205, 211, 254-255, 289, 394, 405
FI　98, 102-106, 117, 160, 179
FLNKS　45-46, 78, 105-112, 116-133, 143-145, 153, 159-161, 162-163, 166-167, 179, 186, 194, 198-207, 208, 211-214, 216-217, 225, 255, 262, 283, 288, 289-292, 368, 371, 383, 389, 405, 408, 461, 466, 489
FLNKS 憲章　106-108, 216, 477
FLNKS（カナキー）憲法草案　109-111, 371, 489
FN　119, 122,167, 205, 212, 213-288, 289
FNSC　102, 104, 124
FULK　101, 103, 105, 179
GDPL（GDPL 地）　138, 145, 226-231, 234, 235, 237-241, 245, 252, 290-291, 388, 391, 398-399, 412, 414, 596, 607
GFKEL　105, 438
KNS　250, 396, 397
LDH-NC　279-280, 512-513
LKS　103, 106, 123, 124, 129, 158, 161, 184, 200, 202, 205, 214, 253, 288, 289, 488
LMS　52, 172
OPAO　124, 129, 288
PALIKA　100, 103, 105, 117-118, 137, 156, 158, 161, 179, 194, 198-199, 211-214, 289
PROMOSUD　189, 249, 251
PSC　100-101, 103, 105
RDO　200, 211, 289, 538
RFO　126, 192, 476, 481
RPCR　65, 77, 101, 104, 111, 119, 124, 127, 129, 144, 154, 162-163, 166-167, 170-171, 183-184, 186, 189, 198, 200-205, 207, 211-212, 277, 288-289, 371, 388, 389, 405, 441, 540, 567
RUMP　211-214, 283, 289
SCP　391, 397-399, 449
SLN　56, 155, 157, 189-190, 202-203, 249, 250, 291, 532, 538
SLUA　263, 392, 442
SMSP　189, 202-203, 249-251, 397, 539
SODIL　189, 249, 251, 254
SOFINOR　189, 249, 251-252, 254
SPC　67, 289
UC　43, 44, 74-78, 81-82, 99-105, 109, 116-118, 130, 137-138, 160-161, 173-174, 179, 184, 189, 198, 200, 201, 202, 203, 211-213, 282-283, 289, 365, 366-367, 371, 438, 442, 592
UICALO　73, 74, 75, 96, 356, 485
UMNC　99-101
UNI　199, 289
UPM　101, 103, 105
USOENC　155, 157, 203, 263, 392, 439
USTKE　105, 156, 203, 212-213, 247-248, 262, 263, 280, 377, 392, 489

ア行

アイデンティティ（序章、終章）　12-15, 17-

索　引

18, 19-25, 27-31, 591-595, 597, 600-604, 607-609, 611-615
アイデンティティ・ポリティックス　13, 26, 27, 98, 502
アジア（系、人、コミュニティ）38-39, 56, 61, 284, 286, 446, 501, 504, 535, 538
アタイ（Atai: 人、反乱）58-59, 60, 63, 80, 86, 93, 109, 121-122, 139, 240, 298, 331, 370, 476, 534
アメリカ軍　67-69, 538
アラブ（系、人、コミュニティ）57, 62, 274, 539
アルジェリア（系、人、コミュニティ）47, 57, 60, 78, 88, 103, 119, 128, 154, 165, 166, 219, 455, 529
アンサンブル（カレドニ・アンサンブル党）212, 213, 214, 283, 289, 292, 443
アンディジェーヌ　41, 43, 66, 73, 87, 356
異種混淆（人種的・文化的異種混淆、レトリック）271, 335, 453, 470, 483, 497, 499, 503, 505, 507, 510, 513, 515, 521-522, 524-525, 540-544, 556, 579, 601-603
意味の蜘蛛の巣　466-467, 510-512, 601-603
移民　38-42, 53, 56-57, 61, 81, 88, 103, 105, 107, 113, 154, 156, 170, 177-179, 187, 190, 200, 204, 214, 231, 274-275, 278, 286, 288, 292, 443, 452, 461, 472, 500, 501, 525, 527, 529-541, 555, 593, 617
イヤンゲーヌ（土地、虐殺など）120, 142-146, 168-169, 179, 227, 239, 252, 420, 468-469, 517, 562, 563
インターカルチュラル（間文化的、間文化性）469, 498-499, 508, 510, 543, 603
インターフェイス（実践）228, 314, 375, 498-499, 505, 508, 510-511, 513, 519, 521, 524, 542-544, 550, 554, 556-557, 579, 601, 603
インドネシア（系、人、コミュニティ）38-39, 93, 155, 162, 274, 461, 504, 520, 532-534, 538-540, 555
ウヴェア（島、人質）37, 44, 51, 57, 65, 92, 96, 130, 169-177, 181, 184-185, 216, 251-252, 257, 275, 277, 291, 358, 360, 404, 410, 420-421, 440, 449, 479, 496, 500, 563, 590
ヴェトナム（系、人、コミュニティ）38-39, 56, 77, 81, 88, 155, 162, 179, 250, 259, 274, 504, 527-528, 532-533, 538-539, 540, 554
ウディノ合意　184

エヴェヌマン（事件、出来事）115, 119-120, 123-126, 128, 131, 142-146, 162-165, 166, 168-171, 173-174, 177-178, 184, 196, 231, 240, 273-275, 280, 364, 367, 368-370, 443, 469, 538, 593
エクリチュール　413, 559, 561, 568-573, 602
エスニシティ　9, 12-14, 17, 23, 29-30, 34, 40-41, 57, 92, 97, 110, 113, 150, 163, 169-170, 178, 222, 226, 263, 287, 294, 377, 396, 453-454, 464, 466-467, 474, 478, 483, 490, 497, 499-500, 502-504, 507-508, 513, 524, 541, 544, 546, 553, 556, 558, 571, 593, 596-598, 600-601, 610, 612, 613
エスニック・アイデンティティ　385, 481
エスノナショナリズム　98, 110, 115, 287, 382, 395
エトゥニ（民族）113, 115, 135, 178, 453
エネ（長兄）314-315, 530
エントロピックな語り　30, 57, 66, 80, 619
オジ　174, 304-305, 323, 325-327, 339, 346, 348, 362, 413, 419, 450, 474, 488, 491-492, 501, 503, 505-506, 604
オトクトーヌ（先住民）41, 43-44, 46, 60, 76, 80, 94, 134-135, 146-147, 148, 152, 178, 254, 324, 353, 377, 383, 387, 389, 390-393, 395-396, 404, 427, 429, 448, 450, 452-453, 473, 477, 481, 483, 491, 496, 528, 572, 596-601, 607-608, 610-611, 613
オリエンタリスト　27, 42, 57, 80, 336, 466, 601
オリエンタリズム　13, 26, 433

カ行

カーゴ・カルト（積み荷崇拝）67-69, 71, 81, 153, 246
カーデ（末弟）314-315, 359, 530
貝貨　62-63, 322, 337-341, 346, 348, 481, 492, 549
海外領（TOM）74, 77-78, 84, 88, 98, 210
海浜権　383, 400-403
加工処理　28, 246, 335, 498, 507, 519, 543, 601
語りのパラダイム　23, 25, 27, 615
カナカ　41-42, 45-46, 49, 62, 79, 455, 461, 600, 614
カナキー　48-49, 98, 105, 108, 109-112, 115, 117, 120, 122, 125, 127, 135, 159-160, 164, 180, 213, 216- 217, 223, 281-283, 368, 389-

647

390, 393, 396, 408, 461, 479, 489, 503, 517, 519, 522, 529, 592-594, 596, 608, 613
カナキー暫定政府 108-109, 117, 180
カナク（言葉、語源史）37-49
カナク・アイデンティティ 8-14, 17-18, 19-20, 23-25, 27-31, 34-35, 37, 45-46, 48-49, 56, 64-65, 76, 83-85, 92, 94, 95, 97-98, 102, 106, 110, 113-116, 132-134, 150, 152, 154, 159, 162, 169, 178, 182-183, 197, 205-206, 208, 212, 219, 225, 241, 246, 273, 279, 281-283, 287, 288, 294-295, 310, 316, 319, 328, 372, 380, 389, 395, 429, 443-444, 450, 452, 455, 457-459, 461, 463, 465, 467-468, 474-479, 481-484, 496, 501, 504-505, 507-508, 513, 517, 526-527, 530-531, 544, 546-548, 550, 554, 556-558, 563, 578, 580, 591-595, 597, 600-604, 608-609, 611-615, 617, 619
カナク・アイデンティティ回復要求 11, 13, 14, 64, 84, 92, 287, 459, 601, 612
カナク女性 103, 105, 122, 125-126, 164, 167, 177, 212, 263, 268-269, 278, 303, 305, 308, 341, 404, 407, 413, 422, 425, 438-444, 462, 473-474, 495, 500, 503, 533, 539, 551, 583-584, 606-607
カナク伝統音楽 513-514, 517, 522-523, 564
カナク・ピープルの憲章 390, 427-429, 607, 610, 613
カナケ 43, 468, 471, 473-475, 477, 496, 516, 550, 600
カナック 8, 41-46, 48-49, 57-58, 62, 67, 71, 79, 84-85, 87, 90-91, 95, 168, 196, 208, 304, 455-457, 459-461, 476, 526, 528, 600, 614
カネカ（ポピュラー音楽、グループ）513, 516-524, 543, 601
カルドシュ 47, 56, 68, 101, 105, 107, 112, 119-120, 122-123, 126-128, 137, 138-139, 140-143, 145-146, 165-166, 168-170, 177, 180, 199, 205-206, 223, 227-229, 231-232, 237-241, 245, 247, 250, 263, 266, 272-274, 285, 287, 308, 351, 373, 433, 440, 445, 472, 491, 500-503, 507, 520, 524-532, 535, 540, 544, 551, 555, 557, 596, 601, 618
カルドシュ・アイデンティティ 206, 524-530
カレドニア社会 8, 37, 46-47, 78, 84, 86, 93, 96-97, 101, 120-121, 125, 154, 157, 168-169, 182-183, 185, 193, 196-197, 201, 217, 273, 275, 318, 351, 429, 435-436, 440, 446, 457, 468, 473, 476-477, 502, 511- 512, 518, 520-521, 522, 524-525, 527, 532, 536, 538, 540-541, 543, 555-556, 598
カレドニア人 21-23, 25, 39, 40, 43, 60, 65-67, 76-78, 85-90, 92, 95, 97, 102, 104, 107, 113, 116, 128, 129, 162-163, 165-169, 177-178, 185, 187, 195-196, 203, 205-207, 212-213, 216, 222-223, 230-232, 237, 247, 251-252, 257, 261-262, 267, 270-281, 285, 287, 298, 303, 311, 334, 345, 351-352, 375, 391, 393, 403-404, 406, 443, 455-458, 460, 463, 467, 471-473, 475-476, 481-483, 491, 494, 499, 500, 512, 518, 524, 525, 527-531, 534-535, 539-542, 544, 552, 554-555, 573, 592, 594, 596, 600, 611
カレドニア政治 74, 167, 209, 211-215, 348, 350, 529
カレドニア・ネーション 95-96, 99, 100, 109, 115, 592-593
環境権 251, 382-383, 386-393, 396, 400-407, 608-609
環境の守り人 244, 383, 386, 400, 402, 404-407, 607, 609, 619
歓迎の概念（外国人・非カナク歓迎、歓迎の契約）44, 54-55, 98, 103, 108, 111-112, 114, 133, 135, 149, 151, 170, 240, 275, 322, 329, 339, 355, 358, 366-367, 369, 446, 450, 461, 475, 501, 512, 524, 550, 556, 593-594, 596, 604, 612-613
慣習／クチューム 14, 29, 50, 91, 171, 246, 255, 256, 257, 335-351, 352, 356, 397, 421, 450, 463, 466, 467, 490, 492, 546, 598-599, 601, 604-612
慣習警察 330, 417, 426-427, 447
慣習圏 37, 194, 237, 324, 360, 367-369, 370-380, 389, 392, 401, 403, 406, 410-411, 415-417, 427, 444, 447, 450, 479, 481, 495, 561, 563-564, 569, 590, 601, 605
慣習圏カウンシル 368-369, 371-379, 389, 392, 403, 411, 416, 427, 444, 561, 563, 590, 605
慣習戸籍 269-270, 291, 410, 414, 494-495
慣習上院 208, 209, 236, 271, 290, 291, 327, 354, 357, 360, 365, 371-380, 444, 450, 605-608
慣習地 138-139, 146, 160, 208-209, 221, 225-241, 250, 270, 274, 275, 290, 320, 327, 353, 403, 411-414, 449, 490, 495, 534, 591, 595-

索　引

596, 597
慣習地位（慣習民事地位）208-209, 225-226, 228-229, 232, 241, 259, 267-272, 284, 290, 356, 369, 374, 395, 409, 411-414, 416, 421, 424-425, 428-429, 490, 495-496, 502, 594, 596-597, 605, 608-609
慣習的刑事調停　409, 416-426, 428, 606
慣習的権利　70, 73, 76, 133, 135-139, 148, 160, 194, 208-209, 226, 228, 233, 241, 269, 270, 284-285, 290, 354, 368, 371, 373, 382, 394-395, 401, 403, 404, 408, 409, 412, 427-428, 449, 485, 496, 592, 595, 605, 607-609
慣習的行為に関する法　376, 409-416, 605
慣習的口頭協議（調書）／PV・ド・パラブル　237, 375-376, 380, 409-415, 417
慣習的裁定　111, 235, 408, 414, 417-419, 423, 425, 606
慣習的制裁　320, 417-419, 421-423, 606
慣習的道程　137, 313, 323-325, 329, 337-338, 362-363, 366, 389, 450, 485, 495, 604
慣習的和解（赦し）174, 175, 417, 418, 420, 421, 428, 450, 489
慣習当局　20, 230, 235, 271-272, 274, 290, 334, 356, 360, 362, 364-378, 380, 389-390, 392-393, 394-398, 400, 403-406, 409, 411-412, 414-418, 422-429, 440, 444, 447-450, 488-489, 522, 552, 569, 605-608, 610
慣習の（民事）法典化　378, 409, 426-429, 607
慣習陪席者制度　269, 290, 409, 423-425
慣習法　76, 354, 371, 378, 380, 382, 400, 408, 409, 411-416, 422, 426-429, 449, 534, 606-607
カントヌマン（リザーヴへの封じ込め／禁足）55-56, 80, 134-135, 150-151, 324, 353, 500, 514, 595
北プロヴァンス　31, 37-38, 40, 136, 186-189, 191-193, 211, 232, 239-240, 248-252, 254, 260-261, 288- 289, 340, 359, 363, 388, 392, 395-397, 400, 406, 417, 449, 491, 539, 556, 565, 567, 569, 607
教育（慣習教育）21, 22, 60, 74-76, 91-92, 124-126, 155, 186-187, 192-194, 200-201, 209, 214, 244, 247, 248, 280, 284, 326-327, 346, 348, 350, 370, 378, 390, 392, 399, 427, 437, 438-439, 443, 445-448, 455, 462, 469, 485, 505, 509-510, 529, 534, 566, 569, 570-571, 577, 590, 610
境界　13, 26, 34-35, 47, 55, 58, 108, 115, 127, 139, 167, 169-170, 177-178, 196, 230, 233, 235-238, 241, 296-297, 299, 307-308, 321, 328, 373, 400, 412, 427, 431, 433, 463, 495, 497-499, 503-504, 508, 511-513, 515, 518, 524, 542, 544, 546-547, 553-554, 557-558, 572, 587, 589, 593, 596, 603-604
共産主義　67, 69, 71-73, 153, 159, 246, 356, 597, 599
共通の運命　48, 76, 205, 208, 209, 225, 241, 267, 270-272, 276-283, 287, 292, 353, 378, 429, 475, 512, 522, 524, 540, 542, 544, 556, 594, 603, 609, 611
キリスト教（カトリック、プロテスタント、教会）32, 42, 49, 50, 52-53, 56, 59, 62-63, 67, 69-73, 75, 79, 80-81, 88, 90, 92, 99, 110, 124, 146, 154-155, 172-173, 176, 184, 227, 262, 264, 268, 292, 297, 301, 307-308, 339-340, 350, 356-357, 399, 420, 468-470, 472, 474, 476, 478, 481, 483, 484, 485-489, 491, 493-496, 507, 514, 518-519, 529, 538, 557, 560-561, 565, 577 592, 601
禁忌の木（喪の木）389, 475
空間圏（生の空間圏）382-383, 386-387, 389-390, 392-393, 400-402, 404-405, 407, 428, 450, 480, 482, 489, 597, 607-608, 612
国の建設　182-184, 186, 188-189, 191, 195, 197, 203, 205, 219, 223, 241, 247, 249, 265, 273, 396, 523, 597, 599, 603, 614
国のシンボル　213, 281-283, 380
国の法　210-211, 214, 239, 249, 277-279, 282, 372, 374-375, 403-404, 406, 409, 411, 421-422
クラン　9, 12, 14, 17, 30, 40, 43, 53-56, 58, 64, 74-76, 110-111, 133-151, 158, 160, 174, 179, 225-226, 228-238, 240, 242-244, 252, 256-258, 261, 264, 266, 268-269, 271, 284-286, 290-292, 294-295, 297, 302- 303, 308, 310-334, 336, 338-341, 345-348, 350-353, 355, 356-367, 369-370, 374-380, 383, 388-390, 394, 396-401, 404, 407-408, 410-415, 417-423, 426-430, 433, 436, 437, 439-440, 444, 446, 448, 450, 452, 457, 459, 464-465, 467, 473-474, 481-482, 484-486, 488, 491, 493, 495, 501, 505-506, 516, 518-519, 524, 530-531, 534, 559-561, 563-564, 566-567, 570, 573, 575, 590, 595-596, 598, 601, 604-608
クラン首長カウンシル　360-363, 374, 376, 411, 414, 418

649

グランド・テール　8, 24, 31, 37, 40, 43, 50-53, 55-56, 67-68, 72, 75, 80, 91, 93-94, 124, 127, 129-130, 135, 157, 164-165, 186, 190, 227, 229, 232, 237, 257, 290-291, 311-312, 324, 326, 333, 337, 340, 352, 357, 369, 387, 422, 437, 440, 459, 472-473, 479-481, 483-485, 488, 496, 503, 513-517, 550, 559, 590

グループ1878　93 95 99-100 102 135 141 154 459-460 471

経済開発　40, 137, 138, 160-161, 185-186, 188-189, 192, 194-195, 207, 226, 228, 230, 232, 236, 246- 254,256, 259, 265, 271, 290, 337, 372, 380, 383, 387, 392, 394, 395, 396, 398, 406, 412-414, 439, 448-449, 462, 486, 567, 596-598, 607, 619

経済的権利　149, 152, 157, 243, 251, 263, 265, 382-383, 387, 389, 391-393, 502, 608, 609

権限の移譲　182, 200, 204, 208-211, 214-215, 277, 405, 594

言語　13, 15, 18-19, 21-22, 24-25, 27-28, 36-37, 40, 44-45, 47, 65, 89, 96, 106-107, 117-118, 125, 149, 180, 186, 193, 270, 284, 301, 312, 318, 348, 352, 366, 368, 370, 373, 378, 385-386, 400, 410, 434, 443, 448, 450, 455-456, 460, 462-463, 469, 471, 478-481, 490-492, 496, 509-510, 516-518, 542, 553-554, 559, 561, 563-573, 590, 601-602, 605, 610, 615

原初的領域　14, 29, 294-295, 452, 467, 474, 482, 591, 596, 604-605, 612

言説　11, 15, 17, 18, 20, 22, 25, 28, 30, 46, 64-65, 98, 113-114, 334, 452, 459, 479, 484, 489, 491, 497, 505-506, 508, 530, 546, 558, 573-574, 578, 592-594, 600, 604, 613

権利回復要求　30, 35, 49, 61, 132-133, 162, 178, 196, 453, 455-456, 461, 481, 496, 546, 591-592, 594, 604, 609, 611-612

合意的解決（現代／慣習政治）200, 203-204, 218, 344, 348-350

公共圏　224-225, 237, 260, 271, 283, 285, 318, 375, 401, 444, 477-478, 495, 546, 551, 553, 566, 573, 597, 599, 600-602, 605

鉱山（ニッケル、鉱山業）　37, 56, 63, 67, 78, 88, 91, 118,120, 154-155, 165, 187-191, 202-203, 209, 240, 247-249, 250-251, 253-254, 257, 260, 266, 264, 274, 288, 354, 358, 382-383, 386-400, 402-407, 448-449, 501, 525, 531-534, 536, 538-539, 564, 566-567, 597, 599, 607

鉱山開発　78, 190, 251, 254, 382-383, 386-387, 390-391, 393-394, 396, 399, 403-406, 525, 566, 599, 607

鉱山シェフリ　354, 383, 394-397, 400, 607

口承（口承プロジェクト）　59, 134, 139-140, 150, 233, 235-236, 315, 319, 325, 330-331, 337, 353, 363, 369, 376, 378, 404, 408-410, 422, 426-427, 434, 467, 486, 546, 553, 557-570, 572, 573, 578, 583, 590, 596, 602, 604, 606

ゴサナ（洞窟、人質事件）　125, 130, 163, 171-177, 184-185, 420-421

コニアンボ（鉱山、プロジェクト）　188-189, 190, 203, 240, 249, 250-251, 383, 388, 396-399, 406, 449, 567, 607

コネ　37, 40, 62, 142, 188, 191, 201, 231, 239-240, 248, 250, 254, 260, 330, 396-398, 417, 424, 449, 473, 525, 536, 545-556, 565, 567, 569

個別性　25, 30, 205, 297, 434, 435, 614

コミュニティ（共同体、エスニック・コミュニティ）　9, 14, 30, 37-39, 56-57, 73, 81, 85, 88, 95, 97- 98, 100-101, 107-108, 110, 113, 115, 122, 127, 146, 151, 161, 163, 165, 169-170, 179, 183-184, 186, 191, 193-194, 195-198, 200, 202, 204, 208, 217, 222, 224, 243-244, 247-248, 267, 270-275, 280-282, 284-285, 294-295, 317-318, 323, 336, 344, 347-379, 385-386, 390, 393, 396, 398-399, 405-406, 415, 433-434, 439, 443, 445-447, 452-453, 456, 462, 467, 470, 473, 475, 483, 491, 496-497, 499, 502, 504, 508-511, 513, 516, 520-521, 523-525, 529, 530, 532, 537-544, 550-551, 554-577, 592-593, 600, 603, 607, 609, 617

雇用の権利　267, 277, 278-279

ゴロ（鉱山、プロジェクト）　188, 190, 251, 383, 388-389, 391-399, 405-406, 532, 538, 567, 607

混血／メティサージュ（混血児／メティス）　39, 48, 57, 65, 76, 93-95, 97, 143, 162, 167-169, 181, 232, 323, 375, 413, 460-461, 464, 483, 499-513, 520, 524-525, 529, 531, 533-536, 539-545, 579 601, 603

コンタクト・ゾーン（接触領域）　21, 275, 373, 446, 453, 497-499, 508, 510 513, 519,

650

524-525, 540, 543-544, 546, 550, 553-554, 557, 579, 600-603

サ行

再文脈化　28, 96, 114, 160, 334-335, 348, 350-351, 387, 470, 489, 498, 507, 591-593, 595, 601

シェフ（首長）　20, 45, 50-64, 66, 69-74, 76, 78, 79-80, 85-86, 89-91, 96-97, 103, 120, 122, 131, 139, 142-143, 148, 150-151, 157-158, 171-172, 175, 179, 208, 219, 233, 235-236, 238, 240, 244, 256-257, 262, 268, 285, 269, 274-275, 291-292, 297, 311-312, 314, 317, 320-325, 328-330, 331-334, 336, 338, 342, 344, 348, 345, 350, 351-380, 383, 388-390, 393-401, 403-404, 410-412, 414-418, 422-429, 435-436, 440, 444-445, 449-450, 455, 464, 468, 481, 483, 485, 487, 489, 494-495, 501-502, 511, 534, 557, 578-579, 604-608, 610

シェフリ（首長国）　53-55, 60-62, 76, 89, 172, 175, 236, 256-257, 311-312, 321, 324-325, 330, 331, 333, 336, 350-358, 360-367, 372-374, 377-378, 383, 388-390, 393-398, 400, 401, 403, 404, 410, 411, 415, 417, 418, 422-423, 425-429, 440, 445, 449-450, 464, 485, 501, 534, 604-608

視覚のパラダイム　19, 23, 168, 301

自決権（自決の権利）　83, 98, 100, 104-108, 110, 111, 113, 114, 133, 163, 184-185, 201, 204, 210, 218, 220-221, 379, 383-384, 393, 428-429, 450, 570, 593

市民（市民権、市民社会）　35, 43, 48-49, 50, 57, 60-61, 69-70, 73, 75-76, 81, 85, 97, 110, 132, 148, 187, 201, 205, 208-209, 212, 214-216, 224-225, 241, 243, 267-288, 292, 318-319, 339-340, 374, 378, 385, 393, 421-424, 429, 442-443, 475, 491, 493-496, 500, 504, 512-513, 522-523, 534, 538, 540, 544, 546, 556, 592, 594-595, 601-603, 609-610

社会主義（カナク社会主義、カナク社会主義独立／IKS）　43, 45, 57, 67, 69, 71, 73, 75-78, 85, 87, 96, 101, 103, 105-106, 108-111, 125-126, 133, 137, 152-154, 156-162, 179, 187, 201, 246, 253, 262-267, 333, 337, 396, 418, 477, 489, 591, 597-599, 611

住民投票　77, 99, 100, 105, 107, 111, 122, 124, 127, 128-129, 144, 185, 195, 197-200, 203-206, 208, 210, 214-216, 218, 223, 273, 276-277, 279, 283, 292, 351, 593-594

自由連合　178, 198-199, 286

主権（主権者、カナク主権、共有的主権）　13, 29, 34-35, 48, 50-51, 77-80, 84, 97-99, 106, 109, 110-115, 133, 144, 148, 151, 153, 162-163, 171, 178-179, 182-183, 187-188, 198, 200-202, 204, 207-211, 213, 215-220, 222, 223-224, 276, 279, 287-288, 294, 383, 385, 390, 396, 450, 452, 459, 479, 517, 591-594, 598, 604, 608, 609, 611-613

主体（語られる主体、語る主体）　12-21, 23, 25-27, 31-32, 34, 41-42, 45, 49, 53, 79, 83, 85, 86-87, 97, 100, 107, 113-114, 126, 132-133, 135, 158, 170, 183, 208, 224, 257, 267, 285, 294, 296-297, 300, 305-306, 11, 341, 344, 399, 405, 428, 452, 457-459, 470, 497-499, 508, 511, 519, 541, 544, 553-554, 556, 593, 600, 603-604, 607-608, 612-615

出現の語り　30, 66, 454

人権　7, 50-51, 65, 72-73, 75, 77, 86, 110-111, 116, 130-131, 155-156, 179, 201, 263, 279-280, 333, 384-385, 419, 421-423, 449, 456, 458-459, 512-513, 598, 603, 610, 617

真実の体制　16, 17, 20, 22, 27, 30, 60, 65, 87, 97, 116, 163, 173, 176-178, 353, 394, 459, 462, 470, 592, 604, 612, 615

親密圏　224-226, 233, 237, 241, 257, 260-261, 267, 271, 283, 285, 310, 318, 323, 351, 361, 364, 375, 377-379, 412, 415, 452, 546, 551, 553, 573, 599, 602, 605, 607, 612

政治的共同体　13, 29, 34-35, 97, 110, 113, 115, 217, 222-223, 224, 294, 452, 558, 591-594, 596, 610, 612

生得的権利　78, 104-105, 107, 114, 135, 179, 310, 383, 393, 429, 477, 593, 608

節合（脱節合）　7, 12, 14, 17, 26, 28-34, 41, 49, 62, 75, 79, 85, 92, 108, 113-114, 132-135, 147-148, 152, 161, 170, 182, 191, 216, 222, 227, 228, 241, 246-247, 249, 251, 255, 271, 282, 287, 294-295, 308, 310, 316, 318-319, 321, 323, 327, 329, 350-351, 365-367, 369, 371, 377, 382-383, 386, 394, 396, 442, 452, 459, 462-463, 466-467, 471, 474, 477, 479, 482-483, 485, 489, 508, 517-518, 524, 536, 544, 546, 549, 550, 554, 556, 558, 576, 591-608,

610-613, 615, 617-618
選挙（選挙権、有権者資格）37, 70, 73-74, 76, 81, 102, 105, 107-108, 111, 117-119, 123-125, 127-131, 143, 152, 165, 175, 180-181, 185-186, 199, 211-218, 221, 263, 267, 275-279, 288-289, 290, 360, 365-366, 374-375, 378-380, 424, 442, 450, 592, 607, 609
先住民主義 382-383, 393, 395-396, 429, 608, 611-612
先住民権 295, 382-387, 389-393, 396, 402, 429, 462, 591, 607-609, 611, 617
先住民権利宣言 385-386, 391, 396, 405, 429, 450, 607-608, 611
戦略 8, 15-16, 28, 30, 46, 66, 84-85, 98-99, 103, 106-107, 116-132, 137-138, 146, 149, 153, 156-157, 160-163, 178, 183-184, 187-188, 198-200, 202, 205-208, 223, 234-235, 244, 250-252, 254-256, 265, 281, 319, 325, 330-331, 345-350, 355, 357, 365, 383, 387, 390, 392-394, 404, 433, 443, 454, 467, 470, 473, 482, 485, 488, 507, 510, 561, 572, 576, 593, 595, 597-599, 602, 608, 612-613
贈与交換 50, 149, 158, 241, 243, 246, 255-260, 267, 278, 311, 322, 324, 336-344, 355, 363, 366, 421, 431, 474, 488, 491-492, 513, 550, 560, 575, 598-599, 605
祖先塚（祖先塚＝リニージ）54, 142, 310, 313, 314, 315, 316, 319, 321, 322, 324, 329, 330, 345, 352, 355
ゾレイユ 48, 527, 528, 540

タ行

タヒチ（系、人、コミュニティ）7, 38, 39, 51, 80, 82, 124, 166, 180-181, 270, 359, 472, 503-504, 515, 520-521, 537, 554, 585, 590
多文化主義 541, 544
血（慣習的、文化的概念）297, 312, 316, 323, 325-328, 331, 356, 428, 450, 502, 505-508, 604, 613
知識＝力 16-17, 18, 20-22, 48, 52, 64, 73, 79, 87, 97, 99, 102-103, 112, 115-116, 192, 195, 207, 214, 234-235, 324, 332, 344, 348, 350, 358, 364, 376-377, 380, 391, 394, 399, 439, 456, 459, 462, 470, 481, 524, 592, 594-595, 599-600, 603-604, 609, 611-612, 614, 619
チバウ暗殺 163, 171-177, 489

チバウ文化センター 223, 305, 378, 420, 477-478, 514, 515, 519-520, 536, 546-559, 563, 566, 573, 575, 587, 590-591, 599, 601, 611
長老カウンシル 137, 143, 355-356, 360-361, 366, 380, 417-418
ティアンダニート（虐殺）120, 142-146, 184, 420, 468
ティオ（鉱山、占拠）56, 58, 118, 120-122, 148-149, 165, 188-189, 251, 363, 393, 407, 534, 536-537, 564, 566
ディスコース 9, 11, 12, 15-32, 34, 48-49, 69, 85-86, 92, 102-114, 116, 119, 131, 133, 137, 158-159, 163, 166-168, 170, 174, 183, 207, 214, 245-247, 254, 263-265, 273, 280, 288, 297, 305, 311, 314-315, 319, 332, 334-335, 341, 361, 393-394, 405, 430-437, 439, 444, 450, 452-454, 459, 462, 469-470, 472, 476, 481, 483, 499, 502, 504-508, 511-512, 530, 541-544, 549, 555, 560-561, 564-566, 573, 576, 585, 589-591, 593, 596-598, 603, 606, 608, 611-615, 619
天国に一番近い島 44, 171, 251-252, 618
トーテム（トーテミズム、トーテム・ポール）64, 280-281, 297, 302-304, 307-308, 312, 317, 319, 321, 325, 331, 347, 363, 389, 401, 474, 488, 545, 580, 588-589
ド・カモ 42, 125, 195, 247, 279, 297-300, 307, 309, 329, 430, 433, 437, 445, 457-458, 488, 490, 505, 542, 614
特別地位（特別法民事地位）70, 76, 135, 138, 148, 185, 210, 228, 268, 269, 270, 291, 356, 369, 423, 490, 491, 595, 596
都市化（問題）240-241, 258, 444-446, 523
土地開発 136, 138, 227, 235-239, 290
土地権 35, 133-140, 138, 147-149, 152, 225-228, 235-236, 238, 241, 245, 321, 413, 596
土地台帳 227, 235-238, 241, 372, 378, 566-567, 596
土地の譲渡 49, 53-56, 58, 60, 63, 80, 93, 134-135, 138, 148-150, 226-227, 238, 243, 245, 291-292, 357, 388, 484, 487, 595
土地の主 54, 55, 135, 137-138, 142, 151, 228, 233-235, 238, 321-323, 329, 330, 332-333, 355-358, 361-364, 400-401, 414, 426, 593, 604
土地の人 44, 57, 147, 275, 286, 287, 324, 338, 401, 500, 530, 596
土地紛争 146, 227, 229, 231-235, 237-238, 245,

327, 414, 596
土地返還　79, 93, 96, 102, 133-152, 162, 193, 226-228, 230-233, 240-241, 245, 274, 320, 370, 398, 401, 414, 467, 595-596, 609, 611
土着（カナク）言語　6, 24, 44, 89, 125, 186, 270, 352, 370, 378, 456, 463, 469, 471, 478-480, 490, 509, 516-517, 553, 559, 561, 563-573, 602
土着性のパラダイム　133-135, 139, 141, 146-149, 152, 161, 226, 228, 241, 459, 491, 596-597
土着的経済行為（贈与交換経済）158-159, 254-260
土着民法（土着民体制、土着民的地位）　49, 58, 60-61, 63, 67, 69, 72, 81, 270, 356, 500, 514, 525, 533
トリビュ　40, 43-44, 54-55, 58, 60-63, 68, 70-71, 76, 80, 91, 99, 103, 109, 117-120, 122, 125, 130, 134-135, 137-145, 148, 150, 154, 156, 161, 165, 167, 169, 170-173, 177, 191-192, 206, 228-230, 232-236, 238, 247-248, 252-253, 255, 257-258, 260-262, 266, 269-271, 275, 278, 292, 303, 305, 308, 311-312, 320-323, 325, 330, 336, 339, 344-346, 351-366, 369-370, 373-374, 376-380, 392, 397-399, 405, 407, 411-415, 417-423, 425-426, 430, 432, 436-438, 440, 445-447, 464, 468, 472, 480, 482, 488, 490-491, 493-495, 500-503, 511, 515-516, 518, 525, 528, 533, 538, 563, 565-566, 567, 570, 579, 582, 595, 604, 605-608

ナ行

ナショナリズム（カナク・ナショナリズム）35, 85, 98, 104, 106, 108-111, 115, 120, 133-134, 141, 145-147, 150, 152, 162, 185, 219, 287, 294, 382, 395, 541, 576, 593, 595-596, 611, 613
名前（名前と土地）32, 40, 56, 64, 134, 140, 146, 225, 229, 233, 270, 281-282, 297, 305-306, 310, 313-325, 328, 345-346, 348, 355, 373, 411, 413-414, 428, 434, 450, 478, 481, 495, 501, 546, 560-561, 566-567, 596, 603-604
ナラティヴ　30, 34
ナンヴィル＝レ＝ロッシュ（円卓会議）98, 104-105, 107, 184, 200, 202, 367, 477, 531, 592
ニ＝ヴァヌアツ　38, 39, 445, 490, 504, 531, 537
日本（系、人、コミュニティ）8, 12, 15, 19-20, 22, 28, 32, 36, 41, 45, 56, 67, 69, 79, 112, 116, 134, 136, 165-167, 171, 181, 188, 190, 214, 218, 251-252, 255, 278, 288, 294, 297, 299-302, 309, 342-343, 349-350, 369, 370, 387, 391, 397, 402, 410, 424, 432-433, 437, 448, 481-482, 501-502, 507, 527, 532, 532-539, 545, 555, 562, 570, 578, 585, 590, 617-619
ヌーヴェル＝カレドニ＝カナキー（カナキー＝ヌーヴェル＝カレドニ）49, 223, 282, 613
ヌメア（グラン・ヌメア／ヌメア近郊）37, 40, 42, 44, 52, 56, 62, 67,78, 80, 86, 88-89, 92, 96, 109, 112, 120, 122, 124-125, 129, 141, 143-144, 146, 154-156, 163-166, 168-170, 178, 180, 186-189, 192-193, 196, 238-239, 252-253, 257-258, 260-262, 266, 280, 308, 329, 338-339, 348, 359, 364, 369, 370, 390, 410, 415, 420, 422, 424, 432, 436, 437, 444, 445-446, 456, 468, 472-474, 477, 480, 500, 511, 514, 516, 520, 523, 531-532, 534-535, 538-539, 542, 547, 553-554, 556, 561, 582, 584, 588
ヌメア合意　8, 11, 27, 31,48, 50, 65-66, 76, 115, 123, 127, 177, 182-183, 195 197-198, 202, 204-219, 222-232, 235, 237, 246-249, 254, 267-268, 270-277, 279, 281-283, 287, 289-292, 319, 351, 353-354, 357, 360, 365, 371-373, 375-376, 380, 388-389, 402, 405, 409, 411, 412, 413, 416, 421, 425, 426, 427, 429, 442, 443, 449-450, 475, 478, 490, 494-496, 502, 512, 522, 526-527, 530, 536, 540-541, 546, 549, 551-552, 555, 567, 569, 591, 594, 595-598, 601, 605-606, 608, 610-611
ネーション・ビルディング　182, 186, 192, 195, 197, 203, 214, 226, 265-267, 273, 283, 443, 599
ノエル（Noël: 人、反乱）62, 63, 64, 81, 109, 142, 298
ノワール　47-48, 60, 165, 167, 503, 529, 540

ハ行

パーソン（慣習における人）299, 307, 310, 430-439, 445, 448, 490, 606

パートナーシップ 51, 114-115, 149, 180, 200, 204, 209, 219-224, 242, 272, 286-287, 401, 404, 475, 530, 594, 608-611, 618
バイカルチュラル 22, 160, 462, 509, 510-511, 571, 610
バイネーション 222, 223, 282, 286, 287
バイリンガル 21-22, 462, 509-511, 570, 571, 610
運ばれた風景 36, 526, 600, 617
旗（カナキー旗、FLNKS 旗、仏国旗） 7, 49-50, 52, 78, 95, 109-110, 122, 179, 200, 213, 274, 279, 281, 282-283, 292, 603
パリ5月革命 8, 84-85, 87, 96, 153, 455, 461-462, 592, 598, 600, 611
パロール 15, 21, 44, 64, 121, 126-127, 162, 176, 180, 235, 319, 336-340, 344-345, 349, 369, 410, 413, 427-428, 450, 465-467, 469, 474, 481, 485-486, 491, 494, 524, 556, 558-561, 564, 567-568, 572, 580-581, 583, 589-590, 602-603, 605
ピース・プラン 184-185, 194, 196, 197, 594
ピープル 98-99, 105-107, 110, 112-115, 120, 124, 133-134, 135, 146, 151, 161, 178-179, 180, 200, 276, 286, 288, 385, 389, 390, 427-429, 450, 452, 458-459, 460, 463, 473-474, 530, 591, 593, 596-597, 600, 607, 610-611, 613
ピエ＝ノワール 47-48, 165, 529
ピオニエ 231, 240, 273-274, 281, 530
表象（序章、終章） 12, 15, 17-27, 29-31, 591, 593, 598-599, 601-603, 605, 607, 609, 611-615
ピルー（ピルーピルー） 341, 474, 513-516, 521
普通地位（普通法民事地位） 70, 75-76, 135, 139, 226, 229, 232, 268-269, 270, 291, 412-413, 424-425, 495, 500, 502, 596
仏領ポリネシア 7, 51, 76, 78, 84, 88, 179, 218, 278, 503, 537, 545
部分的真実 25, 27, 30, 609, 615
フラール・ルージュ 87-96, 99, 100, 155, 157, 161, 456, 459, 460, 476, 489
フランスとの連合（連合国家） 122, 124, 198-199, 204-205, 207, 216, 222-223, 594, 613
フランスのニューカレドニア政策／法 50, 53-57, 58-60, 61-63, 69-70, 74-78, 88, 99, 102, 104-105, 108, 118, 120-125, 127-131, 136-137, 143-144, 160, 175, 179, 180, 183-195, 198-199, 202-204, 207-210, 215-219, 225-226, 246-251, 268-270, 276-279, 281-282, 355-356, 365, 367-368, 371, 373, 400, 402, 406, 408, 426-427, 470, 477-478, 495, 500, 569, 586
ブルサール 47, 526, 528, 529
ブルス 40, 47, 56, 163, 164-165, 169, 191, 247-248, 274-275, 320, 472, 526-528, 536, 540
プレスティージ（威信） 50-51, 59, 74, 131, 150, 174-176, 218, 256-258, 260, 319, 331-332, 338, 344-346, 350, 357, 361, 370, 376, 466
プレニチュード（横溢） 431, 448, 619
文化共同体 13, 29, 106, 110, 113, 170, 180, 222, 271, 283, 287, 294, 452-455, 459, 463-464, 466-468, 477-479, 482-483, 490-491, 495-497, 499, 501-502, 504-505, 507-508, 509-513, 522, 524, 541, 558, 571, 576, 591, 593, 596, 600-601, 603, 610, 612-613
文化的概念 463-467
文化的価値観（価値的志向） 110, 243, 244, 255, 256, 258, 266, 282, 284, 287, 333, 344, 350, 393, 407, 441, 458, 459, 462, 463, 466-467, 474, 483, 489, 494, 510, 571, 576, 577, 578, 598
文化の道具的志向（ツール、手段） 28, 140, 266, 336, 396, 400, 403, 462, 466-467, 469, 474, 481, 486-487, 523, 568, 576, 597, 599, 601, 608
文化的権利 30, 133, 275, 367, 453-463, 467-468, 478, 497, 546, 551, 601
ベルシーの合意 203 249 288 397
ペルソナージュ 299, 304-307, 331, 430, 433
微笑みのメラネシアン村 438, 470, 473, 551

マ行

マオリ／ニュージーランド：アオテアロア 41, 222, 286-287, 401, 579; アート 556, 574-575, 578-579, 590; アーバン・コミュニティ 151, 284-285, 446-447; イウィ 46, 148-152, 221, 242-243, 245-246, 253, 284-285, 287, 351, 378-379, 401-402, 408, 446, 449, 502, 509, 545, 609-610; カイティアキ／環境の守り人 151, 243-244, 380, 401-402; 観光 253; キリスト教 487-488, 496; クラウン（英国／王室） 51, 58, 61, 148-150, 152, 219-222, 242-245, 284-285, 287, 289, 290-291, 379,

索　引

401, 487, 579, 609-610, 617; 口承 559, 568, 572; 混血／間文化性 502-503, 509-510; 自然資源権（海浜権など）383-384, 385, 389, 391, 401-404, 449; 植民地化 50-51, 58, 61, 81; 市民社会 284-287; 女性 148, 253, 441-442, 462, 509, 578; 信託理事会 242-245, 379-381, 401, 609; 先住民権の回復 579, 590-591, 607, 609-611, 614; タオンガ 285, 570; タンガタ／タンガタ・フェヌア（土地の人）41, 147-148, 150-152, 286, 530; タンガタ・ティリティ（条約の人）286-287; ティカンガ／慣習法 284, 380, 408-409, 415, 427, 429, 571; 土地権回復要求／権利回復要求 132, 134, 147-152; 土地権の回復／セツルメント 152, 181, 221, 227, 241-246, 285, 287, 289, 290-292, 379, 381, 401-402, 408, 609; ニュージーランド＝アオテアロア 222, 287; パケハ 41, 46, 58, 61, 81, 151, 219-222, 242, 244-245, 284-287, 289, 380, 383, 402, 441-442, 446, 462, 487, 502, 509, 510, 530, 571, 578-579, 609-610; 旗 51 286 292; パートナーシップ 51, 149, 180, 219-220, 222, 242, 286-287, 401, 530, 609-610; 文化回復運動 462-463; ホブソン（Hobson, William）51, 79, 148, 149; マオリ（言葉）27, 32, 41, 45-46; マオリ・アイデンティティ 46, 150, 152, 462; マオリ言語（教育）570-571; マナ 61, 150, 221, 344-345, 361, 380, 441, 578; マラエ 148, 151, 242, 244, 253, 351, 380, 446-447, 551, 571; ランガティラタンガ／主権、自決権 51, 61, 209, 219-222, 285, 286, 289, 290, 292, 379, 429; ワイタンギ条約 27, 41, 46, 51, 58, 61, 132, 148-149, 151-152, 219-221, 242-243, 285-287, 289, 384, 390, 401-402, 408-409, 429, 441, 487, 570-571, 579, 609-610; ワイタンギ条約制定法 1975 148, 219, 220, 242; ワイタンギ条約の原則 219-220, 242, 289, 402; ワイタンギ審判所 149, 180, 284, 286, 384; ワカ（移動）41, 149-150, 151, 286, 318-319, 334, 401, 446; 若者 446-447

マティニョン合意 8, 11, 37, 46, 117, 125-126, 131, 144, 146, 174, 177-178, 182-198, 201-202, 208, 215, 227, 246, 251, 259, 263, 272, 287-288, 351, 353, 360, 365, 368, 376, 439, 477, 481, 489, 528, 536, 548, 563, 576, 594, 598, 605, 611

マリスト会派 50, 79, 172

マレ（島）37, 45, 51, 71, 85, 86, 89-90, 96, 130, 157-158, 172, 236, 252-253, 257, 260, 288, 291-292, 333, 377, 410, 420, 440, 455-456, 460, 468, 479, 481, 484, 496, 516, 569, 590

南プロヴァンス 37-38, 40, 137, 177, 186-189, 190, 192-193, 196, 212-213, 230, 232, 239, 248-249, 251-252, 258, 261, 281, 288-289, 290, 311, 338-339, 359, 361-363, 377, 388-389, 392, 394, 403, 405-407, 440, 443, 511, 515, 520, 523, 567, 569, 570, 607

民族誌（自民族誌的表現、自己の民族誌）19, 21, 23-26, 30, 298, 300, 303, 309-310, 334, 428, 478, 546, 549, 559, 561, 568, 573-579, 583-588, 602, 612, 614-615

ムリ 171, 251-252

ムワ・ヴェエ 552, 572-573

メトリーズ（マスター、支配）28, 507, 509, 519, 524, 588

メトロポリタン 48, 218, 274, 278, 445, 525-530

ヤ行

融即（自然との融即、融即関係）297, 300-304, 307, 334, 405, 430, 469, 550, 582, 589, 604

ヨーロッパ（系、人、コミュニティ）8, 38-44, 47-48, 50, 52, 56, 58-61, 63, 65, 67, 71-74, 76, 78-80, 82-83, 85-86, 88-90, 92-98, 100-105, 112-113, 115-116, 118, 120-121, 132, 136, 142-143, 149, 153-155, 158, 162-163, 166, 168-170, 181, 186, 192-193, 196, 217, 227, 232-233, 247-248, 253-255, 259, 261-262, 264, 267, 271-274, 279-280, 282, 285-286, 290, 294, 298, 308, 329, 348, 352, 410, 413, 422, 433, 447, 460-463, 469, 470, 475-477, 487-489, 491, 495, 497, 500-504, 509, 511-512, 514, 518, 520, 524-525, 529-536, 538-539, 540-541, 549, 554-555, 562, 569, 577, 590, 592-593, 601

400カードゥル（400人管理職養成プログラム）192-193, 247, 440

ラ行

ラヴニール（ラヴニール・アンサンブル党）

655

163, 211, 212-213, 289, 375, 405, 442, 443, 530
リザーヴ（保留区）54-56, 58, 70, 76, 80, 134-136, 138, 142, 151, 160, 226-231, 233, 235, 238, 255, 266, 270, 290-291, 324, 353, 357, 359-360, 398, 403, 412-413, 490, 500, 514, 595-597, 604
リフ（島）23-26, 28, 30, 32, 37, 43, 51, 68, 71, 73, 77, 96, 101, 130, 155, 161, 172, 179, 188, 212, 244, 253, 257, 262, 291, 298-299, 301, 307, 309, 311, 316, 320, 325, 333-334, 339, 345-346, 357, 362, 363, 366-367, 369, 371, 377, 419, 421, 424, 427, 439-440, 443, 446-447, 454, 456, 461, 463-464, 475, 479, 481, 484-485, 496, 516, 518, 524, 546, 549, 554, 556, 559, 563, 569, 574, 584, 586-588, 590, 613, 615
流用　21, 28, 32, 41, 62, 69, 103, 240, 261, 281, 348, 371, 373, 467, 484, 487, 507, 510, 552, 578
ルーツ／ルート（ルーツ・ルート）7, 12, 17, 27, 28-29, 36-37 41, 49, 54, 56, 75, 98, 108, 134, 215-216, 233, 260, 270-271, 274, 294, 295-297, 310, 313, 316-319, 321, 323, 324-325, 327-329, 338, 346-348, 350-351, 353, 365, 387, 432, 438, 442, 453, 462, 477, 482, 485-486, 504-505, 507-508, 511-512, 519, 523, 530-532, 536, 544, 547, 549, 556, 558, 566-568, 580, 591, 593-594, 596-602, 604-605, 610-611, 617-619
流刑囚　53, 56-57, 61, 86, 107, 272-273, 281, 476, 500, 525-527, 530-531, 555, 592
レプ・ヌー　388-394, 405
労働組合　92, 105, 132, 153-157, 212, 246, 262-263, 288, 393, 439, 557-598
労働党　148, 180, 213, 221, 262, 377, 379, 442, 571
ロイヤルティ諸島（ロ諸島、プロヴァンス）37, 39, 40, 51-53, 57, 62, 65, 69, 72, 91, 93-94, 96, 124, 129-130, 172, 186, 187-189, 192-193, 200, 210, 213, 248-249, 251-254, 257, 262, 288-290, 313, 337-338, 341, 359-360, 367, 369, 393, 397, 400, 403, 404, 422, 464, 472, 479, 481, 484-485, 488-489, 500-501, 514, 516, 518-520, 550, 556, 563, 569

ワ行

若者（問題）444-448, 523
ワリス・エ・フトゥナ　38, 84, 88, 119, 170, 172, 218, 270, 278, 292, 479, 520, 537
ワリス人（ワリス人・フトゥナ人の総称、コミュニティ）38-39, 57, 95, 113, 155, 170, 181, 196, 200, 247-248, 263, 274-275, 286, 288, 291-292, 329, 461, 500, 504, 537-538, 569

【人　名】

ア行

アポリネール（Appolinaire, Anova-Ataba）59, 60, 78, 80, 476
アンダーソン（Anderson, Benedict）13-36, 98, 111, 294-295, 432, 480
イエウェネ・イエウェネ（Yéiwéné Yéiwéné）49, 101, 130, 173-174, 180, 184, 194, 246, 420
イエカエ（Iekawe, Héléne）212, 217, 218, 443, 473, 569
ヴァントゥーム（Ventoume, Christophe）516, 518, 519, 521, 523
ウアンブイ（Houmbouy, Beniela）86-94, 125, 215-216, 264-265, 276, 303, 335, 341, 350, 378, 434, 445, 481, 485, 495, 501, 505, 507-508, 554
ウエア（Wéa, Djubeli）173-176, 181, 194, 420, 421
ウェーバー（Weber, Max）343, 467, 617
ウエッタ（Wetta, Doui Matayo）74, 75, 82
ウケイエ（Ukeiwe, Dick）77, 101, 155, 184, 288
ウネイ（Ounei, Susanna）92, 94, 105, 126, 159, 438
エッシェンブルナー（Eschenbrenner, Jacques）207, 311, 345, 347, 348-349, 482
オーダン（Oedin, Jimmy）520-521, 523, 532-533, 538-539
オーレン（Ohlene, Isabelle）163, 177, 196, 212, 219, 403-405, 530-531
オナココ（Honakoko, Antoine）49, 159, 264, 484-485, 554

索　引

カ行

カイヤール（Caillard, Jean-Paul）77, 85, 88-89, 91-92, 94, 96, 168, 279, 458

カサレル（Kasarherou, Emmanuel）74, 323-324, 328, 337, 345-346, 349, 434, 448, 478, 479, 481, 482, 508, 510, 511, 543, 553-555, 557, 561, 576, 578, 586

ギアール（Guiart, Jean）68, 81, 174-176, 181, 309, 312-313, 321-322, 352, 419, 422, 472

ギアツ（Geertz, Clifford）465, 466, 510

クリスナート（Christnacht, Alain）187, 198-199, 204, 207, 216-217

クリフォード（Clifford, James）23-26, 28, 30, 32, 298-299, 307, 309, 316, 454, 546, 549, 554, 556, 574, 584, 586-587, 613, 615

I. クルトヴィッチ（Kurtovitch, Ismet）81, 196, 271

N. クルトヴィッチ（Kurtovitch, Nicolas）247-275, 445, 460, 498, 529, 541-542

ゴメス（Gomes, Philippe）211-213, 283

コルトー（Cortot, Gérald）116, 120-121, 215, 223, 276, 283

ゴロデ（Gorodey, Déwé）43, 89-90, 93, 100, 102, 117, 125, 154, 158, 179, 212, 214, 218, 282-283, 327, 438, 442, 444, 464, 542

S. ゴロミド（Goromido, Samuel）565

サ行

シヴォ（Chivot, Max）76, 88, 94, 112, 168, 279, 282, 329, 437, 457, 471-472, 488, 495, 528, 552

ジョレディエ（Jorédié, Léopold）123, 125, 130, 203, 211, 381

シラク（Chirac, Jacques）101, 108, 127-131, 146, 168, 173, 181, 193, 203, 277, 441, 504, 585

ストラザーン（Strathern, Marilyn）296, 304-306, 341-342, 431, 482

ストリテール（Streeter, Roseline）155, 263, 392, 439, 442

タ行

ダグラス（Douglas, Bronwen）59-60, 79, 169, 181, 352, 366, 371, 408

ダルメラック（Dalmayrac, Dany）328, 331, 374, 422-424, 426, 534, 542, 545

E. チバウ（Tjibaou, Emmanuel）120, 144, 174, 420, 467, 469, 486, 502, 562, 563, 588

チバウ（Tjibaou, Jean-Marie）45, 56, 63-64, 74, 101-102, 104-105, 107-109, 111, 114-118, 120-124, 128-131, 142-144, 146, 160, 163, 169, 171, 173-176, 179-181, 183-185, 187-188, 194-195, 197, 207, 223, 241, 246, 252, 269, 273, 283, 287-288, 297, 300-301, 303, 305, 310, 319, 326, 336, 366, 378, 400, 405, 408, 420, 435, 463, 468, 469-478, 485-486, 489, 502, 514-517, 519, 524, 526, 536, 546-548, 550-554, 556, 557, 559, 562-563, 567, 575-576, 578, 582, 587, 591, 594, 599, 601, 611, 619

チャタジー（Chatterjee, Partha）294, 429, 434

チュニカ・イ・カサス（Tunica y Casas, Jeanne）71

ディアヌー（Dianou, Alphonse）173, 175

ディジュー（Dijoud, Paul）102, 136-137

テムロー（Thémereau, Marie-Noëlle）211-212, 375, 442-443

デューリー（Durie, Edward）286, 384, 408

デュルケム（Durkheim, Émile）311, 435-437

ドゥクレルク（Declercq, Pierre）101, 103-104

トゥリマリ（Trimari, Jules）90, 96, 123

O. トーニャ（Togna, Octave）22, 45, 61, 91, 113, 126, 180, 197, 223, 290, 305, 318, 348, 349, 432-433, 435, 477-478, 483, 499, 504, 511, 548, 553, 556-557, 575

ド・ゴール（de Gaulle, Charles）69, 78, 88

トロリュ（Trolue, Fote）40, 77, 89, 111, 236, 265, 287, 310, 412, 417, 423, 425, 471

トロンガジョ（Trongadjo, Williams）71-72, 75, 87, 95, 460-461

ナ行

ナエペルス（Naepels, Michel）138, 170, 233-234, 237-238, 321-322, 330, 332, 355, 361, 565

ネアウティン（Néaoutyine, Paul）49, 87, 192, 194, 198-200, 204, 207, 213, 247, 250, 260-261, 265, 270, 288, 317, 319, 395-396, 400, 490

ネスリーヌ（Naisseline, Nidoish）45, 85, 86,

657

87, 89-92, 94, 95-96, 100, 102-103, 105, 112, 123, 126, 155, 157-158, 161, 179, 184, 195-196, 200, 202, 214, 236-237, 248, 251-253, 255, 262, 291, 412, 423-424, 455, 456-457, 458-459, 464-465, 468, 470-471, 474, 476, 477, 484, 489, 502, 547, 557

ハ行

バイイ（Bailly, Henri）93-94, 96, 99, 103, 141-142, 146, 460-461
ピサニ（Pisani, Edgard）120-122, 124-125, 128-130, 143-144, 175, 180, 184, 198, 216, 527
R. ピジョー（Pidjot, Raphaël）250, 398, 539
ピジョー（Pidjot, Rock）74-75, 99, 104, 109, 179, 249-250, 398-399, 438, 470, 539
ビュルク（Burck, François）101, 113, 195, 198, 200, 203
ファビウス（Fabius, Laurent）124-125, 127, 128-129, 160, 186, 367
フーコー（Foucault, Michel）13-18, 20, 28, 30-31, 64, 66, 113, 422, 593, 595, 613, 615
フェイエ（Feillet, Paul）53, 56, 142
プラット（Pratt, Mary Louise）21, 26, 497
ブリオー（Briault, Jean-Calaude）65, 288, 540, 544
フレイス（Freyss, Jean）161, 190-191, 195, 252-253, 254-258, 445
フロジエ（Frogier, Pierre）184, 211, 213, 283
ベンサ（Bensa, Alban）175, 180, 258, 312, 314-315, 325, 329-334, 338, 342, 345, 352, 356, 414, 418-419, 434, 449, 488, 548, 550, 573, 574
ボエネ（Boéné, Michel）579-584, 586, 588-589
S. ホール（Hall, Stuart）15, 17, 18, 31, 34
ボーン（Bone, Dick）588
ポワグーヌ（Poigoune, Elie）86, 92-93, 95, 100, 118, 123, 134-135, 140, 153, 158, 192, 216, 265, 279, 326, 459, 471, 476, 506, 512, 551
ポンス（Bernard Pons）127-131, 186

マ行

マチョロ（Machoro, Eloi）101, 117-118, 120-123, 169, 180, 472, 582

R. マブー（Mapou, Raphaël）203, 254, 354, 389, 391, 393, 395, 404, 419, 425
マルタン（Martin, Harold）211-213, 377
マンダウエ（Mandaoué, Georges）271, 377, 391, 403, 405
ミッテラン（Mitterrand, François）103-104, 108, 127, 129-131, 179, 181, 367, 469
メルムー（Mermoud, Jean-Claude）526-527, 529
モアサディ（Moasadi, Patrice）564, 566, 569

ヤ行

ユルゲイ（Uregei, Yann Celene）99, 100-102, 118, 129, 179-180, 213, 489

ラ行

ラファルグ（Lafargue, Régis）416-417, 419, 421, 423, 425
ラフルール（Lafleur, Jacques）101-104, 119, 131, 154, 160, 162-163, 179, 183-184, 189, 196, 198-199, 202-207, 211, 251, 263, 277, 291, 388, 394, 405, 443
ルーコット（Loueckhote, Simon）65, 101, 111, 177, 204, 211, 214, 217, 288, 349, 373, 441-442, 450
ルノルマン（Lenormand, Maurice）73-77, 80, 82, 352, 355, 356, 357, 469, 484
ルモワーヌ（Lemoine, Georges）104-105, 108, 118, 121, 123, 179, 367, 368
レヴィ＝ストロース（Levistrauss, Calude）13, 30, 32, 298, 303-304, 309, 316, 341, 465
レーナルト（Leenhardt, Maurice）24, 30, 42, 62-63, 71, 114, 297-310, 316-317, 325, 331-333, 337-338, 359, 430-431, 433-434, 436, 448, 454, 457-458, 486, 513, 559, 583, 589, 614
ロカール（Rocard, Michel）131, 183, 184, 186, 187

ワ行

N. ワイヤ（Waia, Nicole）126-127, 442
ワトロン（Watrone, Itraqualo）311, 436
ワポトロ（Wapotro, Billy）56, 75, 125, 169, 171, 176-177, 216, 259, 262, 264, 267, 301,

323, 325, 333, 342, 347, 349, 370, 419, 434, 463, 472, 476, 485, 489, 500, 506, 508-509, 511, 551, 572
L. ワミッタン（Wamytan, Leon）269, 270, 291, 410, 495
R. ワミッタン（Wamytan, Rock）46, 116, 118, 163, 211, 292, 371, 373

〈著者紹介〉
江戸淳子（Edo Junko）
杏林大学外国語学部元教授
慶應義塾大学仏文学専攻、ハワイ大学大学院太平洋島嶼研究（M. A.）、オーストラリア国立大学大学院、太平洋アジア研究所（Ph. D.）。
新渡戸フェロー（1984-86）、国際交流基金フェロー（1997-98）。
オセアニア地域圏・ニューカレドニア研究。

ニューカレドニア　カナク・アイデンティティの語り
——ネーションの語り・共同体の語り・文化の語り——

2015年2月20日　初版第1刷発行

著　者	江　戸　淳　子
発行者	石　井　昭　男
発行所	株式会社 明石書店

〒101-0021 東京都千代田区外神田6-9-5
電　話　03（5818）1171
FAX　03（5818）1174
振　替　00100-7-24505
http://www.akashi.co.jp
組版／装幀　明石書店デザイン室
印刷／製本　モリモト印刷株式会社

（定価はカバーに表示してあります。）　　ISBN978-4-7503-4143-9

JCOPY ＜（社）出版者著作権管理機構　委託出版物＞
本書の無断複製は著作権法上での例外を除き禁じられています。複写される場合は、そのつど事前に（社）出版者著作権管理機構（電話 03-3513-6969、FAX 03-3513-6979、e-mail: info@jcopy.or.jp）の許諾を得てください。

太平洋文明航海記
キャプテン・クックから米中の制海権をめぐる争いまで
塩田光喜
●2200円

マーシャル諸島の政治史
米軍基地・ビキニ環礁核実験・自由連合協定
世界歴史叢書　黒崎岳大
●5800円

入門 グアム・チャモロの歴史と文化
もうひとつのグアムガイド
中山京子・ロナルド・T・ラグァニャ
●1000円

入門 ハワイ・真珠湾の記憶
もうひとつのハワイガイド
矢口祐人、森茂岳雄、中山京子
●600円

消滅の危機にあるハワイ語の復権をめざして
先住民族による言語と文化の再活性化運動
松原好次編著
●5000円

境界の民族誌
多民族社会ハワイにおけるジャパニーズのエスニシティ
森仁志
●5000円

南太平洋における土地・観光・文化
伝統文化は誰のものか
白川千尋
●3300円

環境と資源利用の人類学
西太平洋諸島の生活と文化
印東道子編著
●5500円

ニューギニアから石斧が消えていく日
人類学者の回想録
畑中幸子
●3300円

オーストラリア先住民の土地権と環境管理
世界人権問題叢書84　友永雄吾
●3800円

アボリジニで読むオーストラリア建国物語
リチャード・エバンズ、アレックス・ウエスト著　内藤嘉昭訳
●2800円

オーストラリア建国物語
もうひとつの歴史と文化
青山晴美
●2200円

インドネシア 森の暮らしと開発
土地をめぐる〈つながり〉と〈せめぎあい〉の社会史
増田和也
●8000円

スリランカ海村の民族誌
開発・内戦・津波と人々の生活
高桑史子
●9000円

開発と先住民
みんぱく実践人類学シリーズ⑦　岸上伸啓編著
●6400円

世界の先住民環境問題事典
ブルース・E・ジョハンセン著　平松紘監訳
●9500円

〈価格は本体価格です〉

人類学の再構築 人間社会とはなにか
モーリス・ゴドリエ著 竹沢尚一郎、桑原知子訳 ●3200円

開発援助と人類学 冷戦・蜜月・パートナーシップ
佐藤寛、藤掛洋子編著 ●2800円

グローバリゼーションのなかの文化人類学案内
中島成久編著 ●2500円

夢とミメーシスの人類学 インドを生き抜く商業移動民ヴァギリ
岩谷彩子 ●5700円

羊飼いの民族誌 ネパール移牧社会の資源利用と社会関係
渡辺和之 ●6300円

脱伝統としての開発 フィジー・ラミ運動の歴史人類学
丹羽典生 ●6000円

森とともに生きる中国雲南の少数民族 その文化と権利
世界人権問題叢書 87 比嘉政夫監修 大﨑正治 杉浦孝昌 時雨彰著 ●4000円

帰還移民の人類学 アフリカ系オマーン人のエスニック・アイデンティティ
大川真由子 ●6800円

南太平洋を知るための58章 メラネシア ポリネシア
エリア・スタディーズ 82 吉岡政徳、石森大知編著 ●2000円

ミクロネシアを知るための60章【第2版】
エリア・スタディーズ 51 印東道子編著 ●2000円

グアム・サイパン・マリアナ諸島を知るための54章
エリア・スタディーズ 105 中山京子編著 ●2000円

ハワイを知るための60章
エリア・スタディーズ 114 山本真鳥、山田亨編著 ●2000円

ニュージーランドを知るための63章
エリア・スタディーズ 70 青柳まちこ編著 ●2000円

オーストラリアを知るための58章【第3版】
エリア・スタディーズ 7 越智道雄 ●2000円

東ティモールを知るための50章
エリア・スタディーズ 60 山田満編著 ●2000円

現代インドネシアを知るための60章
エリア・スタディーズ 113 村井吉敬、佐伯奈津子、間瀬朋子編著 ●2000円

〈価格は本体価格です〉

講座 世界の先住民族
ファースト・ピープルズの現在
◆綾部恒雄 監修

【全10巻】

01 東アジア
末成道男、曽 士才 編（第1回配本）
東アジア〈北アジア・シベリア、日本、台湾、大陸中国、海南島〉における先住民族の歴史と現状を取り上げる。

02 東南アジア
林 行夫、合田 濤 編（第2回配本）
〈東南アジア大陸部〉と〈東南アジア島嶼部〉の二部構成で、当該地域における「先住民族」の極めて多様な歴史と現状を考察する。

03 南アジア
金 基淑 編（第9回配本）
インドとインドに隣り合う南アジア地域〈パキスタン、スリランカ、バングラデシュ、ネパール〉に暮らす20近くの先住民族の姿を追う。

04 中 東
松井 健、堀内正樹 編（第6回配本）
中東地域の12の少数民族を紹介しながら、「先住民」という言葉が西欧の近代国民国家の産物であることを示す。

05 サハラ以南アフリカ
福井勝義、竹沢尚一郎、宮脇幸生 編（第10回配本）
東・北アフリカ、西・南アフリカの二部構成で、11カ国に住む18の民族を収録。消滅の危機にある先住民の実像に迫る。

06 ヨーロッパ
原 聖、庄司博史 編（第4回配本）
近代国民国家の形成に至らなかったヨーロッパの「少数民族」に焦点をあて、各民族集団が抱える言語・社会・文化的問題について解説。

07 北 米
富田虎男、スチュアートヘンリ 編（第3回配本）
氷河時代末期、アジアからベーリンジアを通り北米大陸に渡った人々の末裔、北米先住民。多様な20の民族について豊富な資料で紹介。

08 中米・カリブ海、南米
黒田悦子、木村秀雄 編（第7回配本）
13カ国・地域に居住する17の民族を収録。第一部では主にメキシコ、第二部ではアンデス地方とアマゾン地域の先住民の姿を活写。

09 オセアニア
前川啓治、棚橋 訓 編（第5回配本）
国際的な政治テーマとして扱われるオセアニアの先住民問題を、〈オセアニア・ニュージーランド〉〈オセアニア島嶼部〉の二部構成で考察。

10 失われる文化・失われるアイデンティティ
綾部恒雄 編（第8回配本）
世界の先住民族問題を、言語、文化、経済、環境などのテーマ別に紹介。人口減少に伴い固有の文化やアイデンティティが変容していく現状を明らかにするとともに、「先住民族」の行く末を探る。

A5判／上製　◎各巻4800円（セット価格48000円）
〈価格は本体価格です〉